建筑职业伤害保险原理与实务指南

陈津生　编著

中国建筑工业出版社

图书在版编目（CIP）数据

建筑职业伤害保险原理与实务指南/陈津生编著．—北京：中国建筑工业出版社，2009

ISBN 978-7-112-10993-7

Ⅰ．建… Ⅱ．陈… Ⅲ．建筑企业-工伤事故-劳动保险-中国-指南 Ⅳ．F842．61-62

中国版本图书馆 CIP 数据核字（2009）第 083004 号

建筑职业伤害保险是建筑安全管理体系的重要内容之一，是建筑领域的安全风险防线。建筑从业者应该掌握职业伤害保险的知识并指导实践，转移企业安全风险，减少人身安全事故发生，更好地维护从业者的人身权益。

本书共分为四篇。第一篇原理篇，主要介绍职业伤害保险的基本概念、原则和发展；第二篇实务篇，论述保险条款的内容与实务操作；第三篇案例篇，介绍一些相关的保险案例；第四篇文件篇，系统地收集了相关的法规文件，便于读者在实践中查阅和使用。本书可以作为建筑安全管理人员学习、指导实践的参考用书、开展安全教育的培训教材和职工维权的工具用书、高等院校工程经济与管理专业保险类课程的教材或参考用书。

* * *

责任编辑：周世明 岳建光

责任设计：郑秋菊

责任校对：刘 钰 梁珊珊

建筑职业伤害保险原理与实务指南

陈津生 编著

*

中国建筑工业出版社出版、发行（北京西郊百万庄）

各地新华书店、建筑书店经销

北京千辰公司制版

北京市安泰印刷厂印刷

*

开本：787×1092 毫米 1/16 印张：33½ 字数：836 千字

2009 年 9 月第一版 2009 年 9 月第一次印刷

定价：**72.00** 元

ISBN 978-7-112-10993-7

（18239）

前　言

改革开放30年来，建筑业始终保持着又好又快发展的势头，成为拉动国民经济强劲增长的动力，建筑业在为国家创造巨大财富的同时，也使劳动者面临着前所未有的人身伤害的威胁。1998年《建筑法》颁布，保险以其独特的方式介入到建筑领域之中，成为建筑业一道靓丽的安全风险防线。

十多年来，职业伤害保险制度在建筑实践中不断得到完善和发展，有效地遏制了安全事故的发生。实践证明，经济越发展，社会越进步，保险越重要。编著《建筑职业伤害保险原理与实务指南》一书，旨在通过对建筑职业伤害保险法律法规和政策的介绍和实践工作的总结，达到提高从业人员的保险意识和保险知识水平，增强企业运用保险杠杆转嫁安全风险、职工维护自身合法权益的能力。

全书共分为四篇十五章。在原理篇中，主要介绍职业伤害保险的基本概念、原则和发展；实务篇，论述保险条款的内容；为帮助读者对保险条款的深入理解，本书设有案例专题篇；在文件篇中，较系统地收集了相关的法规文件、条款和文书格式，以便于读者在实践中查阅和使用。

本书注重将一般保险原理与建筑实践相结合、系统阐述与重点介绍相结合、定性与定量相结合，理论知识与实际运用相结合、国外经验与国内实际相结合，可以作为建筑安全管理从业人员指导实践的参考用书、开展安全教育培训教材和职工维权的工具用书、高等院校工程经济与管理专业保险类课程的教材，也可以作为保险业和各类建筑资格考试人员进行专题学习的用书。

当前，我国建筑职业伤害保险属于初创阶段，其理论和实践将随着社会经济与建筑市场的不断发展，需要不断补充和完善，加之作者在收集资料、所持观点可能有失偏颇或挂一漏万、以偏概全之处，恳请广大读者提出批评和建议。

本书编著过程中得到四川省建筑意外保险服务中心、厦门市建筑意外伤害保险服务中心等有关单位为本书资料的收集提供了方便，在此表示衷心的感谢。

目 录

第1篇 原 理 篇

第2篇 实 务 篇

第4篇 文 件 篇

第1篇　原 理 篇

第1章 职业伤害保险绪论

1.1 安全与职业伤害保险

1.1.1 安全与生产的概念

1. 安全的内涵与外延

无危则安，无损则全。顾名思义，“安全”是指没有危险，不受威胁，不出事故，没有受伤，完整无损，平安健康。“安全”的反义词是“危险”。“危险”是对人类生命、财产和生存条件造成危害性后果的各种变异现象的总称。

从科学含义上看，“安全”可以认为是一种状态，是指满足人和物不受损伤、身心健康和完整完满的一种环境、物态和状态；也有人认为，“安全”是一种能力，是指人类对自身利益——包括生命、健康、财产、资源、生存空间（领土、领海、领空）、信息、无形资产、商业机会、传统、文化、社会结构、运行机制和秩序等的捍卫、维护和控制的能力。将上述“状态论”和“能力论”相结合，我们可以认为“安全”是通过“能力”达到的一种“状态”。

安全的概念可以分为：狭义的安全（又可称为传统的安全）和广义的安全（又可称为非传统的安全）。狭义的安全包括：国家安全（即国防安全）、社会安全、公共安全和生产安全。生产安全是指在生产经营层面上的安全，通过对生产事故的控制、预警和预防而达到的一种状态。广义的安全是人类进入21世纪后，由于社会、经济及科学技术的发展引发的新的安全问题，包括环境安全、技术安全、城市安全、经济安全等。

在这里，我们讨论的是属于狭义范围内的、属于微观层面的生产安全。对生产安全的定义，我们是否可以做这样的表述：生产安全是指在企业生产经营过程中，通过努力，使企业员工身体健康、生命财产和机械设备不受损伤的一种“状态”或“环境”。

2. 生产安全的相关概念

（1）安全与危险。安全与危险是相对的概念，危险是指生产系统中存在导致发生不期望后果的可能性。而安全是指生产系统免遭危险的伤害。

（2）危险源。危险源是指可能造成人员伤害、疾病、财产损失、作业环境破坏或其他损失的根源或状态。

（3）事故与隐患。事故是指，造成人员死亡、伤害、职业病、财产损失或者其他损失的意外事件。隐患泛指生产系统中可导致事故发生的、人的不安全行为、物的不安全状态和管理上的缺陷。

（4）本质安全。本质安全是指设备、设施或技术工艺含有内在的能够从根本上防止发生事故的功能。具体包括三方面的内容：

1）失误安全功能。失误安全功能是指操作者即使操作失误，也不会发生事故或伤害，或者说设备、设施和技术工艺本身具有自动防止人的不安全行为的功能。

2）故障安全功能。故障安全功能是指设备、设施或技术工艺发生故障或损坏时，还能暂时维持正常工作或自动转变为安全状态。

3）上述两种安全功能应该是设备、设施和技术工艺本身固有的，即在它们的规划设计阶段就被纳入其中，而不是事后补偿的。

本质安全是安全生产预防为主的根本体现，也是安全生产的最高境界。实际上由于技术、资金和人们对事故的认识等原因，到目前还很难做到本质安全，只能作为全社会为之奋斗的目标。

3. 安全生产的定义

“生产安全”与“安全生产”不是同一个概念。自1952年第二次全国劳动保护工作会议提出的劳动保护工作必须贯彻安全生产方针以来，“安全生产”一词一直长期被人们使用。那么，什么是安全生产呢？

《辞海》中对安全生产的定义为：“安全生产是指预防生产过程中发生人身、设备事故，形成良好劳动环境和工作秩序而采取的一系列措施和活动。”在这里把“安全生产”定义为确保“安全”的一种活动或工作。

《中国大百科全书》中对安全生产的定义为：“安全生产旨在保障劳动者在生产过程中的安全的一项方针，也是企业管理必须遵循的一项原则，要求最大限度地减少劳动者的工伤和职业病，保障劳动者在生产过程中的生命安全和身体健康。”此定义是从生产的方针、原则和目的角度对安全生产定义的描述。

《安全科学技术词典》中对安全生产的定义为：“安全生产是指企业事业单位在劳动生产过程中的人身安全、设备安全和产品安全以及交通运输安全等。”此定义是对安全生产的内容进行了说明。

上述定义的角度不同，表述有所差别，但可以看出，其实质内容是一致的，即突出了安全生产的本质是要在生产过程中防止各种事故的发生，确保财产和生命安全。综合以上定义，我们是否可以下这样的一个定义，安全生产是指：为保障生产经营活动中职工的身体健康和财产设备不受损伤而进行的一系列工作。安全生产是我国劳动保护的基本方针，是企业管理的基本原则，也是企业生产的奋斗目标。

安全生产的范畴，有人认为应该界定在企业，也有人认为除刑事案件（或公共安全）以外的安全问题均应划归在安全生产范畴。从我国的安全生产工作来看，安全生产的范畴应包括：

工业企业单位职工人身安全及财产设备安全，即建筑、煤炭、石油、化工、冶金、石化、地质、农业、林业、水利、电力等产业部门的安全生产；交通运输行业，如铁路运输、公路运输、水上运输及民航运输的安全生产；商业服务行业，如宾馆、饭店、商场、公共娱乐及旅游场所等职工及顾客的人身安全和财产设备的安全生产；其他部门，如国家机关、事业单位、人民团体等有关人员的人身安全和财产安全。

4. 安全生产的属性

(1) 安全是人类为其生存和发展向大自然索取和创造物质财富的生产经营活动的基本前提，安全是生产的条件和环境，是生产的客观要求。没有安全生产工作，生产是不可能持久的。员工只有安全了，处于主导地位的生产才能有条不紊地进行，才能生产出产品，使企业获得预期的经济效益，企业才能生存与发展。因此，安全生产具有经济性。

(2)生产是与自然界作斗争的实践过程，生产中有些规律在某一阶段尚不能完全掌握和控制。因此，从战略上讲，生产中的事故难以绝对的避免。但安全生产的任务就是要想尽一切办法，包括法律法规的、科学技术的、劳动卫生的办法，尽可能克服生产中不安全因素，保障员工的人身安全，促进企业的发展，安全生产具有绝对性。

(3)在社会发展过程中，各行业的生产产品、生产方式和生产工艺各不相同，其生产经营活动、生产设备和生产工艺存在很大的差异。因此，安全生产工作的内容和重点安全措施和管理模式也各不相同，形成各自特有的安全生产特征，安全生产具有行业属性。

(4)在现代科学技术不断提高和发展，生产经营活动的科技含量不断增长，安全生产工作也将进入高科技、高新科技时代，仅靠传统的安全管理理论、方法和技术手段，已经远远不能满足现代社会安全生产工作的需要。因此，安全生产工作要与时俱进，具有时代属性。

(5)安全生产技术再先进、制度再健全，管理监督体系再完善，疏漏之处也在所难免，而关键的因素是人的意识，是否具有安全思想和安全观念，因此，安全生产又是一种文化。当企业员工树立了牢固的安全意识、形成安全生产的文化氛围时，安全生产就会出现新的局面，因此，安全生产具有文化属性，安全文化是安全生产的最高境界。

1.1.2 安全风险的特征

(1)高发性。建筑行业属于劳动密集型行业。建设工程是一种劳动强度大、高空作业多、施工工艺复杂、时限性很强的实践活动。工序相互交织，危险因素相互集结，容易形成人为的和其他的安全风险，造成施工人员意外伤亡等事件发生。

(2)复杂性。建设项目联系、涉及面比较广泛，建设项目的完成需要多种技术工种的合作，具有施工主体多元化的特点，包括施工方合作范围较为广泛，作业空间有限，为赶工期，往往需要进行交叉作业，各工种来自不同的经济利益，看问题的视角不同，立场和目标不同，对项目的理解和态度就可能不同，往往容易造成更多的安全风险的来源，使风险呈现出复杂性。

(3)多变性。建设工程周期一般都较长，短到一两年，长到五六年之久，甚至长达十几年。如三峡水利建设工程，工期达十年之久，安全风险存在的时间跨度就大。建设周期越长，安全风险的跨度就越大，其安全风险的变化就越大。建设工程安全风险变化集中表现在：一是建筑安全风险的性质容易变化；二是建筑安全风险造成的后果容易变化；三是新的安全风险因素出现和旧有的安全风险因素的消失。

(4)难测性。安全事故防范是建立在对安全事故的科学预测和经验总结的基础之上。建设工程是一次性生产活动，比其他重复性生产活动的不确定性高很多，即使在同一地区，同一张设计图纸，由于位置不同，其所处的地质、水文状况、时空等方面都具有较大的差异性，安全危险源的组成不同，因而建设工程安全风险的可预测性也就差得多，安全经验资料的积累具有较大难度。而重复性生产活动积累的经验常常可以用来指导以后的生产活动，而建设工程一旦出了安全问题，总结的经验则很难保证在下一次实践中得到有效的运用。

(5)严重性。建筑安全风险造成的损失具有严重性，一是工程投入高，价值大，一旦出现安全事故，损失将是严重的；二是建设项目属于高空作业、机械设备高大而沉重、建筑材料繁多而坚硬、施工现场临时用电频繁、电路交叉复杂、地质环境复杂，一旦发生安全事故将造成人员重伤甚至发生死亡的严重后果。

1.1.3 安全监督管理

1. 安全生产监管体制

《中华人民共和国建筑法》以下简称（《建筑法》）第三十六条规定："建筑工程安全生产管理必须坚持安全第一、预防为主的方针，建立健全安全生产的责任制度和群防群治制度。"

所谓坚持安全第一、预防为主的方针，是指将建设工程安全管理放到第一位，树立安全重于泰山的思想，在计划、组织、实施各阶段都要把安全放在首要位置，采取必要措施防止事故发生。预防为主是指在建筑生产活动中，针对建筑生产的特点，对生产要素采取管理措施，有效地控制不安全因素的发展与扩大，把可能发生的事故消灭在萌芽状态，以保证生产活动中人的安全与健康。

完善安全生产体制，建立健全安全生产制度、安全生产管理机构和安全生产责任制是安全生产管理的重要内容，也是实现安全生产目标管理的组织保证。我国的安全生产管理体制是"企业负责、行业管理、国家监察、群众监督、劳动者遵章守纪。"

（1）企业负责是指从事建设活动的主体对自己所从事的建设活动本着"安全第一、预防为主"的方针，按照建设行政主管部门的有关规定成立安全管理机构和设置安全管理专职人员，制定严格的企业安全生产规章，落实各项安全生产技术规范，对企业的安全生产进行计划、组织、实施，实施有效的管理与监控。

（2）行业管理是指行业主管部门根据"管生产必须管安全的原则"，管理本行业的安全生产工作，建立安全管理机构，配备安全技术干部，组织贯彻执行国家安全生产法律、法规；制定行业的安全规章制度和安全规范标准；对本行业安全生产工作进行计划、组织、监督、检查和考核。住房和城乡建设部负责全国建筑行业的安全生产工作。

（3）国家监察，是指由国家安全生产监督管理部门按照国务院要求实施国家劳动安全监察。国家监察是一种执法监察，主要是监察国家法规政策的执法情况，预防和纠正违反法律法规的问题。它不干预企事业内部执行法律法规的方法、措施和步骤等具体事务，不能代替行业管理部门的日常管理和安全检查。

（4）群众监督是指群众组织的监督，保护职工的生命安全、身体健康是工会的职责。工会对危害职工安全健康的现象有抵制、纠正以及控告的权利。这是一种自下而上的群众监督。这种监督与国家安全监察和行政管理相辅相成。充分发挥群众的监督作用，对于有效提高监控效率，减少不必要的事故发生具有举足轻重的作用。

（5）劳动者遵章守纪是指应发挥劳动者自己预防安全事故发生的作用。从事故发生原因来看，大部分安全生产事故都是与职工本人的违章行为有直接关系，教育群众遵守相关安全法律法规，提高职工的预防事故意识，充分发挥群众的自觉性，有利于降低建筑安全生产的风险。

2. 安全生产基本制度

建筑安全生产基本制度在长期的生产实践中；我国已经总结出了一套行之有效的安全

管理基本制度。《建筑法》第五章中专门明确了安全生产责任制度、劳动安全生产教育培训制度。

（1）安全生产责任制度是建筑生产中最基本的安全管理制度，是所有安全规章制度的核心。安全生产责任制度是指将各种不同的安全责任落实到负有安全管理责任的人员和具体岗位人员身上的一种制度。主要内容包括：一是从事建筑活动主体的负责人的责任制；二是从事建筑活动主体的职能机构或职能处室负责人及其工作人员的安全生产责任制；三是企业岗位人员的安全生产责任制。从事特种作业的安全人员必须进行培训，经过考试合格后方能上岗作业。

（2）群防群治制度是职工群众进行预防安全事故发生和治理生产安全隐患的制度，是"安全第一、预防为主"的具体体现，同时也是群众路线在安全生产中的贯彻落实，是企业进行民主管理的重要内容。这一制度要求建筑企业职工在施工中应当遵守有关生产的法律、法规和建筑行业安全规章、规程，不得违章作业；对于危及生命安全和身体健康的行为有权提出批评、检举和控告。

（3）安全生产教育培训制度，是指对广大干部职工进行安全教育培训，提高安全意识，增加安全知识和技能的制度。企业应该把安全教育作为职工教育培训的基本内容之一，充分利用岗位培训、农民工夜校等多种形式，将安全教育贯彻始终。

（4）安全生产检查制度，是指上级管理部门或企业自身对安全生产状况进行定期或不定期检查的制度。通过检查可以发现问题，查出隐患，从而采取有效措施，堵塞漏洞，把事故消灭在发生之前，做到防患于未然，是"预防为主"的具体体现。通过检查，还可总结出好的经验加以推广，为进一步搞好安全工作打下基础。安全检查制度是安全生产的保障。

（5）伤亡事故处理报告制度，是指在施工过程中发生事故时，建筑企业应当采取紧急措施减少人员伤亡和事故损失，并按照国家有关规定及时向有关部门报告。事故处理必须遵循一定的程序，做到三不放过（事故原因查不清不放过，事故责任者和群众没有受到教育不放过，没有防范措施不放过）。通过对事故的严肃处理，可以总结出教训，为制定规程、规章提供第一手素材，做到亡羊补牢。

（6）安全责任追究制度。《建筑法》第七章法律责任中规定："建设单位、设计单位、施工单位、监理单位，由于没履行职责造成人员伤亡和事故损失的，视情节给予相应处理；情节严重的，责令停业整顿，降低资质等级或吊销资质证书；构成犯罪的，依法追究刑事责任。"

3. 安全生产科学体系

建筑安全生产是一门科学，是建筑行业长期在施工生产实践中，对施工活动安全事故发生规律的客观认识和经验的总结。建筑安全生产科学是研究如何通过法律、制度、组织和技术等措施来确保、维护施工劳务者、人民财产的合法权益的科学。包括以下几方面的内容：建筑安全管理、建筑安全技术、建筑劳动卫生。

（1）建筑安全管理。建筑安全管理是针对建筑生产活动中的不安全因素，研究如何通过运用法律、规范、制度建设等手段对生产进行安全管理的科学。

安全管理分为事前预防与事后处理两部分。事前预防是指在安全事故没发生之前对其风险源进行安全设防的管理。事后处理是指安全事故发生之后，对所造成损失后果的处置和管理。建筑职业伤害保险就是针对施工现场安全事故发生后对受伤害人员进行及时有效的救治、康复和生活保障管理的科学。

（2）安全生产技术。安全生产技术是针对施工生产中的不安全因素，从施工技术上研究如何采取技术控制措施和标准规范，对安全事故发生加以预防的方法与技术。包括制定施工技术规程、规范、标准等。

（3）施工劳动卫生。建筑施工劳动卫生是研究如何在施工劳动中预防有害物质对员工健康产生的影响，防止引起员工职业病的分支科学。例如，施工现场环境与卫生研究、劳动保护用品使用、建筑职业病防治等。

1.1.4 安全与保险的关系

1. 安全带动保险

无风险，无保险。人类社会从一开始就面临着自然灾害和意外事故对人身、生命和财产的威胁和干扰。自然灾害和意外事故的客观存在是保险产生的先决条件。在自然界中，存在着地震、海啸、飓风、雷击等自然现象。这些自然现象往往给人们的生产和生活带来灾害性后果。人类在进行生产、日常生活过程中，因为疏忽或错误行为，经常或造成意外事故。诸如失火、沉船、爆炸、车祸等，这些意外事故也会对人的生命造成伤残、死亡或者对物质财富造成损失等不幸后果。

自然灾害和意外事故是客观存在的。人们要生产和生活，必须与自然灾害和意外事故进行斗争，以保证生产的正常进行和人们生活的安定。人们在与自然灾害和意外事故进行斗争的措施很多，归纳起来有三个方面：一是积极预防。例如兴建水利、筑坝建堤，防止洪涝灾害；实行卫生检疫，防止疾病传染和中毒意外事件的发生。二是有效控制。对已经发生的自然灾害或意外事故造成的损失，通过施救的办法来制止灾害的扩大和蔓延，以减少损失，例如扑救火灾、泄洪排涝、抢救伤员等。三是补偿损失。对自然灾害或意外事故造成的损失，用货币形式或实物形式给予补偿。预防和控制的措施虽然可以在很大程度上减少损失，但其作用范围是有限的，而且难以弥补已经造成的损失。只有采取经济补偿措施才能应对较大的灾害损失，恢复暂时中断的生产和正常的生活。

对自然灾害和意外事故造成的损失可以由国家财政预算中提留后备基金给予补偿，但这样国家的财政负担太重；法人或自然人用自有资金或实物的积蓄后备进行补偿，法人或自然人往往财力不足，难以实现。采取上述方法以外的补救方式即保险的方式，则是一项重要的途径。保险通过广泛建立“聚万家之财、救一家之灾”的机制，对自然灾害和意外事故造成的损失进行经济补偿。

自然灾害和意外事故造成的客观存在，导致了人类思索与之斗争的方式，保险作为一种有效的经济补偿措施，正是在这种前提条件下产生的。没有自然灾害和意外事故就不会产生保险。人类社会越发展，创造的财富越集中，遇到自然灾害和意外事故造成的损失程度也就越大，就越需要通过保险的方式提供经济补偿。

职业伤害保险真正形成和发展是进入工业化社会之后。18世纪末到19世纪中期，英、法、德等国家相继完成了工业革命，工厂制度兴起，机器生产代替了原来的手工操作，伴随工业革命而来的是意外事故发生的可能性骤增，加上机械化与化学的发展，以及产业结构的复杂化，不但人身伤害事故发生率大大增加，而且其影响范围也很广泛，工伤事故发生，对劳动者个人而言意味着劳动能力暂时或者永久、部分或全部丧失，从而影响劳动者本人及其家庭的生活，以致影响社会的稳定。对雇主而言，则可能造成原料、资金及生产工具等生产要素受到破坏；同时，职业意外伤害也不仅是个别资本的损失，也在总体经济上对国力造成侵害。据国际劳工专家估计，全世界每年因职业伤害造成的经济损失相当于国民生产总值的2.4%~4%。基于此，工业化国家纷纷建立职业伤害保险制度，积极发展保险，以谋求对劳动者的工伤救济。

我国改革开放以来，随着我国经济建设迅速发展，在社会物质财富极大增长的同时，也带给劳动者前所未有的职业伤害。据统计，我国现有建筑从业人员3552万人，每年都有数以万件大小事故发生，全国因建筑安全事故造成的死亡率，最低年份为万分之一，最高年份为万分之七，职业伤害事故的发生造成了巨大的损失和人员伤亡。

我国政府一贯重视安全生产工作，近年来，制定和颁布了《安全生产法》等一系列法律法规，为安全生产和保险业的发展提供了可靠的保证，先后在建筑、煤炭、海洋、交通等行业强制性推行保险，为我国保险业的发展提供了前所未有的机遇。

据统计部门数字显示，2002年以来中国保费收入年均增长17.3%，保险业成为中国国民经济中增长最快的行业之一。2005年达到4927亿元，是2002年的1.6倍。截至2005年，保险机构达到93家，保险总资产达到1.8万亿元，是2002年的2.4倍；保险业资本金总量是2002年的3倍，突破了1000亿元，保险法人机构较2002年增加了1倍以上，达到了93家，保险从业人员已达180万人，占金融从业人员总数的40%以上，其中仅保险营销员就接近150万人。2005年中国保费收入世界排名第11位。占全球总保费收入的1.8%，比2002年提高了0.4个百分点。

2006年全国保费收入达到5641亿元，是2002年的1.8倍，在世界排名第9位，比2005年上升了2位。也就是说，中国保险业的国际排名平均每年上升1位。这其中，中国人保、中国人寿、中国平安三家龙头企业的保费收入合计3410亿元，比2003年增长30.9%，企业的偿付能力充足率均超过100%。

2007年全国共有保险公司110家，比2005年增加10余家，其中外资公司43家，比2002年底的22家公司增加了21家；中国保费收入达7035.8亿元，是2002年的2.3倍。截至2007年底，全国共有保险专业中介机构2331家，外资保险专业中介机构7家，全国专业中介机构共计实现盈利19496.2万元，同比增长96.22%。特别是保险经纪机构，全年实现盈利22053万元，同比增长104.74%，为历史最好水平。

截至2008年，全国共有保险专业机构136634家，营销员2560532人。全国通过保险中介渠道实现保费收入8043.50亿元，同比增长38.84%，占全国总保险收入的82.21%。全国中介机构共实现业务收入720.02亿元，同比增长19.88%。全国保险中介机构整体盈利25502.19万元，同比增长30.81%。

总之，进入21世纪后，我国保险的服务领域不断拓宽，市场体系日益完善，法律法规逐步健全，监管水平不断提高，风险得到有效防范，整体实力明显增强，在促进改革、保障经济、稳定社会、造福人民等方面发挥了积极作用。

2. 保险促进安全

我国生产领域引入职业伤害保险机制不仅使安全生产工作多一种手段，多一份支持，多一份保障，而且二者相辅相成，良性互动，共同服务和促进安全生产工作。

（1）有助于发挥保险的社会管理功能，提高安全生产制度的落实程度，降低安全事故的发生概率。保险机构作为商业机构，出于对自身利益的考虑，必然要采取一些措施，加强对企业生产安全的监督和管理，以期减少事故，减少赔偿。保险公司这一动机和目的，决定了企业在引入保险机制后，就能给企业引入一个从自身利益出发，关心企业安全生产的市场主体，有利于防范安全事故的发生。

（2）有利于调动企业的安全生产积极性，提高企业员工的安全意识。发达的工业化国家职业伤害保险制度中普遍强调重视伤害事故的预防，职业伤害保险机制在这方面发挥了不可替代的作用。保险公司为了避免道德风险，往往设计各种条款来调动公司参与安全生产管理的积极性，如根据企业安全生产技术、安全制度情况、事故发生的频率等，动态调整保费比例，或给企业适当的报酬以奖励其良好的安全生产管理活动等。通过这些市场化、激励约束相容的制度设计，能很好的调动公司的积极性，提高管理人员做好安全生产工作的责任心。同时，由于保险公司为了减少安全事故的发生，往往会广泛宣传安全生产工作，有利于员工在日常工作中提高安全意识，并采取正确的安全生产方式。

（3）能够增加生产安全事故发生后补偿损失的资金来源，减轻国家负担。安全生产事故发生后，尤其是中小企业发生的重大、特大安全事故后，国家往往要介入善后工作，给受难家属一定的经济补偿，形成“企业赚钱，政府发丧”的恶性循环。引入保险机制后，可事前通过保费的形式，将各生产经营单位的资金集中起来，在事故发生后，保险机构在承保范围内提供补偿这是国际通用的做法。这样，通过引入保险机制，提供了一条新的弥补损失的资金来源，能有效减轻国家的财政负担。

因此，对于一个完善的建筑安全生产网络而言，职业人身伤害保险制度不可或缺。在发达国家，职业伤害保险是与安全立法、安全监察并列的安全生产三大支柱之一。任何一根支柱的缺失，生命安全的前景都不会美妙，这恰恰是我国安全生产所面临的困境。当然，我们的目的并不是事故赔偿，而是尽可能地降低安全事故，所以我们必须从生命安全的角度来审视职业人身伤害险的赔付意义，职业伤害保险是建筑安全生产的重要组成部分。

1.2 国外职业伤害保险的发展

1.2.1 职业伤害保险发展综述

1. 德国职业伤害保险制度发展

德国是最早实行工伤保险制度的西方国家，可以追溯到19世纪80年代，至今已有百余年的历史。它是伴随着资本主义工业生产造成的大量伤亡事故和职业病而来，并在强大的社会压力下建立起来的。

（1）保险法律建设

在德国推行职业伤害保险的做法首先是立法：1881年，德国《社会保险宪章》中规定了有关事故保险的条款；1884德国颁布了《工伤保险法》，这是专门涉及工业事故和职业病及其预防与补偿问题的法规。主要内容有三项：一是事故预防，通过采取一切有效手段预防事故和控制职业病，保障劳动者在工作中免遭伤害；二是疾病康复，如果发生工伤事故，须采取一切适当措施，为受伤人员提供医疗服务，使其身体康复，并恢复其工作和社会活动；三是现金补偿，为受伤人员及其抚养的家属，提供现金补偿费。

当时德国作出对因事故伤亡的工人给予补偿的规定后，影响遍及整个欧洲。西欧和北欧各国纷纷效仿德国的做法，先后建立了职业伤害保险制度。奥地利于1887年，挪威于1895年，芬兰于1895年，英国于1897年，法国和丹麦于1898年，均颁布了相关的法律法规。

此后，随着这项制度的发展，德国对职业伤害保险事业更加重视。1923年，经过对所有有关保险法律的审视，制定了《帝国保险条例》。1996年5月，联邦议会通过了新的《工伤保险法》。德国通过对工伤保险制度的不断修订，采取各种措施，以达到促进安全，减少工伤事故与职业病造成的各种经济损失的目的，使德国的工伤保险立法更加完善、具体。

（2）保险法律内容

德国民法规定，所有雇主都必须承担保护本企业所有雇员的安全健康责任。德国政府授权其建筑业事故保险联合会负责安全生产的行业管理，该联合会属于半官半民的性质。联合会以工伤事故保险为核心，具体开展制定安全生产技术法规、组织培训教育、事故调查统计、工伤疾病保险等工作。

政府要求每个企业都必须加入所在地区的联合会，成为联合会的成员。凡承揽工程建设项目的承包商雇主，必须按照雇员人数以及工种的危险程度向联合会交纳工伤保险费，由联合会负责承担保险，保险费平均为雇员工薪总额的1.36%。联合会承保范围包括三种情况：工地上发生的工伤、上班途中发生的伤亡事故以及职业病。但对在工地上干私活、故意违章等行为不予保险。一旦发生工伤事故，由联合会负责康复和补偿事宜，与承包商雇主不再发生任何关系。

安全监督工程师代表政府对施工安全生产进行监督检查。其具体职责包括：起草安全生产技术法规，监督安全法规的实施情况，检查所管辖施工现场的安全生产，对于违规者提出警告、罚款以及责令停工等。安全监督工程师必须受过专业教育，具有现场管理经验，经过建筑业联合会培训认可。

德国有关法律规定，凡雇佣员工21人以上的建筑企业，必须设有专职安全管理员，不足21人的建筑企业必须设有兼职安全管理员，安全管理员应该定期培训，持证上岗。德国上述制度对于加强建筑施工安全生产管理，保障人身财产安全发挥了极其重要的作用。这些制度也是德国长期建筑施工安全生产管理的经验总结，值得我国认真借鉴和学习。

2. 英国职业伤害保险制度发展

（1）保险制度发展

雇主责任险是英国最早兴起的险种之一。1880年，英国颁布了《雇主责任法令》。如果雇主的过失是导致雇员遭受伤害的原因，雇主必须为此承担赔偿责任。雇主具有下列应尽义务：①提供适当安全的工作场所；②提供适当安全的工具；③选择智力相对健全、身体健康的雇工；同时，制定安全规章制度并加以实施，告诫雇员工作中本身固有的和难以预见的任何危险因素等。与《雇主责任法令》颁布的同时，雇主责任保险公司成立。

英国职业伤害保险真正得到全面迅速的发展是在20世纪60年代，从那时起，职业伤害保险拓展到工程建设领域。英国1972年开始实施《雇主责任强制保险法》，该法规定除了少数机构（如政府机构、国有企业、国家医疗机构等）之外，绝大多数雇主必须为其雇员购买雇主责任险，雇员范围包括：正式员工、临时员工和学徒工。

1998年，英国劳工部修订《雇主责任强制保险条例》，该《条例》进一步规定雇主责任险的最低限额为500万英镑。英国的企业在购买雇主责任险后会得到保险公司出具的证书。劳工部负责对雇主责任强制保险制度的执行情况进行监督，对于违反规定的企业进行处罚。除了雇主责任保险，其他责任保险在英国并不是法律意义上的强制保险。

目前，在英国保险市场上，责任保险主要由五大门类构成：雇主责任保险、公众责任保险、职业责任保险、产品责任保险、董事责任保险。此外，英国还有一些特殊的责任保险，包括名誉损害责任保险、环境污染责任保险等。按照保费收入统计，雇主责任保险在整个责任保险中的地位最为重要，约占1/3的市场份额。

根据2004年统计数据，英国雇主责任保险的投保率为90%。没有投保雇主责任保险的企业绝大多数是雇员人数在10个以下的小企业，而大、中型企业的雇主责任保险投保率接近100%。虽然法律要求雇主责任保险的最低限额为500万英镑，但在实际操作中，绝大多数企业选择1000万~5000万英镑的保险责任限额。

（2）保险制度特点

英国职业伤害赔偿制度的特点在于：一是职业伤害保险的救济并不是工人可以得到的惟一救济，工人在受伤后可以选择接受保险的赔偿，也可以进行诉讼。能够证明雇主对损害有过错的，在接受赔偿之后，仍然可以提起诉讼，就补偿不足的部分进行弥补。二是政府机构一般并不介入到职业伤害的赔偿中来。三是由意外伤害而产生的赔偿责任完全由雇主承担，政府和雇员都不对此承担任何责任。四是受害人因为伤残或者死亡得到的赔偿与其受损害前的收入有一定的联系，在英国要为永久伤残者提供终身退休金。

3. 美国职业伤害保险发展

美国的工伤保险制度在发达国家中起步较晚。直到1908年联邦政府才颁布《美国联邦雇员伤害赔偿法》，该赔偿法的颁布推动了各州工伤立法的正式实施。美国工伤保险立法的发展过程可分为三个阶段：

（1）《工伤事故普通法》

该法于1837年颁布，《工伤事故普通法》规定，凡受到工业伤害的雇员若要得到赔偿金，需提供雇主疏忽大意的证据，方可起诉雇主；雇主也有权运用辩护条款，证明工伤是由工人自己或其同事的过失造成的，从而免除赔偿责任。另外，受伤的工人如果事先知道有关风险，即使雇主有过失也可以不予赔偿。由于这项条款不利于工人的利益，使大量因工伤残的工人得不到应有的赔款和医疗费用，造成他们生活上的困难。

（2）《雇主责任法》

由于《工伤事故普通法》存在一些缺陷，因而美国大多数州都制定了雇主责任法。在《雇主责任法》中，有关针对工人的条款放松了限制，从而改善了受伤工人的法律地位。尽管“相对过错责任”代替了“过错责任”，但因工伤残工人面临的根本问题依然存在，因为把雇主的过失诉诸法庭，诉讼程序冗长，诉讼费用昂贵，且结果很难预料。

（3）《伤害赔偿法》

美国从农业经济向工业经济转变的同时，导致因工受伤、致残、死亡的人数急剧增长。一些州为了妥善解决这个问题，着手建立劳工伤害赔偿法，实行社会保险。美国有些州在1902年率先通过了伤害赔偿法，但由于种种原因未能实施。

在经历上述三个发展阶段的基础上，美国联邦政府于1908年颁布《劳工伤害赔偿法》，从而推动了美国各州工伤立法的正式实施。《劳工伤害赔偿法》制定了以下五项基本目标：①保障对象为所有可能受到工业伤害和职业病伤害的雇员；②工伤保险是对由于工伤事故或职业病而致残的工人丧失劳动能力的实质性保障；③提供充足的医疗保健和伤残理疗服务；④鼓励雇主加强安全措施；⑤建立有效的补助金支付应有的服务体系。

此后，美国国会多次在修订《社会保障法》时，对工伤保险制度也作了修订。1956年，对因工致残的条款进行了修订；1984年国会通过了《伤残津贴改革法案》；1996年美国又对工伤保险计划的基本内容作了修改，法案规定：从1996年3月29日起，因麻醉药品和毒品或酒精中毒而导致伤残的人不能享有工伤保险金，但因治疗疾病引起药物或酒精中毒而导致伤残的人，可以申请工伤保险金。由此看出，任何一个国家的工伤保险制度建立时，都不可能做到完美，它都是随着经济和社会的发展，随着政治的变革而不断完善。

4. 加拿大职业伤害保险制度发展

加拿大是联邦制国家，全国共划分为10个省和3个地区，各省（地区）都具有相对的立法权和行政管辖权，加上1个联邦，有14个独立的司法管辖区。联邦和省级政府在职业健康与安全方面的立法相互独立，有各自的适用范围。

联邦立法主要适用于航海运输业、铁路运输业、跨省内河运输业、银行业、无线电通信、广播业、航空运输业等跨省企业的工人，约占全部劳工的10%。《加拿大联邦劳动法典》、《加拿大联邦职业健康与安全规程》等不适用于省内企业的劳工。

加拿大工伤保险属于地方保险项目，由各省（地区）自行制定法规，各省（地区）立法主要适用于建筑业、制造业、零售业、采矿业、森林伐木业等省内企业的劳工。每个省（地区）都有自己的工伤保险计划，各省（地区）都设有专门的工伤赔偿机构。以不列颠哥伦比亚省为代表的6个省，将安全监察职责赋予工伤赔偿机构，工伤赔偿与安全监察融为一体。

在职业健康与安全法案之下，联邦和省（地区）还制定了大量的职业健康与安全规程。如安大略省目前就有35部这样的规程，包括特殊行业规程、特殊工序或危害规程、危害物质控制规程。工伤保险基金主要来源于雇主缴纳的费用，有些省则全部由雇主负担，雇员和政府不直接负担费用。联邦和省政府的雇员及海员等各有专门的工伤保险制度，规模庞大的企业经批准也可以自行保险。联邦立法权限范围内的联邦性工伤保险立法计划，仍然由各省的工伤赔偿机构按联邦立法理赔。

各省（地区）工伤赔偿机构每年安排工伤保险基金总额一定比例的事故预防费用，比例一般占年收取工伤保险基金总额的3%～5%。此外，他们利用工伤保险基金，建立设备先进的职业康复中心，供遭受工伤者进行心理治疗和生理功能锻炼。

5. 日本职业保险制度发展

（1）保险法律建设

日本的工伤保险制度起源于1947年，形成于50年代后期，为了减少工伤事故发生，加强安全预防，维护工伤人员利益和劳动者权益，实现劳动者健康宽松的生活，确保和改善合理的劳动条件，保证恰当的工伤补偿和劳动保险费的征缴，日本政府先后制定和颁布了《劳动者事故补偿保险法》、《劳动者事故保险法实施规则》、《劳动者事故补偿保险特别给付金支付规则》。这三部法律法规，建立了工伤保险的法律框架，使事故补偿有了法律保障。

为了强化业主和劳动者在预防事故、落实“安全第一”的生产责任，随后又出台了《雇用保险法》、《劳动者安全卫生法》和劳动保险费征收的法律。为加大安全生产监督，把预防事故工作落实到现场，明确了政府在减少工伤灾害，加强劳动福利的责任和权利，颁布了《劳动保险审查官及劳动保险审查会法》。为使劳动安全福利工作深入社会、普惠大众，制定和颁布了《独立行政法人劳动者健康福利法》，进一步把劳动的安全和身心健康联系起来，突出了没有健康就没有安全的理念。这些法律条文，对工伤补偿制度，工伤保险的目的，劳动福利事业，保险给付的种类及内容、标准，与工伤保险事业相关的费用负担、争议及诉讼等方面都进行了详尽的规定。整个工伤保险事业在完善的法律轨道上运行。处处依法办事，事事有法可依，成为日本工伤保险事业显著的亮点。法制支撑了整个工伤保险劳动健康福利的大厦，庇护了广大的劳动者，也约束企业法人和生产管理者。

1958 年以来，工伤保险的主管部门厚生劳动省（2001 年厚生省和劳动省合并，称为劳动省）连续 10 次制定减少工伤五年计划，并全力组织实施。计划的方针是“最大限度的减少死亡事故，确保中小企业安全卫生工作落实，减少劳动者的精神负担，广泛开展教育宣传活动，减少事故受害人群，动员全社会广泛参与，适应当前就业流动性大和岗位交换频繁的特点，加大安全培训力度等”。针对不同行业事故发生率的不同，对事故高发的建筑业、路上货物运输业和第三产业（路面清扫、垃圾清理）有专门的计划。

与此同时，政府还发布《劳动卫生政策实施纲要》。劳动省劳动基准局的安全与卫生部对每年工伤疾病发生的行业、病种有详细的统计分析，对自 1964 年以来各行业疾病的发生状况进行公布和研究，对职业病的诊断分布和实施健康诊断的人数有详尽的数据，从一个侧面印证了政府推进工作的力度。

（2）保险管理组织

日本为减少工伤事故，成立了一个全国性的组织——中央劳灾预防协会（简称预防协会）。日本政府每年给预防协会一定的资金，目前，财政每年对其补助 15% 的费用。预防协会的主要任务是：①开展教育培训、技术咨询；②提高经营者的防灾意识、增强防灾技术手段；③减少事故隐患、创造防灾环境。协会设有教育、调研、有害气体研究、国际交流等若干个中心。协会的组织遍布全国，全国 47 个道府县都与其签订协议，成立自己相应的机构，预防协会与其下属机构形成了企业安全卫生的防护网。

中灾防在减少工伤事故、防止灾害发生方面做了大量的工作，成绩斐然。大力开展健康诊断、化学品检测和到企业进行技术咨询等活动；承担了全国 300 多个工种的上岗培训任务；培养到各企业去从事对劳动者进行健康检查的专门人才，针对每位职工的不同情况给予营养指导、运动指导和心理健康指导；设立了安全卫生培训教育中心，对企业的安全指导员进行定期培训，为职工创造安全舒适的工作环境。

日本的工伤保险和失业保险合称为劳动保险，以区别于养老、医疗为主体的社会保险。首先在体制上，他们归属于厚生劳动省劳动基准局的工伤补偿部管辖。而其他的社会保险则由厚生劳动省的社会保险厅管辖。他们认为劳动保险和社会保险不同，养老、医疗保险（日本称为健康保险）是为保障劳动者年老、患病时应有的物力保障，而工伤事故客观上是生产发展的极大破坏，工伤保险则要为安全生产作保障。

劳动基准局在各都道府县设有派出机构，即各都道府县的劳动基准局。各基准局在根据自己管辖的区域，再设若干个劳动基准署，也是全国劳动部门最基层单位。全国共设有劳动基准署243个，主要职责：①确保劳动者权益；②确保劳动者的安全、工作环境卫生、法律法规的贯彻实施；③开展了工伤保险的各项业务活动。其他的社会保险业务，另有专门的机构承担。因此，工伤保险在劳动部门的地位很高。值得一提的是，日本工伤保险管理手段十分先进，数据全国联网，每一个业务办理都可以在各地直接通过网络查询。

1.2.2　保险范围与保险类型

1. 承保范围

早期的工伤保险的对象范围，只是那些靠工资收入从事有危险工作的工人，即只对某些经济活动领域企业的职工，而且有些国家还把一些小企业排斥在工伤保险范围之外。工伤保险范围一般适用于工薪劳动者，通常不适用于自我雇佣者。后来才逐步扩大范围。

目前，世界各国有扩大工伤范围的趋势，在发展中国家，工伤保险的限制在减少，有权享受待遇的人在增加；　些工业化水平较高国家的伤害保险，几乎包括所有雇员，把从事经济活动的人和从事非经济活动的人，同样包括在一个工伤保险制度中。如奥地利、丹麦、德国、芬兰、日本、挪威、瑞典和突尼斯已把个体经营者也包括进来。

奥地利、法国、德国、卢森堡、挪威和瑞典在制定的工伤法规中规定，承保对象还包括学生和教师。有些国家还把红十字救援人员、义务消防人员、工会工作人员、协助警察工作人员、保卫国家安全人员、家庭雇工、家庭教师甚至保姆等因工作受到伤害，均包括在工伤保险的范围之列。

当然，目前各国伤害险的承保范围不尽相同。例如，德国参加保险的人员不仅有产业界雇员，而且包括农民、教师、政府雇员等。而有些国家则不同，如意大利的工伤保险制度实施范围是体力劳动者、从事危险工作的非体力雇员和从事农业的独立劳动者（海员不在此范围内，另有制度）；美国及一些国家工伤保险范围不包括全部农业工人，只包括从事电动机械操作的农业工人；有的国家承保范围并不包括小型企业的工人。严格来说，职业伤害保险覆盖的发展趋势应该包括容易遭受工伤事故的所有雇员。

2. 保险类型

世界上实行职业伤害保险的国家大体为两种：一种是建立公共基金的社会保险类型；另一种是雇主责任制类型。实行前一种类型的约占实行职业伤害保险制度国家的2/3，它们是用公共基金实施的；其职业伤害保险基金可以是一般社会保险基金的组成部分，也可以是单独的。在这些国家，凡参加职业伤害保险的雇主，都必须向社会保险机构缴纳伤害保险基金，由社会保险机构支付伤残补助金。实行社会保险制度国家的工伤医疗都是免费的，被保险人原则上是不缴纳保险费用的。例如，法国工伤事故的医疗费、药费、住院费全部由社会保险部门提供。

实行后一种类型的是少数国家。雇主责任保险制度有两种情况：一是受伤的工人或遗属直接向雇主要求索赔，雇主根据法律规定向他们直接支付赔偿费用。如果工伤还涉及其他方面，出现争议，法院或国家有关机构将出面解决；二是雇主为其雇员的职业伤害风险向保险公司投保，实行雇主保险。这些雇主只能通过向私人保险公司投保而得到保险。这类保险公司向雇主征收职工伤害保险费，通常是根据各企业或各产业部门的伤害事故发生的情况或根据工作风险程度而定，各行业或企业间的保险费可能差别很大。

例如，美国各州时兴的保险类型不同。在不实行社会伤害保险模式的州，要求雇主为其雇员的职业伤害风险实行保险，按保险类别交保险费。美国职业伤害险是按行业划分，与行业内部所有企业的伤害频率和安全考绩有关，用以精确估算该行业工人补偿保险损失成本。比如公司职员和卡车司机，他们的职业风险是不同的，由此带来的损失也会不同。

再如加拿大，职业健康与安全立法对伤害保险采取的是无过错集体责任制度，该制度要求雇员放弃起诉雇主，国家保障其获得伤害赔偿。雇主因缴纳伤害保险费而豁免对其的诉讼，从而分散雇主的雇用风险。依据该制度，凡列入伤害保险计划的企业都必须在保险赔偿机构购买保险，如果企业没有给职工购买保险，发生伤害事故后，仍然由伤害赔偿机构赔偿，伤害赔偿机构将会对没有给职工购买保险的雇主进行罚款。

1.2.3 保险费率与保险赔付

1. 保险费率确定方式

许多国家的伤害保险都按行业划分费率，行业费率的这种差别反映到损失成本上，从而计算出相应的保险费率值。但也有一些国家，例如挪威和瑞典，不考虑风险因素，所有雇主不论其业务类别，均按相同比率缴纳保险费用。

各国社会保险部门，对工伤保费的收缴与管理是十分重视的。国外的工伤保险基金筹集的确定方式大体有三种：

（1）个别（单独）确定法。又称为功过确定法或经历确定法。这种方法与雇主责任制中的义务性保险缴费额的确定办法最为接近。基本缴费额可以采用预测的方式确定，然后再根据雇主的经历进行调整。付款具有追溯效力。个别工伤事故的有关数据和账目要求只针对某一个企业，体现出个别法的原则。单独确定法会使保险计划受到来自雇主方面的压力，这些雇主都希望自己被确定缴纳最低额的保费。

（2）集体确定法。这种确定基本费用缴纳金额的办法与个别确定法较为相似，采用预测的方式确定，但不同之处在于，事故的有关数据和账目要求针对于某一个企业群体（行业），根据群体内企业发生工伤危险情况而定，保费则按照集体测算的保费标准由雇主交纳。

（3）统一确定法。所谓统一确定法就是不针对某个企业或企业群体，数据和账目针对整个制度而设计的。在这种方法中，共担风险的原则得到最全面的应用。所有雇主一律交纳统一数额的保险基金。这种方法是所有办法中最简单的一种，这是公正地处理和调解事故的唯一方法。

2. 行业差别费率与浮动费率制度

（1）行业差别费率。许多国家根据行业危险程度不同，实施行业差别费率制度。例如，加拿大的安大略省缴费率变化范围为：危险程度最低的行业，缴费率为可保险收入的1%；其他行业的缴费率平均为可保险收入的3%，而危险程度最高的行业其缴费率高达可保险收入的25%。日本工伤保险实行差别行业费率，行业费率划分细密，共分8大产业51个行业，费率分类多达50多种。差别行业费率根据情况变化，每3年调整一次，各行业附加0.1%通勤事故保险费率。在行业费率的基础上，对各企业分别确定缴费方法：

一是对“连续事业”（工厂、商店等）确定按工资总额的一定百分比缴费；二是对“有期限事业”（土建工程等）确定缴费的绝对额。

（2）浮动费率制度。在实行行业差别费率的同时，许多国家还建立了浮动费率制度，针对企业安全生产优劣给与调整。例如，加拿大通过对以事故和赔偿情况为主的综合性的科学评价，对企业实行浮动费率。几乎在所有的省（地区）以及联邦的立法中，均有一些条款对那些工伤事故和职业病发生相对较少的企业进行奖励，降低缴费率标准，而对那些具有不良记录的企业给予惩罚。费率上下浮动约为20%左右，最高达30%。企业事故率高于平均值的要受惩罚，事故率越高惩罚越重，反之予以奖励。这种直接的利益驱动机制，特别是这种大的浮动费率幅度，极大地刺激了企业自觉改善劳动条件，以减少伤亡事故和职业病的发生。

3. 保险经济补偿的内容

国外职业伤害制度的基本功能是经济补偿。国外职业伤害保险制度给予受损雇员的补助大体分为伤害补助金、医疗补助金和遗属补助金。

（1）保险伤害补助金

许多国家把伤害补助金分为暂时伤残补助金、永久部分伤残补助金和永久全残补助金。

1）暂时伤残补助金。这种情况是指受伤害雇员在治疗期间暂时不能从事伤害前的工作。然而这些工人最终可以康复返回原来的工作岗位。这类情况一般规定自丧失工作能力之日起支付。如法国，最初的28天支付补助费为收入的50%。此后，支付收入的66%。美国这种类型的补助很简单、清楚，按各州工伤补偿法规定，在工伤雇员返回原工作岗位之前，他将可以领取到他收入的一定比例的伤害补助，大多数州受伤工人领取的这个比率为发生伤害前雇员一周工资的2/3。加拿大规定暂时伤害致残的，赔偿数额为受伤者受伤害前原收入的75%。

有的国家规定，在开始支付补助金之前，须有几天的短暂等待期。意大利规定，受伤开始90天，支付收入的60%，此后支付75%，不过这些费用需要在3天等待期后支付。在等待期间，雇主必须支付补助待遇。瑞士受伤工人需要等待2天后支付，补助金为收入的80%。

暂时伤残补助金一般只是连续支付较短的时期，如：英国规定最多支付26周；荷兰也规定最多支付26周，但可延长到39周；而泰国规定支付时间比较长一些，暂时补助金最长支付到52周。几乎所有国家的暂时伤残补助金的标准，都是以工人负伤前一个时期的平均收入为基础，确定一个百分比。百分比的大小虽然各个国家不一样，但至少为60%。这同一般疾病补助金相比，当然要高得多。

2）永久部分伤残补助金。这类补助是指经过康复治疗后身体出现残疾，可能是身体某些部位功能发生障碍，影响将来收入水平。这种补助金各个国家支付的办法基本相似。

英国规定：如果残废程度为20%～90%者，一周支付8.9～39.9英镑；如果残废为1%～19%者，则发给一次性补助金，金额为2950英镑。

法国规定：伤残程度为10%～50%者，支付补助金为收入损失部分的1/2；如果伤残程度低于10%的，则发给一次性补助金。

丹麦规定：如果伤残为50%～99%者，按丧失工作能力的比例计算全额年金；如果是5%～49%的残废者，折算部分补助金，每年支付一次。年满67岁时，补助金停止逐年支付，改为一次性支付2年的补助金。

加拿大规定：部分残疾的，按谋生能力降低比例确定赔偿金比例，在10%以下的一次性支付。除了以上补偿外，伤残工人还能得到医疗服务和护理，以及必要的职业康复培训。由于残疾的程度容易随着时间而有所变化，可能变好也可能变得更糟，工伤赔偿机构索赔仲裁员会每年复核受伤工人的保险待遇，直到工人受伤后的72个月为止。72个月以后，没有新情况不再复核。有的国家规定，各种补助待遇还随着国民平均收入的变化而自动调整。

3）永久全残补助金。这类伤害是最严重的一种类型，工人再也不能从事以前的工作或其他类型工作。大多数国家对这类情况通常为其终身支付补助金，像年金一样，按月发给。少数国家不对永久丧失工作能力者发给定期补助金，而是支付一笔相当于几年工资的一次性补助金。

永久全残补助金也是按照伤残者受伤前平均收入的一定百分比发给。补助金的百分比一般比普通伤残补助金的百分比稍高。大多数国家规定为平均收入的66%～75%，但对收入有最高或最低限度。有些国家除了支付永久全残补助金外，还要加一些额外补助金，这是付给因有供养亲属以及因伤残需人护理而另外加发的。如瑞士，支付长期护理补助金为收入的30%；法国对永久伤残需要长期护理的，补助金为残废补助金的40%；意大利对长期护理的补助金为每月4.96万里拉（约合人民币2636元），并规定每两年调整一次。加拿大对永久完全残废者的赔偿可达到受伤害者原来收入的90%；有的还支付一次性补偿金以及提供其他形式的补偿。

（2）保险医疗补助金

除伤害补助金外，对于伤残工人的补助金还有医疗补助，其主要形式是提供一些医疗服务、安排住院以及伤残人员的康复工作，这些服务基本是免费的。但是，有些国家的免费医疗制度对于医疗期限和医疗费用总数都有一些规定。

（3）保险遗属补助金

有些国家的工伤保险补助金还包括支付因工死亡的遗属补助金（寡妇鳏夫补助金、孤儿补助金及父母补助金）。

因工死亡的遗属领取补助金的标准，一般是按照死亡者生前近期平均工资的百分比计算，或按其死亡之前实际领取年金的百分比计算。遗孀领取的补助金通常为死亡者平均收入的30%～50%，有最高限度。只有父或母的孤儿领取的补助金约为遗孀领取的50%，父母双亡的孤儿领取的补助金约为遗孀的2/3。

如意大利，配偶领取的补助金为死亡者收入的50%，每个18岁以下的孤儿领取的补助金为死亡者收入的20%，父母双亡的孤儿领取的补助金为死亡者收入的40%。父母（如无上述亲属）二人领取的补助金为死亡者收入的20%。

法国的标准是遗孀领取的补助金为死亡者收入的30%，如果遗孀年满55岁或遗孀为伤残者，领取的补助金则为死亡者的50%。未满16岁（失业者17岁，学徒工18岁，残废者20岁）者，死亡者的前两个子女每人领取的补助金为死亡者收入的15%，其余子女每人领取的补助金为死亡者收入的10%。父母双亡的孤儿，每人领取的补助金为死亡者收入的20%。其他供养亲属领取的补助金为死亡者收入的10%。

有些国家仅支付遗属一次性的补助，其数额相当于死亡者一定年数的收入，意大利就是对死亡者亲属实行一次性支付补偿费。加拿大规定对工伤人员遗属（配偶和子女）发放恤金，每人每月按一定数额发给。

1.2.4 保险监管组织机构

职业伤害保险机构的组建取决于该国实行哪一种保险模式。其他国家的职业伤害保险制度及做法，对建立我国的以事故预防、工伤补偿和劳动康复为主要内容的保险体系将是一个启迪。

实行雇主责任保险制国家的雇主无需保险机构管理，出现事故后由雇主根据法律向受伤害者赔偿或直接向私人保险机构投保。实行工伤社会保险的国家则由公共机构或保险基金会单独负责工伤保险工作和支付各项补助金。

1. 德国工伤保险监管组织

承担工伤保险任务的组织分为三类，即工商业工伤保险同业公会、农业工伤保险公会和自治性工伤保险公会（以下简称工伤保险同业公会）。由于工商业工伤保险同业公会承担着工商产业界的保险，因此，事故及职业病预防和保险支付主要集中在他们身上，其作用是最重要的。该机构的宗旨和任务是，使用一切手段，实现劳动安全（事故预防）和对参加保险人的风险保护（事故补偿）。其工作内容包括：

（1）事故预防：安全制度、条例的制定和发布；成员企业的监督和咨询；对成员企业雇员的教育、宣传和培训；事故致因分析和研究；对安全用品的检验和认证。

（2）事故补偿：经济方面的补偿（工伤休假期间补偿费、恢复期补偿费、工伤赔偿抚恤金、其他必要开支）；功能和技能恢复（康复）；伤病治疗（医疗康复）；职业能力恢复和帮助（再就业培训）。

工商业工伤保险同业公会以自我管理为特色，最高权力机构是由全体成员企业和雇员分别选举组成的代表大会，下设理事会。管理机构有总经理负责，并在理事会监督下运行。经费一般实行自收自支，并根据国家立法建立基金和实行资金调整。

保险费率由企业的危险程度和工资水平确定，定期调整，实现收支基本平衡。事故预防费用全部列入开支，部分保险费与企业事故和职业病发生挂钩。公会对违反事故预防规定的行为和重大事故具有一定的处罚权力。对公会偿付或处理结果存在异议且复议仍无效时，德国社会法院将负责受理这些案件。

2. 英国雇主责任保险监管组织

英国主要是实施雇主责任保险的国家，其对雇主责任保险业的管理监督机构是英国金融监管局对责任保险经营牌照的监管。由于责任险经营周期长、承担风险高、技术相对复杂，金融监管局对于责任保险营业执照的发放采取了比较谨慎的态度。因此，目前在英国经营责任险业务的主要是一些在责任险业务上具有多年经验的老牌产险公司。但是金融监管局并不排斥后来者，从2001~2005年，金融监管局共批准了19家没有责任险经营背景的产险公司经营此项业务。

3. 意大利工伤保险监管组织

社会工伤管理机构是由劳工与社会福利部一起进行一般性监督。真正具体运作的是意大利全国事故保险协会。它通过各省分会管理工伤保险，由三方理事会办理具体事宜。专门保险制度另有基金会自行管理业务。

4. 法国工伤保险监管组织

社会工伤保险管理机构是由卫生和社会保障部全面监督工伤保险工作。全国疾病保险基金会管理工伤补助金。另有一个基本疾病基金委员会负责支付补助金。征收保险费是由一个联合征收机构负责。

5. 加拿大工伤保险监管组织

加拿大是联邦制国家，联邦和省级政府在职业健康与安全方面的立法相互独立，有各自的适用范围。联邦政府人力资源开发部劳工局具体负责联邦的职业健康与安全事宜。各省（地区）由劳工局具体负责本省（地区）职业安全和健康事宜，工伤保险赔偿局主要负责工伤赔偿事宜。

1.2.5 工伤预防机制特点

工伤保险制度肇始于德国1884年7月6日颁布、1885年10月1日实施的《工伤事故保险法》，之后便迅速在西欧和北欧各国得以广泛确立。

目前，工伤保险制度已成为世界各国普遍施行的一项重要的劳动保障法律制度。最初的工伤保险制度以医疗救治、经济补偿、工伤康复为主要内容，并未涉及工伤预防。但是，从国内外工伤保险制度的立法进程中，我们可以发现，国外愈来愈重视工伤预防在工伤保险制度中的地位。

1. 德国的工伤预防机制

劳资双方充分参与工伤预防工作《工伤事故赔偿法》颁布之后，德国成立了专门的工伤保险经办机构——同业公会，其按行业分为三类，即工商业同业公会（35个）、农业同业公会（21个）和公共部门同业公会（55个），实行平行式结构，三大公会之间地位平等，互不隶属。

根据1975年颁布的《社会法典》，同业公会以“预防措施、医疗康复、职业康复、社会康复和经济补偿”为工作目标，以“先预防，后康复；先康复，后赔偿”为行事原则，与其下属企业合作开展工伤预防工作。

各同业公会设有专职安全监察员和检查员，在各个地方对其下属企业进行巡回检查和提供服务。为促进企业改善劳动条件、实行安全生产，同业公会有权对违反相关规定的雇主、企业领导成员和雇员进行处罚。

各企业必须建立劳动安全机构和劳动安全专业队伍，包括安全工程师、安全技术员、安全员和企业医生等。一般而言，每20人应配备一个或多个安全员，对于事故率越来越低的企业，可以每20多人配备一个安全员。

此外，同业公会还承担以下7个方面的工伤预防责任：①颁布安全法规；②监督事故的隐患；③咨询；④提供培训服务；⑤进行职业病预防；⑥监测与调查；⑦产品安全标准鉴定。从职能上看，同业公会具有公共管理部门的性质。但是，值得注意的是，同业公会不是德国联邦政府和地方政府机构的组成部分，也不隶属于任何政府部门，其性质为社团组织，在负责监督劳动保护工作的国家行业监督局的监督下，由董事会和公会代表大会（两会代表雇主、雇员各占50%）实行自主管理，具有高度的自治性：①同业公会依法建立，依法工作，其领导机构（代表委员会、执行委员会）由民主选举产生；②同业公会具有充分的决定权和管理权，例如，可以就行业内安全标准、工伤保险费率、积累金数额等重大事项作出决定；③同业公会使用的资金（包括开展事故预防、康复、赔付工作的费用、管理费、科研费用、办公费用以及工作人员工资）全部来自雇主缴纳的工伤保险费，政府不承担任何费用，也不提供任何财政支持，积累金亦分属各同业公会所有。

2. 日本的工伤预防机制

日本建立集工伤保险与安全生产监督为一体的管理机构实行全国三级机构垂直管理模式，由同一部门兼负工伤保险与安全生产监督管理职责：第一级是厚生劳动省劳动基准局；第二级是各都道府县的劳动基准局（47个），其性质为劳动基准局的派出机构；第三级是厂（矿）区劳动基准监督署（340多个），其为全国劳动部门最基层单位。

在厚生劳动省的统一管辖下，日本政府推行了一系列强有力的工伤预防措施：制定防止工伤事故五年计划。自日本第一个由首相下令、劳动省（现厚生劳动省）牵头、有关部门配合的防止工伤事故五年计划（1958～1962年）取得初步成效之后，日本工伤保险管理机构陆续制定了两次防止工伤事故计划。

1972年，日本颁布《劳动安全卫生法》，该法正式规定劳动大臣须制定防止工伤事故计划。因此，根据该法要求，厚生劳动省开始每隔五年制定一个防止工伤事故计划。迄今为止，日本共制定10个防止工伤事故五年计划。该计划的基本方针是：最大限度地减少死亡事故，确保中小企业安全卫生工作落实，减少劳动者的精神负担，广泛开展教育宣传活动，减少事故受害人群，动员全社会广泛参与，适应当前就业流动性大和岗位交换频繁的特点，加大安全培训力度等。

制定防止工伤事故专门计划。针对不同行业事故发生率的不同，日本政府对事故高发的建筑业、路上货物运输业和第三产业（如路面清扫、垃圾清理）制定了专门计划；发布《劳动卫生政策实施纲要》，颁布了一系列保护劳动者健康的办法，明文规定“必须杜绝没有充足睡眠的超负荷劳动”、“一个月超过法定工作时间100小时工作的，必须由产业医生进行定期检查”。

3. 加拿大的工伤预防机制

强调雇主责任，实行内部责任制。加拿大以立法的形式，明确强调雇主的工伤预防责任。根据法律规定，安全隐患预防的任何一个步骤，都由雇主负责组织实施，并承担相应责任。与该立法规定相配套，加拿大的工伤保险事故预防机制实行内部责任制，要求工作场所的每一个人，包括雇主、雇员、工场监管人、工场负责人、承包人等都要为自己和同事的安全负责。

根据内部责任制，雇主必须做到以下几点：①建立责任分工体系；②倡导安全生产文化；③培训自救和互救；④保证所有人遵守安全标准；⑤提供各种足以对受伤工人进行及时有效的急救的支援急救措施，包括受过培训的人员、设备和装置；⑥向职业安全及保险局报告在工作场所发生的受伤和疾病情况，并以此确定雇主是否尽到了应尽的责任。

同时，根据内部责任制，雇员享有四大权利：知情权、拒绝权、参与权和停工权，即有权知道工作场所潜在危险，有权拒绝在不安全条件下工作，有权参与职业健康与安全事项的决策，联合健康与安全委员会有权决定停工。

内部责任制的建立和完善是通过联合健康与安全委员会来实现的，员工人数20人以上（有些省要求10人以上）的企业都要成立联合健康与安全委员会，员工人数在6～19

人的企业则要推举职业健康与安全代表，其职责包括：进行安全检查、参与事故调查和受理安全状况投诉。

4. 美国的工伤预防机制

联合运用私营和公共的保障系统，促进工伤预防。美国没有全国统一的工伤保险立法，联邦政府只负责造船工人、港口工人、公务员和矽肺病人的工伤保险，其他领域的工伤保险由各州自行立法。虽然美国法律明确规定了“州立法不能抵触联邦政府立法”的立法原则，但是，这种分散的工伤保险立法模式仍然导致美国各州建立的工伤保险运行模式的不一。

在美国的50个州中，有3个州采取社会保险模式，4个州采取社会保险与商业保险并存的模式，其余的州采取的是由政府制定相关标准，商业保险承保的模式。

总体而言，美国的工伤保险运行模式体现出联合运用私营和公共保障系统的特点，表现在：作为工伤保险的管理机构，州政府劳工局主要负责确定工伤保险费率、审查工伤保险基金收支情况、处理工伤申请、申诉、仲裁等；具体工伤保险业务除俄亥俄州、西弗吉尼亚州等6个州由州政府所属的工伤保险基金会经办外，其他各州均由私人保险公司经办，个别大企业经州政府批准可以自行经办。

为了减少事故后赔偿费用，私营保险公司往往能够与其顾客密切合作以减少工作场所的危险，因此，美国联合运用私人和公共保障系统的工伤保险运行模式在工伤预防工作上取得了良好的效果。

1.3 我国职业伤害保险的现状

1.3.1 职业伤害保险的必要性

1. 建筑安全生产形势

近年来，通过国家的法规政策的引导和企业自身实践，建筑企业的经营者逐步树立了“安全生产就是竞争力”、“安全是企业的隐性资源”的安全生产意识，从行业到企业建立了各项安全管理制度和责任制，使安全事故的发生得到有效的遏制，安全生产总的形势是好的。但是由于我国地域广大，各地区对生产安全的认识程度不同，使安全生产出现了不平衡状态，安全事故时有发生，有时还有上升的趋势。

据有关部门统计，从1990～1999年我国建筑施工伤亡事故每年平均发生1530件，死亡1560人，重伤718人；2000年建筑业发生事故846起，死亡987人，伤亡事故和死亡人数有所下降；但从2001～2004期间，死亡人数又呈上升趋势，分别为1045人、1292人、1512人、1264人。

2005年，全国建筑施工安全事故1015起、死亡1193人，与上年相比，事故起数下降了11.28%，死亡人数下降了9.89%；其中共发生建筑施工一次死亡3人以上重大事故43起、死亡170人（未发生一次死亡10人以上特大事故），与上年相比，事故起数上升了2.38%，死亡人数下降了2.86%。

2006年建筑施工伤亡事故共发生888起、死亡1048人，与上年同期相比，事故起数下降了12.51%，死亡人数下降了12.15%；其中共发生建筑施工一次死亡3人以上重大事故39起、死亡146人（未发生一次死亡10人以上特大事故），与上年同期相比，事故起数下降了9.30%，死亡人数下降了14.12%。

2007年建筑施工伤亡事故840起，死亡1011人，同比下降5.4%和3.53%。其中，较大以上事故38起，同比下降2.5%；死亡159人，同比上升8.9%。

由此可以看出近年来建筑施工伤亡事故居高不下、起伏不定，形势不容乐观。

2. 建筑安全生产存在的问题

近年来，建设行政主管部门认真贯彻落实党中央、国务院关于加强安全生产工作的决策部署，探索建立了以"安全发展"为核心的建设施工行业的安全生产理论体系和法律法规、政策措施、目标指标、监管监察工作保障体系，集中开展建筑施工安全综合治理的攻坚战，切实抓好安全专项整治和隐患排查治理专项行动，促使建筑行业安全生产呈现总体稳定、趋向好转的发展态势。但安全事故总量仍然较大，一些地方重特大建筑安全事故时有发生，安全生产工作还存在一些薄弱环节和明显漏洞，形势依然严峻。

（1）建筑业继续保持快速增长势头，基本建设规模快速扩大，城乡建筑增长过快，使建筑业现阶段呈现出事故高发、多发态势。2007年全国建筑业企业完成总产值50018亿元，同比增长20.35%。城镇固定资产投资达109751亿元，同比增长25.6%。这些都给建筑施工安全生产带来巨大压力。与此同时，建筑业结构性矛盾和粗放型增长模式、发展方式并未根本转变，房地产市场和建筑市场需求持续旺盛，建筑企业扩大规模、增加生产的冲动强烈，"三非"、"三违"和"三超"现象仍很严重；而施工企业和公共安全基础仍然相对薄弱，影响制约建筑安全生产的诸多矛盾问题仍然存在，事故隐患和潜在危机还很多，重特大事故发生几率还很高。

（2）不重视施工安全生产、影响"安全发展"的潜在因素仍然存在。"安全发展"理念、安全生产方针政策的宣传贯彻还不够深入广泛，一些思想认识问题还没有真正解决，一些地方和单位安全生产工作长期严格不起来、落实不下去，仍然停留在口头上、形式上和表面上。从安全监管监察自身看，在体制机制、工作作风、方法手段、效率效能等方面，也存在着一些不适应、不符合的地方。随着经济发展和社会进步，人民群众对安全生产的期望值越来越高，而全国施工安全事故总量在连续5年下降特别是最近3年较大幅度下降之后，要继续减少事故总量、减少重特大事故，任务十分艰巨，工作压力很大。

（3）建筑市场不规范，监管不严。建设工程项目投资主体的多元化，建筑市场秩序不规范，违法分包、非法转包、挂靠等现象比较普遍，建筑市场上存在着拆分项目过细、工程标价过低、不合理压缩工期等问题，特别是建筑业市场门槛儿过低，一些低水平、低素质的建筑施工企业及队伍进入建筑市场，给建筑安全造成隐患。如湖南省凤凰县沱江大桥"8.13"特别重大坍塌事故，就是因为工程项目中标造价过低，而且抢工期、赶进度，忽视质量安全等问题造成的。

（4）工程建设各方主体责任落实不到位，管理滞后。在建设规模高速增长，施工战线拉长，安全风险加大的形势下，工程建设各方主体管理滞后，安全责任不落实。一是一些项目建设单位不认真履行安全管理职责，招投标环节不规范，不及时支付安全生产措施费用，任意调整和改变工期，抢工期、赶进度。二是一些施工企业技术管理、安全管理人员配备和安全管理工作不能适应企业规模发展的需要，难以实现全员、全方位、全过程、全工序的安全监控。三是一些监理单位不认真履行对施工安全的监理职责，监理人员专业素质不高、岗位资质与规范要求不符等问题。四是勘察、设计单位对工程前期安全因素重视不足，前期地质勘察设计深度不够，重大危险因素判识不明，地质类别不清，客观上缺乏对施工单位安全生产的有效指导。

（5）施工现场管理不严，隐患整改不彻底，“三违”现象时有发生。一些施工企业对隐患排查治理工作不认真，对发现的隐患整改不力，对工程分包队伍资质审核不严，违规分包、转包、习惯性违章等现象还大量存在。农民工未经培训或培训不合格上岗作业，缺乏自我保护意识和自救能力。如河南郑州富田太阳城二期家居广场中心工程“9.6”模板支撑系统坍塌死亡7人事故，就是由于施工作业人员违规搭设模板支撑系统，对劳务分包队伍疏于管理，以包代管造成的一起较大责任事故。

（6）政府行业监管存在管理漏洞。虽然建设行政主管部门在全国范围内开展可施工安全专项整治和隐患排查治理等工作尽管取得了阶段性进展，但地区、单位之间不平衡，工作成效还不巩固，事故防范和安全生产工作还存在一些明显漏洞和薄弱环节，稍有放松则可能出现回潮反弹，出现局部性、阶段性被动。

另外建筑业专业门类较多，监管职责分属不同的职能部门，目前，还没有形成统一的监管体系，造成政府监管主体责任不落实。一是一些铁路、公路、电力及其他工业建设项目等行业领域专业建设工程行业监管职责不明确，安全监管体系不健全，监管人员配备不足，责任没有完全落实；二是一些地区和部门建筑安全生产管理工作相对比较薄弱，一些领域和环节存在监管盲区，如经济开发区、高科技园区、工业园区、一些城市建设重点工程和工业建设项目、城中村、城乡结合部、村镇建设工程等游离于建设行政主管部门监管之外，存在监管盲区。

3. 职业伤害保险的必要性

面对严峻的安全生产形势，必须采取综合治理措施，充分调动和利用一切有利于加强安全生产工作的因素，从不同层面加大工作力度。只有这样，才能最大限度地遏制事故的发生，促进施工安全形势的稳定好转。大力发展保险制度，在安全生产领域特别是属于高危行业的建筑业引入职业伤害险机制，是加强安全生产工作综合治理的措施之一，任务显得十分迫切。

建筑职业伤害保险机制在欧美等先进工业化国家，已成为安全生产工作的重要支柱（即安全立法、安全监察、工伤保险和安全培训）之一。据了解，目前，在全球近200个国家中，有172个国家建立了不同形式的职业伤害保障制度。其中，建立职业伤害保险的有164个国家，占95%以上。各国职业伤害保险的主要模式有雇主责任保险、工伤社会保险以及雇主责任保险同工伤社会保险互补并存等几种形式。无论是哪一种形式，都对加强安全生产工作产生了十分重要的作用，促进了安全生产形势的稳定发展。

建筑业为了自身的稳健发展，积极引入保险机制，是十分必要的。建筑业是仅次于矿山采掘业的风险事故高发的产业，我国目前约有3500万建筑从业人员，由于一线作业的从业人员大多文化素质较低，安全意识不强，加工作业环境日益复杂，行业风险较多。过去几年，全国因建筑安全事故造成的从业人员残废率，高的年份达万分之七，低的年份万分之一。近两年，事故死亡率逐年下降，但重大事故率却在上升。为此，积极建立职业伤害保险制度是当前安全管理工作中的一项十分重要的任务。

1.3.2　保险制度建设的基本原则

职业伤害保险制度建设应以“共同投保、共同保障、共同控制、相互协调”为原则。

1. 共同投保原则

职业伤害保险制度的“共同投保”原则是指在建筑职业人身伤害保险和安全管理中，参与工程的建设单位、总承包商、施工总承包商、分包商等共同投保职业人身伤害保险，确保工程建设过程中职工的人身生命和身体、健康安全，一旦发生建筑工伤事故，使受到人身伤害的职工能够及时获得经济补偿，维护职工的合法权益，保障建筑职工及其家属的生活。

职业伤害保险与安全管理工作，应着眼建筑生产活动的整个施工期，不能只强调土建阶段，而且还要对工程安装阶段、工程装饰阶段都要考虑人身事故伤害保险，对各个阶段的安全问题综合设防和实施安全管理。建筑工程职业伤害保险投保涉及建设施工的各方主体，包括建设单位、施工总承包单位、并扩展到施工分包商甚至材料供应商等，由多方主体组成共投体联合为职工投保。

在具体操作上可以采取一篮子投保方式，由建设单位、承包单位和其他建设单位的参与方组成共同体向保险人投保。这样既可以降低投保成本和减少出现工伤事故后共同投保体之间的纠纷。同时，也可以避免保险公司对共同体成员的代位追偿，在操作上较为简便，管理上较为便利。

2. 共同保障原则

职业伤害保险制度的共同保障原则，是指在职业伤害保险制度与安全管理中，由保险公司及其委托的保险安全服务中介机构以及安全管理机构组成共同保障体，简称“共保体”，对建设工程进行质量安全管理，共同保障施工企业的安全，并在出现安全事故伤害时给以及时足额的理赔。

保险公司虽然能够对建筑职工人身伤害险损失给以及时的经济补偿，但由于保险公司对建设工程安全管理中存在着不熟悉、不连续、不专业等问题，难以通过自身力量控制投保人的道德风险，而由保险公司及其委托的安全服务中介共同对建设工程进行人身伤害安全管理则使得安全管理特别是对一些行为监管更具有专业性、公正性、独立性，也可以有效地控制投保人的道德风险。

何谓道德风险？保险管理学中的道德风险理论认为，投保人（被保险人）一旦投保，投保人对投保的标的物发生意外安全事故的关心程度就会有所下降。特别是在发生事故或可能发生事故的情况下，投保人（被保险人）的态度可能就会变得消极。其原因在于“利润最大化、成本最小化”是施工承包商的经营目标，企业投保后一旦发生事故，所造成损失费用可以从保险公司得到合理的补偿，保险已投入了一定的安全成本，故不愿意再增加新的额外的投入。例如，在投保情况下，发生火灾时，企业的抢救投入与未投保情况下，发生火灾时的企业对抢救死亡的投入是不同的。又如，在投保情况下，企业对建筑物可能倒塌的补救措施的投入与未投保情况下，企业对建筑物可能倒塌的补救措施的投入是不同的。而在建筑工程中，保险公司委托的安全服务中介要对保险人负责，对工程安全进行控制的管理必将减少道德风险的发生。

3. 共同控制原则

职业伤害保险制度的共同控制是指在职业伤害保险和安全管理中，共同投保单位与共同保障单位，共同参与建设现场的安全风险控制。

在现行的管理模式中，建筑施工监督检查制度已经建立，比如，施工机械安全检查制度、临时用电安全检查制度、脚手架安全检查制度、施工现场安全员制度、安全监理制度等等。但是各个环节缺乏有机的联系，没有形成一个统一的安全监督整体，对施工现场的安全进行有机的、有效的控制。共同控制原则要求共同投保单位和共同保障单位一起对建筑施工的人身安全进行全过程的管理。

4. 相互制衡原则

职业伤害保险制度的相互制衡是指在职业伤害保险与安全管理中，引入保险机制，通过经济手段将建筑职工的人身安全、部分施工安全的监督责任赋予保险公司和其委托的保险安全服务中介机构，对建筑施工单位安全控制行为形成三方制衡机制，相互制约，共同规范建筑市场。

引入建筑职业保险机制后，通过委托关系的改变，形成了施工现场共同投保和共同保障体双重控制机制以及业主、总承包商、保险公司（安全管理机构）三方制衡的关系，使市场资源配置的功能得以充分发挥。同时，也使政府对施工的安全管理，由直接管理向间接管理转变。

职业伤害保险制度需要建立起建筑业诚信评价体系，以建立保险的激励机制。对信誉好、无伤亡事故的施工企业根据情况给予不同档次的安全奖励，对于信誉差、屡次发生人员伤亡事故的施工企业视情节则给予惩罚。奖惩有机结合来，约束参与施工各方的行为。

1.3.3 职业伤害保险制度构成

1. 职业伤害保险险种

建筑职业伤害保险主要针对在施工岗位上从事工作的人员，由于工作原因或其他意外事故发生导致从业人员给与经济补偿（死亡补偿、伤残给付，给予伤害医疗补偿、生活津贴等）的保险制度。

建筑职业伤害保险制度的概念包括三层含义：一是保险的范围限定在建筑行业内，其投保范围主要是针对施工现场从业人员；二是职业伤害保险是一个综合性的概念，包括若干个险种而不是指某一个保险种类或专有名称；三是职业伤害保险一般来说是通过立法强制推行的一种保险制度。

目前，根据我国保险市场的险种开发实际，职业伤害保险在保险品种上，主要包括：工伤保险、建筑意外险和雇主责任险。现行法律规定，工伤保险和建筑意外险两个品种属于强制保险，雇主责任保险则属于自愿保险，由企业自愿投保。

（1）建筑工伤保险

工伤保险具有社会属性，是政府向劳动者本人或供养直系亲属提供物质帮助的一项社会福利制度，属于劳动立法范畴，具有强制性、互济性和福利性的特点。工伤保险是我国社会保险制度中的重要组成，是国家法定的基本保险形式之一，它最终目标是要覆盖全社会的劳动人群，工伤保险的义务是不能用其他形式来取代的。因此，由社会保险机构统一管理的工伤保险，在建筑职业伤害保险中必须处于基础地位。它的保障对象可以理解为是建筑企业中与企业存在劳动关系的职工。由于建筑企业劳动用工制度实行管理层与操作层相分离，工伤保险具体包括两部分内容，一是正式职工的工伤保险，这部分职工与是否承包工程项目无关，也不是以项目部为单位的，而是以整个企业为单位的。

另一部分是操作层的建筑农民工的工伤保险，与承包工程有关，是以施工项目为单位投保工伤保险。建筑企业无论是为正式职工投保，还是为农民工投保都是企业应尽的法定义务，缴纳保险费用是企业正常经营过程中发生的必要支出。

（2）建筑意外伤害保险

建筑意外伤害保险简称“建意险”，建意险具有商业属性，是一种金融活动，属于经济立法范畴，是在平等协商基础上通过协议实施的，具有权利义务对等的特性。建筑意外伤害险是在工伤保险之外，针对施工现场作业人员的工作危险性而建立的补充保险形式之一。主要是对施工现场工作人员，由于意外事故发生造成工伤死亡或工伤残疾时，获得一定经济补偿的保险品种。建筑意外险的参保条件有两个，一是与企业建立了劳动关系；二是在施工现场从事工作的人员。属于企业职工，但其工作并不涉足施工现场的职工并不包含在建筑意外伤害险责任范围之内。建筑意外保险涉及企业承包的工程项目，施工合同的工程名称、承包单位、项目所在地、工程造价、工期等都成为投保建筑意外伤害险的依据。企业停工或暂时未接工程时企业是不需要投保建筑意外伤害险的。

（3）雇主责任保险

雇主责任保险在许多国家都是强制保险业务，主要承保被保险人的过失行为所致的损害赔偿，或者将无过失危险一起纳入保险责任范围。国外政府为保障员工的人身安全，一般要求从事建筑施工、煤炭开采、电力作业等行业的雇主必须购买这一险种。目前，我国建筑行业广泛推行的是工伤保险和意外伤害险，雇主责任保险在我国普及时机尚不成熟，普及程度不高，覆盖面有待进一步扩展，其功能尚未发挥出来。随着我国市场经济的不断完善和保险事业的不断发展，雇主责任保险将成为企业转嫁安全风险的重要选择。

职业伤害保险的险种分属不同的保险类别之中，彰显特色、各具风骚，是建筑工程保险体系中不可或缺的组成部分。建筑工程保险体系示意图，见图1-1所示。

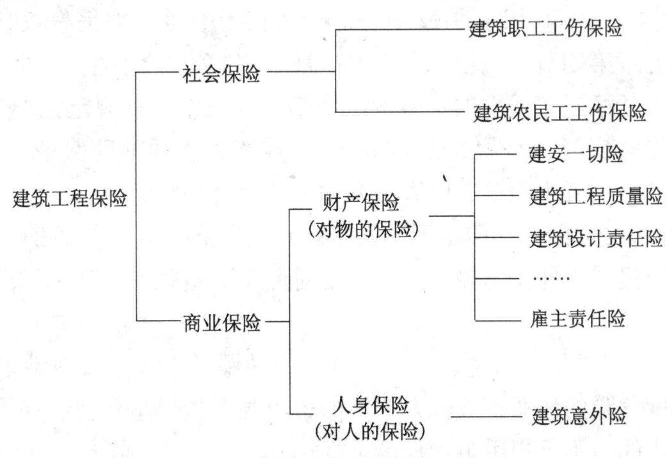

图1-1　建筑工程保险体系示意图

2. 职业伤害保险的法律依据

我国建筑职业伤害保险的法律依据主要包括：《中华人民共和国劳动法》（以下简称

《劳动法》、《中华人民共和国安全生产法》(以下简称《安全生产法》)、《建筑法》、《中华人民共和国工伤保险条例》(以下简称《工伤保险条例》)、《中华人民共和国民法通则》(以下简称《民法通则》)、《建设工程安全管理条例》等。

(1)《劳动法》(1994年7月5日主席令第二十八号)第九章社会保险和福利第七十条规定:"国家发展社会保险,建立社会保险制度,设立社会保险基金,使劳动者在年老、患病、工伤、失业、生育等情况下获得帮助和补偿。"第七十二条规定:"用人单位和劳动者必须依法参加社会保险,缴纳社会保险费。"第七十三条规定:"劳动者在下列情形下,依法享受社会保险待遇(三)因工伤残或者患职业病;劳动者死亡后,其遗属依法享受遗属津贴。"

(2)《安全生产法》(2002年6月29日主席令第七十号)第三章从业人员的权利和义务第四十四条规定:"生产经营单位与从业人员订立的劳动合同,应当载明有关保障从业人员劳动安全、防止职业危害的事项,以及依法为从业人员办理工伤社会保险的事项。生产经营单位不得以任何形式与从业人员订立协议,免除或者减轻其对从业人员因生产安全事故伤亡依法应承担的责任。"第四十八条规定:"因生产安全事故受到损害的从业人员,除依法享有工伤社会保险外,依照有关民事法律尚有获得赔偿的权利的,有权向本单位提出赔偿要求。"

(3)《建筑法》(1997年11月1日主席令第91号)第五章建筑安全生产管理第四十八条规定:"建筑施工企业必须为从事危险作业的职工办理意外伤害保险,支付保险费。"

(4)《工伤保险条例》(2003年4月16日国务院令第375号)中,对工伤保险的保障对象、范围、保费缴纳和赔偿标准进行了详细规定。其中第二条规定:"中华人民共和国境内的各类企业、有雇工的个体工商户(以下称用人单位)应当依照本条例规定参加工伤保险,为本单位全部职工或者雇工(以下称职工)缴纳工伤保险费。中华人民共和国境内的各类企业的职工和个体工商户的雇工,均有依照本条例的规定享受工伤保险待遇的权利。"

(5)《民法通则》(1986年4月12日主席令第三十七号)对民事权利和民事责任进行了法律规定。第五章第四节人身权第九十八条规定:"公民享有生命健康权。"

第六章民事责任第三节侵权的民事责任中第一百一十九条规定:"侵害公民身体造成伤害的,应当赔偿医疗费、因误工减少的收入、残废者生活补助费等费用;造成死亡的,并应当支付丧葬费、死者生前扶养的人必要的生活费等费用。"

第一百二十二条:"因产品质量不合格造成他人财产、人身损害的,产品制造者、销售者应当依法承担民事责任。运输者、仓储者对此负有责任的,产品制造者、销售者有权要求赔偿损失。"

第一百二十三条:"从事高空、高压、易燃、易爆、剧毒、放射性、高速运输工具等对周围环境有高度危险的作业造成他人损害的,应当承担民事责任;如果能够证明损害是由受害人故意造成的,不承担民事责任。"

第一百二十四条:"违反国家保护环境防止污染的规定,污染环境造成他人损害的,应当依法承担民事责任。"

第一百二十五条:"在公共场所、道旁或者通道上挖坑、修缮安装地下设施等,没有设置明显标志和采取安全措施造成他人损害的，施工人应当承担民事责任。”

第一百二十六条：“建筑物或者其他设施以及建筑物上的搁置物、悬挂物发生倒塌、脱落、坠落造成他人损害的，它的所有人或者管理人应当承担民事责任，但能够证明自己没有过错的除外。”《民法通则》为雇主责任保险的开展提供了重要的法律依据。

（6）《建设工程安全管理条例》(2003年11月24日国务院令第393号）第四章施工单位的安全责任第三十八条规定：“施工单位应当为施工现场从事危险作业的人员办理意外伤害保险。意外伤害保险费由施工单位支付。实行施工总承包的，由总承包单位支付意外伤害保险费。意外伤害保险期限自建设工程开工之日起至竣工验收合格止。”

3. 职业伤害保险管理组织

《工伤保险条例》第五条规规定：“国务院劳动保障行政部门负责全国的工伤保险工作。县级以上地方各级人民政府劳动保障行政部门负责本行政区域内的工伤保险工作。劳动保障行政部门按照国务院有关规定设立的社会保险经办机构（以下称经办机构）具体承办工伤保险事务。”人力资源和社会保障部是全国工伤保险的最高的领导管理机构，各地劳动保障部门负责本地的工伤保险工作，按照有关规定设置的各地劳动保障经办机构承办具体事宜。

原建设部颁布的《关于建筑意外伤害保险工作的指导意见》中规定：“各地区建设行政主管部门要依法加强对本地区建筑意外伤害保险工作的监督管理和指导，建立和完善有关规章制度，引导本地区建筑意外伤害保险工作有序健康发展。”各地建设行政主管部门及其他相关部门是各地开展建筑意外伤害保险的领导机构，各地建筑行业安全协会，安全质量监督站为各地区建筑意外伤害保险的管理组织。

《保险法》第一章总则第九条规定：“国务院保险监督管理机构依照本法负责对保险业实施监督管理。”中国保监会负责保险公司的审批注册、保险行为的监督管理、保险条款的备案、审批工作，是全国保险业的最高管理监督机构。各地保监会对所属地区的保险业实施监督管理。

第2章 职业伤害保险概述

2.1 职业伤害保险概念

2.1.1 基本定义

职业伤害保险全称“职业人身意外伤害保险”，是以人的身体或生命作为保险标的，属于人身伤害保险的范畴。它是以职工的伤、病、残、亡等为保险事故的一类保险，由不同险种所组成的。职业伤害保险与职业活动紧密联系，它是针对在职业场所中，职工（雇工）在工作期间，由于工作原因受到意外事故而遭受伤害，造成伤、病、残、亡等后果而实施的经济保障制度。我们是否可以对职业伤害保险下这样一个定义：职业伤害保险是指职工在职业岗位上，在从事职业活动中，遭受意外伤害事故，直接造成职工（或雇员）身体健康、身体健全程度或生命终结的后果，对职工或其家属进行医疗救治、身体康复和经济给付的保险类别。从这一定义出发可以看出，职业伤害保险具有以下涵义。

2.1.2 主要涵义

（1）职业伤害保险必须符合职业活动的特征，职业伤害保险的范围一般限定在职业活动场所范围之内，由于职工（或雇员）从事职业活动而发生意外事故而造成的人身损失，对其后果进行给付的保险类别。由于不同职业其生产产品、生产方式、工作环境不同，其造成职工（或雇员）人身伤害的危险程度就不同，出险概率就有差别，因此，根据各行业危险度的不同，职业伤害保险采取差别行业费率。

（2）职业伤害保险是以人的身体或生命作为标的，以疾病或者伤害等对人体的健康、健全或生命构成危害作为保险事故。人的身体或生命构成的危害作为保险事故是指人的健康和生理机能、劳动能力（即人们赖以谋生的手段）等的程度。职业伤害保险就是将这些作为衡量危险事故发生后，人体或生命受到侵害程度的标准，进而确定给付的保险金额，以达到“保险”的目的。

（3）由于职业伤害保险权利、义务关系所指向的是人的身体或生命（即标的），而人的身体或生命是无价的，不能以货币加以度量。因此，除个别情况外，职业伤害保险的保险金额，不能同财产保险那样，有确定的标准。就理论而言，权力和义务是由保险双方当事人在保险合同签订之初，按照投保人的需求与可能性一致的原则协商而定的。

（4）职业伤害保险的责任包括病、伤、残、亡等各个方面，即在职业活动中，职工（或雇工）可能遭受的伤害、疾病、残疾、死亡等各种不幸事故。职业伤害保险的给付条件是当被保险人遭受保险合同范围内的保险事故，以致伤害、疾病、残疾丧失工作能力或造成死亡的，由保险人依据合同的有关条文，向被保险人或其受益人给付保险金。

（5）职业伤害保险合同的履约，除个别情况外，由于标的的无价性，保险责任履行一般不能称为补偿或赔付，而只能称为给付。同时，也正是由于这个原因，职业伤害保险中，除医疗性保险外，保险一般不存在重复保险、超额赔付以及代位追偿等问题。

（6）职业伤害保险所承担的保险责任，涵盖了职工（或雇员）在职业活动中的各种可能遭遇的危险，大到生死、小到职业疾病。这些看似纷纭复杂、杂乱无章的危险集合，事实上存在着内在的规律性，人在职业活动中的安全事故死亡率、职业疾病率、安全事故伤残率等都是可以测度的，在大量观察的基础上呈现一定的数量规律性，这些就是保险公司能够设计出适合各种职业伤害险险种的大数法则，满足各行各业职业伤害保险经营的需要。

2.2　职业伤害可保危险

职业伤害保险是职业安全管理中转嫁危险的一种手段，但并不是说任何职工（或雇员）的人身伤害危险，保险人都可以进行承保，那样就会使保险人陷入危险境地。因此，保险人将危险划分为可保危险与不可保危险，其中可保危险才是被保险人可以转嫁，保险人可以接受的承保危险。具体讲，危险必须具备下述基本条件，才是可保危险。

（1）危险的偶然性。可保危险的发生是属偶然的、意外的。危险发生的偶然性是针对单个危险主体来讲的，其危险事件的发生与损失程度是不可知的、偶然的、具有随机性。可保危险的必要条件是它的发生具有偶然性，同时，危险的发生，应该是人们不可预料事件所导致的，或是由被保险人非故意引发的事件所导致的。

对于单个主体无法预知的危险发生与损失程度，保险人可以通过大量的统计资料分析，找出其发生的规律性，从而将偶然的、不可知的危险损失转化为可预知的费用支出，顺利地实现保险经营的全过程，这就是保险公司“危险池”的概念，即保险人向所有希望转移人身伤害危险的团体或个人收取保险费，将产生诸如疾病、伤残以致死亡等特定人身危险的实际经济损失，由许多面临相同危险的团体或个人共同分担。

（2）危险的明确性。可保危险必须是明确的。对于大多数险种而言，可保危险损失在时间和金额上都要求是可以明确界定的，也就是说，保险人必须明确规定保险金额和保险金的给付时间。死亡、疾病、残疾等状态通常是容易识别的，但由于所导致的经济损失却难以用金钱来衡量。在职业伤害保险中，保险人对此是通过与被保险人的协商，在所订立的保险合同中规定承保危险发生后，保险人负责给付的保险金数额是明确的。

（3）危险的可能性。可保危险必须是大量标的均有遭受损失的可能性。保险是以大数法则作为保险人建立保险基金的数理基础。保险人通过收集大量资料和统计分析，掌握特定行业或人群以往的伤害危险损失规律。只有单个或少量标的的危险是不具备可保危险的条件。例如，自杀、殴斗等造成的伤害损失，不具有遭受损失的普遍性，只是个别的，不属于职业伤害可保危险。

（4）损失的重大性。可保危险应有发生重大损失的可能性。可保危险通常可能会给个人带来重大损失，但如果可能的损失程度是轻微的，就不需要通过保险来获得保障，因为承保那些只会造成较小损失后果的危险，其管理费用很高，从而使保险成本与危险的潜在损失存在严重的不对称，不具备经济可行性。只有会导致团体或个人严重的财务困难的意外伤害危险才被认为是可保的。

2.3 职业伤害保险特征

职业伤害保险具有以下特征：

（1）保险的定额性。职业伤害险是定额保险。各种财产保险都有客观的实际价值或根据其生产成本，或参考市场价格，或进行客观的评估加以衡量。根据损失赔偿原则，保险人和被保险人在标的的实际价值限度内，按照被保险人对该保险标的存在保险利益的程度来确定保险赔偿的最高限额。因此理论上，财产保险金额的确定具有客观依据。

但职业伤害保险是以人的身体或生命为标的的，人体或生命不是商品，其价值无法用货币衡量。职业伤害保险所提供的保障是为了使在职业活动中，遭受意外事故导致伤害的被保险人及其家属获得物质上的帮助和经济上的支持，不致使职工（雇工）及其家庭生活因事故发生而遭受灾难性的打击。为避免保险金额与被保险人的社会地位或经济状况不相适应而引致道德危险，甚至危害被保险人生命，或超出投保人经济能力而导致保险合同的失效，在确定职业伤害保险金额时，首先应考虑两个方面的问题：一是投保人对职业伤害保险的需要程度；二是投保人缴纳保费的能力。因此，职业伤害保险就是由保险当事人双方协商决定的一个数目，作为保险金额。

（2）保险的给付性。职业伤害保险是给付保险。财产保险的保险金额以财产实际价值为上限，只有在保险事故发生，被保险人遭受实际损失时，保险人才支付赔款，而赔偿款不超过被保险人的实际损失的金额。因此，我们说财产保险遵循补偿原则，属于补偿性保险，其目的在于补偿被保险人的经济损失。补偿原则又派生出比例分摊原则和代位求偿原则。

在财产保险中，如果投保人对同一标的物进行重复保险，同时持有两种以上有效的保单，那么保险事故的损失要由几个保险人按各自保单上金额的比例分摊保险责任，使被保险人在受损失后从各张保单下所得到的赔偿之和，不超过其实际损失金额。如果被保险人的损失由第三者造成的，依法应由第三方履行赔偿责任，那么保险人赔偿被保险人损失之后，即获得代为求偿权，保险人以被保险人的名义向第三方请求赔偿；而被保险人不得再向第三方索赔，这样就保证了被保险人获得的赔偿额不超过其实际损失。

然而除了医疗保险之外，补偿原则不适用于职业伤害保险，因为我们不能用支付一定的金额来使被保险人由于保险事故发生而造成的肢体伤残或起死回生进行所谓的“补偿”。因为人的身体或生命是无价的，不能够用货币衡量其价值，其价值是不能够定量的。因此，职业伤害保险（不含医疗保险）是定额保险，不存在重复保险的限制。如果被保险人持有若干份的有效保单，就应该获得各保单事先约定的保金。如果事故发生是由第三方造成的，依法应由第三方负赔偿责任，那么被保险人在从保险人处获得保险金后，并不转移向第三方责任人的赔偿请求权，仍然可以向第三方进行追偿。

（3）保险的动态性。职业伤害保险的危险率是动态的。在财产保险中，当社会环境、管理条件不变化的情况下，财产遭受危险概率基本变化不大，不会随着时间而发生频繁的变化。而职业伤害保险不同，它受生产环境、任务进度、人员状况、生产技术等多方面因素的影响，其危险率是变化的、动态的。例如，建筑施工现场的危险率从施工准备期开始，随着工程进度的推进，其危险率逐步增加，工程竣工前，伤害事故危险率达到高峰，随后逐步下降。

2.4　职业伤害保险理论

共同分担、危险的同质性以及大数法则是保险理论的三大基础。职业伤害保险属于保险体系中重要的组成部分，应遵循上述三个基本理论。

2.4.1　损失分担原理

损失分担是保险学理论的一个基本思想。职业伤害保险是通过将行业内众多面临危险的团体、人员集中起来，收缴保险费，建立保险基金，对有些单位发生意外事故而引起的损失实施经济补偿，这就是保险损失分担的理论。所谓的损失分担也就是因保险事故发生导致人身残疾、致死成本的分担。"聚万家之财、救一家之灾"就是损失分担的最好注解。以意外伤害保险为例，假设有100个单位，每个单位平均意外成本为2万元。经验数据显示，每年有2个单位发生意外事故，则意外成本为4万元，这4万元成本就由100个单位承担，平均每个单位分担400元。对于发生意外事故的2个单位而言，由原来自己需要承担的2万元，投保后只需要承担400元。意外事故危险存在是必然的，但实际发生意外事故所造成损失的单位毕竟是有限的，个别的，从而保证了损失分担的可能。

2.4.2　危险同质性原理

意外事故的危险是客观存在的，是难以预测的随机事件，天灾、人祸以及各种意外事故的发生都会给伤害职工、单位或家庭带来经济负担。在实践中人们发现，各种危险在相同情况、相同条件之下，危险事件发生的概率是相同或相近的，具有相同的发生或者不发生的可能性。危险的同质性越强，其同质群中单位之间危险的发生率越接近。在一个同质群内，危险对每个单位或个人所造成的损失的概率都是平等的，危险并不会偏爱或鄙视某一个单位或个人，发生事故的概率都是均等的，因此，人们需要分担损失成本，这也是平等的，无话可说的。正由于危险具有这种特性，危险才可以成为可保危险。

一般而言，危险的同质性划分标准是多方面的，例如，职业、年龄、生活方式、居住环境等都是划分危险同质性的标准。职业伤害保险就是按照不同职业而划分的保险种类，职业是划分危险同质性的一种基本标准。同一职业其生产方式、工作环境基本相同，具有同质性的危险，按照职业承保，才能使保险人依据长期经营的经验来测定危险规律，才能进一步完善业务、开展新的保险业务；只有危险的同质性，才能深入研究职业内意外事故发生的规律，充分发挥保险的安全事故防范功能。

2.4.3　大数法则原理

保险所承保的各种危险，自然灾害或意外事故都是随机现象。从个别现象来看其发生是偶然的，但从总体上看，危险事故的发生具有一定的规律性和必然性，其偶然性受其内部规律性的制约，通过长期的观察可以找出其内在的规律性。根据大数定理，通过一定的组织形式，结合特定的危险行业、单位，依据以往大量的统计数据，运用概率统计方法，预测未来事故发生的概率和可能造成的损失，从而成为开展保险经营业务的基础。当然，保险的预测不可能做到绝对准确，总会与实际有些出入，其原因有以下几点：

（1）同质性单位有限。同质性单位少，导致保险人的业务量有限，造成统计样本有限，没有形成足够大的样本数量，使预期值与实际值产生偏差。根据统计学原理，样本容量越大，其统计结果与未来实际越接近，因此，概率统计中，对样本容量有一定的限定，样本越多，统计的结果越精确，样本容量少，其预测结果就会产生很大的偏差。

（2）同质危险分类不适度。危险分类过粗或过细，都将影响预测的准确性。危险分类过粗，同质性降低，危险内的异质性会对预测产生干扰，预测的准确性就会大大降低，难以准确预测，过细则造成同质性单位较少，不但使预测基数不够大，从而影响预测的准确性而且会造成预测工作量的增大。

（3）客观条件发生变化。客观条件的变化，用过去的经验来预测未来，存在溢出危险。以建筑业为例，近年来无论在建筑的规模、材料、技术、工艺和生产组织方式等各个方面与过去相比已经发生了很大的变化，职工所面临的各种人身伤害危险大量增加，是过去所不可比拟的。如果用过去建筑业发生危险事故的资料对建筑业未来保险危险的预测，显然会造成极大的误差。

（4）影响危险因素的复杂性。客观上影响危险损失因素是复杂的。其中包括社会的、环境的、管理的、技术的、道德因素、心理因素和人文因素等等，不可能将这些因素都考虑进去，而且有些因素也不可能完全加以量化，因此干扰了预测的准确性。

2.5 职业伤害保险原则

2.5.1 最大诚信原则

1. 最大诚信原则的含义

职业伤害保险必须以最大诚信相待为原则。我国民法通则第四条规定："民事活动应当遵循诚实信用原则。"这一规定确立了诚信原则成为我国民法基本原则。但是在保险合同关系中对当事人诚信的要求比一般民事活动更为严格，要求当事人具有"最大诚信"，保险合同是最大诚信合同。

最大诚信的含义是指当事人真诚地向对方充分而准确地告知有关保险的所有重要事实，不允许存在任何虚伪、欺骗、隐瞒行为。而且不仅在保险合同订立时要遵守此项原则，在整个合同有效期间和履行合同过程中也都要求当事人具有"最大诚信"。

最大诚信原则的含义可表述为：保险合同当事人订立合同及在合同有效期内，应依法向对方提供足以影响对方作出约定与履行决定的全部实质性重要事实，同时绝对信守订立的约定与承诺。否则，受到损害的一方，按民事立法规定可以此为由，宣告保险合同无效，或解除合同，或不履行合同约定的义务或责任，甚至还可以对因此而受到的损害要求对方予以赔偿。

2. 最大诚信原则意义

（1）提高保险信息的对称性

在职业伤害保险活动中，无论是保险合同订立时，还是保险合同成立后，投保人与保险人对有关保险的重要信息的拥有程度是不对称的。对保险人而言，投保人转嫁的风险性质和大小决定着是否能够承保和如何承保的问题，并且保险人不可能都将保险标的所处的环境、人员状况等都进行实地勘察，而投保人对其被保险人所处的环境和人员状况等都掌握着比较全面而准确的信息。因此，保险人主要是根据投保人的告知与陈述来决定是否承保、如何承保和确定保险费率，投保人的这些信息的真实性和准确性直接会影响到保险人的决定。对于投保人而言，由于保险合同的专业性与复杂性，一般的投保人难以理解与掌握，对于保险人的承保条件、赔付方式、保险费率等也难于理解，投保人主要是根据保险人为其提供的保险条款说明来决定是否投保，于是要求保险人也应遵循最大诚信原则。

（2）维护合同当事人双方的公平性

职业伤害保险合同是一个典型的附和性合同，合同的内容事先是由保险人来确定的，所以为避免保险人利用保险条款中含糊或容易使人产生误解的用词来逃避自己的责任，保险人应履行其对保险条款的告知与说明义务。保险合同又是一种典型的射幸合同，按照约定当被保险人发生事故时，保险人要履行赔偿义务。由于保险风险的不确定性，而投保人所缴纳的保费是少量的，一旦事故发生被保险人所获得的赔偿金额却会大大高出其支付的保费，因此，就单个保险合同而言，保险人承担的责任远远高出投保人所支出的保费，投保人如果不诚实、不守信，保险人将面临着巨大的经营风险，最终将严重影响广大投保人或被保险人的利益。因此，要求保险人、投保人必须遵循最大诚信原则。

3. 最大诚信原则的内容

最大诚信原则的内容包括告知、保证、弃权和禁止反言。告知、保证是对投保人、保险人及保险合同关系人的共同约束；弃权和禁止反言则主要是对保险人的约束。

（1）告知

1）告知的内容。告知分为广义告知和狭义告知两种，广义告知是指保险合同订立时，投保人必须就保险标的风险状况等有关事宜向保险人进行口头或书面陈述，以及合同订立后，标的的风险变更、增加或事故发生的通知；而狭义的告知仅指投保人对保险合同成立时，保险标的的有关事项向保险人进行口头或书面陈述。

告知内容在保险合同订立时，投保人应将那些足以影响保险人决定是否承保和确定保险费率的重要事实如实告知保险人。比如，在职业伤害保险中，被保险人的姓名、年龄、性别、项目名称、项目所在地址等告知保险人。

要求保险人的告知内容主要有两个方面：一方面在保险合同订立时，主动向投保人说明保险合同条款的内容，尤其是对于责任免除条款要进行明确的说明。另一方面保险人对于不属于保险赔偿义务的索赔请求，应当向被保险人或者受益人发出拒绝赔偿或者拒绝给付保险及通知书来履行其告知义务。

2）告知的形式。国际上对于告知的立法形式有两种，即无限告知和询问告知。

① 无限告知，又称为客观告知，即法律或保险人对告知的内容没有明确规定，投保人必须主动地将保险标的的状况及有关事实如实告知保险人。

② 询问告知，又称主观告知，是指投保人只对保险人询问的问题如实告知，对询问以外的问题无需告知。目前世界许多国家，包括我国的保险立法都是采用询问告知的形式。

我国 2009 年 10 月 1 日实施的《保险法》第十六条规定：“订立保险合同，保险人就保险标的或者被保险人的有关情况提出询问的，投保人应当如实告知。”在保险实务中，一般保险人将需要投保人告知的内容列在投保单上，要求投保人填写。

按照《中华人民共和国合同法》(以下简称《合同法》) 第三十九条规定，保险人在履行其订约阶段的告知义务时，应“采取合理的方式提请对方注意免除或者限制其责任的条款”，并“按照对方的要求，对该条款予以说明”。在保险活动中，保险人通常将免责条款用黑体字印刷、使用不同字号、放置在显著的位置、采用彩图来表现，并要求投保人在投保单底部签字，以示投保人看过并同意等。

（2）保证

保证是最大诚信原则的另一个重要内容，所谓保证是指保险人要求投保人或被保险人对某一事项的作为或不作为，或对某种事态的存在或不存在作出许诺。保证是保险人签发保险单或承担保险义务，要求投保人或被保险人必须履行某种义务的条件，其目的在于控制风险，确保保险标的及其周围环境处于良好的状态之中。保证的内容属于保险合同的重要条款之一。

1）依据保证事项是否已存在，可分为确认保证和承诺保证

① 确认保证，是指投保人或被保险人对过去或现在某一特定事实的存在或不存在的保证。例如，投保职业伤害保险时，投保人保证，被保险人在过去和投保时的姓名、年龄、工资、人数等状况。

② 承诺保证，是指投保人对将来某一事项作为或不作为的保证，即对该事项的发展作出保证。例如，在职业伤害保险某些险种中规定：被保险人应执行有关安全生产和职业病防治的法律法规以及国家及政府有关部门制定的其他相关法律、执行安全卫生规程和卫生标准，加强管理，采取合理的预防措施，预防保险事故发生等条款就属于承诺保证。

2）根据保证存在的形式，可分为明示保证和默示保证

① 明示保证，是指以文字或书面形式载明于保险和合同中成为约定的事项或事知保险合同的保证条款。例如，建筑职业保险合同条款中规定的：被保险人应对施工现场实施必要的安全防护措施、对施工现场已经发现的隐患立即予以整改等即为明示保证，明示保证是保证的重要表现形式。

② 默示保证，是指国际惯例所通行的准则，人们习惯上或社会公认的被保险人在保险活动中都应遵守的规则，而不是明确载于保险合同之中的。默示保证的内容，通常是以往法庭判决的结果，是保险人实践经验的总结。例如，在职业伤害保险中，对于投保人的主体资格、被保险人年龄的限制，一般都没有在保险合同中列明，但都应遵循国家法律或社会公认的标准进行，如投保主体应具备：①经工商行政管理部门登记注册的；②经建设行政主管部门批准；③取得相应资质证书，依法设立的建筑施工企业。对被保险人的年龄限制，一般都按照国家规定，指16～60周岁的劳动者。

（3）弃权与禁止反言

弃权是指保险人放弃其在保险合同中可以主张的某种权利；禁止反言是指保险人既已放弃某种权利，日后不得再向被保险人主张这种权利。值得注意的是弃权与禁止反言在某些保险险种中有特殊的时间规定，规定保险人只能在合同订立之后，在一定的时限内（一般为两年）以被保险人告知不实或隐瞒为由解除保险合同，如果超出规定的期限没有解除保险合同，则视为保险人放弃这一权利，不得再以此理由解除合同。

4. 违反告知的处理及其后果

投保人或被保险人违反告知的表现主要有以下四种：一是漏报，即投保人一方由于疏忽对某些事项未予申报，或者对重要事实误认为不重要而遗漏申报；二是误告，即投保人

一方因过失而申报不实；三是隐瞒，即投保人一方明知而有意不申报重要事实；四是欺诈，即投保人一方有意捏造事实，弄虚作假，故意对重要事实不做申报，并有欺诈意图。

各国法律对违反告知的处理原则是区别对待的。一是区分其动机是有意还是无意，对有意的处分比无意的处理要重；二是要区分其违反的事项是否属于重要事实，对重要事实的处理比非重要事实的处理要重。

对于非故意违反实质性事实的告知，各国处理意见不尽相同，但均认为无论是否有意，只要违反告知的实质性重要事实，保险人至少可以解除合同。我国《保险法》第十六条还规定："投保人因重大过失未履行如实告知义务，对保险事故的发生有严重影响的，保险人对于合同解除前发生的保险事故，不承担赔偿或者给付保险金的责任，但应当退还保险费。"由此可知，我国法律规定对非故意的误告和隐瞒的，解除合同后，可以退还保费。

我国《保险法》第十六条还规定："投保人故意不履行如实告知义务的，保险人对于合同解除前发生的保险事故，不承担赔偿或者给付保险金的责任，并不退还保险费。"如果投保方有意隐瞒、误告实质性重要事实，则保险人可以以此为由诉请解除保险合同，或不承担保险责任，并可以不退还保费，若已受到损害，还可以要求投保方予以赔偿。

当然，保险人考虑多种因素，也可以不追究任何违反告知的责任，继续维持合同效力，继续履行合同。在下述情况下，对违反告知的处理有例外：一是投保方未告知"无需告知"的事项，保险人不得视此为违反告知；二是保险人或其代理人声明不必告知的事项，视为保险人在此类事项上要求被保险人告知的权利已经放弃。

5. 破坏保证的处理及其后果

与告知不同，保险合同涉及的所有保证均假设是重要的。投保方必须严格遵守无误，若有违背或破坏，合同即可归无效。保证对投保方的诚信约束比告知更为严格，主要体现在：

（1）涉诉时无需判定保证内容的重要性，保险人只要证明保证已被破坏即可；

（2）被保险人破坏保证无论是否故意，对于合同的影响是一样的，无意的破坏不构成被保险方抗辩的理由；

（3）即使实际的事项较保证的事项更有利于保险人，保险人仍能以破坏保证为由，诉请法庭判合同无效。依照保险惯例，法庭只需要求被保险方严格遵守合同规定的保证事项，而不需要衡量保证事项对于风险的重要性。

被保险人破坏保证而使合同无效时，保险人无需退还保费，除非此种破坏发生在保险人承保风险之前。所以，破坏确认保证一般可退还保费；而破坏承诺保证，如果在合同生效之前，必须退还保费，但在合同生效之后，则不必退还保费。

因下列情况导致被保险方破坏保证，保险人不得以被保险人破坏保证为由使合同无效或解除合同：

① 由于环境变化使被保险方无法履行保证事项；

② 因国家法律、法令、行政命令规定等变更，使被保险方不能履行保证事项；或履行保证事项就会违法；

③ 被保险人破坏保证由保险人事先弃权所致，或保险人发现破坏保证，仍保持沉默亦视为弃权。

2.5.2 保险利益原则

1. 保险利益的含义

保险利益是指投保人对保险标的所具有的法律上承认的利益。它体现了投保人与保险标的之间存在的利益关系，如果保险标的是安全的，则投保人可以从中获利，如果保险标的受到损害，则投保人必然会蒙受经济损失。

我国《保险法》第十二条规定："人身保险的投保人在保险合同订立时，对被保险人应当具有保险利益。财产保险的被保险人在保险事故发生时，对保险标的应当具有保险利益。"第三十一条规定："订立合同时，投保人对被保险人不具有保险利益的，合同无效。"具体来说，在订立人身保险合同时，如果投保人对保险标的不具有保险利益，签订的保险合同无效；财产保险合同生效后，投保人或被保险人失去了对保险标的的保险利益，保险合同随之失效。

2. 保险利益成立的条件

(1) 保险标的应是合法利益

投保人对保险标的所具有的利益应得到法律上的承认，只有在法律上可以主张的合法利益，才能受到国家法律的保护。因此，保险利益必须是符合法律规定的、符合社会公共秩序的、为法律所认可并受到法律保护的利益。

(2) 保险利益是经济利益

保险保障是通过货币形式的经济补偿或给付实现的，如果投保人或被保险人的利益不能用货币反映，则保险人的承保和补偿就难以进行。因此，投保人对保险标的的保险利益在数量上应该是可以用货币来计量的，无法定量的利益不能成为可保利益。职业伤害保险合同的保险利益有一定的特殊性，人的身体或生命是无价的，无法用货币计量，但只要求投保人与被保险人具有利害关系，就可以认为投保人与被保险人具有保险利益。

(3) 保险利益应是确定利益

保险利益是一种可以确定的利益，是投保人对保险标的在客观上或事实上已经存在或可以确定的利益。这种利益是可以用货币形式估价的，而且是客观存在的利益，而不是当事人主观臆断的利益。这种客观存在的利益，包括现有利益和期待利益。现有利益是指客观上或事实上已经存在的经济利益；期待利益是指在客观上或事实上尚未存在，但根据法律、法规、有效合同的约定等，可以确定在将来的某一时期内会产生的经济利益。在投保时，现有利益和期待利益均可作为确定保险金额的依据，但在受损索赔时，这一期待利益必须已经成为现实利益才属索赔范围，保险人的赔偿或给付以实际损失的保险利益为限。

(4) 保险利益应是具有利害关系的利益

投保人必须对保险标的具有利害关系。这里的利害关系是指保险标的的安全与损害直接关系到投保人的切身利益。而投保人与保险标的之间不存在利害关系是不能够签订保险合同的。在财产保险合同中，保险标的的毁损灭失，直接影响投保人的经济利益，视为投保人对该保险标的具有保险利益；在职业伤害保险合同中，被保险人是投保人所雇用，从事职业活动，投保人与被保险人具有一定的经济关系，视为投保人对这些人具有保险利益。

3. 保险利益的时效

保险利益的时效，是指保证保险合同生效，而对投保人的保险利益在时间上进行的严格要求，它是一种法律效果的制度。

我国《保险法》第十二条规定："人身保险的投保人在保险合同订立时，对被保险人应当具有保险利益。"第三十一条规定："订立合同时，投保人对被保险人不具有保险利益的，合同无效。"但是，该法对保险利益的时效则未做进一步的规定。

对于一般财产保险而言，保险利益时效一般要求从保险合同的订立到合同的终止都应始终存在着投保人对保险标的的保险利益，如果投保人在投保时具有保险利益，但发生损失时已经丧失了保险利益，所订的保险合同是无效的，被保险人无权获得赔偿。但为适应国际贸易习惯，海洋、运输货物保险的保险利益，在时效上具有一定的灵活性，规定在投保时，投保人可以对保险标的不具有保险利益，但在索赔时，被保险人对保险保的必须具有保险利益。

在职业伤害保险合同中，保险利益的时效有两种情况：一是当投保人与被保险人是同一人时（如雇主责任保险），投保人自始至终具有保险利益，不发生保险利益的时效问题；二是当投保人与被保险人相分离时（如建筑意外伤害保险），法律只要求投保人在投保时具有保险利益，即使被保险人死亡时，投保人的保险利益已经不存在了，这个职业伤害保险合同仍然是 个有效的，可以强制执行的合同。可见，保险利益是订立职业伤害保险合同的必要前提条件，而不是给付的前提条件。

4. 保险利益原则的意义

（1）避免赌博行为的发生。保险和赌博都具有射幸性，对与自己毫无厉害关系的保险标的投保，投保人就可能因保险事故的发生而获得高于所交保费几十倍的额外收益，这种收益不是对损失的补偿而是投保人以小的成本谋取较大经济利益的投机行为。保险利益原则规定，投保人的投保行为必须以保险利益为前提，一旦保险事故发生，投保人所获得的赔偿就是对实际损失的补偿或给付，这就把保险与赌博分别开来了。

（2）防止道德风险的产生。投保人对与自己毫无关系的保险标的投保，就会出现为了谋取保险赔偿而任意购买保险，并盼望保险事故发生的现象；或者保险事故发生后，投保人不积极施救；更有甚者为了获取保费，采取谎报、制造保险事故，增加了社会或行业的道德风险。在保险利益原则下，由于投保人与保险标的之间有利益关系的制约，投保的目的明确，是为了获得一种经济保障，一般不会诱导道德风险的发生。

（3）便于衡量保险损失，避免保险纠纷。保险合同保障被保险人的利益补偿，是被保险人的经济利益损失，而保险利益是以投保人的保险标的的现实利益及可以实现的预期利益为范围，因此，保险利益是衡量损失及被保险人获得赔偿的依据。保险人的赔付金额不能超过保险利益，否则，被保险人将因保险而获得超过其损失的经济利益，这既有悖于损失补偿原则，又容易诱发道德风险和赌博行为，另一方面拥有了保险利益作为衡量保险的损失，还可以避免保险纠纷的发生。

2.5.3　保险的近因原则

近因原则，是判断风险事故与保险标的损失之间的因果关系，从而确定保险赔偿责任的一项基本原则。

1. 近因原则的含义

近因是指在风险和损失之间导致损失的最直接、最有效、起决定作用的原因，而将对某种结果起间接、次要作用的原因则称为远因。近因并不是指与损害发生在时间或空间上最接近的原因。近因与远因不论时空距离，只论其效果。正如英国法庭曾于1907年对近因所下的定义："近因是指引起一连串的事件中，并由此导致案件结果的能动的、起决定作用的原因。"1924年英国上议院宣读的法官判词中对近因作了进一步说明："近因是指处于支配地位或者起决定作用的原因。"

保险损失的近因，是造成保险标的损害的直接、有效、起决定作用的原因。近因的原则的基本含义是：在风险与保险标的损失关系中，如果近因属于被保风险，属于保险责任范围，保险人应履行保险保障义务，负赔偿或给付责任；如果近因属于除外风险或未保风险，不属于保险责任范围，则保险人不负赔偿责任。

保险的近因原则，明确表明：处理保险赔案时完成保险利益、有效单证等审核后，还必须勘查保险标的损害的近因是什么，然后，将损失事故的近因与保单约定的保险责任范围进行对照，造成事故损失的近因属于保险风险，保险人承担保险赔偿或保险给付责任，近因不是保险风险，或在保险标的致损过程中只是远因，保险人不予承担保险赔偿或给付责任。

2. 近因的认定与保险责任确定

近因判定的正确与否，关系到保险双方当事人的切身利益。由于保险实务中，致损害原因多种多样，对近因的认定和责任的确认比较复杂，因此如何确认损失近因要具体情况具体分析。

(1) 单一原因造成的损失。单一原因致损及造成保险标的损失的原因只有一个，那么这一原因属于保险责任范围内，保险人就应该负责赔偿责任；若该项近因属于未保风险或除外责任则保险人不承担赔偿责任。

(2) 同时发生的多种原因。造成的损失是由于多种原因同时致损，即各种原因发生无先后之分，且对损害结果的形成，都有直接与实质性的影响效果，那么原则上它们都是损失的近因。当多种近因中只要有一种属于被保风险，保险人就应当承担保险责任，如果多种近因都不属于被保风险，则保险人不承担责任。

(3) 连续发生的多原因造成的损失。多原因连续发生，即各种原因依次发生、持续不断，且具有前因后果关系。如果损失是由两个以上原因造成的，且各原因之间的因果关系未中断，那么最先发生，并造成一连串事故的原因即为近因，如果这一近因属于被保风险，那么保险人就应该履行合同责任，负责对事故损失的赔偿；反之不负责赔偿。

(4) 间接发生的多种原因造成的损失。在一连串连续发生的原因中，有一项新的独立的原因介入，导致损失。若新的独立的原因为被保风险，保险损失由保险人承担，反之保险人不负责损失赔偿或给付责任。例如在意外伤害保险中被保险人骑车上班，被卡车撞倒，造成伤残住院治疗，在治疗的过程中，因急性心肌梗塞而死亡。因为意外事故与心肌梗塞没有内在的连续，心肌梗塞并非意外伤害的结果，故新介入的独立原因，心肌梗塞是被保险人死亡的近因，不属于意外保险的责任范围，故保险人对被保险人的死亡不负有责任。

第3章 职业伤害保险数理基础

3.1 随机事件与概率

3.1.1 随机现象与随机事件

保险公司承保的对象是数以万计，在众多的群体中，客观事物纷纭复杂、盘根错节，如何从这些杂乱无章的事物中发现其内在的规律性？保险人依靠的是概率统计的方法来解决问题。

在保险活动中存在这样一种现象，其结果往往是不确定的，例如我们对某一地区职工工伤事故情况进行观察，发现该地区1998年因工伤死亡人数为56人，1999年因工死亡的人数为45人，2000年因工死亡人数则为52人，因工死亡人数出现的结果不同，呈现一种不确定性的现象，我们把这种现象叫做随机现象。为研究随机现象就要对其进行观察，观察的过程被称为随机试验。对随机现象，人们通常关心的是在试验或观察中某个结果是否出现或发生，我们将某个结果称为随机事件。例如，某地区职工工伤死亡人数是不确定的，可能是56人，也可能是45人，因工死亡人数这个结果就是一个随机事件。随机事件在保险中是普遍在的。

3.1.2 随机事件概率

某一随机事件经过长时间的大量观察，在试验中随机事件发生的次数 m 与试验次数 n 的比例几乎为一个定值，这个定值就是随机事件发生可能性的大小，我们称之为随机事件的概率。用公式可以表示为：

$$P(X)=\text{发生次数}/\text{试验总次数}=m/n$$

上式公式说明事件在每次试验时发生的概率估计，可以用比例给出。所有随机事件的概率都是介于0与1之间的数。概率为0的事件说明永远不会发生，概率为1的事件说明在每次试验中都会发生，概率为0.5的事件，说明进行长时间试验下来，有一半的时候会发生。概率描述的是随机现象长期的规律性，一个事件的概率是重复多次试验后该事件发生的比例。

3.2 随机变量及其数字特征

3.2.1 随机变量与概率分布

随机变量是随机事件的结果能够取不同数值的变量，记为 X。例如因工伤死亡的人数，无法确定，因此是随机变量，保险金损失率、保险赔付成本、提取赔款准备金额等也是随机变量。

保险人对于一个随机变量，不仅仅需要知道它可能取什么数值是不够的，更有意义的是应当知道它取所有可能值的可能性有多大，掌握随机事件的规律，即随机变量的概率分布。

3.2.2 离散型随机变量与概率分布

随机变量 X 按照其取值不同可以分为离散性随机变量和连续型随机变量。离散型随机变量 X 的取值记为 x_i（$i=1$，2·，…，n）是间断的、有限的，可以一一列举。因此，每当遇到计数的时候，该随机变量就是离散的。例如，在保险经营中，每年发生的赔款次数、意外伤害死亡人数、保险险种数目等均为离散型随机变量。离散型随机变量的概率分布如表 3-1 所示。

离散型随机变量的概率分布　　表 3-1

X	x_1	x_2	…	x_n	…
$P(X=x_i)$	p_1	p_2	…	p_n	…

概率分布必须满足以下条件：

1. 所有随机变量的取值 x_i 的概率 $p(x_i)$ 都在 0 和 1 之间，即 $0\leqslant p(x_i)\leqslant 1$；

2. 所有随机变量的取值 x_i 的概率之和等于 1，即 $\sum_{i=1}^{\infty} p(x_i)=1$。

概率分布是对离散性随机变量统计规律性的全面描述。从表 3-1 中我们可以清晰地看出事件发生的结果及其对应的概率，还可以运用概率分布，计算出保险人所需要了解随机事件发生的概率。

例如，保险公司计划开展为某行业职工可能导致意外伤害费支出的保险险种，从该行业有关部门收集了意外伤害事故费用支出的有关资料，需要了解死亡和医疗费用的支出情况、医疗和伤残的费用支出情况。如表 3-2 所示。

某行业意外伤害事故费用支出概率分布表　　表 3-2

支出原因	死亡	医疗	伤残	其他
支出概率 $P(x_i)$	0.31	0.21	0.20	0.28

表 3-2 为离散型概率分布，其中有四个概率，每一个概率都是介于 0 与 1 之间的，其总和为：

$$0.31+0.21+0.20+0.28=1$$

有了概率分布表我们可以很方便地计算出各种随机事件的概率：

因致亡和医疗所支出费用的概率为：$0.31+0.21=0.51$

因医疗和伤残所支付费用的概率为：$0.21+0.20=0.41$

3.2.3 连续型随机变量与分布密度

连续型随机变量的取值在一段连续区间上可以任意取值，在职业伤害保险经营中，索赔额、保险费用、保险金额、保费收入等都是连续型随机变量。

对连续型随机变量来说，它在取一个特定数值时的概率为0，所以求随机变量在一个特定区间上的概率才有意义，故连续型随机变量的概率分布用密度来表示，其密度分布为：

$$F(x) = P(X \leqslant x)\int_{-\infty}^{\infty} p(x)dx$$

分布密度必须符合以下条件：1. 所有取值 x_i 的概率 p（x_i）在0和1之间；所有取值 x_i 的概率 $p(x_i)$ 之和等于1，即

$$\int_{-\infty}^{\infty} p(x)d(x) = 1$$

例如，保险人某险种的未满期责任中索赔额分布如表3-3所示。画出索赔额分布的累计率分布图，并估计索赔额超过2.5万元的概率。

索赔额的分布　　　　**表3-3**

索赔额（万元）	索 赔 次 数	索赔额（万元）	索 赔 次 数
1以下	12	4~5	7
1~2	10	5~6	3
2~3	9	6~7	2
3~4	7	合计	50

未满期责任中的索赔额是指保险期限未到期时，发生意外事故，保险费支出的金额。由于保期未到，显然是一个随机变量。

表3-3中的索赔额是一个取值在0~7万元之间的连续随机变量，对于类似于索赔额的连续型随机变量来说，它在取一个特定值的概率为0。所以求这种随机变量在一个特定区间上的概率才有意义。为了估计索赔额超过某一数额的概率，一种简单的方法是先计算累计频率，如表3-4中第4列数据所示。

索赔额的累计频率分布表　　　　**表3-4**

索赔额（万元）	索 赔 次 数	索 赔 频 率	累 计 频 率
1以下	12	0.24	0.24
1~2	10	0.2	0.44
2~3	9	0.18	0.62
3~4	7	0.14	0.76
4~5	7	0.14	0.9
5~6	3	0.06	0.96
6~7	2	0.04	1
合计	50	1	

然后，用索赔额作为横坐标 x，累计频率作为纵坐标 p（x），形成累计频率图，如图3-1所示。从这一图中可以看到各个概率的估计值，曲线下的总面积等于1。

对于索赔额小于1万元的概率估计是 $12/50=0.24$；索赔额小于2万元的概率估计是 $(12+10)/50=0.44$。以此类推，画出各个点并连线即为累计频率分布图形。索赔额超过2.5万元的概率是用 $x=2.5$ 万元处垂线的高度来估计的。从图中可以看出，当 $x=2.5$ 万元时，曲线的高度大约是0.53，那么索赔额超过2.5万元的概率估计为 $1-0.53=0.47$。

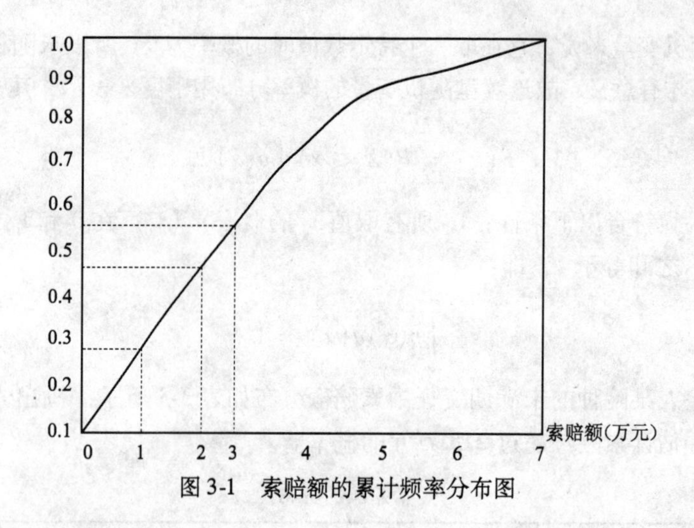

图 3-1 索赔额的累计频率分布图

3.2.4 随机变量的数字特征

描述随机变量分布特征的概念在统计学中被称为数字特征。在保险经营中常用的数字特征有期望值、方差与标准方差。

1. 期望值

期望值是把随机变量 X 可能取得每一个数值乘以它的概率，然后将各个乘积相加而得。如果用符号表示，假设 X 为离散型随机变量，它的取值为 $x_1, x_2, \cdots, x_n$，取这些数值的概率分别为 $p(x_1), p(x_2), \cdots, p(x_n)$，则期望值为：

$$E(X) = x_1p(x_1) + x_2p(x_2) + \cdots + x_np(x_n) = \sum_{i=1}^{n} x_ip(x_i)$$

期望值是所有可能结果的加权平均,不像简单平均数那样把所有结果一视同仁。而是要把每个结果依照它的概率加权,每个结果所应对的权数是该结果的概率,所以发生次数多的结果就有比较大的权数。

保险人经常根据期望值来确定保险给付的成本。例如以意外伤害保险赔付为例,保险人并不知道意外事故致亡给付是多少,那么意外致亡给付就是一个随机变量 X。因此,根据已往历史统计数据考虑致亡给付的期望值为 $E(X)$,这个期望值即是保险致亡给付的成本,通常称为趸缴的纯保费。

如果 X 是连续随机变量,其概率密度为 $p(x)$,则 X 的期望值定义为:

$$E(X) = \int_{-\infty}^{+\infty} xp(x)\,dx$$

2. *方差和标准差*

方差是随机变量可能取得每一个数值 x_i 与其期望值 $E(X)$ 的离差平方乘以它的概率，然后将各个乘积相加而得，标准差则是方差的平方根。

方差与标准差的度量表示的是随机变量 X 与期望值 $E(X)$ 的平均距离，当 X 离期望值 $E(X)$ 越远时，标准差和方差就越大。所有的 X 都相同时，方差和标准差等于0。

计算方差或标准差的步骤如下：

(1) 分别计算每个 x_i 与 $E(X)$ 的离差：$x_i - E(X)$

(2)将上述每个 x_i 的离差的平方乘以它的概率:$p(x_i)[x_i - E(X)]^2$

(3) 再将上述每一个结果相加得到方差:

$$D(X) = E[X - E(X)]^2 = \sum_{i=1}^{n} p(x_i)[x_i - E(X)]^2$$

(4) 对上述方差结果取其平方根即为标准差: $\sqrt{D(X)} = \sqrt{E[X - E(X)]^2}$

例如,某地区职工重大伤害事故赔付费用概率分布图表3-5所示,计算该地区每次赔付费用的期望值和标准差是多少。

意外伤害赔付费用的概率分布表　　表3-5

赔付原因	致死	致残	医疗	其他
发生概率 $p(x_i)$	0.31	0.21	0.20	0.28
平均每次赔付费用 x_i(万元)	6	5	8.4	4

计算结果如表3-6所示

意外伤害赔付费用期望值和标准方差计算表　　表3-6

平均每次赔付费用 x_i(万元)	发生概率 $p(x_i)$	平均每次赔付费与概率的乘积 $x_ip(x_i)$	离差 $x_i - \sum_{i=1}^{4} x_ip(x_i)$	离差的平方与概率的乘积 $p(x_i)[x_i - \sum_{i=1}^{4} x_ip(x_i)]^2$
①	②	③=①×②	④=①-5.71	⑤=④平方×②
6	0.31	1.86	0.29	0.026071
5	0.21	1.05	-0.71	0.105861
8.4	0.20	1.68	2.69	1.44722
4	0.28	1.12	-1.71	0.818748
合计		5.71		2.3979

每次事故赔付费用的期望值为: $E(X) = \sum_{i=1}^{n} x_ip_i = 5.71$ 万元

每次事故赔付费用标准方差为: $\sqrt{DX} = \sqrt{2.3979} \approx 1.55$ 万元

3.3　大数法则

3.3.1　大数法则的概念

保险在风险管理中的功效得以科学的解释,在于数学理论中概率论的应用。大数法则(*Law of large nambers*)也称为大数定律,是有关大量随机现象之平均结果的稳定性的一系列数学定理的总称。大数法则是随机现象的基本规律,大数法则是说,个别事件的发生可能是无规律的,但是集合众多事件进行观测,又是有一定规律的。具体地说,就是对于同一事件进行观测,观测的次数越多,该事件多次观测的结果越与事件实际发生的结果相接近。

大数法则是现代保险业赖以生存的基础。在此基础上,保险人可以将个别单位发生的保险事故损失的不确定性,变为大多数单位可以预见的损失,从而使保险费率的测算更为准确。否则保险人将会面临着巨大的经济风险，自己都保不住，就难以保别人。

1. 切比雪夫大数法则（*Tchebyshev law of large nambers*）

设 X_1，X_2，…，X_n 是由两两相互独立的随机变量构成的序列，每一随机变量都有有限的期望值 EX_1，EX_2，…，EX_n 及方差 DX_1，DX_2，…，DX_n，并且它们有共同的上界 L：对所有的 $k=1$，2，…有 $DX_k \leqslant L$，其中 L 是与 k 无关的常数，则对任意的 $\varepsilon>0$，都有：

$$\lim_{n\to\infty} P\left\{ \left| \frac{1}{n}\sum_{k=1}^{n} X_k - \frac{1}{n}\sum_{k=1}^{n} E(X_k) \right| < \varepsilon \right\} = 1$$

式中 $\frac{1}{n}\sum_{k=1}^{n} X_k$——$n$ 个随机变量的算术平均数；

$\frac{1}{n}\sum_{k=1}^{n} E(X_k)$——$n$ 个随机变量期望的算术平均数。

切比雪夫大数法则的意义是：尽管随机变量 X_1，X_2，…，X_n 中的每一个变量 X_k，由于种种偶然因素的影响，在各次试验中所取得的值是以偶然方式变化的，然而，在某些条件下，只要 n 足够大，n 个随机变量的算术平均数就服从一个完全确定的规律，即该算术平均数只能围绕一个固定常数取值（期望的算术平均值），它和这个常数有显著偏差的可能性是很小的。

2. 贝努力大数法则（*Bernoulli law of large nambers*）

设 m 是 n 次贝努力试验中，事件 A 出现的次数，P 是事件 A 在每一次试验中出现的概率，则对任意 $\varepsilon>0$ 都有：

$$\lim_{n\to\infty} P\left\{ \left| \frac{m}{n} - p \right| < \varepsilon \right\} = 1$$

贝努力大数法则的意义是：只要 n 充分大，事件 A 发生的频率 m/n 就会以相当接近于1的概率逼近概率 p。这正是在重复试验的次数较大时，可以用事件 A 发生的频率近似地代替概率的理论依据。从相反的角度来说，如果事件 A 的概率已知，我们也可大体上预言 n 次重复试验中事件 A 发生的次数。例如，$P(A)=0.002$，那么可以认为在1000次重复试验中，大约只能期望 A 发生2次，由此可以推出，在一次试验中，事件 A 几乎是不可能发生的。

3. 辛钦大数法则（*Khint chine law of large nambers*）

辛钦大数法则是关于独立重复观测结果的平均水平稳定性的大数法则。设 X_1，X_2，…，X_n 是独立同分布的随机变量，则对于任意的 $\varepsilon>0$，都有：

$$\lim_{n\to\infty} P\left\{ \left| \frac{X_1 + X_2 + \cdots X_n}{n} - E(X_i) \right| < \varepsilon \right\} = 1$$

辛钦大数法则的意义是，当 n 足够大时，独立同分布的随机变量序列的算术平均数接近期望值，即算术平均数具有稳定性，从而提供了利用样本平均数估计总体平均数的理论依据。

3.3.2 大数法则在保险中的应用

切比雪夫大数法则为保险人如何合理收取纯保费提供了科学依据。因为每个保险人都不可能承保无穷多个标的，但保险人只要承保足够多的标的，平均每个被保险人实际获得的赔款额与每个被保险人获得的赔款额的期望值的算术平均数之间差异就很小。每个被保险人所缴纳的纯保险费应与他所能得到的赔偿金的期望值相等，才能保证保险人在整体上收支相等。也就是说，由于每个被保险人都要缴纳相当于其所获得赔偿款的期望值的纯保费，所以当保险标的的数量非常多时，被保险人缴纳的纯保费总额与他们实际获得的赔款总额在数量上是相等的。

贝努力大数法则对于保险人如何利用统计数据来估计损失概率提供了理论依据。假设某一类标的具有相同的损失概率，为了估计这个概率的值，一般通过以往有关结果的经验，求出这类标的发生损失的概率，在观察次数很多或观察周期很长的情况下，这一概率与实际损失概率很接近。

3.4 中心极限定理

3.4.1 定理涵义

中心极限定理是在一定条件下断定“随着样本容量的增加，平均数抽样分布趋近标准正态分布”定理的总称。设 X_1，X_2，…，X_n 是独立同分布随机变量 $EX_i=\mu$，$DX_i=\sigma^2$，$(i=1, 2\cdots)$，那么随机机变量

$$\frac{\frac{1}{n}\sum_{i=1}^{n}X_i-\mu}{\frac{\sigma}{\sqrt{n}}}$$

趋近于标准正态分布 $N(0, 1)$。

中心极限定理的意义是无论总体分布是什么形状，从总体中抽取某种指定容量的样本，全部可能样本所构成的抽样分布对于下述两点总是成立的。①平均数抽样分布的平均数等于总体平均数；②随着样本容量的增加，平均数抽样分布趋近于正态分布。因此，我们能够根据样本平均数，运用正态分布理论，通过推断抽样分布的平均数，来估计总体平均数，而且只需掌握一个样本的资料就可以做到。因此，中心极限定理是统计推断理论中的重要理论。

中心极限定理证明，样本容量足够大时，抽样分布接近于正态分布。要利用这一定理，n 应该多大才行呢？在统计学中，一般认为 n 不小于 30 就可以把正态分布作为抽样分布的近似值。运用中心极限定理可以估计从总体中随机抽取一个样本，其平均数出现在一个指定值域中的概率。

3.4.2 定理应用

例如 保险公司某项保险给付额的分布如图 3-2 所示，这个分布的平均数是 24336 元，标准差是 15974 元。如果从总体中随机抽取一个 30 人样本，那么该样本给付额的平均数大于 30000 元的概率是多少呢？

根据中心极限定理，我们可以把包括 30 人的全部可能样本的平均数构成的抽样分布当作正态分布来处理，如图 3-3 所示。图中阴影部分的面积表示大于 30000 元的概率。怎样确定图中阴影部分的面积呢？可以分以下四步。

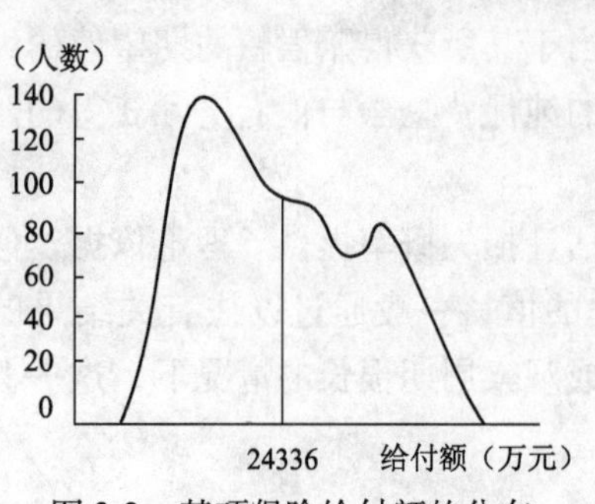

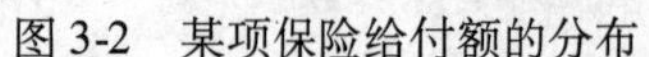
图 3-2 某项保险给付额的分布

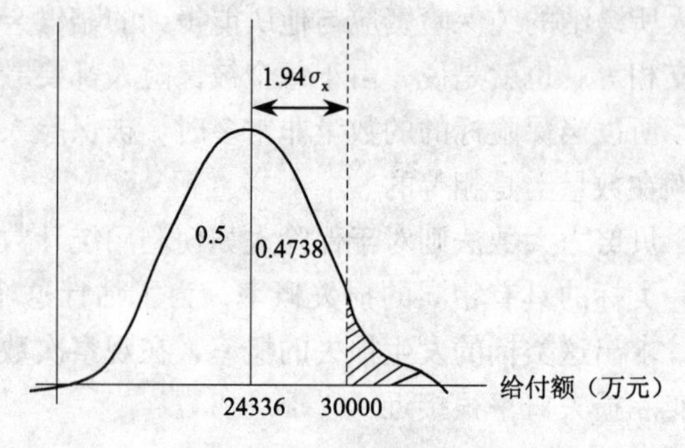

图 3-3 样本给付额的分布

第一步，计算抽样平均数的抽样平均误差 σ_x：

$$\sigma_x = \text{总体标准差}/\sqrt{n} = 15974/\sqrt{30} \approx 2916 \text{ 元}$$

n——样本单位数。

第二步，计算 z 值：

$$z = (\text{样本平均数} - \text{总体平均数})/\text{抽样平均误差} = (30000 - 24336)/2916 \approx 1.94$$

1.94 表示指定的样本平均数 30000 元到抽样分布平均数 243336 元之间的距离相当于抽样分布标准差的 1.94 倍。

第三步，查标准正态分布表，与 $z = 1.94$ 对应的曲线下面积为 0.4738，它相当于图 3-3 中抽样分布平均数 24336 与 30000 元之间的面积。

第四步，因为正态分布的平均数就是中位数，即平均数右侧全部曲线下面积为 0.5，所以，图 3-3 中阴影部分的面积是 0.5 - 0.4738 = 0.0262。

结论：从保险公司的某险种的全部给付额中，随机抽取一个 30 人的样本，所抽取 30 人的给付额大于 30000 元的概率为 2.62%，这就是中心极限定理在保险中的一个应用实例。

3.5 保险费率的厘定

3.5.1 保险费率的含义

保险费率是指保险费与保险金额的比率，即指单位保险金额或责任限额的保费，按照保险费率收取的保费为保险费。由于保险费率反映出保险商品价值的水平，因此，人们将保险费率又称为保险价格，它是计算保险费的标准。

保险费率一般是由纯保费率和附加费率两部分组成的。习惯上将纯保费率和附加费率相加所得到的保费称为毛费率。

纯费率是纯保费与保险金额的比率，即指单位保险金额或责任限额的纯保费。按照纯费率收取的保费为纯保费，纯保费是用于保险事故发生后进行赔付的保险金部分，其计算的依据因险种不同而不同。纯保费率的计算依据是损失概率，即根据保险损失率或保险平均损失率计算出来的，保险损失率是一定时期内，赔偿金额与保险金额的比率。

附加费率是附加保费与保险金额的比率，即指单位保险金额或责任限额的附加保费，按照附加费率收取的保费称为附加保费，附加保费是用于保险人业务费用支出、手续费支出、营业税和保险利润等经营费用支出的部分。附加费率以保险人的营业费用为基础计算的，通常以纯费率的一定比例表示。

3.5.2　厘定保险费率的原则

保险人在厘定保险费率时要贯彻权利与义务相等的原则，具体而言其基本原则为：

（1）充分性原则，是指所收取的保费足以支付保险金的赔付及合理的营业费用、税收和利润，充分性原则的核心是保证保险人有足够的赔付能力。

（2）公平性原则，是指一方面保费收入必须与预期的支付相对应；另一方面被保险人所负担的保费应与其所获得的保险权利一致，保费的高低应与保险的种类、保险期限、保险金额等相对应，风险性质相同的保险标的，应负担相同的保险费率；风险性质不同的保险标的，则应承担有差别的保险费率。

（3）合理性原则，是指保险费率应尽可能合理，不可因保险费率过高而使保险人获得超额利润。

（4）稳定灵活原则，是指保险费率应当在一定时期内保持稳定，以保证保险人的信誉。同时，也要随着风险的变化、保险责任的变化和市场需求等因素的变化而调整，具有一定的灵活性。

（5）促进防损的原则，是指保险费率的制定有利于促进被保险人加强防灾防损，对防灾工作做得好的被保险人降低其费率；对无损或损失少的被保险人，实行优惠费率；而对防灾防损做得差的被保险人实行高费率或续保加费。

3.5.3　保险纯费率的厘定方法

1. 保险纯费率厘定的一般方法

保险费率与被保险人的危险程度相适应，因此，首先根据被保险人的危险程度分类即职业分类，因为决定危险的程度大小的主要因素是他们所从事的职业。例如，在建筑工地从事施工的人员、井下采煤的工人、海上运输的职工、从事化工产品生产的职工、金融服务业的人员他们所面临的职业风险显然不同，于是把他们分成几个类别。

职业分类是一件技术性很强的工作，划分得粗，对保险人比较方便，但会造成被保险人之间分担保费负担的不公平，责任义务不对价；划分过细，保险费在被保险人之间分担较为公平，但会给保险人带来繁重的工作。

在对被保险人分类的基础上依据有关统计资料分别计算费率，可以根据建筑施工安全部门工伤事故统计资料进行估算；可以根据煤矿安全部门的伤亡统计资料进行估算；可以根据海上运输安全部门的伤亡统计资料进行估计。对于已开办多年的保险险种，则可以根据经验资料计算保险额损失率，并在此基础上，计算出精确的保险费率。对于未开办的险种，则可以根据经验资料计算保险损失率，并在此基础上测算出该保险险种的保险费率。

保险是按照保险金额的一定比率计收保险费的，又是保险费率计算的主要方式，所以，我们仅以一年期的职业伤害保险计算为例，来介绍保险费率的计算方法。

2. 保险纯费率的计算

(1) 纯费率计算原理

保险是一种商品，因此，要求等价交换，这种等价交换从整体上看，是全部被保险人所缴纳的纯保费与保险人所给付的保险金额相等；从个别来看，是每个被保险人所付出的保费代价与所取得的保障程度相符，即每个被保险人缴纳的纯保费与其所获得的保险金的数学期望值相等。

从概率论角度看，每个被保险人在投保后，保险事故的发生都是一个随机事件，即每个投保人或被保险人都有可能发生，从而获得保险金的给付。获得保险金的给付的最高数额，以保险金额为限。每个保险的投保人或被保险人也可能不发生保险事故，不能够获得保险金的给付，可以理解为获得保险金给付额为零。由此可以看出，对单个投保人或被保险人而言，保险事故是一个随机的事件。如果保险事故一定不发生，那么任何人也不会投保了，反之，如果保险事故一定会发生，任何保险人也决不会承保了。

保险费是投保时缴纳的，被保险人无法预知自己能否获得保险金，获得多少保险金，所以被保险人获得保险金也是一个随机变量，其取值范围介于零和保险金最高限额之间。设某投保人投保职业伤害保险，保险金最高限额为 S，其获得保险金给付额为 X，则随机变量范围为 $0 \leqslant X \leqslant S$，以 $E(X)$ 表示 X 的数学期望值，以 P 表示该被保险人应缴纳的纯保险费，则有：

$$P = E(X)$$

从理论上讲，X 是一个连续性随机变量，即 X 可在零和保险金最高限额之间连续不断地取值。但是在实际业务中已被分散化，变成了一个离散性随机变量，即 X 只可能在零和 S 之间取有限个值，于是，我们可用以下的公式求其数学期望值

$$E(X) = \sum x_i p_i$$

式中 x_i——随机变量 X 可能取的值为 x_1，x_2，…，x_n；

p_i——随机变量 x_i 出现的概率；

$\sum$——求和符号。

那么则有：

$$E(X) = x_1 p_1 + x_2 p_2 + \cdots + x_n p_n$$

(2) 纯费率的计算方法

仔细观察某一保险险种的保额损失率，可以发现各年度保额损失率并不一定相等，而是表现出一定的波动性。因此，不能将某一年的保额损失率作为纯保费率，而应根据若干年的保险损失率统计资料来推断纯保费率，这实际上是一种预测方法在保险费率计算上的运用。

① 一元线性回归分析法。它是用一元回归方程对事物变化的因果关系作出定量分析，我们以 X 为事件变量（自变量），以 Y 为保险损失率预测值（因变量），以 a 和 b 为回归方程系数，设 X 和 Y 之间的关系为 $Y = a + bX$。则根据一元线性回归的求解方法即可求出 a 和 b。

使用一元线性回归方法时应注意，当保险额损失率上升率逐年上升或下降并呈线性趋势时，这种方法较为准确，否则应寻求其他方法。

② 移动平均法。当保额损失率不是呈现上升或下降趋势时，且年与年之间波动不大，

则可采用移动平均法计算纯费率。经常用的是一次移动平均法和加权移动平均法。一次移动平均法是将原始时间数列逐项移动，依次计算出包含一定项数的序时平均数的方法。加强移动平均数是将所取几年的保额损失率分别赋予不同的权数，距离预测年份越近的，保额损失率权数越大，把权数与各年保额损失率的乘积加总，再以权数之和除之。

③ 正态分布法

正态分布法是把各年度保额损失率看作一个随机变量，而且，这一随机变量服从正态分布，根据以往若干年度实际发生的保额损失率。估计下一年度的保额损失率小于某一数值的概率。

正态分布法适用于保额损失率各年之间没有什么规律可循，且承保人数又不多的情况。为使计算准确，要求保额损失率的资料的时间跨度应尽量长一些。

3.5.4　线性回归分析方法

在预测统计学中，线性回归方程式可分为线性回归和非线性回归。线性回归可根据自变量的个数分为一元线性回归、二元线性回归和多元线性回归。在职业伤害保险保费测算中应用比较普遍的是一元线性回归方法。在利用线性回归方法对职业伤害保险费率进行测算时，需要进行建立回归方程。

$$Y = a + bX$$

式中　Y——因变量，预测值；

X——自变量，时间变量；

a——方程系数；

b——回归系数。

在历年保险损失费率资料是随机变量，在直角坐标系中资料数的各个点通常不在一条直线上，如图3-4所示，用一元线性回归来测算时可应用最小平方法，选择一条距离各资料点的距离平方之和最小的直线，并令该直线方程为：

$$y_{x_i} = a + bx_i \qquad (i = 1, 2, \cdots, n)$$

然后求出 a、b 值，则即可根据此直线的倾向来测算保险费率值。

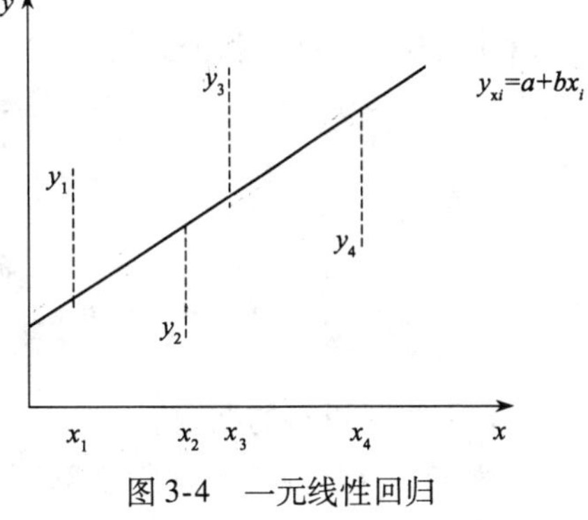

图3-4　一元线性回归

其中，系数的计算公式（3-1）、公式（3-2）如下：

$$a = \frac{\sum_{i=1}^{n} y_i \cdot \sum_{i=1}^{n} x_i^2 - \sum_{i=1}^{n} x_i \sum_{i=1}^{n} y_i x_i}{n \sum_{i=1}^{n} x_i^2 - \left(\sum_{i=1}^{n} x_i\right)^2} \tag{3-1}$$

$$b = \frac{n \sum_{i=1}^{n} y_i x_i - \sum_{i=1}^{n} x_i \cdot \sum_{i=1}^{n} y_i}{n \sum_{i=1}^{n} x_i^2 - \left(\sum_{i=1}^{n} x_i\right)^2} \tag{3-2}$$

$$\bar{x} = \frac{x_1 + x_2 + \cdots + x_n}{n} = \frac{1}{n} \sum_{i=1}^{n} x_i \tag{3-3}$$

$$\bar{y} = \frac{y_1 + y_2 + \cdots + y_n}{n} = \frac{1}{n}\sum_{i=1}^{n} y_i \tag{3-4}$$

若将 $\bar{x}$、$\bar{y}$ 代入公式（3-1）和公式（3-2）中得到公式（3-5）和公式（3-6）：

$$a = \frac{\bar{y}\sum_{i=1}^{n} x_i^2 - \bar{x}\sum_{i=1}^{n} y_i x_i}{\sum_{i=1}^{n} x_i^2 - n x_i^2} \tag{3-5}$$

$$b = \frac{\sum_{i=1}^{n} x_i y_i - n\bar{x}\cdot\bar{y}}{\sum_{i=1}^{n} x_i^2 - \bar{x}^2} \tag{3-6}$$

在公式（3-5）、公式（3-6）中可以把 $\bar{x}$ 看成共同因子，若把 $\bar{x}$ 化为0，则可以简化计算手续，其方法是：

当 n 为奇数时，取 x 的间隔期为1，并将 $x=0$ 置于资料的中央的一期，则可达到 $\bar{x}=0$；

若 n 是偶数时，取 x 的间隔期为2，并将 $x=-1$ 与 $x=1$ 置于资料的中央上下两期，则也可以达到 $\bar{x}=0$；这样通过 $\bar{x}=0$ 的简化后，公式（3-5）、公式（3-6）转化为公式（3-7）、公式（3-8）：

$$a = \bar{y} \tag{3-7}$$

$$b = \frac{\sum_{i=1}^{n} y_i x_i}{\sum_{i=1}^{n} x_i^2} \tag{3-8}$$

将公式（3-7）和公式（3-8）的结果代入直线方程 $y=a+bx$ 则可得到一元线性回归方程：

$$y_{x_i} = \bar{y} + \frac{\sum_{i=1}^{n} y_i x_i}{\sum_{i=1}^{n} x_i^2}\cdot x_i \tag{3-9}$$

n 为实际资料的期数。

例如，某职业伤害保险金额历年保费损失率统计数据如表3-7所示，测算2009年和2011年的损失率是多少。

某职业伤害保险金额历年损失率统计资料数据 **表3-7**

年度 x_i	2003	2004	2005	2006	2007	2008
保险损失率 y_{xi}（‰）	4.44	4.75	5.28	5.36	5.71	6.51

资料期数 $n=6$，为偶数，取 x_i 的间隔为2，其计测算结果如表3-8所列，2009年时，$x_i=7$，则测算该年的保费损失率为：$y_{2009}=5.342+0.190\times 7=6.672$，2011年时，$x_i=11$，则测算该年的保费损失率为：$y_{2011}=5.342+0.190\times 11=7.432$

某职业伤害保险金额历年损失率计算结果数据　　**表 3-8**

年份	y_i	x_i	$y_i x_i$	x_i^2	系数计算
2003	4.44	-5	-22.20	25	
2004	4.75	-3	-14.25	9	$n=6$
2005	5.28	-1	-5.28	1	
2006	5.36	1	5.36	1	
2007	5.71	3	17.13	9	$a=\frac{\sum_{i=1}^{n} y_i}{nn}=\frac{32.05}{6}=5.342$
2008	6.51	5	32.55	25	$b=\frac{\sum_{i=1}^{n} y_i x_i}{\sum_{i=1}^{n} x_i^2}=\frac{13.31}{70}=0.190$
					$y_{x_i}=a+bx_i=5.342+0.190x_i$
合计	32.05	0	13.31	70	

3.5.5　移动平均法

1. 一次移动平均法

一次移动平均方法是收集一组保费损失率的观察值，计算这组观察值的均值，利用这一均值作为下一期保费损失率的预测值。它是对时间序列的数据按一定跨越期进行移动，逐个计算其移动平均值，取最后一个移动平均值作为保费损失率预测值的方法。

一次移动平均法是直接以本期（t 期）移动平均值作为下期（$t+1$ 期）预测值的方法。在移动平均值的计算中包括的过去观察值的实际个数，必须一开始就明确规定。每出现一个新的观察值，就要从移动平均中减去一个最早观察值，再加上一个最新观察值，计算移动平均值，这一新的移动平均值就作为下一期的预测值。

一次移动平均法一般适用于时间序列数据是水平型变动的预测。不适用于明显的长期变动趋势和循环型变动趋势的时间序列预测。

一次移动平均法的测算公式模型为：

$$x_{t+1}=M_t^{(1)}=\frac{x_t+x_{t-1}+\cdots+x_{t-n+1}}{n} \tag{3-10}$$

式中　x_{t+1}——$t+1$ 期的预测值；

$M_t^{(1)}$——t 期一次移动平均值；

n——跨越期数，即参加移动平均的历史数据的个数。若 n 较大时，数据较多，可采取下式估算公式：

$$M_t^{(1)}=M_{t-1}^{(1)}+\frac{x_t-x_{t-n}}{n} \tag{3-11}$$

仍以表 3-7 数据为例，若预测 2009 年保费损失率，根据公式（3-10），若取 $n=5$

$$\begin{aligned}x_7=M_6^{(1)}&=\frac{x_6+x_5+x_4+x_3+x_2}{n}\\&=\frac{6.51+5.71+5.36+5.28+4.75}{5}\\&=\frac{27.61}{5}\\&=5.522\end{aligned}$$

测算2010年保费损失率，只能到2009年底，若此时已知2009年底的 $x_7 = 5.90$ 由公式3-11则：

$$x_8 = M_7^{(1)} = M_6^{(1)} + \frac{x_7 - x_6}{5} = 5.522 + \frac{5.90 - 6.51}{5} = 5.400$$

由于 n 的取值不同，测算结果有所不同，n 值越大越好，一般 n 的取值范围要求在2～6之间。

2. *加权移动平均法*

加权移动平均法，就是根据同一个移动段内不同时间的保费损失率数据对预测值的影响程度，分别给予不同的权数，然后再进行平均移动以预测未来值。

加权移动平均法不像简单移动平均法那样，在计算平均值时对移动期内的数据同等看待，而是根据愈是近期数据对预测值影响愈大这一特点，不同地对待移动期内的各个数据。对近期数据给予较大的权数，对较远的数据给予较小的权数，这样来弥补简单移动平均法的不足。

加权平均法的计算公式如下：

$$x_{n+1} = \frac{\sum_{i-n-k+1}^{n+1} x_i w_i}{\sum_{i=1}^{k} w_i} \tag{3-12}$$

式中 x_{n+1}——第 $n+1$ 期加权平均值；

x_i——第 i 期实际值；

w_i——第 i 期权数（权数可取自然数1，2，3，…，n）；

n——本期数；

k——移动跨期。

利用表3-7数据为例，测算2009年的保费损失率。设 $k=3$，权数取1、2、3计算过程如表3-9，结果见表3-10。

2009年保费损失率计算 **表3-9**

年度 n	保险损失率 x_i（‰）	3年内加权移动平均数
2003	4.44	
2004	4.75	
2005	5.28	
2006	5.36	4.96
2007	5.71	5.23
2008	6.51	5.52
2009		6.05

$$(4.44 \times 1 + 4.75 \times 2 + 5.28 \times 3)/6 = 4.96$$
$$(4.75 \times 1 + 5.28 \times 2 + 5.36 \times 3)/6 = 5.23$$
$$(5.28 \times 1 + 5.36 \times 2 + 5.71 \times 3)/6 = 5.52$$
$$(5.36 \times 1 + 5.71 \times 2 + 6.51 \times 3)/6 = 6.05$$

由此，2009年保费损失率为6.05‰。

用加权移动平均法求其预测值，对近期数据的趋势反映较敏感，一般适用于水平型数据。

3.5.6 正态分布法

保险保费厘定是以伤害损失率为依据的，利用正态分布方法，通过计算保额损失率加均方差计算纯保费率；纯费率是纯保险费额占保险金额的比率，它是用于补偿被保险人因人身伤害保险事故造成的保险标的损失的金额。其计算公式为：

纯费率 = 保额损失率 ± 均方差

（1）计算保额损失费率。保额损失率是指保险损失费占保险金额的比率，其计算公式为：

保额损失率 = 赔偿金额/保险金额 ×1000‰

若知各年保额的损失率，则可以计算平均保额的损失率。

例如，某保险公司根据过去10年的职业伤害保险的保额损失率（‰），如统计资料表3-10所示。

某职业伤害保险保额损失率数据表 **表3-10**

年度 n	1999	2000	2001	2002	2003	2004	2005	2006	2007	2008
保险损失率 x_i（‰）	6.1	5.7	5.4	6.4	5.8	6.3	6.0	6.2	5.9	6.2

若以 $\bar{x}$ 表示平均保额损失率，x_i（$i=1, 2, 3, \cdots, n$）表示不同时期的职业人身伤害保险额损失率，n 表示期限，则：

$$\bar{x} = \frac{\sum_{i=1}^{n} x_i}{n} = (6.1‰ + 5.7‰ + 5.4‰ + 6.4‰ + 5.8‰ + 6.3‰ + 6.0‰ + 6.2‰ + 5.9‰ + 6.2‰) \div 10 = 6‰$$

（2）计算均方差（σ）。均方差是各保额损失率与平均损失率离差平方和平均数的平方根。它反映了各保额损失率与平均保额损失率相差的程度。它说明平均保额损失率的代表性，均方差越小，其代表性越强；反之，则代表性差。若以 σ 表示均方差，则计算公式为：

$$\sigma = \sqrt{\frac{\sum_{i=1}^{n} (x_i - \bar{x})^2}{n}}$$

式中 x_i 同上式。

对于平均保额损失率附加均方差的多少，取决于损失率的稳定程度。对于损失率较稳定的，其概率 $P(A)$ 不要求太高，相应的概率度 $t=1$ 即可；反之，则要求概率度较高，以便对高风险的险种有较大的把握，从而稳定经营，相应的概率度为2或3。若 $t=1$，$P(A)=68.27\%$，附加一个均方差，一般适用于损失率比较稳的险种，如火灾保险；若 $t=2$，$P(A)=99.45\%$，附加两个均方差，一般适用于损失率不够稳定的险种，如机动车保险、飞机保险等；若 $t=3$，$P(A)=99.73\%$，附加三个均方差，一般适用于损失率很不稳定的高风险中，如卫星发射。表3-11是根据表3-10资料计算的均方差。

均方差数据表

表 3-11

年度	保额损失 x_i	离差 $(x_i-\bar{x})$	离差的平方 $(x_i-\bar{x})^2$
1999	6.1	+0.1	0.01
2000	5.7	-0.3	0.09
2001	5.4	-0.6	0.36
2002	6.4	+0.4	0.16
2003	5.8	-0.2	0.04
2004	6.3	+0.3	0.09
2005	6.0	0	0
2006	6.2	+0.2	0.04
2007	5.9	-0.1	0.01
2008	6.2	+0.2	0.04
Σ	6.0 $(\bar{x})$	—	0.84

则

$$\sigma=\sqrt{\frac{0.84}{10}}\times1000‰=0.29‰$$

（3）计算稳定系数，其计算公式为：$V_\sigma=\dfrac{\sigma}{\bar{x}}$式中，$\sigma$ 为均方差；V_δ 为稳定系数；$\bar{x}$ 为平均保额损失率。

稳定系数 V_δ 是均方差 δ 与平均保额损失率 $\bar{x}$ 之比，它是衡量期望值与实际结果的密切程度，即平均保额损失率对各实际保额损失率（随机变量各观测值）的代表程度，稳定系数 V_σ越低，保险经营稳定性越高；反之，稳定系数 V_σ越高，则保险经营稳定性越低。一般为稳定系数 V_σ取 10% ~20% 较为合适。根据上述资料计算结果为：

$$V_\sigma=0.29‰\div6‰=4.833\%$$

因为 $V_\sigma=4.833\%$，远小于 10%，说明保险经营稳定性很高。

（4）确定纯费率。纯费率是保险纯保费占保险金额的比率，是作为保险金用于被保险人因保险事故造成保险标的损失的金额。其计算公式为：

纯费率 = 平均保额损失率 ± 均方差 = 平均保额损失率 ×（1 ± 稳定系数）

所以，若以 68.27% 的概率估计，$t=1$，则纯费率为 $(\bar{x}-\sigma,\ \bar{x}+\sigma)$；若以 95.45% 的概率估计，$t=2$，则纯费率为 $(\bar{x}-2\sigma,\ \bar{x}+2\sigma)$；若以 99.73% 的概率估计，$t=3$，则纯费率为 $(\bar{x}-3\sigma,\ \bar{x}+3\sigma)$。因而，稳定系数 V_σ 低，则稳定性高，附加的均方差就可小些；反之对高风险的险种，其保额损失率所附加的均方差就应该大些。在一般情况下，保险公司为了保持经营的稳定性，对附加的均方差，一般采用加的形式，而不采用减的形式。故上例中，由于稳定系数小于 10%，说明稳定性较高，是低风险的险种。所以：

$$\text{纯保费}=\bar{x}+\sigma=6‰+0.29‰=6.29‰$$

3.5.7 附加费率的计算方法

附加保险费率是以业务费用、预期经营利润和税收为基础计算的，换言之，保险附加费率主要由这三个部分构成的。

1. 业务费用。业务费用包括保险从业人员工资、代理手续费、宣传费等。主要衡量方式是业务费用占承保金额的比重；

2. 预期经营利润。保险企业利润收入包括经营利润和投资利润两项，在费率中所反映的是经营利润。其主要衡量方式是经营利润占保险金额的比重；

3. 营业税收。保险企业的赋税包括营业税、城市维护建设税、房产税、车船使用税、土地使用税等。主要衡量方法是经营税收费占保险金额的比重。

其计算公式为：

附加业务费率 = 业务费用/保费金额 ×1000‰

附加经营利润率 = 经营利润/保费金额 ×1000‰

附加营业税率 = 营业税收费/保费金额 ×1000‰

附加费率 = 附加业务费率 + 附加经营利润率 + 附加营业税率

毛费率 = 纯费率 + 附加费率

若以上述3.5.6节正态分布中的数据为例，由于保险的毛费率由纯费率和附加费率构成，所以毛费率的计算公式为：

毛费率 = 纯费率 + 附加费率 = 平均保额损失率 + 均方差 + 附加费率

= 平均保额损失率 ×(1 + 稳定系数) + 附加费率

假设，附加保费率与纯保费率的比例为20%，则：

附加费率 = 6.29‰ ×20% = 1.258‰

毛利率 = 6.29‰ + 1.258‰ = 7.548‰

第4章　职业伤害保险合同

4.1　保险合同概述

4.1.1　保险合同概念

合同是一个经济生活中的概念，合同也可以称为契约。根据《合同法》的定义，合同是平等的自然人、法人、其他组织之间设立、变更、终止民事权利、义务关系的协议。

保险合同也称为保险契约，是商业保险中投保人或被保险人与保险人约定权利、义务关系的协议。保险当事人在平等的基础上，经过充分协商，本着真实、自愿和诚实信用的原则订立。合同是保险当事人双方的法律行为，当保险当事人双方意思表示一致时，保险合同成立；在满足一定条件时，保险合同具有法律效力。保险所体现的经济补偿关系，必须通过订立保险合同才能够得以实现。

4.1.2　保险合同特征

保险合同作为投保人与保险人约定保险权利和义务关系的协议，适用《保险法》、《合同法》等的有关规定。保险合同具有以下特点：

（1）职业伤害保险合同是有名合同。有名合同是指法律直接赋予某种合同以特定的名称，并以相应的法律制度调整的合同，法律尚未为其确定名称和特定规范的合同是无名合同。一般情况下，只有那些社会经济影响重大、深远的合同才被法律确定其名称和特定的规范。建筑职业伤害保险是法律直接赋予名称的合同，同时又有《安全生产法》、《民法通则》、《人身损害赔偿司法解释》等法律进行特别调整。除上述通用法律外，还有《建筑法》、《建设工程安全管理条例》等法规对保险进行特别的规定。

（2）职业伤害保险合同是要式合同。要式合同是指采用特定形式订立的合同。比如，必须以书面形式订立的合同就是一种要式合同。根据我国《保险法》第十三条规定：我国保险合同应当以“书面协议形式”订立。这样有利于详细记载双方当事人的权利、义务，有利于合同的履行，还可以起到证明作用。尽管随着承保信息技术的发展，国外允许电话投保和E-mail投保，但最终还要出具保单作为保险关系成立和有效的证明。究其原因是保险是与人身或财产密切相关，具有很大的不确定性，为避免日后发生争议，维护公平和合同的有效性，对保险合同做出要式性的规定是非常必要的。

（3）职业伤害保险合同是附合性合同。附合性合同又称为格式合同，是指当事人一方事先拟定，另一方只有接受或不接受该条款的选择，而不能够对该条款进行修改或变更。保险合同的条款是事先由保险人拟定的，并经过保险监管部门审批或备案。投保人往往不熟悉保险业务，很难对保险条款提出异议。投保人购买保险，要么符合保险人的合同，即同意合同条款并购买该合同，要么拒绝购买合同，一般没有修改合同内容的权利。即使变更某项内容，也只能采取保险人事先准备的附加条款。

因此，在附合性合同中，保险人较之投保人或被保险人处于明显的优势，投保人或被保险人只能够“附和”而缺乏主动性。当合同双方对于保险条款某些词意理解发生分歧时，法院通常会作出有利于保险人的解释。但是，近年来，随着保险市场的激烈竞争，保险人为适应保险市场形势发展的需要，作了一些积极的探索，以便提高保险市场的占有率。被保人逐步也可获得与保险人平等协商保险合同条款的权利，固定格式人身伤害保险合同的有关内容在某种条件下也存在着修改的可能，个别保险业务甚至可以临时协商，订立无既定格式的保险合同。

（4）职业伤害保险合同是有偿合同。有偿合同是指享有权利的同时，必须承担义务的合同。订立保险合同是双方当事人有偿的法律行为。一方要享有合同的权利，就必须对另一方付出一定的代价，这种相互报偿的关系，称为对价。保险人与投保人的对价是相互的，投保人的对价是支付保险费用，保险人的对价是承担给付保险金的责任。但这种对价并不意味着保险人对投保人付出对等的代价，即一定要给付保险金或赔偿损失。还要当发生意外事故导致被保险人死亡、伤残、职业疾病时，保险人才对被保险人承担给付保险金的责任，这也是职业伤害保险合同的本质所在。

（5）职业伤害保险合同是双务合同。双务合同是指合同双方当事人相互享有权利，同时，也承担义务的合同。保险合同的保险人享有收取保费的权利，同时承担约定事故发生时给付保险金，或补偿被保险人实际损失的义务。同样，投保人在承担支付保险费的义务的同时，在事故发生时，也具有要求保险人支付保险金额的权利。

（6）职业伤害保险合同是最大诚信合同。我国《保险法》规定，从事保险活动必须遵循最大诚信原则。最大诚信原则是保险的基本原则，是保证保险事业社会功能的充分发挥，保险业务顺利开展的前提，无论是保险人或者是被保险人都应该遵循这一原则。对于合同双方当事人违反最大诚信原则的行为，《保险法》和保险合同中，都规定了严格的处罚措施。

（7）职业伤害保险合同是射幸合同。射幸与侥幸同义，射幸是传统民法合同的一种形式，是指合同的效果在订约时不能确定的合同。射幸合同与交换合同是相对应的，交换合同是合同签订时，当事人的给付义务已经确定的合同。

在职业伤害保险合同中，投保人根据保险合同支付保费的义务是确定的，但保险人并不必然履行对被保险人的给付义务，只有当合同中约定的条件具备或合同约定的事件发生时才承担赔偿或给付义务，即保险人的义务履行在保险合同订立时尚不确定，取决于偶然的、不确定的保险事故是否发生。

（8）职业人身伤害保险合同是场地合同。职业伤害保险是为职工在从事职业活动中发生意外事故而造成人身伤害损失而提供赔偿金的给付，责任范围主要限于职业活动场地范围之内，发生意外事故时而造成的损失保险人才负责赔付，职业工作场地之外所发生的意外事故不属于责任范围，在职业伤害保险合同中都设有明确的限制性条款，因此，职业伤害保险合同属于场地合同。

4.1.3 保险合同分类

依据不同的标准，保险合同可以进行多种划分，主要有如下几种划分：

（1）按保险标的性质划分。按保险标的不同保险合同可划分财产保险合同和人身保险合同。财产保险合同是以被保险人的财产为标的的保险合同，包括财产损失保险合同、责任保险合同、信用和保证担保合同。人身保险合同是以被保险人的身体或生命为保险标的的保险合同。包括人身意外险合同、人寿保险合同和健康保险（医疗费用保险）合同。职业伤害保险合同属于人身保险合同。

（2）按合同的经济性质划分。按照保险合同的经济性质划分可分为补偿性保险合同和给付性保险合同。补偿性合同是保险人根据保险合同标的所遭受的实际损失进行经济补偿的合同。给付性保险合同又称为定额给付合同，事先由合同双方当事人约定保险金额，当被保险人发生保险事故时，由保险人按约定给付保险金。在职业伤害保险合同中，医疗性质的合同属于补偿性保险合同，其他合同则属于定额（给付）合同。

（3）按投保人数划分。在保险合同中可分为个人保险合同、联合保险合同和团体保险合同。个人保险合同是以个人为保险标的的人身伤害保险合同。例如，以个人名义投保，以个人的身体作为保险标的，个人缴纳保费，与保险人签订合同。联合保险合同是将存在一定利害关系的两人以上视为联合被保险人。如果联合被保险人中一人死亡，保险金额给付其他生存的被保险人。团体保险合同是以机关、团体、企事业单位或其他单位为承保对象，以单位名义投保，由保险人签发一份总的保险合同，保险人按合同规定向其单位中的成员提供保障保险，它不是一个具体的险种，而是一种承保方式，职业伤害保险合同属于团体保险合同。

（4）按合同的内容性质划分。在一般的保险合同划分中，按照合同的内容性质进行划分，可分为单一保险合同和综合保险合同。单一保险合同是指承保人所投保的保险标的单一，只有一个类别的合同。而综合保险合同是指投保人需要投保的不是单一的，而是性质不同的多种保险合同。职业伤害保险是综合性保险合同。因为，一般而言在职业伤害保险合同中，既有意外伤害保险合同，又有医疗保险合同，而意外伤害保险合同和意外医疗保险合同是两个不完全相同的保险类别。

（5）按合同的法律效力划分。按合同的法律效力划分，可以分为有效保险合同、可撤销保险合同和无效保险合同。有效保险合同是具有法律效力、可以实施的保险合同。可撤销保险合同是指当事人的意思表述不真实，合同的一方具有因合同另一方违背合同而取消合同权利的保险合同。可撤销的保险合同在变更、撤销以前是有效的，是否变更或者撤销由权利人决定。当事人请求变更的，人民法院或者仲裁机构不得撤销。

因此，可撤销保险合同又称为相对无效保险合同。无效保险合同是指不具备合同成立的条件，违反国家法律、法规要求，国家不予承认和保护，不具有法律效力的合同。导致合同无效的原因可分为以下几种：① 合同主体不合格。如投保人为无行为能力的人；② 合同内容违反法律和行政法规。如内容超过了保险公司的经营范围；③ 意思表达不真实。如投保人受欺诈而签订的保吸纳合同；④ 无效代理。如该代理人的代理权已经终止，不再具有代理权限；⑤ 合同不符合法律规定或订立合同的手续不完备。法律认为以上这些保险合同自签订之日起就不具备有法律效力。在保险合同被确认无效以后，尚未履行的，不得履行；正在履行的，应立即终止。

（6）按照保险期限进行划分。保险合同可分为长期保险合同和短期保险合同。长期保险合同是指保险合同超过一年的保险合同。短期保险合同是指一年或一年以下的保险合同。建筑职业伤害保险合同一般属于短期保险合同，因为保险期限是根据施工期而确定的，一般规模的建设工程期限为一年，小型的施工工程或装修工程有时是半年或者几个月。

4.1.4　保险合同形式

保险合同书面形式主要有：投保单、暂保单、保险单、保险批单和其他书面协议。

（1）投保单。投保单是指投保人向保险人提出保险要求和订立保险合同的书面要约，投保单又称为“要保书”或者“投保申请书”，是保险人出具保险单的依据和前提。

（2）暂保单。暂保单是在处理正式保单或保险凭证之前出具的临时性保险证明。暂保单只记载保险单中的被保险人、保险金额、保险险种等重要事项以及保险单意外的特别约定，暂保单与保险单具有相同的法律效力。但有效期较短，一般为30天，正式保单签发时自动失效。暂保单一般在以下几种情况时签发：① 保险经营分支机构权限或程序所限，须由上级审报或审批；② 保险双方就保险合同主要事项已经商定，但对于一些次要事项尚未达成协议；③ 保险代理人承揽业务后，暂时未办理完全部手续等情况下使用。

（3）保险单。保险单又称“保单”，是保险双方订立保险合同的正式书面文件，是双方履行权利、义务的依据，是最为重要的书面形式。签发保险单并不构成保险合同成立的要件，而只是保险人的法定义务。如果在签发保险单前被保险人发生了保险事故，要分别不同的情况确定保险人是否承担保险责任：对于短期保险合同，保险人收到款项但未出单，被保险人在发生保险事故时，保险人应该承担责任，给付保险金；保期较长的保险合同，保险人尽管收到保费，保险责任也要到出具保单后才开始承担。

（4）保险凭证。保险凭证也是一种保险合同的书面形式，具有与保单相同的法律效力，但在条款的列举上较为简单，通常用于方便携带保险证明的场合。保险凭证是职业伤害保险业务中经常使用的一种合同书面形式。

（5）保险批单。批单是保险双方就保险合同内容进行修订和变更的证明文件。通常用于对已经印刷好的保险单的内容作部分的修改，已经生效的保单的某些项目进行变更。批单一经签发，就自动成为保险合同的组成部分。批单的法律效力优于保险单，当批单内容与保单内容不相一致时，以批单内容为准。

4.2　保险合同要素

4.2.1　保险合同主体

职业伤害保险合同是由合同主体、合同客体与合同内容三部分组成的。按照民法规定，主体是指享有权利与承担义务的人。保险合同的主体是指与保险合同发生直接或间接关系的人（含法人与自然人），包括当事人、关系人和辅助人。当事人是订立合同、规定合同中权利与义务的主体，是与保险合同的订立和履行有直接关系的人；辅助人是协助保险合同当事人签署合同、履行合同，并办理有关保险事项的人。

1. 保险合同当事人

合同当事人是指直接参与建立保险法律关系的人，确定合同的权利与义务的行为人，即参与订立保险合同的主体，包括投保人和保险人。

（1）投保人。投保人又称要保人，是向保险人申请订立保险合同，并负责有缴付保费义务的保险合同当事人。投保人作为保险合同的当事人应具备以下条件：

1）完全的民事权利能力和行为能力。一般来说，没有法人资格的组织及无行为能力和限制行为能力的自然人均不能成为投保人。保险合同是一种民事法律关系，投保人作为保险合同的当事人即民事主体，需具有民事权利能力和相应的民事行为能力。民事权利能力是指民事主体依法享有民事权利和承担民事义务的资格，它是民事主体参加民事法律关系，取得民事权利、承担民事义务的法律依据，也是享有民事主体资格的标志。

民事行为能力是指民事主体能够以自己的行为，行使民事权利和设定民事义务，并且能够对自己的违法行为承担民事责任，从而使民事法律关系发生、变更或消灭的一种资格。民事权利能力是民事行为能力的前提。民事主体包括公民和法人，公民的民事权利能力始于出生终于死亡，但公民的民事行为能力则因年龄和精神状态的不同而有所不同。依照《民法通则》规定，年龄十八周岁的公民具有完全民事行为能力。十六周岁以上不到十八周岁的公民，以自己的劳动收入为主要生活来来源的，视其为具有完全民事行为能力人；不满十八周岁的未成年人和已满十八周岁，但不能辨认自己行为的公民则不具有完全行为能力。因此，未成年人、精神病患者、嗜酒成性者不能成为合同当事人。对于限制民事行为能力者，经其监护人同意，可作为投保人订立保险合同。如此规定是为了保证合同双方都能够对他们所共同签署的协议有充分的理解能力。

法人的民事权利能力始于设立，终于消灭，其民事行为能力与民事权利能力完全一致。凡依法取得法人资格的组织，都可以法人名义订立保险合同成为投保人。

2）投保人须对被保险人具有保险利益，否则不能申请订立该保险标的的保险合同，即使订立了也属无效合同。保险利益是指投保人对被保险人所具有的合法的经济利益。它体现了投保人对被保险人之间存在的利害关系。

我国《保险法》第十二条规定：“人身保险的投保人在保险合同订立时，对被保险人应当具有保险利益”。投保人对被保险人不具有保险利益的，保险合同无效。这样规定的目的有三个：①为了防范投保人利用保险合同进行投机、赌博等违法活动，获取非法保险利益，以减少道德风险的发生概率；②为了限制赔偿额度，保证保险人的利益，利于保险业健康发展；③为维护国家利益，社会公共道德和保险人的合法权益，达到保护被保险人的合法权益。

各国的保险立法都规定投保人须对被保险人具有可保利益，这成为投保人所应具备的必要条件。投保人可以为自己的利益投保，也可以为他人利益投保，投保人在未经委托的情况下，应征得他人同意或将其订约目的告知保险人，以便保险人查明是否具有保险利益并决定是否承保。

3）投保人必须是订立合同的人，并按约定缴纳保费。这里有两层涵义：一是投保人须是以自己名义与保险人订立保险合同的当事人，无论是法人还是自然人，只有与保险人订立了保险合同的人才是投保人；二是投保人必须依据合同中的约定支付保险费用。因为保险合同是双务合同和有偿合同，受益人获得保险保障是以投保人缴纳保费为前提的，当投保人为自己的利益投保时，有义务缴纳保险费；在为他人利益投保时，也要承担缴纳保险费的义务。投保人如果不按照约定缴付保险费用，保险人可以分情况要求其缴付保险费及利息或者终止保险合同。保险人对终止合同前投保方未缴付的保险费及利息，仍有权要求如数补足。因此，保险人履行合同是以投保人按照合同约定缴纳保险费为前提的，只有投保人在支付保险费用后，才能成为法律意义上的投保人。

（2）保险人。保险人是指与投保人订立保险合同的保险公司。保险人是保险合同的一方当事人。保险人根据保险合同，拥有向投保人收取保险费的权利；当在保险期限内，保险事故发生时，保险人有履行保险赔偿责任或者给付保险金的义务。作为保险人应具备两个条件：

1）保险人应该具有法定资格，保险人常以各种经营组织形态出现。因为保险经营的特殊性，各国法律都对保险人从业的法律资格，都做出专门规定。只有符合国家规定条件，并经过政府批准的法人方可经营保险，成为保险人，并在执照规定的范围内经营保险。如果保险人不具备法人资格，则所订立的合同无效。但也有特例，如英国劳合社的承保社员是经过国家批准，具有完全民事行为能力的、符合一定资产、信誉要求的自然人，作为保险人经营保险业务的。我国《保险法》规定，保险人必须是依法成立的保险公司，保险公司分为国有独资公司和股份有限公司两种形式。保险公司要分业经营，在保险监督管理机构规定的范围内开展保险业务。

2）保险公司必须以自己的名义签订保险合同。作为一方当事人，保险人只有以自己的名义与投保人签订保险合同，才能成为保险合同的当事人。

2. 保险合同关系人

保险合同关系人是指与保险合同有经济利益关系的人，而不一定是直接参与保险合同订立的人。包括被保险人、受益人和保单所有人。

（1）被保险人

被保险人是指受到保险合同的保障，享有保险金请求权的人。被保险人的身体、健康和生命是建筑职业伤害险保险合同的标的，是保险事故发生的主体对象。投保人将被保险人的身体或生命作为保险标的投保，投保人与被保险人之间的关系存在以下两种情况：① 投保人与被保险人是同一人。当投保人以自己的身体或生命投保时，被保险人就是投保人自己；② 投保人与被保险人不是同一个人。投保人是合同的当事人，被保险人是合同的关系人。当投保人以他人作为被保险人时，须遵守如下规定：A. 被保险人应是在保险合同中指定的；B. 需征得被保险人的同意；C. 被保险人不得是无民事行为能力的人。

无论被保险人或投保人是否为同一人，被保险人的成立应具备以下两个条件：

1）被保险人必须是合同的保障人。在职业伤害保险合同中，保险标的是职工（雇工）的身体或生命，保险事故发生会造成被保险人的损失，保险合同就是对此种伤害而造成的损失进行补偿的法律凭证。因此，被保险人应是身体或生命受合同保障的人。也就是说，被保险人是从合同中获得身体机能或生命保障的人，是保险事故的本体。当被保险人死亡、伤残或患有职业疾病时，可根据保险合同获得保险金。

2）被保险人必须享有保险金请求权。保险金请求权是指被保险人因保险合同订立而享有的，在保险事故发生后可行使的，要求保险人赔偿或给付的权利。被保险人的身体或生命受保险合同的保障，保险事故发生后被保险人的身体或生命等受到伤害，被保险人有权要求保险人赔偿或给付保险金。因此，享有保险金请求权是被保险人成立的一个必要条件。

保险金请求权的行使因保险标的的不同而不同。在财产保险中，保险事故发生后，被保险人仍然生存，则保险金请求权由被保险人本人行使；若在事故中，被保险人死亡，则由其继承人继承。在人身伤害保险中，在保险事故发生后，被保险人仍然生存的，保险金请求权由被保险人本人行使，若被保险人死亡的，保险请求权由被保险人或投保人指定的受益人行使。未指定受益人的，保险请求权由被保险人的继承人继承。

法律对被保险人的资格无其他限制，但一般在人身保险合同中，设有约定条件。一般财产保险的被保险人可以是法人或自然人；而人身保险的被保险人不能是法人，只能是满足合同约定条件的自然人。

（2）保险受益人

我国《保险法》第十八规定：“受益人是指人身保险合同中由被保险人或者投保人指定的享有保险金请求权的人。”受益人又称为保险金受领人，是指在保险合同中约定的，当保险事故发生后，享有保险申请权的人。

在财产保险中，没有专门的受益人的规定。这是因为财产保险的被保险人通常就是受益人。只有在某种特殊情况下，财产保险合同的当事人才约定由第三者享有优先受领保险赔偿的权利，而第三者一般是被保险人的债权人，并非保险法上的受益人。

在人身保险中，受益人是由被保险人或者投保人指定的享有保险金请求权的人，可以是一人，也可以是数人。投保人、被保险人都可以成为受益人。受益人与投保人是同一个人时，受益人就是当事人；否则，受益人就是合同关系人。

人身伤害保险合同的受益人应当具备下述两个条件：

1）受益人必须由被保险人或投保人在合同中指定，由投保人指定为受益人的须经过被保险人的同意才能有效。法律对于受益人资格并无限制，因此，受益人可以是自然人，也可以是法人。通常情况下，受益人如果不是被保险人、投保人，则多为与其有利害关系的自然人，例如，出生时存活的胎儿也可以成为受益人。

当投保人以自己的身体为自己利益而订立保险合同时，投保人既是被保险人，也是受益人；当投保人以自己的身体为他人利益订立人身保险合同时，投保人是被保险人，但受益人是由其指定的人；当投保人以他人的身体为自己的利益订立人身保险合同时，须经被保险人同意后，投保人就成为受益人。当投保人以他人的身体为他人利益而订立保险合同时，经过被保险人同意后，受益人可以是第三人。若投保人指定或变更受益人时，必须经被保险人同意，受益人可以是一人或数人。被保险人为无行为能力人或者限制民事行为能力的人，可以由其监护人指定受益人。

2）受益人必须是享有保险金请求权的人。受益人享有的保险金请求权是受益人依照保险合同享有的一项基本权利。当被保险人与受益人不是同一人时，若保险事故发生后，导致被保险人死亡的，则受益人应能够从保险人处获得保险金。人身保险合同中保险金请求权是受益人获得保险金利益的一项必要权利，没有请求权就不能获得保险金。因此，是否享有保险金的请求权就成为受益人的一个必要条件。

在职业伤害保险合同中，被指定的受益人是一个人时，保险金请求权由该人行使，并获得全部保险金。若受益人是数人的，保险金请求权由数人共同行使，其受益顺序和受益份额由被保险人或投保人在合同中事先确定；没有确定顺序或份额的，受益人按照相等分额享有受益权。

作为受益人，在合同中有两种形式：一种是不可撤销的受益人，在保险合同签订时确定，且不得随意撤销，只允许在受益人同意下更换受益人；另一种是可撤销的受益人，在人身伤害保险合同的有效期内，投保人或被保险人可以中途变更受益人和撤销受益人的受益权，受益人的形式应在保险合同签订过程中确定。

受益人的保险金请求权直接来自保险合同的规定，当被保险人死亡后，受益人获得的保险金是根据合同取得的，不属于被保险人遗产，不得纳入遗产分配，也不得用于清偿被保险人生前债务。但是，若保险金由继承人以继承方式取得，则在其继承遗产的范围内有为他人偿还债务的义务。在下列情形中只要符合其中之一，且被保险人生前又未指定其他受益人的，保险金将被作为被保险人的遗产处理：第一，受益人先于被保险人死亡的；第二，受益人依法丧失受益权；第三，受益人放弃受益权。此时，保险金应按《继承法》的规定分配。对于被保险人与受益人在保险事故中同时死亡的情形，按照共同灾难条款的规定，认为受益人先于被保险人死亡。

3. 保险合同辅助人

保险合同的辅助人是指保险合同的当事人签署合同，或履行合同并办理有关保险事项的人。包括：保险代理人、保险经纪人和保险公估人。保险业务的专业性和技术性要求有专门的从业人员参与、协助办理有关业务。辅助人为合同的订立和履行提供服务，他们对保险合同不享有直接的权利，也不承担直接义务，但对合同的订立起着保险人或保险客户代理人的作用，由于保险合同的辅助人所承担的角色具有中介的性质，因此，保险辅助人又称保险的“中介人”。

(1) 保险代理人

代理人是根据保险人的委托，向保险人收取手续费，并在保险人授权的范围内代为其办理保险业务的单位或者个人，保险代理人在保险人授权的范围内代理保险业务的行为所产生的法律责任，由保险人承担。

各国法律对取得保险代理人资格和代理人的业务范围都有所规定。我国《保险法》规定保险代理人包括专业代理人、兼业代理人和个人代理人三类。专业代理人是指专门从事保险业务的单位，其组织形式为合伙企业或有限责任公司，业务范围比较广泛，包括代理销售保险单、代理收取保险费、进行保险和风险管理咨询服务、代理保险人进行损失查勘等业务。兼业代理人是指受保险人的委托，在从事自身业务的同时，指定专人为保险人代办保险业务的单位。其业务只限于销售保险单和代理收取保险费用。个人代理人是指根据保险人的委托，向保险人收取代理手续费，并且在保险人授权的范围内代办保险业务的个人，主要是指营销员。

保险代理人应当具有保险监管部门规定的资格条件，代理机构应取得其颁发的经营保险代理业务许可证，向工商管理机关办理登记，领取营业执照，并交存保证金或投保职业责任保险。

保险代理人与保险公司之间必须在代办保险业务以前，根据平等互利和双方自愿的原则签订《保险代理合同书》，并且必须明确合同书中规定的授权范围、代理地域和时间范围、险种和双方的收费标准以及相关的法律责任。一般而言，保险代理人在代理活动中只能以保险人的名义与投保人发生横向关系，而且严格在授权的范围之内。在此范围之内进行的活动而带来的法律责任，应该由保险人承担。

（2）保险经纪人

保险经纪人是指基于投保人的利益，为投保人提供投保、缴费、索赔等中介服务，并且向承保的保险人依法收取佣金的单位，其组织形式为有限公司或股份有限公司。经营保险经纪人业务，必须按照《保险经纪公司管理规定》设立保险经纪公司。因保险经纪公司的过错，给投保人、被保险人造成损失的，由保险经纪公司承担赔偿责任。

保险经纪人与保险代理人都是保险合同辅助人，但二者有所不同，主要区别有以下几点：①保险经纪人代表的是投保人的利益，向保险人或其代理人洽定保险合同，但保险经纪人一般不代订保险合同，仍需投保人自己订立，除非得到保险人的委托。保险代理人则代表的是保险人的利益；②保险经纪人是以自己的名义进行经纪活动，而保险代理人则是以保险人的名义与投保人或被保险人发生关系；③保险经纪人的业务所产生的法律责任由保险经纪公司承担，而保险代理人在授权范围内进行的活动所产生的法律责任由保险人承担。只有在授权范围之外的活动产生的法律责任，才由保险代理人自己承担。

（3）保险公估人

保险公估人是指接受保险当事人的委托，专门从事保险标的的勘验、鉴定、估损、理算等业务，并且据此向当事人委托方收取合理费用的机构。保险公估人在保险市场当中承担着专业技术服务功能、保险信息沟通功能和风险管理咨询功能。保险公估人一般是受保险公司的委托开展业务，只对保险人负责，无须对被保险人负责。出具的公估报告书，一般是作为理赔的参考依据，本身并不具有法律权威。

保险公估人因为职业疏忽而引起委托人遭受损失的，保险公估人要承担法律赔偿的责任。因此，一般保险公估人，一般会投保职业责任险。保险公司委托公估人，一般是在经过双方了解和认识的基础上，以书面方式委托。一旦保险公估人接受保险公司的委托并签订书面委托合同，保险公估的合同关系即告成立。

保险公估人接受当事人委托后，独立执行业务。在保险业发达的国家和地区，保险公估人因其能合理地维护当事人各方的利益，对保险业的健康发展起到了重要作用。保险公估人除了应精通精算、评估业务外，还必须具有良好的职业道德，以保持良好的职业形象。随着我国保险市场的发展，保险公估人及其业务也将得到发展。

4.2.2 保险合同客体

（1）合同客体的概念。职业伤害保险合同中的客体是指合同当事人双方权利义务所共同的指向。合同的客体是合同中重要组成要素，按照理论民法，客体是指在民事法律关系中主体享有权利和履行义务时共同的指向。客体在一般合同中称“标的”即物、行为、智力成果等。职业伤害保险合同虽然属于民事法律关系范畴，但它的客体不是保险标的本身，而是投保人或被保险人对保险标的所具有的法律上承认的利益，即保险利益。

（2）合同客体的实质。合同客体是指保险合同当事人双方的利益。所谓保险利益是指投保人或者被保险人对于投保标的所具有的法律上承认的利益，它体现了投保人或被保险人与保险标的之间存在的利益关系。衡量投保人或者被保险人对保险标的是否具有保险利益的标志是看投保人或被保险人是否因为保险标的的损害或丧失而遭受经济上的损失。

也就是说保险标的是保险利益产生的前提，保险利益是保险标的与投保人或者被保险人的经济利益关系。

保险标的是保险利益的载体。没有保险标的，保险利益就无从谈起，但职业伤害保险合同保障的不是保险标的本身的安全，而是保险标的受损后，投保人或被保险人、受益人的经济利益。危险是客观存在的，职业伤害保险合同的订立并不能够保证保险标的不发生危险，不产生事故损失。当保险事故发生后，保险人依据合同只能对保险标的的损失进行赔付，保险人不可能赔偿原有的保险标的。因此，保险合同规定的权利、义务所指的对象，是投保人或被保险人对保险标的所具有的保险利益，而不是保险标的本身。保险利益是保险合同中的重要组成要素。

（3）合同客体的意义。保险利益是保险合同的客体，是保险合同生效的依据。只有当投保人或被保险人对保险标的具有保险利益的时候，才能对该标的投保。否则将会引发不良的社会行为和后果。当投保人或被保险人对同一个保险标的具有不同的保险利益时，可以就不同的保险利益签订不同的保险合同。若在多个保险标的上具有相同的保险利益的时候，也可以就不同的保险标的进行投保。

但是，保险利益不是保险合同的利益。保险利益体现的是投保人或被保险人与保险标的之间存在的经济利益关系。这种利益关系在保险合同签订之前就已经客观存在或者已经有了存在的条件。投保人与保险人签订保险合同的目的在于保障这一利益的安全。而保险合同的利益是指保险合同生效以后所取得的利益，指的是保险权益。例如，受益人在保险事故发生后所取得的保险金。

（4）合同客体成立的条件。作为保险合同客体的保险利益成立必须满足下列条件：①保险利益必须是合法权益，被法律认可，受法律保护的；②必须是客观存在的、确定的利益；③必须是经济利益，可以通过货币计量的。职业伤害保险的保险利益在于投保人和被保险人之间的利益关系。职业伤害保险是以人的身体或生命作为保险标的，只有当投保人对被保险人的身体具有某种利益关系时，投保人才能形成对被保险人的保险利益。

4.2.3 保险合同内容

职业伤害保险合同的内容与保险合同的主体、客体一样，是建立合同关系必不可少的要素之一。对于保险合同的内容，有广义和狭义两种理解：广义的保险合同内容是指保险合同的全部记载事项，包括合同的当事人、关系人、双方的权利义务和合同标的及保险金额等。狭义的保险合同内容仅仅是指合同双方当事人所约定的、有法律确认的权利与义务。在此，我们从广义上理解保险合同的内容。

保险合同的内容通常由保险人与投保人依法约定，以条文的形式表现。所以，保险合同的内容也就是指保险合同中所设立的条款。

1. 保险合同条款的特征

（1）合同条款的附合性。通常保险的合同条款由保险人事先拟定的。主要原因是：一方面是因为保险事业发展的需要；另一方面是由于保险业务的特殊性所致。随着保险业的发展，保险业务不断扩大，保险人为了便于开展业务，会事先拟定合同条款，以备投保人索取。保险业的专业化，也需要保险人事先拟定，以便有关部门监管。事先拟定条款，有利于对投保人的保护，投保人按投保单所列项目填写，经保险人确认后，保险合同成立。

（2）合同条款的基本性。保险合同条款通常规定险种的基本事项。由于保险合同条款大都由保险人事先拟定，故合同条款只是有关险种的基本条款。投保人若对合同有特殊的要求，须与保险人协商，或原合同的基础上订立特殊条款，或者在基本条款的基础上附加条款，扩展保障范围。

2. 保险合同条款类型

职业伤害保险合同条款分为基本条款和特约条款。

（1）基本条款。保险合同中的基本条款又称法定条款。它是根据法律规定，由被保险人制定的必须具备的条款。基本条款一般直接印在保险单证上。相对于特约条款而言，它不能够随投保人的意愿而变更。根据《保险法》第十八条规定："保险合同应当包括下列事项：保险人的名称和住所；投保人、被保险人的姓名或者名称、住所，以及人身保险的受益人的姓名或者名称、住所；保险标的；保险责任和责任免除；保险期间和保险责任开始时间；保险金额；保险费以及支付办法；保险金赔偿或者给付办法；违约责任和争议处理；订立合同的年、月、日。"

（2）特约条款。特约条款是指在基本条款以外，由投保人与保险人根据实际需要而协商约定的其他权利与义务。特约条款有广义和狭义之分。广义的特约条款包括保证条款、附加条款两种类型；狭义特约条款仅指保证条款。

1）保证条款。保证条款是指投保人、被保险人就特定事项担保某种行为或事实的真实性的条款。该类条款由于其内容具有保证性质而得名。保证条款一般由法律规定，是投保人、被保险人必须遵守的条款，否则，保险人有权解除合同。

2）附加条款。附加条款是当事人在合同基本条款的基础上约定的补充条款。它增加或限制双方的权利、义务，是对基本条款的修改或变更，其效力优于基本条款。通常采取在保险单上加批注或批单的方式使之成为合同的一部分。

3. 合同基本条款的内容

职业伤害保险合同基本条款的具体内容，依据险种不同而不尽相同。但大都包括以下几个部分：主体、客体、权利义务和其他声明事项。

（1）合同主体部分条款的内容

在保险合同中，关于保险合同主体部分条款内容主要包括保险人、投保人、被保险人的名称及其住所。

保险人在我国专指保险公司，其名称须与保险监管部门和工商行政部门批准或工商行政部门登记的名称一致，其住所为保险公司或分支机构的主营业场所。

投保人、被保险人是法人或合伙企业的，其名称需经过主管部门批准或与工商行政部门登记的名称一致，其住所为其主要办事机构或主营业场所。投保人、被保险人为自然人的需使用真实姓名，其住所户口为所在地的居住地或经常居住地。

建筑职业伤害保险合同除上述内容外，保险合同主体部分内容还包括：工程项目名称，项目所在地。工程项目需经过主管部门的正式批准，且与主管部门备案项目名称相一致，项目所在地是指项目施工的主要现场所在地。

职业伤害保险合同有关主体部分的内容是保险合同的基本条款，其法律意义在于：明确合同当事人、关系人，确定合同权利与义务的享有者和承担者；明确合同的履行地点，并确定合同纠纷的诉讼管辖。

（2）合同客体部分条款的内容

在职业伤害保险合同中，关于合同客体部分的条款是指在保险合同中应明确记载的保险利益部分。

所谓客观部分是指合同或明确保险利益的部分。保险标的是保险的对象，是保险利益的载体。确定保险标的条款是保险合同的基本条款。对保险标的明确，有利于确定保险合同的种类，明确保险人责任的范围，判断投保人是否具有保险利益，确定保险价值及赔偿数额。在职业伤害保险合同中，标的物是被保险人的身体或生命，因此，在合同中应尽量记录反映危险程度和保险利益相关的资料，如被保险人的职业、年龄、性别、健康状况等。

保险价值是保险标的在某一特定时期内，用货币估计的价值总额，即是投保人对保险标的所享有的保险利益的金额。保险价值的确定，为确定保险金额提供了计算依据，并由此可确定保险责任的大小。一般保险合同的保险价值的确定可由当事人在保险合同中约定，或按照保险标的市场价格确定，或依据法律确定，具体的确定方法依据保险险种而不同。但是，在职业伤害保险合同中，不存在保险价值问题，因为人的身体或生命是无法用价值来估量的。

保险金额是保险人承担赔偿或者给付保险金的最高限额。保险金额的确定为计算保险费和确定保险赔偿的最高限额提供依据。财产保险的保额必须在标的实际价值与投保人对标的所具有的保险利益范围之内。职业伤害保险的保额由投保人的支付能力和保险市场的需求所决定，在职业伤害保险中保险金额一般称为保险限额。

（3）合同权利义务部分条款的内容

通常包括保险责任、除外责任、保险费及其支付方式、保险金赔偿或给付方式、保险期限和保险责任开始时间等。

1）保险责任。保险责任是指保险合同约定的保险事故发生后，保险人所应承担的保险金赔付责任。规定保险责任的法律意义在于确定保险人承担危险责任的范围。

2）除外责任。除外责任又称责任免除，是指合同中列明的保险人不予承担的保险赔偿与保险给付责任，它是对保险责任的限制。除外责任的明示，进一步明确保险责任的范围。由此可见，保险公司应承担的保险责任范围是由保险责任和责任免除两部分的内容来共同确定的。

3）保费及其支付方式。保险费是投保人为取得保险保障，而需要按合同约定向保险人支付的费用。保险费的支付方式很多，依据合同种类不同而不同。分为趸缴、分期交付、一次交付分期结算、分期结算等方式，在职业伤害保险合同中，投保人保费的缴纳是合同生效的条件。在合同中规定该内容在于明确投保人所承担的基本义务和履行义务的方式及期限。

4）保险赔偿或给付方式。保险赔偿或给付方式是保险人履行合同的具体方式，该内容的约定有利于明确保险人义务履行的方式。在补偿性保险合同中，保险金的赔付按规定的方式计算赔偿金额。在给付性保险合同中，保险金额按约定的保险金额给付。

5）保险期限和保险责任开始时间。这是指保险人为被保险人提供保险保障的起始时间。在此期间内合同有效，保险人承担保险责任。保险期限长短依据合同种类及投保人的需求不同而不同。职业伤害险保险合同期间一般为一年。保险责任开始时间由合同双方约定，通常年、月、日、时要在合同中标示。

在我国职业伤害保险实务中，是以开始承担保险责任之日的零时为具体开始时间的，即“零时起保”。保险期限及保险责任开始时间的规定明确了当事人享有权利和承担义务的起止时间，便于合同的履行。

（4）其他声明事项条款。在职业伤害保险合同中，还有些需要声明的事项，如合同订立的准确时间、投保人是否曾有被拒保及有否得到过赔款等保险记录等。此外，职业伤害保险合同中还有合同失效、失权、追偿配合、争议处理、解除、退费等约定。这些约定成为职业伤害保险合同履行过程中避免和处理纠纷所必不可缺的依据。

4. 合同特殊条款的内容

职业伤害保险合同条款中的特殊条款部分规定了职业伤害保险合同双方当事人之间的权利与义务，是合同当事人履行合同义务、享受合同权利的法律依据，也是处理保险纠纷的依据。下面介绍一些在职业伤害保险合同中比较常见的、统一的、对投保人和保险人都非常重要的条款。

（1）不可抗辩性条款

不可抗辩性条款，又称不可争条款，是指被保险人在保险期间，从合同订立之日起满两年后，保险人不得以投保人在投保时的误告、漏报和隐瞒为由，主张合同无效或拒绝给付保险金，而合同生效后的两年内为可争期，在此期间内保险人可对被保险人的有关情况进行调查核实，如发现投保人在投保时有隐瞒、报告不实、误告、漏报等情况保险人有权解除保险合同的权利。在此期间内，如果保险事故发生，保险人可以拒绝承担给付责任。超过这个期间，成为不可抗辩期间，被保险人的情况必然会发生变化，如果保险人以上述理由主张合同无效，就会侵犯投保人的利益。因而列入不可抗辩性条款，使保险合同在两年后成为不可争议文件，避免保险人的道德风险。

不可抗辩性条款在我国没有明确的法律规定，但在《保险法》第十六条规定：“保险人具有合同解除权时，自保险人知道有解除事由之日起，超过三十日不行使而消灭。自合同成立之日超过二年的，保险人不得解除合同，发生保险事故的，保险人应当承担赔偿或者给付保险金的责任。”就是不可抗辩思想的体现，因而在保险实务中一般都按照不可抗辩性条款的原则掌握。

（2）年龄误告条款

年龄误告条款一般规定为：投保人在投保时如果误报被保险人年龄，保险人将根据误报被保险人的真实年龄予以调整。当被保险人的真实年龄超过保险公司规定的最高年龄时，保险合同自始无效，保险人退还保险费。

在职业伤害保险合同条款中，保险人往往对被保险人的年龄有明确的界定，因为年龄是影响职业伤害危险发生率的一个重要因素，被保险人的年龄过小，其心理、生理尚不成熟，自我调控和保护能力就差，很容易发生安全事故；同样，年龄过大，被保险人步如衰老期，行动迟缓、反应能力差也容易造成各种意外事故的发生提高职业伤害危险率，加大保险人的保险成本，从而影响保险人的正常经营。职业伤害保险合同条款一般按照国家法律规定的劳动年龄范围规定，被保险人的年龄范围是年满16~60周岁。如果被保险人的年龄超出国家法律规定的年龄范围，保险人将予以追究，甚至不负赔偿责任。因此，投保人办理投保手续时要如实申报被保险人的年龄。

在职业伤害保险实务中，从最大诚信原则出发，保险人对投保人所上报的被保险人的年龄一般不进行严格的审查。只是在保险事故发生后造成人身伤害损失后，保险人在理赔审核各种单证时才会核实被保险人的年龄。职业伤害保险保险期一般设定为一年，处于合同可抗辩期内，保险人发现年龄不符，可以宣布合同无效或对保险事故受伤害者不予承担赔偿责任，这一点投保人在投保时应予以十分的注意，以免在保险期间一旦发生意外伤害事故时与保险人发生赔偿争议和纠纷。为此，投保人一是要履行最大诚信原则，实事求是填写被保险人的情况；二是要加强劳务合同管理，在签订用工合同时应认真审查雇员的有关证件，防止由于管理不严造成年龄的误报。

(3) 宽限期条款

宽限期条款规定，投保人如果未按时缴纳续期保费，保险人将给予一定时间的宽限（通常为30天或60天），在宽限期内保险合同仍然有效，若发生保险事故，保险人应按规定承担给付保险金的责任，但应从中扣除所欠缴的保险费和利息。超过宽限期，仍未交付保险费的，保险合同效力中止。

《保险法》第三十六条规定："合同约定分期支付保险费，投保人支付首期保险费后，除合同另有约定外，投保人自保险人催告之日起超过三十日未交付当期保险费，或者超过约定的期限六十日未支付当期的保险费的，合同效力中止，或者由保险人按照合同约定的条件减少保险金额。"规定宽限期限的目的在于避免合同非故意失效。

在建筑职业伤害保险过程中，由于保险期是与施工期相一致的，施工期受多种因素的影响，可能出现工期延续的情况，如果需要缴纳续期保费，应十分注意宽限期条款，以免保险合同出现非故意失效，影响被保险人的保险利益。

(4) 保费自动垫交条款

在合同有效期内，投保人已按期交足一定时期分期保险费，若以后的分期保险费超过宽限期仍未交付，如果保险人存有投保人原溢交的保险费用足以自动垫缴保费及利息时，除投保人事先另有书面形式作反对声明外，保险人将自动垫交其应缴纳的保费及利息，使保险合同继续有效。在垫交保险费期间，保险人仍然承担保险责任。被保险人在垫交期间发生保险事故，保险人应从给付的保险金中扣除垫交的保险费及其利息。如果保费垫交后，投保人仍未交付保险费用，垫交保费应继续进行，直到累计垫交本息达到被保险人原已交的保费数额为止，此时，保险合同中止，此中止适用复效条款。按照惯例，保险人进行保险费自动垫交时应及时通知投保人。

保险费自动垫交条款可以维护保险合同的效率，在垫交保险费期间，保险人仍然承担保险责任，但是保险人可从支付的保险金中扣除垫交的保险费及相应的利息。对投保人来说，该条款可以防止因欠费原因导致保单失效。

(5) 自杀条款

这是所有职业伤害保险险种中，普遍设立的责任免除条款。法律上的自杀是指故意用某种手段终结自己生命的各种行为。构成自杀要有两个条件：一是主观上要有自杀的意图；二是客观上实施了足以实施意图的行为，两者缺一不可。在职业伤害保险保单中，如果对自杀行为统统给付保险金，则无疑会引发道德风险，主张投保后自杀以谋取保险金的行为，损害保险公司和其他投保人的利益。

(6) 战争条款

该条款规定，将战争和军事行动原因造成的保险事故损失，保险人不负赔偿责任。该条款保险人列为免责的原因是，在战争中往往有大量的人员伤亡，远远超过正常保险事故发生所造成的人员伤亡数量，由于保费是按照正常情况计算和收取的保费，保险人若对此也负责赔偿，将会对保险人的正常经营造成很大的影响。所以，各保险公司一般都将战争或军事行为作为除外责任。

4.3　保险合同订立

职业伤害保险合同的订立是投保人与保险人之间基于意思表达一致而进行的法律行为。它同订立其他合同一样，需要经过一定的程序。根据《保险法》第十三条规定："投保人提出保险要求，经过保险人同意承保，保险合同成立。"因此，职业伤害保险合同的成立是需要经过投保人提出保险要求和保险人同意承保两个阶段。也就是合同实践中的要约和承诺阶段，通常是由投保人提出投保申请书，保险人同意后签发保险单或其他保险凭证。

4.3.1　订立合同的程序

1. 保险合同要约

要约又称"订约提议"，是一方当事人向另一方当事人提出订立合同建议的法律行为，是签订合同的一个重要程序。提出要约的人称为"要约人"。一个有效的要约应具备合同主要内容、明确表示订约愿望、在其有效期内对要约人具有约束力三个条件。保险合同的要约，又称为"要保"，除具备一般合同要约的条件外，还具有下述特点：

(1) 保险的投保人通常是合同的要约人。一般来说，合同的要约由投保人提出。虽然在保险实务中保险公司及其代理人开展业务时，希望潜在客户订立保险合同，但这些不是法律意义上的要约，职业伤害保险合同在投保人签单投保时并不成立。因此，保险人及其代理人的展业不能认为是要约，仅为要约邀请。只有在投保人提出投保申请，即填写好投保单，并交给保险公司或其代理人时，才构成要约。此后，只要保险人同意承保，该合同就成立。

(2) 保险要约的内容更加具体明确。保险具有不确定性和保障性，决定了保险合同内容关系到双方当事人的重大经济利益，因而，投保人与保险人都十分关心合同的内容。因此，保险合同的要约内容比一般合同要约都十分具体和明确。

(3) 保险要约一般为投保单或其他形式。要约在我国必须是书面形式。由于保险合同的专业性较强，因此，保险实务中，多由保险公司以投保单的形式印好后向投保人提供，由投保人填写。投保人有特殊要求的也可以与保险公司协商，约定特约条款。所以保险合同要约一般表现为投保单或其他书面形式。但有些国家也承认口头形式的投保，如美国大多数州都允许口头投保财产保险，但也考虑到双方利益和避免纠纷问题，保险人仍有尽快形成书面形式的要求。

2. 保险合同承诺

合同承诺也称为"承保"，是合同承诺人向合同要约人表示同意与其缔结合同的意思表示，通常由保险人或其代理人做出。当投保人递交填好的投保单后，经保险人或其代理人审查认为符合要求的，一般都予以接受即承诺或承保。

若保险人对要约不能完全赞同，只能部分同意或附有条件接受的，则不能认为是承诺而是拒绝原要约。此时承诺人可提出新的要约，由原要约人选择承诺或拒绝，当投保人无条件接受后，投保人即为承诺人，保险合同成立；如原要约人对保险人提出的新要约不同意，应双方继续协商解决。从以上可以看出，保险合同的订立过程是一个反复要约，直至承诺的过程。因此，无论是保险人还是投保人，一旦无条件接受对方的要约即为承诺，合同即成立。通常承诺也要求是书面形式的。

合同承诺满足下列条件时有效：①经过反复要约直至承诺，此时合同的承诺是不能附带任何附加条件，是无条件的承诺；②承诺需由要约人本人或其合法代理人做出，其他人不可替代做出承诺，由他人做出的承诺无效；③承诺需要在要约的有效期内做出，不能无限期的拖延；④保险人对要约承诺后，保险合同宣告成立，保险人应及时签发保险单或其他保险凭证。

4.3.2 合同的成立与生效

保险合同的成立是指投保人与保险人就合同条款达成协议，即经过要约人的要约和被要约人的承诺即告合同成立。保险合同的成立并不一定标志着保险合同的生效，合同成立并不发生法律效力。这意味着在保险合同成立后，尚未生效前，发生保险事故的保险人不承担保险责任。

保险合同的生效是指保险合同对当事人双方发生约束力及合同条件产生法律效力。一般而言，保险合同生效就意味着保险人开始按照保险合同的规定承担保险责任。保险合同的生效还需要一个对价的过程，合同当事人双方的价值交换称为“对价”。在保险合同中，保险人给予被保险人的对价是一种承诺，也就是保险人同意当保险事故发生时给被保险人支付赔偿金；如果保险事故没有发生，保险人则无需支付任何赔偿。作为对保险人的回报，被保险人给予保险人的对价，通常是缴纳保费等在合同中所附条件规定的义务。在一般情况下，投保人缴付保费后，已订立的保险合同即开始生效。

当然，投保人与保险人也可以在保险合同中约定，保险合同一经成立就发生法律效力。此时，保险合同成立生效。合同生效后，合同当事人均受到合同条款的约束。

在职业伤害保险实务中，保险合同生效和保险责任开始的时间往往有时是不一致的。而是按照事先约定的时间开始承担责任。但是保险责任开始时间一定迟于合同生效时间。这是由于保险合同生效和保险责任开始是以投保人缴纳保费为前提条件的，未缴保费虽然保险合同成立，但保险合同并未生效，保险公司不承担合同生效之前的任何保险责任。

4.3.3 合同的有效与无效

1. 保险合同的有效

保险合同的有效是指保险合同由保险双方的当事人依法订立，并受国家法律保护，具有法律效力。保险合同有效是保险合同生效的必要条件，合同生效则是合同有效的充要条件。合同有效可能合同生效，也可能合同不生效。在保险业务中，合同只要满足当事人具有行为能力、意思表达真实，不违反法律或者社会公共利益等条件，就可以认定为保险合同有效。保险合同生效要求合同所附条件成立，如缴纳保费或者其他约定条件。因此，保险合同有效只要所附条件成立了，合同才能够生效；如果保险合同无效，即使所附条件成立，保险合同也不生效。正确认识保险合同的有效或无效在保险合同的履行中具有十分重要的意义，因为对有效的合同才有履行的可能，对于无效合同无须履行。

2. 保险合同的无效

无效保险合同是指当事人虽然订立了合同，但不具有法律效力，国家不予保护的保险合同。保险合同是否无效需要经过确认，确认权归属人民法院和仲裁机构。只要符合下述条件之一，即可认定保险合同无效。

(1) 合同当事人不具有行为能力，即投保人、被保险人不符合法定资格。如投保人为无行为能力的人，保险人超越经营范围经营保险业务等。

(2) 保险合同内容不合法及保险合同的条款内容违反国家法律、行政法规。如投保人对保险标的无保险利益、违反法律法规等。

(3) 保险合同当事人意思表达不真实，即保险合同不能够反映当事人的真实意思。如采取欺诈胁迫等手段订立的合同、重大误解的合同无效代理的合同等。

(4) 保险合同违反国家利益和社会公共利益。如违禁品提供保险、为违法行为提供保险等。

保险合同的无效与失效不同。保险合同认定为无效后，自始无效。即自保险合同订立之日起，就不发生法律效力，是绝对无效。保险合同失效是指合同依法成立后，由于某种事由的发生，致使合同效力终止。如投保人不缴纳保费、超过索赔时效等行为保险合同失效。

保险合同按照合同无效的程度可分为全部无效和部分无效。全部无效是指因违反国家禁止性规定而被确认无效后不得继续履行的保险合同。如违反国家利益或社会公共利益的保险合同属于全部无效合同。部分无效是指保险合同某些条款的内容无效，但合同的其他部分仍然有效。

对无效合同的处理一般采取将当事人双方合同恢复到履行合同之前的状态即保险人将收取的保费退还给投保人，被保险人将保险人赔付的保险金额返还给保险人。由于保险合同无效而给当事人造成损失的，按照过错原则，有过错的一方向另一方赔偿，如果双方都有过错，则相互赔偿。对于违反国家利益和公共利益的保险合同采取追缴方式，追缴故意方当事人已通过保险合同取得和约定取得的经济利益、收归国库。

3. 效力未定保险合同

效力未定保险合同是指不能明确指出合同有效，也不能断定其无效的保险合同。但保险合同的一方因有违背合同约定的行为而使保险合同效力发生变化还未认定时，或合同中某些关键问题还需要进一步明确才能使效力确定时，都存在效力未定的问题。如针对可撤销保险合同，如果保险人废约则合同无效；如果保险人继续履行合同，则原合同有效。

4.4　保险合同履行

保险合同的履行是指保险合同当事人依法全面完成合同约定义务的行为。合同是双方当事人为实现一定经济目的而订立的明确的相互权利义务的协议。保险合同的当事人在享有权利的同时，也必须承担相应的义务。而且当事人权利的实现，又以对方履行相应的义务为前提。

合同履行应该遵守全面履行原则、诚实信用原则、协作履行原则和同时履行原则。主要包括：投保人义务的履行、保险人义务的履行等。

4.4.1　投保人义务的履行

投保人在合同履行过程中，应履行如实告知义务、支付保费义务、出险通知义务、提供单证义务等。

1. 如实告知义务

如实告知义务体现在合同订立的过程中。这个义务体现了保险最大诚信原则。如实告知义务是与保险人对保险条款内容的说明义务相对应的。保险人向投保人收取多少保费，是否承保以及采取什么样的条件和形式，都取决于保险人对承保危险的估计和判断，而这些又以投保人对被保险人情况的陈述为基础的。

我国《保险法》规定，保险人可以就保险标的和被保险人的有关情况提出询问，投保人应当如实告知，投保人是告知义务人。同时，保险公司一般还要求被保险人也必须履行告知义务，但对于受益人则没有告知义务。

一般来说投保人不负无限告知义务。投保人应当告知的事项只包括投保人或被保险人知道的或者应当知道的，足以影响保险人决定是否同意承保的或者提高保险费率的重要事项，并且以保险人在投保书中列明或者在订立合同时询问的事项为限。对于询问事项，投保人或被保险人不知的，也没有告知义务。如果投保人或被保险人不履行告知义务或不实告知的，保险人则取得解除保险合同的权利。

2. 支付保费义务

支付保费是保险合同生效的条件，因此，投保人对于缴纳保费应给予足够的重视，否则，会引起保险合同失效。投保人履行缴纳保费义务是以保险人通知交费为前提，这主要取决于合同的约定或者法律的规定。如果保险合同中有这样的规定，或者虽然没有这样的规定但法律有这样的规定，则投保人在接收到交费书面通知书时，才有送缴保险费的义务。

3. 出险通知义务

出险通知义务是指投保人、被保险人或者受益人在发现保险事故时及时通知保险人。《保险法》第二十一条第一款规定：“投保人、被保险人或者受益人知道保险事故发生后，应当及时通知保险人。”规定出险通知义务的目的是：①使保险人得以及时勘查现场、迅速调查事实真相、确定责任；②便于保险人采取措施，协助被保险人抢救受伤者，处理保险事故，控制险情以防事故损失进一步扩大；③使保险人有准备赔付保险金的必要时间。同时，履行该义务也是被保险人或受益人获得保险赔付的必要程序。

所谓“及时通知”，一般来说，如果法律对通知的期限有规定的，按照法律的规定来履行。保险事故发生以后，投保人、被保险人或者受益人不履行通知义务的，保险人是否免于承担责任，主要取决于法律的规定。我国《保险法》对于“及时通知”的期限没有明确的规定。是否可以免责，可以由合同来规定。但是一般而言，只有在投保人、被保险人或者受益人没有履行通知义务从而导致保险人不能查明保险事故发生的真正原因时，保险人才可以不承担保险责任。

4. 提供单证义务

《保险法》第二十二条规定："保险事故发生后，按照保险合同请求保险人赔偿或者给付保险金时，投保人，被保险人或者受益人应当向保险人提供所能提供的与确认保险事故的性质、原因、损失程度等有关的证明和资料。"向保险人提供索赔单证是投保人、被保险人后受益人的一项法定义务。提供单证义务是指投保人、被保险人在向保险人提出索赔时，应当提供关于与确认保险事故的性质、原因、损失程度等有关的证明和资料、保单、批单等这些证明和资料，既是保险金请求权利人向保险人索赔的依据，也是保险人判断保险责任范围和赔付保险金额的依据。

4.4.2 保险人义务的履行

保险人在合同履行过程中的义务主要有：承担保险责任；向投保人说明条款；及时签发保险单证；在合同解除或者或合同无效时退保险费；为投保等其他保险主体保密等等。

1. 承担保险赔偿义务

在保险人履行的义务中，承担保险赔偿责任是最重要的义务。通常所说的保险人履行义务就是指保险人承担保险赔偿的责任。投保人投保的目的在于当遭受损失时获得赔偿，因此，保险人在保险事故发生后，履行赔偿义务是投保人对保险人的基本要求。该义务的履行以保险事故的发生为前提。如果保险事故在保险期间没有发生，保险人则不履行保险金赔付义务，即保险人不履行合同。从投保人的角度来讲，让保险人承担保险责任是一个索赔的过程，保险人主要通过理赔来承担相应的保险责任。

保险人承担赔偿义务的内容包括：①赔偿范围的义务，是指保险人对被保险人或受益人赔偿或给付的项目范围。例如，职业伤害险中的医疗赔偿、伤残给付、致死给付等项目范围。②赔偿时限的义务，是指保险人在规定的时间内对被保险人或受益人兑现赔偿或给付的义务。对于保险人与被保险人或受益人达成赔偿或给付保险金协议后，应在10日内履行赔偿或者给付保险金的义务。保险合同对保险赔偿金额和赔付期限有事先约定的，保险人应按照合同约定履行义务。③遵守索赔时效义务：被保险人或受益人对保险请求保险金赔偿或给付的权利自其知道保险事故发生后两年不行使则自动消灭。

2. 向投保人说明条款的义务

《保险法》第十七条规定："订立保险合同，采用保险人提供的格式条款的，保险人向投保人提供的投保单应当附格式条款，保险人应当向投保人说明合同的内容。"保险人向投保人说明条款是最大诚信原则在保险人方面的体现，即保险人告知义务。保险人的说明义务是法定义务，保险人不能够通过合同条款的方式予以限制或者免除说明的义务。不论在何种情况下，保险人均有义务在订立保险合同时，主动、详细说明保险合同的各项条款，并且对投保人提出的有关保险合同的问题做出直接、真实的回答。明确规定保险人承担说明条款义务的原因是：①保险人因从事保险业务经营而熟悉保险业务，精通保险合同条款；②投保人对于保险业务不熟悉，受专业知识的限制，往往会对合同条款理解可能存在偏差、误解，导致被保险人或者受益人担心在保险事故发生后得不到预期的保险保障。

《保险法》第十七条还规定："对保险合同中免除保险人责任的条款，保险人在订立合同时应当在投保单，保险单或者其他保险凭证上作出足以引起投保人注意的提示，并对该条款的内容以书面或者口头形式向投保人作出明确说明；未作提示或者明确说明的，该条款不产生效力。"由于免赔条款是当事人双方约定的免除保险人的条款，直接影响投保人、被保险人或者受益人的利益，为避免日后产生不必要的冲突，保险人不仅对于免责条款要履行说明义务，而且还要明确说明或者做出特别提示，否则该条款无效。

3. 退还保险费的义务

保险人向投保人退还保险费情况，包括保险合同发生解除，或者被确认为无效合同，或者合同可撤销时进行。一般来讲有以下几种情况保险人可以退还保险费：

（1）投保人因过失不履行如实告知义务的，退还保险费。但对于故意或恶意违反如实告知义务的，不退还保险费；

（2）投保人申报的年龄不真实，并且其真实年龄不符合合同约定的年龄限制的，保险人可以解除合同。在扣除手续费用之后，退还保险费用。但是自合同成立之日起超过两年以上的，保险人不能解除合同；

（3）谎称发生保险事故或者故意制造保险事故的，并且投保人已经缴纳保险费两年以上的，应该按照合同约定退还保险费；

（4）合同效力终止两年以上，没有达成复效协议的，保险人有权解除合同。投保人缴纳保费在两年以上的，应该按照合同约定退还保费；

（5）被保险人在合同成立两年内自杀的，保险人不承担给付保险金的义务，但是应该退还保险费。这里的自杀主要是指有意图的或者故意的自杀，不包括因为非故意的原因、精神失常或者心志失常而导致的自杀；

（6）被保险人因犯罪而导致其自身伤残或者死亡的，保险人不承担给付责任，缴费超过两年的，应该退还保险费；

（7）投保人要求解除合同的，保险人应在三十日内，退还保险费。

4. 及时签发保险单证

《保险法》第十三条规定，保险合同成立后，"保险人应当及时向投保人签发保险单或者其他保险凭证。保险单或者其他保险凭证应当载明当事人双方约定的合同内容。"保险单证是保险双方责任义务的法律凭证，保险人不能无原因延缓、推迟签发保险单证，保险人应做到及时核准、及时签发保险单证，其目的是为使投保人能够及时得到保险保障创造条件，也使保险人及时履行资金安全监管义务，承担起事故赔偿的责任，使双方尽快进入到各自的角色，充分发挥保险的功能。

5. 为投保人及相关主体人的信息保密

在职业伤害保险合同履行过程中，保险人应对投保人、被保险人等合同主体单位或个人的情况保密，如单位名称、项目内容、公司地址、单位通信方式、参保人员个人信息等，不得随意向第三者透露，这是对保险人基本的道德要求。

4.5 保险合同变更

已订立的职业伤害保险合同在履行中，由于某些情况的变化而需要对其进行补充或修改。具体来说就是指在合同有效期内，保险合同当事人依法对合同内容所作的修改或补充。合同的变更分为狭义和广义两种：狭义的变更是指双方当事人权利、义务的变更，即合同权利义务内容的变更；而广义的变更除狭义的合同变更外，还包括保险合同主体和客体的变更，即广义合同内容的变更。保险合同变更又可分为法定变更和约定变更。法定变更又分为危险的变更、保险费的变更和保险合同内容的变更。

凡合同内容的变更或修改均须经保险人审批同意，并出立批单或进行批注。保险合同内容的变更表现为修改合同条款。变更合同的结果是在双方当事人之间产生新的权力和义务关系。下面我们按照广义合同变更的定义加以介绍。

4.5.1 合同主体的变更

合同主体变更是指合同当事人或关系人的变更。保险合同的变更有两个基本特征：一是不改变合同的权利义务和客体；二是合同主体变更的对象主要是投保人、被保险人或者受益人。保险人一方是不允许变更的，投保人只能够选择退保来变更保险人。

在财产保险合同中，主体的变更主要是由于保险标的变化而产生的，例如保险标的的所有权、经营权、用益权或债务关系发生变动而引起的投保人或被保险人的变更。职业伤害保险合同主体的变更是不以保险标的转移为基础，而主要取决于投保人或者被保险人的主观意识。只要符合法律和有关规定，合同中的投保人、被保险人、受益人等主体都可以变更。

职业伤害保险合同投保人的变更，需征得被保险人的同意并通知保险人，经保险人核准后方可变更，这样做是为了保证变更后的投保人仍对保险标的具有保险利益，以防道德危险，投保人仍具有缴费义务，使合同继续有效。被保险人的变更，投保人与被保险人为同一人时，投保人须经保险人同意，加批单后有效。受益人的变更，投保人或被保险人可以变更受益人，投保人变更受益人时，须经被保险人同意。被保险人变更受益人，由投保人和被保险人决定，但需书面通知保险人，由保险人在保单上批注后生效。

4.5.2 合同客体的变更

职业伤害保险合同客体的变更主要是指保险标的种类、数量的变化，从而导致对保险标的保险成本的增减，引起保险利益的变化，需要变更客体以获得足够的保险保障。例如，投保人根据需要，要求在保险合同中增加新的险种，引起保险标的种类发生变化。由于项目规模扩大，被保险人数增多，导致保险合同标的的数量增加，需要对合同的客体进行变更。这些变化都将导致保险成本的增加和保险利益的变化，需要对合同客体进行变更。保险合同客体的变更通常是由投保人或被保险人提出，经保险人同意，加批后才能生效。保险人往往根据变更后的保险合同客体调整保险费率，从而导致保险合同权利义务的变更。

4.5.3　合同权利义务变更

职业伤害保险合同权利义务的变更，不包括保险合同主体即保险人、投保人、被保险人或受益人的变更。换句话说，就是在保险合同当事人或关系人不变的情况下，对保险合同权利义务条款的变更。例如，被保险人的职业、地址、保险期限、保险金额、缴纳保费方式、保险责任范围变化等的变更。

投保人变更保险权利义务的内容有以下两种情况：

（1）投保人根据实际需要提出变更保险权利义务的内容。例如，延长或缩短保险期，增加或减少保险金额等。在这种情况下，保险权利义务内容的变更主要取决于投保人、被保险人的主观意志。

（2）投保人根据法律法规提出变更保险权利义务的合同内容。在保险合同的履行过程中，由于某些事由的出现，投保人必须根据法律规定及时通知保险人。在这种情况下，保险合同权利义务内容的变更不取决于投保人的主观意志，而是取决于法律的规定。

4.5.4　保险合同内容变更的程序

职业伤害保险合同内容的变更，一般由投保人提出，并经过保险人审批同意、签发批单或对原保单进行批注，这样的变更才产生法律效力。合同的内容变更通常主要经过以下程序进行：

（1）投保人提出合同内容变更申请，告知保险人有关保险合同变更的情况。

（2）保险人对变更申请进行审核，若需增加保险费，则投保人应按照规定补交；若需减少保险费，则投保人可向保险人提出要求。

（3）无论保险费的增减或者不变，保险合同内容的变更都要经过保险当事人双方协商并要求当事人双方就变更内容取得一致意见。

（4）若保险人同意变更，则签发批单或附加条款；若拒绝变更，保险人也需通知投保人。变更后的保险合同是确定保险当事人双方新的权力、义务关系的依据。

4.6　保险合同解除

4.6.1　保险合同解除

保险合同解除是指保险合同有效期内，当事人依照法律规定或合同约定提前终止合同效力的一种法律行为。保险合同解除与保险合同变更的区别是：前者的目的在于终止权利义务关系，后者的目的在于修改权利义务关系，保险合同在修改后将继续履行。保险合同的解除是一种法律行为，其形式有以下两种：

1. 法定解除

法定解除是法律赋予合同当事人单方解除合同的权利。《保险法》第十五条规定："除本法另有规定或者保险合同另有约定外，保险合同成立后，投保人可以解除保险合同，保险人不得解除合同。"法律之所以给投保人这样的权利，是因为投保人订立保险合同的目的是获得保险保障，但当主客观情况发生变化，投保人感到保险合同的履行已无必要时，则可以解除保险合同。不过法律对此也有必要的限制，例如，保险当事人通过保险合同约定，对投保人的解除权作出了限制的，投保人不得解除保险合同。例如，货物运输保险合同和运输工具航程保险合同，保险责任开始后合同不能解除。

为了保护被保险人的利益，虽然《保险法》第十五条对保险人解除保险合同进行了限定，但是，依据《保险法》的有关规定，在发生以下事由时，保险人有权解除保险合同。

①投保人故意或过失未履行如实告知的义务，足以影响保险人决定是否承保或者以何种保险价格承保；②投保人、被保险人未履行维护保险标的的义务；③被保险人未履行风险增加通知的义务；④投保人未履行维护标的安全义务的。此时，保险标的发生保险事故的可能性增加，保险人可以要求投保人或者被保险人加强防范措施，也可以以投保人或者被保险人未能履行义务为由，解除保险合同；⑤投保人申报的被保险人年龄不真实，并且其真实年龄不符合合同约定的年龄限制；⑥分期支付保费的职业伤害保险合同，投保人在支付了首期保险费后，未按约定或法律规定期限支付当期保险费的，合同效力中止，中止后两年内双方未就恢复保险合同达成协议的，保险人有权解除保险合同；⑦被保险人或受益人在未发生保险事故的情况下，谎称发生了保险事故，向保险人提出索赔或者给付请求的，保险人有权解除保险合同，并不退还保险费；⑧投保人、被保险人或受益人故意制造保险事故的，保险人有权解除保险合同，不承担赔偿或给付责任，不退还保险费。

2. 协议解除

协议解除又称约定解除，是指当事人双方经协商同意解除保险合同关系的以后总法律行为。由于保险合同的解除关系到双方的重大利益，故其约定解除事由应当以书面形式予以记载，解除协议时也应采取书面形式；保险合同协议解除不应当损害国家和社会公共利益。

保险合同的解除必然会产生一定的后果。保险合同的解除后果是指解除保险合同的行为对原有保险合同权利义务的溯及力，《保险法》中有关保险合同解除不具有溯及力的规定如下：一是投保人故意不履行告知义务的，保险人不退保费；二是被保险人或受益人因欺诈行为而被解除保险合同的，保险人不退还保费；三是投保人要求解除保险合同的，保险责任开始后，保险人收取的自合同生效至合同解除期间的保险费不予退还。

4.6.2　保险合同的终止

合同的终止是指在保险期限内，由于某种法定或约定事由出现，致使保险合同当事人双方的权力、义务归于消灭。职业伤害保险合同终止的原因可分为两类：合同提前终止和合同自然终止。提前终止是合同未到保险期限时，当事人行使解除权，使合同效力归于消失。自然终止是指无需当事人行使终止权的意思表达，合同的效力当然归于终止。对于保险合同提前终止我们已经在前面作过介绍。职业伤害保险合同自然终止，一般包括以下几种情况：

（1）保险期限届满而终止。保险合同终止的最常见、最普遍的原因即保险合同期限届满。

（2）职业活动完成而终止。职业伤害保险与职业活动有直接的联系，保险期限虽未到期，但被保险人职业活动提前完成，保险合同也就自动消灭。

（3）保险合同履行完毕而终止。保险合同因履行完毕而终止，即保险合同有效期内发生保险事故后，合同因保险人按约定履行了全部保险金赔偿或给付义务而消灭。

（4）保险合同的被保险人因死亡而终止。职业伤害保险合同以被保险人的身体或生命为保险标的，其保险利益是投保人对被保险人的身体或生命所具有法律上承认的利益。被保险人如果因非保险事故或事件而死亡，投保人对该保险合同就不再具有保险利益，保险合同也就随之而灭失。

4.7 保险合同解释

职业伤害保险合同的解释条款即指对保险合同条款的说明。在保险实务中，由于复杂的原因常会导致保险合同当事人对合同条款内容有各种不相同的解释，以致造成保险合同履行的困难。因此，确定保险合同的解释原则具有重要意义。

从解释合同主体来看，保险合同即可以由当事人自行解释，也可以由仲裁机关或人民法院解释。但是当事人的自行解释非经对方同意不发生法律效力。仲裁机关或人民法院的解释则具有法律效力。保险合同的解释一般要遵循以下原则。

1. 文义解释原则

文义解释是指按保险合同条款所使用文义的通常含义和保险法律、法规，保险习惯，并结合合同的整体内容对保险合同条款所作的解释，即从文义上对保险合同进行解释。我国文义解释主要有两种情况：

（1）保险合同一般文句的解释。对保险合同条款适用的一般文句通常应尽可能按文句公认的表面含义和其语法意义去解释。双方有争议的，按照权威性工具书或专家的解释为准。

（2）保险专业术语和法律专业术语的解释。对保险专业术语或其他法律专业术语，有立法解释的，以立法解释为准；没有立法解释的，依司法解释、行政解释为准；无上述解释的，也可按照行业习惯或保险业公认的含义解释。

2. 意图解释的原则

意图解释即按保险合同当事人订立保险合同的真实意思对保险合同条款所作的解释。具体来说就是：书面约定与口头约定不一致时，以书面约定为准；保险单以及其他保险凭证与投保单及其他合同文件不一致时，以保险单及其他保险凭证中所载明的合同内容为准；特约条款与基本条款不一致时，以特约条款为准；保险合同条款的内容因记载方式先后记载不一致时，按照“批单优于正文、后批注优于先批注、手写优于打印、加贴批注优于正文批注”的规则解释，即当事人手写的、后加的合同文句为准；其原因是保险合同的基本条款往往是事先印就的，要变更时通常只能采取手写或批单的方式。因此，手写、后加的合同条款更能反映当事人的真实意图。

3. 专业解释

专业解释是指对保险合同中使用的专业术语，应当按照其所属的专业的特定含义解释。在保险合同中除了保险术语、法律术语之外，还可能出现其他某些专业的术语，对于这些具有特定含义的专业术语，应按其所属行业或学科的技术标准或公认的定义来解释。

4. 有利于被保险人和受益人的原则

《保险法》第三十条规定："采用保险人提供的格式条款订立的保险合同，保险人与投保人、被保险人或者受益人有争议的，应当按照通常理解予以解释。对合同条款有两种以上解释的，人民法院或者仲裁机关应当作出有利于被保险人和受益人的解释。"按照国际惯例，对于单方起草的合同进行解释时，应遵循有利于非起草人的解释原则。由于保险合同条款大多数是由保险人拟定的，当保险条款出现含糊不清的意思时，应作有利于被保险人和受益人的解释。

在这里应特别注意两点：一是这种解释应只有顺次使用前述文义、意图和专业解释等原则后，保险合同条款仍含糊不清的情形下才使用这一原则。二是采用保险协议书形式订立的保险合同，由保险人与投保人共同拟定的保险合同条款，如果含义不清而发生争议，并非保险人一方的过错，其不利的后果不能仅由保险人一方承担。如果保险双方发生争议时，一律采取对被保险人进行有利解释的话，显然是不公平的。

4.8 保险合同争议处理

保险合同争议是指在保险合同成立后，合同主体在保险合同内容及履行时的执行约定具体做法等方面产生不一致，甚至相反的理解而导致的意见分歧或纠纷。由于保险合同比较特殊，主体之间的争议不仅产生于投保人与保险人之间，有时还会产生于投保人与被保险人、被保险人与受益人及上述主体与第三人之间，争议往往反映出的问题非常复杂，专业性很强。保险合同争议处理的方式一般有以下三种。

1. 协商

协商是指合同主体双方在自愿诚信的基础上，根据法律规定及合同约定，充分交换意见，相互切磋与理解，求大同存小异，对所争议的问题达成一致的意见，自行解决争议的方式。这种方式不但能使矛盾迅速化解，而且还可以增进双方的进一步信任与合作，有利于合同的继续执行。争议双方经协商不能达成一致时，可以约定向仲裁机构提出仲裁，也可以依法向人民法院提起诉讼。

2. 仲裁

仲裁是指争议双方依据仲裁协议，自愿将彼此间的争议交由双方共同信任、依法认可的仲裁机构的仲裁员居中调解，并做出裁决。仲裁机构做出的裁决具有法律效力，当事人必须予以执行。

仲裁机构主要是指依法设立的仲裁委员会，它是独立于国家行政机关的民间团体，而且不实行级别管辖和地域管辖，也就是说仲裁委员会由当事人选定，不受级别和地域的限制。仲裁机构有良好的信誉和公正性，手续简便，专业性强，争议双方的自主性能够得到充分发挥，自由意识可以得到充分的表达，是处理纠纷的重要途径。

一般仲裁委员会就每一个案件设立仲裁庭，可以由一名仲裁员组成，也可以由三名仲裁员组成，当事人有权选择其中的任何一种方式。仲裁员必须有符合法律规定资格、公道正派的人担任，当事人约定由一名仲裁员成立仲裁庭的，应当在仲裁员名单中由当事人双方共同选定或者共同委托仲裁委员会主任指定仲裁员；当事人约定由三名仲裁员组成仲裁庭的，应当由当事人各自在仲裁员名单上选择自己所信任的一名仲裁员，或者各自委托仲裁委员会主任指定一名仲裁员，第三名仲裁员即首席仲裁员由当事人共同选定或者共同委托仲裁委员会主任指定。

仲裁实行一裁终局制度。裁决书自做出之日起发生法律效力，一方不履行仲裁的，另一方当事人可以依据民事诉讼法的有关规定向人民法院申请执行仲裁裁决。当事人就同一纠纷不得向同一仲裁委员会或者其他仲裁委员会再次申请仲裁，不得向人民法院提起诉讼，仲裁委员会或人民法院也不予受理。在仲裁裁决生效 6 个月内，当事人提出符合法定撤销裁决书证据的，可以向仲裁委员会所在地的中级人民法院申请撤销裁决。

应当注意的是，申请仲裁必须在双方自愿的基础上，由双方达成申请仲裁的协议，方可申请仲裁。没有达成仲裁协议的或单方提出仲裁的，仲裁委员会将不予受理。双方仲裁协议应以书面形式订立，并写明仲裁意愿、事项及双方所共同选定的仲裁委员会。仲裁协议可以是保险合同订立时所订立的仲裁条款，也可以是在争议发生前、争议发生时或争议发生后达成的仲裁协议。订有仲裁协议的，一方向人民法院起诉，人民法院将不予受理。

3. 诉讼

保险诉讼主要是指争议双方当事人通过国家审判机关——人民法院解决争端，进行裁决的办法，它是解决争议最激烈的方式。人民法院具有宪法授予的审判权，是维护社会或经济秩序，解决民事纠纷最为权威的机构，不受行政机关、社会团体和个人的干涉，以法律为准绳，以事实为依据，独立行使审判权，维护当事人的合法权益。人民法院在受理案件时，实行级别管辖和地域管辖、专属管辖和选择管辖相结合的方式，在不违背民事诉讼法关于级别管辖和专属管辖规定的前提下，合同双方当事人可以在书面合同中协议选择被告住所地、合同履行地、合同签订地、原告住所地、标的物所在地人民法院管辖，当事人首先应依法或依照合同约定到有权受理该案件的法院提起诉讼，人民法院才可受理并按相应的民事程序进行审理、判决。如合同中未有约定，而根据法律规定有两个以上人民法院具有管辖权的，原告可以选择指向其中一个人民法院起诉。

我国《民事诉讼法》第二十六条对保险合同纠纷管辖法院作了明确的规定："因保险合同纠纷提起的诉讼，由被告所在地或者保险标的物所在地人民法院管辖。"最高人民法院关于适用《中华人民共和国民事诉讼法》若干问题的意见第二十五条规定："因保险合同纠纷提起的诉讼，如果保险标的物是运输工具或者运输中的货物，由被告住所或者运输工具登记注册地、运输目的地、保险事故发生地的人民法院管辖。"可见只有上述有关人民法院有权审理保险合同纠纷。由于拥有管辖权的法院在两个以上，因此，保险合同的主体可以在两个以上所列具有管辖权的人民法院范围内，在书面合同中选择管辖法院，一旦发生纠纷，应到合同中约定的管辖法院提起诉讼。

人民法院审理案件实行先调解后审判、两审终审制，如调解成功，要形成调解书由审判人员和书记员签名并盖人民法院的印章。如调解不成功，人民法院依法判决并做出判决书，不服一审法院判决的，可以在法定的上诉期内，上诉至高一级人民法院进行再审。第二审决为最终判决。当事人对已经生效的调解书或判决书必须执行。一方不执行的，对方当事人有权向人民法院申请强制执行。对第二审判决不服的，只能通过申诉和抗辩程序，但不影响第二审判决的执行。

第2篇 实 务 篇

第5章　建筑工伤保险

5.1　工伤保险概述

5.1.1　工伤保险的概念

何为“工伤”？工伤是指用人单位的劳动者在劳动生产过程中，因发生不测事件，致使器官、肢体的功能受到伤害、造成暂时或永久丧失劳动能力的现象，统称为“因工负伤”简称“工伤”。在国外，一般将“工伤”与职业病统称为“职业伤害”。

工伤保险是国家通过立法建立的一种社会保障机制，使劳动者在工作中遭受事故伤害或者患职业病时，能够及时按照法定的标准得到医疗救治，并获得经济补偿；同时，均衡和减轻用人单位的负担，分散用人单位的风险。

工伤保险是社会保障险种中历史最悠久，也是最广泛的项目。工伤保险是指国家和社会为在工作、生产过程中遭受事故伤害和患职业性疾病的劳动者及其亲属提供医疗救治、生活保障、经济补偿、医疗和职业康复等物质帮助的一种社会保障制度。工伤事故不仅仅是劳动者面临的普遍风险，也是企业和企业经营中面临的普遍风险。因此，建立工伤保险制度，是成为工业化国家谋求对劳动者和企业经营者工伤救济的必然选择。工伤保险的推广也因此成为现代化法治的重要课题。

工伤保险是我国社会保险体系中的重要组成部分。在保障劳动者在工作中遭受事故伤害和患职业病后能够及时得到医疗救治；保障劳动者的身体康复和基本生活；分散用人单位的工伤风险；促进国家经济发展和国际经济一体化等方面将发挥非常重要的作用。

5.1.2　工伤保险的功能

《工伤保险条例》的立法宗旨是：“为了保障因工作遭受事故伤害或者患职业病的职工获得医疗救治和经济补偿，促进工伤预防和职业康复，分散用人单位的工伤风险，制定本条例。”由此看出工伤保险具有以下功能。

（1）保障工伤职工的救治权与经济补偿权功能。工伤职工在遭受事故伤害或者患有职业病以后，首先的权利就是要得到及时、有效的抢救，使工伤职工的伤势得到有效的控制，在伤害中所发生的交通、住院、检查、诊断、治疗等得到足额保障。其次，对于因工致残而影响工作和生活的职工，给予安排和相应的经济补偿。对于工伤造成身故的职工家属的生活给予必要的抚恤补偿和生活救济。这既是工伤保险制度的基本功能，也是制度建设的基本目的和核心内容。

（2）促进工伤预防与职业康复功能。工伤保险除具有工伤职工救治与经济赔偿的功能外，还具有工伤预防与职业康复的功能。经过一百多年的发展，世界各国的工伤保险制度，已经逐步形成了预防、治疗、康复三合一或者三结合的结构模式，对工伤的预防以及工伤职工的职业、生活、社会和心理等康复关注程度不断提高。工伤保险可以通过采取行业费率、保险费率的调整和奖惩手段，促进企业对安全生产的重视，有效地降低生产成本，对企业生产安全进行有效的监控和事故预防，与此同时，还可以从工伤保险专项基金中支出部分资金，用于伤残职工身体康复项目建设和康复治疗方面，为工伤职工早日康复重返岗位提供有力保障。

(3) 分散用人单位的工伤风险。社会科学的发展是无限的，而人们的认识则是有限的，因此，工伤事故的发生不可能完全消灭，企业在这方面的支出也不可能完全避免。许多企业因工伤事故屡屡发生而背上沉重的经济包袱，有些根本无力承担工伤职工的赔偿责任，为此会影响企业的安定局面和生产进行，企业大伤元气。“企业保险”无法保障工伤职工的合法权益，面临着严重的工伤风险。而工伤保险则具有“社会互助”特征，“我为人人，人人为我”，将所有用人单位缴纳的互助式基金，来共同提高企业的抗工伤风险的能力，完成由“企业保险”到“社会保险”的转变，工伤保险具有分散用人单位工伤风险的功能。

5.1.3 工伤社会保险与工伤商业保险互动互制关系

1. 两者的互动关系

(1) 保险对象相互补充。工伤商业保险由于具有保费较高，获赔数额较大的特点，市场对象是那些经济实力较强，经济效益较好的企业（或雇主），他们才有可能投保，工伤商业保险投保人要想得到充分的伤害保险保障必须交纳高额的保费，而实际上大多数企业（或雇主）是难以承担着这种经济负担的。因此，其保险对象范围比较狭窄，具有一定的局限性。而工伤社会保险具有社会性的特点，保险范围广泛，对象众多，面向全社会职工，对社会、行业的影响较大。工伤社会保险具有社会保障的特点，不以盈利为目的，管理费用大多数是由政府负担或补助。同时，工伤社会保险的权利义务关系不对等，由企业交纳一定工资比例的保费，其费用额较小，具有象征性，解决了投保人经济负担过重的问题，使更多的人加入保险、获得保障的机会。

(2) 保险业务相互促进。工伤社会保险的保险范围和保险内容都比工伤商业保险丰富得多，起到维护企业乃至社会的稳定、维护社会公平的作用，是在工伤商业保险效能上的进一步发展。而工伤社会保险的强制性特点，要求社会职工全部参加保险，使职工在保险活动中不断提高保险意识，对工伤商业保险的普及十分有利。同时，工伤社会保险的发展，也可以直接或间接地减少工伤商业保险的支出，也使工伤商业保险意识到，固守旧有的传统产品是不可取的，必须采取降低利润水平，刺激业务寻找出路，弥补工伤社会保险的不足，设计新保险品种，创新业务，促进自身的发展。

(3) 保险技术相互借鉴。工伤社会保险与工伤商业保险在经营技术方面可以相互借鉴、相互推动，例如在投资技术、资金管理、预测统计分析等方面都具有各自独特的经验，在这些领域，两类保险可以相互借鉴，相互交流，取长补短，推陈出新，对促进各自领域的事业发展具有十分重要的意义。

(4) 相互促进相互发展。工伤社会保险的发展并不意味着否定或者排斥工伤商业保险。由于工伤社会保险范围广、内容多，工伤社会保险所提供的保障不可能也不允许超过受伤职工基本的医疗康复和生活的需要的界限。某些企业随着经济效益的提高，维护职工合法权益，为提高在意外事故发生后受伤害职工的生活福利水平，他们就只有参加工伤商业保险。因此，自21世纪以来各国工伤社会保险制度不断完善和发展壮大，工伤商业保险不但没有消灭，其发展势头反而更加强劲。

2. 两者的互制关系

工伤社会保险与工伤商业保险有着实质性的区别，两者既有相互统一的一面，又有相互制约的一面，它们的发展是有一定界限的。在保险资源一定的前提条件下，两者相互制约，即一方的发展往往会削弱另一方的发展，工伤社会保险的发展是以保障职业意外事故中受害职工基本医疗康复和生活水平为界限和条件的；而工伤商业保险也保障那些符合其投保资格的企业（或雇主）为界限和条件，任何一方的越位都会给对方造成压力，甚至影响和制约对方的发展。工伤社会保险和工伤商业保险既存在紧密联系，又有着本质的区别，不能随便将工伤商业保险社会化，也不能将工伤社会保险商业化，但也不能将两者对立起来，应将两者配合设计，相互补缺，共同构建一个比较完全的职业伤害保险体系。

5.1.4　工伤保险的特征与原则

1. 工伤保险的特征

（1）强制性。工伤保险是以国家立法的形式进行强制性实施，使所有用工单位，不分所有制形式，不分用工形式一律都要参保，企业按时向社保机构缴纳工伤保险费，使工伤保险在全社会发挥调剂和保障作用。

（2）非盈利性。工伤保险是国家对劳动者履行的社会职责，是社会保障体系的重要组成部分。工伤保险的实施目的、实施方式、实施范围、基金来源、保险金额的确定和给付、保障程度和法律关系等方面与商业保险都有显著的差异，它是一种不以盈利为目的的社会保险制度。

（3）互济性。工伤保险通过强制性征收保费，建立工伤保险基金，由社会保险机构在企业、人员、行业之间进行资金再分配，从而以社会力量对工伤受害者和患有职业病者进行经济补偿，具有互济性。

（4）保障性。劳动者在工伤事故发生后，劳动者或其亲属可以及时从保险基金中获得保险金，使其生活得到基本保障，从而保证了社会的稳定。保障金包括：工伤医疗费、生活费用、长期生活补助、工伤残疾补助金、遗属补助以及康复和专业培训费用等。

2. 工伤保险的原则

工伤保险制度建设总的目标是适应市场经济的需求，实现以工伤预防、工伤补偿、职业康复三大目标为主的现代工伤保险制度。工伤保险的基本原则：

（1）无过错责任原则

无过错责任原则是指劳动者在发生工伤事故时，无论事故责任是否在于劳动者本人、企业（或雇主）还是第三者，只要不是受害者本人故意行为所致，就应该按照规定标准对其进行伤害补偿，将待遇给付与责任追究相分离，不能因为保险事故的责任追究与归属而影响待遇给付，即“无过错责任”。“无过错责任”是相对于“过错责任”而言。在一些国家建立工伤保险制度中，曾引入了民法中损害赔偿举证责任，使工人维权举步艰难，于是工人放弃了对雇主进行起诉的所有权利，经过斗争，确立了无过错赔偿原则。在职业活动中，职工一旦发生意外，不追究过失，无条件进行经济赔偿。无过错赔偿不意味着不追究事故责任，相反，对于发生的事故应该认真调查，分析事故原因，查明情况并予追究事故责任，吸取教训。

（2）个人不缴纳保费的原则

工伤事故属于职业性伤害，是劳动者在生产劳动实践过程中，为社会和企业创造物质财富而付出的超出一般劳动付出的代价。因为工伤保险待遇是使劳动者经过医治，身体康复，重新投入生产的目的，有明显的劳动力修复与再生产投入的性质，属于企业生产成本的特殊组成部分，所以职工个人不必交纳保险费用，而是由企业（或雇主）负担全部的工伤保险费用。

我国《工伤保险条例》第二条规定："中华人民共和国境内的各类企业、有雇工的个体工商户（以下称用人单位）应当依照本条例规定参加工伤保险，为本单位全部职工或者雇工（以下称职工）缴纳工伤保险费。"职工个人不缴纳保险费。

（3）经济给付原则

工伤保险是以减免劳动者因执行工作任务而导致伤亡或职业病而遭受经济上的损失为目的的。一旦发生事故，劳动者付出的不仅仅是经济收入的损失，而且是身体与生命的代价。因此，工伤保险应坚持损害给付原则，即要考虑劳动者维持原来本人及家庭基本生活所需要的收入，同时，还要根据伤害程度、伤害性质及职业康复等因素进行适当的经济补偿。

在这里需要说明的是，职工享有工伤保险权利的同时，仍然享有获得工伤的民事赔偿权利，我国《安全生产法》第四十八条规定："因生产安全事故受到损害的从业人员，除依法享受工伤保险外，依照有关民事法律尚有获得赔偿的权利的，有权向本单位提出赔偿要求。"

因此，在生产安全事故中，如果生产经营单位对事故负有责任，具有"过错"，受害人除享有工伤保险经济赔偿外，还具有向本单位提出赔偿的权利。

（4）基本保障性原则

工伤保险是我国五大社会保险险种之一，具有社会属性。我们说对于职业伤害应该采取三种不同的保障方法，一是用工伤救济来满足在工伤事故中受到伤害职工最低医疗康复和生活的需要；二是用工伤保险来保障劳动者受到伤害后其基本治疗康复和生活需要；三是用商业保险福利的形式来提高受到伤害职工治疗康复和生活的质量。将工伤保险定位在保障基本治疗康复和生活需要的层面，是同其的社会属性相适应的。因此，在工伤保险活动中应遵循基本保障性原则，对受伤职工及时提供可靠的基本医疗康复和生活保障。

（5）严格区分工伤非工伤原则

劳动者受伤害一般可以分为因工和非因工两类。前者是由于执行公务或者在工作生产中为社会或为集体风险而受到的职业伤害，与工作和职业有直接的关系；后者则与职业工作无关，完全是个人行为所致。工伤事故实行无过失责任原则，并不是取消因工和非因工的界限。在工伤保险操作中，必须严格区分"因工工伤"和"非因工工伤"的界限，因工伤亡事故发生的费用是由工伤保险基金承担的，而且医疗康复待遇、伤残待遇和死亡抚恤待遇要比因疾病或非因工伤亡待遇要优厚得多，这样规定有利于对那些因工伤害者进行褒扬抚恤。如何区别因工工伤、非因工伤，要参照《工伤保险条例》的有关条款和原劳动和社会保障部发布的《工伤认定办法》以及相关标准确定。

（6）预防、补偿和康复相结合原则

世界各国都把“工伤预防、工伤补偿、职业康复”作为现代工伤保险制度建设的目标。预防、补偿和康复三者是同样重要的事情，我国应遵循这一原则，积极与国际接轨。目前，我国工伤保险制度建设正向三结合目标发展，在经济补偿方面，政府要制定《工伤保险待遇支付办法》；在工伤预防方面，政府要紧密结合安全生产，制定《工伤保险促进安全生产办法》；同样，职业康复方面也要制定《工伤保险促进职业康复办法》、《工伤保险医疗服务管理办法》和《工伤保险辅助器具安装配置管理办法》，这些办法应充分体现《安全生产法》和《职业病防治法》及其配套法规的精神。

为保障职工的合法权益，维护、增进和恢复劳动者的身体健康，必须把经济补偿和医疗康复以及工伤预防有机结合起来。工伤保险最直接的任务是经济补偿，这是保障残疾职工和遗属的基本生活的需要，同时要做好事故预防和医疗康复，保障职工的安全与健康。预防、补偿、康复三者结合起来，形成完整的社会化服务体系是现代化工伤保险制度发展的必然趋势。

5.1.5 工伤保险制度的发展

1. 工伤保险制度发展阶段

（1）创立期。建国初期，在1950年内务部颁布的《革命工作人员伤亡褒恤暂行条例》成为国家机关和事业单位工作人员享受工伤保险待遇的法律依据。之后，1951年政务院颁布了《劳动保险条例》，1953年又对该条例进行了修订，这标志着我国社会保险制度的确立。《劳动保险条例》主要对职工因工救治、经济补偿等事项作了规定，其主要特征是计划经济模式下的单位责任保障，条例对保护劳动者权益和维护社会稳定起到了一定的作用。《劳动保险条例》颁布后的1957年，卫生部制定了《职业病范围和职业病患者处理办法》，将职业病纳入工伤保险的范围，规定患有职业病者和工伤给付享有同等待遇。1958年开始实施的《职业病范围和职业病患者处理办法的规定》，对职业病的种类、防治、督促企业改善劳动卫生条件都作了具体的规定。1963年颁布的《国务院批发劳动部、卫生部、全国总工会、冶金工业部、煤炭工业部关于矽尘危害工作会议报告》，对职业病待遇作了具体规定。1978年颁布的《国务院关于工人退休退职的暂行办法》，对工伤保险待遇方面作了进一步修改。

（2）受创期。我国工伤保险制度的创建工作是在高度计划经济下进行的，采取的是“国家保险”模式。在1966年文化大革命以后，由于受极左路线的影响，工伤保险制度的发展受到阻碍，基本处于停顿状态。1969年工伤保险基金由国家统一实施和调剂改为由企业筹集和给付，使工伤保险发展受到极大影响。此时期的工伤保险由“国家保险”模式转入“企业保险”的模式。

（3）恢复期。在改革开放的新形势下，旧有保险模式的缺陷日益暴露出来。20世纪80年代，工伤保险制度改革提到议事日程上来。1994年党的十四届三中全会通过的《中共中央关于建立社会主义市场经济体制若干问题的决议》中明确提出，要在我国“普遍建立企业工伤保险制度”。我国开始在部分地区进行工伤保险改革试点，开始了真正适应市场经济需要的工伤保险制度的探索。

1994 年颁布的《劳动法》明确规定将工伤保险制度作为五项社会保险之一。1996 年 3 月国家技术监督局颁布了《职工工伤与职业病致残程度鉴定》(国家标准 GB/16180—1996)。1996 年 8 月原劳动部在总结各地经验的基础上，颁布了《企业职工工伤保险试行办法》(劳动部发［1996］266 号)，这两个文件的出台标志着我国工伤保险制度建设取得了阶段性成果，不仅有了全国统一的标准，而且标志着由企业保险向社会保险的转变。在《企业职工工伤保险试行办法》中，对工伤保险的实施范围、工伤认定、经济待遇项目、支付标准、工伤保险基金、缴费制度、政策监督和组织实施等方面都作了基本规定，突破了工伤保险仅适用于国有企业和集体企业的限制，把工伤保险覆盖面扩大到各类企业及全体职工，并统一了工伤保险待遇标准，工伤保险由企业保险向社会保险迈出了一大步。

(4) 发展期。2001 年为使工伤保险制度进一步适应我国经济与社会发展的需要，原劳动和社会保障部起草了《工伤保险条例》报国务院批准。2003 年 4 月 16 日国务院第五次常务会议讨论并原则通过了《工伤保险条例》，2003 年 4 月 27 日温家宝总理签署第 375 号国务院令，将《工伤保险条例》正式颁布并于 2004 年 1 月 1 日正式实施，《工伤保险条例》的颁布为我国发展工伤保险制度确立了法律框架，将我国工伤保险制度推进到一个新的阶段。据原劳动和社会保障部统计，2005 年初全国已有 29 个省、自治区、直辖市开展了工伤保险，参保职工人数为 4575 万人，共征缴工伤保险基金 38 亿元。

总之，从 1951 年至今，上述几个阶段关于工伤保险的法规规章基本体现了我国工伤保险制度发展的大体脉络。

2. 行业工伤保险制度的实施

建筑行业的工伤保险工作是与全国工伤保险制度同步发展的。建国以后，建筑行业作为工业部门的一部分，职工工伤的处理以及待遇是按照国家上述有关法律规定施行的。

对于工伤保险工作，建设行政主管部门为配合国家工伤保险制度建设曾颁布了两个重要文件，一是 1996 年为贯彻落实国家颁布的《企业职工工伤保险试行办法》，下发了《施工现场工伤保险试点工作研讨会纪要》；另一个是 2006 年原建设部会同原劳动和社会保障部，共同印发了《关于做好建筑施工企业农民工参加工伤保险有关工作的通知》。上述两个文件成为建筑行业指导工伤保险制度实施的重要法律法规依据。

(1) 施工现场工伤保险试点工作研讨会纪要

1996 年为深入贯彻执行《企业职工工伤保险试行办法》，原建设部结合建筑行业施工现场作业的特点和在上海、浙江、山东三个省市试点工作的基础上，对建筑企业施工现场工伤保险制度进行座谈研讨，形成规范性文件即《施工现场工伤保险试点工作研讨会纪要》，《纪要》的颁布对指导全国建筑行业现场施工工伤保险制度建设发挥了重要作用，文件要点如下：

1) 工伤保险对象。凡从事土木建筑施工、线路管道设备安装、构筑物建筑物拆除和建筑装饰装修的企业，都应当建立以项目经理部为主体的工伤保险制度。投保人应该是项目部或项目经理。被保险人是该工程项目施工现场上所有的作业人员和管理人员。受益人是工伤事故伤残者本人或死者生前指定的受益人。

2) 工伤保险期限。工伤保险期限为该工程项目被批准开工之日起，至合同规定的工程竣工之日止。工程因故停工，保险期限应作相应顺延，并需办理保险顺延手续。

3）保险管理组织。各级建设行政主管部门同社会保险机构应建立起固定的组织形式，确定各自的职责分工，并按照一定的运作程序，相互配合，相互合作，共同搞好这项工作。

4）工伤保险基金。工伤保险费应当按照以支定收，收支基本平衡，略有节存的原则，实行属地管理、专户储存、专款专用、适当统筹、合理分配支出。工伤保险费除按规定支付保险金外，应由一定比例提缴建筑安全监督管理机构用作安全培训教育及施工现场安全监督费用，并应由适当比例留作储备基金和上缴用作统筹。

5）对企业的安全生产应实行奖励制度。凡当年未发生死亡事故或负伤率未超过的建筑业企业，保险机构可采取在下一年度降低保险费率或将当年给企业投保费用退还以一定比例等方式予以奖励。

6）保险费率计算。按工伤项目施工高峰期实有人数的40%计算（只计人数，不计姓名），设定每人的年投保费，也可以按工程造价的一定比例或按单位施工面积计投。具体费率可以根据工程事故风险，当地人均生活水平和支付最高保险金额而测定，实行差别费率。工伤保险费由项目经理部负责缴纳，不得向职工摊派，因工死亡人员的保险金，应包括抢救费、因工残废抚恤费或因工残废补助费。最高保险金的支付额，各地可以从实际出发而测定。被保险人在保险期间，无论一次或多次发生工伤事故，均应按保险责任支付保险金。保险期间为一年，以投保日期起计。保险费来源，应当在建设工程期间的定额费中列支。

7）责任范围。①施工场所、场内外临时设施和工作时间内，由于不安全因素或意外因素造成的意外伤害的；②被负责人临时指派从事与施工相关工作而遭受意外伤害的；③施工场所和工作时间内，因疾病造成突然死亡的；④本单位交通车，发生交通意外事故的；⑤法规规定的工伤事故。

因施工场所的责任，造成相邻居民或过路行人意外伤害的，建筑业企业可以投保第三方责任险。

8）除外责任。①自残、酗酒或犯罪被法办的；②自然灾害、战争、军事行动、核子辐射、核污染、动乱或暴乱导致伤亡的；③公共场所和工作时间因疾病所致死亡的；④按规定应自费购买的医药费；⑤酒后驾驶、无照驾驶或其他违章驾驶造成伤亡的；⑥法律法规规定不应予以保险补偿的。

9）赔付程序。施工现场发生工伤事故后，除按国家有关规定上报外，受伤害职工或其亲属可在事故发生后规定的期限内提出工伤保险待遇申请，由建设行政主管部门或建筑安全监督管理机构会同保险机构认定其工伤保险待遇。

申请人须提供下列资料：①受伤害职工的身份证、工作证（或务工证）；②经企业签字验印的职工工伤保险待遇申请；③指定医院或抢救治疗医院初次诊断病理和医疗证明书；④企业工伤调查报告或建筑安全监督管理机构工伤事故调查处理报告书。

工伤伤残评定由各地建设行政主管部门或建筑安全监督管理机构、保险机构及指定医疗单位等按伤残等级标准，评定应支付的保险金额。职工因工死亡，其丧葬事宜的办理应当执行国家有关规定。

10）其他事项。投保单位要及时报告工伤情况，不得瞒报、虚报和骗取保险金，违者除需如数退还发放的保险金外，建设行政主管部门或建筑安全监督管理机关可依据国家有关规定给与处罚。

（2）建筑施工企业农民工参加工伤保险的通知

2006年12月5日原建设部为贯彻《国务院关于解决农民工问题的若干意见》和《工伤保险条例》，会同原劳动与社会保障部共同印发了《关于做好建筑施工企业农民工参加工伤保险有关工作的通知》（原劳社部发［2006］44号），对建筑施工企业农民工参加工伤保险提出了明确要求。至此，建筑施工企业工伤保险完成了从“保职工”到“保全工”的转变，将农民工纳入工伤保险范围，建筑企业工伤参保面得到进一步扩展，坚持了社会公平的原则，有力地维护了农民工的合法权益，文件要点如下：

1）建筑施工企业要严格按照国务院《工伤保险条例》规定，及时为农民工办理参加工伤保险手续，并按时足额缴纳工伤保险费。同时，按照《建筑法》规定，为施工现场从事危险作业的农民工办理意外伤害保险。

2）建筑施工企业和农民工应当严格遵守有关安全生产和职业病防治的法律法规，执行安全卫生标准和规程，预防工伤事故的发生，避免和减少职业病的发生。

3）各地劳动保障部门要按照《工伤保险条例》、《国务院关于解决农民工问题的若干意见》（国务院5号文件）和《关于农民工参加工伤保险有关问题的通知》（劳社部发〔2004〕18号）、《关于实施农民工“平安计划”加快推进农民工参加工伤保险工作的通知》（劳社部发〔2006〕19号）的要求，针对建筑施工企业跨地区施工、流动性大等特点，切实做好建筑施工企业参加工伤保险的组织实施工作。

4）注册地与生产经营地不在同一统筹地区、未在注册地参加工伤保险的建筑施工企业，在生产经营地参保，鼓励各地探索适合建筑施工企业农民工特点的参保方式。

5）对上一年度工伤费用支出少、工伤发生率低的建筑施工企业，经建设行政部门同意，在行业基准费率的基础上，按有关规定下浮费率档次执行。

6）建筑施工企业农民工受到事故伤害或者患职业病后，按照有关规定依法进行工伤认定、劳动能力鉴定，享受工伤保险待遇。

建筑施工企业办理了参加工伤保险后，社会保险经办机构要及时为企业出具工伤保险参保的证明。

7）各地建设行政主管部门要加强对建筑施工企业的管理，落实国务院《安全生产许可证条例》和《建筑施工企业安全生产许可证管理规定》，在审核颁发安全生产许可证时，将参加工伤保险作为建筑施工企业取得安全生产许可证的必备条件之一。

8）劳动保障部门和建设行政主管部门要定期交流、通报建设施工企业参加工伤保险情况和相关收支情况，及时研究解决工作中出现的问题，加快推进建筑施工企业参加工伤保险。

9）探索建立工伤保险预防机制，从工伤保险基金中提取一定比例的资金用于工伤预防工作，充分运用工伤保险浮动费率机制，促进建筑施工企业加强安全生产管理，切实保障农民工合法权益。

5.1.6 工伤保险条例的特点

随着市场经济的发展，我国工伤保险制度逐步与国际接轨，法律法规不断完善，以适应经济建设和社会发展、构建和谐社会的需要。现行《工伤保险条例》（以下简称《条例》）与《企业职工工伤保险试行办法》(以下简称《办法》）相比较具有长足进步，特点鲜明，主要表现在以下几个方面：

1. 保险范围扩展

1996年的《办法》规定仅有企业职工享受工伤保险待遇，而《条例》则扩大了“职工”的内涵，包括各类企业的职工和个体工商户的雇工，不管劳动者与用人单位是否订立书面劳动合同，不管劳动者的用工形式如何，不管劳动者的用工期限长短，也不管劳动者的身份是什么，均享有工伤保险待遇权利。而且对非法用工主体，包括无营业执照或者未经依法登记、备案的单位以及被依法吊销营业执照或者撤销登记、备案的单位，以及使用童工的用人单位的职工受到事故伤害或者患职业病的赔偿办法和标准进行了规定。《条例》特别强调：“职工”包括与用人单位存在劳动关系或事实劳动关系的各种用工形式、各种用工期限的劳动者。

《条例》为我国建立与符合国际惯例的工伤保险制度奠定了基础。这是《条例》在总结我国工伤保险工作经验的基础上，在工伤保险覆盖范围上取得的新突破。这一突破意义十分深远：一是将我国的工伤保险制度纳入世界通行做法，与国际惯例接轨；二是适应我国就业格局的变化，为建立工伤保险制度体系提供了新的法律依据。

2. 工伤范围限定放宽

《条例》进一步准确界定并放宽了工伤认定范围。如第十四条第二款将通常认定为工伤的第一种情形，即“在工作时间和工作场所内，因工作原因受到事故伤害”的情况延伸到“从事与工作有关的预备性或收尾性工作受到事故伤害”的情况；第六款“在上下班中，受到机动车事故伤害的”的规定，不仅取消原“规定时间和必经路线”，而且不受事故责任的限制，即职工只要是上下班途中遭受机动事故伤害的，不论其是主要责任、次要责任或无责任、均可以认定为工伤。

第十五条规定的三种情形，认定为视同工伤，这是《条例》增加或从原《办法》“应当认定为工伤”的规定中分离出来的条款。其中第一款是将原《办法》中“因工作紧张突发疾病”放宽到凡是在工作时间和工作岗位上，突发疾病死亡或者在48小时之内经抢救无效死亡的，都可以视同工伤处理。第二、三款内容基本上也是从认定为工伤中分离出来的。工伤范围的放宽，充分体现立法机关为充分保护弱者的良苦用心，充分体现市场经济和社会保险制度发展的必然趋势。

3. 工伤保险费

根据“以支定收、收支平衡”为原则确定费率，这一原则的含义是工伤保险根据基金需求决定基金征收，需要多少征收多少。这一费率原则的确立，充分体现了真正意义，完完全全的社会保险制度，是“三个代表”、“构建和谐社会”重要思想贯彻到工伤保险法规体系中，科学性与操作性的有机统一，并最终落实到为创造社会财富的劳动者群体提供可靠的物质保障待遇。《条例》同时还规定：“国家根据不同行业的工伤风险程度确定行业的差别费率，并根据工伤保险费使用、工伤发生率等情况在每个行业内确定若干费率档次。”差别费率制度，也是国际上通行的做法。日本把这种做法，叫做“功过制”，对于促进安全生产，节约工伤保险费开支，很有效果。

4. 表述进一步规范

《条例》对概念性的条款在表述上作了严格的规范。如第四章将原用“劳动鉴定”表述的概念明确界定为“劳动能力鉴定”，将“劳动能力鉴定”定义为“指劳动功能障碍程度和生活自理障碍程度的等级鉴定”。

第五章第三十一条：职工因工作遭受事故伤害或者患职业病需要暂停工作接受工伤医疗的，称为“停工留薪期”，改变以往“医疗期”的概念。这一概念的界定，有利于准确把握工伤职工受伤之后到鉴定残疾之前的待遇支付和医疗保障。同时，将长期以来“伤残抚恤金”名称支付的待遇，更改为“伤残津贴”；将所有一次性支付的工伤保险待遇更改为“补助金”，将工伤职工死亡以后支付的待遇统称为“抚恤金”。

附则对“职工”的概念明确定义为：“是指与用人单位存在劳动关系（包括事实劳动关系）的各种用工形式、各种用工期限的劳动者”。这一解释，既能够与《劳动法》表述的概念衔接，又适应新《条例》第二条第三款的实施需要。

关于“工资总额”的概念，《条例》改变长期沿用统计部门公布的“工资总额”为准，定义为：“是指用人单位直接支付给本单位全部职工的劳动报酬总额”。对“本人工资”的定义是：“是指工伤职工因工作遭受事故伤害或者患职业病前12个月平均月缴费工资。”并作了“最高不超过300%，最低不低于60%的限制”。这一概念的规范定义，不仅便于理解，而且操作性很强。

5. 认定期限延长

原《办法》规定的工伤认定申请期限最长不得超过30天，而实践证明，由于劳动者对自己享有的权利并不了解，所以很少有人能在这么短的时间内主张权利。由30天延长至1年，充分体现了《条例》保护弱者的精神。

过去一旦出现工伤争议，劳动者及其家属要么自认倒霉，要么疲于告状。为更好地保护劳动者的合法权益，新条例对不提交工伤认定申请的用人单位专门规定了惩罚措施：如果在30天内不提交工伤认定申请、工伤待遇等，有关费用将由该用人单位承担。对于劳动者而言，在单位不作为期间，劳动者有充分的时间可以行使自己的权利。

6. 经济补偿提高

《条例》第三十七条第三款规定，一次性工亡补助金标准为：48个月至60个月的统筹地区上年度职工月平均工资。用人单位非法用工和使用童工造成工伤和死亡的，由用人单位支付一次性赔偿。劳动和社会保障部根据《条例》制定的《非法用工单位伤亡人员一次性赔偿办法》对一次性赔偿金的标准规定得更为具体和明确，即从一级伤残为赔偿基数的16倍到十级伤残为赔偿基数的1倍。

7. 强化管理的时效性

在管理上，新《条例》同样进行具有开拓性的创新，并强化了“管理”和“法律责任”的程序设计和时效性。如明确界定国务院劳动保障行政部门负责全国的工伤保险工作，并在第八、九、十一、二十二、二十九、三十七、四十五、六十二、六十三等九个条款中，授权国务院劳动保障行政部门牵头会同有关部门制定《条例》相关的“差别费率及行业费率档次，差别费率及行业费率档次的调整方案，跨地区行业企业的统筹体制，劳动能力鉴定标准，工伤保险三目录、供养亲属范围、定点医疗机制、辅助器具配置机构、公务员及非公务员事业单位的工伤保险办法，非法用人单位及用工的补偿办法”等十个方面内容配套规章。

在第二、十一、十三、三十四等四个条款中，授权省、自治区、直辖市的政府制定

“个体工商户参保办法，非社区市的工伤保险统筹体制、工伤保险风险储备金的实施办法、工伤职工一次性工伤医疗补助金和伤残就业补助金支付办法”等四个方面内容的相关配套制度。

第三、第四、第五，三章关系到工伤职工的权益和待遇保障的核心内容，新《条例》严格按照程序要求，从工伤认定或劳动能力“鉴定申请”、“提交材料”、“受理”和“时效”要求都作了十分详细的规定，这在我国制定社会保险的法规制度史上是不多见的，从某种意义上讲，足以证明工伤保险工作的复杂性和细致要求。

第六、第七两章的重点是加强工伤保险的监督及对劳动保障行政部门和经办机构的要求。第五十三条规定：“有关单位和个人可以依法申请行政复议；对复议决定不服的，可以依法提起行政诉讼。”这就给予当事人及相关单位充分的申诉权。

8. 举证责任倒置

现行工伤条例规定举证责任倒置：用人单位承担举证责任。与举证责任分担的一般原则不同，在工伤认定中，当用人单位与职工在工伤认定上发生争议时，由用人单位承担举证责任。这对于保护工伤职工的权益是十分必要的，因为对工伤认定起重要作用的许多文书、文件和记录都是由用人单位制定并管理的。如果坚持“谁主张谁举证”，必然导致受伤职工的权益受损。除现行条例外，原劳动和社会保障部制定的《工伤认定办法》还进一步规定：“用人单位拒不举证的，劳动保障行政部门可以根据受伤害职工提供的证据依法做出工伤认定结论。”

9. 处罚力度加大

《条例》规定，提供虚假工伤诊断证明最高可罚款1万元。第五十四条规定：“单位或者个人挪用工伤保险基金，构成犯罪的，依法追究刑事责任；尚不构成犯罪的，依法给予行政处分或者纪律处分。”新条例对挪用基金、骗保等法律责任作了明确规定，从根本上保证了劳动者的权益。

依照条例，劳动者不用缴纳保险费，工伤保险基金由用人单位缴纳的工伤保险费、工伤保险基金的利息和依法纳入工伤保险基金的其他资金构成。如果用人单位瞒报工资总额或者职工人数的，将被处以瞒报工资数额1倍以上3倍以下的罚款。

5.1.7　工伤保险相关法律依据

除《工伤保险条例》外，工伤保险相关的法律依据还有以下几个方面的具体内容：

（1）《劳动法》(1994年7月5日第28号主席令)：用人单位和劳动者必须依法参加社会保险，缴纳社会保险费。劳动者在退休、患病、负伤、因工伤残或者患职业病、失业、生育时，依法享受社会保险待遇。

（2）《职业病防治法》(2001年10月27日第60号主席令)：职业病，是指用人单位劳动者在职业活动中，因接触粉尘、放射性物质和其他有毒、有害物质等因素而引起的疾病。关于职业病病人保险问题，法律明确规定用人单位必须依法参加工伤保险。职业病病人除依法享受工伤保险待遇，依照有关民事法律尚有获得赔偿的权利的，有权向用人单位提出赔偿要求。

（3）《非法用工单位伤亡人员一次性赔偿办法》(2003年9月23日原劳动和社会保障部令第19号)：对非法用工单位伤亡人员的赔偿范围和标准，单位拒不支付一次性赔偿及有关争议如何处理等问题，做出了明确规定。

(4)《关于非全日制用工若干问题的意见》(2003 年 3 月 27 日劳社部发［2003］12 号)：用人单位应当按照国家有关规定为建立劳动关系的非全日制劳动者缴纳工伤保险费。从事非全日制工作的劳动者发生工伤，依法享受工伤保险待遇；被鉴定为伤残五级至十级的，经劳动者与用人单位协商一致，可以一次性结算伤残待遇及有关费用。

(5)《关于农民工参加工伤保险有关问题的通知》(2004 年 6 月 1 日劳社部发［2004］18 号)：农民工参加工伤保险、依法享受工伤保险待遇是包括农民工在内的各类用人单位的基本权益，各地农民工要参加工伤保险；对于用人单位注册地与生产经营地不在同一统筹区、对跨省区流动的农民工，户籍不在统筹区的农民工的工伤保险待遇的享受一次性待遇作了具体规定。

(6)《工伤认定办法》(2003 年 9 月 23 日原劳动与社会保障部第 17 号文件)：对工伤认定的申请时间期限、申请人需要提交的材料、认定机构对申请的受理、认定调查核实、认定决定、认定期限、认定争议处理进行了规定。

(7)《建设项目职业病分类与管理办法》(2006 年 7 月 27 日卫生部第 49 号令）为预防、控制和消除建设项目可能产生的职业病危害制定本办法。主要对建设项目职业病危害因素的内容、建设项目的备案、审核、审查和竣工验收分级管理、对可能产生职业病危害的建设项目划分为：职业病危害轻微、职业病危害一般和职业病危害严重三类。对职业病危害与评价报告、职业病危害控制效果评价报告进行了规定。

(8)《劳动能力鉴定——职工工伤与职业病致残等级》(GB/T 16180—2006)(国家质量监督局 2006 年 11 月 2 日)：为使我国劳动能力鉴定适应我国当前社会经济发展的要求，帮助因工作遭受事故伤害或者患职业病的劳动者获得医疗救治和经济补偿，对工伤或患职业病劳动者的伤残程度做出了客观、科学的技术鉴定标准。

(9)《最高人民法院关于审理人身损害赔偿案件适用法律若干问题的解释》(2003 年 12 月 26 日法释［2003］20 号公布)：主要对各种情形下人身伤害的赔偿责任进行法律规定，包括：雇员与雇主、定作人与承揽人、帮工人与被帮工人在雇工（承揽、帮工）活动中因公遭受人身伤害、对第三人造成伤害或被第三人造成伤害的赔偿责任进行法律界定。

5.2 保险对象与责任

5.2.1 工伤保险的承保对象

根据《工伤保险条例》第二条规定：“中华人民共和国境内的各类企业、有雇工的个体工商户（以下称用人单位）应当依照本条例规定参加工伤保险，为本单位全部职工或者雇工（以下称职工）缴纳工伤保险费。

中华人民共和国境内的各类企业的职工和个体工商户的雇工，均有依照本条例的规定享受工伤保险待遇的权利。

有雇工的个体工商户参加工伤保险的具体步骤和实施办法，由省、自治区、直辖市人民政府规定。”

"企业"按照所有制可划分为：国有企业、集体企业、私营企业、外资企业；按区域划分为：城镇企业、乡镇企业、境内企业、境外企业；按照组织结构划分为：公司、合伙、个人独资企业。在这里，有两点需要说明的是：

（1）工伤保险制度在国家之间不可互免，通过多边或者相互协定，一些国家可以对养老保险、失业保险等问题进行互免，工伤保险不能，而需要参加营业地所在国的工伤保险。故条例规定参保企业为中华人民共和国境内的企业。

（2）条列中的"个体工商户"的概念是指雇佣2~7名学徒或者帮工，在工商行政部门登记的自然人。按照社会保险的普遍性原则，社会组织的各类人员都应该参加工伤保险，以保护广大职工的合法权益。对所有企业和有雇工的个体户都要求参加保险是因为这些单位的工伤风险相对较高，只有参加了工伤保险的统筹，才能分担企业或雇主的风险。

在这里应特别注意的是，无论劳动者与用人单位是否订立书面劳动合同还是未签订劳动合同，劳动者的用工形式无论是长期工、季节工、临时工，只要形成了劳动关系或事实上形成了劳动关系的职工均享有工伤保险待遇的权利。

长期以来，建筑施工企业实行的是管理层与劳务层相分离的生产管理方式，具有较强的劳务人员流动的特点，按照原劳动部颁布的《企业职工工伤保险实行办法》(劳动部发［1996］266号）中关于企业职工的概念，建设单位在领取《建筑工程施工许可证》时，只为企业从事管理的自有职工上工伤保险，建筑农民工被排斥在工伤保险的范围之外，自2006年原建设部、劳动与社会保障部联合下发《关于做好建筑施工企业农民工参加工伤保险的有关工作通知》后，将所有从事建筑施工的农民工都纳入工伤保险的范围之内，工伤保险成为建筑农民工的合法权益。

5.2.2　工伤保险的责任范围

我国现行《工伤保险条例》(以下简称《条例》）对工伤责任范围做出了详细的规定，使工伤责任认定有章可循，有法可依。

1. 工伤责任范围

《条例》明确规定了认定工伤的七种情形，其中既包括在工作时间、工作场所内因工作原因遭受事故伤害情形，也包括患职业病、职工因工外出遭受损害，以及职工上下班途中遭受机动车事故伤害的情形，设立了其他法律法规规定为工伤的弹性条款，包含了造成工伤的一般情形。具体内容：

（1）"在工作时间和工作场所内，因工作原因受到事故伤害的。"各类企业的职工都是民事主体，都享有身体权、健康权和生命权。这些权利在任何场合都有遭受伤害的可能性。《条例》对工伤事故在发生的时间、场合和原因上进行了明确的限制，只限于企业职工在工作时间和工作场所，因工作原因致伤致死的范围，其他时间、场合和原因发生的事故，既使是侵害了职工的上述权利，也不在工伤事故范围之中。"工作时间"是指法律规定的或者用人单位要求工作的时间，当然单位加班加点的时间也应属于工作时间。"工作场所"是指职工日常工作的场所，例如建筑施工工地，以及领导临时指派所从事工作的场地。

（2）"工作时间前后在工作场所内，从事与工作有关的预备性或者收尾性工作受到事故伤害的；"也属于保险责任范围。职工为完成工作任务，往往需要作一些预备性或者收尾性的工作，例如，每天上班前，施工人员需要提前到场进行材料的运输、备料、工具准备调试等，下班后施工人员要清理、安全储存、收拾施工工具和衣物等。预备性、收尾工作这段时间虽然不是工作时间，但与工作直接有关，在此时间内，如遇事故伤害应属于工伤范围。当然，工作前后时间应在合理时间之内。

（3）“在工作时间和工作场所内，因履行工作职责受到暴力等意外伤害的；”是指职工因履行工作职责，使某些人的不合理或违法目的未能达到出于报复目的对职工施暴而使职工受到人身伤害的，属于保险责任范围。例如，建筑职工为维护企业利益，履行工地安全责任，为阻止进入工地偷取建筑材料的犯罪分子而展开搏斗，从而遭受的意外伤害的，属于工伤保险范围。

（4）“患职业病的”，职业病是指企业、事业单位和个体经济组织的劳动者在职业活动中，因接触粉尘、放射性物质和其他有毒、有害物质等因素而引起的疾病。患职业病的属于工伤保险范围。在这里应注意：一是工伤保险对于各行业的职业病都有明确的规定，如果按照职业病防治法的规定，职工被诊断为职业病，但是此种职业病如果不属于该单位职业病保险范围的也不能享受工伤保险的职业病待遇。二是所谓的职业病必须是用人单位在从事的职业活动中引起的职业病，如果是由于生活环境而引起的“职业病”，不属于保险范围。

（5）“因工外出期间，由于工作原因受到伤害或者发生事故下落不明的”，考虑到职工因外出期间如果遇到下落不明的，很难确定职工是在事故中死亡了还是在世因事故暂时与单位无法联系，为最大限度地维护职工的合法权益，只要因公外出期间下落不明的就应该认为是工伤。“外出”是指不在本单位，但在本地区；或者指不在本单位，在外地。“因工作原因造成受到伤害的”是指直接原因或者间接原因造成的伤害，事故伤害、暴力伤害或其他形式的伤害；“事故”指安全事故、意外事故、自然灾害等。

（6）“在上下班途中，受到机动车事故伤害的”，长期以来对于工伤情形的认定，一直是处理工伤争议中的最为关键也最复杂的一环，特别是职工在上下班途中受到机动车事故伤害引发此类案件，由于在认定上还牵涉交通责任的认定、交通工具的使用等问题，实际操作起来十分复杂。正因为如此，《条例》肯定了对上下班途中受到机动车伤害应该认定为工伤，表明了国家加强劳动者权益保护力度的决心和立场，也体现出我国与国际上人身伤害保险责任范围的接轨。“受到机动车事故伤害的”是指无论自驾机动车造成自身伤害的，或者是被他人驾驶机动车者造成伤害的，职工是否在事故中有无责任都应认为属于工伤。

（7）“法律、行政法规规定应当认定为工伤的其他情形”，主要是指条例出台后由全国人大及其常委会、国务院制定并颁布实施的行政法规可以规定应该认为工伤的其他情形，这一条是兜底条款。

2. 视同工伤范围

在《条例》中规定了三种视同工伤的情形，规定对视同工伤的职工享受同等的工伤保险待遇，具体包括：

（1）“在工作时间和工作岗位，突发疾病死亡或者在48小时之内经抢救无效死亡的”，这里的“突发疾病”包括各种疾病，如心脏病、脑溢血、心肌梗等。“48小时”的时限规定是为了避免将突发疾病无限制地扩大到工伤保险的范围而所作的规定，总需要划定一个责任范围加以界限。这一条款应把握以下两点：一是“工作时间和工作岗位”概念界定与上述概念相同，此外的则不属于工伤，例如，职工突发急病死于家中。二是突发急病病死在工作岗位上，或者经过抢救后48小时内死亡的，48小时以外死亡的不属于工伤。

(2)“在抢险救灾等维护国家利益、公共利益活动中受到伤害的”，这一条主要从国家、公益因素考虑，这里除外了时间、地点的限定，只要是在维护国家、公共利益活动中所受到的伤害都属于工伤保险责任范围。“维护国家利益、公共利益”是指为了减少或者避免国家利益、公共利益遭受损失，职工挺身而出，为挽救损失的而采取的行为。

(3)“职工原在军队服役，因战、因公负伤致残，已取得革命伤残军人证，到用人单位后旧伤复发的。”职工在原军队中因公致残，到新的岗位上旧病复发，按照工伤条例的基本精神是不应该属于保险范围的，但是职工是为国家利益而受到的伤害，其后果不能由职工个人承担，而应有国家来承担。

3. 工伤除外责任

为了防止工伤认定的扩大化，保证确保保险基金合理支出，维护广大职工的利益，《条例》同时还规定了不得认定为工伤和不得视同工伤的三种情形。

(1)“因犯罪或者违反治安管理伤亡的”，我国《刑法》第十三条规定：“一切分裂国家、颠覆人民民主专政的政权和推翻社会主义制度，破坏社会秩序和经济秩序，侵犯国有财产或者劳动群众集体所有的财产，侵犯公民私人所有的财产，侵犯公民的人身权利、民主权利和其他权利，以及其他危害社会的行为，依照法律应当受刑法处罚的都是犯罪。”

按照《治安管理处罚条例》的规定，违反治安管理的行为分为九类七十三项：九类分别为：①扰乱公共秩序的行为；②妨害公共安全的行为；③侵犯他人人身权利的行为；④侵犯公私财物的行为；⑤妨害社会管理秩序的行为；⑥违反消防管理的行为；⑦违反交通管理的行为；⑧违反户口或者居民身份证管理的行为；⑨其他违反治安管理的行为。

(2)“醉酒导致伤亡的”，将“醉酒导致伤亡”的情形除外责任，主要是考虑醉酒是一种个人行为而不是工作行为。国家的一些法律规定禁止醉酒后工作，如禁止酒后驾车等。因此，由于醉酒导致行为失去控制，引发各种事故不能作为工伤处理。这样规定，可以在一定程度上控制职工酒后工作，减少工伤事故的发生。

(3)“自残或者自杀的”，显然这一条与上述条款都是要将不属于“因工作遭受事故伤害”的情形排除在工伤认定范围之外。因此，对此处“自残或者自杀”一词的理解应是：一是在自己自由意志支配下致残或结束自己的生命；二是与工作时间、工作场所、工作原因无关。

5.3 保险基金与费率

5.3.1 工伤保险基金筹集原则

工伤保险比起其他社会保险，在待遇水平上，项目上要优厚得多，这是工伤保险特点所决定的。要保证工伤保险制度顺利实施，必须有一个稳定的基金制度作保障，使任何用人单位发生了工伤事故乃至工伤致残、致死事故，都不致因工伤损失过多而陷于困境，使伤者、残者以及死亡者家属也可以及时获得工伤补偿和抚恤，这个基金就称为工伤保险基金。

工伤保险基金按“以支定收、收支基本平衡”的原则统一筹集，存入银行开设的工伤保险基金专户，专款专用，任何单位和个人不得挪用或挤占。建立工伤保险基金，一方面必须考虑职业伤害补偿和抚恤的需要，一方面考虑基金建立所需资金提取渠道水平。同时，工伤保险基金应当留有一定的风险储备金，不足时由同级政府临时垫支。工伤保险基金的筹集原则有以下几点：

（1）以支定收、留有适当储备。根据目前工伤保险基金的统筹项目（工伤医疗费、伤残抚恤金、一次性伤残补助金、护理费、残疾辅助器具费、丧葬费、供养亲属抚恤金、一次性工亡补助金应支付的补偿金）来筹措工伤保险基金。由于工伤事故具有突发性和偶然性，因此基金应留有适当储备。

（2）预防与补偿相结合，实行差别费率。工伤保险费率与社会养老保险、社会医疗保险、社会失业保险、计划生育保险不同，其保险费率的确定是与行业、用人单位工作环境状况、从事工作的危险度，与工伤发生率挂钩，危险程度高的行业费率就高，危险程度低的行业费率就低一些，根据各个行业的工伤事故及职业病的风险类别，制定差别费率。同时，采取浮动费率机制，利用降低费率手段鼓励那些事故预防做得比较好的企业。

（3）以企业的工资总额作为征收的计算基数。工伤费率的缴纳是以职工工资收入作为计发基数的。工资总额是指单位在一定时期内直接支付给本单位全部职工的劳动报酬总额。

（4）统一政策，分级管理，市级统筹，独立合算，全省调剂。事实上，基金统筹的范围越广，其保障功能就越强。制定全国的统一标准，以地市为单位进行统筹，独立核算，90%的基金留在本市，10%的上交省作为调剂，或作为预防康复基金。

（5）企业缴纳工伤保险费。企业职工或个人不缴纳保险费用，由企业或用人单位统一缴纳保险费。

5.3.2 工伤保险基金的构成

1. 保险基金的构成

工伤保险基金由以下四个项目构成：企业缴纳的工伤保险费；工伤保险费滞纳金；工伤保险基金的利息；法律、法规规定的其他资金。

（1）工伤保险费，由企业按照职工工资总额的一定比例缴纳，职工个人不缴纳工伤保险费。企业缴纳的工伤保险费按照国家规定的渠道列支，企业的开户银行按规定代为扣缴。

（2）保险费滞纳金，是指按照《社会保险费征缴条例》的规定，用人单位应当按月足额缴纳工伤保险费，缴纳单位未按规定足额缴纳工伤保险费的，由劳动保障部门或征收机构责令限期缴纳，逾期仍不缴纳的，除缴费的数额外，从欠缴之日起，按日加收2%的滞纳金。

（3）保险基金的利息，是指在对工伤保险基金的管理过程中，工伤基金所产生的利息。

（4）法规规定的资金，是指在其他法律、法规中所规定应纳入工伤保险基金的各种资金。

2. 工伤保险基金支出项目

工伤保险基金支出项目有七项内容：

①基金给付的待遇（工伤医疗费；护理费；伤残抚恤金；一次性伤残补助金；伤残辅助器具费；丧葬补助金；供养亲属抚恤金；一次性工亡补助金；其他费用）；②事故预防费；③职业康复费用；④安全奖励金；⑤宣传和科研费；⑥工伤保险经办机构管理费；⑦劳动鉴定委员会办公经费。

以上各项费用支出占工伤保险基金的比例及工伤保险经办机构管理费的支出项目，必须经过当地人民政府批准。工伤保险基金的征集、管理、支付等办法由当地劳动行政部门会同财政部门拟定，同级人民政府批准执行。

5.3.3　工伤保险的差别费率

（1）差别费率。各行业或企业之间，由于行业或企业的性质，生产技术条件，人员素质和管理水平等原因，各行业或企业的职业伤害风险和伤害频率是不相同的。为了体现保险费用公平负担和促使事故多的行业或企业搞好安全生产，世界各国都对统筹范围内各行业或企业按职业伤害风险和伤害频率划分工伤伤害风险等级，实行等级差别费率。在实行差别费率的国家，各行业的费率幅度为单位工资总额的0.2%～21%相差较大。例如，德国工伤保险的费率最低的为0.71%，最高的为14.58%；美国的工伤保险费率为0.6%～6%；日本的工伤保险费率最低的为0.5%，最高的为14.8%；意大利的工伤保险费率为0.6%～16%；巴西的工伤保险费率为0.4%～2.5%。

（2）划分原则。划分风险等级的原则是要适度，划分不宜过细，过细则相当于“企业保险”，过粗则不利于促进安全生产，国际上一般划分为五个档次。国际劳工组织社会保障专家也认为五等级的差别费率，更适合于发展中国家实施新的职业伤害保险。

我国工伤保险收缴保费按照“以支定收、收支平衡”的原则，根据不同行业的工伤风险程度，确定行业的差别费率，并根据工伤保险费使用、工伤发生率等情况，在每个行业内确定若干费率档次。用人单位按本单位职工工资总额的一定比例缴纳工伤保险费，职工个人不缴纳工伤保险费。我国确定行业费率的程序如下：

①国家人力资源和社会保障部门对全国的工伤基金的收支情况进行摸底，了解全国各地基金使用的基本状况；②按照各行业的风险程度，确定行业基本费率；③在其基本费率确定的基础上，再根据每个行业各用人单位的工伤费用使用情况，在每一个行业内确定若干个费率档次。

经国务院批准，劳动保障部、财政部、卫生部、国家安全生产监督管理局2003年10月联合发出了《关于工伤保险费率问题的通知》（劳保部发［2003］29号），对行业划分，费率确定和费率浮动做出规定：根据不同行业的工伤风险程度，参照《国民经济行业分类》（GB/T 4754—2002），将行业划分为三个类别：一类为风险较小行业（如银行业、证券业等）；二类为中等风险行业（如房地产业、铁路运输业等）；三类为风险较大行业（如建筑业、煤炭开采、石油加工等）。分别实行三种不同的工伤险费率。目前全国的工伤保险费率为0.2%～2%，平均为1%。

5.3.4 工伤保险费用的计算

1. 保险费额的计算

根据《工伤保险条例》第十条的规定："用人单位应当按时缴纳工伤保险费。职工个人不缴纳工伤保险费。"劳动保障行政部门按照国务院有关规定设立的社会保险经办机构（以下称经办机构）具体承办工伤保险事务。用人单位缴纳工伤保险费的数额为本单位职工工资总额乘以单位缴费费率之积即：

工伤保险费总额 = 单位职工工资总额 × 缴纳费率

对于"工资总额"的具体解释，国家统计局《关于工资总额组成的规定》对工资总额做了如下规定："工资总额是指各单位在一定时期内直接支付给本单位全部职工的劳动报酬总额。工资总额由下列六个部分组成：①计时工资；②计件工资；③奖金；④津贴和补贴；⑤加班加点工资；⑥特殊情况下支付的工资"。

在该规定中，确定的可以不列入工资总额的范围是："下列各项不列入工资总额的范围：①根据国务院发布的有关规定颁发的发明创造奖、自然科学奖、科学技术进步奖和支付的合理化建议和技术改进奖以及支付给运动员、教练员的奖金；②有关劳动保险和职工福利方面的各项费用；③有关离休、退休、退职人员待遇的各项支出；④劳动保护的各项支出；⑤稿费、讲课费及其他专门工作报酬；⑥出差伙食补助费、误餐补助、调动工作的旅费和安家费；⑦对自带工具、牲畜来企业工作职工所支付的工具、牲畜等的补偿费用；⑧实行租赁经营单位的承租人的风险性补偿收入；⑨对购买本企业股票和债券的职工所支付的股息（包括股金分红）和利息；⑩劳动合同制职工解除劳动合同时由企业支付的医疗补助费、生活补助费等；⑪因录用临时工而在工资以外向提供劳动力单位支付的手续费或管理费；⑫支付给家庭工人的加工费和按加工订货办法支付给承包单位的发包费用；⑬支付给参加企业劳动的在校学生的补贴；⑭计划生育独生子女补贴。"以上规定对有关工资总额的组成部分和不列入工资总额部分作了详细明确的规定，是具体计算工资总额的法定依据。

2. 工伤保险费的缴纳方式

国务院劳动保障行政部门负责全国的工伤保险工作。县级以上地方各级人民政府劳动保障行政部门负责本行政区域内的工伤保险工作。劳动保障行政部门按照国务院有关规定设立的社会保险经办机构，具体承办工伤保险事务。保险费的缴纳由企业直接到区县社保经办机构办理保险手续。

5.4 工伤认定与待遇

5.4.1 工伤责任认定

工伤责任认定是指对工伤事故或患职业病基础事实的认定。它关系到工伤事故是否构成的问题，辨识职工的人身伤害是否属于工伤保险责任范围之内，根据发生事故的事实，按照有关构成要件判断负伤、残疾、死亡或职业病是否与工作有关？是否为了工作、他人或社会的利益而造成的，认定为工伤的，属于工伤保险范围的，由工伤保险负责；不符合构成工伤事故或职业病而属于非工伤的，则工伤保险予以除外。

1. 工伤保险责任认定的主要环节

(1) 保险主体的认定

工伤赔偿案件主体是特定的，不适用一般主体，这是其作为工伤赔偿案件与其他民事纠纷一个很重要的区别。工伤赔偿责任主体是企业（用人单位）。根据《劳动法》、《建筑法》、《工伤保险条例》的规定，建筑市场的用人单位主要是指国有建筑企业、集体建筑企业、中外合资合作建筑企业和私营建筑企业等符合资质条件的企业法人。这些用人单位符合法律对从事建筑活动的人员和单位所规定的技术和资质要求，如符合规定的注册资本，有相应的专业技术人员、技术装备等等。《工伤保险条例》还规定包括“个体经济组织”即雇工在七人以下的个体工商户也是工伤保险的责任主体；建筑市场的用人单位还包括取得村镇建筑工匠从业资格的个人、独立或合伙承包规定范围内的村镇建筑单位。但不包括非法用工诸如农村中的非法承包建筑队、非法装修装饰队、承揽工程的合伙施工队等，因为不符合《劳动法》、《建筑法》规定的用人单位条件，对那些无营业执照，或者未经依法登记、备案或者被吊销营业执照、撤销登记、备案的单位不符合工伤主体条件的“用人单位”，其职工遭受的人身伤害，不享受工伤待遇，造成的各种人身伤害所需要的费用，工伤保险基金不予以支付，其赔付责任及标准另有法律规定。

另外，对于国家机关、依照或参照国家公务员制度进行管理的事业单位、社会团体的工作人员，职工遭受伤害损失没有划入工伤保险范畴，而是由职工所在单位负担。

(2) 劳动关系的认定

《劳动法》实施以后，劳动关系的存在一般是基于用人单位和劳动者之间的劳动合同，确认用工双方是否存在劳动关系也主要审查是否签订了劳动合同。但是，由于多方面的原因，社会实际生活中用人单位与劳动者没有签订书面劳动合同的情形仍然大量存在。没有劳动合同，不能绝对地排除劳动关系的成立和存在。《劳动法》虽然对事实劳动关系并未明确规定，但在劳动部的有关规章中有条件地规定了事实劳动关系。

《劳动部关于贯彻执行〈中华人民共和国劳动法〉若干问题的意见》第2条规定：“中国境内的企业、个体经济组织与劳动者之间，只要形成劳动关系，即劳动者事实上已成为企业、个体经济组织的成员，并为其提供有偿劳动，适用劳动法。”

《工伤保险条例》第六十一条也对职工的概念进行了明确：“本条例所称职工，是指与用人单位存在劳动关系（包括事实劳动关系）的各种用工形式、各种用工期限的劳动者。”

也就是说如果没有书面劳动合同，但是在事实上构成了劳动合同关系的，也应当视为有劳动关系，是事实上的劳动关系，按照劳动关系同等对待。至于用工的种类和用工的期限，《条例》规定上述情况都属于职工的范畴。

应当注意的是，劳动关系与加工承揽关系是有严格区别的。加工承揽关系是承揽合同关系，是以交付劳动成果为标的的合同关系，而不是以劳动力的交换为标的的劳动合同关系。例如，在个人按照约定的时间提供劳动服务的小时工，并不是劳动合同关系，而是与小时工的保洁公司签订的定作合同，是以交付劳动成果为标的的承揽合同关系，因此，雇用小时工的个人并不承担小时工的工伤保险责任，该责任应当由小时工所属的公司承担。

(3) 劳动过程的认定

各类企业的职工都是民事主体，都享有身体权、健康权和生命权。这些权利在任何场合都有遭受伤害的可能性。工伤事故在发生的时间和场合上有明确的限制，只限于企业职工在工作中因工致伤、致死的范围，其他时间和场合发生的事故，即使是侵害了职工的上述权利，也不在工伤事故范围之中。判断是否属于工伤，应当掌握最基本的三个因素，这就是工作时间、工作场合和工作原因。因此，凡是职工在工作时间、工作场合，因工作原因所遭受的人身损害或职业病都属于工伤保险的范围。

(4) 伤害事实的认定

确定工伤赔偿责任应遵循“无损害、无赔偿”的原则，即以损害事实的存在为基础。工伤事故赔偿责任也必须以受害人有人身损害为必要条件。如果只是出现意外事件、作业人员过失行为或违反操作规程的行为，并没有造成人身损害的后果，则不应属于工伤事故，只能从管理上严格措施，或对责任人员进行教育或纪律处分。伤害事实一经发生，就在工伤职工与用人单位之间产生了相应的法律上的后果，构成一种损害赔偿的权利义务关系，工伤职工或者工伤职工的亲属有要求赔偿损失的权利，企业有赔偿受害人及其亲属损失的义务。按照《条例》规定，工伤事故的救济办法是按照保险的形式进行，这其实是转嫁工伤风险，将用人单位的责任转嫁给工伤保险机构。用人单位向工伤保险经办机构交纳保险费，职工遭受工伤事故造成人身损害，由保险机构向工伤职工提供劳动保险待遇。这种工伤保险的权利义务关系，就是工伤事故发生后产生的基本的法律关系。

(5) 因果关系的认定

致害行为是指导致受害人受到伤害的活动；有关物件主要指引起损害发生的事故，如工程倒塌、边坡滑陷、机械设备失灵、安全设施失当以及其他意外情况。致害行为及有关物件与受损害事实有因果关系，为工作需要和必须的才能构成工伤事故。如果是职工因工作、集体利益、公共利益以外原因，如发生群体殴斗、畏罪自杀、自残等而造成的人身伤害，则不属于工伤事故，应属于一般的人身伤害赔偿事故。

2. 工伤责任与建筑物致害责任

在工伤事故责任认定中，应该注意区别工伤责任和建筑物致害责任等特殊侵权责任的区别。根据《民法通则》关于特殊侵权民事责任的具体规定，工伤责任与其他责任的主要区别在于以下几点：

(1) 起因不同。建筑施工事故工伤赔偿，是施工作业人员在工作过程中遭受意外伤害而获得的赔偿。地面施工致人损害责任是由于在公共场所、道旁或者通道上挖坑、修缮安装地下设施等，没有设置明显标志和采取安全措施造成第三人损害而获得的赔偿。建筑物致人损害责任是由于建筑物或者其他设施以及建筑物上的搁置物、悬挂物发生倒塌、脱落、坠落造成第三人损害而赔偿。高度危险作业致害责任是由于从事高空、高压、易燃、易爆、剧毒、放射性、高速运输工具等对周围环境有高度危险作业而造成的第三人损害而获得的赔偿。也就是说工伤赔偿是指对于企业职工的赔偿责任，而其他三种赔偿是由于施工作业而造成的他人损害的赔偿。

(2) 主体不同。建筑工伤事故的受害人是施工中施工单位的施工作业或管理人员。被赔偿主体一般为与用人单位有劳动关系或事实上形成雇佣关系的民事主体，而建筑物致害的受害人为无雇佣关系的一般民事主体。

(3) 适用法律不同。对建筑工伤事故人身损害赔偿的处理以《劳动法》、《工伤保险条例》以及相关法律法规为主，同时，因存在雇佣关系、帮工关系等，也经常适用《民法通则》关于特殊侵权责任的一般规定。地面施工致害责任、建筑物致人损害责任、高度危险作业致人损害责任都是《民法通则》明确规定的特殊侵权行为形态，自然适用《民法通则》的具体规定。

3. 特殊用工形式责任主体认定

一般情况下工伤法律关系主体的认定是比较容易的，但在现阶段我国劳动用工形式较为复杂的情况下，有些特殊的用工形式，其主体的确定是比较困难的。

（1）单位分立、合并、转让责任主体认定

分立、合并是用人单位组织结构发生变更。例如，企业分为两个或两个以上单位，两个或者两个以上的企业合并为一个单位，企业兼并与组合过程中必须妥善处理好维护好职工的合法权益。《民法通则》第四十四条规定："企业分立、合并，它的权利义务由变更后的法人享有和承担。"对于非法人企业组织，《个人独资企业法》等法律也规定：原企业的权利和义务由发生分离、合并后的企业享有和承担。为此，《工伤保险条例》第四十一条第一款规定：用人单位分立、合并、转让的，承继单位应当承担原用人单位的工伤保险责任；原用人单位已经参加保险的，承继单位应当到当地经办机构办理工伤保险变更登记，继续缴纳保费、工伤认定和支付保险待遇。原单位未办理工伤保险的，应为职工办理工伤保险手续，继续承担对伤害职工支付工伤保险费用。用人单位分立、合并、转让时，也可以依据规定就原单位职工工伤保险的承担问题达成协议，承担或分别承担原单位的工伤保险责任。

（2）用人单位承包经营责任主体认定

建筑项目实行的是承包经营责任制，采取施工总承包、专业承包、劳务分包的营造模式，其中存在着复杂的劳动关系，总承包与建设单位的关系、总承包与分包的关系等。如何认定在承包经营中的工伤责任主体？《工伤保险条例》第四十一条规定："用人单位实行承包经营的，工伤保险责任由职工劳动关系所在单位承担。"也就是说，职工的劳动关系在总承包商，总承包商为工伤保险的责任主体，如果职工的劳动关系在分包商，分包商则成为工伤保险的责任主体。如果承包方不具有用人主体资格或者承包商为个人的，如何确认责任主体呢？劳动部办公厅《关于对企业在租赁过程中发生伤亡事故如何划分事故单位的复函》（劳办发［1997］62号）明文规定：承包方、租赁方为个人的，若发生伤亡事故，应认定发包方、出租方为事故单位。劳动和社会保障部《关于确立劳动关系有关事项的通知》（劳社部发［2005］12号）规定："建筑施工、矿山企业等用人单位将工程（业务）或者经营权发包给不具备用工主体资格的组织或者自然人，对该组织或自然人招用的劳动者，由具备用工主体资格的发包方承担用工主体责任。"

（3）职工被借调以后责任主体认定

在职工被借调后，发生工伤事故的责任主体如何认定？原《企业职工工伤保险试行办法》规定在借调期间发生工伤事故的，由借调单位承担工伤保险责任。现行《工伤保险条例》则改为由原单位承担工伤保险责任。基于以下考虑：一是被借调职工的劳动关系在原单位，原用人单位自然应当承担责任，二是被借调职工的档案资料在原单位保管，借调单位对职工情况并不完全掌握，发生争议时不利于当事人提供证据，也不利于调查取证。因此，规定原用人单位可以和借调单位事先协商，按协议办事。为此，《工伤保险条例》规定："职工被借调期间发生工伤事故受到伤害的，由原用人单位承担保险责任，但原用人单位与借调可以约定补偿办法。”

（4）职工所在企业破产责任主体认定

《企业破产法》第三十七条和《民法通则》第二百零四条规定，企业破产优先拨付破产费用后，清偿顺序的第一条就是破产企业所欠职工工资和劳动保险费用。《工伤保险条例》第四十一条规定：“企业破产的，在破产清算时优先拨付依法应由单位支付的工伤保险费用。”

（5）双重劳动合同关系责任主体认定

传统的劳动法理论不承认双重劳动关系的存在，实际生活中双重劳动关系大量存在，比如国有企业职工下岗、停薪留职、内退等情况，职工还具有劳动能力，应聘到用人单位工作，就会出现双重劳动关系的情况。这时就会存在一个工伤保险责任主体的确定问题。从维护劳动者权益出发，应该由实际用人单位来承担劳动者的工伤保险责任。因为一般情况下既然是职工下岗、停薪留职、内退等，主要是因为企业效益不好引起的，原企业很难承担员工的工伤保险费用，原企业并没有再通过职工的劳动获益，其没有与职工解除劳动合同完全是一种社会原因，在这种情况下让原企业承担工伤保险是不合情理的。本着谁用工谁负责的原则，由实际用工的单位作为工伤保险责任主体，不仅可以降低工伤职工的维权成本，也会督促用人单位不断提高管理水平，引进新技术新装备，尽力防止工伤事故的发生。

4. 工伤责任认定的程序

工伤责任认定的机构是劳动保障行政部门。统筹地区的劳动保障部门分为省级和设区的市级，一般是由设区的市级劳动保障部门负责工伤认定，如果是属于省级劳动保障部门进行工伤认定的事项，则根据属地原则由用人单位所在地的设区的市级劳动保障部门办理。

（1）提出认定申请。工伤认定的申请人分为：用人单位、职工或者其直系亲属。用人单位申请的，应当在职工发生事故伤害或者被鉴定、诊断为职业病，所在单位应当自事故伤害发生之日或者被诊断、鉴定为职业病之日起的30日内，向统筹地区的劳动保障部门提出。如果有特殊情况，经过劳动行政部门同意，该期限可以适当延长。

用人单位未在规定的时限内提交工伤认定申请，在此期间发生符合规定的工伤待遇等有关费用由该用人单位负担。如果用人单位未按照前述规定提出工伤认定申请的，工伤职工或者其直系亲属、工会组织可以提出申请，申请有效期限为一年，这样规定有利于保护职工的合法权益。

（2）提交工伤认定材料。提出工伤认定申请应当提交下列材料：①工伤认定申请表；②与用人单位存在劳动关系（包括事实劳动关系）的证明材料；③医疗诊断证明或者职业病诊断证明书（或者职业病诊断鉴定书）。其中工伤认定申请表应当包括事故发生的时间、地点、原因以及职工伤害程度等基本情况。工伤认定申请人提供材料不完整的，劳动保障行政部门应当一次性书面告知，工伤认定申请人需要补全材料。申请人按照书面告知要求补全材料后，劳动保障行政部门应当受理。

（3）调查核实、举证责任和认定。在接受工伤认定申请之后，劳动保障行政部门有权进行调查核实。用人单位、职工、工会组织、医疗机构以及有关部门应当予以协助。职业病诊断和诊断争议的鉴定，依照职业病防治法的有关规定执行。对依法取得职业病诊断证明书或者职业病诊断鉴定书的，劳动保障行政部门不再进行调查核实。

如果受伤害职工或者其直系亲属认为是工伤，而用人单位不认为是工伤的，用人单位应当负举证责任，提出不是工伤的证据。证明属实的，认定为不属于工伤；不能证明或者证明不足的，认定为工伤。劳动保障行政部门应当自受理工伤认定申请之日起60日内做出工伤认定的决定，并书面通知申请工伤认定的职工或者其直系亲属和该职工所在单位。劳动保障行政部门工作人员与工伤认定申请人有利害关系的应当回避。

5.4.2　劳动能力鉴定

在工伤发生之后，还应当对受害职工进行劳动能力鉴定。劳动能力鉴定的意义不在于确定是否构成工伤事故责任，而在于受害职工享受何种工伤待遇。因此，劳动能力鉴定不是工伤事故责任构成的基础事实，而是确定事故责任范围的基础事实，是给予受到伤害或患有职业病的职工工伤保险待遇的基础和前提条件。

1. *劳动能力鉴定的内容*

劳动能力鉴定的内容分为劳动功能障碍等级鉴定和生活自理障碍等级鉴定，这两部分合在一起称为劳动能力鉴定。

劳动功能障碍等级鉴定是确定受害职工因为工伤致使其劳动能力下降的程度，也就是对劳动能力发挥的障碍程度。按照规定，劳动功能障碍的等级为十级，也称为十个伤残等级。最重的为一级，最轻的为十级。

生活自理障碍等级鉴定分为三级，分别是生活完全不能自理、生活大部分不能自理和生活部分不能自理。根据受害职工的伤残情况和劳动能力鉴定标准，确定受害职工的劳动功能障碍等级和生活自理障碍等级，并且以此确定其享受的工伤保险待遇。

除此之外，还规定了复查鉴定。根据《条例》第二十八条规定：“自劳动能力鉴定结论做出之日起1年后，工伤职工或者其直系亲属、所在单位或者经办机构认为伤残情况发生变化的，可以申请劳动能力复查鉴定。”复查鉴定仍然要做上述方面的鉴定。

2. *劳动能力鉴定机构*

劳动能力鉴定机构是劳动能力鉴定委员会，分为两级：省级劳动能力鉴定委员会和设区的市级劳动能力鉴定委员会。设区的市级劳动能力鉴定委员会的鉴定结论是第一级的鉴定结论，省级劳动能力鉴定委员会的鉴定结论是最终的鉴定结论。

劳动能力鉴定委员会由劳动保障、人事、卫生、工会、经办机构代表以及用人单位代表组成。

劳动能力鉴定委员会建立医疗卫生专家库，将具有医疗卫生高级专业技术职务任职资格、掌握劳动能力鉴定的相关知识和具有良好的职业品德的专家列入专家库中，作为劳动能力鉴定专家组的备用人选。

第一级劳动能力鉴定机构为设区的市级劳动能力鉴定委员会。第一级鉴定委员会收到劳动能力鉴定申请后，从医疗卫生专家库中随机抽取3名或者5名相关专家组成专家组，由专家组提出鉴定意见，第一级鉴定委员会根据专家组的鉴定意见做出工伤职工劳动能力鉴定结论，如需要鉴定委员会还可以委托具备资格的医疗机构协助进行有关的诊断。第一级鉴定委员会应当自收到劳动能力鉴定申请之日起60日内做出劳动能力鉴定结论，如果需要可以延长30日。鉴定结论应当及时送达申请鉴定单位和个人。

第二级劳动能力鉴定机构为省级劳动能力鉴定委员会。申请鉴定单位或个人对第一级鉴定委员会做出的鉴定结论不服的，可以在收到该鉴定结论之日起15日内向第二级鉴定委员会提出再次鉴定申请。第二级鉴定委员会做出的劳动能力鉴定结论为最终结论，不能再要求重新鉴定。

劳动能力鉴定工作应当客观、公正。劳动能力鉴定委员会组成人员或者参加鉴定的专家与当事人有利害关系的，应当回避。自劳动能力鉴定结论做出之日起1年后，工伤职工或者其直系亲属、所在单位或者经办机构认为伤残情况发生变化的，可以申请劳动能力复查鉴定。

3. 劳动能力鉴定程序

（1）劳动能力鉴定申请

按照《工伤保险条例》第二十三条规定："劳动能力鉴定由用人单位、工伤职工或者其直系亲属向设区的市级劳动能力鉴定委员会提出申请，并提供工伤认定决定和职工工伤医疗的有关资料。"由此可知，劳动力鉴定的申请人主体一是"用人单位"，为职工申请工伤鉴定、劳动能力鉴定是用人单位的法定责任。二是受伤害职工本人或者其直系亲属，维护自己的合法权利。职工直系亲属包括配偶、子女、父母、兄弟姐妹等。

（2）提交申请材料

根据《工伤保险条例》第二十三条规定："并提供工伤认定决定和职工工伤医疗的有关资料。"医疗资料包括在指定医院进行治疗记载的完整连续的原始病历、诊断证明、检验报告等。此外还应提供劳动能力鉴定申请书、工伤职工个人身份证（复印件）、照片等，如果是由直系亲属申请，还要提交职工与亲属的有效证明材料。

1）劳动能力受理鉴定

第一级劳动能力鉴定委员会对于申请材料进行核审，对于符合条件的予以受理，对申请内容不明确，材料不全的，不予受理。受理的要分类登记，组织专家进行鉴定。在60日内做出劳动能力鉴定结论，并填写《劳动能力鉴定表》，同时应通知当事人。

2）劳动能力再次鉴定

《工伤保险条例》第二十六条规定："申请鉴定的单位或个人如果对于设区的市级劳动能力鉴定委员会作出的鉴定结论不服的，可以在收到鉴定结论之日起15日之内向省、自治区、直辖市劳动能力鉴定委员会提出再次鉴定申请。"再次申请的时效日为15天，没有按照规定时限申请的原劳动能力鉴定结论产生法律效力，申请人再次向上一级鉴定机构申请鉴定的，上一级鉴定机构不予受理。"

3）劳动能力复查鉴定

《工伤保险条例》第二十八条规定："自劳动能力鉴定结论作出之日起1年后，工伤职工或者直系亲属、所在单位或者经办机构认为伤残情况发生变化的，可以申请劳动能力复查鉴定。"

复查鉴定是指已经劳动能力鉴定委员会鉴定过的工伤职工，在做出结论之后的一年时间后，认为伤残情况发生变化，即出现劳动能力障碍程度和生活护理依赖程度加重或减轻的情况，向劳动能力鉴定委员会提出复查申请，劳动能力鉴定委员会依据国家标准对其再次进行鉴定，并做出鉴定结论。复查鉴定申请人可以是指工作所在单位、职工直系亲属，也可以是经办机构。因为职工劳动能力的变化直接影响到工伤保险的给付，如果职工劳动能力有了很大的改善，却仍然享受原有的伤残待遇，这样有失社会的公平。

4. 工伤残鉴定标准

不同事故发生造成的伤害就应有不同的伤残鉴定或评定标准。《道路交通事故受伤人员伤残评定》适用于交通事故造成的伤残；《医疗事故分级标准（试行）》适用于医疗事故造成的伤害；《人体轻微伤的鉴定标准》、《人体轻伤鉴定标准（试行）》和《人体重伤鉴定标准》适用于刑事案件造成的伤害。工伤事故造成的人身伤害有自己的伤残鉴定标准。

1996年3月14日国家监督总局颁布了我国第一部《职工工伤与职业病致残程度鉴定标准》(GB/T 16180—1996)，它是我国第一部工伤和职业病评残的国家标准，改变了我国工伤评残长期无法可依的局面，使劳动鉴定和工伤标准才走上了规范化、法制化的轨道。该标准将工伤和职业病致残丧失劳动能力的程度划分为十个等级，设有四百七十条残情，最严重为一级，十级最轻，按序排列。

2003年实施《工伤保险条例》后，为使劳动能力鉴定适应我国当前社会经济发展的要求，保障因工作遭受事故伤害或者患职业病的劳动者获得医疗救治和经济补偿，对工伤或患职业病劳动者的伤残程度做出更加客观、科学的技术鉴定，在总结分析十余年工伤评残实践经验基础上，对1996年的标准进行了修订与完善，颁布了新版《劳动能力鉴定—职工工伤与职业病致残等级分级》(GB/T 16180—2006)，作为职工在职业活动中因工受伤或患有职业病致残程度的鉴定标准。

新标准参考了世界卫生组织有关“损害、功能障碍与残疾”的国际分类，以及美国、英国、日本等国家残疾分级原则和基准，参考与协调的国家文件、医学技术标准与相关评残标准有：残疾人标准，革命伤残军人评定标准等，代替《职工工伤与职业病致残程度鉴定标准》(GB/T 16180—1996)。

新的工伤鉴定标准是国家标准，标准共分十级。工伤偿付标准不变，评残的条文数则由过去的四百七十条增加到五百七十二条，工伤职工致残等级鉴定有了新依据。另外根据器官损伤、功能障碍、医疗依赖及护理依赖四个方面，将工伤、职业病致残等级分解为五个门类，仍划分为十个等级，共五百七十二个条目，条目比原标准增加了一百零二条。其中，符合标准一级至四级的为全部丧失劳动能力，五级至六级的为大部分丧失劳动能力，七级至十级的为部分丧失劳动能力。

5.4.3　行政责任认定

1. 行政责任认定原则

工伤事故责任认定遵循“补偿不究过失”原则。“补偿不究过失”是指工伤事故发生后，不管过失多大、责任在谁，都要照章给负伤者以经济补偿，对伤者及其亲属的生活提供基本保障。但是，这并不是说对事故责任就不进行追究了。经济补偿是一回事，调查和弄清事故发生原因，查明真相和后果，追究事故责任是另一回事，是一个问题的两个侧面，补偿了经济收入不等于不再追究责任所在。工伤事故责任认定分为两类，一个是由社会劳保部门对工伤事故责任认定，是从工伤保险的需要进行的工作。另一个认定则是由建设主管部门对事故的行政责任进行的认定，政府行政主管部门是从行政管理角度进行的认定工作。

我国建筑工程事故的行政责任认定是由建筑质量监督站等有关政府职能部门进行调查

和裁决的，对安全事故实行“三不放原则”，即事故原因不清不放过；事故责任人及相关人不受教育不放过；无防范措施不放过。建筑施工事故单位在事故发生后应积极配合各方处理伤害事故，做到原因清、责任清、损失清，贯彻“三清”原则。

为贯彻落实《生产安全事故报告和调查处理条例》(国务院令第493号）文件精神，进一步规范房屋建筑和市政工程生产安全事故报告和调查处理工作，2007年5月建设部下发了:《关于学习和贯彻〈生产安全事故报告和调查处理条例〉的意见》；2007年11月又下发了关于印发《关于进一步规范房屋建筑和市政工程生产安全事故报告和调查处理工作的若干意见》，在该文件中，对工程事故的责任认定与处理进行了明确的规定。

2. 行政责任事故等级划分

（1）特别重大事故，是指事故造成30人以上死亡，或者100人以上重伤，或者1亿元以上直接经济损失的事故；

（2）重大事故，是指事故造成10人以上30人以下死亡，或者50人以上100人以下重伤，或者5000万元以上1亿元以下直接经济损失的事故；

（3）较大事故，是指事故造成3人以上10人以下死亡，或者10人以上50人以下重伤，或者1000万元以上5000万元以下直接经济损失的事故；

（4）一般事故，是指事故造成3人以下死亡，或者10人以下重伤，或者1000万元以下100万元以上直接经济损失的事故。

本等级划分所称的“以上”包括本数，所称的“以下”不包括本数。

3. 行政责任事故报告要求

（1）对施工单位事故报告的要求：事故发生后，事故现场有关人员应当立即向施工单位负责人报告；施工单位负责人接到报告后，应当于1小时内向事故发生地县级以上人民政府建设主管部门和有关部门报告。情况紧急时，事故现场有关人员可以直接向事故发生地县级以上人民政府建设主管部门和有关部门报告。实行施工总承包的建设工程，由总承包单位负责上报事故。

（2）对建设主管部门事故报告的要求

建设主管部门接到事故报告后，应当依照下列规定上报事故情况，并通知安全生产监督管理部门、公安机关、劳动保障行政主管部门、工会和人民检察院。

较大事故、重大事故及特别重大事故逐级上报至国务院建设主管部门；一般事故逐级上报至省、自治区、直辖市人民政府建设主管部门；建设主管部门依照本条规定上报事故情况，应当同时报告本级人民政府。

国务院建设主管部门接到重大事故和特别重大事故的报告后，应当立即报告国务院。必要时，建设主管部门可以越级上报事故情况。

建设主管部门按照本规定逐级上报事故情况时，每级上报的时间不得超过2小时。

事故报告内容：事故发生的时间、地点和工程项目、有关单位名称；事故的简要经过；事故已经造成或者可能造成的伤亡人数（包括下落不明的人数）和初步估计的直接经济损失；事故的初步原因；事故发生后采取的措施及事故控制情况；事故报告单位或报告人员；其他应当报告的情况。

事故报告后出现新情况，以及事故发生之日起30日内伤亡人数发生变化的，应当及时补报。

4. 行政责任事故调查处理

（1）调查职责内容

建设主管部门应当按照有关人民政府的授权或委托组织事故调查组对事故进行调查，并履行下列职责：

①核实事故项目基本情况，包括项目履行法定建设程序情况、参与项目建设活动各方主体履行职责的情况；②查明事故发生的经过、原因、人员伤亡及直接经济损失，并依据国家有关法律法规和技术标准分析事故的直接原因和间接原因；③认定事故的性质，明确事故责任单位和责任人员在事故中的责任；④依照国家有关法律法规对事故的责任单位和责任人员提出处理建议；⑤总结事故教训，提出防范和整改措施；⑥提交事故调查报告。

（2）调查报告内容

事故发生单位概况；事故发生经过和事故救援情况；事故造成的人员伤亡和直接经济损失；事故发生的原因和事故性质；事故责任的认定和对事故责任者的处理建议；事故防范和整改措施。

事故调查报告应当附带相关证据材料，事故调查组成员应当在事故调查报告上签名。

（3）事故处理准则

建设主管部门应当依据有关人民政府对事故的批复和有关法律法规的规定，对事故相关责任者实施行政处罚。处罚权限不属本级建设主管部门的，应当在收到事故调查报告批复后15个工作日内，将事故调查报告（附带相关证据材料）、结案批复、本级建设主管部门对有关责任者的处理建议等转交至有权限的建设主管部门。

建设主管部门应当依照有关法律法规的规定，对因降低安全生产条件而导致事故发生的施工单位予以暂扣或吊销安全生产许可证的处罚；对事故负有责任的相关单位予以罚款、停业整顿、降低资质等级或吊销资质证书的处罚。

建设主管部门应当依照有关法律法规的规定，对事故发生负有责任的注册执业资格人员予以罚款、停止执业或吊销其注册执业资格证书的处罚。

5. 行政责任事故统计与其他

（1）事故统计。①建设主管部门除按上述规定上报生产安全事故外，还应当按照有关规定将一般及以上生产安全事故通过《建设系统安全事故和自然灾害快报系统》上报至国务院建设主管部门。②对于经调查认定为非生产安全事故的，建设主管部门应在事故性质认定后10个工作日内将有关材料送报上一级建设主管部门。

（2）其他要求。①事故发生地的建设主管部门接到事故报告后，其负责人应立即赶赴事故现场，组织事故救援。②发生一般及以上事故或领导对事故有批示要求的，设区的市级建设主管部门应派专人赶赴现场了解事故有关情况。③发生较大及以上事故或领导对事故有批示要求的，省、自治区建设厅，直辖市建委应派专人赶赴现场了解事故有关情况。④发生重大及以上事故或领导对事故有批示要求的，国务院建设主管部门应根据相关规定派专人赶赴现场了解事故有关情况。各地区可以根据本地实际情况制定实施细则。

5.4.4 工伤保险待遇

1. 停工留薪待遇

按照《工伤保险条例》第三十一条规定："职工因遭受事故受难伤害或者患职业病需要在暂停工作接受工伤医疗的，在停工留薪期内，原工资福利待遇不变，由所在单位按月支付。"

停职留薪期是指职工因工负伤或患职业病停止工作接受治疗并享受有关待遇的期限。停工留薪期一般不超过12个月。伤情严重或者情况特殊，经设区的市级劳动能力鉴定委员会确认，可以适当延长，但延长不得超过12个月。

职工因工作遭受事故伤害或者患职业病需要暂停工作接受工伤医疗的，在停工留薪期内，除享受医疗待遇外，原工资福利待遇不变，由所在单位按月支付。

这里的"原工资福利待遇"是指职工在受伤或未被确诊患职业病前，用人单位发给职工的全部工资和福利待遇。劳动能力鉴定后，停止享受工资福利待遇，按照鉴定等级享受相关等级的待遇。停职留薪期满后仍需治疗的可以继续享受《工伤保险条例》第三十三条至三十六条规定的工伤医疗待遇。

在停职留薪期内，生活不能自理的工伤职工在停工留薪期间需要护理的，由所在单位负责。工伤护理费的给付，在鉴定残疾等级之前，由单位按照实际支出承担责任，具体标准参照《人身损害赔偿司法解释》的有关规定，即护理人员有收入的，参照误工费的规定计算；护理人员没有收入或者雇佣护工的，参照当地护工从事同等级别护理的劳务报酬标准计算。

工伤护理费在鉴定残疾等级之后，并经劳动能力鉴定委员会确认需要生活护理的，从工伤保险基金按月支付生活护理费。生活护理费按照：生活完全不能自理、生活大部分不能自理或者生活部分不能自理三个不同等级支付，其标准分别为统筹地区上年度职工月平均工资的50%、40%或30%。

2. 工伤医疗待遇

工伤医疗待遇是指职工因工负伤或者患职业病进行治疗期间所发生的医疗康复费用。包括住院伙食费用等。《工伤保险条例》第二十九条规定："职工因工作遭受事故伤害或者患职业病进行治疗，享受工伤医疗待遇。"工伤医疗待遇包括：

（1）职工因工作遭受事故伤害或者患职业病进行治疗，享受工伤医疗待遇。职工治疗工伤应当在签订服务协议的医疗机构就医，情况紧急时可以先到就近的医疗机构急救。

治疗工伤所需费用符合工伤保险诊疗项目目录、工伤保险药品目录、工伤保险住院服务标准的，从工伤保险基金支付。工伤保险诊疗项目目录、工伤保险药品目录、工伤保险住院服务标准，由国务院行政部门、药品监督管理部门等部门规定。

（2）职工住院治疗工伤的，由所在单位按照本单位因公出差伙食补助标准的70%发给住院伙食补助费；经医疗机构出具证明，报经办机构同意，工伤职工到统筹地区以外就医的，所需交通、食宿费用由所在单位按照本单位职工因公出差标准报销。

工伤职工治疗非工伤引起的疾病，不享受工伤医疗待遇，按照基本医疗保险办法处理。

工伤职工到签订服务协议的医疗机构进行康复性治疗的费用，符合国家规定的药品诊疗项目、住院服务标准的，从工伤保险基金中支付。

（3）工伤职工因日常生活或者就业需要，经劳动能力鉴定委员会确认，可以安装假肢、矫形器、假眼、假牙和配置轮椅等辅助器具，所需费用按照国家规定的标准从工伤保险基金支付。

3. 工伤致残待遇

（1）一级至四级伤残享受的待遇

《工伤保险条例》第三十三条规定："职工因工致残被鉴定为一级至四级伤残的，保留劳动关系，退出工作岗位，享受以下待遇：

（一）从工伤保险基金按伤残等级支付一次性伤残补助金，标准为：一级伤残为24个月的本人工资，二级伤残为22个月的本人工资；三级伤残为20个月的本人工资；四级伤残为18个月的本人工资；

（二）从工伤保险基金按月支付伤残津贴，标准为：一级伤残为本人工资的90%；二级伤残为本人工资的85%；三级伤残为本人工资的80%；四级伤残为本人工资的75%。伤残津贴实际金额低于当地最低工资标准的，由工伤保险基金补足差额；

（三）工伤职工达到退休年龄并办理退休手续后，停发伤残津贴，享受基本养老保险待遇。基本养老保险待遇低于伤残津贴的，由工伤保险基金补足差额。

职工因工致残被鉴定为一级至四级伤残的，由用人单位和职工个人以伤残津贴为基数，缴纳基本医疗保险费。"

一级至四级致残的属于完全丧失劳动能力类。从发放一次性补助金和伤残津贴来看：一是为了弥补由于工伤而造成的收入损失；二是为了对身体造成的伤残进行补偿，以减轻对个人生活及工作造成的不利影响。一次性工伤医疗补助金是对于伤残者与用人单位解除或者终止劳动关系时发生的一种保险待遇，对于保留劳动关系的伤残职工是没有这种待遇的。伤残津贴不是一次性的发放，而是长期或者持续一定时期的对因工伤致残的劳动者给予的基本补偿，伤残津贴是随着社会经济发展不断调整、不断提高的。

《工伤保险条例》规定，计发的基数为本人工资，工伤职工因工作遭受伤害或者患职业病前12个月的平均月缴费工资，本人工资高于统筹地区平均工资300%的，按照统筹地区职工平均工资的300%计算；本人工资低于统筹地区平均工资60%的，按照统筹地区职工平均工资的60%计算。

（2）五级、六级伤残享受的待遇

《工伤保险条例》第三十四条规定："职工因工致残被鉴定为五级、六级伤残的，享受以下待遇：

（一）从工伤保险基金按伤残等级支付一次性伤残补助金，标准为：五级伤残为16个月的本人工资；六级伤残为14个月的本人工资；

（二）保留与用人单位的劳动关系，由用人单位安排适当工作，难以安排工作的，由用人单位按月发给伤残津贴标准为：五级伤残为本人工资的70%；六级伤残为本人工资的60%；并由用人单位按照规定为其缴纳应缴纳的各项社会保险费。伤残津贴实际金额低于当地最低工资标准的，由用人单位补足差额。

经工伤职工本人提出，该职工可以与用人单位解除或者终止劳动关系，由用人单位支付一次性工伤医疗补助金和伤残就业补助金。具体标准由省、自治区、直辖市人民政府规定。"

五级、六级伤残职工属于大部分丧失劳动能力，大部分丧失劳动能力的职工用人单位应当与其保留劳动关系；同时鉴于其仍有部分劳动能力，在其身体机能恢复的基础上仍有能力行使择业自主权。为保障工伤职工与用人单位解除或者终止劳动合同关系后重新就业前的基本生活和基本医疗需求，用人单位应当向这些职工支付一次性工伤医疗补偿和伤残就业补助金。伤残就业补助金是对于与单位解除或者终止劳动关系的一种就业补偿，属于一次性补助金。

(3) 七级至十级伤残享受的待遇

按照《工伤保险条例》第三十五条规定："职工因工致残被鉴定为七级至十级伤残的，享受以下待遇：

（一）从工伤保险基金按伤残等级支付一次性伤残补助金，标准为：七级伤残为12个月的本人工资，八级伤残为10个月的本人工资，九级伤残为8个月的本人工资，十级伤残为6个月的本人工资；

（二）劳动合同期满终止，或者职工本人提出解除劳动合同的，由用人单位支付一次性工伤医疗补助金和伤残就业补助金。具体标准由省、自治区、直辖市人民政府规定。"

五级、六级伤残职工属于部分丧失劳动能力，计发一次性待遇。

工伤职工工伤复发，确认需要治疗的按照《工伤保险条例》的规定，享受相应的医疗、差旅、配置辅助器具、工资福利等方面的待遇。

4. 因工致亡补偿

(1) 致亡补偿规定

《工伤保险条例》第三十七条规定："职工因工死亡，其直系亲属按照下列规定从工伤保险基金领取丧葬补助金、供养亲属抚恤金和一次性工亡补助金：

（一）丧葬补助金为6个月的统筹地区上年度职工月平均工资；

（二）供养亲属抚恤金按照职工本人工资的一定比例发给由因工死亡职工生前提供主要生活来源、无劳动能力的亲属。标准为：配偶每月40%，其他亲属每人每月30%，孤寡老人或者孤儿每人每月在上述标准的基础上增加10%。核定的各供养亲属的抚恤金之和不应高于因工死亡职工生前的工资。供养亲属的具体范围由国务院劳动保障行政部门规定；

（三）一次性工亡补助金标准为48个月至60个月的统筹地区上年度职工月平均工资。具体标准由统筹地区的人民政府根据当地经济、社会发展状况规定，报省、自治区、直辖市人民政府备案。

伤残职工在停工留薪期内因工伤导致伤亡的，其直系亲属享受第一项规定的待遇。

一级至四级伤残职工在停工留薪期满后死亡的，其直系亲属可以享受本条第一款第（一）项、第（二）项规定的待遇。"

丧葬补助金、供养亲属抚恤金、一次性工亡补助金都由工伤保险基金中支付。而供养亲属抚恤金是长期的或者持续一定时期支付的。

(2) 致亡供养亲属范围

《因工伤死亡职工供养亲属范围规定》(原劳动和社会保障部第19号令2003年9月23

日）规定：所谓供养亲属是指因工死亡职工生前提供主要生活来源、无劳动能力的亲属。因工死亡职工供养亲属是指该职工的配偶、子女、父母、祖父母、外祖父母、孙子女、外孙子女、兄弟姐妹。本规定所谓子女包括婚生子女、非婚生子女和有养子女关系的继子女，其中婚生子女、非婚生子女包括遗腹子女；所谓父母包括生父母，养父母和有抚养关系的继父母；所谓兄弟姐妹包括同父母的兄弟姐妹、同父异母或者同母异父的兄弟姐妹、养兄弟姐妹有扶养关系的继兄弟姐妹。

上述规定的人员依靠因工死亡职工生前提供主要生活来源并有下列情形之一的，可按照规定申请供养亲属抚恤金：完全丧失劳动能力的；工亡职工配偶男性满60周岁，女性满55周岁的；工亡职工父母男性满60周岁，女性满55周岁的；工亡子女未满18周岁的等七条规定。

（3）致亡领取一次性补助金的顺序

目前有关法律规定领取一次性工亡补助金的顺序是：无配偶的发给子女和父母（包括养父母，下同）；无父母的发给子女和配偶；既有父母又有配偶、子女的，父母、配偶按每人系数1、子女按每人系数1.3的比例分配；既无父母又无配偶的，发给其子女；无父母、配偶、子女的，发给祖父母或16周岁以下的弟妹或供养的其他亲属；生活在一起的其他亲属。

5.4.5　企业自担部分

上述工伤保险条例规定的赔偿费用不都是由工伤保险基金中支付，有些项目由工伤职工所在用人单位自己承担。那么用人单位其中需支付哪些费用呢？按照《工伤保险条例》规定，企业或用人单位在工伤赔偿中，应自己承担如下费用：

（1）职工需住院治疗工伤的，由所在单位按照本单位因公出差伙食补助标准的70%发给住院伙食补助费；经医疗机构出具证明，报经办机构同意，工伤职工到统筹地区以外就医的，转外地治疗所需的交通、食宿费用由所在单位按照本单位职工因公出差标准的100%报销。

（2）职工因工作遭受事故伤害或者患职业病需要暂停工作接受工伤医疗的，在停工留薪期内，原工资福利待遇不变，由所在单位按月支付。

（3）生活不能自理的工伤职工在停工留薪期需要护理的，由工伤职工所在单位负责。

（4）职工因工致残被鉴定为一级至四级伤残的，保留劳动关系，退出工作岗位的，由用人单位和职工个人以伤残津贴为基数，缴纳基本医疗保险费。

（5）职工因工致残被鉴定为五级、六级伤残的，保留与用人单位的劳动关系，由用人单位安排适当工作。难以安排工作的，由用人单位按月发给伤残津贴，标准为五级伤残为本人工资的70%，六级伤残为本人工资的60%，并由用人单位按照规定为其缴纳应缴纳的各项社会保险费。伤残津贴实际金额低于当地最低工资标准的，由用人单位补足差额。

（6）职工因工致残被鉴定为五级、六级伤残的，经工伤职工本人提出，该职工可以与用人单位解除或者终止劳动关系，由用人单位支付一次性工伤医疗补助金和伤残就业补助金。一次性工伤医疗补助金是按照统计部门最近一次公布的当地人口平均预期寿命与解除、终止劳动关系时的年龄差值，按当地职工平均工资为基数，结合残疾等级加以确定。

患职业病的工伤职工，一次性工伤医疗补助金在上述标准的基础上增发若干百分比。一次性伤残就业补助金以当地职工平均工资为基数，按照伤残等级和解除、终止劳动关系时的年龄，分别发给若干个月的一次性伤残就业补助金。

（7）职工因工致残被鉴定为七级至十级伤残的，劳动合同期满终止，或者职工本人提出解除劳动合同的，由用人单位支付一次性工伤医疗补助金和伤残就业补助金。

（8）工伤职工工伤复发，确认需要治疗的，工伤职工所在单位仍需按照上述所述支付相关费用。

（9）职工因工外出期间发生事故或者在抢险救灾中下落不明的，从事故发生当月起3个月内在单位应按月照发工资。

5.4.6　非法用工伤亡赔偿

1. 非法用工伤亡的概念

非法用工伤亡是指在无营业执照或者未经依法登记、备案的单位以及被依法吊销营业执照或者撤销登记、备案的单位受到事故伤害或者患职业病的职工，或者用人单位使用童工造成的伤残、死亡童工。工伤保险覆盖范围单位必须以合法性为其前提的，非法用工单位发生事故伤害工伤保险除外，工伤基金是不予赔付的。

就建筑业来说，建筑施工事故的责任主体一般是具有法人资格和相应资质的企业。国家对建筑市场准入的主体资格有明确、严格的要求。《建筑法》、《建筑安全生产管理条例》、《建筑工程质量管理条例》、《建筑业企业资质管理规定》等都对从事建筑活动的建筑施工企业等单位资格有明确的规定：①有符合国家规定的注册资本；②有与其从事的建筑活动相适应的具有法定执业资格的专业技术人员；③有从事相关建筑活动所应有的技术装备；④法律、行政法规规定的其他条件。并规定应依法取得相应等级的资质证书，并在其资质等级许可的范围内承揽工程。禁止施工单位超越本单位资质等级许可的业务范围或者以其他施工单位的名义承揽工程。对于不具有法人资格的施工单位，属于非法用工单位。

2. 非法用工伤亡赔偿标准

非法用工单位在从事职业活动中，职工受到的伤害不属于工伤保险的责任范畴，由所在单位负责赔偿。按照国家《非法用工伤亡人员一次性赔偿办法》规定，具体赔付标准如下：

（1）单位负责支付劳动能力鉴定之前进行治疗的生活费、医疗费、护理费、住院期间的伙食补助费及所需的交通费用；

（2）由于用人单位不合法，因此劳动能力鉴定前不进行工伤认定，但需要在单位所在地设区的市级劳动能力鉴定委员会进行鉴定，作为一次赔偿的依据。鉴定所需的鉴定费用由用人单位承担；

（3）一次性补偿金标准：一级伤残为赔偿金基数的16倍，二级伤残的为赔偿金基数的14倍；三级伤残的为赔偿金基数的12倍；四级伤残的为赔偿金基数的10倍；五级伤残的为赔偿金基数的8倍；六级伤残的为赔偿金基数的6倍；七级伤残的为赔偿金基数的4倍；八级伤残的为赔偿金基数的3倍；九级伤残的为赔偿金基数的2倍，十级伤残的为赔偿金基数的1倍；

（4）受到伤害事故或患职业病造成死亡的，按赔偿金基数的10倍支付一次性赔偿金。

5.4.7　工伤待遇的管理

1. 工伤补偿金的调整

工伤补偿金的调整是工伤赔偿管理中的一项重要的、经常性的工作。《工伤保险条例》第三十八条规定：伤残津贴、供养亲属抚恤金、生活护理费由统筹地区劳动保障行政部门根据职工平均工资和生活费用的变化等情况适时调整。由省、自治区、直辖市人民政府规定调整办法。

伤残津贴、供养亲属抚恤金、生活护理费都不是一次性待遇，而是长期或者持续一定时期的待遇。为了保证这些待遇水平不因物价涨幅等因素而降低，让工伤职工和工亡职工的遗属享受社会经济发展的成果，有必要适时进行调整。

伤残津贴、供养亲属抚恤金、生活护理费调整的原则，主要考虑统筹地区职工平均工资和生活费用的变化等情况。一是待遇调整与平均工资变化挂钩，是从公平原则出发，国家的经济水平上升后，国民收入以及分配使用到劳动者身上的工资就会相应提高，与此同时，工伤职工享受的保险待遇也应相应提高；二是待遇调整与物价变动挂钩，是因为同一标准的待遇，在不同的物价水平下，享有的生活资料和服务是不同的，而且市场经济中的物价是呈上升趋势的，为了保障工伤职工的非一次待遇不受物价波动的影响，必须按照物价上涨的幅度，适时地予以调整。

工伤保险实行属地管理，是一项地域性较强的工作。加上职工工资增长、生活费提高、物价指数变化等不是定期的，各地调整的时间不固定，所以《工伤保险条例》第三十八条授权由省、自治区、直辖市人民政府规定调整办法，包括调整的依据、幅度、频率、程序等。

2. 因失踪工伤保险待遇的处理

按照条例规定，职工因工外出期间发生事故或者在抢险救灾中下落不明的，从事故发生当月起三个月内照发工资，从第四个月起停发工资，由工伤保险基金向其供养亲属按月支付供养亲属抚恤金。生活有困难的，可以预支一次性工亡补助金的50%。职工被人民法院宣告死亡的，按照《工伤保险条例》中职工因工死亡的规定处理。

3. 停止享受工伤保险待遇的处理

按照条例规定，工伤职工有下列情形之一的，停止享受工伤保险待遇：丧失享受待遇条件的；拒不接受劳动能力鉴定的；拒绝治疗的；被判刑正在收监执行的。对这一类情况的处理工作，也是赔偿管理的内容之一。

4. 单位变更工伤保险的处理

按照条例规定，用人单位分立、合并、转让的，承继单位应当承担原用人单位的工伤保险责任；原用人单位已经参加工伤保险的，承继单位应当到当地经办机构办理工伤保险变更登记。

用人单位实行承包经营的，工伤保险责任由职工劳动关系所在单位承担。

职工被借调期间受到工伤事故伤害的，由原用人单位承担工伤保险责任，但原用人单位与借调单位可以约定补偿办法。

破产企业，在破产清算时，优先拨付在法律上规定的应由单位支付的工伤保险待遇费用。

5. 职工被派遣出境工作工伤保险的处理

职工被派遣出境工作，依据前往国家或者地区的法律应当参加当地工伤保险的，参加当地工伤保险，其国内工伤保险关系中止；不能参加当地工伤保险的，其国内工伤保险关系不中止。

6. 职工再次发生工伤伤残津贴的计算

职工再次发生工伤，根据规定应当享受伤残津贴的，按照新认定的伤残等级享受伤残津贴待遇。

7. 工伤机构的违规处罚

对于管理机构如果存在违规挪用基金、劳动能力鉴定的组织或者个人存在“提供虚假鉴定意见”或“收受当事人财物”情形之一的，由劳动保障行政部门责令改正，并处2000元以上1万元以下的罚款；情节严重，构成犯罪的，依法追究刑事责任。

5.5 工伤争议的处理

5.5.1 工伤行政复议

1. 工伤行政复议的概念

行政复议是指公民、法人或者其他组织不服行政主体做出的具体行政行为，认为行政主体的具体行政行为侵犯了其合法权益，依法向法定的行政复议机关提出复议申请，行政复议机关依法对该具体行政行为进行合法性、适当性审查，并做出行政复议决定的行政行为。

工伤行政复议是指工伤职工或者直系亲属、该职工所在单位就工伤认定、工伤待遇标准等不服行政主体做出的具体行政行为，认为行政主体的具体行政行为侵犯了其合法权益，依法向法定的行政复议机关提出复议申请，行政机关依照法定程序审查行政主体的行政行为是否为合法的活动。

在工伤行政复议案件中，主要有以下三种情况：一是受伤职工对行政主体做出的对工伤事故所造成的损失事实认定存在分歧，由此对受伤职工能否享受工伤待遇产生争议的；二是受伤职工对行政主体做出的工伤事实认定没有异议，但对其是否属于因工伤残的认定存在分歧，由此对受伤职工能否享受工伤待遇产生争议的；三是受伤职工对行政主体做出的损失事实、因工伤残的认定均无异议，但对受伤职工的伤残程度存在异议，由此对受伤职工应享受何种工伤待遇与行政机关产生分歧的。

2. 工伤行政复议的条件

行政复议，必须具备以下两个条件：一是具体行政行为；二是法律允许对该具体行政行为进行行政复议。

（1）工伤争议属于具体行政行为

所谓具体行政行为是指行政主体对特定的、具体的事件所作的能够直接改变被管理者权利和义务的行为。其特点是对象特定化、具体化，是对某一个事件或具体的人所作的处理，效力指向特定公民、法人或者其他组织。具体行政行为往往是对已经发生或存在的现象或事情所作的处理，特别是具体行政行为对被管理者的权利和义务的影响产生直接的影响。具体行政行为是有关当事人可以提起行政复议的必要条件，如果是民事行为，则只能通过民事纠纷解决渠道处理，比如调解、仲裁、民事诉讼途径；如果是犯罪行为，则应当通过刑事审判处理。根据《工伤保险条例》和《工伤认定办法》的有关规定，工伤认定行为是具体行政行为。

一是工伤责任认定是由劳动保障行政部门做出的。劳动保障行政部门作为政府机关，其是对具体当事人做出的工伤认定符合具体行政行为的条件。

二是工伤保险经办机构核定工伤保险待遇。《工伤保险条例》规定，社会保险经办机构由劳动保障行政部门按照国务院有关规定设立，具体承办工伤保险事务。可见，社会保险经办机构也是法律直接授权其从事公共管理职能的机构，其做出的有关工伤保险待遇的决定也属于具体行政行为范畴。

（2）工伤争议是法律允许进行行政复议的具体行政行为

并不是所有的具体行政行为都可以申请行政复议。但是，对于一般的涉及公民权益的具体行政行为应当允许申请行政复议。对工伤认定不服或者对经办机构核定的工伤保险待遇有异议的，我国有关法律法规明确规定可以申请行政复议。

《工伤保险条例》中规定：劳动者在以下几种情况可以申请行政复议；对复议决定不服的，可以依法提起行政诉讼：

① 申请工伤认定的职工或者其直系亲属、该职工所在单位对工伤认定结论不服的；② 用人单位对经办机构确定的单位缴费费率不服的；③ 签订服务协议的医疗机构、辅助器具配置机构认为经办机构未履行有关协议或者规定的；④ 工伤职工或者其直系亲属对经办机构核定的工伤保险待遇有异议的。

3. 工伤行政复议机构

根据有关规定；行政复议申请应当向有关机关提出，对县级以上地方各级人民政府工作部门做出的具体行政行为不服的复议，复议机关可以是做出被申请行政行为的行政主体的上级主管部门，也可以是做出被申请行政行为的行政主体所属的人民政府，申请人可以在二者之间选择。

工伤认定一般由市劳动保障行政部门负责，对认定不服的既可以向市劳动保障行政部门的上一级主管部门即该省劳动保障厅（局）申请复议，也可以向市劳动保障行政部门所属的该市人民政府申请复议。当然，申请人不得同时向该省劳动保障厅（局）和该市人民政府提出复议申请。根据《社会保险行政争议处理办法》的规定，对经办机构核定其工伤保险待遇标准有异议的，可以直接向管理该经办机构的劳动保障行政部门申请行政复议，也可以先向做出该具体行政行为的经办机构申请复查，对复查决定不服，再向劳动保障行政部门申请行政复议。

4. 工伤行政复议申请书

申请人提出复议申请，一般应采取书面形式，如果提交申请书确实有困难的，也可以口头申请。申请书中应当载明如下内容：

（1）申请人是个人的，需要记载基本情况，如申请人的姓名、性别、年龄、职业和住所；申请人是企业或其他组织的，需要载明企业或组织的名称、住所和法定代表人或者主要负责人的姓名、职务。

(2) 被申请人的名称、地址。

(3) 工伤行政复议请求，也就是申请人通过工伤行政复议所要求达到的目的。申请行政复议要有明确的复议请求，否则，行政复议机关不会受理行政复议申请。对工伤认定不服的，一般都是请求变更认定机构所作的不予受理决定或者最终的认定决定；对核定保险待遇不服的，一般是要求提高有关保险待遇。这些要求必须在申请书中具体写明。

(4) 申请复议的主要事实根据和理由。

(5) 申请的年、月、日。

5.5.2 工伤行政诉讼

1. 工伤行政诉讼的概念

行政诉讼就是行政官司，即通常说的民告官。它是在公民、法人或者其他组织认为行政机关和行政机关工作人员的具体行政行为侵犯其合法权益时，依照行政诉讼法向人民法院提起诉讼，由人民法院进行审理并做出裁决的活动。行政诉讼只限于“具体行政行为”，而对抽象的行政行为和内部行政行为不服，不能提起行政诉讼。具体行政行为就是行政机关为了行使管理权，对特定的、具体的公民、法人或者其他组织所采取的公务行为。

工伤行政诉讼是指工伤职工或者直系亲属、该职工所在单位作为行政相对人与行政主体就工伤认定、工伤待遇标准等行政领域的法律关系发生纠纷以后，依法向人民法院提起诉讼，人民法院依法定程序审查行政主体的行政行为是否合法，并做出裁判的一种活动。

2. 工伤行政诉讼的内容

提起工伤行政诉讼分为四种情况：第一种是对行政复议机关所做出的不予受理决定不服而直接提起行政诉讼；第二种是对工伤复议决定不服提起行政诉讼；第三种是复议机关逾期（超过60日）不做决定，申请人提起行政诉讼；第四种是有关部门对工伤认定申请不予受理，申请人提起行政诉讼。

3. 工伤行政诉讼的条件

根据《行政诉讼法》和《工伤保险条例》等法律法现的规定，提起工伤行政诉讼，必须具备以下几个条件：

(1) 提起诉讼的人或单位必须要具备原告资格。对工伤认定的行政复议决定不服，对不予受理决定不服的，原告是工伤职工或者其直系亲属、用人单位，工伤职工的监护人也可以提起此类行政诉讼。

对核定工伤保险待遇的行政复议不服的，原告是工伤职工及其直系亲属，工伤职工的监护人也可以提起此类行政诉讼。

职工或其直系亲属、用人单位提起行政诉讼，可以委托一至二人代为诉讼，被委托的人就是委托代理人。委托代理人的范围是：律师、社会团体、提起诉讼的人的近亲属或者所在单位推荐的人，或者经人民法院许可的其他公民。

(2) 必须要有明确的被告。对工伤认定申请不予受理决定不服而直接提起诉讼的，被告是做出该决定的劳动保障行政机关，一般是市劳动保障行政部门。对复议决定不服提起诉讼的，分两种情况：复议决定维持原工伤认定行为的，被告是做出工伤认定的劳动保障行政部门（一般是市劳动保障行政部门）；复议决定改变了原工伤认定行为的，包括改变原工伤认定行为所认定的事实，改变原工伤认定行为所适用的法律、法现或规章，改变认定结果三种情况，此时，复议机关是被告。对工伤保险待遇行政复议不服的；分为两种情况：维持原决定的，被告是保险经办机构，改变原决定的，被告是劳动保障行政部门。对复议机关逾期不做出决定的，当事人对原认定行为不服提起行政诉讼的，应当以做出认定行为的机关为被告；当事人对复议机关不做决定的行为不服提起诉讼的，应当以复议机关为被告。

（3）必须有具体的诉讼请求和事实根据。职工或其直系亲属、用人单位在起诉时，必须向法院提出具体的权利主张及其初步的理由和根据。诉讼请求就是起诉人想通过行政诉讼所要达到的目的。诉讼请求可以是要求认定机关受理认定申请、做出认定决定或者变更认定决定。

（4）属于人民法院管辖范围和受诉人民法院管辖。如果不属于人民法院管辖范围，则不能提起行政诉讼。如不具有强制力的行政指导行为、法律规定由行政机关最终裁决的具体行政行为等就不得向法院提起行政诉讼。

职工或其直系亲属、用人单位提起行政诉讼，还必须向具有管辖权的法院提起。

4. 工伤行政诉讼需提交的材料

当事人对工伤的行政复议不服，或者对不予受理不服提起行政诉讼的，应当提交以下材料：

（1）起诉书及其副本。提起工伤行政诉讼需要向法院提交起诉书，在起诉书中，需要载明下列内容：①原告是个人的，需要载明个人的基本情况，如姓名、年龄、职业和住所等。原告是企业或其他组织的，需要载明企业或组织的名称、住所和法定代表人或者主要负责人的姓名、职务；②被告的名称、地址，及其法定代表人的姓名、职务；③诉讼请求以及起诉的主要事实根据和理由；④提起诉讼的年、月、日。需要指出的是，在向法院提交起诉书的同时要按被告的人数提交起诉状副本。

（2）行政复议决定书或者不予受理的证明文件。提起工伤行政诉讼之前应当先经过行政复议，因此，向法院提起工伤行政诉讼的，应当提交行政复议决定书。如果是因为有关机关不受理行政复议申请的，应当提交有关机关做出的不予受理的决定书。

（3）相关的证明材料，如劳动关系证明、工伤事故证明、医疗诊断证明或职业病诊断（或者职业病鉴定书）等。

5.5.3 争议处理程序

《工伤认定办法》第十九条规定：“职工或者其直系亲属。用人单位对不予受理决定不服或者对工伤认定决定不服的，可以依法申请行政复议或者提起行政诉讼。”有人据此认为，申请行政复议还是提起行政诉讼，当事人可以自由选择，也就是说，当事人可以不经过行政复议，而直接提起行政诉讼，这种理解是错误的。

根据《工伤保险条例》第五十三条规定，申请工伤认定的职工或者直系亲属、该职工所在单位对工伤认定结论不服的，应该首先申请行政复议，对行政复议决定不服的，再依法提起行政诉讼。可见，申请行政复议是提起行政诉讼的前置程序，不经过行政复议，就不能提起行政诉讼。

为了正确理解和执行《工伤保险条例》的有关规定，劳动和社会保障部专门对此问题做出了批复。2004 年 5 月 18 日劳动和社会保障部办公厅在《关于当事人对工伤认定不服申请行政复议问题的复函》中指出："按照《工伤保险条例》第五十三条规定，申请工伤认定的职工或者直系亲属、该职工所在单位对工伤认定结论不服的，应该首先申请行政复议，对行政复议决定不服的，再依法提起行政诉讼。"

在适用《工伤认定办法》第十九条规定时，当事人对工伤认定结论不服的，应依照《工伤保险条例》第五十三条规定执行；当事人对不予受理决定不服的，可以依法申请行政复议或者提起行政诉讼，即这种情况下行政复议不是前置程序。

5.6 建筑农民工保险

5.6.1 建筑农民工保险概述

据统计，在 2001 ~ 2005 年期间，我国建筑业总产值年均增长 21.3%，占到 GDP 的 7% 左右，建筑业从业人数占到全社会从业人数的 5.2% 以上，建筑业在国民经济中的支柱地位和作用日益增强。2005 年年末，我国建筑业就业人数达到 3270.34 万人，占全部二、三产业就业人数的 10.6%。其中，建筑施工企业就业人数 2791.43 万，非建筑施工企业而从事建筑产业活动单位就业人数 17.27 万，建筑业个体经营户 461.64 万人。在建筑业所有就业人数中农民工占 90% 以上。

"农民工"是中国经济社会转型时期的特殊概念，是指户籍身份是农民，有承包土地，但主要从事非农产业、以工资为主要收入来源的人员。农民工这一充满生命力的新生事物，是中国由传统社会向现代社会转变的重要标志，是中国工业化、城镇化发展阶段涌现出的一支新型劳动大军，也是推动中国经济和社会结构变革的巨大力量。农民工因为自身的受教育程度和社会地位等原因，决定了他们大多从事的是最苦、最累、最危险的工作，承担着巨大的风险。如此庞大的就业大军长期以来出演的却是城市边缘人物的角色，近乎是保险的"真空人群"。

为保护农民工的根本利益，2006 年国务院下发了《关于解决农民工问题的若干意见》(国发〔2006〕5 号)，文件中指出，要依法将农民工纳入工伤保险范围，各地要认真贯彻落实《工伤保险条例》。所有用人单位必须及时为农民工办理参加工伤保险手续，并按时足额缴纳工伤保险费。在农民工发生工伤后，要做好工伤认定、劳动能力鉴定和工伤待遇支付工作。未参加工伤保险的农民工若发生工伤，由用人单位按照工伤保险规定的标准支付费用。

近年来，在农民工较为集中、工伤风险程度较高的建筑行业、煤炭等采掘行业推行工伤保险工作的步伐逐步加快，制度日臻完善。与此同时，建筑施工企业还为从事特定高风险作业的农民工办理意外伤害保险。

2006 年 12 月原建设部会同原劳动社会保障部联合下发《关于加快推进建筑施工企业农民工参加工伤保险工作的通知》的文件，文件指出："建筑业是农民工较为集中、工伤风险程度较高的行业。《国务院关于解决农民工问题的若干意见》(国发〔2006〕5号，以下简称国务院5号文件）对农民工特别是建筑行业农民工参加工伤保险提出了明确要求，各地劳动保障部门和建设行政主管部门要深入贯彻落实，加快推进建筑施工企业农民工参加工伤保险工作。”同时文件指出：“建筑施工企业要严格按照国务院《工伤保险条例》规定，及时为农民工办理参加工伤保险手续，并按时足额缴纳工伤保险费。同时，按照《建筑法》规定，为施工现场从事危险作业的农民工办理意外伤害保险。”至此，建筑行业农民工参加工伤保险工作拉开了序幕，近年来，北京、厦门等市积极实践，探索适合建筑业农民工特点的参保方式，取得了一定的进展。

截至2007年，全国参加工伤保险人数已突破1亿人，农民工参保人数达到2600万人，如果按照全国建筑农民工占建筑施工从业人数的90%比例计算，在2791.43万建筑施工企业总数中，建筑农民工人数应达到2500万人，占全国农民工参保人数的2600万的96%。

5.6.2　建筑农民工保险特点

1. 以项目为单位参保

有关文件规定，凡从事建设项目施工的所有建筑施工企业，应当按照《工伤保险条例》的规定，为建筑业农民工办理工伤保险，落实工伤保险待遇。这里的建筑施工企业包括建筑工程与市政工程项目，即包括新建、重建、扩建和改建的所有工程项目。这里的建筑业农民工是指参与建设项目施工、具有本市或外地农村户籍、符合法定劳动年龄（一般规定16~60岁之内）施工企业招聘的农村从业人员。

2. 注册地与属地均可参保

建筑施工企业往往根据工程项目的所属地不同，项目部进行跨地区施工，流动性较大，建筑施工企业参加工伤保险的组织实施工作，面临着新的问题，企业应在何地参加工伤保险？有关文件规定，施工企业的注册地与生产经营地不在同一统筹地区、未在注册地参加工伤保险的建筑施工企业，在生产经营地参保，鼓励各地探索适合建筑施工企业农民工特点的参保方式。可见建筑农民工的工伤保险在施工企业的注册地或项目施工属地均可参保的灵活的参保模式。

3. 建筑农民工个人不缴保费

按照有关规定，保险费用由企业承担，而农民工不缴纳保费。一般规定，新开工的建设项目（含改、扩建的项目)，建设单位应当将农民工工伤保险费用在工程总预算造价中单独列项，并作为专用款项在办理开工手续前一次性拨付到建筑项目总承包企业或直接发包的专业承包企业，然后由总承包企业将这笔工伤保险费用提前一次性缴纳到社保经办机构。缴纳完毕后，劳动保障部门会出具一份《社保登记证》和建设项目农民工工伤保险的缴费凭证。

4. 工伤保险实行公示制度

按照《工伤保险条例》第四条规定：“用人单位应当将参加工伤保险的有关情况在本单位内公示。”建筑农民工参加工伤保险应实行公示制度。例如，北京市《关于做好建筑业农民工参加工伤保险工作》的通知第十二条规定：“总承包单位给农民工办理参加工伤保险后，要在工地显著位置予以公示，按照劳动保障部门统一的格式内容告知农民工发生工伤后的保障、投诉、举报渠道和待遇标准。”杭州市政府颁布的《关于推进杭州市建筑施工企业农民工参加工伤保险的通知》第八条规定：“建筑施工企业完成农民工参保工作后，应当按照劳动保障部门统一规定的式样，制作《建设工程项目农民工工伤保险公示》标牌，并在工地的显著位置予以公示。”实行公示制度的目的主要是有利于公众的监督检查，同时，可强化建筑农民工在施工中安全事故的防范意识。

5.6.3 建筑农民工保险费的计算

1. 保费的计算方法

建筑农民工工伤保险费率定为1%左右。建筑农民工工伤保费计算可以按照工资总额或工程造价一定比例为基数进行计算，例如：

（1）杭州市对于建筑农民工保费的计算是按照建设工程项目造价乘以1.1‰之积计算（缴费基数以建设工程造价的11%作为工资总额，按1%的工伤保险基准费率计算即11%×1%=1.1‰）。

建筑农民工应缴费额=建设工程造价×11%×1%=建设工程造价×1.1‰

杭州市在2007年下发的《关于落实建设工程农民工工伤保险费用计价的通知》中对上述公式进行了细化和调整，其公式为：

农民工工伤保险费用=(分部分项工程量清单费+措施项目清单费+其他项目清单费+规费)×0.114%

（2）福建省建设厅在《关于农民工工伤保险计取有关问题的通知》中规定农民工工伤保险费计取公式为：

农民工工伤保险费=(分部分项工程量清单计价合计+措施项目清单计价合计+其他项目清单计价合计)×农民工工伤保险费率

（3）北京市建委规定对建筑农民工工伤保费交纳额的计算，由按工资总额计算变为按照施工期缴纳，工伤保险费计算的结果四舍五入，保留到“元”，计算公式为：

农民工保险费总额=本市上年度职工月平均工资÷月平均工作时间20.92天×60%×保险期（合同工期总天数÷30天）×月平均预计农民工缴费人次（见附件）×缴费费率1%

如某住宅公寓建设项目，2006年12月开发商与某总承包单位签订的工程合同工期为180天，北京2005年度职工月平均工资为2734元，那么，该建设项目整个工期内应提取和缴纳的工伤保险费总额为：2734÷20.92×60%×(180÷30)×2520×1%=11856元。

2. 保费的管理

各级建设行政主管部门对建设农民工工伤保险费用实施严格的管理，主要有以下几个方面：

（1）建立工伤保险费率进行动态管理，保险费率2~3年调整一次，由建设行政主管部门与劳动保障部门协商，根据工伤保险基金运行情况适时调整。

（2）建立浮动费率机制，原劳动与社会保障部《关于做好建筑施工企业农民工参加工伤保险有关工作的通知》规定：“对上一年度工伤费用支出少、工伤发生率低的建筑施工企业，经商建设行政部门同意，在行业基准费率的基础上，按有关规定下浮费率档次执行。”

（3）对于工伤保险费同时规定，施工企业应将建设工程项目农民工工伤保险作为单列项目费用列入建设工程招投标报价内，该费用属不可竞争费用，不得进行让利优惠。

（4）建立惩处制度，为落实国务院《安全生产许可证条例》和《建筑施工企业安全生产许可证管理规定》，规定在审核颁发安全生产许可证时，将参加工伤保险作为建筑施工企业取得安全生产许可证的必备条件之一。

5.6.4 建筑农民工参保程序

1. 参保方式

各地建筑农民工工伤保费的投保方式有所不同，但都具有手续简化、灵活便捷、符合工程建设实际的特点。将整个工程期间施工的所有专业承包企业、劳务分包企业需缴纳的农民工工伤保险费，在开工前一次性缴纳到注册地或项目所在地有关社保经办机构。参保方式可分为记名和无记名两种。

（1）记名方式。所谓记名方式是指建筑施工企业事先汇总施工项目参保人员的花名册，向社会保险有关部门备案。同时还必须按照工程进度和工人进场情况，由总承包单位负责牵头，汇总在建设项目施工的专业承包企业、劳务分包企业名册及农民工人员名册，及时掌握人员增减情况。专业承包企业、劳务分包企业要认真落实实名制管理，向有关劳动保障机构报送《建筑施工企业以工程项目为单元参保职工花名册》。这种方式便于保险人在工伤事故发生后核实查明被保险对象是否属于工伤保险责任范围，有利于避免发生不必要的责任纠纷。

（2）无记名方式。无记名参保是指建筑施工企业经过与劳动保险部门协商，经过劳动保障部门同意，不需要向其提交农民工参保人名册，商定凡与建设施工单位存在劳动关系的农民工，均视为被保险对象。总承包单位在建设项目开工前一次性缴纳工伤保险费后，在整个施工工期内，所有在该项目施工的农民工即为全部参保，一些刚进场工作、还未来得及申报人员信息的农民工，在施工过程中发生工伤的，只要是与用人单位签订了劳动合同，同样按参保农民工对待。外地城镇户籍从业人员，如果在注册地没有参加工伤保险的，在当地建设项目施工期间发生工伤后，同样按照参保人员对待。无记名参保方式灵活、便捷，但往往容易与劳动保障部门发生责任纠纷。

1997年《施工现场工伤保险试点工作研讨会纪要》中，对于工伤保险费的计提和保险金的支付，与会同志认为，工伤保险费的计提，应考虑建筑业的特点，各地可从实际出发，按工伤项目施工高峰期时有人数的40%计算（只计人数，不计姓名），设定每人的年投保费，也可以按工程造价的一定比例或按单位施工面积计投。对于工伤保险参保方式建议只计人数，不记名。

目前，建筑农民工工伤保险采取记名制的投保方式。

2. 参保程序

以某某市建筑农民工参保工伤保险流程为例，如下所示。

（1）新参保

缴费建立参保关系，办理《建筑工程施工许可证》参保手续。

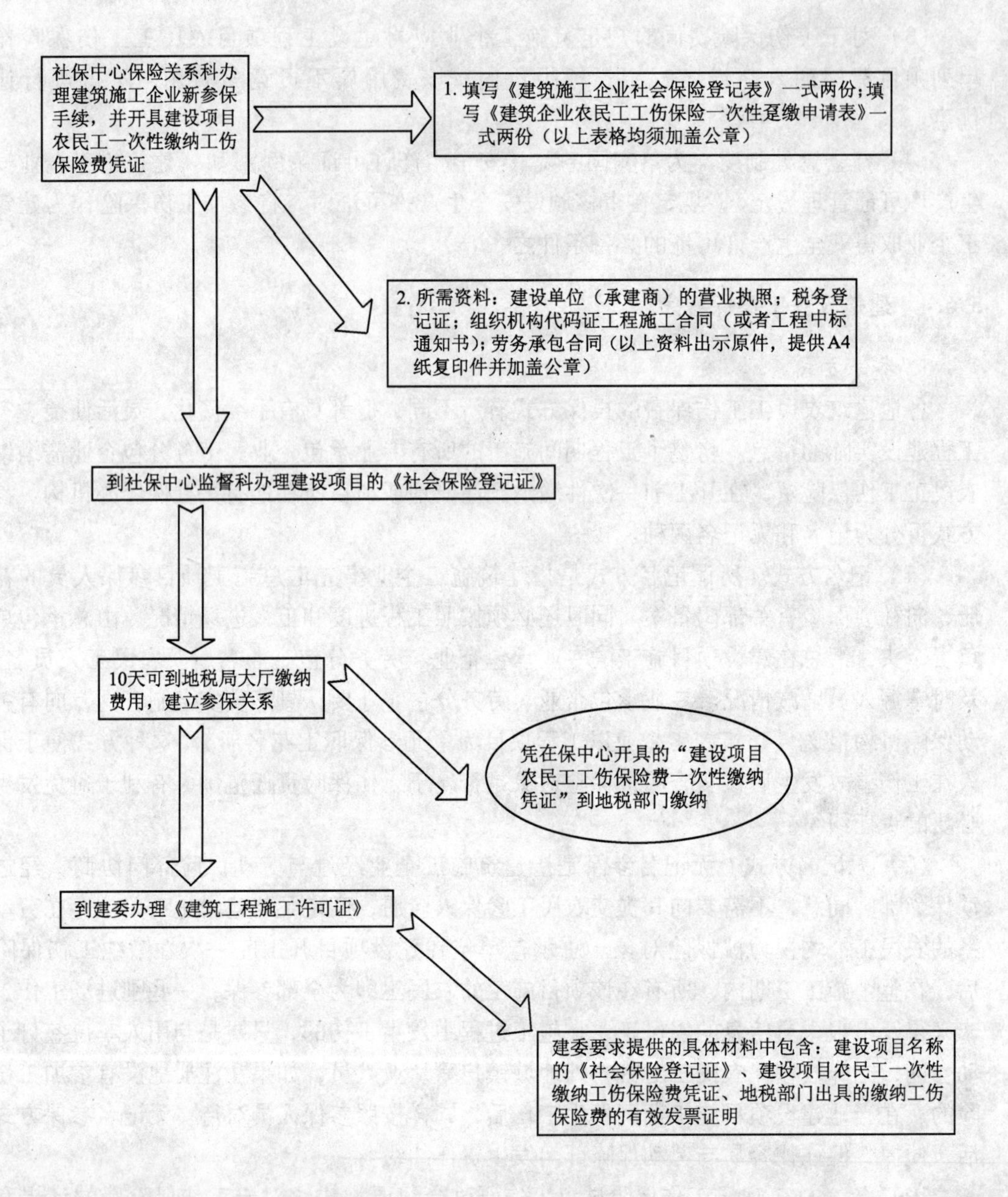
社保中心保险关系科办理建筑施工企业新参保手续，并开具建设项目农民工一次性缴纳工伤保险费凭证
1. 填写《建筑施工企业社会保险登记表》一式两份；填写《建筑企业农民工工伤保险一次性趸缴申请表》一式两份（以上表格均须加盖公章）
2. 所需资料：建设单位（承建商）的营业执照；税务登记证；组织机构代码证工程施工合同（或者工程中标通知书）；劳务承包合同（以上资料出示原件，提供A4纸复印件并加盖公章）
到社保中心监督科办理建设项目的《社会保险登记证》
10天可到地税局大厅缴纳费用，建立参保关系
凭在保中心开具的“建设项目农民工工伤保险费一次性缴纳凭证”到地税部门缴纳
到建委办理《建筑工程施工许可证》
建委要求提供的具体材料中包含：建设项目名称的《社会保险登记证》、建设项目农民工一次性缴纳工伤保险费凭证、地税部门出具的缴纳工伤保险费的有效发票证明

（2）备案办理

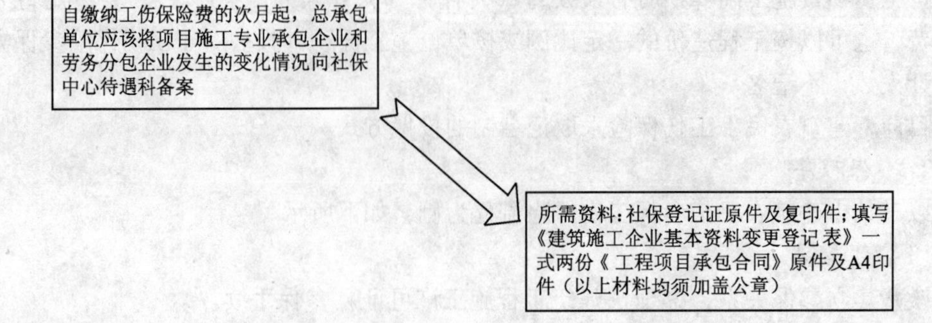
自缴纳工伤保险费的次月起，总承包单位应该将项目施工专业承包企业和劳务分包企业发生的变化情况向社保中心待遇科备案
所需资料：社保登记证原件及复印件；填写《建筑施工企业基本资料变更登记表》一式两份《 工程项目承包合同》原件及A4印件（以上材料均须加盖公章）

(3) 变更办理

参保登记资料变更、工伤保险费变更办理

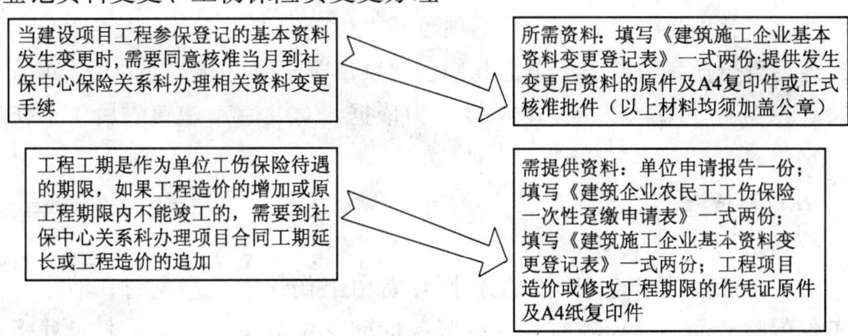

(4) 保险待遇

与该建设项目的专业承包企业、劳务分包企业签订了劳动合同的农民工，在工伤保险期限内发生的工伤，按参保农民工对待享受工伤保险待遇。

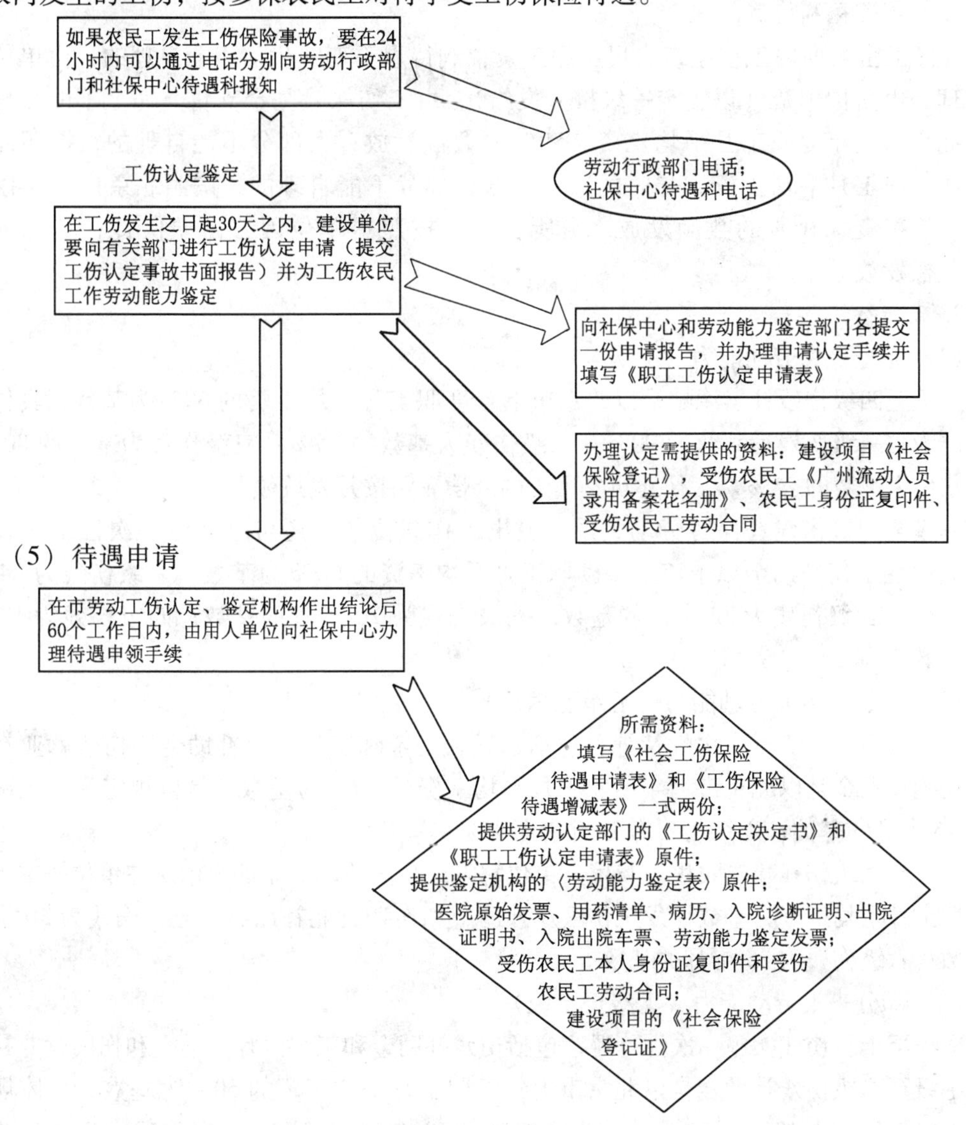

图5-1　建筑农民工参保工伤保险流程图

5.6.5 建筑农民工保险待遇

全国各地对建筑农民工工伤保险待遇项目基本相同，但由于各地社会经济与建筑市场发展不同，各项百分比稍有差异。下面我们以北京市关于做好建筑业农民工参加工伤保险工作的通知（京劳社工发［2006］138 号）为依据，对北京市建筑农民工工伤保险待遇进行介绍。

1. 停工留薪期待遇

（1）医疗待遇

工伤建筑农民工住院治疗期间的工伤医疗费由工伤保险基金支付，治疗工伤伤害部位，按《工伤保险药品、诊疗项目、住院服务标准支付范围》规定支付。残疾辅助器具费，经劳动鉴定委员会批准，配置辅助器具费用按《辅助器具限额表》从工伤保险基金中支出。

（2）工资福利待遇

在停工留薪期内工伤建筑农民工原工资福利待遇不变；生活不能自理的，由单位负责护理；生活护理费（以鉴定等级按月发给），由工伤保险基金支付。完全不能自理的按照北京市上年度职工月平均工资 ×50% 的数额发放；大部分不能自理的，按照北京市上年度职工月平均工资 ×40% 的数额发放；部分不能自理的，按照北京市上年度职工月平均工资 ×30% 的数额发放。由所在单位按照本单位因公出差伙食补助标准的 70% 数额发放。

2. 致残待遇

（1）完全丧失劳动能力（一级至四级）

一级至四级伤残补偿津贴是以北京市上年度职工月平均工资的 60% 为基数，具体补偿标准为：一级伤残为基数的 90%；二级伤残为基数的 85%；三级伤残为基数的 80%；四级伤残为基数的 75%。工伤建筑农民工的补偿津贴按月发放领取。

一级至四级伤残者保留劳动关系，退出工作岗位的，还可享受以一次性工伤补助金，一次性工伤补助金以本市上年度职工月平均工资的 60% 为基数。一级伤残为 24 个月的基数；二级伤残为 22 个月的基数；三级伤残为 20 个月的基数；四级伤残为 18 个月的基数。

（2）大部分丧失劳动能力（五级至六级）

五至六级伤残实行一次性待遇，包括伤残补助金和工伤医疗补助金和伤残就业补助金。伤残补助金是以北京市上年度职工月平均工资的 60% 为基数。具体规定为：五级伤残为 16 个月的基数；六级伤残为 14 个月的基数。

五级至六级伤残建筑农民工与用人单位解除或终止劳动关系的，由所在单位按本市上年度职工月平均工资为基数计发工伤医疗补助金和伤残就业补助金。五级伤残为 30 个月的基数；六级伤残为 25 个月的基数。

（3）部分丧失劳动能力（七级至十级）

七级至十级伤残实施一次性待遇，包括伤残补助金和工伤医疗补助金和伤残就业补助金。七级至八级伤残补助金是以北京市上年度职工月平均工资的 60% 为基数。具体规定为：七级伤残的为 12 个月的基数；八级伤残为 10 个月的基数；九级伤残为 8 个月的基数；十级伤残为6个月的基数。

农民工与用人单位解除或终止劳动关系后，由所在单位计发工伤医疗补助金和伤残就业补助金，以本市上年度职工月平均工资为基数。七级伤残为20个月的基数；八级伤残的为15个月的基数；九级伤残为10个月的基数；十级伤残为5个月的基数。

同时规定，五级至十级伤残享受工伤医疗补助金和伤残就业补助金的：工伤职工距法定退休年龄超过五年（含五年）的，应当支付全额的一次性工伤医疗补助金和伤残就业补助金；不足五年的，每减少一年扣除全额的20%，但最高扣除额不得超过全额的90%。

3. 死亡补偿

北京市建筑农民工工伤致死的，补偿项目有：丧葬补助金、一次性工亡补助金和供养亲属抚恤金。

（1）丧葬补助金：6个月的北京市上年度职工月平均工资；（2）一次性工亡补助金：48个月的北京市上年度职工月平均工资；（3）供养亲属抚恤金：配偶为北京市上年度职工月平均工资60%×40%；其他供养亲属为本市上年度职工月平均工资60%×30%；孤寡老人或孤儿在上述标准基础上增加10%。

4. 一级至四级致残待遇支付方式

劳动和社会保障部《关于农民工参加工伤保险有关问题的通知》(劳社部发［2004］18号）第四条规定：对跨省流动的农民工，即户籍不在参加工伤保险的统筹地区（生产经营地）所在省（自治区、直辖市）的农民工，一级至四级伤残长期待遇，可试行一次性支付和长期支付两种方式，供农民工选择。在农民工选择时，支付其工伤保险待遇的社会保险经办机构应向其说明情况。享受一次性待遇的，需由农民工本人提出，与用人单位解除或终止劳动关系，与统筹地区社会保险经办机构签订协议，终止工伤保险关系。

《北京市外地农民工参加工伤保险暂行办法》规定：一次性支付待遇在我市就业的被认定为工伤且伤残等级达到一至四级的外市农民工，本人自愿选择一次性领取工伤保险长期待遇的，一次性领取标准按照工伤发生之日或者职业病诊断之日的年龄以及伤残等级核定，具体标准为：①满16周岁不满30周岁伤残等级一级的为20万元；二级为18万元；三级为15万元；四级为13万元；②满30周岁不满50周岁伤残等级一级的为15万元；二级为12万元；三级为11万元；四级为9万元；③满50周岁以上伤残等级一级的为9万元；二级为8万元；三级为7万元；四级为6万元。

农民工本人自愿选择一次性领取工伤保险长期待遇的，应当在申请核定一次性伤残补助金待遇时提出，与用人单位解除或者终止劳动关系，并与用人单位或社会保险经办机构签订一次性领取工伤保险长期待遇的书面协议；一次性领取待遇后，工伤保险关系终止，用人单位或社会保险经办机构不再支付工伤保险待遇。

因工死亡的外地农民工的供养亲属，符合享受供养亲属抚恤金条件的，按月支付，直至丧失领取条件时止。本人自愿选择一次性领取供养亲属抚恤金的，一次性支付的标准为：配偶为8万元；其他供养亲属为5万元，其中子女（含弟、妹）按照年满18周岁终止领取的供养余年计算，具体标准见表5-1所示。供养亲属有数人的，按上款标准一次性支付总额不超过15万元。

供养子女（弟妹）一次性待遇支付供养余年计算标准（单位：万元/人） **表 5-1**

子女供养年限	一次性领取标准	子女供养年限	一次性领取标准
1	0.4	10	4.3
2	0.9	11	4.8
3	1.3	12	5.2
4	1.7	13	5.6
5	2.2	14	6.1
6	2.6	15	6.5
7	3.0	16	6.9
8	3.5	17	7.4
9	3.9	18	7.8

《北京市外地农民工参加工伤保险暂行办法》(京社保发［2004］32 号）还规定：外地农民工一次性领取工伤保险待遇的，本人应当在申请核定一次性伤残补助金、丧葬费、一次性工亡补助金待遇时确定，并由本人与用人单位和区县社会保险经办机构签署协议，一次性领取各项工伤保险待遇后，终止工伤保险关系，用人单位和区县社会保险经办机构不再支付工伤保险待遇。

已经按月领取伤残津贴、护理费、供养亲属抚恤金待遇的，不得再一次性领取工伤保险待遇。

第 6 章　建筑意外保险

6.1　建筑意外保险概述

6.1.1　意外伤害保险概念

1. 意外伤害保险制度发展

意外伤害保险全称“人身意外伤害保险”，是人身保险的一种。意外伤害保险起源于 15 世纪，最初只是海上保险的附加险，承保对象是经海上贩运的奴隶。后来，船长和海员等也参加了这一保险。但意外伤害保险形成并发展是在 19 世纪 40 年代，世界发明了火车之后，在铁路使用的最初阶段，人们坐火车旅行具有一定的危险，1848 年英国开始办理旅行意外伤害险，保险期为一个旅程。此后，这种保险初步从铁路客运扩展到其他易受到危险伤害的部门。截至 1900 年，英国共有 50 多家保险公司开办意外伤害险业务，保险范围也随业务扩大而扩大。到了 1915 年，意外伤害保险的保险范围已包括意外伤害而造成的残疾、死亡、住院治疗及看护等费用。在西方国家，人寿保险公司和非人寿公司均可以经营人身意外伤害险保险业务。但目前在我国，该项业务一般由人寿保险公司来经营。

2. 意外伤害保险的定义

了解意外伤害保险的概念，首先要了解什么是“伤害”？通常认为，任何一种因素使人的身体遭受到损害以致危害健康甚至引起死亡就称为“伤害”，按人们习惯的称呼也叫做“损伤”。“伤害”不仅仅是指外部因素造成的人体伤害，如机械性的、自然的、精神的、生物的、化学的等外因造成的人体伤害，也包括内因疾病引起的对人身造成的损伤。但是从法医学的观点来看，“伤害”仅仅指由于客观外因所致的各种伤害，而不包括人体内部由于疾病所致的伤害，对上述所列的伤害加以限制。

意外伤害保险是指在保险合同有效期内，被保险人由于外来的、突发的、非本意的、非疾病的客观事件（即意外事件）造成身体的伤害，并以此为直接原因致使被保险人死亡或残疾时，由保险人按照合同规定，向被保险人或受益人给付死亡保险金、残疾保险金或医疗保险金的一种保险。

由此定义可以看出，意外伤害保险的保险人承保的危险是意外伤害事故造成的残疾或死亡。表明意外伤害保险与人寿保险和健康保险相似，都是以人的身体或生命作为保险标的，均属于人身保险的范畴。遭受意外伤害致使人身残废或死亡的种差表明意外险与人寿保险和健康保险存在区别。

3. 意外伤害保险的类别

（1）按照投保动因意外险可划分为：自愿性质的意外险，即投保人根据自己的意愿和需求而投保的各种意外险；强制性质的意外险，即由政府强制规定有关人员必须参加的意外险，它是基于国家保险法令的效力构成的被保险人与保险人的权利和义务关系。例如，美国不仅规定在美国国内乘坐飞机的旅客要购买航空意外险（简称航意险），还规定只要经过美国上空的外国飞机的旅客也都要购买保一定数额的航意险。我国颁布的《建筑法》第四十八条明确规定："建筑施工企业必须为从事危险作业的职工办理意外伤害保险，支付保险费。"就属于国家强制性保险。

（2）按照承保的风险不同可划分为：普通意外险和特殊意外险。普通意外险又称一般意外险或个人意外险，是指在保险有效期内，因遭受普通风险而致死、致残时，由保险人给付保险金的保险，它所承保的危险是一般的意外伤害，通常它是一个独立的险种，多采用短期的保险形式，以一年或不到一年为期，根据保险双方的约定决定保险的内容、保险金额和保险方式。特殊意外险是指以"三个特定"（特定事件、特定地点、特定原因）为约束条件的意外险，其承保的危险是因特定原因造成的伤害和特定时间、特定地点遭受的意外伤害。通常需要投保人与保险人特别约定，有时保险人还要求加收保险费。此类承保的意外险包括：战争所致意外伤害、海上作业所致意外伤害；从事剧烈体育活动、危险娱乐运动所致意外伤害；核辐射造成的意外伤害；医疗事故所致意外伤害等。这些特约承保的意外伤害可以单独承保，也可以在其他保险单中附加，或签注特约或出具批单，从除外责任中剔除。特殊意外险单是由保险当事人双方协商一致后而签订办理的，而一般意外伤害险则是保险人事先制定的条款，由投保方进行选择。

（3）按照投保对象的不同划分，可分为个人意外险和团体意外险。个人意外险是投保人或被保险人个人购买的保险，一份保单只承保一名被保险人，是以一个人为保险对象的意外险。团体意外险是以团体投保的人身意外伤害保险，其保险责任、给付方式均与个人投保的意外伤害保险相同。

由于意外险的保费率与被保险人的职业和所从事活动有关，因此，团体投保意外保险往往比个人投保更为合适。而且意外险期限短、保费低而保障高。在雇主需为员工承担一定伤害事故责任的场合，团体意外保险对雇主更为有利。因此，意外险与人寿保险、健康险相比，人身意外险是最优条件、最适合团体的投保方式，事实上在保险公司意外险的保单中，以团体意外险保单居多。

团体意外险的保单效力与个人意外险保单有所区别：在团体保险中，被保险人一旦脱离投保的团体，保单效力对被保险人即可终止，投保团体可以为其办理退保手续，而保单效力对其他被保险人依然存在。建筑意外险就属于团体意外险，它是以建筑施工人员整体方式进行投保的，承担事故责任的地点、时间为施工现场从事主业活动时所发生的意外伤害。

（4）按照保险责任划分，可以分为死亡残疾意外险、伤害医疗意外险、综合意外险、误工意外险。

1）意外伤害死亡残疾保险，通常简称为意外伤害保险。此种保险只保障被保险人因意外伤害所致的死亡和残疾，满足被保险人对意外伤害的基本保险需求。此种保险可以作为单独的险种投保，也可以作为附加条款附加在其他主险上。

2）意外伤害医疗险，是指以被保险人因遭受意外伤害需要就医治疗发生的医疗费用支出为保险金给付条件的意外险。保险责任通常规定：因意外伤害在医院治疗且有本人支付的治疗费用的，保险人按合同规定向被保险人进行医疗费用的赔付，而且这种保险通常还对被保险人住院治疗给予住院津贴的给付。但因疾病所致医疗住院费用等属于除外责任，这种保险大多附加在主险之上。

3）综合意外险。此种保险是上述两种保险的综合。在保险责任中既对被保险人因遭受意外伤害致死或致残保险金负赔付责任，也对因遭意外伤害时被保险人在医院治疗时所发生的费用给予赔付责任。此种保险大多单独承保。建筑意外险选取综合意外险，以最大限度地保护施工人员的合法权益。

4）意外伤害误工保险，是指被保险人因遭受意外伤害使其暂时丧失劳动能力而无法工作，由保险人对其赔付误工费用。合同通常规定：被保险人因遭受意外伤害而造成死亡或残疾达到一定程度时，在一定时期内不能从事有劳动收入的工作时，由保险人按合同约定对被保险人或受益人给付停工保险金。

在这里停工给付与残疾给付是有区别的。停工给付是指暂时丧失劳动能力，在一定时期内不能从事有劳动收入工作时的给付，而残疾给付是指永远丧失劳动能力或部分丧失劳动能力的一种给付。如果残疾是永久的则被保险人永久不能从事有收入的工作，如果残疾只是部分丧失劳动能力的，则被保险人还可以从事一定的有劳动收入的工作。因此，停工的发生是从被保险人遭受意外伤害时立即开始，而造成残疾与否只有在被保险人治疗结束后才能确定。被保险人遭受意外伤害后暂时不能工作期间，由保险人支付停工保险金，但一般都会规定保险金的最长给付期。假如，已获得停工赔款后转化为残疾或死亡的，被保险人按死亡、残疾的赔付标准获得保险金，但要扣除已获得的停工赔款。

4. 建筑意外保险与工伤保险的区别

建筑意外保险与工伤保险都是以人的身体或生命作为保险的标的，功能有相同之处，但是两者也具有许多不同之处，主要有以下几点：

（1）法律依据不同。建筑意外险的法律依据是《建筑法》第四十八条规定："建筑施工企业必须为从事危险作业的职工办理意外伤害保险，支付保费。"2004年1月开始实施的《建设工程安全管理条例》第三十八条规定："施工单位应为施工现场从事危险作业的人员办理意外伤害保险。意外伤害保险费由施工单位支付，实施施工总承包的，由总承包单位支付意外伤害保险费。"意外伤害险保险期限为建设工程开工之日起至竣工验收合格止。"

而工伤保险的法律依据是依据《企业职工工伤保险试行办法》修订而成的现行《工伤保险条例》。《工伤保险条例》第二条明确规定："中华人民共和国境内的各类企业、有雇工的个体工商户（以下称用人单位）应当依照本条例规定参加工伤保险，为本单位全部职工或雇工（以下称职工）缴纳工伤保险费。"

（2）覆盖面不同。建筑意外险是以建筑工程项目为单位的，仅限于建筑行业。属于行业意外险。行业意外险是指国家为从事高危行业人员实施的一种强制性保险。例如，依据《煤炭法》实施的煤矿意外伤害险。建筑意外险的监督管理部门为各级建设行政主管部门，工伤保险的对象是以法人为单位，覆盖的是社会所有的行业。

（3）属性不同。工伤保险是社会保险的一个险种，社会保险强调的是社会公平性，一般适用于全体公民，待遇较统一。保险资金来源于国家、用人单位、职工个人等多方面，具有社会属性。而建筑意外险则属于商业保险的范畴，属于商业保险，是一种商业行为，仅适用于存在缴费关系的投保人与保险公司之间，保险资金来源于投资人的缴费，保险待遇与缴费的多少以及保险金的运营状况直接挂钩。也就是说，在社会保险与商业保险的关系上，社会保险是基础，商业保险是补充。因此，建筑业在为职工办理工伤保险后，还需投保意外险。

（4）体现公共利益不同。工伤保险体现国家、公共利益。《工伤保险条例》第十五条中规定，工伤保险保障下列风险事故："在抢险救灾等维护国家利益、公共利益活动中受到伤害的；职工原在军队服役，因战、因公负伤致残，已取得革命伤残军人证，到用人单位后旧伤复发的。"这些风险事故均属于社会风险。由于商业性保险公司经营的目的是为了盈利，它们考虑更多的是公司的盈利状况，因而，意外伤害保险一般是不会承保在维护国家、公共利益活动中受到伤害的雇员，也不会承保革命伤残军人。工伤保险还承担以下责任：在工作时间和工作岗位，突发疾病死亡或者在48小时之内经抢救无效死亡的，也体现了一定的社会救助性。可以说，社会保险是社会稳定的基本保障条件，而商业保险则是对部分人群的保险水平予以增加或改进的部分。

（5）补偿范围不同。建筑意外险的补偿范围包括受伤害者的致残致亡的给付和医药费赔偿，而工伤保险属于社会保险，补偿范围包括医药费在内的相关权利保障和待遇。为在生产、工作中遭受事故伤害和患职业性疾病的劳动者及其亲属提供医疗救治、生活保障、经济补偿、医疗和职业康复等物质帮助。

（6）资金来源不同。建筑意外险的资金来源主要是被保险人缴纳的保费，工伤保险的资金来源不仅仅包括企业缴纳的工伤保险费用，而且还包括工伤保险费滞纳金、基金的利息和法律、法规规定的其他资金，资金不足时，政府还可以临时垫支。

6.1.2 意外伤害保险的特征

1. 意外伤害保险与人寿保险

意外伤害保险与人寿保险和健康保险相似，都是以人的身体或生命作为保险标的，二者均属于人身保险的范畴。由于人的身体或生命的价值无法用货币衡量，因此，两者保额约定方式是相同的，不是由保险标的价值确定的，也不存在超额投保，或者不足额投保的问题，而是采取定额投保的方式，即由保险双方约定保险金额，当发生意外事故时，按照事先约定保险金额给付。两者的投保人与被投保人可以是同一人也可以不是同一人，两者都可以指定为受益人。但遭受意外伤害致使人身残废或死亡的种差表明意外伤害保险、人寿保险和健康保险存在着区别。

（1）二者的可保危险不同。意外伤害保险承保的是由于受外来的、突发的、非本意的、非疾病的事故对人体造成的伤害、并以此造成残废或死亡的。这种可保风险主要与被保险人从事的活动环境有密切关系；而人寿保险承保的是被保险人期满生存时，由保险人给付养老金、满期生存金或者当被保险人身故时由保险人给付死亡保险金，因此，属于人体新陈代谢的自然规律，与被保险人的年龄有密切的关系。

（2）意外伤害保险是合同约定给付保险。在意外伤害保险中，死亡保险金的给付按合同约定给付，合同同时终止。残疾保险金则按照一定的保险额按比例进行支付，当保险金的给付额未达到赔偿的最高限额时，合同继续有效。而人寿险是纯粹的定额给付保险，即当被保险人到期生存、死亡或高残的保险事故发生时，保险人按照保险合同约定给付保险金，合同同时终止，因此不存在比例给付的问题。

（3）确定费率依据不同。仅就费率制定而言，意外伤害保险的保险费率在厘定时与被保险人的职业、工种、从事活动或生活环境的危险程度等因素密切相关，是根据过去各种意外伤害事故发生概率的经验及其对被保险人造成伤害的程度，对被保险人的危险程度等进行细分分类进而进行统计计算得出的，尤其注重职业危险。职业是确定意外伤害险费率的重要因素，被保险人的职业危险程度越高，则费率就越高。例如，职业意外伤害险分为机关、事业单位、一般工商企业等行业的人员；从事建筑、冶金、搬运、装卸、筑路、采矿、汽车驾驶、高空作业等行业的人员；从事井下采矿、航空执勤等行业的人员三大类，其费率分别按照2‰、4‰和7‰收取保险费。人寿险承保的是人的自然生死，而自然死亡率一般取决于年龄，其大小可由生命表中查出。因此，人寿保险的纯保费依据生命和利息计算，它与人的性别、年龄有较为密切的关系。

（4）保险期限不同。意外伤害保险还具有短期性、季节性和灵活性的特点。意外伤害保险最长的保险期为三至五年，一般为一年，甚至十几个月、几十分钟，属于短期保险。而人寿保险的期限较长，一般超过一年，属于长期保险。许多意外事故保险保单的订立大多是由当事人签订的协议书，双方协商约定一个最高限额作为保险金额，保险责任范围相对也显得灵活。

2. 意外伤害保险与健康保险

意外伤害保险与健康保险均属于人身保险，有许多共同之处，有人将两者合二为一，统称健康保险。其实二者的保险事故责任完全不同，健康保险也称"疾病保险"，是指被保险人在保险有效期限内所发生的医疗费用或因疾病所致残疾或死亡，或因疾病、伤害不能工作而减少收入时，由保险人负责给付保险金额的一种保险。其保险责任包含两层意思：一是由于疾病或意外事故所用的医疗费用即医疗保险；二是由于疾病或意外事故所致收入的损失即残废收入补偿保险。显然，健康保险与意外伤害险是不同的。意外伤害保险是被保险人因意外伤害事故造成死亡和残废时，保险人按照约定给付保险金的保险。健康保险中的医疗保险可以用来对因意外事故造成的医疗费用提供补偿，残疾时保险公司可以补偿被保险人因意外伤害导致暂时或永久失能而造成的收入损失，与意外伤害保险中按照事先约定的数额给付残疾或死亡金，仍有本质的区别。

6.1.3　建筑意外保险的功能

1. 经济给付功能

按照伤害保险的条款，被保险人，在发生意外人身伤害时，可获得一定的经济补偿。具体表现为：

死亡给付。被保险人遭受意外伤害造成死亡时，保险人给付死亡保险金，使伤害致死人员的家属得到一定的补偿，保证被保险人的法定受益人的基本生活条件。

残废给付。被保险人因遭受意外伤害造成残废时，保险人按残疾程度大小分级给付残废保险金。

医疗给付。被保险人因遭受意外伤害支出医疗费时，保险人根据实际情况酌情给付。医疗给付规定有最高限额，且意外伤害医疗保险一般不单独承保，而是作为意外伤害死亡残废的附加险承保。一般来说，意外险是主险，意外医疗险是附加险，两者伴随而生、相互搭配。就建筑意外险而言，原建设部《指导意见》中规定，各地建设行政主管部门可以根据实际情况，规定建筑意外伤害险的附加险。

停工给付。被保险人因遭受意外伤害暂时丧失劳动能力，不能工作时，保险人给付停工保险金。一些意外伤害险是作为综合险而制定的，具有停工给付的功能。

由于意外伤害保险具有经济补偿的功能，不但对于维护被保险人的合法权益，而且对减轻被保险人的经济压力都具有十分重要的意义。因此，意外险是被保险人转移风险的重要手段和形式，对于稳定企业生产以致维护社会稳定具有重要意义。

2. 安全服务功能

按照企业获取最大利润原则，保险人承保后必定对被保险人安全提供服务，以便使标的少发生或不发生意外伤害事故，避免保险人支付赔偿费用。根据建筑意外险的有关法规规定，保险人具有对工程安全应提供安全服务的责任。保险人对项目施工安全的介入，形成了政府安全生产监督部门、项目部安全生产管理组织、监理单位和保险机构多方一体的安全监督网络，有利于建筑施工安全工作的开展，减少意外事故造成的损失，有效保护施工人员的人身安全。

3. 企业安全管理功能

《指导意见》中规定："施工企业和保险公司双方应本着平等协商的原则，根据各类风险因素商定建筑意外伤害保险费率，提倡差别费率和浮动费率。差别费率可与工程规模、类型、工程项目风险程度和施工现场环境等因素挂钩。浮动费率可与施工企业安全生产业绩、安全生产管理状况等因素挂钩。对重视安全生产管理、安全业绩好的企业可采用下浮费率；对安全生产业绩差、安全管理不善的企业可采用上浮费率。通过浮动费率机制，激励投保企业安全生产的积极性。"通过差别费率和浮动费率机制，充分调动企业安全管理的积极性，有利于促进建筑企业的安全管理工作。

4. 行业安全管理功能

（1）规范企业用工制度。由于建筑施工用工形式的多样化，容易造成混乱，出现事故，人员身份难以确定，给企业带来麻烦。建筑意外险索赔时，保险人需要对受害者进行"三检查"，即检查岗前教育、检查劳动合同、检查受害人工资表。这样就可以进一步规范企业的用人管理制度，引导企业对临时工、钟点工的安全教育上岗，签订安全合同工作的重视，从而促进施工企业施工现场用人得以规范，安全教育得以落实、合同得以兑现。

（2）提高工程"纳轨"率。在行业安全管理中，常常出现"工程不上报，行业管不了"的现象，致使隐瞒工程工地管理混乱，安全防护无法达标，文明施工无法实施，职工甚至在极其危险的情况下进行施工，安全事故预防成为一句空话。实施建筑意外保险制度可以大大提高行业对工程管理的"纳轨"率。这是因为：一是企业必须依靠行业，一旦发生意外事故必须由行业主管部门签署意见；二是企业不办理建筑意外险，主管部门可以一票否决，直接影响施工企业的评先评优、等级晋升；三是对于不报工程，保险公司不予办理保险手续，一旦发生事故企业不但要赔钱、赔时间而且问题难以解决。

（3）减轻行业主管部门的负担。意外伤害事故发生，如果企业处理不当，受害职工采取上访、静坐等方式要求解决问题，行业行政主管部门往往需要花费许多精力。实施建筑意外保险对职工伤害者的赔付制定有统一的标准，可以减少不必要的伤害赔付纠纷的发生，有利于行业主管部门集中精力做更多的安全预防管理工作。

(4) 提高行业事故统计质量。企业对于发生的安全事故往往采取化大为小、化重为轻的态度，能瞒就瞒，事故报表不及时也不准确。建筑意外险规定了上报事故时间、对瞒报事故的惩罚，这样可以促进企业及时将事故上报，提高安全事故统计报表的准确性。

6.1.4 建筑意外保险的原则

1. 强制性原则

《建筑法》第四十八条规定："建筑施工企业必须为从事危险作业的职工办理意外伤害保险，支付保险费。"建筑意外保险属于强制性保险，建筑企业必须为建筑现场施工人员投保。也就是说无论施工企业是国营企业还是民营企业，经济效益好的企业还是经济效益差的企业，工期长的项目还是工期短的项目，职工是固定工还是合同工，施工企业都要为雇佣人员投保建筑意外保险。

2. 公开性原则

公开原则是指在企业投保建筑意外保险后，投保人应让被保险人同意和知晓，《指导意义》中指出："投保人办理投保手续后，应将投保有关信息以布告形式张贴于施工现场，告之被保险人。"公示时间一般不少于30天。

3. 奖惩性原则

建筑意外伤害保险费率，提倡差别费率和浮动费率。差别费率可与工程规模、类型、工程项目风险程度和施工现场环境等因素挂钩。浮动费率可与施工企业安全生产业绩、安全生产管理状况等因素挂钩。对重视安全生产管理、安全业绩好的企业可采用下浮费率；反之则可采用上浮费率。

各级建设行政主管部门要把在建工程项目开工前是否投保情况，作为审查企业安全生产条件的重要内容之一；未投保的工程项目，不予发放施工许可证。

4. 低廉保费有效补偿原则

在实施建筑意外保险制度中，各地建设行政主管部门要结合本地区实际情况，确定合理的最低保险金额，使之能够保障施工伤亡人员得到有效的经济补偿。这是由于我国建筑意外险刚刚起步，开展建筑意外险中应本着低保费，有效补偿的原则进行。

5. 及时索赔的原则

有些建筑企业发生安全事故后，为躲避安全生产事故的行政责任，存在有情不报的现象，针对此现象，有关部门有严格的规定：凡被保险人发生意外伤害事故，企业和工程项目负责人隐瞒不报、不进行索赔的，要严肃查处。

6.1.5 建筑意外保险的发展

国家及有关部门对建筑施工人员的人身保险工作十分重视，1998年3月1日《建筑法》颁布，建筑工程人身伤害保险成为建筑施工人员的强制保险并作为国家法律加予确定。此后，我国在上海、浙江、山东等24个城市普遍开展了工伤意外保险的试点工作。

1. 召开座谈调研会

1999年4月20日至21日原建设部在上海召开了建筑职工意外伤害保险座谈调研会，总结交流开展建筑职工意外伤害保险的工作经验，探索适合我国国情的建筑职工意外保险制度。会议形成共识如下：

（1）会议认为，应在全国积极开展建筑意外险工作。保险业在我国工程建设领域起步较晚，属于新生事物，虽然一些保险公司在个别工程项目中开展了一些保险业务，但无论其在提供的险种、保险程序、保单内容等方面，还是在保险金额方面都与国际实践存在很大的差异，同时随着我国加入WTO时间的临近，加快制订适合我国工程建设实际的风险管理制度已迫在眉睫。而深化经济体制改革，建立现代企业制度，改革国有大中型企业，客观上需要也必须首先解决社会保障问题，这就为保险业在工程建设领域的发展提供了广阔的空间。《建筑法》第四十八条明确规定："建筑施工企业必须为从事危险作业的职工办理意外伤害保险，支付保险费。"这在我国工程建设领域是第一个以法律形式固定下来的保险制度，并以此为突破口，建立起我国的工程风险管理制度，成为摆在我们面前的新课题。

（2）会议认为，《建筑法》自1998年3月1日实施以来，一些地区的建设行政主管部门为此努力探索、积极尝试，做了大量的工作，从中摸索出一些规律。但从目前看，一是保险的管理模式，大多数地区采取了行业管理和商业保险相结合的模式。如上海、武汉等地已经将意外伤害保险业务纳入到建筑安全监督部门的统一管理，并作为企业安全管理的一项制度，列入对建筑施工企业安全管理的考核内容。二是保险费率标准，目前大多数地区将保险费率按照工程造价的一定比例收取。此外也有按照建筑面积进行核定的。三是规范承保单位的竞争行为，一些地区的建筑安全监督部门对参与建筑意外伤害保险的承保单位进行考核认定或资质认证，并统一保险协议书、保险合同及保险理赔程序，此外各地在实践中也发现不少问题。归纳起来有两方面：一是当前缺乏必要的法规、规定，各地开展这项工作不平衡；二是在建筑行业的管理中如何有效地建立并发挥保险机制的作用，在方式、方法上有待于进一步研究。

（3）原建设部在会议上指出：①建筑意外伤害保险本身就是对《建筑法》的贯彻和落实，各地区做了大量、有益的探索，填补了我国工程建设风险管理的空白；②建筑意外保险是深化建设体制改革的重要组成部分，各地区应坚定不移地稳步推进，扎扎实实地搞好各项工作；③工作由法律明确的规定，是一种强制性保险，不同于一项建立在自愿原则上的商业保险。因此它具有不同于商业保险风险转移的共性，又要体现建筑安全预防为主的原则，此外还要充分调动建设主管部门、建筑施工企业和保险公司三方面的积极性，合理地解决各方的责权问题；④这项工作涉及建筑与保险两个行业，并受到《建筑法》和《保险法》等法律法规的共同调整，还有许多理论和实践方面的问题需要研究和解决。

2. 颁布法规文件

2003年5月建设部在总结了全国各个城市的试点工作后，颁布了《关于加强建筑意外伤害保险工作的指导意见》(简称《指导意见》)。《指导意见》从九个方面对加强和规范建筑意外伤害保险工作提出了较详尽的规定。

（1）工作目标。根据《建筑法》第四十八条规定建筑职工意外伤害保险是法定的强制性保险，也是保护建筑业从业人员合法权益，转移企业事故风险，增强企业防御和控制事故能力，促进企业安全的重要手段。2003年内要实现在全国各地全面推行建筑意外伤害保险制度的目标。

（2）建筑意外伤害保险范围。建筑施工企业的施工现场从事施工作业和管理的人员范围应覆盖施工项目。

（3）保险的期限，应涵盖工程项目开工之日到工程竣工验收合格日。提前竣工的，保险责任自行终止。延长工期的，应当办理保险顺延手续。

（4）保险金额。各地建设行政主管部门要结合本地区实际情况，确定合理的最低保险金额，使之能保障施工伤亡人员得到有效的经济补偿。保险费应当列入建筑安装工程费用，由施工企业支付，不得向职工摊派。

（5）保险费用。保险费应当列入建筑安装工程费用。保险费由施工企业支付，施工企业不得向职工摊派。施工企业和保险公司双方应本着平等协商的原则，根据各类风险因素商定，建筑意外伤害保险费率，提倡差别费率和浮动费率。差别费率可与工程规模、类型、工程项目风险程度和施工现场环境等因素挂钩。浮动费率可与施工企业安全生产业绩、安全生产管理状况等因素挂钩。对重视安全生产管理、安全业绩好的企业可采用下浮费率；反之则可采用上浮费率。

（6）保险投保。施工企业应在工程项目开工前投保，实行不记名和不计人数的方式。工程项目中有分包单位的，由总承包施工企业统一办理，分包单位合理承担投保费用。业主直接发包的工程项目由承包企业直接办理。

各级建设行政主管部门要把在建工程项目开工前是否投保情况，作为审查企业安全生产条件的重要内容之一；未投保的工程项目，不予发放施工许可证。

投保人办理投保手续后，应将投保有关信息以布告形式张贴于施工现场，告之被保险人。

（7）保险索赔。建筑意外伤害保险应规范和简化索赔程序，使施工伤亡人员能够得到及时足额的赔付。凡被保险人发生意外伤害事故，企业和工程项目负责人隐瞒不报、不进行索赔的，要严肃查处。

（8）安全服务。施工企业应当选择能提供建筑安全生产风险管理、事故防范等安全服务和有保险能力的保险公司。目前还不能提供安全服务的保险公司，应通过建筑安全服务中介组织向企业提供与保险相关的安全服务。安全服务内容可包括施工现场风险评估、安全技术咨询、人员培训、防灾防损设备配置、安全技术研究等。施工企业在投保时可与保险机构商定具体服务内容。

（9）行业自保。一些国家和地区结合建筑高风险的特点，采取保险行业自保或企业联合自保方式，可以借鉴。

原建设部《指导意见》下发后，各地建设主管部门陆续颁布地方法规，对建筑意外伤害保险下发文件。例如，北京、上海、深圳、厦门、杭州等市建委制定了相应的建筑意外伤害险的实施办法，由此意外伤害险在全国各地迅速展开。

3. 强化法律法规

依据《建筑法》，2004年2月1日《建筑工程安全管理条例》开始实施，《条例》第三十八条规定：“施工单位应当为施工现场能够从事危险作业的人员办理意外伤害保险。

意外伤害保险费由施工单位支付。实行施工总承包的，由总承包单位支付意外伤害保险费。意外伤害保险期限自建设工程开工之日起至竣工验收合格止。”将建筑意外伤害保险作为安全管理体系中的重要部分。

6.1.6　建筑意外保险运作模式

建筑意外伤害保险制度建设是一项具有挑战性的工作。如何建立一套符合我国市场经济发展和建设市场需求的意外伤害险的管理与运行机制，从根本上保护职工的合法权益，有效转移施工企业风险，减轻企业负担，提高企业投保热情和安全生产的积极性，十年来，各地建设行业就此进行了积极的探索，初步形成了建筑意外伤害保险运作的基本模式。

建筑意外保险采取“政府部门监督、保险中介参与、保险公司介入、施工企业负责”的运作模式。建筑意外伤害险工作由各地建设行政主管部门监督管理，委派所属建筑安全监督部门具体负责管理组织实施，选择保险中介和保险公司介入参与，施工企业负责投保的方式。

1. 政府部门监督

（1）建设行政主管部门负责对地区建筑意外伤害保险工作进行监督、管理和指导，引导本地区建筑意外伤害保险工作有序健康的开展。

（2）建设行政主管部门在办理发放施工许可证时，审查施工安全措施中的建筑意外伤害保险办理情况。对未办理或者办理不符合要求的，建设行政主管部门不予受理许可申请，并予以书面告知。

（3）建设安全管理组织机构负责制定考评办法，并对建筑意外伤害保险安全服务中介公司和保险公司进行动态管理，定期考评，实行优胜劣汰。

（4）建设安全管理协会负责具体事宜及时将招标方案（含招标文件）、招投标结果、保险的责任范围、赔偿标准和保险费率、差别费率和浮动费率细则、对中介公司和保险公司的考评办法、考评结果等报市建设行政主管部门备案。

（5）建筑意外伤害保险的投保人对建筑意外伤害保险安全服务中介公司、保险公司在办理建筑意外伤害保险及保后服务和索赔支付过程中有违法行为、违约行为以及其他非诚信行为的，可以向有关建设行政主管部门投诉。由各地建设行政主管部门委派所属建筑工程安全监督部门或建筑安全行业协会具体负责建筑意外保险组织、指导、管理工作的实施。

2. 保险中介参与

保险服务中介是为投保人或被保险人提供办理保险业务、理赔手续和安全咨询服务的组织，为投保人或被保险人提供全程、及时、便捷的服务。保险安全服务中介的选择至关重要。选择保险安全服务公司应符合以下基本条件和要求。

（1）建筑意外伤害保险服务中介公司必须拥有一定数量、专业配套、具备建筑安全技术知识和管理经验的专业技术人员，必须具有保险专业中介资质和独立法人资格，并接受建设行政主管部门的监督管理。

（2）建筑意外伤害保险服务中介公司与保险人共同组成服务机构，制定统一的服务标准、确定专业的服务人员集中办公，推行安全标准化服务，开展施工现场风险评估、防灾防损、代理索赔、安全技术咨询、农民工等从业人员的安全教育和培训等服务。

(3) 设立建筑意外伤害保险安全风险防范费用专户，专款专用。建设安全管理部门、保险服务中介公司和承保公司共同建立监管和使用制度，确保将安全风险防范费用用于促进、激励、服务和提高建设工程安全生产、文明施工。定期向建设行政主管部门报告建筑意外伤害保险安全风险防范费用使用情况。

(4) 建立建筑意外伤害保险救治“绿色通道”和医疗抢救费用保证金制度。建筑意外伤害保险服务中介公司应与医疗定点单位签订协议，向投保单位提供“绿色通道”介绍信。

(5) 建筑意外伤害保险服务中介发现投保企业的施工现场存在不安全因素和隐患，应建议投保企业纠正并向有关行政主管部门报告。

(6) 其他有利于提高安全服务质量的要求，如具有建筑工程安全管理与技术的队伍、设备等。

3. 保险公司介入

为保证建筑施工人员人身意外伤害保险制度的顺利推行，促进建筑意外伤害保险市场的有序竞争，建设安全监督部门根据施工企业的意愿，代表施工企业采用招标方式择优选择一定数量的保险公司，参与建筑意外伤害保险业务。对保险公司的招标应注意以下几点：

(1) 招标方案（含招标方式、招标文件、资格审查文件、评标委员会组成等）应事先报送市建设行政主管部门审核。

(2) 确定中标人后将中标结果报送建设行政主管部门备案，签订合同后将合同报建设行政主管部门备案。

(3) 为确保招投标的公开、公平、公正，应由纪检监察机关派人对招投标活动实行全过程跟踪监督。

(4) 在中标保险公司中选出首席承保人。

保险公司应具备以下基本条件和要求：

(1) 保险公司应具备从业资格、良好信誉和履约能力，接受建设行政主管部门对建筑意外伤害保险工作的监督管理。

(2) 建筑意外险应选择那些发展历史悠久、经营规模广泛、实力雄厚、保险业绩突出，在国内具有较大影响的保险公司入围。

(3) 保险公司应全面履行合同约定，并提供便捷优质的承保和理赔服务，协助做好安全服务工作。

(4) 其他有利于安全服务等履约要求。

确定保险公司的数量应依据保险公司的规模和地区实际需要而定。北京市确定一家保险中介与中国人寿北京分公司、太平洋人寿北京分公司、平安人寿北京分公司和新华人寿北京分公司四家公司作为联合承保体。

厦门市通过招标最终确定三家保险安全服务中介和十一家保险公司作为厦门市建筑意外险的共同承保体。

建筑意外伤害保险运作模式如图 6-1 所示。

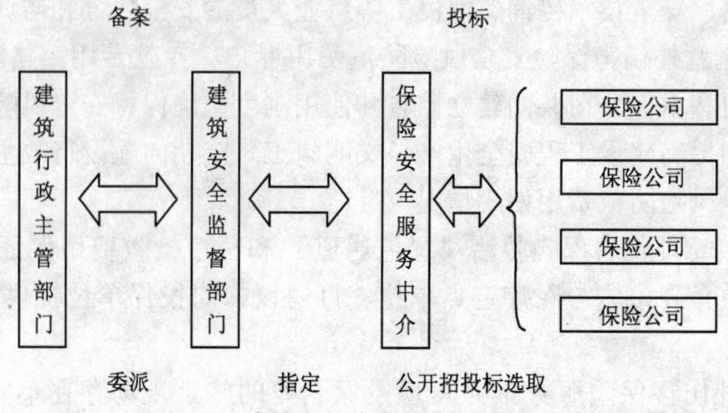

图6-1　建筑意外伤害保险运作模式图

4. 施工企业负责

企业负责是指从事建设活动的主体对自己所从事的建设活动本着“安全第一、预防为主”的方针，按照建设行政主管部门的规定成立安全管理机构和设置安全管理专职人员，制定严格的企业安全生产规章，落实各项安全生产技术规范，对企业的安全生产进行计划、组织、实施，实施有效的管理与监控的同时，按照建设行政主管部门关于建筑意外保险文件的规定，积极投保，按时缴纳保费，发生意外事故后及时向保险公司索赔，确保职工的合法权益；对不参加保险的，施工企业自负处罚责任。

6.1.7　建筑意外保险组织方式

建筑意外险的组织方式有两种，一种组织方式是施工企业在选定的保险公司范围内自选一家保险公司，直接向中标保险公司投保，交纳规定的保费，签订保险合同，由保险公司出具保单和有效凭证。另一种组织方式是集中投保方式，由建设行政主管部门组成专门的保险服务中心，施工企业统一到保险服务中心投保。下面对服务中心组织的建立和职能介绍如下：

1. 设立保险服务中心

由保险经纪有限公司、定点保险公司和建筑安全监督部门联合成立建筑施工人员人身意外保险服务中心，负责建筑意外保险工作的组织实施与指导、管理服务工作。

2. 中心设立理事会

建筑意外保险服务中心设立理事会，负责服务中心整体工作的决策，定期举行工作会议。理事会由建筑质量安全协会、保险经纪有限公司、建筑意外伤害保险定点保险公司派员组成。

3. 中心工作人员委派

建筑意外伤害保险服务中心工作人员由保险经纪有限公司、建筑意外伤害保险定点保险公司指派。服务中心内应设出单、理赔中心及售后服务中心，实行统一标准、统一承保、统一服务、统一理赔，为企业投保和理赔提供“一站式”服务。

4. 首席承保人职责

首席承保人成立专项服务小组，根据建筑意外保险服务中心工作的需要，负责建筑意外保险承保、理赔服务工作的具体实施，具体职责如下：

(1) 各项保费支付、损失赔偿、保单批改、期内服务等承诺的履行，均由建筑意外保险首席承保人全权负责，并在不损害其他承保人利益的前提下拥有最终决定权。

（2）各保险公司之间的保费划转、赔款和费用分摊等问题，均由首席承保人和其他保险公司协商确定，并签订共保协议以规定各自权利义务关系。

（3）为保障建筑意外险投保的有序进行，防止保险市场的恶性竞争。各定点保险公司不得单独向本地区内的建筑施工企业提供建筑施工人员人身意外伤害保险系列产品。

5. 成立服务分中心

保险服务中心是地区的总服务机构，地方所辖区设立建筑意外保险服务分中心，分中心接受本地建筑保险服务中心的指导，直接为本区域内建筑施工企业提供建筑意外保险的投保、索赔相关服务。

下面结合建筑施工人员团体综合意外伤害险条款，对建筑意外保险的具体内容进行介绍。

6.2　投保的对象与责任

6.2.1　建筑意外保险投保对象

职业意外伤害保险的投保对象是对保险人有保险利益或经过被保险人书面同意的机关、企业、事业单位和社会团体，均可投保职业意外伤害保险。一般规定，投保单位在职人数必须有75%以上投保，且人数不低于8人。

一般的职业意外保险实行的是被保险人记名方式投保，投保单位因在职人员变动需要加保时，应书面通知公司，公司审核同意并收取相应的保费后开始承担责任。被保险人离职的，保险公司对其所负的保险责任自其离职之日起终止，并在扣除手续费后，按约定退还未满保险费。

建筑意外保险为强制保险，根据建筑业的特点，对于投保对象有特殊规定。建筑意外保险是以工程项目作为投保单位的，凡从事土木、水利、道路、桥梁等建筑工程施工、线路管道设备安装、构筑物、建筑物拆除和建筑装饰装修的企业，均可作为投保人为其在工程项目施工现场人员投保。具体包括房屋建筑工程及市政基础设施工程新建、扩建、改建和拆除等工程。

对于参保人员的界定，不能认为建筑意外保险只是局限于在施工工地从事危险作业人员才能作为建筑意外险投保的对象。实际上由于施工现场的管理人员也经常到施工现场，他们也同样面临着施工带来的人身伤害的危险，所以被保险人也应该包括施工现场的管理人员。因此，不论是固定工还是合同工，是正式工还是农民工，是操作工还是管理者，都应该属于建筑意外险的投保对象，凡在建筑工程施工现场从事作业和管理并与施工企业建立劳动关系的人员均可作为被保险人，还应包括在施工现场从事监理工作和需要到施工现场履行视察、监督检查职责或参与施工现场救援抢险等有关人员。有关文件规定，建筑意外保险实行不记名的投保方式。

6.2.2　建筑意外保险责任范围

1. 三定责任范围

所谓三定是指地点确定、时间确定和原因确定。为避免保险范围的扩大，保险公司所制定的建筑意外保险条款对被保险人伤害事故发生的地点、时间、原因等范围一般都明确了责任范围。在合同中保险人规定："从事建筑施工及与建筑施工相关的工作"、"在施工现场"、"在施工期限指定的生活区域内"，以及"被保险人在因公外出期间或因公往返建筑工地途中"因遭受意外伤害事故而致身故或残疾，保险人承担赔偿责任。对建筑工地施工时间的界定，是指在"工作时间内"发生的意外事故造成的人员伤亡。那么一天中工作时间如何确定呢？根据原建设部安全生产文明施工管理要求，建筑施工作业时间一般应指每天6：00～22：00点，22：00点以后严禁施工，影响居民休息。同时，条款还规定了导致人身伤害的原因应为从事施工活动中遭受外来的、突发的、非本意的、非疾病的工伤事故造成的人身伤害损失。

2. 后果责任范围

传统的意外保险全称为"意外残疾死亡保险"，保险责任范围主要包括两部分：死亡给付和残废给付。也就是说只有被保险人发生的意外事故造成身故或残疾的后果情况下，保险公司才负责进行经济上的赔偿，未造成上述后果的则不予给付。因此，一般意外伤害保险对医疗赔偿不属于责任范围，其责任范围只包括死亡给付和残废给付两项，但其他内容条款可以在主险中附加。根据原建设部颁布的《指导意见》规定："各地建设行政主管部门可根据本地区实际情况，规定建筑意外伤害保险的附加险要求。"目前，一些保险公司也制定了综合意外险的条款，将医疗保险纳入其中，供施工企业使用。目前各地推行的建筑意外伤害保险都附加了医疗保险的内容，以确保建筑施工人员的利益。

3. 责任期限范围

"责任期"也称"观察期"。在保险原理中，"责任期"与"保险期"不是同一个概念，它是人身伤害险特有的概念。在意外保险条款中，有关责任期限的规定是指被保险人自遭受意外伤害之日起在多长时间内造成的死亡或残疾才构成保险责任。

（1）责任期限的规定。意外保险条款中规定："被保险人自意外伤害发生之日起一百八十日内以该次意外伤害为直接原因身故，保险人按保险单所载该被保险人意外伤害身故保险金额给付身故保险金。"就是说被保险人自意外伤害发生之日起一百八十日内，以该次意外伤害为直接原因导致身故的才属于保险责任范围，保险人负责按照死亡赔付标准给与赔付；如果该次事故为直接原因导致受害人超出责任期180天而死亡的，则保险人不予按照死亡标准进行赔付。

对于意外事故造成的残疾的条款也有规定："被保险人自意外伤害发生之日起一百八十日内以该次意外伤害为直接原因致残的，保险人按保险单所载该被保险人意外伤害身故伤残保险金额及该项身体残疾所对应的给付比例给付残疾保险金。如自意外伤害发生之日起第一百八十日时治疗仍未结束，按意外伤害发生之日起第一百八十日时的身体情况进行鉴定，并据此给付残疾保险金。"在这里，显然"责任期限"是指确定残废程度时间的界限。

（2）责任期限的界定。当被保险人遭受意外伤害后，需要经过一段时间的治疗，才能确定是否造成了残疾以及造成何种程度的残疾，治疗确定残疾在责任期限内的保险人予以赔付，但被保险人在保险期限内发生意外伤害事故，责任期限结束时而治疗过程尚未结束，那么不论将来丧失程度如何，应当推定责任期结束这一时刻被保险人的残疾是永久的，保险人按照此推定负责赔偿。以后，无论被保险人的残疾程度减轻或加重，保险人均不再承担残疾保险金的给付或追偿。图6-2、图6-3、图6-4、图6-5为在保险期间内保险事故发生后，责任期限、治疗期之间可能出现的各种情况。对于治疗期超过责任期的人身保险均以责任期限时间点受伤害人的状况为准进行赔付。

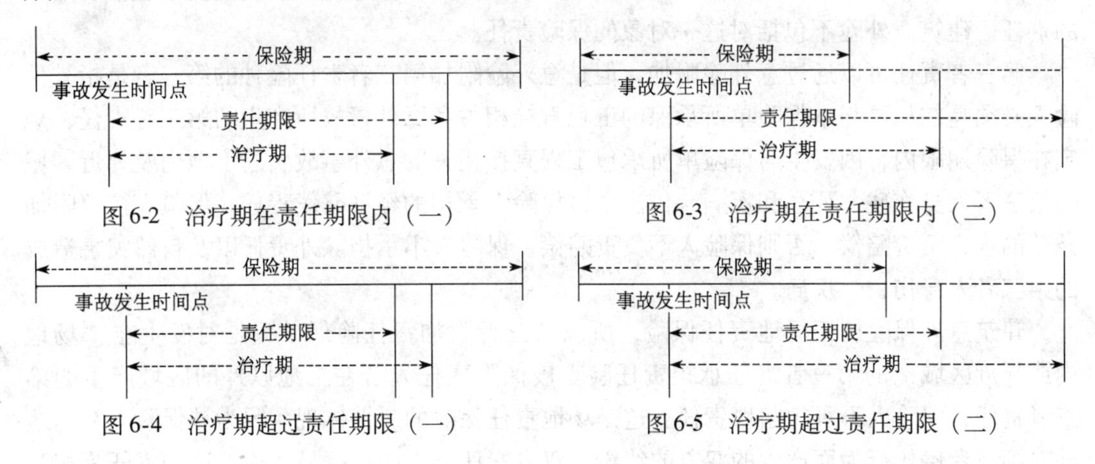

图6-2　治疗期在责任期限内（一）

图6-3　治疗期在责任期限内（二）

图6-4　治疗期超过责任期限（一）

图6-5　治疗期超过责任期限（二）

4. 保险事故性质责任范围

意外伤害是指伤害事故发生时，被保险人事先没有预见到伤害事故会发生，非被保险人的主观愿望或伤害事故的发生对被保险人而言是突然出现的，即意外事件的发生必须具备非本意的、外来的、突发的、非疾病的这四个方面的限定，简称“限定四要素”。四要素互相统一，互相联系，缺一不可。四要素中尤其以非本意的偶然为核心，外来、突然、非疾病仅仅是对非本意的限定。

（1）非本意。“非本意”是指事件的发生非被保险人的主观愿望，也不是被保险人所能预见的。例如，吊塔倾斜倒塌造成施工工地人员身亡，这种结果违背员工本人的主观愿望，也不是施工人员能够事先预见到的，故属于意外事故。但有时尽管本人能够预见到事件将要发生，即可以预见发生，也可以采取防范措施加以避免，但依照法律的规范或遵守职业道德不能够躲避，也属于意外事故。例如，遭遇工地抢劫的歹徒，为保护国家财产与歹徒搏斗受伤，仍属于意外事件导致的伤害。

（2）外来的。“外来的”是强调出现意外事件的原因是由于被保险人身体外部的因素所引起的。如物体坠落致伤、建筑倒塌、基坑塌陷、车祸、摔伤、食物中毒等，只要是人体以外的因素所导致的事件均视为意外。

（3）突然的。“突然的”是指事件的发生对被保险人来讲，是来不及预防的，即事件发生的原因和结果之间仅具有直接瞬间的关系。例如，铅中毒虽非本意，外来因素造成的结果，但是属于长期接触有毒物质所致，不属于意外事故。

（4）非疾病。“非疾病”是指被保险人不是因为本身疾病而造成的人身伤害。如被保险人原患有心脏病，旧病复发，抢救不及而造成人身致死，就不属于意外伤害险责任范围。

5. 保险对象责任范围

建筑意外险是针对投保人有保险利益的被保险人建筑企业职工在意外事故发生时造成残疾或身故而进行的赔偿，对于第三者所发生的意外事故所造成的伤害不负赔偿责任。

第三者是指除保险人和所有人以外单位的人员，第三者责任是指在意外伤害险保险期间，因意外事故造成施工现场及工地附近第三者的人身伤亡或残疾损失而需承担损害赔偿的责任。建筑意外险不包括对这一对象的保险责任。

第三者责任可以通过意外险附加，但是意外险附加第三者责任险种的第三者是指被保险人必须是在从事与本保险单所承保的工程直接相关和意外事故所产生的第三者责任，规定在保险期限内，因发生与保险单所承包工程直接相关的意外事故引起工地内及邻近区域的第三者人身伤残、死亡和疾病，依法由被保险人承担的经济赔偿责任，保险人按照附加条款的规定负责赔偿。否则保险人不负责赔偿。保险人不承担除外责任以及自然灾害造成的第三者人身伤亡、疾病。

建筑意外保险属于场地责任保险，所以第三者附加责任险保单只是对发生在“场地内或邻近区域”的第三者责任承担责任险。被保险责任人若在工地以外的区域产生的第三者责任，保险人不承担赔偿责任，这是场地责任保险的属性体现。因为被保险人在场地外对第三者侵权行为而产生的双方的纠纷，双方责任产生的依据是法律，这种责任是相对无限的，附加第三者保险不意味着将所有被保险人的第三者责任全部承担，而是为了分散被保险人第三者责任的风险。因此，第三者责任险中，保险人与被保险人双方的责任依据是保险合同，这种责任是相对有限的。

当前，我国建筑意外保险制度正处于初创、摸索阶段，需要有一个不断完善的过程，第三者责任尚未普遍纳入责任范围之中。但在一些保险推广较早的城市，对施工现场造成的第三者责任正处于试行阶段。2006 年 7 月杭州市建委制定出台了《杭州市区建筑意外伤害保险管理办法（试行）》。此《办法》扩大了建筑意外险的承保责任范围规定除了施工现场人员外，还包括施工现场遭受意外伤害的其他人员以及其他国家法律、法规规定与施工工程相关联的伤亡人员。例如，第三者经过施工现场时被建筑坠落物击伤而造成的人身伤害损失也可以获得相应赔偿。

6.2.3 建筑意外保险责任免除

以中国太平洋保险有限公司《建筑施工人员团体综合意外伤害险条款》为例（以下简称保险条款），免责条款分为两部分：一部分是在保险期间内，对一些原因所引起造成伤害的免责；另一部分是对某些费用的免责。

1. 意外险事故免责

（1）故意免责。“投保人、受益人对被保险人的故意杀害、伤害”，因为意外事故判断标准是非本意的，而故意杀害、伤害属于本意，故不属于意外事故范畴。

（2）违法免责。“被保险人违法、故意犯罪或拒捕”，违法、犯罪或拒捕等属于刑事范畴，违反保险合法性原则，故予以免责。

（3）斗殴、醉酒免责。“被保险人殴斗、醉酒、自杀、故意自伤或服用、吸食、注射毒品”，打架斗殴、醉酒等属于违反有关国家法规和社会治安条例，由上述原因而导致的人身伤害损失，保险公司予以免责。

（4）酒精毒品免责。“被保险人受酒精、毒品或管制药品的影响”，造成损失的原因是由于被保险人违反国家法律及治安条例所致，保险人免责。

（5）违规驾驶免责。“被保险人酒后驾驶、无有效驾驶证驾驶或驾驶无有效行驶证的机动交通工具、助动交通工具”，酒后驾驶、无证驾驶等违反交通管理法规，从维护公共利益角度考虑，保险人予以免责。

（6）妊娠分娩免责。“被保险人妊娠（包括宫外孕）、安胎、分娩（包括剖腹产、流产和引产）”，妊娠、安胎、分娩等属于正常生理原因，此直接原因是非外来的，其造成被保险人伤害的事件保险人免责。

（7）医疗事故免责。“被保险人因检查、整容、麻醉、手术治疗或药物治疗导致的医疗事故”，医疗事故造成的人身伤害的责任人是治疗被保险人的医生所致，因此，医生应该负有赔偿责任，保险人免责。

（8）精神疾病免责。“被保险人精神错乱或精神失常”，精神疾病属于长期形成的，而不是突发性的，因此不具备意外事故的特征，保险人予以免责。

（9）违反医嘱免责。“被保险人未遵照医嘱，私自服用、涂用或注射药物”，未按照医嘱进行治疗不属于非本意，其产生的后果应该由被保险人自己负责，保险公司免责。

（10）高危活动免责。“被保险人从事潜水、跳伞、攀岩、探险、武术、摔跤、特技、赛马或赛车等高风险运动和活动”，高危活动中意外伤害事故属于多发领域，其事故频率高于建筑施工现场的发生频率，为此，保险人予以免责。

（11）艾滋病免责。“被保险人患有艾滋病或感染艾滋病病毒（HIV 呈阳性）期间”，艾滋病的感染不属于施工现场的范围，与施工活动无关，保险人免责。

（12）失踪免责。“因意外事故、自然灾害以外的原因失踪而被法院宣告死亡的”，意外事故伤害险主要是针对意外事故而引发的伤害而进行的保险，对于非意外事故，非自然灾害而是由于其他原因造成失踪后果的保险人不负有责任。

（13）战争免责。“战争、军事行动、恐怖活动、暴乱或武装叛乱”，战争、军事行为等造成的人身损害后果是相当严重的，不是保险公司所能承担的责任，是任何品种工程保险免责的通项。

（14）核免责。“核爆炸、核辐射或核污染的”，核爆炸、辐射、污染造成的人身伤害损失是不可估计的，保险公司予以免责。这是任何保险品种免责的通项。

如发生以上情形，导致被保险人身故的，保险人对该被保险人的保险责任终止，保险人退还该被保险人的未满期保险费，但发生本条第一项情形或已发生保险金给付的，保险人不退还未满期保险费。

意外险责任的责任免除条款为第“1”至第“12”项；意外伤害医疗保险责任的责任免责条款为第“3”至第“12”项。第“13”和第“14”项为总免责项。

2. 意外伤害险的费用免责

对某些费用的免责包括以下五种：①因非意外伤害而发生的治疗；②用于矫形、整容、美容、心理咨询、器官移植或修复、安装及购买残疾用具（如轮椅、假肢、助听器、假眼、配镜等）的费用；③被保险人体检、疗养或康复治疗的费用；④被保险人在县级以下或非保险人认可医院的治疗费用；⑤任何间接损失，包括交通费、食宿费、生活补助费、误工补贴费或护理费等。

6.3 保险费率与保险期

6.3.1 保险费率概念

1. 影响保险费率的因素

在前面的章节中，我们已经对保险费率的概念进行了介绍，大家知道，商业保险是一种商品，保险商品具有自身的价值，决定保险商品价格的内在因素是保险商品的价值，而价格是这种价值的货币表现形态。保险费是商业保险基金的主要来源，也是保险人履行赔偿与给付义务的基础。因此，保险人向投保人收取保费是保险人的基本权利。

保险费用的高低受多种因素的影响，主要有以下三方面的因素：一是保险金额。设定的保险金额越高，保险费收取得就越高，反之，设定的保险金额越低，收取的保险费就越低，两者是正相关的。二是保险期限。当保险金额为定值时，保险期限越长，保险费就越高，反之保险期限越短，则保险费就越少，呈现正相关关系。三是保险费率。在保险金额和保险期限一定时，保险费率越高，其保费就越高，保险费率越低，保险费就越少，保险费率与保费也呈现正相关的关系。

2. 保险费率与商品价格

由于保险费率的高低可以直接反映出保险费用的高低，因此，在某种意义上讲保险费率就是保险的价格，但保险费率与一般商品价格有所不同。

（1）就单个的保险合同来看，保险费率与保险补偿或给付之间没有对等的关系，保险费率高未必保险给付多，保险费率低则未必是保险给付少，这是由于保险具有很大的射幸性，有些投保人交了保险费，但事故未发生，得不到任何给付，有的投保人缴纳了保费，事故发生了则可以获得远远高于其支付的保险费的给付，因此，两者之间没有对称性。这与一般的商品等价交换的原则不同。

（2）保险费率是根据以往经验数据预测而定的，是在其成本发生之前利用统计方法预测而产生的，保费价格在先，成本发生在后；而一般商品的价格则是在商品生产之后，再加以计算而得出的，成本发生在先，价格确定在后。

（3）保险费率受政府管制比一般商品要严格的多。一般的商品价格是受市场供需情况调节形成的。保险费率则不同，这是由于保险技术复杂，涉及社会稳定、促进经济健康发展的大问题，政府的参与力度较大，对保险费率的控制与监督都是很严格的。

6.3.2 建筑意外保险保费计算

1. 建筑意外保险保费基本计算方法

建筑意外保险费用的计算大致分为以下三种，即合同造价法、建筑面积法和人数计收法。

（1）按合同造价计收保费（单位:‰），可以不记名投保。

意外身故伤残保费＝合同造价×身故残疾费率×保险金额（人）/10000

意外医疗保险费额＝合同造价×医疗保险费率×保险金额（人）/10000

表6-1为某保险公司按合同造价收费率表。

某保险公司建筑意外保险按造价计收费率表　　表6-1

建筑类型＼保险责任	意外身故伤残费额占造价比例（‰）（意外身故伤残保险金额10000元）	意外伤害医疗保费占造价比例（‰）（意外伤害医疗保险金额10000元）
土木、水利、道路、桥梁等建筑工程	0.1	0.14
装修、拆迁及其他工程（合同造价100万元及以上）	0.1	0.14
装修、拆迁及其他工程（合同造价100万元及以下）	0.14	0.19

（2）按建筑面积计收保费（单位：元），可以不记名投保，计算公式如下：

意外身故伤残保费＝总建筑面积×身故伤残保险金额/平方米×保险金额（人）/10000

意外医疗保险费＝总建筑面积×意外医疗保险额/每平方米×保险金额（人）/10000

表6-2为某保险公司按建筑面积收费率表，其中意外身故伤残费率为造价的x‰身故伤残保险金额设定为1万元，意外医疗费率为造价的x‰，医疗费保险金额设定为1万元。

某保险公司按建筑面积计收保费数据表　　表6-2

建筑类型＼保险责任	每平方米意外伤害身故伤残保险费率（每人1万元保险金额）	每平方米意外伤害医疗保险费率（每人1万元保险金额）
一般建筑	0.12	0.17
高度10～25米（含）厂房	0.23	0.33
高度25米以上（含）厂房	0.39	0.56

（3）按人数计收保费。须记名投保，投保比例不低于75%，且不少于8人，计算公式如下：

意外身故伤残保险费＝意外身故伤残基准保费×保险金额（人）/10000×被保险人人数

意外医疗保险费＝意外医疗基准保费×保险金额（人）/1000×被保险人数

表6-3为某保险公司按人数计收保费表。

某保险公司按人数计收保费表（单位：元）　　表6-3

保险期间	意外身故伤残保险费率（每人每万元保险金额）	意外伤害医疗保险费率（每人每千元保险金额）
3个月	9	2.0
4个月	12	2.7
5个月	15	3.4
6个月	18	4.0
7个月	21	4.7
8个月	24	5.4
9个月	25.5	5.7
10个月	27	6.0
11个月	28.5	6.4
1年	30	6.7

案例：某建筑公司为某工业区建造2万平方米的普通厂房，工程总造价1100万元，工期6个月，施工人员约150人，投保意外伤害保额10万元/人，意外伤害医疗保额1万元/人。

（1）按照工程造价计收：

建筑意外身故伤残保费＝1100万×0.1‰×10万/10000＝11000元

建筑意外医疗保费＝1100万×0.14‰×1万/10000＝1540元

建筑意外保险费总额＝身故伤残保费＋医疗保费＝11000元＋1540元＝12540元。

（2）按照建筑面积计收：

建筑意外身故残疾保费＝0.12元/平方×2万平方×10万/10000＝24000元

建筑意外医疗保费＝0.17元/平方×2万平方×1万/10000＝3400元

建筑意外保险费总额＝身故残疾保费＋医疗保费＝24000元＋3400元＝27400元。

（3）按职工人数计收：

建筑意外身故伤残保费＝（18元×10万/10000）×150人＝27000元

建筑意外医疗保费＝（4元×1万/1000）×150人＝6000元

建筑意外保险费总额＝身故伤残保费＋医疗保费＝27000元＋6000元＝33000元。

如果保险期间内被保险人因意外伤害身故或残废，则被保险人最高可获得10万元的赔付，最高可获得医疗费用1万元的赔付。

2. 建筑意外伤害保险保费具体计算

根据原建设部《指导意见》规定："建筑意外险投保可按照施工建筑面积或按工程合同造价作为基数，计算保险费用。"目前，各地计算保费的规定有所不同，大致分为以下几种：

（1）按照合同总造价计收

按照合同总造价计收的，主要对工程造价的高低进行划分等级，不同造价等级的项目采用不同的保险费率。

杭州市文件规定："按建筑工程项目合同总造价计取，工程造价在2亿元（含2亿元）以下的，按造价的1‰计收；工程造价在2亿元以上的，按造价的0.8‰计收；按计取比例保险费不足500元的，按500元交费。"

上海市文件规定："工程造价在5000万元以下的按照1‰计收；工程造价在5000万元以上的按照0.9‰计收。"

（2）按照建筑面积计收

按照施工合同确定的建筑面积计收，例如，山东省有关文件规定："建筑意外伤害险保费，按照建设项目工程的建筑面积每平方米1～1.5元计收。"辽宁省文件规定："建筑意外伤害保险费按建筑面积计算，每平方米1.50元。"

（3）按照施工人数计收

浙江省部分地区按照工程施工面积确定施工人数后，按照施工人数一次性收取。北京市对原计收办法进行了改革，按照施工高峰期施工人数的40%～60%作为被保险人数计保费。

（4）造价法与面积法结合计收

按照不同工程类别分别规定不同的计收方式。例如，广东省文件规定：房屋建筑工程以建筑面积为保险费计算基础，市政基础设施工程和其他建设工程以合同总造价为保险费计算基础。辽宁省文件规定：原则上按照工程总面积计收保险费外，同时还规定，如无法计算建筑面积，可按工程总造价计算，每千元1.50元。

鉴于工程建设项目施工工艺流程中各工种调动频繁、用工流动性大，建筑意外伤害保险投保实行不记名和不计人数的方式。

3. 建筑意外保险的浮动费率

建筑意外保险费率提倡差别费率和浮动费率。差别费率与工程规模、类型、工程项目风险程度和施工现场环境等因素挂钩；浮动费率与施工企业安全生产业绩、安全生产管理状况等因素挂钩。对重视安全生产管理、安全业绩好的企业采用下浮费率；对安全生产业绩差、安全管理不善的企业采用上浮费率。通过浮动费率机制，激励投保企业安全生产的积极性。

广东省建设厅规定：凡取得省、地级以上市安全生产文明施工优良样板工地称号的施工企业，可享受保险费率按一定比例下浮的优惠；凡发生四级以上（含四级）重大安全事故的施工企业，可按一定比例提高保险费率。

杭州市建委规定：凡当年度投保人获得市级及以上安全标准化样板工地称号的，在下一年度承接工程项目办理意外伤害保险时，保险费费率在原基础上可以下浮0.1‰～0.2‰。凡当年度投保人因安全管理原因曾被市级以上建设行政主管部门暂扣安全生产许可证或暂停参与政府投资工程投标的，在下一年度承接工程项目办理意外伤害保险时，保险费费率在原基础上可以上浮0.1‰～0.2‰。

哈尔滨市建委规定：对重视安全生产管理、安全管理绩效显著、未发生安全生产事故的建筑施工企业，可采用下浮费率；市级先进企业下浮5%；省级先进企业下浮10%；部级先进企业下浮15%。市级标准化工地下浮10%；省级安全生产文明工地下浮15%；“三市安全联检”金、银牌工地下浮20%；国家级安全生产文明工地下浮25%。

对安全生产业绩差、安全管理不善，发生建筑施工安全违规行为和伤亡事故的建筑施工企业，采用上浮费率。发生四级以上（含四级）重大安全事故的企业保险费率按基本费率的110%计；连续发生事故企业的保险费率每年均在上年度费率基础上浮10%。因安全防护措施不到位，被停工整改两次以上（含两次）的，该项目部承接的新工程项目保险费率按基本费率上浮10%。企业年度安全生产评价不合格的，该企业所承揽工程保险费率按基本费率上浮20%。

4. 建筑意外保险保费的支付

无论是《建筑法》还是《指导意见》都明确规定，保险费由施工单位支付，实行工程总承包的，由总承包公司支付，业主直接发包的，由承包商支付。建筑意外伤害险是强制性的，不论企业是否愿意，施工企业的经营状况如何，工程造价是多少，施工人员是多少，均必须为施工现场从事危险作业人员办理建筑意外保险，被保险人施工现场作业人员个人不缴纳保费。

建筑意外险保费应当列入建筑安装工程费用。建筑安装工程费是由直接费、间接费、利润和税金组成的，在其“间接费”项目中的“规费”项中包含了“危险作业意外伤害保险”。

同时，依照国税局的有关文件精神，“纳税人为全体雇员按国家规定向税务机关、劳动社会保障部门或其指定机构缴纳的基本养老保险费，基本医疗保险费，基本失业保险费，按经省级税务机关确认的标准交纳的残疾人就业保障金，按国家规定为特殊工种职工支付的法定人身安全保险，可以扣除。”建意险保险费用，可以不交纳税费。

6.3.3 建筑意外保险保险期限

建筑意外险保险条款一般规定：“施工工程项目被批准正式开工，并且投保人已缴付保险费的次日（或约定起保日）零时起，至施工合同规定的工程竣工之日二十四时止。提前竣工的，保险责任自行终止。工程因故延长工期或停工的，需书面通知保险人并办理保险期间顺延手续，但保险期间自开工之日起最长不超过五年。工程停工期间，保险人不承担保险责任。”

建筑意外保险的保险期限原则上是根据工期来加以确定的。由于施工期受多种因素的影响，是一个不确定的时间点，它可能没有按照合同约定期完成延缓竣工，也可能比合同约定期提前竣工。建筑意外险条款对保险责任开始时间的规定为：“保险期限自从施工工程项目被批准正式开工，并且投保人已缴付保险费的次日（或约定保日）零时起。”

在这里要明确三个时间点的概念：第一，施工批准开工时间点；施工许可证是建设行政机关批准项目正式开工的具有法律效用的凭证，领取施工项目许可证的日期为批准开工的依据；第二，缴纳保费时间点，交缴保费的日期以缴纳保费收据日期作为依据；第三，双方约定保日时间点，在签订保险合同时，保险双方事先明确约定保险起点。只要同时满足第一、第二或第一、第三项就可以确定保险期的生效时间。

建筑意外险的保期终止时间的确定是以施工合同签订的施工竣工日期为时间点的。而不是以工程实际竣工为保期的终点的。提前或延期竣工的工程，保险费原则上不作调整，如需要调整，由施工企业与保险公司自行约定。如由于其他原因需要停工的，停工期间发生的意外伤害事故保险人不负责赔偿。工程停工和复工时，应在保险公司办理保险责任暂时中止或复效手续。保险责任中止期间，不计算保险公司的保险期限。已办理复效手续的，建筑意外伤害保险期限时间相应顺延。

6.4 保险限额与赔付额

6.4.1 建筑意外险保险限额

建筑意外险保险额的确定给予以下原则：一是双方协商原则，结合各地区实际情况，建筑行政主管部门与保险人协商而约定；二是合理的原则，考虑企业的经济承受能力，确定最低保险限额；三是有效性原则，确保最低伤亡人员得到有效的经济补偿。

由于全国各地经济发展水平不尽相同。建筑意外伤害保险身故伤残保险的最高限额一般设定在8万/20万元之间，北京市规定：意外伤害致死的每人最低不得少于15万元；意外事故致残的按照残废级别给付，一级至十级残废给付金额分别为：10万、9万、8万、7万、6万、5万、4万、3万、2万和1万。

厦门市规定：建筑意外伤害保险每一个被保险人的保险限额度不得低于厦门市全市上年度在岗职工月平均工资的104倍、附加意外伤害医疗保险金额不得低于1.6万元。厦门市的保险金额随着全市上年度在岗职工月平均工资逐步上调。

广东省规定：建筑意外伤害保险限额最低不少于15万元/人，而四川省规定：建筑意外死亡保险金额10万元/人；建筑意外残疾保险金额5万元/人；意外伤害医疗保险金额1万元/人。

6.4.2　建筑意外保险残疾给付

1. 残疾保险金的给付

残疾保险金的给付比较复杂，保险学上所说的“残疾”是从纯粹医学角度判断人的身体组织或部分器官的正常活动机能，永久地、不可挽回地缺失某种正常的生理活动能力的一种状态，人身意外险所致的残疾与医学意义上的基本一致，包括两种情况：一是人体组织的永久性残缺（或称缺损），如肢体断离等；二是人体器官正常机能的永久丧失，如失去视觉、听觉、嗅觉，语言障碍或行动障碍等。在保险期内发生保险事故，由伤害事故所致，并能够在此期间或规定的责任期限内由指定的医院诊断的永久性残疾构成意外伤害险的保险责任，保险人因按照残疾程度的高低，根据事先的约定给付全部或部分的保险金。若治疗延续的时间较长，在责任期内仍未能确定是否造成残疾或造成何种程度的残疾，则按照一般做法，根据责任期限时间点被保险人的状况推定残疾程度，并以此为基础进行给付。若被保险人遭受意外伤害后通过治疗或自身修复在180天内未遗留组织器官缺损或功能障碍的，则不属于残疾。

2. 残疾程度的评定

被保险人因意外伤害造成残疾的，应向保险人提供鉴定机构或者指定医院出具的证明材料，一般来说，保险人不对所有意外伤害承担责任，而只对符合合同约定的伤残程度和给付标准的意外伤害，按照合同约定的给付比例承担保险责任。

建筑意外保险伤残等级标准划分按照《劳动能力鉴定——职工工伤与职业病致残等级》执行，按照各地区制定的建筑意外保险伤害残疾程度与给付标准比例给付。而不是按照《人身残疾程度与保险金给付比例表》执行，执行的是十级标准而不是七级标准。

（1）残疾程度的评定的责任期原则

一般情况下残疾评定应在损伤及其所致并发症经治疗达到临床医学一般原则所承认的临床症状稳定状态（包括医疗终结和医疗依赖）后再进行，但若治疗延续的时间较长，在责任期限结束时仍未能确定是否造成残疾或造成何种程度的残疾，但如果被保险人经过责任期治疗已结束，则无论病情如何均可评定残疾程度，即所谓推定残疾原则。如果被保险人遭受意外伤害后发生组织器官缺损等明显无法恢复的情况时，在损伤发生后即可进行残疾程度的评定工作。

（2）残疾程度评定分项原则

被保险人遭受意外伤害，如果同一器官或系统发生多处损伤，或者一个以上器官同时受到损伤时，应先对单项残疾程度进行鉴定，然后根据保险合同的约定，确定应给付的保险金；当被保险人因同一意外伤害造成两项以上身体残疾时，保险人给付多个对应项残疾保险金之和，但保险金给付总额不得超过约定的保险金额。不同残疾项目属于同一手或同一足时，保险人给付其中一项残疾保险金；如残疾项目所对应的给付比例不同时，给付其中比例较高一项的残疾保险金。

(3) 残疾评定的类推原则

给付比例表不可能十分详尽，对于给付比例表中未作规定的残疾，确定是由意外伤害造成的，可以参照最相似的项目评定残疾等级，给付残疾保险金。

(4) 高等残疾覆盖低等级残疾原则

在给付比例表中仅仅规定高等残疾的，如果被保险人的残疾未达到高等级残疾的，可以评定为下一等级残疾。比如，双目永久失明的残疾程度为第一级，其中失明包括眼球缺失或摘除、不能辨别明暗，仅能辨别眼前手动者，最佳校正视力低于国际标准视力表0.02，或视野半径小于5度；若未达到一级程度的，可以根据实际功能的障碍程度评定为低于一级的二、三等其他级别。

3. 残疾保险金的计算

在残疾程度确定后，保险人应根据规定，按照保险金额计该项残疾所对应的给付比例给付残疾保险金。也就是说，在残疾程度确定以后，计算应给付的残疾保险金事实上非常简单，一般数额计算公式为：

残疾保险给付额 = 保险金额 × 残疾程度百分比

建筑意外保险人身伤害残疾程度与给付比例，实行十级赔付标准，残疾程度与给付比例表见表6-4。

某省建筑意外险残疾程度与赔付比例表 表6-4

程度分级	1	2	3	4	5	6	7	8	9	10
赔付比例	100%	70%	50%	40%	35%	30%	25%	20%	15%	10%

具体来说在残疾保险金的给付过程中，被保险人应注意以下问题：

(1) 一次伤害多处致残

一次伤害多处致残具体又分为两种情况：一是被保险人因为保险有效期内的一次意外伤害事故导致了身体若干部位致残，即同时发生在残疾给付标准上二项或二项以上的残疾，并且伤残属于同一器官部位，即同时达到一类身体组织残疾中的几个级别时，一般只给付较高级别的残疾保险金；二是如果被保险人遭受不同部位的残疾时，应以保额为限加总给付，保险人根据给付比例将各处残疾给付百分比累加，未超过100%的则：

残疾保险金 = 约定保险金额 × 累计给付百分比

超过100%的则：

残疾保险金 = 保险合同约定的保险金额

比如被保险人因意外伤害导致一目永久完全失明属四级残疾，按照建筑意外险残疾程度与赔付比例表应给付40%，同时又缺失十个手指的属二级残废，应给付70%时，两项百分率加总超过100%，保险当事人双方合同事先约定伤残保险金额如果为10万元，则保险人只给付合同约定的保险金10万元。总之，残疾保险金的最高给付不得超过保险合同约定的保险金额。当累计给付尚未达到保险金额时，保险合同中的保险金额剩余部分继续有效；而累计给付额一旦超过保险金额，则保险金合同即告终止。

(2) 多次伤害

根据意外伤害保险的一般规定，被保险人在保险有效期内多次遭受伤害的，保险人应按每次致残程度分别给付保险金，但累计金额不得超过约定的保险金额。

（3）先残后死

被保险人多次遭受意外伤害事故而先残疾，后死亡的情况。在这种情况下，被保险人的残疾保险金仍是按照上述方法计算的，而最后的死亡保险金则等于合同约定的保险金额扣除先期给付的残疾保险金额后的余额，同时宣告保险责任终止。

（4）特别约定残疾给付

一般意外伤害险设有特别约定残疾给付，这是用来弥补残疾程度百分比不足的一项约定。因为人体各部位的残疾对从事不同职业的人的劳动能力的影响是不同的，建筑意外险是针对本行业特点而设计的保险条款，没有此项概念。

6.4.3 建筑意外保险身故给付

（1）死亡保险责任的构成

一般情况下所谓的死亡都是指医学意义上的生理死亡，是指机体生命活动和新陈代谢的终止。如果被保险人在保险期限内遭受意外伤害，在责任期限内生理死亡，并且保险期限内的意外伤害导致被保险人死亡的直接或近因，显然已经构成意外伤害保险责任，保险人即当准备给付保险金。

但是，如果被保险人在保险期限内因工外出，原因下落不明，那么从事故发生之日起满2年，法院宣告被保险人死亡时，已经超过了意外险的责任期限（一般为一年以内）。在这种情况下，如果被保险人坚持依据责任期限不负保险责任，那么，显然有损于被保险人的利益，也失去了意外伤害险的经济意义。为了解决这一问题，在一般的意外险条款中订立失踪条款或有保险单上签注关于失踪的特别约定，规定被保险人确因意外伤害事故下落不明超过一定期限（如3个月，6个月等）时，视为被保险人死亡，保险人给付死亡保险金，但如果被保险人以后生还，受领保险金的人应本着诚信原则，将保险金退还保险人。

（2）死亡保险金的给付方式

在确定了被保险人死亡能够确定构成意外伤害保险的保险责任后，保险人就要按照保险单的规定履行死亡保险金的给付义务。在意外伤害保险合同中，事先应规定死亡保险金数额或保险金额的百分比。例如，建筑意外保险规定被保险人因意外伤害保险金额为10万元、15万或20万元，其中死亡给付保险金为8万元、10万元或15万元或在条款中规定身故给付金额占意外伤害保险金额百分比的50%、60%或70%等等。

另外，意外伤害保险条款一般将死亡保险金的给付按行业危险程度做出规定。这样一般意外保险的保险金额就分为特殊保险金和普通保险金两种，凡从事建筑作业、井下作业等高危工作人员使用特殊保险金，其他人员使用不同保险金，普通保险金与特殊保险金的比例为1：2，从而体现了人身保险合同权利和义务的对等原则，建筑意外伤害保险属于特殊行业的保险，其保险限额是建筑行政管理部门与保险人之间特别约定的。

6.4.4 附加意外医疗保险给付

建筑意外保险一般不包括医疗保险，国家政策鼓励各地区意外险附加医疗保险。对于意外医疗保险给付，不同国家对于意外伤害医疗保险金给付的做法有很大的不同，有的列为除外责任，有的保险险种给付医疗保险金，有的则将医疗保险金的给付作为一个常规条款在保险条款之中。

意外事故医疗费用赔付要点如下：

当被保险人在保险有效期内遭受承保危险事故导致身体伤害，并且因此发生了医疗费用开支，在责任有效期内提出申请的，由保险人按实际发生数额在保险金额之内，对被保险人进行赔偿。此项保险金额包括实际医疗费和住院费等项。

前者是被保险人必须支付的合理的实际医疗费用，给付医疗保险金，但每次给付不得超过保单所规定的“每次事故伤害治疗保险金限额”；后者是指被保险人因意外伤害经公费医疗或保险人指定的医院住院治疗发生的费用，由保险人按其住院日数给付保单所规定的“伤害医疗保险金日额”，但每次伤害的给付或报销天数不得超过规定时日。

此外，如果被保险人因伤害的骨折未住院治疗的，保险人可以按经验住院日乘以“医疗保险金日额”的一半进行给付，这是台湾等地区的一般做法。见表6-5所示。

意外伤害骨折保险金给付表 表6-5

项　　目	给付天数	项　　目	给付天数
1. 彼股、眶骨	14	9. 椎骨（包括胸椎、腰椎及尾骨）	40
2. 掌骨、指骨	14	10. 骨盆（包括肠骨、趾骨、坐骨）	40
3. 颧骨、趾骨	14	11. 头盖骨	50
4. 下骨（齿槽医疗除外）	20	12. 臂骨	50
5. 肋骨	20	13. 腕骨（一手或双手）	40
6. 锁骨	28	14. 刻骨（一足或双骨）	40
7. 膝盖骨	28	15. 大腿骨头	50
8. 肩胛骨	34		

6.5 保险的投保与索赔

6.5.1 建筑意外保险的投保

1. 建筑意外保险投保人

《指导意见》第六条规定：“施工企业应在工程项目开工前投保，实行不记名和不计人数的方式。工程项目中有分包单位的，由总承包施工企业统一办理，分包单位合理承担投保费用。业主直接发包的工程项目由承包企业直接办理。”《建筑工程安全管理条例》第三十八条也规定：“意外伤害保险费由施工单位支付。实行施工总承包的，由总承包单位支付意外伤害保险费。”建筑意外保险投保人根据承包方式的不同有两种：建筑意外保险的投保人可以是施工总承包企业、也可以是施工承包企业。工程实行总承包的，投保人为总承包企业，由业主直接发包的投保人是施工承包企业。

2. 建筑意外保险投保地点与所需证件

在工程项目开工前，施工企业应向地区建设行政主管部经过招标的确定开展建筑意外伤害保险业务的服务中心或保险公司办理投保手续。

投保时一般所需证件主要包括：施工合同原件或证明建筑面积、工程造价的有效文件（复印件留存）等相关投保材料；索取和填写意外险投保单，投保单须加盖投保单位公章；需要的与保险有关的其他材料；建筑施工企业应一次性缴纳全部保险费；保险专业中介机构应向投保单位出具保险单和保费收据。

3. 对投保人逃避意外保险的惩处

建筑意外伤害保险是国家规定的强制性保险，任何施工单位都应该履行法定的义务，对于逃避意外保险的用人单位必须予以惩处。因此，《指导意见》指出："各级建设行政主管部门要强化监督管理，把在建工程项目开工前是否投保建筑意外伤害保险情况作为审查企业安全生产条件的重要内容之一；未投保的工程项目，不予发放施工许可证。"

建设单位在办理工程质量安全监督注册手续时，应提供工程建工意外险保险凭证，建工意外险采用统一格式的保单，在保险合同条款中应载明为投保人提供安全服务的具体内容。质量安全监督机构在受理工程质量安全监督注册手续时，将对保险凭证是否符合当地政府及建设行政主管部门的文件要求进行核对，不符要求的不予办理质量安全监督注册手续。

6.5.2　建筑意外保险索赔程序

1. 建筑意外保险的索赔人

"谁受损谁索赔"的原则是为了防止道德风险维护受损者利益的需要而制定的。但是在保险索赔中，由于被保险人的多方性（总承包商、施工总承包商、分包商等），以及工程合同所构成的权利与义务关系，由谁来进行索赔变成较为复杂的问题。

例如，总承包商对工程项目进行了统一保险并交纳了建筑意外险的保费，此时分包商也就是被保险人之一了。如果分包商发生保险事故，分包商理应成为索赔人向保险公司进行索赔。但是假如在承包合同中规定，由于意外事故造成人身意外伤害损失由总承包商赔偿或者双方约定了由于保险责任范围内的损失由总承包商赔偿，这样分包商直接向保险公司索赔就不合适了，而应是由总承包商向保险人索赔获得赔偿后，再赔偿分包商。所以投保人在与保险人签订保险合同时就应该确定发生事故后由谁来索赔的事项。

确定索赔人总的原则是：谁投保、谁缴纳保费，谁就索赔。因为投保人对于签订保险合同的过程和条款较为了解，掌握的有关信息较为丰富，可以提高索赔的效率。另一个原则就是承包合同的规定，承包合同中规定由谁索赔，就应该由谁索赔。

如遇被保险人与投保人对意外事故发生争议的，被保险人或受益人也可以直接向保险人提出索赔申请。

2. 索赔程序

《指导意见》中指出："建筑意外伤害保险应规范和简化索赔程序，搞好索赔服务。各地建设行政主管部门要积极创造条件，引导投保企业在发生意外事故后即向保险公司提出索赔，使施工伤亡人员能够得到及时、足额的赔付。"意外险的索赔程序包括：索赔通知、索赔证明的提供等环节，分述如下：

（1）索赔通知。

索赔通知又称为"报案"或"出险通知"。建筑施工现场发生建筑意外伤害事故后，被保险人应在第一时间（两天内）通知保险人，报案应予书面形式进行，并加盖投保单位的公章，并要求保险人来现场进行处理。保险公司接报案后，视意外事故的性质与程度决定是否现场查勘。

当发现有犯罪行为嫌疑时，应及时通知公安机关。同时按工程管理隶属关系向建设行政主管部门报告，由建设行政主管部门出具事故认定书，作为索赔的依据文件之一。索赔通知将意外事故发生的时间、地点、原因、人身伤害损失状况等有关情况进行汇报。

同时被保险人可以采取措施，组织抢救，对现场及有关事务证据进行保护，以便保险人能够较为准确地了解损失情况。如果施救费用较高时，应在施救的同时尽快地通知保险人，同时拍照受损情况照片作为损失证明。准备一份事故报告，内容包括损失日期、原因、地点、估计损失额、联系人、向其他机关单位报告情况、受害人和目击者的姓名、地址等。

（2）诉讼通知。

被保险人在预知可能引起诉讼时，应该立即以书面的形式通知保险公司，并在接到法院传票或其他法律文件时立即将其送交保险人，使保险人充分掌握赔偿责任。未经保险人同意，被保险人或其他代表不得对被索赔方做出任何承诺或拒绝、出价、约定、付款或赔偿，否则将影响被保险人的索赔。

（3）填写索赔报告。

被保险人在确定人身伤害事故损失后，应及时以书面形式向保险人提出索赔。索赔报告内容包括：出险经过、损失程度、请求赔付的金额等。

（4）提供有关单据和证据。

投保人应根据保险合同规定的索赔要求，提供有关的证明文件，在规定的时间内向保险公司索赔。

1）残疾索赔一般应提交下列证明文件和材料。被保险人残疾的，由被保险人作为申请人填写保险赔付申请书，并凭借下列证明文件和材料向保险公司进行残废保险索赔。

保险单或其他保险凭证；被保险人户籍证明或身份证明；用人单位出具的被保险人的人事证明或劳动关系凭证；公安等部门出具的意外伤害事故证明；公安机关、保险人指定或认可的伤残鉴定机构或医师出具的被保险人残疾程度鉴定书；建设行政主管部门出具的事故认定书；被保险人所能提供的与确认伤害事故的性质、原因、伤害程度等有关的其他证明材料。

2）身故索赔一般应提交下列证明文件和材料：保险单或其他保险凭证；受益人户籍证明或身份证明；用人单位出具的被保险人的人事证明或劳动关系凭证；公安等部门出具的建筑意外伤害事故证明；公安机关或保险人指定或认可的医疗机构出具的被保险人身故证明书和公安机关出具的被保险人户籍注销证明；如被保险人因意外事故宣告死亡，受益人须提供人民法院出具的宣告死亡证明文件；建设行政主管部门出具的事故认定书；受益人所能提供的与确认伤害事故的性质、原因、伤害程度等有关的其他证明材料。某某省建筑意外伤害保险索赔提供材料明细表见表6-6所示。

建筑意外保险索赔提供材料明细表　　　　**表6-6**

<table>
<tr><th>项目</th><th>应准备单证</th><th>单　证</th></tr>
<tr><td>意外住院医疗</td><td>1、2、3、4、5、6</td><td rowspan="5">1. 理赔申请书（可向办理人员索取）、被保险人的有效证件复印件、单位人事关系证明（用工合同、三级安全教育卡和工资表，有上岗资格要求的工种其施工人员应有合格上岗证），保单复印件，开工申请批复表复印件；
2. 住院发票；
3. 住院费用明细清单（包括每日用药清单和住院材料、治疗费用清单）；
4. 病历复印件（包括病历首页、体温单、医嘱单、出院志）；
5. 出院诊断证明书；
6. 发生意外伤害事件的有关单位证明（建筑安全事故提供当地安全生产委员会和质安监督站或建委出具的事故证明；交通事故：提供交通部门出具的“交通事故责任认定书”“交通事故调解书”；治安伤害：提供派出所证明；其他情况：权威单位对事故定性的证明）；
7. 门诊发票；
8. 门诊处方签；
9. 各种检查报告（X光、CT、B超、心电图、化验检查等）；
10. 门诊急诊就诊病历本；
11. 公安部门、县级以上公立医院或保险人认可的医疗机构出具的死亡证明文件；
12. 被保险人户籍注销证明、火化证；
13. 受益人户籍证明或身份证复印件，受益人与被保险人身份关系证明（由被保险人户籍所在地派出所出具）；
14. 保险人认可的医疗机构出具的残疾程度鉴定书</td></tr>
<tr><td>意外门诊医疗</td><td>1、6、7、8、9、10</td></tr>
<tr><td>意外残疾</td><td>1、5、6、14</td></tr>
<tr><td>突发疾病
十日内身故</td><td>1、2、4、7、9、
10、11、12、13</td></tr>
<tr><td>意外身故</td><td>1、6、11、12、13</td></tr>
</table>

（5）保险公司在收到齐全的索赔资料确认后，以按不同情况及时、足额履行给付保险金义务。

一般应按照赔付额度的高低确定完成赔付的工作日，对于一次性给付额度较小的赔案，在确定属于保险责任后，应在规定日内给付保险金，对一次性给付金额度较大的赔案，对确定属于保险责任的，在规定工作日内履行给付保险金义务。

6.6　保险的承保与理赔

6.6.1　保险承保流程

当前，随着我国建筑意外保险制度不断完善，一些地区相应成立了建筑意外保险属地统一联网保险服务机构，在省级设立总服务中心，管辖属地设立分服务中心，这种服务体系大大提高了保险的规范化管理水平。下面我们对建筑意外伤害保险服务中心体系的承保流程进行介绍。

1. 承保出单

（1）所辖各建筑意外保险服务分中心组织所在区域的建筑施工企业参加建筑意外伤害保险计划；

（2）投保单位在分服务中心现场办理投保手续，分机构工作人员指导投保单位正确填写“建意险委托确认书”和“建意险投保单”，并由投保单位在“建意险委托确认书”和“建意险投保单”加盖投保单位公章；

（3）投保单位按照规定的保费标准足额缴纳保险费，工作人员在核对无误后，收取保费并同时出具“保费暂收收据”；

（4）投保单位足额缴纳保险费并交回已加盖投保单位公章的“建意险委托确认书”和“建意险投保单”后，工作人员及时将已收取保费的“建意险委托确认书”发送给总服务中心，总服务中心加盖“受理确认章”回传以示生效；

（5）总服务中心根据收到的《建意险委托确认书》制作保险单，定期邮寄所辖各行政区的分服务中心，送达投保单位。

2. 保险费结算

（1）各分服务中心定期将上月保险费划交总服务中心。各分服务中心在结算保费时，应同时交接以下单证，同时要附台账清单：“建意险委托确认书”、“建意险投保单”；已使用的“保费暂收收据”留存联；作废的“保费暂收收据”。

（2）总服务中心定期将上月保险费划交到建筑意外保险共保组织首席承保人。建筑意外保险承保流程如图6-6所示。

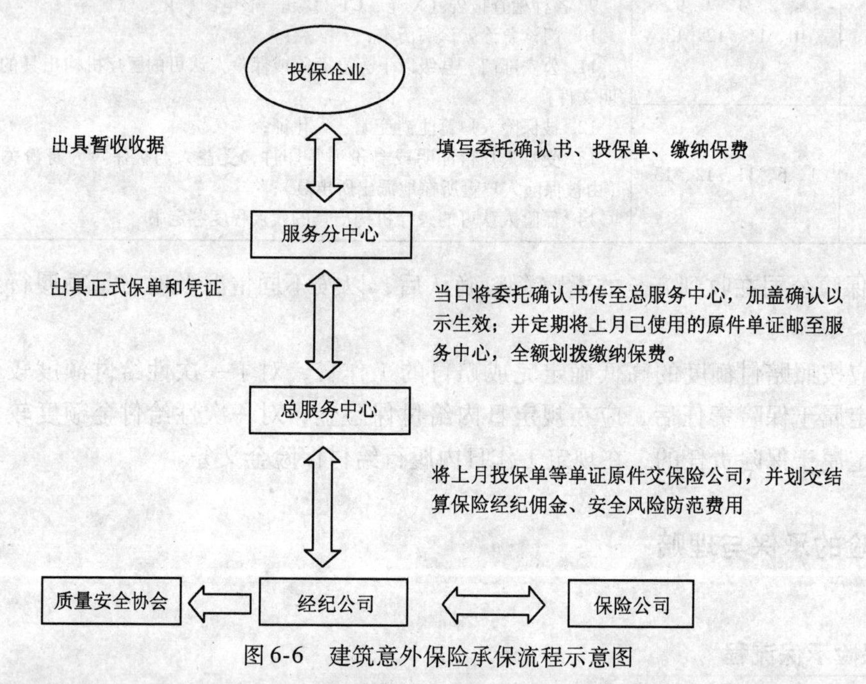

图6-6 建筑意外保险承保流程示意图

6.6.2 建筑意外保险理赔

1. 建筑意外保险理赔原则

《指导意见》指出：“各地建设行政主管部门要积极创造条件，引导投保企业在发生意外事故后即向保险公司提出索赔，使施工伤亡人员能够得到及时、足额的赔付。”根据原建设部文件精神，建筑意外险理赔应坚持四点原则。

（1）诚信履约原则。建筑意外伤害险的合同规定的确立和义务关系，受法律保护。因此，保险公司必须坚持诚信履约的原则，应充分保护投保人的利益。

（2）准确合理原则。在理赔过程中，是否能够做到准确合理是关系到被保险人的根本利益，准确合理是指对伤害事故的理赔要准确无误，合情合理，实事求是，对事实不夸大，不缩小，如实地处理赔案，准确判断保险责任、确定赔付标准和理算赔付金额。使被保险人感到保得放心，赔得舒心。

（3）及时迅速原则。保险理赔工作要及时迅速，使受伤害者及时得到应有的经济补偿。理赔工作要达到及时迅速的效果，一是要求保险人对理赔程序设计得要简洁，减少不必要的环节，方便被保险人办理索赔手续，二是要本着对投保人高度负责的精神，提高理赔的工作效率，提倡24小时工作制度，随时受理索赔，随时处理赔案。

（4）足额赔偿原则。足额补偿就是要求保险人按照合同事先约定赔付标准、不打折扣地对被保险人按照合同事先的约定进行经济赔偿，不打折扣、不减价，实行足额赔偿，使被保险人能够得到应有的经济补偿。

2. 建筑意外保险理赔程序

（1）服务中心理赔流程

按照建筑意外保险服务中心体系进行理赔的流程图如下（图6-7）。

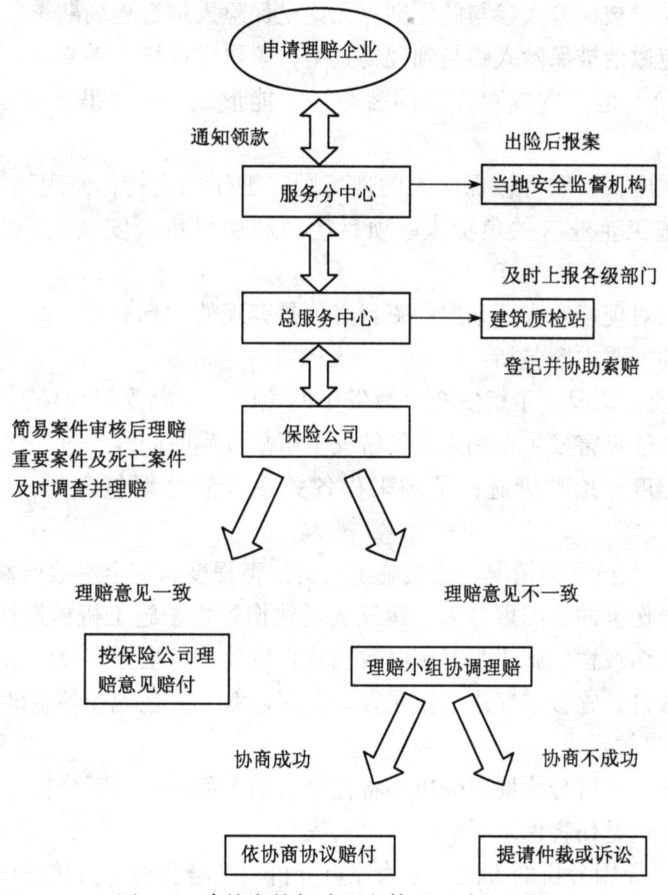

图6-7 建筑意外保险服务体系理赔流程图

（2）建筑意外保险理赔主要环节

1）理赔现场勘查

现场勘查是在意外伤害事故发生后，由保险人的专业人员对建筑人身伤害事故现场进行查勘，其目的一方面是为了能够及时了解情况，掌握事故的情况，及时采取必要措施，对可能造成的伤害进行有效地控制，减少不必要的损失；另一方面，也是为了在第一时间取证，为客观进行理赔、减少不必要的法律纠纷奠定基础。现场勘查是保险人理赔的极其重要的环节，是保险事故所造成损失原因的现场调查的过程，为理赔提供定性与定量的原始资料的关键性工作。

在建筑意外伤害险事故理赔中，是否需要进行现场勘查，视事故的性质和程度而定。对于属于一般性质的、伤害事故范围较小的人身事故保险人可以不进行现场勘查，保险人可以根据被保险人所提供的资料直接进入理赔阶段。如保险公司未进行现场查勘，以被保险人提供的事故说明、现场照片、医疗费用单据及其他证明材料作为赔付理算依据。

现场勘查工作一般由保险人的客户服务部门人员直接参与理赔的，保险人也可以委托中介公司，由建筑意外保险中介来完成。

现场勘查是保险人理赔的基础，其重要特征就是对现场事故进行认真的确认与记录。现在尽管人们可以利用现代化技术对现场状况进行记录，例如拍照、录像等手段。在现场勘查中保险人应该坚持以下原则：

第一、积极动员被保险人参与的原则。无论是保险人进行现场勘查，还是由经纪公司进行现场勘查，应邀请被保险人参与到现场其中，争取掌握第一手资料，注意证据收集与保留。这样做的优点是三方或双方共同参与，才能形成一个共识，避免索赔的纠纷和异议。

第二、保险人应积极取得被保险人的现场勘查工作的支持，使现场勘查工作顺利进行；一般应得到施工企业有关负责人、项目经理和项目负责安全生产的有关人的积极配合。

第三、保险人对现场勘查所掌握的资料必须是客观的、真实的，而不是主观的、虚假的。保险人勘查的主要内容包括：

① 了解工程项目概况。了解安全事故发生的原因、查勘受损现场，召集工程项目经理、工程监理及事故灾害发生在场人员了解安全事故发生时间、经过、状况和原因；了解人员受损范围、程度、抢救措施；了解工程各关系方的总承包合同、分包劳务合同等情况。

② 勘查原因、人员受损情况。建筑施工人员伤害程度与安全事故的性质有密切关系，一般建筑施工人身伤害的原因可分为：建筑倒塌致伤致亡、施工机械操作失误致伤致亡、高空作业物坠落致伤致亡、施工临时用电致伤致亡事故等。根据事故的原因对人身伤害的人员姓名、伤亡数目、施救情况进行记录登记，保险双方应在现场签字确认。

2）意外伤害事故定责

意外事故定责工作可分为原因分析和责任分析两个部分。原因分析的目的是要查明伤害事故发生原因，这是伤害保险定责的重要前提。

① 原因分析。原因分析的方法可分为原点分析、综合分析、直接分析和近因分析。

第一、原点分析。原点分析就是在人身伤害事故发生的初始点或部位进行调查分析的方法。原点往往会反映伤害事故发生的直接原因。在找到原点后，可以围绕着现场各种现象进行分析，揭示出事物的直接或间接的原因。

第二、综合分析。工程伤害事故的原因是复杂的，多方面的。包括设计、勘察、施工工艺、材料质量与使用，自然与非自然因素的影响。因此，人身伤害事故必须进行综合性的分析，找出导致安全事故发生的最直接的、最主要的原因。

第三、近因分析。近因分析指的是危险与人身伤害之间，导致伤害主要的和直接的原因的分析。造成建筑人身伤害的原因可能是一个或两个，也可能是由多个原因相互作用而产生的，只有那些导致人身伤害发生的近因，才是保险人所要分析考虑的。

一般确定近因的方法是根据造成伤害的因果关系来判断的。从最初到最终，从最初时间发生，按照逻辑推理直到最终事件的伤害发生，则最初事件就是最终事件的近因。从最终到最初。从最终事件伤害出发，按照系列自后往前推理，追溯到最初事件，在追溯过程中且无中断，则最初事件为最终事件的近因。如果伤害事故损失是由一个原因造成的，那么，这个原因就是近因。如果是连续的多种原因造成的，那么近因是具有支配力的、起决定作用的关键原因。如果伤害是同时发生的多种原因造成的，则近因是导致损失产生过程中，具有决定作用的那个原因。

② 责任分析。责任分析又称责任认定。我国对建筑安全事故的责任认定有两个方面：一种是行政责任认定，另一种是保险责任认定。保险责任认定是保险人按保险合同约定，结合事故调查结果，分析事故是否属于保险范围，原则是近因原则，近因事故属于保险责任范围的损失由保险人赔付，否则保险人不予赔付。在这里一是要确定有无遭受外来伤害的事实，是否有死亡、残疾或其他需要治疗的事件发生；二是看判明受害人是否就是保险单中所指示的被保险人，是否在保险期内；如果答案是肯定的，就要判别造成伤害的原因是否来自外界，贯彻“近因原则”，查明致伤原因。如果致伤原因属于意外事故，并对于被保险人的身体造成了侵害事实的，才能被认定为保险责任，否则不属于意外保险责任。

确认被保险人所受到的伤害是否属于意外需要根据被保险人的客观行为以及致伤当时的客观环境等因素来探寻被保险人的主观行为，以判断这种伤害事实是否称得上是“意外伤害”从而成为应保的“保险事故”。首先推断是否是被保险人的故意行为，如果不是，再讨论伤害能否为被保险人所预测得到，如果无法预测得到，就构成意外伤害；如果是可以预见的，就分辨是否被保险人因疏忽而未预见，如果是，则构成意外伤害；反之，如果确实可以预见而且也已预料到伤害的发生，就讨论被保险人不躲避伤害的原因——如果是来不及躲避，仍构成意外伤害；如果是因为法律、职责的规定不得躲避或者是出于道义、公德等高尚的动机甘冒风险而致伤害，仍视为意外伤害；如果是其他情况，则一般不认定为意外伤害事故，具体流程如图 6-8 所示。

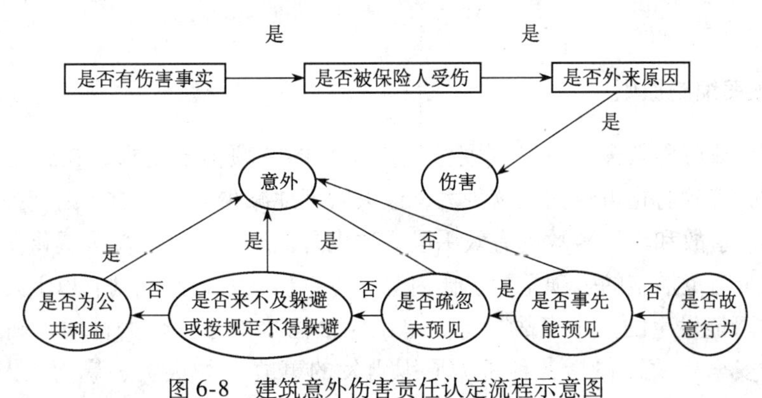

图 6-8　建筑意外伤害责任认定流程示意图

3）保险理算

建筑意外伤害保险的理算，是指在保险人员对事故定责后，根据意外伤害保险合同的有关规定，确定保险赔偿金额的过程。按照建筑意外伤害险保险合同约定，审核、计算意外事故伤害人员的伤残或死亡给付费用。

4）纠纷调解与仲裁

建筑意外伤害保险双方就保险理赔发生争议时，保险公司应协同建筑业安全协会、保险经纪有限公司对纠纷进行协调，给予合理的处理，组织保险协调小组的地区，保险公司应接受协调小组的协调，如协商不成可提请仲裁或诉讼。

3. 理赔承诺与时限

建筑意外伤害险的理赔应该贯彻及时、足额的工作原则，主动迅速、准确合理。

（1）理赔承诺。理赔承诺是指保险人对索赔人在理赔服务质量方面所做出的一种保证。竭诚为投保的建筑施工企业提供“专业、热情、快捷、周到”的优质服务。例如，厦门市建筑意外险服务中心承诺，接到报案后，岛内1小时内到达出险现场，岛外2小时内到达出险现场；对因保险事故住院治疗的工人，保险服务人员将进行全程跟踪医疗服务工作。四川省建筑意外险服务中心采取执行全年每天24小时受案值班制度、向投保人及时反馈信息制度、一站式服务等措施都收到很好的效果。

（2）理赔时限。理赔时限是指保险人在理赔时间上对索赔人的保证，是贯彻理赔及时性原则的表现。例如保险人规定，在接到报案后应明确告知报案人所需索赔资料；保险公司对收到的索赔材料进行审核后，应在限定的时间内是否立案以及是否需要补充提供证明材料通知被保险人；对决定拒赔或者不予立案的，应出具正式的书面意见；对各类赔偿案的支付赔偿款进行时间上的限定等都属于理赔时限的内容。

例如，厦门市建筑意外险服务中心规定：简易案件3个工作日内完成，复杂案件15个工作日内完成。四川省建筑意外保险服务中心规定：给付金额在2000元（含）以内的赔案，保险公司在索赔手续齐全后3个工作日内支付赔款给被保险人；给付金额在2000元至5万元（含）的赔案，保险公司在索赔手续齐全后5个工作日内支付赔款给被保险人；给付金额在5万元以上的赔款，保险公司在索赔手续齐全后7个工作日内支付赔款给被保险人。

6.7 意外事故应急预案

6.7.1 应急预案编制原则

编制安全事故应急救援方案是《安全生产法》的一项重要要求，在施工现场发生安全事故发生时，有效防止事故的继续扩大，最大限度地减少人员伤亡、财产损失和对环境的危害，是控制事故和消灭事故的有效手段，这也是保险人为被保险人提供安全指导、审察施工企业安全防范措施的一项重要工作内容。应急预案的编制原则有以下几点：

（1）确定可能发生的安全事故。有关单位应根据本单位工作的性质，确定管辖范围内可能发生的安全事故，包括各种常见原因引发的事故（如火灾、暴雨、人身伤害等）和不可抗拒的原因引发的事故（如破坏性地震等）。

（2）确立应急救援的原则。安全事故应急救援的原则是尽快、有效地防止事故继续扩大，最大限度地减少人员伤亡、财产损失和对环境的危害；在安全事故应急救援过程中要防止发生新的人员伤亡和财产损失。

(3) 编制各类安全事故应急救援方案。

1) 建立应急救援组织

① 确立指挥长。应急救援组织的指挥长应由单位行政一把手担任，全面负责安全事故应急救援工作。行政副职担任副指挥长，负责管辖范围内的应急救援组织工作。

② 确立现场指挥。现场指挥一般应由现场值班最高领导担任。在指挥长、副指挥长到达事故现场前，现场指挥应统一指挥安全事故的应急救援工作，并将事故情况报告给指挥长、副指挥长。

③ 确立各部门职责。各类安全事故应急救援方案编制部门即是本事故应急救援的主管部门，主管部门要做好有关部门的应急救援协调工作，同时要明确各职能部门在应急救援工作中的职责和作用。

④ 建立救援队伍。现场值班人员是救援队伍的重要组成部分，要充分发挥前沿战斗堡垒的作用，同时应明确兼职应急救援队伍的组成及人员，做到招之即来，来之能战。

⑤ 确定通信联络方式。将应急救援组织内部，上至指挥长，下至最基层人员的联系电话，应急救援物资保管地点及人员的联系电话，以及单位所在地政府应急救援组织的电话、安全管理监督机构的电话、火警电话等进行汇总，发至组织内所有成员备用。

2) 确立应急救援的方法和措施

应根据事故性质的不同，确立事故处理前期、中期、后期的处理方法和措施。

① 事故处理前期。现场值班人员是这个时期事故处理的中坚力量。应根据现场情况，采取各种措施防止事故扩大或蔓延，并立即向单位领导汇报，及时通知专兼职应急救援队伍到现场增援。必要时要立即派人疏散周围群众（居民）。

② 事故处理中期。专兼职应急救援队伍（如专职消除队、兼职防汛民兵等）是这个时期事故处理的中坚力量，要和现场值班人员密切配合，从事故现场的关键环节着手、迅速控制或消灭事故。

③ 事故处理后期。要采取措施，彻底消除事故发生或扩大的原因，严密监视事故现场，克服侥幸、麻痹思想，严防事故死灰复燃。要采取措施，保护好事故现场，便于事故分析和调查。

3) 应急救援物资的准备

应根据事故性质和发生事故的几率，购置必要的应急救援物资，数量要适当，并妥善保管，以备急用，如防汛抗灾方案中要准备潜水泵、电缆盘、铁锨、编织袋、雨衣、胶鞋等。

4) 应急救援方案的培训、演练和完善

① 各类安全事故应急救援方案主管部门应将应急救援知识的培训、应急救援方案的演练列入年度工作计划，定期对有关人员进行培训，且每年至少进行一次演练。

② 对应急救援方案的演练结果要进行评价。要针对演练中暴露出的问题和不足制定出整改措施，对原应急救援方案进行补充和完善。

6.7.2 安全事故应急预案

某某建筑公司安全事故应急预案如下：

为加强对施工生产安全事故的防范，及时做好安全事故发生后的救援处置工作，最大限度地减少事故损失，根据《中华人民共和国安全生产法》、《建设工程安全生产管理条例》等的有关规定，结合本企业施工生产的实际，特制定本企业施工生产安全事故应急救援预案。

（1）应急预案的任务和目标。更好地适应法律和经济活动的要求，给企业员工的工作和施工场区周围居民提供更好更安全的环境；保证各种应急反应资源处于良好的备战状态；指导应急反应行动按计划有序地进行，防止因应急反应行动组织不力或现场救援工作的无序和混乱而延误事故的应急救援；有效地避免或降低人员伤亡和财产损失；帮助实现应急反应行动的快速、有序、高效；充分体现应急救援的“应急精神”。

（2）应急救援组织机构情况。本企业施工生产安全事故应急救援预案的应急反应组织机构分为一、二级编制，公司总部设置应急预案实施的一级应急反应组织机构，工程项目经理部或加工厂设置应急计划实施的二级应急反应组织机构。

（3）应急救援组织机构的职责、分工、组成。

1）一级应急反应组织机构各部门的职能及职责

① 应急预案总指挥的职能及职责。分析紧急状态确定相应报警级别，根据相关危险类型、潜在后果、现有资源控制紧急情况的行动类型；指挥、协调应急反应行动；与企业外应急反应人员、部门、组织和机构进行联络；直接监察应急操作人员行动；最大限度地保证现场人员和外援人员及相关人员的安全；协调后勤方面以支援应急反应组织；应急反应组织的启动；应急评估、确定升高或降低应急警报级别；通报外部机构，决定请求外部援助；决定应急撤离，决定事故现场外影响区域的安全性。

② 应急预案副总指挥的职能及职责。协助应急总指挥组织和指挥应急操作任务；向应急总指挥提出采取的减缓事故后果行动的应急反应对策和建议；保持与事故现场副总指挥的直接联络；协调、组织和获取应急所需的其他资源，设备以支援现场的应急操作；组织公司总部的相关技术和管理人员对施工场区生产过程各类危险源进行风险评估；定期检查各常设应急反应组织和部门的日常工作和应急反应准备状态；根据各施工场区、加工厂的实际条件，努力与周边有条件的企业为在事故应急处理中共享资源、相互帮助、建立共同应急救援网络和制定应急救援协议。

③ 现场抢救组的职能及职责。抢救现场伤员；抢救现场物资；组建现场消防队；保证现场救援通道的畅通。

④ 工程危险源评估组的职能和职责。对各施工现场及加工厂特点以及生产安全过程的危险源进行科学的风险评估；指导生产安全部门安全措施落实和监控工作，减少和避免危险源的事故发生；

完善危险源的风险评估资料信息，为应急反应的评估提供科学的、合理的、准确的依据；落实周边协议应急反应共享资源以及应急反应最为快捷有效的社会公共资源的报警联络方式，为应急反应提供及时的应急反应支援措施；确定各种可能发生事故的应急反应现场指挥中心位置以使应急反应及时启用；科学合理地制定应急反应物资器材、人力计划。

⑤ 技术处理组的职能和职责。根据各项目经理部及加工厂的施工生产内容及特点，制订其可能出现而必须运用建筑工程技术解决的应急反应方案，整理归档，为事故现场提供有效的工程技术服务做好技术储备；应急预案启动后，根据事故现场的特点，及时向应急总指挥，提供科学的工程技术方案和技术支持，有效地指导应急反应行动中的工程技术

工作。

⑥ 善后工作组的职能和职责。做好伤亡人员及家属的稳定工作，确保事故发生后伤亡人员及家属思想能够稳定，大灾之后不发生大乱；做好受伤人员医疗救护的跟踪工作，协调处理医疗救护单位的相关矛盾；与保险部门一起做好伤亡人员及财产损失的理赔工作；慰问有关伤员及家属。

⑦ 事故调查组的职能及职责。保护事故现场；对现场的有关实物资料进行取样封存；调查了解事故发生的主要原因及相关人员的责任；按“三不放过”的原则对相关人员进行处罚、教育、总结。

⑧ 后勤供应组的职能及职责。协助制订施工项目或加工厂应急反应物资资源的储备计划，按已制订的项目施工生产厂的应急反应物资储备计划，检查、监督、落实应急反应物资的储备数量，收集和建立并归档；定期检查、监督、落实应急反应物资资源管理人员的到位和变更情况及时调整应急反应物资资源的更新和达标；定期收集和整理各项目经理部施工场区的应急反应物资资源信息、建立档案并归档，为应急反应行动的启动，做好物资源数据储备；应急预案启动后，按应急总指挥的部署，有效地组织应急反应物资资源到施工现场，并及时对事故现场进行增援，同时提供后勤服务。

2）二级应急反应组织机构各部门的职能及职责

① 事故现场副指挥的职能及职责。所有施工现场操作和协调，包括与指挥中心的协调；现场事故评估；保证现场人员和公众应急反应行动的执行；控制紧急情况；做好与消防、医疗、交通管制、抢险救灾等各公共救援部门的联系。

② 现场营救组织职能与职责。引导现场作业人员从安全通道疏散；对受伤人员进行营救至安全地带。

③ 物资抢救组的职能和职责；抢救可以转移的场区内物资；转移可能引起新危险源的物资到安全地带。

④ 消防组的职能和职责。启动场区内的消防灭火装置和器材进行初期的消防灭火自救工作；协助消防部门进行消防灭火的辅助工作。

⑤ 保卫组的职能和职责。对场区内外进行有效的隔离工作和维护现场应急救援通道畅通的工作；疏散场区内外人员撤出危险地带。

⑥ 后勤供应组的职能及职责。迅速调配抢险物资器材至事故发生点；提供和检查抢险人员的装备和安全防护；及时提供后续的抢险物资；迅速组织后勤必须供给的物品，并及时输送后勤物品到抢险人员手中。

3）应急反应组织机构人员的构成

应急反应组织机构在应急总指挥、应急副总指挥的领导下由各职能股室、加工厂、项目部的人员分别兼职构成。

应急总指挥由公司的法定代表人担任；应急副总指挥由公司的副总经理担任；现场抢救组组长由公司的各工程项目经理担任，项目部组成人员为成员。

危险风险评估组组长由公司的总工担任，总工办其他人员为成员；技术处理组组长由公司的技术经营股股长担任，股室人员为成员。

善后工作组组长由公司的工会、办公室负责人担任，股室人员为成员；后勤供应组组长由公司的财务股、机械管理股、物业管理股长担任，股室人员为成员。

事故调查组组长由公司的质量安全股长担任，股室人员为成员；事故现场副指挥由项目部的项目经理或加工厂负责人担任；现场伤员营救组，由施工队长担任组长，各作业班组分别抽调人员组成。

物资抢救组由施工员、材料员各作业班组抽调人员组成；消防灭火组，由施工现场或加工厂电工，各作业班组抽调人员组成；后勤供应组、施工现场或加工厂由后勤人员、各作业班组抽调人员组成。

(4) 应急救援的培训与演练。

1) 培训。应急预案和应急计划确立后，按计划组织公司总部、施工项目部及加工厂的全体人员进行有效的培训，从而具备完成其应急任务所需的知识和技能。

一级应急组织每年进行一次培训；二级应急组织每一项目开工前或半年进行一次培训；新加入的人员及时培训；主要培训以下内容：

灭火器的使用以及灭火步骤的训练；施工安全防护、作业区内安全警示设置、个人的防护措施、施工用电常识、在建工程的交通安全、大型机械的安全使用；对危险源的突显特性辨识；事故报警；紧急情况下人员的安全疏散；现场抢救的基本知识。

2) 演练。应急预案和应急计划确立后，经过有效的培训，公司总部人员、加工厂人员每年演练一次。施工项目部在项目开工后演练一次，根据工程工期长短不定期举行演练，施工作业人员变动较大时增加演练次数。每次演练结束，及时做出总结，对存有一定差距的在日后的工作中加以提高。

(5) 事故报告指定机构人员、联系电话。

公司的质量安全股是事故报告的指定机构，联系人：某某；电话：××××××。质量安全事故在接到报告后及时向总指挥报告，总指挥根据有关法规及时、如实地向负责安全生产监督管理的部门、建设行政主管部门或其他有关部门报告，特种设备发生事故的，还应当同时向特种设备安全监督管理部门报告。

(6) 救援器材、设备、车辆等落实。

公司每年从利润提取一定比例的费用，根据公司施工生产的性质、特点以及应急救援工作的实际需要有针对、有选择地配备应急救援器材、设备，并对应急救援器材、设备进行经常性维护、保养，不得挪作他用。启动应急救援预案后，公司的机械设备、运输车辆统一纳入应急救援工作之中。

(7) 应急救援预案的启动、终止和终止后工作恢复。

当事故的评估预测达到启动应急救援预案条件时，由应急总指挥启动应急反应预案令。对事故现场经过应急救援预案实施后，引起事故的危险源得到有效控制、消除；所有现场人员均得到清点；不存在其他影响应急救援预案终止的因素；应急救援行动已完全转化为社会公共救援；应急总指挥认为事故的发展状态必须终止的；应急总指挥下达应急终止令。

应急救援预案实施终止后，应采取有效措施防止事故扩大，保护事故现场和物证，经有关部门认可后可恢复施工生产。对应急救援预案实施的全过程，认真科学地做出总结，完善应急救援预案中的不足和缺陷，为今后的预案建立、制订、修改提供经验和完善的依据。

(8) 其他事项。本预案制定后报建设行政主管部门备案后正式实施。

6.7.3 建筑意外伤害应急预案

为预防意外伤害事故发生后对受伤职工进行及时救护，避免事故的进一步恶化，把发生意外事故造成的损失降至最低。建筑施工企业应成立以职能部门全体人员为主的救护小组，以备事故发生后尽快组织人员投入抢救工作。

意外伤害应急预案主要是针对受伤职工施救的方案，大致包括以下内容：

（1）确定救护小组成员：任命组长、副组长、成员（包括职能部门全体人员）确定工伤救护办公室设置地点，公示工伤事故应急联系电话。工伤救护需准备适量的止血、包扎绑带等应急材料，一般由施工企业卫生部门和后勤部门负责，并指定负责人。

（2）制定工伤应急措施。应急措施应包括以下十个方面：

1）在意外事故中，一旦发现有人受伤后，立即电话通知救护办公室，由办公室安排车辆进行救护，救护小组马上分派人员迅速呼叫医务人员前来现场实施抢救。

2）如果是大面积受灾，立即组织救护小组成员奔赴现场对受伤人员进行现场简单救护，对伤员进行必要的处理，及时送往医院。

3）迅速排除致命和致伤因素，如搬开压在身上的重物，如果是触电意外，应立即切断电源；清除伤病员口鼻内的泥砂、呕吐物、血块或其他异物，实施人工呼吸，保持受伤职工的呼吸道通畅等。

4）检查伤员的生命体征，对于伤势严重的职工应及时检查伤病员呼吸、心跳、脉搏情况。如有呼吸心跳停止，应就地立刻进行心脏按摩和人工呼吸。

5）对由于事故造成流血的职工应立即采取止血措施：如有创伤出血者，应迅速包扎止血，材料就地取材，可用加压包扎、上止血带或指压止血等。同时尽快送往医院。

6）在施工现场事故中，受伤者往往出现骨折、摔伤等情况，要观察受伤人员摔伤及骨折部位，看其是否昏迷，采取得当抢救措施。但应十分注意摔伤及骨折部位的保护，避免不正确的抬运，使骨折错位而造成二次伤害。

7）在意外伤害事故发生后，施救人员一旦发现有人员受伤，应立即与急救中心或医院取得联系，通知其事故发生地点、人员大致伤亡人数、伤势严重情况并提出协助紧急救援的具体要求。发现急救车辆一到应立即派人随车将伤员就近送往医院施救。

8）施工企业的安全监督部门要对事故及时进行事故调查，进行事故责任分析并形成调查报告上报安全事故领导小组。同时对可能再次发生的事故隐患应及时采取措施，以防险情进一步扩大，造成更大的人员伤亡损失。

9）总结教训，教育职工。通过对事故发生的分析、责任认定，查找事故发生的原因，总结教训，提出整改与进一步加强安全管理的防范措施，教育全体职工也是意外伤害应急预案的一项重要内容。

第7章 雇主责任保险

7.1 法律责任与责任保险

7.1.1 法律责任概述

1. 法律责任基本概念

法律责任是指因违反法定义务或约定义务，或者因法律规定而应承担的一定法律后果。法律责任一般可分为刑事责任、行政责任和民事责任（法律责任分类，图7-1）。刑事责任是指因违反刑事法律而应承担的法律责任所受到的刑事制裁，包括主刑和附加刑。主刑包括：管制、拘役、有期徒刑、无期徒刑和死刑；附加刑包括：罚金、没收财产和剥夺政治权利。行政责任是指因违反行政法律规范应承担的法律后果，行政制裁的方式分为行政处分、行政处罚和劳动教养。民事责任是指因违反法定义务或约定义务，或者侵犯他人人身或财产权益而应承担的法律后果，分为违约责任和侵权责任两类。民事责任方式多种多样，《民法通则》规定了十种承担民事责任的方式。

2. 民事责任基本概念

民事责任是由民法规定的法律责任，是行为人违反合同义务或法定民事义务，侵害他人民事权益而应承担的法律后果。民事责任与刑事责任、行政责任都是法律责任，但是具有不同的特征。民事责任的主要目的不在于惩罚侵害人而在于恢复受损人的权利，弥补权利人受到的损害。这种目的决定了民事责任具有强制性、财产性、补偿性和相对性的特征。

民事责任按照责任发生根据的不同，可分为侵权责任和违约责任，民事责任分类如图7-2所示。

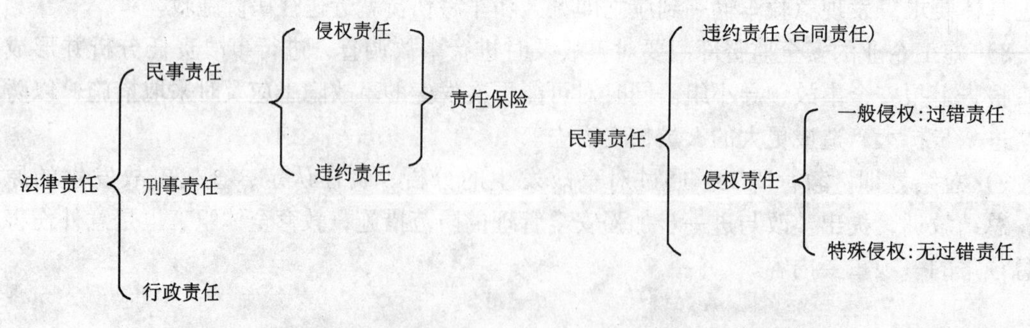

图7-1 法律责任分类示意图　　图7-2 民事责任分类示意图

（1）违约责任。违约责任又称违约行为或合同责任，是指订立合同的当事人违反合同，不履行或不按合同规定的条件履行义务（质量、数量、时间、地点等）的行为所应承担的赔偿责任。

违约责任通常有以下四种表现：①不履行行为，是指合同当事人在合同到了履行期而没有履行的行为；②不完全履行行为，是指合同当事人没有完全按合同规定的全部条件和内容履行，如数量不足、质量不合格、假货等；③迟延履行行为，是指合同债务已到履行期，当事人能够履行却不按法定或约定的时间履行；④毁约行为，是指合同一方当事人既无任何正当理由，又无法律依据而单方面撕毁合同的行为。

承担违约责任有以下四种形式：①继续履约，是指违反合同的行为人，无论是否已经承担赔偿金或违约金责任，都要根据对方的要求，并在自己能够履行的条件下，对原合同未履行的部分继续按照要求履行；②赔偿损失，是指民事责任方式中适用最广的责任形式，责任保险就负责这种损失；③支付违约金是指当事人违反合同时，按照法律规定或约定向对方支付一定金额的责任形式；④补救措施，是指履行合同不符合约定条件的一方依照法律规定或约定采取修理、更换、降价等各种措施，对权利人弥补或挽回损失以防损失发生或扩大的责任形式。

违约责任又可分为直接责任和间接责任。直接责任是指合同一方当事人违反合同约定义务造成另一方当事人损害所应承担的法律后果。例如，施工承包人未按照施工合同约定期限施工，自行决定推迟竣工期的行为，施工承包人承担直接违约责任。间接责任是指合同一方当事人违反合同约定义务，造成另一方当事人对第三人的损害所应承担的法律后果。例如，供油商提供了不符合标准的汽油，汽车使用者未能将乘客准时送达目的地，造成乘客未能签订合同的责任。

（2）侵权责任。侵权责任属于民事责任的一种，是指因侵犯他人的人身权益或财产权益所产生的法律责任。侵权行为的概念有广义与狭义之分。广义是指应对他人的人身损害或者财产承担民事责任的行为，狭义的侵权责任是指因为过错侵害他人的人身或者财产并且应当承担民事责任的行为。广义的侵权行为概念包括一般侵权行为和特殊侵权行为；狭义的侵权行为仅指一般侵权行为。

1）一般侵权责任。一般侵权责任是指行为人因过错违反法定义务或者违背社会公共生活准则造成他人的伤害事实，根据法律规定须对其损害后果承担赔偿责任的行为。例如，工程承包商未按安全管理有关规定，在施工现场未能采取安全措施，造成施工人身伤害的，工程承包人应对其过失行为承担民事法律赔偿责任。

一般侵权责任的成立以行为的违法性、有损害事实的发生、违法行为与损害事实之间有因果关系、主观有过错为要件。一般侵权行为的归责大多适用于过错原则和自己责任原则，在举证责任上采用：谁主张，谁举证的原则。

2）特殊侵权责任。特殊侵权行为适用于无过错原则或公平原则。它是指对事故损害事实的发生，根据法律特殊的规定须对其损害事实承担赔偿责任。此处的法律特殊规定包括民法的特别规定和民事特别法的规定。例如在我国因产品侵权责任、高度危险作业（高空、高压、易燃）致害责任、环境污染致害责任、建筑物及其地上物件致害责任等均属于特殊侵权责任。

特殊侵权责任不像一般侵权责任那样具有侵权责任的全部构成要件，并以过错责任原则为前提。它是基于法律规定而归责于行为人或第三人责任的一种不法行为。它并不以行为人具有主观过错为前提，受害人也因此不负举证责任。特殊侵权行为在举证责任的分配上适用倒置原则，即由加害人就自己没有过错或者存在法定的抗辩事由承担举证责任。

一般侵权行为和特殊侵权行为适用归责如图7-3所示。

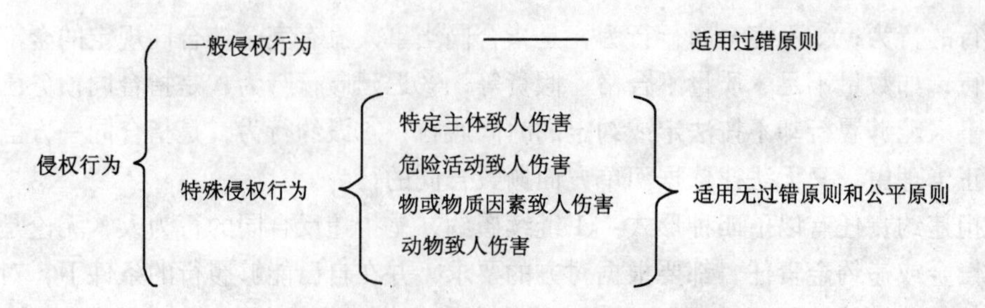

图7-3 一般侵权行为和特殊侵权行为适用归责

(3) 侵权责任与违约责任的区别。侵权责任与违约责任是两类基本的民事责任。由于民事法律关系的复杂性和违约责任性质的多重性，要将侵权责任与违约责任区别开来不是一件容易的事情。但综观整个事物，我们还是可以看到两者的区别：

1) 前提条件不同。侵权责任以违反法定义务的损害事实的存在为基础；而违约责任是以当事人之间合同的存在为前提。

2) 依据不同。承担侵权责任的依据是法律强制性义务的规定；而承担违约责任的依据为是否违反合同约定的义务。

3) 归责原则不同。侵权责任的归责适用过错原则为主，辅之无过错原则、公平原则；而违约责任一般适用过错原则。

某些违法行为常常具有多重性质，既符合合同法的违约要件，又符合侵权责任构成要件，引起责任竞合。例如，一个提供质量不合格的建筑材料的行为，既违反了质量责任构成合同违约，同时又侵害了法律规定缺陷产品造成人身伤害，供应者应该既要承担过错责任材料质量违约责任，又要承担无过错责任的强制性义务，使两类责任发生责任竞合。此时，受害者既可以按侵权起诉，又可以按照违约起诉。

3. 民事责任主要形式

根据《民法通则》第一百三十四条规定，承担民事责任有十种主要方式（图7-4）。

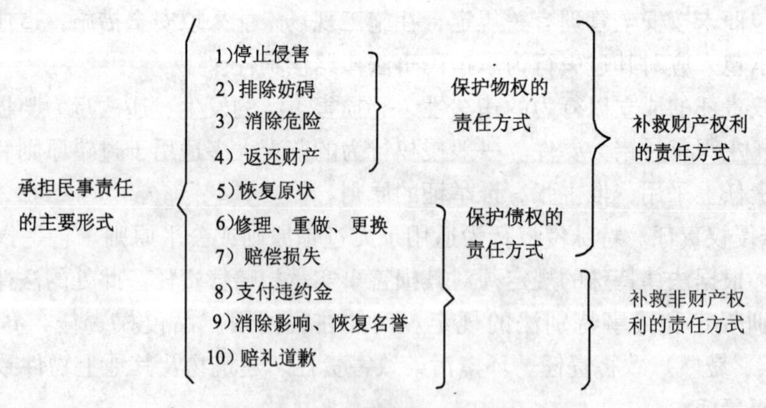

图7-4 承担民事责任的十种方式

7.1.2 责任风险与责任保险

1. 责任风险

责任风险概念。责任风险是指因单位或个人的行为造成他人的人身伤害或财产损失，依法律或合同应承担赔偿责任的风险。

责任风险包括法律责任风险和合同责任风险，法律责任风险包括民事责任、刑事责任和行政责任风险，在保险中保险人所承保的责任风险仅限于法律责任中对民事损害的经济赔偿责任，它是由于行为人的过失或侵权行为导致他人的人身伤亡或财产毁灭。

责任风险特点。责任风险与财产风险相比较，责任风险具有更大的不确定性。例如，发生群死群伤的重大事故人身伤害损失案件中，雇主责任赔偿数额竟高达百万、千万元。国际上因雇主、交通、医疗事故等引起的索赔中，责任者被法院判处巨额赔偿的情况已司空见惯，法院判处责任者往往是几亿美元的赔款。

责任风险因素。从责任风险发生的因素来看，一般可归纳为以下三种：第一，直接责任风险。主要是指企业和个人由于自身行为或财产所有权或代别人保管的财产而产生的经济索赔。第二，转嫁的责任风险。是指非直接肇事，但应该为直接肇事者承担风险。第三，合同风险，根据书面合同或口头协议，同意承担另一方的法律责任。

2. 责任保险

由于人类的社会进步、科学技术的发展和法制观念的强化，责任风险引起了人们越来越多的重视。为生产经营的稳定，日常生活的安定，正确地预见、克服、处理好责任风险，责任保险顺应社会需求产生、发展起来的。

责任保险起源于19世纪初期的欧美国家，第二次世界大战结束以后才得到发展，虽然发展的时间远远短于海上保险和火灾保险，但目前已经成为具有相当规模和影响力的保险险种，并将在未来的保险市场上扮演重要的角色。

责任保险是指被保险人对第三者依法应负的赔偿责任作为保险标的的保险。被保险人在从事各项业务和日常生活中，由于过失行为造成他人的损害或虽无过错，但根据法律规定应对受害人承担的赔偿责任，接受赔偿请求时由保险人对此承担责任的一种保险。责任保险属于广义财产保险范畴，是一种以无形的经济赔偿责任为标的的财产保险。

责任保险的投保人，一旦发生索赔事故，依法应承担民事损害赔偿责任，就会使自己的经济利益受损，于是投保人对民事损害赔偿风险具有可保利益，这是签订责任保险合同的前提条件。

在生产实践中，建筑设计师在工作中由于疏忽设计存在缺陷造成安全事故，施工单位由于技术等原因工程质量存在缺陷而产生的质量事故；承包商由于安全工作的疏忽，现场发生意外事故而造成职工的人身伤害损失等，都可以通过投保相应的责任保险，缴纳一定的保费，来转嫁责任风险所带来的经济损失。任何企业或个人都在经营活动中会面临种种责任风险，责任风险是一种比较积极的措施。责任保险具有分散危险、及时填补受害人的损害的功能。

首先从行为人来讲，行为主体通过购买责任保险，把民事赔偿责任转嫁给保险公司，保证责任人不会因经济损害而使企业生产出现不稳定的因素，保证生产活动得以正常进行。

其次，从社会进步角度讲，转嫁了责任风险，使得生产企业、各种职业从业者如建筑师、监理工程师等能够积极创新、勇于探索新领域、尝试新技术，为社会提供源源不断的新产品、新技术及更为全面的服务，最终会推动社会的进步。

最后，从受害人角度讲，一旦发生事故，受害人最需要的是及时的经济补偿，保险人会在较短的时间内，有效地保障受害人的经济利益，从而在有效保证生产生活秩序及社会安定方面有很大的积极作用。

3. 责任保险与法律的关系

人类社会的进步带来了法律制度的不断完善，责任保险就是责任风险的客观存在和社会发展到一定阶段的产物，如果没有民事责任制度，就不存在责任风险的需要，也就不会产生责任保险。

(1) 责任保险承保的标的

责任保险承保的标的是民事法律责任，与刑事责任、行政责任不同的是，追究民事责任的目的在于补偿受害人的损失，并不是要惩罚行为人，因为对民事责任中责任方的制裁是通过补偿受害人的损失来实现的。

民事责任具有财产性、补偿性、恢复原状等特点，这些特性与刑事责任中的没收财产、罚金或行政责任处罚是不同的。因为负有民事责任的人还可能负有刑事责任或行政责任，除了要对其造成的民事责任承担补偿、恢复责任外，还要承担刑事责任和行政责任。而刑事责任或行政责任中对违法人的经济惩罚，如没收财产、罚金和罚款归国家所有，对受害人的损失不具有经济补偿或恢复的作用。应该说，民事责任所具有的财产性、补偿性、恢复原状等特点与保险责任的财产性质、补偿性质相联系，从而构成开展责任保险业务的法律依据。

责任保险承保的保险标的是民事损害赔偿责任。但责任保险的民事赔偿责任与民法范畴完全意义上的民事损害赔偿责任是有所区别的，即并非被保险人在民事活动中承担的一切民事损害赔偿责任就是责任保险范畴，但责任保险的保险责任其外延大于民法意义上的民事损害赔偿责任。承保的责任保险责任范畴如图7-5所示。

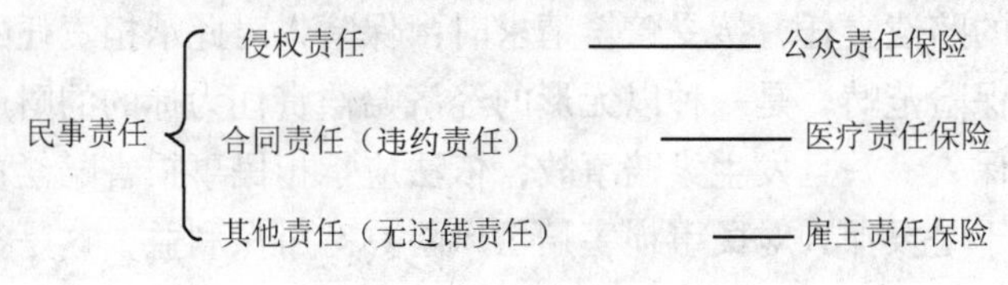

图7-5　民事责任范畴图

1) 责任保险承保的侵权责任

责任保险承保的侵权责任包括一般侵权责任和特殊侵权责任（过错责任和无过错责任）。

① 一般侵权。从侵权行为人的主观意识上，责任保险只承保一般侵权中的过失责任，故意责任则属于除外责任。过失责任是指被保险人因任何疏忽或过失而违反法律规定的应尽义务而致他人人身伤亡或财产损失时，对受害人应承担的赔偿责任。过失责任可由作为或不作为而构成。例如，交通事故致人死亡，就是作为；建筑设计师设计图纸没有按规定去审核，导致建筑倒塌事故发生这就是不作为；又如道路施工，夜间应设置红灯、路障，由于行为人未设置而造成他人伤害事件的发生，这便是消极不作为的违法行为。从侵权的对象来看，民事责任中的侵权责任，是对人身的权利、财产的所有权及其有关的财产权利或知识产权的侵犯所承担的法律责任。但是，责任保险只承保侵权责任中的侵犯人身权或财产所有权及其有关的财产权利。

② 特殊侵权（无过错责任）。无过错责任，是特殊的民事责任，不论行为人有无过错，只要有损害结果或事实发生且该结果非受害者故意所致，根据法律均须对他人受到的伤害负赔偿责任。法学上的这一原则实际上是为了使公众得到更充分的安全保障。例如，一些国家把核电站引起的放射性污染责任、雇主责任、产品责任都确定为无过错责任，在我国《民法通则》也有相关的规定。民法意义上的损害赔偿责任主要是基于侵权人的过错而产生。但《民法通则》也规定没有过错，但法律规定应当承担民事责任的，应当承担民事责任，即无过错而仍需承担民事赔偿责任。因此，责任保险的承保对象不能等同于一般民事损失赔偿责任，其中还包括无过错责任承担的民事赔偿责任。

2）责任保险承保的合同责任

可以成为责任保险标的的合同责任，一般需同时构成侵权的民事责任，单纯的不能构成侵权民事责任（即不发生于侵权民事责任的竞合）的违约责任，一般不为责任保险的标的，这种违反合同的损失一般由保证保险和信用保险解决。例如，运输合同承运人对运输过程中货物的灭失、短缺、变质、污染、损坏等应负的赔偿责任，既是一种违反合同的责任，又是一种侵权的民事责任，它可以成为责任保险的标的。但承运人逾期送达的责任，即纯违反合同的责任，一般不能成为责任保险的标的。

承保依合同约定一方需对另一方或他人承担的民事责任赔偿责任的合同责任。对于以保险人来说风险极大，且难于控制。所以责任保险一般不承保合同责任，但经过慎重选择，对承保合同条件加以限制，在保险合同中加以特别约定，保险人也可给予承保。

（2）责任保险的法律依据

责任保险合同是民事合同的一种，适用于《民法通则》，但由于责任保险范围不与民事责任范围一致，因此，它不同于一般的民事合同。

责任保险合同首先是一个合同，是一种双务合同、有偿合同、射幸合同、附合与约定共存的合同，因合同条款多为保险人事先制订，又称为格式条款，适用于《合同法》，然而其自身的特殊性决定了责任保险的法律依据还有《保险法》，且《保险法》是《民事通则》的特殊法，可以优先于《民法通则》的规定，保险合同受《民法通则》的制约，又可以超越《民法通则》规定的范围。例如，民航公司的旅客法定责任保险，其责任范围超过了民事责任的范围。依照《民法通则》的规定，客机因不可抗拒如天气原因、武力劫机、受其他飞行物撞击等原因造成失事坠落，航空公司对旅客的伤亡不负任何民事责任。但由于航运属于高风险事业，受外界环境影响较大，非人为的突发事件较多，为此，国际通行的做法是超越本国不同民法的规定，扩大负责范围，只要飞机发生空难事故，即使飞行员没有任何疏忽、过失行为，航空公司仍然要对造成伤害行为承担法定赔偿责任，并将责任转嫁给责任保险人。

（3）责任保险事故成立要件

① 损害事实或违约事实存在，被保险人对第三者造成的人身伤害或财产损失以及被保险人违约行为所造成的合同另一方的经济损失；②赔偿责任须为民事性质（包括合同责任）；③受害人向行为人（保险人）提出索赔要求；④被保险人原则上以依照法律规定或合同约定向第三人（受害人）支付赔偿金。

以上条件必须同时具备，才能构成责任保险人对保险责任的承担。如果仅有损害事实或违约事实的存在，受害人没有对被保险人提出赔偿请求或放弃索赔权利的，则不能构成责任保险的保险事故。

4. 责任保险种类与承保方式

(1) 责任保险的种类

责任保险制度自19世纪建立以来，随着社会进步，经济发展与法律制度的完善，责任风险层出不穷，与其相适应的是责任保险范围的不断扩大，责任保险产品也不断增多，责任风险也不断增多，责任保险正处于迅猛发展时期。由于责任保险的产品因每个国家的政治、经济，尤其是法制环境的不同而有所不同。目前，世界各国的责任保险产品主要有以下几种，这些产品也是国内发展较为成熟的保险产品。

1）公众责任险。公众责任险又称普通责任保险或综合责任保险，它主要承保在公共场所进行生产、经营等其他民事活动时，因疏忽、过失意外而造成他人人身伤亡和财产损失，依照法律应由被保险人承担的经济责任负责赔偿的保险。

公众责任险始于19世纪后期的承包人责任保险、业主房东住房责任保险、升降梯的责任保险等。第二次世界大战以后随着工业化的进程，特别是20世纪80年代后，随着法律制度的不断完善，公众索赔意识的增加，公众责任保险全面进入发达国家的社会的各个领域和个人家庭。凡商场、宾馆、医院、工厂、机关、学校、娱乐场所等都投保公众责任险。它是责任保险中适用范围最广、形式最多、发展最具规模的险种之一。

公众责任有两个特征：一是致害人不是事先确定的某一个人；二是损害行为是对大众的损害。主要承担两部分经济责任，一是被保险人造成他人人身伤害或财产损失应承担的经济责任，二是在责任事故发生后，应起的法律诉讼而产生的应有被保险人承担的相关诉讼费用。

公众责任保险的形式主要包括以下几种：

① 场所责任险：场所责任险承保被保险场所（包括建筑物及设备、装置等）因存在结构上的缺陷或管理不善，或在场所内进行生产经营时因过失行为，造成他人损害而应承担的经济赔偿责任。场所责任险是公众责任保险中最具代表性、业务量最大的险种。具体包括：展览会责任保险、娱乐场所责任保险，车库责任保险、宾馆责任保险、机场责任保险、停车责任保险、马戏表演责任保险等。

② 承运人责任保险：承运人根据货物、客运的法律及合同规定，对在运输过程中造成的货物、旅客的损害承担赔偿责任。常见的险种有承运责任保险、旅客责任保险等。

③ 承包人责任保险：承包人在施工、作业或工作过程中造成他人人身伤害或财产的直接损失和依法应由被保险人承担的经济赔偿责任。

④ 个人责任险：承保自然人或家庭成员在住处内发生意外事故造成第三者损害，依法应由被保险人承担的经济赔偿责任。包括被保险人饲养的动物引起的损害责任。个人责任保险的具体险种有猎人责任保险、射击运动员责任保险、个人综合责任保险等。

⑤ 其他公共责任险：环境污染责任保险、油渍责任保险等。

2）雇主责任险。雇主责任险是指为保障受雇人在雇佣工作中因雇佣工作而引起的人身伤害而应负的赔偿责任。赔偿分为两种：一是保险事故造成雇员死亡的按照保险单最高限额补偿。保险事故造成雇员残疾的，分为不同情况给予赔付。暂时丧失工作能力超过5天的，经医生证明，按照雇员工资给予补偿。同时，还设计了若干附加险，供投保人选择使用。雇主责任保险只以人身而非财产为保险标的责任保险。

3）产品责任保险。产品责任保险是指由于被保险人所生产、出售的产品或商品在承保区域内发生事故造成使用、消费或操作该产品或商品的人或其他任何人的人身伤害、疾病、死亡和财产损失，依法应由被保险人负责时，保险公司在约定的限额内负责赔偿的一种保险。例如，建设工程质量责任保险。

4）技术责任险。技术责任险又称为职业责任险、业务过失责任保险，是以特定行业的从业人员，由于工作上的疏忽或过失而造成合同一方或他人的人身伤害或财产损失的经济赔偿责任保险，它是以职业责任风险为其标的。目前，在发达国家的保险市场上，职业责任险涵盖了医生、护士、药剂师、律师、会计师、公正人员等各个行业。涉及建筑行业的有：工程设计责任保险、勘察责任保险、监理责任保险、房地产经纪人保险等。

5）个人责任险。个人责任险承保自然人或家庭成员因作为或不作为而造成他人人身伤害或财产的直接损失，依法应由被保险人承担的经济赔偿责任。个人责任保险主要集中在房屋及住宅责任和汽车责任和其责任保险方面。个人责任险主要有：住宅责任保险、房东责任保险、射击运动员责任保险、猎人责任保险、高尔夫球运动员责任险、综合个人责任保险、家庭责任保险、个人职业责任保险、汽车个人责任保险等。

（2）责任保险的承保方式

目前责任保险的承保方式大致有三种：单独、附加和综合承保方式。

1）单独承保。作为单独的责任保险，以签发专门的保险单方式承保，保障被保险人待定风险，主要有公众责任保险、产品责任保险、职业责任保险、个人责任保险等。

2）附加承保。作为财产保险的组成部分或以附加责任的方式承保，而不签发专门的责任保险单，该保险单同时承保物质损失保险和责任保险。主要有汽车综合保险、飞机保险、家庭财产综合保险、船舶碰撞责任保险、车上人员责任保险、旅客责任保险、承运人责任保险等。

3）综合承保。作为综合普通责任保险单（CGL保单），一般承保公共责任保险，这类保险单一般包括一种或几种责任风险，如公众责任、产品责任、雇主责任，有时还包括职业责任，都可以在同一张保险单项上得到保障。

7.2　雇主责任与雇主保险

7.2.1　雇主责任基本理论

1. 雇主责任概念

“雇主责任”也称“雇佣人责任”、“替代责任”、“转承责任”，也有称为“代负责任”。尽管名词不同，其内涵与外延有所差异，但是基本意思是相同的，都是指雇主对受雇人在执行受雇事物中，根据合同法和法律的规定，雇主对雇员的所为应承担的各种责任。此责任既包括对于雇员的经济赔偿的民事责任，也包括违反安全生产法规的刑事责任。雇主民事责任包括两个方面的内容：一是雇主对雇员在从事雇佣活动过程中所受损害应承担的民事责任；二是雇主对雇员在从事雇佣活动过程中致第三人损害时应承担的民事责任。雇主责任险主要涉及的责任内容是前一种雇主责任。所以我们主要针对第一部分的内容加以讨论，即雇员在从事雇佣活动中自身所受到的伤害雇主所要承担的责任。

2. *雇主责任理论*

雇佣关系存在的基础是雇佣合同。雇佣合同的主体双方为雇主和雇员。雇员按照雇主的指示，利用雇主提供的条件，以自己的技能为雇主提供劳务，雇主则向提供劳务的雇员支付劳动报酬。雇员在完成雇主交付的工作的过程中，由于事故发生，可能使自己的身体受到损害，对这种损害雇主应承担民事责任，有以下几种理论依据：

（1）报偿理论。雇员是为雇主完成工作的，雇主为受益人，根据报偿理论，受其利者受其害、利之所在，损之所归。雇主因使用受雇人执行职务而可以得到利益，因此，获利益者，自应负责任。

（2）危险理论。雇员为雇主完成一定的危险性工作，雇主负有提供安全工作环境的义务，应提供适合服务的劳动条件，例如，提供适当的生产设施和工具、安全的工作的场所，提供适当的安全的工作系统等，以保证雇员在完成具有危险工作中免受损害。如果雇主没有履行其保障雇员人身安全的义务，导致雇员因工受伤，无异于雇主致人损害，雇主自应负责。

（3）伦理理论。雇主虽然未有直接实施侵害的意图与行为，但从伦理感情而言，受雇人为雇主之替身，受雇人之过失，视同雇主之过失，使之负担损害，比较符合于伦理上的观念。

3. *雇主责任性质*

雇主所承担的民事责任是一种什么性质的责任？是合同责任，还是侵权责任？我国《民法通则》及最高人民法院《关于贯彻民法通则若干问题的意见》里没有明确规定。但在1988年审理天津碱厂除钙塔厂房工程张学珍、徐广秋与受雇人张国胜等人签订"工伤概不负责"条款的合同而后在施工中受雇人遭受伤害的赔偿案期间，最高人民法院在1988年10月14日下发的《关于雇工合同应当严格执行劳动保护法规问题的批复》的文件中，对天津市高级人民法院就该案的请示报告进行了批复。

在文件中，最高人民法院认为"对劳动者实行劳动保护，在我国宪法中已有明文规定，这是劳动者所享有的权利，受国家法律保护，任何个人和组织都不得任意侵犯。张学珍、徐广秋身为雇主，对雇员理应依法给予劳动保护，但他们却在招工登记表中注明'工伤概不负责'，这是违反宪法和有关劳动保护法规的，也严重违反了社会主义公德，对这种行为应认定无效"。

通过这一批复，最高人民法院把雇主对雇员在完成受雇工作中所受损害应承担的民事责任，界定为是一种侵权责任，而非合同责任。雇员要求赔偿的权利不是基于雇佣合同产生的，而是基于劳动保护所享有的，雇主所应承担的责任也不是因其违反雇佣合同所产生的义务，而是因其违反了法律赋予的一切人不得损害他人合法权益的普遍义务，雇主所侵犯的权利客体是雇员的人身权和财产权，而不是雇员的债权。因此，雇主对受雇人的赔偿是一种侵权责任，具有侵权的性质。

4. *雇主责任的归责原则*

所谓归责，是指行为人因其行为和物件致他人损害的事实发生以后，应依何种根据使其负责，此种根据体现了法律的价值判断，即法律应以行为人的主观过错还是应以已发生的损害结果，或以公平考虑等作为价值判断标准，而使行为人承担侵权责任。简言之，归责原则就是确定侵权行为人侵权损害赔偿责任的一般准则。

（1）归责原则类型

1）过错责任原则。过错责任原则是以雇主在雇佣受雇人的过程中是否存在过错作为价值判断标准，雇主在使用雇佣人的过程中存在有过错，则雇主就应该对受雇人在执行雇主事物的过程中所受到的伤害损失，雇主承担对受雇者的侵权责任。

2）过错推定原则。过错推定原则是过错责任原则的一种特殊表现形式，是指在运用过错责任原则的前提下，在某些特殊的场合，从受雇人遭受损害事实的本身，推定雇佣人有无过错，并据此确定雇佣人对受雇人赔偿责任的判断。这一原则，必须以雇佣人自身具有过错为前提，其过错就体现在未能尽到选任、监督的义务之上。一般采取举证责任倒置的方式，推定雇主具有过失，雇用人仅能以举证证明尽到了对受雇人选任、监督上的注意时，雇佣人方能免责。

3）无过错原则。无过错原则是指在法律有特别规定的情况下，受雇人因执行雇佣人委托的事务行为而造成的伤害损失，无论雇佣人是否存在过错，都要承担侵权赔偿责任的判断标准，雇主以受雇人之过失为自己过失，雇用人并没有举证免责的可能。这种判断标准是以已经发生的损害结果为价值判断标准，由与该损害结果有因果关系的行为人，与其有无过错并无关系。例如，《民法通则》第一百二十三条规定："高度危险作业造成人身损害的侵权责任，就是以无过错责任原则判断的。"

4）公平责任原则。公平责任原则是指雇佣人和受雇人都没有过错，在损害事实已经发生的情况下，以公平考虑双方的利益损失和经济状况来判断雇佣人对受雇人所受到的损失是否予以承担责任。根据实际情况和可能，由双方当事人公平地分担损失。可见这一原则是以伦理为出发点，是法律道德化的具体表征。

（2）归责原则的选择

既然雇主对雇员赔偿责任是一种侵权责任，那么这种侵权责任究竟适用哪种归责原则？是过错责任、推定过错责任、无过错责任还是公平责任原则。对此，我国法律及司法解释中均无明文规定，就几个具有代表性的国家和地区的立法为例加以介绍：

1）德国，于1872年曾制定了《国家责任法》。该法第二条规定，经营矿山、采石场及工场者，对其所雇佣的监督者和工头的过失，致劳工遭受损害者，在一定范围内，应负损害赔偿责任，而不管雇主本身是否有过失。但该法使用以后，工人若要获得赔偿，仍需要证明监督者和工头有过失。德国于1884年7月制定了《劳工伤害保险法》，该法首次推行了工业事故社会保险制度，使工业事故的无过失责任得以落实。

2）法国，于1898年4月制定了《劳工赔偿法》，规定了工业事故的无过失责任。

3）英国，政府于1880年制定了《雇主对雇员赔偿责任法》，并多次修改了《工厂法》。在这些法律中，逐渐加重了雇主维护机器安全的义务。1897年英国颁布了《劳工补偿法》。该法规定，即使受害的雇员及其同伴和第三人对事故损害互有过失，而雇主无过失，雇主仍应对雇员在受雇期间的伤害负赔偿责任。

4）美国各州在1910年以后，相继颁布了劳工赔偿条例。这些条例通常都规定：不论雇佣人或受雇人有无过失，雇佣人对于所发生的伤害事件在雇佣上应承担风险。这种严格赔偿责任形式辅之以强制的责任保险，使损失由整个企业来分担。

5）在日本，关于雇主对雇员赔偿责任也采取无过错责任立法，有关劳动灾害一般通过《劳动者灾害补偿保险法》而获得赔偿。

6）香港《雇员赔偿条例》规定，雇主对其雇员因工受伤所负赔偿责任均是无过失责任，即使意外并非雇主的疏忽而引致，雇主仍须负赔偿责任。因此，只要雇员从事雇主指派的工作，则不论意外发生或感染疾病是由于雇员违反适用其工作的法律或其他法规，或违抗雇主或其他管理人员的指示，或其工作未获得上级的指示而自行判断行事，该意外仍视为由于受聘人在工作过程中发生，雇主负有赔偿责任。

需要明确的是，上述国家和地区立法规定雇主对雇工因工受伤所负的无过失（错）赔偿责任均是与这些国家和地区实行强制保险密不可分，也就是说是在实行强制保险的同时，对雇主实行无过错责任赔偿原则。

7.2.2 雇主责任构成要件

雇主责任有两个构成要件，一是雇佣关系的存在，二是受雇人执行雇佣人委托的任务。

1. 雇佣关系的存在

各国或地区在法律上对于雇佣关系存在的判断理论是不同的。按照有些国家或地区的理论，雇主责任必须以雇主与受雇人之间存在雇佣关系为前提。对于雇佣关系的认定，出于保护受害者的考虑，并不仅以客观存在的雇佣合同为限，而应采最为广义的解释，凡是客观上被他人雇佣为之服务并受其监督者均为受雇人。因此，书面契约有没有，劳务的性质，时间的久暂，报酬的有无，是否授予代理权皆无所谓，甚至从事该项劳务的基础法律关系（雇佣契约）无效，亦不构成例外，皆被认定为存有雇佣关系。其认定雇佣关系的标准有以下两条：一是客观上有无形成受雇人为雇主提供劳务的情形，如果提供了劳务就认定为存在雇佣关系；二是雇主对受雇人有无选任、监督的可能，有选任、监督行为则雇佣关系成立，反之，雇佣关系则不存在。

因此，认定雇主责任中的“雇佣关系”的主要依据是受雇人在执行事务中是否听命于雇主的指令或者直接受到雇主的控制。当然，这并非唯一标准，实务中还必须结合其他因素加以综合判断。

2. 受雇人执行雇佣人委托的事务

雇佣人就受雇人本人的人身伤害或其的侵权行为所承担的责任，应以受雇人执行受雇事务为限，对此职务行为的认定的学说有三种：

(1) 雇佣人意思说。以雇佣人的意思为标准，即执行职务的范围，应依据雇佣人所委托办理的事件来决定；

(2) 雇用客观说。以执行职务的外表为标准，即执行职务的范围固然应根据雇用人所命其办理的事件来认定，但是如果外表上是以执行职务的形式而形成的行为，也属于职务的范围；

(3) 受雇人意思说。以受雇人的意思为标准，即执行职务原则上固然应该依据雇佣人所委托办理的事件来认定，然而如果受雇人是为了雇佣人的利益而采取的行为，亦应属于执行职务。各国的司法实践一般都采用雇用客观说。这样一来，虽然对受害者的利益保护得更为充分，但对执行事务的范围也一般解释得比较宽泛。

7.2.3　雇主责任的法律依据

我国实行雇主责任的法律有以下几项法律条文：《民法通则》第四十三条、《关于贯彻执行〈中华人民共和国民法通则〉若干问题实施意见》第五十八条、《道路交通事故处理办法》第三十一条、《最高人民法院关于审理名誉权案件若干问题的解答》第六条、《人身损害赔偿司法解释》第八、九、十一条等。

(1)《民法通则》第四十三条规定："企业法人对它的法定代表人和其他工作人员的经营活动承担民事责任。"结合《关于贯彻执行〈中华人民共和国民法通则〉若干问题实施意见》第五十八条规定："企业法人的法定代表人和其他工作人员，以法人名义从事的经营活动，给他人造成经济损失的，企业法人应当承担民事责任。"首先，本条文指出企业法人存在雇主责任，至于其他主体是否能够承担雇主责任，该条中未有体现。其次，该条文规定的雇主责任采用的是无过错责任，并不承认企业法人因其尽到了选任监督职责而成立免责。再次，该条也没有提到法人在承担责任后是否享有向加害人行使求偿权的权利。可见，本条虽然能成立雇主责任之立法依据，但其内容显然太过简单。

(2)《道路交通事故处理办法》第三十一条规定："交通事故责任者对交通事故造成的损失，应当承担赔偿责任。承担赔偿责任的机动车驾驶员暂时无力赔偿的，由驾驶员所在单位或者机动车的所有人负责垫付。但是，机动车驾驶员在执行职务中发生交通事故，负有交通事故责任的，由驾驶员所在单位或者机动车的所有人承担赔偿责任；驾驶员所在单位或者机动车的所有人在赔偿损失后，可以向驾驶员追偿部分或者全部费用。"本条后半部分显然是对交通事故案件中引起雇主责任的规定。实践中，这类案件较为普遍。而且在不违反民法通则确立的原则的前提下，处理这类案件时可直接适用作为行政法规的《道路交通事故处理办法》第三十一条做出的具体规定。

(3)《最高人民法院关于审理名誉权案件若干问题的解答》第六条规定了名誉权侵权案件中"作者与新闻出版单位为隶属关系，作品系作者履行职务所形成的，只列单位为被告"，在此也应属雇主责任范畴。"作者与新闻出版单位的隶属关系"意味着雇佣关系的存在，"作者履行职务行为"与受雇人执行职务的要件相符。但本条仅从程序角度作了规定，对于其归责原则、求偿权问题都未涉及。

(4)《最高人民法院关于适用〈中华人民共和国民事诉讼法〉若干问题的意见》(以下简称《民诉法适用意见》)第四十五条规定："个体工商户、农村承包经营户、合伙组织雇用的人在进行雇用合同规定的生产经营活动中造成他人损害的，其雇主是当事人。"该条从程序法的角度规定了雇主责任的适用：其一，表明了我国现行法也承认法人以外的民事主体均能成立雇主责任。结合《民法通则》第四十三条有关雇主责任主体的规定，可见现行法上的一切民事主体均可以成为承担雇主责任的主体。至于非法人团体虽然在民事实体法中并没有被确认为民事主体，但同样不妨碍其可以成为雇主责任中的"雇主"。

(5)《人身损害赔偿司法解释》中第八条规定："法人或者其他组织的法定代表人、负责人以及工作人员，在执行职务中致人损害的，依照《民法通则》第一百二十一条的规定，由该法人或者其他组织承担民事责任。上述人员实施与职务无关的行为致人损害的，应当由行为人承担赔偿责任。"

《人身损害赔偿司法解释》第九条规定："雇员在从事雇佣活动中致人损害的，雇主应当承担赔偿责任；雇员因故意或者重大过失致人损害的，应当与雇主承担连带赔偿责任。雇主承担连带赔偿责任的，可以向雇员追偿。"

《人身损害赔偿司法解释》第十一条规定："雇员在从事雇佣活动中遭受人身损害，雇主应当承担赔偿责任。雇佣关系以外的第三人造成雇员人身损害的，赔偿权利人可以请求第三人承担赔偿责任，也可以请求雇主承担赔偿责任。雇主承担赔偿责任后，可以向第三人追偿。雇员在从事雇佣活动中因安全生产事故遭受人身损害，发包人、分包人知道或者应当知道接受发包或者分包业务的雇主没有相应资质或者安全生产条件的，应当与雇主承担连带赔偿责任。"

分析上述法条可见，我国现行立法中体现出的雇主责任内容，应为以下几点：①雇主与受雇人之间的雇佣关系的存在。这种雇佣关系须与受雇人形成隶属关系，除企业外，其他民事主体也可以成为雇主资格；②受雇人应系执行职务行为之中而受到的伤害；③在雇主责任中，雇主承担的是无过错责任；④受雇人之行为必须符合侵权行为的要件。在一般侵权行为中，受雇人须兼具违法性和主观过错。特殊侵权中，如高度危险活动中，则不要求受雇人主观过错，仅具有违法性已足已；⑤雇佣关系以外的第三人造成雇员人身损害的，雇主享有追偿权。

7.2.4 雇主责任保险的概念

1. *雇主责任保险的概念*

雇主责任险是保障其受雇人在雇佣工作中因雇佣工作而引起的人身伤害而应付的赔偿责任。赔偿分为三种：一是保险事故造成雇员死亡的按照保险单最高限额补偿；二是保险事故造成雇员残疾的，分为不同情况给予赔付；三是暂时丧失工作能力超过5天的，经医生证明，按照雇员工资给予补偿。同时，还设计了若干附加险，供投保人选择使用。雇主责任保险指以人身而非财产为保险标的责任保险。

2. *雇主责任保险的特征*

（1）雇主责任险是指无论雇主是故意、过失还是无过失行为导致的雇员人身伤亡，依照合同法或者法律的规定，雇主都要承担经济赔偿责任。因此，雇主责任险不但提供由于雇主的过失而造成其受雇人遭受伤害而应付的经济赔偿责任的风险保障即过失风险保障，而且还提供不是由于雇主的责任而雇员发生的意外伤害风险保障即无过失风险保障。

（2）由于其赔偿基础是以法庭或劳动仲裁为基本依据的，因此其赔偿范围不仅仅包括因受雇人遭受意外事故而导致人身伤残或死亡保险人给予的经济补偿，还包括由于伤害事故发生引起法律纠纷而发生的必要的诉讼费用。

（3）该类保险的赔偿金额标准一般较高。例如，美国美亚保险公司深圳分公司的雇主责任保险规定，对雇主因疏忽或过失而意外导致其雇员人身伤亡或患有职业病而在民事法律上应负的赔偿责任最高赔偿限额高达100万元；雇员意外伤残风险保障的死亡和永久伤残赔偿限额高达100万人民币。

（4）第三者责任风险纳入保险范围。雇主可以同保险人约定，且投保人支付相应附加保险费，在保险期间内被保险人的工作人员在从事保险合同载明的被保险人业务时，因意外或疏忽，造成第三者人身伤亡或财产损失，依照中华人民共和国法律应由被保险人承担的经济赔偿责任。

3. 雇主责任保险与工伤保险

雇主责任险与工伤保险的保险标的相似，都是以被保险人的身体或劳动能力作为保险标的。但在保险性质、责任范围、赔偿方式和承担责任程度等各方面都具有差别：

（1）首先保险性质不同。雇主责任保险属于商业保险，在发挥其保障功能的过程中，是以盈利为目的的。在我国，雇主责任险是属于自愿保险，企业根据自己的实际需要加以选择。而工伤保险属于社会保险，是社会保障体系中的重要组成部分，以确保职工（雇工）身体受到伤害后，保障其得到经济赔偿，而不以盈利为目的，属于国家强制性保险的险种。

（2）保险责任范围不同。工伤保险的保险责任采取细分式，包括因工作原因受到事故伤害的；因履行工作职责受到暴力等意外伤害的；患职业病的；因公外出期间，由于工作原因受到伤害或者发生事故下落不明等，共十种情形。雇主责任险的保险责任采取统括式，即被保险人雇员在受雇过程中，从事被保险人的业务有关工作时，遭受意外而致受伤、死亡或患与业务有关的职业性疾病所致伤残或死亡，被保险人根据雇用合同，依法须负医药费及经济赔偿责任。

（3）赔偿方式不同。工伤保险规定对伤残补偿按照伤残级别给予24个月工资至60个月工资不等的一次性补偿。另外，逐月发放伤残津贴，保险事故导致死亡的，给予一次性补偿。发放补偿金的多少仅与月工资有密切的关系。职工（雇工）只能在法律规定的尺度内获得赔偿。

雇主责任险的赔偿限额由雇主自行确定或雇主根据与雇员协商的结果进行确定，然后一次性给付受害人。如果购买的限额较高，则同等伤残等级下可以获得的补偿就越高，反之亦然。影响雇员获得赔偿金的因素不仅仅是月工资，还有雇主购买的赔偿限额。

（4）自担风险程度不同。工伤保险条例中规定，虽然把部分保险费用由保险基金支付，但有些费用还是由企业（雇主）自行补足。但雇主责任险中，雇主可以按照投保意愿选择无免赔额的承保条件，一旦出险，雇主不必承担任何财务责任，而由保险人负责赔偿。

4. 雇主责任保险与意外伤害保险

雇主责任险与意外伤害保险有相似之处，同属于商业保险，两个险种的标的相同，都是被保险人的身体或劳动能力，但两者之间存在着明显的区别。主要表现在以下几点：

（1）保险起源不同。意外伤害险是为应对被保险人不幸因意外事故引致身故或残疾的风险而产生和发展起来，通过保险金给付可以应付被保险人突然增加的费用，维持生活水平，为被保险人及其家庭提供切实的保障。而雇主责任险是为缓和劳资纠纷，保障雇员的利益而产生并发展起来的，当发生工伤事故时，雇主往往逃避责任，或者无力支付赔偿，或者双方协商不成，雇员的权益常常得不到完全的保护，有时不得不诉诸法庭。雇主责任险客观上起到保障雇主权益的作用。

（2）保险对象不同。雇主责任险的保险对象是雇主，虽然由雇主为雇员投保，保险费由雇主承担，但雇主责任险是在为雇主投保，规避雇主对雇员在从事雇主指示的活动中因自己的过失而造成雇员人身保险事故需要承担的损失。雇主责任险中投保人与被保险人是同一人即雇主。而意外伤害险的保险对象是雇员。意外伤害险的投保人和被保险人既可以是同一主体，也可能是两个主体，也就是说，意外伤害险的投保人既可以是雇主也可以是雇员本人，还可以是个体劳动者或自由职业者。例如，我国实行的建筑意外保险制度，投保人是施工承包商，被保险人是员工，两者为不同主体；而对其他情况来说，也可能两者为同一主体。

（3）归责原则不同。雇主责任险首要的保障任务是保险人要承担雇主因其过失或疏忽造成员工意外伤害而应负的民事法律责任，主要遵循的是“有过失”原则，提供雇主过失责任风险保障。随着保险市场的发展，除雇主过失责任外，雇主责任险同时也提供意外风险保障，保险人无论雇主有无过失都须履行赔偿义务。而意外伤害险不同，它遵循的是“无过失”原则，提供无过失风险保障，即使雇主无过失，发生的意外伤害事故按合同约定都可以提供意外风险保障。

（4）赔付范围不同。雇主责任保险负责赔偿诉讼费用。当雇员人身受到伤害或者患上职业疾病时，与雇主发生法律纠纷，雇员会对雇主进行法律责任的诉讼，会产生大量的法律费用，雇主责任保险可以为被保险人提供相应的保障，最高赔偿金额以保单责任最高限额为限。而意外险除合同所列明赔偿定额之外，不提供雇主法律纠纷而引起的诉讼费用的保障。

（5）赔付标准不同。雇主责任保险对于因工作意外受到人身伤害雇员致残的情况，一般采用劳动部门十级工伤鉴定标准，而意外保险一般采用保险行业七级伤残鉴定标准。从评残标准来看，雇主责任险要宽于意外保险。简单来说，按照伤残鉴定标准，被鉴定为伤残等级为八至十级的，在意外保险规定的赔付范围不属赔付范围，对伤残者不予赔付；在雇主责任险中对八至十级则属于赔付残疾等级。

（6）承保内容不同。雇主责任险的保险的内容，包括雇员患有与工作有关的职业病。而意外伤害险，只是针对意外伤害事故，而造成的致残或死亡进行一次性赔偿，对受到伤害人员的医疗费用、职业性疾病则不负赔偿责任，除非附加特别条款。

（7）福利程度不同。保险是职工福利的一种表现，雇主责任险的福利性高于意外伤害险，这是由于雇主责任险的赔付额较高、赔付项目全面，其福利性要高于意外伤害险。高保额意味着高保障，高保障意味着高福利，如果将意外伤害险也看作是一种员工福利，那么它所体现出的福利性要远远低于雇主责任险的福利程度。

7.2.5 雇主责任保险的互补作用

1. 雇主责任保险是工伤保险的重要补充

任何一种保险都具有相应的保险范围，赔偿项目的覆盖面具有一定的局限性，不可能包罗万象。例如，工伤保险基金不负责雇员受到伤害期间的工资福利费、其他费用津贴，包括住院伙食费、生活护理费、转院就医食宿交通费、一至五级伤残就业医疗补助等，而这些是需要由雇主负责承担的。另一方面，我国保险给付标准普遍较低，雇主或雇员在伤亡事故中产生的经济损失与经济赔付金额很不对称，造成雇主资金大量支出，同时，还严重影响安全事故伤害雇员的医疗、康复，使雇员家庭生活在经济上仍存在一定的困难。尤其是对中小企业而言，在发生较大安全伤害事故，在受伤害人员涉及面较多的情况下，即使投保了其他保险，雇主自担的部分仍然是一个不小的支出。而雇主责任险可承保工伤保险的未保部分，弥补由于保险事故的发生而造成的雇主经济损失。

据有关专家调查，在因工伤害案件中，轻度伤残及达不到伤残等级的工伤案件，占工伤案件总数的99.69%。对于99.69%的案件，如果按照工伤保险条例规定，保险基金并非承担所有的赔偿项目，有相当一部分属于雇主自负。这就是说，雇主还需要承担很大的经济赔付责任，对于企业自负的部分，雇主完全可以通过购买合适的雇主责任保险来转移风险。把强制工伤保险中要求企业自负的部分尽可能地转移到保险公司来保障雇主应按照现行法律需承担的责任。

表7-1，表7-2为10000个工伤事故案件中人员伤残度的调查统计数据。由统计表数据可看出，在工伤事故中，即使参加工伤保险，所造成的经济损失仍有相当大的比例要由雇主承担的。

10000例工伤案件受伤程度分类统计表 **表7-1**

受伤程度	占总案件数的比例
未达到伤残等级	92.60%
五级至十级伤残	7.09%
一级至四级伤残	0.14%
死亡	0.17%

10000万例工伤案件中医疗费用分类统计表 **表7-2**

医疗费用金额	占总案件数的比例
<3000元	91.28%
3000~10000元	8.26%
10000~30000元	0.32%
>30000元	0.14%

下面我们通过具体例子说明。建筑施工公司为雇员投保了工伤保险。工伤保险为员工提供了基本保障，如某一员工因工受伤导致五级残废，住院治疗195天，事故发生后受伤雇员提出解除本人与用人单位的劳动关系。伤者实际月工资为1600元；治疗过程中所花费用：门诊医疗费35000元，住院医疗费10000元，康复器具费用5000元；住院伙食费3600元；住院护理费3600元；住院6个月工资收入损失9600元。

按照现行工伤保险条例规定，工伤保险基金获得赔偿为：

工伤基金支付＝35000（门诊医疗费）＋10000（住院医疗费）＋5000（康复器具费）
＋16×1600（一次性伤残补助金＊）
＝75600元

＊：按照《工伤保险条例》规定，五级伤残享受一次性伤残补助金标准为16个月本人工资。

按照北京市工伤条例规定，建筑公司依法需要支出的赔偿金为：

施工单位支付＝3600（住院伙食）＋9600（停工留薪期工资）＋3600（停工留薪期护理费）
＋30×1600（一次性伤残就业补助金和一次性工伤医疗补助金＊）
＝64800元

＊：一次性工伤医疗补助金和伤残就业补助金合并计算，标准为五级30个月本市上一年度职工月平均工资，如本市上一年度职工月平均工资为1600元。

由此看出，在赔案中将近有一半的费用要由雇主承担。按照雇主责任保险条款规定，其负责赔付工伤保险以外的住院伙食费、误工费、护理费等项费用，如果将这一部分风险转嫁给雇主责任保险公司，由保险公司负责赔付给雇主，将大大减轻雇主的经济压力。

2. *雇主责任保险是意外伤害保险的扩充*

雇主责任保险的最大特点是与雇主在经营活动中对于雇员的责任相承对应的关系，这种责任包括依据合同产生的责任和以国家相关法律产生的责任。它是以雇主的保险责任为保险对象的，雇主在经营过程中由于各种原因可能产生的雇主责任及其经济损失，雇主责任保险均能够进行转移。

建筑意外伤害保险是国家的强制险，《建筑法》第四十八条规定："建筑施工企业必须为从事危险作业的职工办理意外伤害保险，支付保险费。"从而强化了施工企业的安全责任意识，利用商业保险制度解决了施工人员的安全利益保障问题。但其保险对象覆盖面过于狭窄，只限于现场施工人员，实际上，不是只有在施工现场的人员才有危险，其他与建设项目有关的企业雇员在各自职业岗位上，同样也存在安全风险。而雇主责任险承保范围广泛，不仅仅限于施工企业，而且对于存在安全风险的施工辅助单位都可以承保。

另外，意外伤害保险的被保险人是雇员，赔偿金是付给雇员的，雇主责任保险的被保险人是雇主，赔付金是付给雇主。意外伤害保险的内容较为单一，一般只承担保险事故中伤残致亡和医疗费用的一次性给付责任，其他的则不负赔偿责任，雇主责任保险除负责承保意外伤害保险的内容外，还负责赔付因雇佣双方因安全事故发生纠纷而产生的因雇员受伤而发生的误工补偿费、陪护费、伙食费、诉讼费等项内容，并且投保人可以根据需要同保险人协商相应合同条款，可见雇主责任保险是意外伤害保险的扩充，是职业伤害保险中转移企业自身风险的重要保险形式。

下面我们以中国人民财产保险公司《雇主责任保险条款》(2004)(以下简称《条款》)为例就《雇主责任保险条款》的内容加以介绍。

7.3 保险对象与责任范围

7.3.1 雇主责任险保险对象

《条款》第二条规定："中华人民共和国境内（不包括香港、澳门和台湾地区）的各类企业、有雇工的个体工商户、国家机关、事业单位、社会团体、学校均可作为本保险合同的被保险人。"

《条款》第三条规定："本保险合同所称工作人员，是指与被保险人存在劳动关系（包括事实劳动关系）的各种用工形式、各种用工期限、年满十六周岁的劳动者及其他按国家规定和法定途径审批的劳动者。"

在雇主责任保险中，投保人与被保险人是同一人，即雇主既是投保人又是被保险对象，这是与意外伤害险保险对象的主要区别所在。《条款》对企业的区域进行了界定，香港、澳门和台湾除外，凡是在中华人民共和国境内的各类有雇工的企业或个体户等均可作为被保险人。同时，对用工形式、年龄上作了限定。

就建筑企业来说，作为雇主责任保险投保人或被保险人应具备以下条件：建设行政主管部门批准，取得相应资质证书并经工商行政管理部门登记注册，依法设立的建筑施工、安装企业，均可作为雇主责任保险的被保险人。建筑施工、安装企业包括：国有建设企业、国内股份制建设公司、私有建筑企业、三资建筑企业、事业单位、集体建筑企业以及集体或个人承包的各类建筑企业。

7.3.2 雇主责任险保险标的

保险标的是指保险责任的指向，职业伤害保险从大的方面看保险标的是职工的人身或生命，从小的方面看是要有明确的伤害后果。雇主责任保险的保险标的是指投保人的雇员在保险事故中致残、死亡或职业病。《条款》第四条规定：“在保险期间内，被保险人的工作人员在中华人民共和国境内（不包括香港、澳门和台湾地区）因下列情形导致伤残或死亡，依照中华人民共和国法律应由被保险人承担的经济赔偿责任，保险人按照本保险合同约定负责赔偿。”

除雇主保险责任的赔偿范围是在保险期间内，雇员受意外事故致残或致亡的应由被保险人承担的经济赔偿责任外，《条款》第五条还规定：“保险事故发生后，被保险人因保险事故而被提起仲裁或者诉讼的，对应由被保险人支付的仲裁或者诉讼费用以及事先经保险人书面同意支付的其他必要的、合理的费用（以下简称“法律费用”），保险人按照本保险合同约定的限额也负责赔偿。”

7.3.3 雇主责任保险责任范围

雇主责任保险属于场地责任险，因此，《条款》对伤害事故发生的责任范围进行了限定，《条款》第四条具体限定包括以下内容：“（一）在工作时间和工作场所内，因工作原因受到事故伤害；（二）工作时间前后在工作场所内，从事与工作有关的预备性或者收尾性工作受到事故伤害；（三）在工作时间和工作场所内，因履行工作职责受到暴力等意外伤害；（四）被诊断、鉴定为职业病；（五）因工外出期间，由于工作原因受到伤害或者发生事故下落不明；（六）在上下班途中，受到交通及意外事故伤害；（七）在工作时间和工作岗位，突发疾病死亡或者在48小时之内经抢救无效死亡；（八）在抢险救灾等维护国家利益、公共利益活动中受到伤害；（九）原在军队服役，因战、因公负伤致残，已取得革命伤残军人证，到用人单位后旧伤复发；（十）法律、行政法规规定应当认定为工伤的其他情形。”

上述条款设定的原因与意外伤害保险基本相似，为此不再赘述。

7.3.4 雇主责任保险除外责任

保险的除外责任在性质上可分为绝对除外责任和相对除外责任。绝对除外责任是指保险人从保险和经济合同的基本原理以及社会公德等方面的因素考虑而绝对不予承保的风险。相对除外责任是指在保险单的标准格式项下相对不予承保，但这种保险风险一般可以通过其他险种，或者在保险单项下附加予以承保。

《条款》第六条规定：“下列原因造成的损失、费用和责任，保险人不负责赔偿：（一）投保人、被保险人的故意或重大过失行为；”由此而引起的任何损失、费用和责任保险公司不予负责，即故意行为除外。

故意和过失统称过错，故意行为是指被保险人预见到了或明知自己的行为将导致伤害的这一结果，但仍然付诸行动。如果行为人应当预见自己行为的后果但由于过于自信而轻信不会发生或疏忽大意，没有采取措施，致使损害发生的，就是过失。也就是说"过失"指的是行为人应注意、能注意而不注意的一种心理状态。

重大过失和一般过失如何划分？一般过失是指法律法规对于某一行为人应当注意和能够注意的程度有较高要求时，行为人没有遵守这种要求，但其并没有违背通常应当注意并能注意的一般规则时，就是一般过失。如果行为人不但没有遵守法律规范对他的较高的要求，甚至连人们都应当注意并能注意的一般标准也未达到，就是重大过失。本条款是指故意和重大过失行为而且引起的损失、费用和责任除外。

《条款》第六条（二）规定："战争、敌对行动、军事行为、武装冲突、罢工、暴动、民众骚乱、恐怖活动；"即战争除外。由于这类风险属于政治风险的范畴，在雇主责任保险中规定：此类活动引起的雇员人身伤害保险人不承担责任，属于绝对除外。

《条款》第六条（三）规定："核辐射、核爆炸、核污染及其他放射性污染；"即核除外。其原因是核风险可能造成的损失是巨大的，而且损失的范围和程度就目前来讲是难以估计的。因此对于核风险可能产生风险责任是无法估量的。但从事核工业生产、研究、应用的被保险人的职工在保险期间内由于突然发生的核泄漏事件受到伤害，或由于核辐射而患有职业病，并符合工伤保险条列，可以附加核子辐射责任保险条款加以保险，此条属于相对除外。

《条款》第六条（四）规定："行政行为或司法行为；"即当局除外。国家机关的行政行为或执法行为除外主要是指政府或公共当局出于公共利益或为了某种政治或其他特殊目的对于被保险人雇员或第三者采取的行政或执法行为中造成的人身伤害损失的保险公司不予承担责任。政府或公共当局的行政或执法行为的主要原因是被保险人存在违法因素产生的，而根据经济合同的基本原则，对于违法的利益是不予保护的。

《条款》第六条（五）规定："被保险人承包商的工作人员遭受的伤害；"即承包商除外。这一条除外是因为被保险人的承包商所属工作人员是承包商所属人员而非被保险人的人员，其工作人员发生的伤害责任事故而造成的任何损失、费用和责任应该由承包商本人承担，而不应由雇主责任险的雇主承担。

《条款》第六条（六）规定："被保险人的工作人员犯罪或者违反法律、法规的；"即违法犯罪除外。具体包括盗窃、抢劫、斗殴、行凶等。

《条款》第六条（七）规定："被保险人的工作人员醉酒导致伤亡的；"即醉酒死亡除外。醉酒死亡事故较为普遍，属于高发事故，保险人为规避承保风险而对此除外。

《条款》第六条（八）规定："被保险人的工作人员自残或者自杀的；"即自杀除外，自残、自杀对社会、家庭造成严重影响，违反社会治安条例，所以除外。

《条款》第六条（九）规定："在工作时间和工作岗位，被保险人的工作人员因投保时已患有的疾病发作或分娩、流产导致死亡或者在48小时之内经抢救无效死亡。"

除对上述责任除外，还对由于保险事故发生造成人身伤害的某些间接损失进行了除外规定。《条款》第七条规定："下列损失、费用和责任，保险人不负责赔偿：（一）罚款、罚金及惩罚性赔款；"即罚款、罚金及惩罚性赔款除外。罚款是行政机关对不够刑事处分的违法行为人，依法强制在一定期限内缴纳一定数量钱币的行政处罚。例如，雇员违反交通法规行驶行为接受交通部门的处罚等。罚金是指强制犯罪分子在一定期限内向国家缴纳一定数量钱币，这是对犯罪分子进行经济制裁的一种刑罚方法。例如雇员存有盗窃行为，受到有关部门的罚金等，对雇员上述原因而造成的赔款损失，保险人对被保险人不负责赔付。

《条款》第七条（二）规定："精神损害赔偿;"即精神损害赔偿除外。精神损害赔偿是指受害人或者死者近亲属因受害人的生命、健康等人身权益遭受不法侵害而导致其遭受肉体和精神上的痛苦、精神反常折磨或生理、心理上的损害（消极感受）而依法要求侵害人赔偿的精神抚慰费用。精神损害属于间接人身伤害损失，雇主责任保险对此给予除外。

《条款》第七条（三）规定："被保险人的间接损失;"即间接损失除外。由于雇主责任保险承保标的是人身伤害损失的直接损失，因此对于被保险人及其雇员所有保管的财产、利润损失及其他损失不负责赔偿。

《条款》第七条（四）规定："被保险人的工作人员因保险合同列明情形之外原因发生的医疗费用;"即约定外医疗费用除外。合同列明情形之外原因是指上述保险条款列明的10种责任范围内而受到的伤害。除此之外的各种情况下，所产生的伤害损失，保险人不负责予以赔偿。

《条款》第七条（五）规定："本保险合同中载明的免赔额。"即免赔额除外。在这里应注意的是：一要明确免赔额的性质，所谓免赔额是被保险人自行负担的那一部分损失；二要明确对于保险合同中的各个部分和批单扩展部分的免赔额都予以除外。

7.4　雇主责任保险保费与限额

7.4.1　雇主责任险保险费用

雇主责任保险保费的确定是根据保险限额和保险费率而确定的。雇主责任保险赔偿限额与费率、行业费率见表7-3、表7-4。

1. 雇主责任保险费率确定

其费率为年度费率。费率表上的赔偿限额币种可由被保险人自行确定，但赔偿限额应与收取的保费币种一致。

费率表上的赔偿限额仅规定最低限额和最高限额，具体承保时，按合同当事人双方需要在此幅度内确定针对不同被保险人的赔偿限额确定。

赔偿限额中分每人伤亡限额、每人医疗费用限额、诉讼费用限额和保险期限内累计赔偿限额四类。每人伤亡限额可视被保险人所聘用员工的不同层次，由被保险人选择不同档次投保，确定为高赔偿限额的人员必须附有人员清单。

按所适用行业在费率栏中选定所用费率，再视具体风险及赔偿限额的不同最终确定承保费率。

死亡费率为赔付限额的0.2%～1.4%、医疗费用费率为赔付限额的1%、诉讼费用费率为赔付限额的0.25%。

2. 雇主责任附加险费率

如有附加险，在另订单独的赔偿限额时，其费率如下：第三者责任保险费率0.1%；

罢工、暴乱、民众骚乱保险费率0.07%；核幅射保险费率0.15%；员工公（劳）务出国保险费率为0.1%。

3. 雇主责任保险保费计算

直接用费率乘以赔偿限额，再将各项保费相加计算出基础险总保费数额即：

每项保险费额＝选定的保险限额×保险费率

基础保险费＝∑每项保险费额

如有附加险限额，应将该赔偿限额乘以附加险适用费率计算附加险保费。基础险保险费与附加险保费相加计算出总保费数额，即：

总保费＝基础保费金额＋附加险保费金额

最低雇主责任险的保险费：每一张保险单之最低保险费不得少于500元。

赔偿限额与费率表　　表7-3

赔偿项目	赔偿限额（万元）	费　率
每人伤亡	2～50	0.2%～1.4%
每人医疗费	每人伤亡限额的40%～60%	1%
诉讼费用	每人伤亡限额的20%～50%	0.25%
累计赔偿限额	（每人伤亡限额＋每人医疗费限额）×人数＋诉讼费用	

行业年费率表　　表7-4

类别	人员分类	费　率
1	社会团体、机关、事业单位、学校职工	0.2%～0.4%
2	金融、商业、娱乐场所、饭店等服务人员	0.25%～0.5%
3	食品制造业、服装制造业、精密仪器等其他工业制品制造业等	0.3%～0.6%
4	以一般危险品为主要原料，在生产过程中有一定危险性行业，如电力行业、汽车加油站及棉纺、化纤行业	0.35%～0.7%
5	以一般危险品及部分特别危险品为主要原料的加工、制造业、如木器厂、水泥制造、造船等行业	0.45%～0.8%
6	建筑安装工程、金属矿业及非金属矿业、煤矿业等	0.5%～1%
7	石油、钻井、鞭炮生产等	0.6%～1.2%
8	高空、深水、勘探作业、航空、航天	0.7%～1.4%
9	探险类行业人员	另议

4. 雇主责任保险保费的退还

按照《条款》第三十二条的规定，如投保人签订保险合同并交纳保费后，由于某种原因提出保险合同解除，对保费的处理有以下规定：

“保险责任开始前，投保人要求解除保险合同的，应当向保险人支付相当于保险费5%的退保手续费，保险人应当退还剩余部分保险费；保险人要求解除保险合同的，不得向投保人收取手续费并应退还已收取的保险费。

保险责任开始后，投保人要求解除保险合同的，自通知保险人之日起，保险人按照保险责任开始之日起至合同解除之日止期间按短期费率计收保险费，并退还剩余部分保险费；保险人要求解除保险合同的，应提前十五日向投保人发出解约通知书，保险人按照保险责任开始之日起至合同解除之日止期间与保险期间的日比例计收保险费，并退还剩余部分保险费。”短期费率表见表7-5。

短期费率表　　**表7-5**

保险期间	1个月	2个月	3个月	4个月	5个月	6个月	7个月	8个月	9个月	10个月	11个月	12个月
年费率的百分比	10	20	30	40	50	60	70	80	85	90	95	100

注：不足一个月的按一个月计收。

7.4.2　雇主责任保险赔偿限额

《条款》第八条规定：“责任限额包括每人伤亡责任限额、每人医疗费用责任限额、法律费用责任限额及累计责任限额，由投保人自行确定，并在保险合同中载明。其中每人伤亡责任限额不低于3万元人民币；每人医疗费用责任限额不超过每人伤亡责任限额的50%并且不高于5万元人民币，法律费用责任限额为伤亡责任限额的20%。”

“责任限额”又称“赔偿限额”，赔偿限额是保险合同中的一个重要概念。赔付限额是指保险公司在伤害事故中，对被保险人赔付金额的最高额度即“上限”，也就是保险人在事故中应承担的赔偿责任的最高限额。国外雇主责任保险大多提供无限额赔偿（按实际事故发生的损失进行赔付）。目前，我国法律对赔偿标准没有明确规定，而是在保险合同签订时，由保险人根据雇佣合同的要求，以雇员若干个月（一般定为12个月或者24个月或36个月）的工资、薪金总额（包括奖金、加班费及其他津贴等）来确定赔偿限额，或由被保险人和保险人共同协商确定每个人和总的赔偿限额。随着我国法律制度的健全，如果法律中有关于赔偿标准的明确规定，那么保险人依法进行赔偿，而赔偿限额则是保险人所能承担的最高赔偿额度。赔付限额可分为以下几个类型：

（1）每人伤亡责任限额，即每位雇员遇伤亡时，保险公司的最高赔偿金额；

（2）每人医疗费用责任限额，即每位雇员致伤造成的医疗费用的最高赔付金额；对每次保险事故的赔偿按照伤害程度和赔偿金额标的比例确定赔偿金额，在约定的赔偿限额内赔偿；

（3）法律诉讼费用责任限额，即在保险期间内由于被保险人发生保险事故而引起法律纠纷产生的法律诉讼费用的最高赔偿金额；

（4）累计责任限额。雇主责任险的保单还规定累计限额，即保险人对被保险人所有赔偿的累积金额。

《条款》第二十五条规定：“发生保险责任范围内的损失，在保险期间内，保险人对每个工作人员的各项累计赔偿金额不超过保险合同载明的分项每人责任限额；保险人对应由被保险人支付的法律费用的累计赔偿金额不超过保险合同载明的法律费用责任限额；保险人对被保险人的所有赔偿不超过保险合同载明的累计责任限额。”

在这里保险人设置了两条赔付限定，一是分项（伤亡、医疗、诉讼费）限定。在保险期内，不论保险事故发生一次，还是多次赔偿，只要达到保险合同载明的各分项限额后，保险人不负这一分项的赔付责任。二是累积责任限额，不论保险事故发生一次，还是多次，所有赔付金额不得超过累计责任限额，凡是达到了此限额，保险人即履行了该保险的全部义务，保险单即行终止。

有些雇主责任保险事先对保险责任限额加以定量化，以利于保险人对保费的测算和方便被保险人的选择。例如条款规定：雇主责任险的各项保险限额分：每人伤亡限额 A，$A>3$ 万元，每人医疗保险限额 B，5 万元 $>B>50\%A$；法律费用保险限额 C，$C=20\%A$。

7.4.3 雇主责任保险免赔额

《条款》第九条规定：“每次事故每人医疗费用免赔额由投保人与保险人在签订保险合同时协商确定，并在保险合同中载明。”免赔额是保险合同中的又一个重要概念。

1. 免赔额的定义

免赔额是指保险人对于保险标的在一定限度内的损失不负赔偿责任的金额。免赔额是保险制度中的一种共保机制，设计免赔额的实质是对被保险标的可能发生的损失有条件地由保险人和被保险人共同承担，即在一定条件下，由被保险人实际承担的责任。

2. 免赔额的意义

免赔额的设定主要是针对一些保险金额巨大、责任范围广泛、损失率极高的保险险种，雇主责任保险就属于此类。免赔额的意义在于以下几点：

（1）增强被保险人的安全生产责任心。免赔额的设定意味着保险人和被保险人必须共同去面对每一个保险责任范围的事故，而且被保险人在承担保险责任范围内的损失是出于“第一位”的地位，即发生了损失，如果损失的金额在免赔额范围内，就由被保险人自行承担，而保险人不负任何责任。只有当损失超过免赔额时，保险人承担保险赔偿责任。

就建筑雇主责任险的特点而言：一是保险责任范围广泛，事故发生原因来自各个方面，管理的、技术的、道德的、人为的和心理的，因素是多方面的；二是建筑工程施工较为复杂，单位多、工种多、人员多，存在时间和空间上的立体和交叉作业。在这种情况下，被保险人就成为防治和减少人身伤害事故的关键一环，即被保险人对于安全生产的认识和重视程度将成为影响建筑工程建设过程中的事故发生和损失大小的决定重要因素，雇主责任险中免赔额的提出就是结合这一特点而提出的，可以从根本上增强被保险人的责任心，促进被保险人安全生产的责任以防止损失的发生，尤其是一些中小伤害事故损失的发生。

（2）可以降低小损失案件处理。由于自雇主责任保险涉及面广泛，如果不设定一个免赔额，可以提起索赔的案件将大大增加，而要处理这些案件，一方面被保险人为了索赔必须收集大量的单据，制定索赔文件，势必耗费大量的人力和物力；另一方面保险人为了这些案件也必须花费一定的人力、物力进行调查取证、审核理算，最终保险双方为了处理这些案件的发生成本，可能高于案件最终赔付的金额，从而违背了保险市场的经济原则。

（3）可以降低被保险人保费的支出。就整个保险行业而言，总保险费的收费总量与总保险费的支出总量成一定比例的，具体到某个行业的伤害险险种也是如此，保费的收取与承保风险发生率有关。如果不设定免赔额或免赔额设定得过低，势必造成保险赔付率和赔付案件数量的增加，保险人则必将收取过高的保险费用，影响被保险人的投保能力。被保险人如果能够根据自身承受力的情况，确定一个可以接受的免赔额，风险自留，则可以在保险费方面获得一定的优惠，而对于一些项目较大的工程，这种优惠绝对是一个可观的数字。

3. 免赔额的种类

(1) 免赔额的分类，免赔额一般分为相对免赔额和绝对免赔额。

1) 相对免赔额是指投保人在索赔时，如果损失金额低于合同设定的免赔额时，则保险人不负赔偿责任；如果投保人的损失金额高于免赔额，则保险人负责赔偿全部损失。例如，约定相对免赔额5万元，被保险人A损失4万元，被保险人B损失35万元，保险人对A的损失不负责赔偿责任，对B的损失赔偿35万元。

2) 绝对免赔额是指投保人在索赔时，投保人损失金额若低于免赔额，则保险人不负赔偿责任；如果损失金额高于免赔额，则保险人赔偿损失超出免赔额的那一部分。例如，约定绝对免赔赔额为5万元，被保险人A损失4万元，被保险人B损失35万元，保险人对A的损失不负责赔偿责任，对B的损失保险人赔偿30万元。目前，保险市场广泛使用的是绝对免赔额，对于相对免赔额使用的比较少了。

(2) 免赔额的表现方式

1) 定额型。是指将免赔额确定为一个固定的金额，例如免赔额60万，这是对被保险人相对有利的方式。无论发生多大的损失，被保险人可能承担的金额是相对有限的和固定的。

2) 比例型。是指将免赔额确定为一个固定的比例。例如，免赔额为损失金额的10%，这是一种相对于被保险人不利的方式。一旦发生巨大的损失，被保险人就可能面对一个相当巨大的自负额，这显然不利于被保险人。

3) 混合型。是指将免赔额同时确定一定金额和一定比例，并适用于两者中的高者。例如，免赔额为20万，或损失金额的10%，以二者中高者为准，即保险人从两头控制自身的风险。

4) 累积型。是指在混合型的基础上，将固定百分比修改为按出现次数变动自负额百分比。如第一次出现的免赔额比例为5%；第二次出现的免赔额比例为7%；第三次的出现的免赔额比例为10%。

4. 每次事故

(1) 每次事故的概念。通常在承保条件的“赔偿限额”和“免赔额”中涉及到“每次事故”的概念。“每次事故”在保险中是一个重要的概念，因为这个概念直接关系到保险的实际保障程度。伤害事故在保险期内，不可发生一次，也可能是多次的。从上述条例规定的赔偿限额定义的角度看，被保险人的损失无论属于一次保险事故，或属于两次保险事故，则保险人承担责任的保险责任只以此限额为“上限”责任。从免赔额的角度看，免赔额通常是针对每次保险事故需要自己承担的部分损失。一个损失如果被认为属于一次保险事故造成的，保险人在理赔时只能扣除一个免赔额。而一个损失如果被认定为属于两次保险事故造成的，则保险人在理赔时就要扣除两个免赔额。

(2) 每次事故的界定。如何对“每次事故”进行界定在一般情况下是并不困难的，但在特殊情况下，保险双方会对“每次事故”的界定发生歧异。比如，深基坑塌陷造成的人员伤亡，可能先发生了一次小面积的塌陷，造成了人员伤亡，数小时后又发生了大面积的坍塌，那么事件是看作为“一次事故”呢？还是看作为“两次事故”？这两种解释对于保险的赔偿结果影响显然是不同的。

解决这一问题的办法是事先在保险合同对相关问题进行明确和约定，即采用“规定性条款”的方式，如前所述，规定性条款是针对保险合同执行过程中一些重要问题或者需要解释的问题进行明确的规定，以免产生误解和争议。例如，结合上述例子，可以约定：兹经双方同意，本保险单项下人身伤害保险因在两小时内由于同一原因发生的事故造成的人身伤害损失应视为一个独立事件，并因此构成一次意外事故而扣除规定的免赔额。被保险人可以自行决定两小时期限的起始时间，但若在连续数个两小时期限内发生损失，任何两个或两个以上期限不得重叠。

7.4.4 雇主责任保险期限

《条款》第十条规定：“除另有约定外，保险期间为一年，以保险合同载明的起始时间为准。”

（1）期限起点确定。一般的雇主责任保险期限设定为一年。但对于建筑施工企业投保雇主责任险而言，由于保险期限与项目工期紧密相连，雇主应视工程合同工期而定，对于施工期较长的项目，被保险人不一定将保险期限设定为一年，可以根据合同工期的长短而定，以避免手续的繁琐。投保人应与保险人协商取得与合同工期相一致的保险期限，并在保单上明细表上予以载明。

施工企业投保雇主责任险的保期应以被保险人的雇员进驻工地并缴纳保险费的次日零时起作为开始时间，就是说以雇员进驻工地作为保期的起点，这是根据雇主责任险的标的特征所决定的，但要以缴纳保费次日零时为前提条件。尚未缴纳保费，生效期未到，即使雇员进入工地，保险公司对其发生的人身伤害事故当然没有承担责任的义务。按规定保单生效日后，由于某种原因，雇员未按计划进入工地，应及时通知保险人，保险期时间点顺延。

（2）期限终点确定。保险期限终点的确定应是以合同工期限结束时间点相一致。合同施工期终点的依据是签发完工验收证书或验收合格证书，或者至工程建筑合同规定施工期限结束的二十四时作为标志。

当然在任何情况下，保险期间的起始或终止不得超出保险合同明细表中列明的保险生效日或终止日。如遇到特殊情况工程需要延期，对保险期间的展延被保险人应事先获得保险人的书面同意，保期顺延，保险费用是否追加由合同当事人双方按照有关规定协商。

7.5 雇主责任保险的赔付

《条款》第二十一条规定：“保险人的赔偿以下列方式之一确定的被保险人的赔偿责任为基础：（一）被保险人和向其提出损害赔偿请求的工作人员或其代理人协商并经保险人确认；（二）仲裁机构裁决；（三）人民法院判决；（四）保险人认可的其他方式。”

这里需要说明的是由于雇主责任险是以雇用关系的成立，是以雇主责任的确认为前提条件的，因此，除被保险人和向其提出损害赔偿请求的工作人员或其代理人协商并经保险人确认和保险人认可的其他方式作为赔偿基础外，雇主责任险的赔偿依据还包括：对雇佣双方的争议经过仲裁机构裁决的和人民法院判决为依据。

7.5.1　雇主责任保险伤残死亡赔付

《条款》第二十二条规定："在保险责任范围内，被保险人对其工作人员因本保险合同列明的原因所致伤残、死亡依法应承担的经济赔偿责任，保险人按照本保险合同约定负责赔偿：

（一）死亡赔付：在保险合同约定的每人死亡责任限额内据实赔偿；

（二）伤残

A. 永久丧失全部工作能力：在保险合同约定的每人伤亡责任限额内据实赔偿；

B. 永久丧失部分工作能力：依保险人认可的医疗机构出具的伤残程度证明，在保险合同所附伤残赔偿比例表规定的百分比乘以每人伤亡责任限额的数额内赔偿；

C. 经保险人认可的医疗机构证明，暂时丧失工作能力超过5天（不包括5天）的，在超过5天的治疗期间，每人/天按当地政府公布的最低生活标准赔偿误工补助，以医疗期满及确定伤残程度先发生者为限，最长不超过1年。"

在工伤保险中伤害者在停工留薪期内，其原工资福利待遇是由所在单位按月支付，由雇主承担。雇主责任险的误工补贴，对雇主来说可以减轻这一部分的经济负担。伤亡赔付比例表，见表7-6所示。

雇主责任保险伤亡赔付比例表　　　　**表7-6**

项　目	伤　害　程　度	保险合同约定每人伤亡责任限额的百分比
一	死亡	100%
二	永久丧失工作能力或一级伤残	100%
三	二级伤残	80%
四	三级伤残	65%
五	四级伤残	55%
六	五级伤残	45%
七	六级伤残	25%
八	七级伤残	15%
九	八级伤残	10%
十	九级伤残	4%
十一	十级伤残	1%

7.5.2　雇主责任保险的医疗赔付

《条款》第二十三条规定："在保险责任范围内，被保险人对其工作人员因本保险合同列明的情形所致伤残、死亡依法应承担的下列医疗费用，保险人在本保险合同约定的每人医疗费用责任限额内据实赔偿"。

《条款》第二十三条规定，医疗赔付是在赔付限额内据实赔付的，具体包括以下具体内容：

（一）挂号费、治疗费、手术费、检查费、医药费；

（二）住院期间的床位费、陪护费、伙食费、取暖费、空调费；在工伤保险中，生活不能自理的工伤职工在停工留薪期需要护理的，由所在单位负责，伙食费由雇主按照本单位因公出差伙食补助标准的70%发给住院伙食补助费，两项费用都由顾主承担，可见，雇主责任险与其他险种有很强的互补性；

（三）就（转）诊交通费、急救车费；在工伤险中，伤害者需转外地治疗所需的交通、食宿费用由雇主按照本单位雇工因公出差标准100%报销，由雇主承担经济责任，而在这里保险人承担了经济责任；

（四）安装假肢、假牙、假眼和残疾用具费用。

除紧急抢救外，受伤雇员均应在县级以上（含县级）医院或保险人认可的医疗机构就诊。被保险人承担的诊疗项目、药品使用、住院服务及辅助器具配置费用，保险人均按照国家工伤保险待遇规定的标准，在上述（一）至（四）项的计算基础上，扣除每次事故每人医疗费用免赔额后进行赔偿。

7.5.3 雇主责任保险诉讼费赔付

诉讼费用的赔付是雇主责任保险的一大特点。《条款》第二十四条规定："保险人对每次事故法律费用的赔偿金额，不超过法律费用责任限额的25%。同一原因、同时导致被保险人多名工作人员伤残或死亡的，视为一次保险事故。"也就是说，在一次事故中，无论伤亡人数是多少，其诉讼费用不超过法律费用责任限额的1/4，超过1/4的费用按照诉讼责任费用限额的1/4赔付，未超过1/4的，按照实际发生诉讼费赔付。但在保险责任期内，诉讼费用不超过累计法律诉讼费限额。

7.5.4 雇主责任保险的赔偿原则

《条款》第二十五、二十六、二十七条对赔偿计算的原则进行了规定，主要包括以下内容：

(1) 分项限额原则。发生保险责任范围内的损失，在保险期间内，保险人对每个雇员的各项累计赔偿金额不超过保险合同载明的分项每人责任限额；在雇主责任险保单中，赔偿限额是针对每一位雇员而设定的，并设有每人分项总限额。每位雇员各项目的累积赔偿金额应以每人分项责任限额为限。

(2) 法律费累计限额原则。在这里法律费用的限额不是按照每人每次事故法律费用限额而设定的，保险人对应由被保险人支付的法律费用的累计赔偿金额不超过保险合同载明的法律费用责任限额；法律费用赔偿限额是针对被保险人在整个保险期间所发生的总限额而设定的，雇主责任的法律纠纷费用可能发生多起，在保险期间，应由被保险人支付的法律费用在保险合同中载明，按合同载明的法律费用责任限额为限。

(3) 总赔付限额原则。保险人对被保险人的所有赔偿不超过保险合同载明的累计责任限额。雇主责任保险合同中，设定有保险人责任总限额，所有赔偿这里是指雇主所有雇员在保险期内各项赔偿金额的总限额，应以合同中载明的累积责任限额为限。

(4) 记名投保原则。保险人按照投保时被保险人提供的雇员名单承担赔偿责任。被保险人对名单范围以外的雇员承担的赔偿责任，保险人不负责赔偿。雇主责任保险采取记名投保方式，雇员名册是保险人理赔的重要依据之一。对于没有注册的雇员所发生的伤害损失，保险人一律不承担赔偿责任。

(5) 对价赔付原则。对价原则是保险中的一条重要原则。在雇主责任险的投保方式中，基本按照记名方式进行投保，但有时根据投保人工作实际，经保险人同意可以按约定人数投保，在按照约定人数方式投保赔付中，如发生保险事故时被保险人的雇员人数多于投保时人数，保险人按投保人数与实际人数的比例承担赔偿责任。此条款是保险人对被保险人弄虚作假行为的一种应对措施。以确保保险人的利益。

(6) 分摊赔付原则。《条款》第二十七条规定："保险事故发生时，如有其他相同保障的保险（包括工伤保险）存在，不论该保险赔偿与否，保险人对本条款第二十二、二十三及二十四条款下的赔偿，仅承担差额责任。"（第二十二、二十三及二十四条即伤残、死亡、医疗和诉讼费用的赔偿）。

在保险中对重复保险处理的方式很多，不同的保险人会采取不同的做法，本款规定较为严格，只要重复保险存在，不论该保险赔偿与否，仅承担差额责任。这里所说的"其他相同保障的保险合同"是指从保险赔付责任内容看的，应对所发生的保险事故予以负责的任何保险，并不是仅指雇主责任险。例如，工伤保险、医疗保险等。

(7) 垫付责任除外原则。《条款》第二十七条规定："其他保险人应承担的赔偿金额，本保险人不负责垫付。"

7.6 雇主责任保险的义务规定

雇主责任险投保人、被保险人的义务与意外伤害保险的规定基本相同。《条款》第十一条至二十条对投保的义务进行了规定，主要内容包括以下几个方面：

(1) 告知义务。投保人应履行如实告知义务，如实回答保险人就被保险人的有关情况提出的询问，并如实填写投保单。

投保人故意隐瞒事实，不履行如实告知义务的，或者因过失未履行如实告知义务，足以影响保险人决定是否同意承保或者提高保险费率的，保险人有权解除保险合同，保险合同自保险人的解约通知书到达投保人或被保险人时解除。

投保人故意不履行如实告知义务的，保险人对于保险合同解除前发生的保险事故，不承担赔偿责任，并不退还保险费。

投保人因过失未履行如实告知义务，对保险事故的发生有严重影响的，保险人对于保险合同解除前发生的保险事故，不承担赔偿责任，但可退还保险费。

(2) 缴纳保费的义务。投保人应在保险合同成立时一次性支付保险费。保险事故发生时投保人未足额支付保险费的，保险人按照已交保险费与保险合同约定保险费的比例承担赔偿责任。

(3) 遵守法律的义务。被保险人应严格遵守有关安全生产和职业病防治的法律法规以及国家及政府有关部门制定的其他相关法律、法规及规定，执行安全卫生规程和标准，加强管理，采取合理的预防措施，预防保险事故发生，避免和减少损失。

保险人可以对被保险人遵守前款约定的情况进行检查，向投保人、被保险人提出消除不安全因素和隐患的书面建议，投保人、被保险人应该认真付诸实施。

投保人、被保险人未遵守上述约定而导致保险事故发生的，保险人不承担赔偿责任；投保人、被保险人未遵守上述约定而导致损失扩大的，保险人对扩大部分的损失不承担赔偿责任。

（4）通知变更义务。在保险期间内，如保险合同所载事项变更或其他足以影响保险人决定是否继续承保或是否增加保险费的保险合同重要事项变更，被保险人应及时书面通知保险人，保险人有权要求增加保险费或者解除合同。

被保险人未履行通知义务，因上述保险合同重要事项变更而导致保险事故发生的，保险人不承担赔偿责任。

（5）减少损失义务。发生本保险责任范围内的事故，被保险人应该尽力采取必要、合理的措施，防止或减少损失，使工作人员得到及时救治，否则，对因此扩大的损失，保险人不承担赔偿责任。

（6）被保险人在发生保险事故时应立即通知保险人，并书面说明事故发生的原因、经过和损失情况；对因未及时通知导致保险人无法对事故原因进行合理查勘的，保险人不承担赔偿责任；对因未及时通知导致保险人无法核实损失情况的，保险人对无法核实部分不承担赔偿责任。

（7）协助调查义务。被保险人应允许并且协助保险人进行事故调查；对于拒绝或者妨碍保险人进行事故调查导致无法确定事故原因或核实损失情况的，保险人不承担赔偿责任。

（8）赔偿请求通知义务。被保险人收到其工作人员的损害赔偿请求时，应立即通知保险人。未经保险人书面同意，被保险人自行对其工作人员做出的任何承诺、拒绝、出价、约定、付款或赔偿，保险人不承担赔偿责任。

（9）诉讼通知义务。被保险人获悉可能发生诉讼、仲裁时，应立即以书面形式通知保险人；接到法院传票或其他法律文书后，应将其副本及时送交保险人。保险人有权以被保险人的名义对诉讼进行抗辩或处理有关仲裁事宜，被保险人应提供有关文件，并给予必要的协助。

对因未及时提供上述通知或必要协助引起或扩大的损失，保险人不承担赔偿责任。

7.7 雇主责任保险的索赔

7.7.1 雇主责任保险的索赔

1. 保险索赔的概念

保险索赔是被保险人投保的目的，一旦保险标的遭遇损失，被保险人将向保险人要求经济赔偿，达到使受到伤害雇员得到及时救治并迅速恢复健康，保障被保险人的经济利益的目的。索赔是被保险人行使权利的具体体现，它是指被保险人在发生保险责任的范围内的损失后，按照双方签订的保险合同的有关规定，向保险人申请经济补偿的过程。

2. 保险索赔的原则

（1）及时性原则。报案是保险合同规定的被保险人的义务，是履行保险合同的一个重要内容，也是索赔的根本前提。强调及时性原则，不单单是履行被保险人义务的原因或出于索赔本身的要求，还具有防止雇员人身伤害事故造成的损失进一步发展减少损失的原因。这是因为保险责任事故发生后，其险情往往是持续的，其损失涉及面又是不断过大的，损失程度是不断累加的，保险人具有提供风险管理的责任，应及时通知保险人，可以获得保险人的技术支持，对于及时制止风险的进一步扩展、实施有效的防范措施，防止损失的进一步扩大，都具有十分重要的意义。《条款》第十五条（二）规定："发生本保险责任范围内的事故，被保险人应该：立即通知保险人，并书面说明事故发生的原因、经过和损失情况；对因未及时通知导致保险人无法对事故原因进行合理查勘的，保险人不承担赔偿责任；对因未及时通知导致保险人无法核实损失情况的，保险人对无法核实部分不承担赔偿责任。"

（2）真实性原则。实事求是是处理保险索赔的基本原则。在保险合同执行过程中，经常会遇到各种各样的情况，无论是损失，还是损失的原因往往是错综复杂的。在索赔过程中由于被保险人与保险人利益相对，意见和观点往往是不一致的。在这种情况下，保险双方均要在尊重客观事实的基础上，对保险伤害事故进行客观而实际的分析鉴定，明确保险事故发生的原因、性质以及责任。被保险人应当坚持实事求是的原则，客观地、全面地介绍雇员人身受到伤害的情况，合情合理地提出索赔的要求，只有实事求是才能够使双方达成一致，得到保险人的认同，索赔才能获得成功。

（3）合理性原则。保险制度存在的意义和保险合同的本质内涵就体现在损失补偿，被保险人索赔的目的也主要在于获得损失补偿。被保险人的这种索取补偿是投保人的权利是不容置疑的。但是索赔补偿应该是合理的，合理就是按照实际损失，按照事前保险合同的事先有关规定，提出补偿要求，不能脱离实际地提出抬高补偿要求，这样做的结果会造成索赔未果，或拖延赔偿的时间，使事故损失不能够得到及时补偿。

（4）协商性原则。保险合同的执行过程在一定意义上讲是一个沟通协商的过程，尽管合同对于双方的权利与义务进行了明确的规定，但合同不可能将所有问题均包括在内，在执行合同和索赔的过程中，会遇到许多合同中没有规定或规定不明确的事情，尤其是工程保险这样专业性和技术性很强的合同的执行过程，更容易出现分歧和争议。因此，被保险人在索赔过程中，应当充分与保险人沟通协商，通过这种途径将问题加以解决。

（5）法律性原则。当前，我国保险市场尚处于发展初期，保险市场行为规范化程度不高，一些保险公司可能存在不规范保险行为，在保险索赔的过程中被保险人会遇到一些阻力，产生一些意想不到的纠纷和争议，为解决这些纠纷和争议，被保险人在坚持实事求是的基础上，对于那些不信守合同、意见分歧较大的索赔事件，可以通过邀请律师，通过法律途径对产生的索赔疑难问题加以解决。因此，被保险人应该学会拿起法律的武器，对索赔中遇到的纠纷加以解决，使被保险人的损失能够得到合理、及时的补偿。

7.7.2 保险索赔的程序

（1）索赔时需要的证明材料。被保险人向保险人请求赔偿时，应提交保险单正本、索赔申请、工作人员名单、有关事故证明书、就诊病历、检查报告、用药清单、支付凭证、损失清单、劳动保障行政部门出具的工伤认定证明、劳动能力鉴定委员会出具的劳动能力鉴定证明或保险人认可的医疗机构出具的残疾程度证明、公安部门或保险人认可的医疗机构出具的死亡证明、有关的法律文书（裁定书、裁决书、判决书等）或和解协议、以及保险人合理要求的有效的、作为请求赔偿依据的其他证明材料。

被保险人未履行前款约定的单证提供义务，导致保险人无法核实损失的，保险人对无法核实部分不承担赔偿责任。

（2）提供其他保险合同情况。被保险人在请求赔偿时应当如实向保险人说明与本保险合同保险责任有关的其他保险合同的情况。对未如实说明导致保险人多支付保险金的，保险人有权向被保险人追回应由其他保险合同的保险人负责赔偿的部分。

由于雇主责任保险赔偿的直接对象是雇主，而不是雇员，为避免雇主获取超额的保险赔付金额，在这里规定了避免发生重复保险的条款，强调要遵循保险中的“补偿原则”。补偿原则是指在保险合同生效后，如果发生保险责任范围内的损失，被保险人有权按照保险合同的约定，获得全面、充分的赔偿。保险赔偿是弥补被保险人有与保险标的遭受损失而失去的经济利益，投保人（雇主）不能够因保险赔偿而获得额外的利益。

（3）保留责任方负责赔偿的权利。发生保险责任范围内的损失，应由有关责任方负责赔偿的，被保险人应行使或保留行使向该责任方请求赔偿的权利。保险事故发生后，保险人未履行赔偿义务之前，被保险人放弃对有关责任方请求赔偿的权利的，保险人不承担赔偿责任。

在保险人向有关责任方行使代位请求赔偿权利时，被保险人应当向保险人提供必要的文件和其所知道的有关情况。由于被保险人的过错致使保险人不能行使代位请求赔偿的权利的，保险人相应扣减赔偿金额。

“代位求偿”又称“代位追偿”，是指保险人向被保险人支付保险赔偿后，依法取得被保险人享有的向第三方责任人请求赔偿的权利，取代被保险人的位置向第三方责任人进行追偿的制度。追偿制度的依据是保险的补偿原则。补偿原则是指在保险合同生效之后，如果发生保险责任范围内的损失，被保险人有权按照合同的约定，获得全面、充分的赔偿，保险赔偿是弥补被保险人由于保险标的遭受损失而失去的经济利益，被保险人不能因保险赔偿而获得额外的利益。

在雇主责任保险中，一旦发生保险事故造成被保险人的人身损失事故确实是由第三者造成的，这个第三者依法应当对造成的损失承担赔偿责任。这时，被保险人有两种选择，一是可以依据有关法律要求向有关责任的第三者进行赔偿，二是也可以要求保险人按照保险合同的规定对其受到的损失给以赔偿。但是被保险人如果从保险人处获得了补偿之后，就应当将其向第三作者请求赔偿的权利转移给保险人，由保险人代位追偿。否则，如果由被保险人继续行使追偿权，势必造成其可能获得双倍赔偿，获得额外的利益，违背了保险补偿原则。另一方面，如果被保险人从保险人处得到了保险补偿之后，就放弃了对有责任的第三者追偿，使具有责任的第三者“逍遥法外”，无疑会滋长危害他人利益的不良行为，不利于维护社会的公共利益，有违公正原则。

追偿问题应符合以下条件：①人身伤害的损失由第三者造成的并依法应由第三者负责赔偿；②造成的损失的原因是属于保险责任范围之内的事故；③保险人按照合同规定向被保险人履行了赔偿并取得被保险人的权益证明的。

（4）履行赔偿期限。保险人收到被保险人的赔偿请求后，应当及时做出核定，并将核定结果通知被保险人；对属于保险责任的，在与被保险人达成有关赔偿金额的协议后十日内，履行赔偿义务。

(5) 索赔时效。时效是一个法律上的概念，目的是为了稳定法律关系，《条款》第二十九条对于被保险人在保险合同项下索赔的时效进行了明确的规定：被保险人对保险人请求赔偿的权利，自其知道保险事故发生之日起二年不行使而消灭。”这里是指被保险人向保险人提供全套所撇单证，正式提出索赔的期限。此规定是依据《保险法》做出的。

(6) 争议处理方式。因履行本保险合同发生的争议，由当事人协商解决。协商不成的，提交保险合同载明的仲裁机构仲裁；保险合同未载明仲裁机构或者争议发生后未达成仲裁协议的，应向被告住所地人民法院起诉。

7.8　雇主责任保险的附加险条款

保险条款分为主条款和附加条款（特别条款）。主条款是针对安全事故共同性制定的，是完整的合同条款。附加条款是针对安全事故的个性制定的。附加条款是为完善主条款而制定的，是配合主条款使用的，一般是不能单独使用的条款。

雇主责任保险附加险分为：附加罢工、暴动、骚乱责任保险条款；附加核子辐射责任保险条款；附加公务出国责任保险条款；误工补助补充责任保险条款和附加第三者责任保险条款五个附加险。

7.8.1　罢工、暴动、骚乱责任附加条款

附加罢工、暴动、骚乱责任保险条款是在经保险合同双方特别约定，且投保人已支付相应附加保险费，在保险期间内，被保险人的雇员由于罢工、暴动、民众骚乱导致伤残或死亡的雇员，依照中华人民共和国法律应由被保险人承担的经济赔偿责任，保险人按照附加保险合同的约定，在责任限额内负责赔偿。

7.8.2　核子辐射责任附加条款

附加核子辐射责任保险条款是在经保险合同双方特别约定，且投保人已支付相应附加保险费，从事核工业生产、研究、应用的被保险人的雇员在保险期间内由于突然发生的核泄漏事件受到伤害，或由于核辐射而患有职业病，被依法认定为工伤，依照中华人民共和国法律应由被保险人承担的经济赔偿责任，保险人按照本附加保险合同的约定，在责任限额内负责赔偿。

7.8.3　公务出国责任附加条款

附加公务出国责任保险条款是在经保险合同双方特别约定，且投保人已支付相应附加保险费，在保险期间内被保险人的雇员在公务出国期间因意外事故导致伤残或死亡，依照中华人民共和国法律应由被保险人承担的经济赔偿责任，保险人按照本附加保险合同的约定，在责任限额内负责赔偿。保险人对被保险人支付的境外（包括香港、澳门及台湾地区）医疗费用不承担赔偿责任。

7.8.4 误工补助补充责任附加条款

经保险合同双方特别约定，且投保人已支付相应附加保险费，在保险期间内发生《雇主责任保险条款》第二十二条（二）款C项赔偿时，若被保险人工作人员工资标准的80%高于当地政府公布的最低生活标准，保险人按照该工作人员事故前12个月平均工资80%的标准，补足差额。

《雇主责任保险条款》第二十二条（二）款C项条款规定："经保险人认可的医疗机构证明，暂时丧失工作能力超过5天（不包括5天）的，在超过5天的治疗期间，每人/天，按当地政府公布的最低生活标准赔偿误工补助，以医疗期满及确定伤残程度先发生者为限，最长不超过1年。如经过诊断被医疗机构确定为永久丧失全部（部分）工作能力，保险人按A条款或B条款确定的赔偿金额扣除已赔偿的误工补助后予以赔偿。"这一条款对于事故前工资较高的受害者具有不公平性，按照此条款执行，会使受伤害者的生活造成很大的影响。为弥补这一缺陷，开展此项业务，可以针对不同雇员的具体情况，对此进行附加投保，使受到伤害的雇员家庭生活更有保障。

7.8.5 附加第三者责任保险条款

1. 附加第三者责任保险概念

雇主责任主险对于第三者责任保险是加以除外的，主要是承保被保险人的雇员自身所受到的伤害，对于造成第三者人身伤害损失的不负赔偿责任。根据保险市场的需要，《雇主责任保险条款》设计了第三者责任附加保险条款，以适应不同雇主的客观需要。第三者责任附加条款是指经保险合同双方特别约定，且投保人已支付相应附加保险费，在保险期间内被保险人的工作人员在从事保险合同载明的被保险人业务时，因意外或疏忽，造成第三者人身伤亡或财产损失，依照中华人民共和国法律应由被保险人承担的经济赔偿责任，保险人按照本附加保险合同的约定，在保险合同载明的本附加险责任限额内负责赔偿。

2. 附加第三者责任保险除外责任

雇主责任保险第三者附加保险对下列责任，保险人不负责赔偿：

（1）被保险人工作人员因驾驶各种机动车辆造成第三者人身伤亡或财产损失所引起的赔偿责任；这一除外主要依据是在保险产品设计中的"互为除外"原则，即在相关保险标的系列保险产品中，以保险产品的责任范围应明确为另一保险产品的除外责任，以免出现混淆。因驾驶各种机动车辆造成第三者人身伤亡或财产损失所引起的赔偿责任，可以由交通车辆保险加以赔偿，为避免重复雇主责任险给以免责。

（2）被保险人工作人员因从事医师、律师、会计师、建筑师、美容师等其他专门职业造成第三者人身伤亡或财产损失，所引起的赔偿责任。雇主责任与专业技术责任是有区别的，从事医师、律师、会计师、建筑师、美容师等专业技术的人员在从事本专业工作中雇员造成第三者伤害或造成的损失，可以投其相应的专业责任保险承保，依据"互为除外"原则故予以免责。

（3）附加第三者责任保险限额与免赔额。雇主责任第三者附加险的责任限额及免赔额有以下规定：

责任限额包括每次事故责任限额、累计责任限额以及每次事故每人伤亡责任限额，由投保人自行确定，并在保险合同中载明。每次事故财产损失免赔额由投保人与保险人在签订保险合同时协商确定，并在保险合同中载明。

发生本附加险责任范围内的损失，保险人对每次事故人身伤亡的赔偿金额与每次事故财产损失的赔偿金额之和不超过保险合同载明的第三者责任每次事故责任限额；在保险期间内，保险人对第三者责任的累计赔偿金额不超过保险合同载明的第三者责任累计责任限额。

雇主责任保险的第三者附加险条款与雇主责任保险条款相抵触之处，以附加第三者保险条款为准；其他未尽事项以雇主责任保险条款为准。

第3篇　案 例 篇

第8章　建筑工伤保险案例

8.1　劳动关系认定案例

8.1.1　层层转包职工发生工伤应如何进行工伤认定？

李某，2004年7月31日10时20分在利民居住小区工地干木匠活时，不慎从二楼下来摔伤。经某总医院诊断为胸12椎压缩性骨折、右侧内髁骨骨折。随后，李某将A建工集团有限公司作为责任主体，向劳动保险行政部门申请工伤认定。

利民小区是由A建工集团有限公司分包给某市B建筑安装工程公司的，由于B建筑安装工程公司长年亏损，已经没有工程队伍了，但其具有建筑资质，各种建筑施工手续齐全。因此，B建筑安装工程公司承揽了利民小区工程后，又将该工程转包给自然人唐某，从中提取管理费。唐某雇佣李某做木工活，李某并没有与A建工集团有限公司发生劳动关系。

工伤保障行政部门对李某的申请做出不予认定的决定。按照《关于确立劳动关系有关事项的通知》(劳社部发〔2005〕12号）中第四条规定："建筑施工、矿山企业等用人单位将工程（业务）或经营权发包给不具备用工主体资格的组织或自然人，对该组织或自然人招用的劳动者，由具备用工主体资格的发包方承担用工主体责任。"虽然利民小区是由A建工集团承包的，但是李某与A建工集团之间有B建筑安装公司这一中间环节。李某是自然人唐某雇佣的，唐某与具有法人资质的B建筑安装公司具有分包协议。因此，按照上述规定，李某往上只能追诉到B建筑安装工程公司，而不能以A建工集团作为工伤保险的责任主体。由于申请责任主体不对，劳动保障行政部门对李某的申请不予认定。

劳动保障行政部门对李某的申请不予认定后，依据不予认定的原因，李某再次提出工伤认定，以B建筑安装工程公司为责任主体，劳动保障行政部门则给予了认定。

李某虽然是自然人唐某所雇佣的。根据《建筑法》第二十二条规定："建筑工程实行招标发包的，发包单位应当将建筑工程发包给依法中标的承包单位。建筑工程实行直接发包的，发包单位应当将建筑工程发包给具有相应资质条件的承包单位。"

根据《建筑法》第二十六条规定："承包建筑工程的单位应当持有依法取得的资质证书，并在其资质等级许可的业务范围内承揽工程。禁止建筑施工企业超越本企业资质等级许可的业务范围或者以任何形式用其他建筑施工企业的名义承揽工程。禁止建筑施工企业以任何形式允许其他单位或者个人使用本企业的资质证书、营业执照，以本企业的名义承揽工程。”

根据《建筑法》第二十九条规定：“建筑工程总承包单位可以将承包工程中的部分工程发包给具有相应资质条件的分包单位；但是，除总承包合同中约定的分包外，必须经建设单位认可。施工总承包的，建筑工程主体结构的施工必须由总承包单位自行完成。”

据此，唐某属于非法分包人，而李某在工作中发生的伤害事故应该由B建筑安装工程公司作为责任主体。

8.1.2 非法用工单位的职工发生事故，是否可认定工伤？

滕某，某市华誉建筑材料供应商的送货司机，2003年12月5日运输建筑材料到由长城建筑公司承包工程的工地送货。在卸货过程中，突然，建筑高空坠物砸在滕某的腰部，造成高位截瘫。滕某以华誉建材商行为责任主体申请工伤。华誉建材商行属个体工商户，华誉建材商行由天福建材商行于2003年10月16日更名为华誉商行的，业主白某于2004年1月30日因没有年检，营业执照被工商管理所注销。但该商行却由业主白某的亲戚继续经营，一直处在非法经营中。

此案件的关键是发生工伤时该商行有营业执照，但认定工伤时营业执照被注销，能否认定工伤。滕某在2004年申请认定工伤时华誉商行已经没有营业执照，在工伤认定时因没有营业执照，没有用人单位责任主体，当然不能够进行工伤认定了。个体经营者与公司制企业不同，公司制企业注销营业执照后，还有开办单位及其清算组织存在可以追究责任，但华誉商行的业主白某是自然人，追究他的责任不是工伤认定部门范围内的事情。因此，工伤认定部门做出不予受理的决定。

这一案件处理可以运用《非法用工一次性补偿办法》进行调整。除此之外，也可以依据《最高人民法院关于审理人身损害赔偿案件适用法律若干问题的解释》第六条：“从事住宿、餐饮、娱乐等经营活动或者其他社会活动的自然人、法人、其他组织，未尽合理限度范围内的安全保障义务致使他人遭受人身损害，赔偿权利人请求其承担相应赔偿责任的，人民法院应予支持。因第三人侵权导致损害结果发生的，由实施侵权行为的第三人承担赔偿责任。安全保障义务人有过错的，应当在其能够防止或者制止损害的范围内承担相应的补充赔偿责任，安全保障义务人承担责任后，可以向第三人追偿。赔偿权利人起诉安全保障义务人的，应当将第三人作为共同被告，但第三人不能确定的除外。”等规定，当事人滕某可以向人民法院申请民事诉讼，由第三人及本案中的长城建筑公司对造成的人身伤害侵权责任负责。

8.1.3 停职留薪人员在新的用人单位受到事故伤害应该由谁承担责任？

2004年8月23日，某建筑工程公司停职留薪人员刘某某到劳动保障行政部门咨询，他本人与原单位签订了停职留薪合同，期限为4年，从2002年8月20日始至2006年8月20日止。现在他已经停职留薪两年了，在一家药店打工。2004年7月20日上午10时30分在打工期间，被机械压伤右脚。随后刘某某要求认定工伤，但打工所在药店没有办理工商营业执照，所以刘某某申请以原单位某建筑公司为其工伤责任主体。

关键是停职留薪人员是否还与原单位具有劳动关系。劳动保险行政部门对其答复是不能认定原单位为其工伤责任的主体。因为，刘某某在约定的停职留薪期满内未有实际付出劳务，其原单位某建筑公司又未实际支付他劳动报酬，他们之间已经没有实际劳动权利义务内容，因此认定，停职留薪期间，刘某与建筑公司之间劳动关系终止，不能认定建筑公司为刘某的工伤责任主体。

刘某事故伤害发生在新的用人单位，虽然新的用人单位没有办理工商营业执照，但是刘某的事故伤害是因工作而遭受的伤害，这种情况应该使用《非法用工单位伤亡人员一次性赔偿办法》(劳动部第19号）文件有关条款。首先通过劳动能力鉴定出自己遭受的伤残等级，然后按照《非法用工单位上网一次性赔偿办法的规定》及相关文件规定，由新的用人单位赔偿。

8.1.4 正式退休人员返聘时受到事故伤害是否可认定工伤?

A建筑工程公司电焊工汪某某在妻子的带领下来到劳动保障行政部门要求申请工伤认定。汪某某全身烧伤并且可以看到面部、手部严重烧伤后留下的大量痕迹。汪某某说：“正式退休后，由于自己的焊接技术非常过硬，被B建筑工程公司返聘去做焊接师傅。2004年7月22日下午15时80分，在焊接B建筑公司承包的钢筋工程过程中，由于焊接产生的火花引爆了附近可燃物，致使自己全身被重度烧伤。在治疗过程中，承包人为王某某花费医疗费用20余万元。

本案关键是达到法律退休年龄的人员返聘能否认定职工身份的问题。原劳动和社会保障部办公厅《关于企业职工“法定退休年龄”涵义的复函》(劳社函［2001］125号）规定：“国家法定的企业职工退休年龄是指国家法律规定的正常退休年龄，即男年满60周岁，女工人年满50周岁，女干部年满55周岁。”《劳动法》把这一年龄段的人员定义为退休人员，在实践解释中把超过此年龄段的退休人员与再次就业单位发生的关系定义为劳务关系，排除在劳动关系范围之外。同时，原劳动和社会保障部办公厅《关于确立劳动关系有关事项的通知》(劳社部发〔2005〕12号）规定：“一、用人单位招用劳动者未订立书面劳动合同，但同时具备下列情形的，劳动关系成立。(一）用人单位和劳动者符合法律、法规规定的主体资格……”把职工的身份要符合法律法规的主体资格作为认定劳动关系成立的一个重要因素。汪某某因退休已不再是具有企业职工的主体资格，因而不适企业职工范围内的人员，他遭受的事故伤害不属于《工伤保险条例》的调法范围。北京市劳动争议仲裁委员会在《关于劳动争议处理工作若干问题的意见》(京仲委字［2002］12号）第十七条中规定：“离退休人员又被单位返聘后发生劳动争议是否受理?退休人员已退出劳动领域并依法享受社会保险待遇，已经不具备劳动法规定的劳动者的主体资格，其被用人单位聘用后，双方建立的关系应为劳务关系，故双方所发生的争议不属于劳动争议，不予受理。”

本案中的汪某某，可与用人单位申请劳动能力鉴定，然后比照《工伤保险条例》的相关规定和B建筑工程公司协商处理。如有争议可以由劳动仲裁委员会进行劳动仲裁或由企业协调委员会居中协调，使问题得到妥善解决。

8.1.5 农民工超过60周岁人员，在岗位上受伤是否能认定工伤?

2004年9月15日下午17时26分，某建筑工程公司雇佣的农民工王某某用推车从材料库领取材料后，通过公路到工地运送材料，过公路时，被一辆骑摩托撞伤。摩托车司机与工友把王某某送到附近的医院救治，经医院诊断为右股骨颈骨折。在医院急诊室抢救的过程中，骑摩托车人逃逸。家属要求建筑工程公司为王某某申请工伤认定，工伤认定书填报王某某的年龄为66周岁，是该建筑公司的临时农民工。

工伤保险是调整劳动关系的一种保险制度，此案件关键是农民工王某某的年龄问题，66周岁是否还具有职工身份。依据原劳动部《关于贯彻执行〈中华人民共和国劳动法〉若干问题的意见》第四条："公务员和比照公务员的事业单位和社会团体的工作人员，及农村劳动者（乡村企业职工和进城务工、经商的农民除外）、现役军人和家庭保姆等不适用劳动法。"从这一条来看进城务工的农民工与用人单位之间适用于劳动法。按照原劳动和社会保障部办公厅《关于企业职工"法定退休年龄"涵义的复函》（劳社函［2001］125号）规定："国家法定的企业职工退休年龄，是指国家法律规定的正常退休年龄，即：男年满60周岁，女工人年满50周岁，女干部年满55周岁。"农民工也同样适用于国家企业职工的退休年龄规定。本案中王某某已经年满66周岁，超出国家的法定退休年龄。虽然王某某事故伤害的事件、地点和原因符合工伤的条件，但行政相对人王某某的主体身份不适合，即已不是职工的身份。故劳动保障行政部门不予认定工伤。王某某可以先进行劳动能力鉴定，根据伤残等级，可以和建筑工程公司协商，按照《工伤保险条例》的有关规定给予解决。

8.1.6 病退人员第二次就业时，发生伤害事故属于工伤?

2005年2月21时30分，A建筑工程公司路桥分公司病退人员孙某在新被雇用的B建筑工程公司某工地施工现场值夜班巡逻时，因现场内地面结冰，且照明不好，不慎滑倒，导致左髌骨摔伤骨折。孙某要求用人单位为其申报工伤，工伤认定申请表上填报的本人年龄为56周岁。

关键问题是没有达到法定退休年龄的病退人员，在新的用人单位发生事故伤害，其身份如何确定。此案劳动保障行政部门做出了不予受理工伤的申请，其理由和上述案例道理基本相同，孙某不具有职工身份。不同之处在于，虽然孙某没有达到法定退休年龄，但他起码是部分丧失劳动能力而退出工作岗位的，且通过劳动保障部门办理了正式退休手续，职工病退也是一种退休的形式。既然办理了退休手续，说明孙某已经被排除职工的范围之外，缺乏行政相对人的主体。工伤保险行政部门不予受理是正确的。但孙某可以和用人单位协商，申请劳动能力鉴定后，比照《工伤保险条例》的相关规定，同雇用的B建筑工程公司协商处理。

8.1.7 劳务输出人员发生事故伤害能否以输出单位为责任主体?

2005年3月25日上午11时15分，某建筑工地安装工人彭某在作业时，从一辆运送设备的车上不慎掉下来摔伤，向劳动保障行政部门提出工伤认定，责任主体为彭某为其提供劳务的知青建筑队。知青建筑队在递交答辩书时称：彭某虽在本单位受伤，但却不是本单位职工，因知青建筑队用的包括彭某在内的这些工人，是长青安装公司为知青建筑队提供的工人，并且知青建筑队与长青安装公司签订过劳务用工合同，知青建筑队按照工程量按月与长青安装公司结算，并给付工程款的20%作为管理费，用于支付这些工人的各类保险。但有时为避免这批工人回到原单位领取工资的麻烦，工人的工资有时由他们的班长直接从知青建筑队的财务处代领发给这些工人。彭某不属于知青建筑队的人，工伤不能认定给知青建筑队。

劳务输出人员的工伤主体应该是谁？劳动保障行政部门在调取了长青安装公司与知青建筑队签订的用工合同后，确认了彭某申请的工伤责任主体不正确。从劳动用工合同中可以看出彭某的用人单位应该是长青安装公司，彭某与长青安装公司之间签订了劳动合同，而知青建筑队是彭某的实际用人单位。知青建筑队与长青安装公司之间形成了单位与单位之间的劳务输出关系，这样可以比照《工伤保险条例》第四十一条："职工被借调期间受到工伤事故伤害的，由原用人单位承担工伤保险责任，但原单位与借调单位可以约定补偿办法。"，按此规定处理。彭某的劳动关系所在单位是长青安装公司，因此，工伤保险行政部门对彭某的申请不予受理。

8.1.8　雇用关系造成的伤害能认定工伤吗？

2008年1月19日，某建筑装饰公司与公寓业主签订了室内装饰工程施工合同。随后公司将工程转包给了史某负责人。史某邀请具有多年水电工经验的孙某到工地上帮忙。2008年2月29日，孙某干活时，左腕不慎被切割机划伤，后在医院住院治疗。2008年6月，孙某向劳动争议仲裁委员会申请仲裁，要求确认其在2008年2月29日受伤时与某建筑装饰公司存在劳动关系。该仲裁委于同年7月做出裁决，确认孙某与建筑装饰公司于2008年2月29日存在事实劳动关系。某建筑装饰公司不服仲裁裁决，遂向法院提起了诉讼。

另查明，孙某的报酬是根据完成工作量进行结算的。一个工地开工后，工地负责先预支部分生活费，工程完工结算时，将预支的生活费扣除。没有工程做时，孙某则没有基本生活费。

法庭上某建筑装饰公司诉称，其从未聘用过孙某，而公寓房屋的家装工程已承包给史某，公司也从未让孙某进行家装工作。因此，其与孙某根本不存在劳动关系，故请求确认其与孙某无劳动关系。

孙某则辩称，此案已经劳动仲裁委审理，尽管双方没有签订劳动合同，但已形成事实劳动关系，故请求法院查明事实，依法驳回建筑装饰公司的诉讼请求。

法院认为，确立劳动关系应当符合下列条件：

一、劳动者接受用人单位的劳动管理，接受用人单位的管理，遵守用人单位的规章制度，从事用人单位分配的工作和服从用人单位的人事安排，当事人之间的关系较为稳定，反映的是一种持续性的生产要素结合关系，双方当事人有形成管理与被管理、支配与被支配的社会关系；

二、劳动关系中的劳动者与用人单位有隶属关系，劳动关系要求劳动者提供的是劳动的过程，而非具体的劳动成果；

三、在劳动关系中，是劳动者与用人单位的生产资料相结合的前提下进行社会劳动，劳动者所使用的工具或者其他生产资料由用人单位提供；

四、从事用人单位安排的有报酬的劳动，劳动者提供的劳动是用人单位业务的组成部分。劳动关系支付报酬的方式多以工资的方式定期支付，有规律性。

此案中，首先，孙某并不受装饰公司的劳动纪律和规章制度的约束，虽然装饰公司有督促孙某的劳动的权利，但这应属于对施工质量的验收，而不是管理行为。第二，在公寓装饰施工过程中，对装饰公司来说追求的是劳动成果，而非劳动过程。第三，孙某使用的工具并非装饰公司提供。第四，孙某的劳动报酬并非以工资形式定期、有规律地获取，而是以完成一定工作量来计算报酬，即使开工时获取生活费，但在工程最终结算时要被扣除。

综上，某建筑装饰公司与孙某之间不符合劳动关系的特征。故法院判决建筑装饰公司与孙某之间不存在劳动关系。

8.1.9 工程转包给无资质单位施工，意外伤害责任主体是谁？

2006 年 7 月，A 建筑工程公司作为中标人承建山东章丘市某商业楼，并将中标工程实际承包给具有独立资质的 B 建筑工程公司，由 B 建筑工程公司负责具体施工。B 建筑工程公司将该工程的部分施工项目交其下属没有独立资质的施工队负责，其施工队招用了刘某等工人干活。工人们吃住在工地临时搭建的宿舍（施工工地内）。2007 年 1 月 9 日早晨 6 时 20 分左右，工人们吃完早饭，有的在宿舍内为上班做准备，有的在宿舍外站着，正准备点名，等待 6 点半正式上班。一辆货车突然撞入施工工地，致刘某在内的八名工人死亡。事故发生后，刘某等八名工人的家属向山东省章丘市劳动和社会保障部门提出工伤认定申请。章丘市劳动和社会保障部门于同年 6 月 15 日做出以 B 建筑工程公司为用工单位的《工伤认定决定书》，认定刘某等八名工人系工亡。

B 建筑工程公司不服，于 2007 年 8 月 14 日向济南市劳动和社会保障局提起行政复议，该局于 2007 年 10 月 11 日做出行政复议决定书，维持了章丘市劳动和社会保障部门所作的《工伤认定决定书》。为此，B 建筑工程公司向章丘市人民法院提起行政诉讼，以刘某等八名工人与其没有劳动关系、事故发生地点不是真正意义上的工作场所等为由要求撤销该《工伤认定决定书》。

一审法院审理认为，被告作为劳动和社会保障行政部门依法享有对本辖区内发生的工伤事故进行认定的行政职责。本案中，公安机关在事故发生后对原告 B 建筑工程公司负责人等的询问笔录及其他相关证据证明，原告 B 建筑工程公司认可自己是章丘市某商业楼工程的实际承包人，刘某等工人是原告承包工程施工中不具备用工主体的施工队招用的工人。被告依据劳社部发（2005）12 号文件《关于确立劳动关系有关事项的通知》第四项“建筑施工、矿山企业等用人单位将工程（业务）或者经营权发包给不具备用工主体资格的组织或自然人，对该组织或自然人招用的劳动者，由具备用工主体的发包方承担用工主体责任”的规定和调查的相关事实认定，刘某等八名工人与原告 B 建筑工程公司有劳动关系，符合法律规定。

根据建筑行业的特点，工人们都吃住在工地，工作区与生活区往往不作严格的区分，故对工作场所的认定也不能作狭义的理解。本案的相关证据能够证明事故发生前刘某等八名工人，有的在宿舍内，有的在宿舍外站着，正准备点名，等待 6 时 30 分正式上班。据此，被告认定事故地点是在原告的施工工地内，事故发生前属于做与工作有关的预备性工作，并无不当。综上，被告依据《工伤保险条例》的相关规定，认定刘某等八名工人是工亡，事实清楚，证据充分，适用法律法规正确，程序合法，遂依照《中华人民共和国行政诉讼法》第五十四条第一款之规定，做出维持判决。

一审判决宣判后，B 建筑工程公司提起上诉，在二审审理期间，又撤回上诉。

8.1.10　劳动关系造假，工伤认定能成真吗?

日前，无锡市锡山法院审结了一起特殊的工伤保险待遇纠纷案件。虽然双方当事人之间的劳动关系被证明不属实，但是法院仍然依法判决被告对原告承担相应的工伤赔偿责任。

A单位张某雇佣罗某作操作工，2006年9月9日，罗某工作时发生伤残事故，由于A单位张某无用人资质，于是A单位张某找到B单位业主，称希望其帮忙代做工伤认定，B单位业主欣然同意。2007年2月28日B单位业主为罗某在无锡市锡山劳动和社会保障局作了工伤认定。

2007年7月12日，经无锡市劳动能力鉴定委员会鉴定，罗某致残程度为七级，后经B单位业主提出异议，江苏省劳动鉴定委员会重新鉴定为六级。罗某遂依据工伤认定书和伤残程度鉴定书向无锡市锡山劳动争议仲裁委员会提起申诉，要求自己与B单位解除劳动关系，并要求由B单位支付各项工伤保险待遇。从各种书面证据来看，罗某的这一请求可谓有理有据，合情合法，仲裁委最后的裁决自然也在意料之中，其裁决由B单位支付各项工伤保险待遇共计人民币236122.28元。

B单位此时才对当初决定为其代办工伤认定追悔莫及，遂将罗某告上法庭，要求法院确认其不承担工伤保险待遇的相关费用。法院认为，B单位业主在明知罗某不是单位员工的情况下，在收到工伤认定书后未在法定期限内提起行政诉讼。在收到劳动能力鉴定书后还提起重新鉴定的申请，B单位业主虽称是受张某的欺诈，但在收到工伤认定书及劳动能力鉴定书后，B单位业主应当知道相应的法律后果，而未提出异议。在审理过程中，B单位也未在本院给予的期限内提出行政诉讼。故B单位应当承担相应工伤赔偿的责任。

最后，罗某的A单位真正雇主张某自认愿意承担赔偿责任，B单位业主才以通过向A单位张某的追偿来转移自己的责任，否则，B单位还真就百口莫辩，为别人的雇员承担了工伤赔偿责任。

8.1.11　工伤责任是否因为承包或者租赁经营而发生转移?

刘某在某市三角镇某建筑工程公司上班，从事的是安装、维修工作。2008年3月，当刘某在安装该公司承建的位于三角镇高平大道某处的房产“XX花园”某房间的防盗网和门窗时，从二楼空中坠下，导致腰椎受伤，住院治疗了1个月，在租房休息治疗了近6个月，仍然不能走路。房地产公司除了预付住院费用外，对刘某就不再理睬了。刘某去找建筑工程公司，公司称，公司已经将“XX花园”承包给他们的项目经理周某某，承包合同规定，施工过程中出现的一切风险和安全事故都由周某某所在的项目工程部承担，要刘某去找周某某。可是周某某只见过罗某几次以后，就再也找不到人。当时刘某还需要做二期手术治疗。刘某是否可以直接要求某建筑工程公司承担工伤责任，继续支付治疗费用?

有关专家认为：刘某完全可以直接要求该建筑工程公司承担工伤责任，支付后续治疗费用，没有必要去找周某某。该建筑工程公司以该工程项目发包给周某某为由将工伤责任推给周某某是完全违法的。工伤责任不因为承包或者租赁经营而转移，这是有多部法律法规和政策明文规定的。具体摘录如下：

（1）《安全生产法》第四十四条第二款规定："生产经营单位不得以任何形式与从业人员订立协议，免除或者减轻其对从业人员因生产安全事故伤害应承担的责任。"

（2）劳动部办公厅《关于对企业在租赁过程中发生伤亡事故如何划分事故单位的复函》（劳办发［1997］62号）明文规定："企业在租赁，承包过程中，如果承租方或承包方无经营证照，仅为个人（或合伙）与出租方或发包方签订租赁（或承包）合同，若发生伤亡事故应认定出租方或发包方为事故单位。"

（3）劳动和社会保障部《关于确立劳动关系有关事项的通知》（劳社部发［2005］12号）规定："建筑施工、矿山企业等用人单位将工程（业务）或者经营权发包给不具备用工主体资格的组织或者自然人，对该组织或自然人招用的劳动者，由具备用工主体资格的发包方承担用工主体责任。"

（4）劳动和社会保障部、建设部、全国总工会《关于加强建设等行业农民工劳动合同管理的通知》（劳社部发［2005］9号）明文规定，项目工程部等不具备用工主体资格。"劳动合同必须由具备用工主体资格的用人单位与农民工本人签订，不得由他人代签。建设领域的工程项目部、项目经理、施工作业班组、包工头等不具备用工主体资格，不能作为用工主体与农民工签订劳动合同。"

8.1.12 建筑工程分包人不具备用工资格，承包单位承担工伤责任吗？

2002年，江苏华美工程建设集团有限公司承建洪泽商贸综合市场工程，当年11月将该工程的部分土建、水暖工程转包给袁某某、顾某某两人。协议中约定"承包期内乙方（袁某某、顾某某一方）施工中发生的一切伤亡事故和因此而产生的一切责任与经济损失，全部由乙方承担。"2002年9月，顾某某与第三人王某某补签劳动协议书，约定王某某在洪泽项目部从事检修、值班电工工作，每月工资不低于1200元。2003年3月29日下午，王某某在工作中被切割机砂轮碎片击中右眼，经医院诊断为右眼球破裂伤，面部复合伤，王某某以华美建设工程集团有限公司为责任主体，申请工伤认定。经市劳动和社会保障局认定为工伤。华美建设工程集团有限公司不服该认定，申请行政复议，市政府法制办经过复议维持了原认定。

2004年11月华美建设工程集团有限公司以王某某是袁某某、顾某某的雇工并非其职工为由诉至当地区人民法院，要求撤销该工伤认定决定书，当地区人民法院审理认为：华美建设工程集团有限公司将工程分包给无施工资质的袁某某、顾某某个人承建，违反国家法律规定，应属无效。但该工程对外仍系以原告江苏华美建设工程有限公司的名义承建，市劳动和社会保障局根据王某某在为原告承建的工程工作中受伤的事实而认定王某某为工伤的决定，符合《工伤保险条例》的相关规定，依法应予维持。对华美集团的上诉，市中级人民法院维持了原判。

本案是一起因建筑工程违法分包而引起的工伤行政确认案件，妥当处理此类问题的前提是正确分析和理清各主体间的法律关系。

（1）《中华人民共和国建筑法》和《建设工程质量管理条例》均明确禁止总承包单位将工程分包给不具备相应资质条件的单位。本案中，华美公司将建设工程分包给不具备相应资质条件的袁某某、顾某某，显属违法分包，其法律后果是该分包协议无效，应视为一种内部承包关系，不具对外法律效力，只能认定该工程对外仍系以承包人华美公司名义承建。

(2) 根据有关法律规定，不具备用人单位资格的分包人与伤者之间不存在劳动关系。由于分包合同无效、分包人无用工资格，故基于无效分包合同而产生的所谓雇佣合同自然不能成立。追根求源，承包人华美公司是本案唯一对外具备合法主体资格的民事主体，应对分包人履行分包协议所产生的后果，承担法律责任。王某某与华美公司虽未签订合法有效的书面劳动合同，但双方之间已存在事实上的劳动关系，加之王某某系在华美公司工程建设中受到伤害，因此，承包人华美公司应是本案适合的工伤责任主体。

(3) 分包人无用人单位资格是承包人承担工伤责任的关键。确定可以由承包人承担工伤责任，一是由于分（承）包合同违法，二是由于分包人无用人单位资格，两者缺一不可。本案承包人在明知分包人依法不具有以自己的名义"雇用"工人承建工程建设的情况下，仍放任并事实上认可分包人的行为，应由其承担相应的法律后果。

(4) 由具备用人单位资格的承包人承担工伤责任，有利于保护职工合法权益，遏制建筑承包过程中的不规范现象。建筑行业是高风险职业，容易出现人身伤亡。国家之所以要求承建建筑工程必须具有相应的资质，就在于这种资质不仅意味着其有实力完成一定标准的工程建设，而且有能力对在施工过程中发生的事故进行处理和承担责任，有利于防止把只有企业才有能力承当的风险转嫁给不具备资质能力的自然人，有利于实现社会整体公平。

8.2　工伤责任认定案例

8.2.1　职工自杀能被认定为工伤吗？

杨涛是北京市铁路局丰台工务段线路工，在丰台上班，但只要歇班，他都会回河北涿州松林店和老婆孩子呆在一起。2006 年 11 月 27 日，杨涛在参加单位组织的更换混凝土轨枕施工过程中被一根 10 多公斤重的铁撬棍击中头部，后被诊断为头顶部皮裂伤，认为是小伤在医院经过简单治疗后，也没有拍片，杨涛就回到工地上班，铁路局对杨涛受伤一事并未申报工伤。

两天后，杨涛受伤后出现头昏、恶心、头痛、失眠等症状，杨涛找单位要求单位派人陪他到医院去检查，单位加以推托。2006 年 12 月 14 日杨涛及家属前往医院就诊，医院确诊为患有严重的精神抑郁症。

2006 年 12 月 15 日凌晨，杨涛突然从厨房拿来菜刀，砍向熟睡中的妻儿。将妻子和儿子砍伤后，他割腕自杀。2007 年 1 月 10 日，北京市尸检中心对杨涛脑部组织进行解剖，并做出病理诊断，结论为：病变符合脑震荡所引起的改变。2007 年 2 月 9 日河北省保定精神疾病司法鉴定中心对杨涛案发时的精神状态进行了司法精神病鉴定，"对其脑组织的病理解剖结论支持脑震荡所引起的病理改变。据此推断被鉴定人头部受伤后出现了头晕、头痛、失眠等脑震荡后综合症状表现，并出现抑郁情绪"。结论是："被鉴定人作案时存在严重抑郁情绪，其作案动机受情绪障碍的影响，在抑郁影响下发生扩大性自杀。"杨涛家属遂向海淀劳保局申请认定杨涛头部外伤为工伤。

2007 年 5 月，海淀劳保局做出工伤认定结论通知书，依据《工伤保险条例》第十四条第一项的规定，认定杨涛于 2006 年 11 月 27 日发生的头顶部皮裂伤 3cm 的伤害为工伤；

对于杨涛于2006年12月15日的死亡，不予认定为工伤或视同工伤。杨涛家属认为杨涛遭受工伤后，出现头痛、头晕、恶心、呕吐、失眠等脑震荡表现，同时出现了精神异常。对此，单位未及时安排作进一步的医学检查，导致伤情进一步恶化，并最终导致一死两伤的惨剧，根据《工伤保险条例》，应认定为工伤。于是，杨涛家属一纸诉状，与海淀劳保局对簿公堂。2007年11月，海淀区法院做出判决，认定杨涛于2006年11月27日所受的头顶部皮裂伤伤害应认定为工伤，但仍否定自杀属于工伤。

法院判决的结果让杨家人再次失望。杨某家属的代理律师认为，杨涛的死亡应该适用《工伤保险条例》第十四条的规定。杨涛是在上班的时间、上班的地点、因为工作而受的伤，由于单位没有为其安排科学、合理的治疗，致使伤情加重，进而直接导致死亡，杨涛的死亡与其在工作中受伤有着直接的因果关系。“头部伤、外伤性精神病、死亡是一个事件不可分割的三个阶段。因此，杨涛的头部伤、外伤性精神病、死亡均符合工伤认定的条件，均应认定为工伤。把三个阶段分割开来，前面是工伤，后面的不是工伤，让人匪夷所思。

于是，杨涛家属在法定期限提起上诉，北京市第一中级人民法院终审判决，维持了海淀劳保局关于2006年11月27日头顶部皮裂伤为工伤的认定，同时，撤销12月15日死亡不予认定工伤和视同工伤的决定，要求其“对关于杨涛头部受伤后造成外伤性精神病并导致扩大性自杀为因工死亡的工伤认定申请，重新做出处理”。此案经过二审改判，法院认为杨涛自杀属于因公死亡，终审判决海淀劳动和社会保障局对此事重新处理。

此案的法律依据是：杨涛所受的伤害是因为在工作中所受明显的脑外伤伴发的精神障碍疾病，依据《职业工伤与职业病致残程度鉴定》规定：精神病性症状，有以下五种情形之一的就可以认定工伤。其中包括：突出妄想、持久幻想、联想障碍、紧张综合症、情感障碍显碍。杨涛符合上述精神病性症状的特征，应予以工伤认定。

终审结果出来之后，也让很多关注此案和杨家人遭遇的人们感到欣慰，普遍认为北京市一中院对杨涛“自杀事件”处理，是一起十分典型的人性化审案案例，是一部人性化的司法样本。认为北京市一中院能够在劳动部门已经做出行政行为，认定杨涛自杀不能作为工伤的情况下，重新认定杨涛的自杀属于工伤，要求劳动部门重新处理，体现了人性化的办案原则。

8.2.2 员工参加年会受伤能否享受工伤保险?

某建筑工程公司年底举办欢庆活动，王先生参加中午单位组织的聚餐活动。按照公司通知，要求当日不需上班的职工都要参加。于是王先生立即动身前往聚餐酒店。聚餐期间，为了活跃现场气氛，单位统一为每桌配了白酒。王先生和同事推杯换盏，并因喝得较多，王先生曾在餐厅摔了一跤。

聚餐结束后，王先生和同事一起走出餐厅准备乘车回家。可刚过马路，王先生一个趔趄就摔在马路边上，身边的同事立即拨打了120急救电话将王先生送到医院。经过检查，医生确定王先生的颈椎骨第六节脱位，并于当晚进行了手术。术后第二天，王先生的四肢失去知觉，不能自理，经确诊为高位截瘫，伤残等级为最高级一级。

随后王先生向公司提出工伤认定，公司拒绝认定工伤赔偿损失，原因是王先生摔倒与公司毫无关系。他们提出，王先生并不是公司的正式员工，双方没有劳动合同，只签订过一份劳务合同。此外，公司不负责王先生的社保交纳，不负责王先生的医疗费用，医疗期内不付工资。

参加单位活动受伤是否可认定为工伤？对此案有关专家认为，职工只要是单位组织的集体活动，参加员工发生事故伤害，都应该按工伤处理。不论是年会酒会，或者参观、度假，只要是单位组织的活动都应属于工作。参加单位活动的员工，在回到家之前发生伤害事故，单位都应承担责任。受伤员工可获得医疗费、误工费、住院伙食补助费、护理费等工伤赔偿。

8.2.3　在工作中被大型钢管吓成精神分裂症，是否可认定工伤？

2007 年 2 月 3 日某建筑公司建筑工人孙某某在专心操作机械时，抬头时被眼前突然晃过的一个巨大的钢管下了一跳，精神受到严重刺激，回到家后分裂症发作。经神经病医院诊断为：精神分裂症。家属要求为其认定工伤，单位认为，此种惊吓不足以吓成精神分裂症，不予支持。随后，家属代理申请到劳动保障行政部门，要求工伤认定。

本案在处理过程中关键是涉及对正常人精神承受能力的判断。从本案孙某某受惊吓的过程来看，一个正常人被眼前突然闪过的钢管吓一跳是正常的，但这种惊吓是正常人可以接受的，健康人对于这种惊吓应该是过去后就会平复的，不至于吓出精神分裂症。孙某某被吓成精神分裂症与其自身素质有关。应该是由于其自身就有这类内源性精神疾病遗传因素。依据《劳动能力鉴定—职工工伤与职业病致残等级》附录 C. 2. 2 规定：“精神分裂症和燥郁症均为内源性精神病，发病主要决定于病人自身的生物学素质。在工伤或职业病过程中所伴发的内源性精神病，不应与工作或职业病直接所致的精神病相混肴。精神分裂症和躁郁症不属于工伤或职业病。”

8.2.4　间接刺激诱发疾病是否可认定工伤？

某市建筑工程公司高层建筑施工中发生高空坠落事故，一名员工从 30 米高处坠落在地，脑浆崩裂而死。施工工人张某某（女）闻讯后，赶到事故现场，目睹事故惨状，精神受到了严重刺激，出现精神失常，经住院治疗未能痊愈。张某某亲属向当地劳动保障局社会保险处申请要求认定为工伤。

张某某案中，高空坠落事故与张某某本身并无关联，是突发事故对他人发生工伤伤害，而不是对她本人的伤害。张某某受高空坠落事故惨状的间接刺激诱发的精神失常，其产生的后果与事故对象发生没有直接的因果关系，另一方面，其精神性病的症状也不符合《劳动能力鉴定—职工工伤与职业病致残等级》中的有关认定工伤的规定范围。故劳动保障行政部门做出不予工伤认定的处理意见。

8.2.5　工作中撞伤，患应激性精神障碍，是否可认定工伤？

2007 年 6 月 20 日上午 9 时 20 分，某建筑工程公司工人黄某与同事张某用三轮车推铁管横过公路时，由于铁管摆得较高挡住了视线，被从侧面驶来的一辆轿车闯翻，并将张某当场撞成颅脑开放性损伤，面部严重受损变形，血流如注。黄某并未受伤。黄某爬起后，看见张某受伤，立即抱起张某赶到医院，在送往医院途中，张某躺在黄某的怀中停止了呼吸，死亡。黄某由于经历了工友惨死的整个场面，事情过后总是感觉心慌、心悸、恐惧不安、睡不着觉、胸闷气短、头晕乏力。事发两个月后，上述症状开始加重，逐步影响到正常工作和生活。2005年8月3日。经市精神病医疗诊断为：创伤后应激性精神障碍，服用补心胶丸，配以心理治疗。黄某要求认定为工伤。单位认为，黄某性格内向，平时不善言语，而且他已经离婚8年，他的精神障碍是长期各种因素造成的，不应该是这次刺激造成的，所以不同意为其申请工伤认定。

依据《劳动能力鉴定—职工工伤与职业病致残等级》附录C.2.2规定："精神分裂症和燥郁症均为内源性精神病，发病主要决定于病人自身的生物学素质。在工伤或职业病过程中所伴发的内源性精神病，不应与工作或职业病直接所致的精神病相混肴。精神分裂症与燥郁症不属于工伤或职业病。"但相关医疗资料对创伤后精神障碍描述为："以后总对超乎寻常的创伤性事件的反复回忆而引起的害怕、无助、恐惧感的精神障碍，伴有回避与创伤性事件有关的刺激的行为。应激性精神障碍包括本人或他人的严重受伤、濒临死亡或他人的死亡，在事件过程中，病人经历了极度害怕、无助和恐惧。"黄某的发病机理与创伤后应激精神障碍发病机理描述相同。其发病的直接原因是"在工作中，因突发撞车事故工友死在怀中"这一外部事件直接刺激所造成的，故劳动保障部门做出工伤认定的决定。

8.2.6 建筑物发生火灾，职工求生跳楼摔伤是否可认定工伤？

2005年1月6日中午11时20分某在建工程发生火灾，施工工人任某被困在重重大火中。虽然任某被困在三楼，但一楼大门右侧就是堆放易燃易爆的稀料库，由于火势严重已造成坍塌，并且堆放易燃易爆物随时有发生爆炸的可能，因而三楼也危在旦夕。任某在消防队没有赶到之前，在时刻存在危险的情况下，为了逃生从三楼跳下来摔伤，导致右锁骨、肋骨骨折。而其他职工因不敢跳，在消防队赶到后获救。任某提出申请认定工伤，单位认为任某的跳楼行为是自己做主的，没有听从领导的统一指挥，不应予认定工伤，治好病就算了。

从客观上确认了职工任某在工作时间、工作岗位为了躲避单位发生的意外火灾从三楼上跳下来，以避免自己的生命因随时发生的爆炸危险而遭受灭顶之灾。在主观上也没有自杀自残的倾向，跳楼逃生是为了保护自己的生命安全，是在危急情况下的自救行为。依据《工伤保险条例》第十四条第（一）项"因工作原因受到伤害的，应当认定为工伤"，其所在的建筑工程公司又是合法的用工单位，具有二级专业承包资质，任某与该公司签有劳务合同，根据这一情况，劳动保障行政部门做出了工伤认定的决定。

8.2.7 在工棚内遭电击身亡，是否可认定为工伤？

2005年5月6日凌晨3时，某建筑工地农民工杨某在工地工棚内死亡，经法医鉴定为电击身亡。现场显示，工棚地上有电饭锅、电锯、电源的插头，但现场分辨不出杨某死亡要连接的插头是哪个。当日凌晨下大雨，工人们在工棚内没有出去施工。

2003年颁布实行的《工伤保险条例》第十四条第（二）项规定："工作时间前后在工作场所内，从事与工作有关的预备性或收尾工作受到事故伤害的应认定为工伤。"

杨某被电击死亡从现场推断是凌晨起床后，要连接电源。从工棚地上的电饭锅和电锯看，它可能是要连接两种物品中的一个时，被电击身亡的。因现场没有证人，因此杨某的死亡有两种可能，一种可能是杨某正在作开工前的准备，连接电锯电源试用工具；第二种可能是杨某连接电饭锅的电源，做早饭吃。工友证明他们每天凌晨3时开工，凌晨2时30分他们都起床收拾工具，如果饿了就吃点饭，然后才去上工。如果不饿就等6时40分再统一开饭。工友的证言证明不了这两种可能性的任何一种。

劳动行政部门根据《工伤保险条例》第十九条规定："职工或者其直系亲属认为是工伤，用人单位不认为是工伤的，由用人单位承担举证责任。"，向用人单位下达了举证通知书，但单位未在规定的时限内提供出杨某是吃早饭而被电击身亡的证据。并依据工友的证言，推定杨某在凌晨2时30分做早饭吃的可能性不大，正常情况下，除饥饿的难以忍受之外，一般在早晨有早饭吃的情况下，普通人是不会在凌晨2时30分起来做米饭吃的。因此推定，杨某是要接电锯的电源。在住宿的工棚存在着电锯等工具的情况下，工地与工棚基本都是紧挨着的，工棚是工作场地的延伸。杨某的死亡时间是在开工前等待雨停的时间，每天3时开工可视为工作时间前后，因此，劳动保障行政部门做出此案为工伤的结论。

8.2.8　坐在办公室内被飞起的电风扇叶片打伤，是否可认定工伤？

2005年7月10日，某建筑公司项目部经理徐某在办公室内坐在转椅上思考问题，感觉天气炎热，就把办公桌右侧的电风扇打开，边吹风转动椅子，边想事情。不想飞来横祸，电风扇的扇叶片突然飞出来正巧打在他的头部，造成头部外伤，公司安全部门为其申请工伤认定。

劳动保障行政部门通过调查认为，徐某是在工作时间、工作地点受到事故伤害的，但是此案是否因为工作原因受伤难以确定。因为当时他在那里想什么事情难予确定，是想工作问题还是想私人问题？如果想的是私事与工作无关，就不应该认定工伤，如果想的是公事就应该认定工伤。但这一主观意志活动，谁也不能够断定。劳动保障行政部门经过反复研究最后认为，比照在施工现场从建筑高层掉下来一块砖头砸人致伤应该认定为工伤的案例，受伤者当时在具体想什么？就显得不必要了。为此，徐某在办公室内，被办公区域内的设施打伤，两者基本属于同一类性质的问题，应该认定为工伤。

8.2.9　因管理职工方式不当反被其伤，是否可认定工伤？

姜某是某项目部工长，一天他看到职工贾某在上班时间不工作躲在一边抽烟，一气之下便踢了贾某一脚，未曾想，贾某反戈一击，抬腿一扫，把姜某摔倒，姜某来个仰脚朝天，事后到医院检查，发现摔断了肋骨。姜某和单位向劳动保障行政部门提出工伤认定申请。

劳动保障行政部门认为姜某摔伤案件不能认定工伤。本案似乎符合《工伤保险条例》第十四条第（三）项："在工作时间和工作场所内，因履行工作职责受到暴力受到意外伤害的"规定。仔细分析起来则不然，在工作中职工存在有违章、违规的行为在所难免，需要管理者进行及时管理，但是管理方式必须得当，才能起到作用收到效果。姜某的管理方式存在问题，用脚踢人不是科学的管理方式，是企业所不认可的行为。而且其行为本身违反了《中华人民共和国治安处罚条例》有关规定，按照《工伤保险条例》第十六条第（一）项，职工有下列情形之一的，不得认定为工伤或者视同工伤的规定："因犯罪或违反治安管理伤亡的。"故劳动保障行政部门对此案不予认定。

8.2.10 因工作原因发生厮打受伤，是否可以认定为工伤？

钱某为某一建筑机械维修车间修理工。一天，钱某接到另一车间全某送来的报修单，要求钱某为其修理出了故障的机械设备。钱某将报修单交给了车间主任，并转告车间主任，报修人全某要求第二天就将故障设备修好。车间主任把钱某的报修单放置一旁，给钱某安排了其他工作任务，也没有安排其他人去修理全某送来的机械设备。第二天，全某找到钱某问他那台设备修好了吗？钱某回答，车间主任要求他先修别的设备，并说他得听车间主任的安排，有什么问题你去找车间主任。全某不满开口就骂，并动手打了钱某，两人扭打一团。结果钱某被全某打成重伤。全某因故意伤害罪被判处有期徒刑五年。钱某向当地劳动保障行政部门提出工伤认定申请。

劳动保障行政部门对钱某的申请做出了不予认定的决定。理由有二：一是钱某所受伤害系全某殴打所致，不符合《工伤保险条例》第十四条应当属于工伤的七种规定；二是钱某与全某在工作时间内打架，不仅违反了工厂规定的劳动纪律，而且也违反了《劳动法》第三条第（二）项有关劳动者应该遵守劳动纪律的规定。因此，钱某所受伤害是违法行为所致。

钱某不服遂向上一级劳动行政保障部门申请行政复议。上级劳动保障行政部门做出了重新认定的复议结论，确定钱某所受伤害确系工伤。理由有二：第一，钱某遭到全某殴打的原因是没有按照全某的要求为其修理设备，而是按照车间主任的要求修理其他设备，钱某所受伤害是履行工作职责所致，这明显不同于全某以工作以外的原因殴打钱某。而且钱某遭受伤害也是在工作时间和工作场所之内。第二，钱某与全某打架虽然违反了劳动纪律，但事端是由全某而引起的，钱某是属于自我防卫。因为按照《工伤保险条例》第十四条第（三）项关于认定为工伤的规定：在工作时间和工作场所内，因履行职责遭受人身伤害的。

对《工伤保险条例》第十六条第（一）项，关于不得认定为工伤或视同工伤的规定：“因犯罪或违反治安管理伤亡的：”不宜作宽泛的解释。因为《劳动法》第三条第二款规定，劳动者应当执行劳动纪律的规定，如果因为劳动者为执行劳动纪律而所受伤害都以违反《工伤保险条例》的这条规定为由，被排除在工伤范围之外，明显是不符合工伤保险所奉行的不追究劳动者过错的原则。

8.2.11 突发疾病导致死亡是否认定工伤？

杨某是某建筑设计公司的职工，2007 年 7 月 3 日上午，杨某感觉身体不适，以为是高血压发病，遂向该公司领导请假去医院就诊，医院检查未发现异常。7 月 4 日杨某再次因病到医院就诊，被确诊为脑梗塞，经过抢救无效杨某于 7 月 5 日上午 10 点 25 分死亡。事发后杨某所在的建筑设计公司提出工伤认定申请。

劳动保障行政部门经过调查核实认为，杨某的死亡不属于工伤认定中《视同工伤》的范围，做出非工伤认定结论。我国《工伤保险条例》第十五条规定：“职工有下列情况之一的，视同工伤：（一）在工作时间和工作岗位，突发疾病死亡或者在 48 小时之内经抢救无效死亡的；（二）在抢救灾害等维护国家利益、公共利益活动中受到伤害的；（三）职工原在军队，因战、因公负伤致残，已经取得革命伤残军人证，到用人单位后久伤复发的。职工有前款第（一）项、第（二）项情形的，按照条例的有关规定享受工伤保险待遇；职工有前款第（三）项情形的，按照条例的有关规定享受除一次性伤残补助金外的工伤保险待遇。”由此可见，确认视同工伤应同时符合三个条件：一是在工作时间内；二是在工作岗位上；三是突发疾病死亡或者48小时内经抢救无效死亡。上述案例中的杨某被确诊为突发脑梗塞的时间是在7月4日，该事实并未发生在其工作时间内和工作岗位上，更不符合建立在此前提下的突发疾病死亡和48小时内死亡的情形，因此不符合工伤认定（视同工伤）的范围。

8.2.12 未到上班时间不慎摔伤，是否可认定工伤？

7时上班，6时50分摔伤是不是工伤？打工者汪某某早上6时50分来到建筑公司工地，因上厕所掉进基坑受伤。公司说上班时间未到，摔伤不属工伤。当地劳动保障行政部门也认为不属于工伤，汪某某无奈，随后向当地法院提起诉讼。

据法院调查，汪某某是浙江省某地农民，2003年6月6日，汪某某被江山市万厦建筑工程有限公司（下称万厦公司）雇用，专门从事工地的钢筋搬运和捆扎工作（小工）。2003年6月10日早上6点10分，汪某某从家里出发，约6时50分到达公司承包的某房地产开公司综合楼工程工地，直奔厕所。由于可进厕所的围墙大门一直锁着，汪某某只好从工地已挖好的基坑边绕过去，但当他走到基坑边时，“哗啦”一声路基翻塌，汪某某不慎掉入基坑，造成右脚骨折。伤后，他要求万厦公司支付有关损失费，但遭公司的拒绝。

6月18日，汪某某向当地社保局（下称社保局）提出工伤认定申请，社保局于6月25日向万厦公司发出工伤认定督查通知书，6月27日万厦公司向社保局提交了《事故报告》称：兹有我公司承建的综合楼工程在施工过程中发生的伤人事故，我公司作如下呈诉：一、我公司属国家二级资质建筑企业，有统一的作息时间表。汪某某出事时间为6点40分，不属于上班时间；二、其他作业人员都在一起等待安排工作，唯独他私自行动，企图不明；三、出事地点在非作业区，并无道路可行，汪某某进入此处的目的不清楚；四、汪某某自述是小便，这完全违背了文明施工的条例，本工地有厕所，而伤者所出事之处既不是道路，也不是厕所。以上均为事实，在场作业人员可以作证。

社保局也向汪某某进行了调查，并于7月22日做出汪某某受伤不符合工伤条件的认定决定书。汪某某有苦难言，无奈他于9月11日来到当地法院，要求撤销被告社保局的认定书。

法院受理该案后，依法追加了万厦公司为第三人参加诉讼，并于11月13日公开开庭进行了审理。原告汪某某诉称，被告社保局于2003年7月22日做出的“不属于工伤”的工伤认定决定书，其认定的事实及适用法律不当，原告为万厦公司打工，按照公司规定，工人在工作期间可以上厕所，原告在6月10日上午7时前已经到达工地，但在去上厕所的路上不慎跌入基坑受伤。原告认为去上厕所是为工作做准备，是工作时间的延伸，因此该伤应认定为工伤。为此要求撤销被告社保局的工伤认定决定书。

法院审理后认为，2003年6月10日上午6时50分，原告汪某某已经进入第三人的工地，其主观目的是为第三人工作而不为其他。因去上厕所的途中不慎掉入工地的基坑中摔伤，应属在生产工作的时间和工作区域内受伤，该受伤符合《工伤保险条例》第十四条第一项关于工伤认定的规定，应认定为工伤。被告以原告在上班前及非工作区域攀爬障碍物时受伤而做出的不属于工伤的认定，该认定事实不清，主要证据不足，适用法律错误，应予撤销。

8.2.13 上班时间上厕所摔倒受伤是否可认定工伤？

何某是成都某建筑机械公司的职工，2002年9月24日下午上班铃声响过之后，何某在进入车间之前，到该厂厂区内的厕所解便，几分钟后被同事发现其仰面倒在厕所地上，不省人事。公司立即将他送到附近医院抢救，最终何某死亡。由于公司没有提起伤亡性质认定，何某70岁的老父向武侯区劳动和社会保障局申请伤亡性质认定。武侯区和成都市的劳动和社会保障局均认为"上厕所"是私事，与本职工作无关，认定何某伤亡性质不是工伤。老人不服，就该认定向武侯区法院提起行政诉讼，要求重新做出认定。

经过审理，武侯区法院认为，根据法律的规定，劳动者享有"获得劳动安全卫生保护"的权利，"上厕所"是人的自然生理现象，武侯区劳动和社会保障局认为"上厕所"和工作无关与《劳动法》的基本原则相悖；根据法律，即使劳动者在上下班时间、上下班必经路线途中，发生不属于劳动者本人主要责任的意外事故，都应当确定为比照因工伤亡来处理，因此，何某这种状况没有认定为工伤，与法律不符。

2003年5月16日，武侯区法院一审判决撤销武侯区劳动和社会保障局的认定，并责令重新认定。宣判后，第三人公司不服，向成都中院提起了上诉，公司认为"上厕所"与工作无关，不应当认定为是工伤；武侯区劳动和社会保障局也表示，武侯区法院一审判决缺乏法律依据。

成都中院审理后表示，任何用工单位都必须为劳动者提供必要的劳动卫生条件，维护劳动者的基本权利。劳动者的人身权受法律保护，"上厕所"是劳动者人身不可分离的必要合理的生理需要，是其人身权的重要内容，应当受到法律保护。在工作时间工作场所发生伤亡，并非与正常工作无关。武侯区劳动和社会保障局的认定没有体现出《劳动法》保护劳动者合法权益的基本原则。因此中院判决驳回了上诉，责令对何某的死亡性质重新认定。

8.2.14 中午吃饭时间突发疾病死亡，是否可以认定工伤？

2005年4月9日中午11时40分，华威建筑集团职工张某在工地食堂吃饭，开饭半小时内突发脑出血，送至医院经抢救无效3小时后死亡。她丈夫为其申请工伤。

按照《工伤保险条例》第十五条："职工有下列情形之一的，视同工伤：（一）在工作时间和工作岗位，突发疾病死亡或者在48小时之内经抢救无效死亡的……"的规定，张某的死亡是在中午吃饭时间而不是在工作时间，突发脑出血的地点也不是在自己工作的岗位上，而是在食堂内，不符合工作时间、地点这两个必要条件，所以不能认定为工伤。

8.2.15 上班途中突发疾病死亡，是否可以认定为工伤？

2005年7月1日早晨7时30分，某建设公司采购部经理杨某在乘坐本单位通勤车上班途中，突然身体一歪就倒在椅子上不省人事，同事们赶紧把他送到附近医院。经检查为突发脑溢血，经抢救无效当日20时20分死亡。杨某的妻子要求单位为其认定工伤，理由一是在通勤车上突发疾病；二是7月1日凌晨1时杨某因出差刚从北京乘车返回，休息不到5个小时，因工作需要第二天就上班了。为了工作杨某处于这样紧张的状态才导致他突发脑溢血而死亡，因此，应该认定工伤。

此案关键问题是通勤车是否算工伤岗位？在通勤车上能否算工作时间？依据《工伤保险条例》第十五条："职工有下列情形之一的，视同工伤：（一）在工作时间和工作岗位，突发疾病死亡或者在48小时之内经抢救无效死亡的……"的规定，杨某突发疾病死亡发生在上班途中的通勤车上，在工作时间、地点都不符合上述条件，通勤车上不能认定为工作岗位，从时间上看是在上班之前而发生的死亡事故，因此不能认定工伤。

8.2.16 领导宴请司机接站被撞伤，是否可以认定工伤？

2005年8月29日下午18时，某工程集团营销部经理黄某的司机王某，下班回到家后接到黄某的电话，说南方某外联单位的人员要到本地来，单位需要接待，而且来的人是黄经理的同学，让王某开车到火车站去把人接回来，送到某海鲜酒店要宴请他们。因赶时间，司机王某在去火车站的途中，与其他车相撞造成司机王某颈椎错位、腰椎骨折。单位与王某要求劳动保障行政部门认定工伤。

此案关键问题是司机受领导指派出车受伤是否为工作原因。对于经理黄某的指派是公事还是私事，劳动保障系国内政部门核实后确认了两件事：一是黄某让司机接的人确实是销售部的外联单位，有过业务往来；二是来人也确实是黄经理的过去大学同学。因此，对于黄经理的指派任务就要核实来人的目的，是何原因而来，是探望老同学，还是洽谈业务？后经证实，来人有些意向性业务需要与该单位签谈，这一点有外联单位人员来前的传真为证。

劳动保障行政部门依据销售部门的职责确定，虽然吃饭不是工作范围之内的事，但是现实中对于销售部门来说这是必不可少的应酬，接待有业务往来人员的食宿应是工作范围之内的事情。司机又是黄某直接指派的，是因公还是因私，司机本人辨别是十分困难的，别的工作凡是领导指派工作过程中受到伤害的都可以认定为工伤，那么对于这个司机来说，同样也是领导指派的工作，却不能按工伤处理就有失公平了。为此，劳动保障行政部门对于王某的伤害认定为工伤。

8.2.17 酒后驾车出交通事故致伤，算不算工伤？

一个星期天的早上，在一家建筑公司上班的小陈按照单位的要求到公司加班。中午，部门负责人安排所有加班人员到饭店集体用餐，下午继续加班。吃过饭后，小陈便准备骑着自己的两轮摩托车返回公司，但忽然发现摩托车快没油了，就打算先到与单位相反方向最近的一个加油站去加油。结果，在去加油站的途中，意外地发生了交通事故，小陈本人受了伤，住院治疗花去3000多元钱。后经公安交通部门事故责任认定：交通事故形成的主要原因是由他人驾驶机动车违章造成的，但同时也查明，小陈属于酒后、无证驾驶。事后，小陈找到公司，说自己是因工受伤，要求公司报销所有治疗、误工等费用。但是，公司却认为：一方面小陈不是在上班途中受伤发生的事故；二是小陈属于酒后无证驾驶才发生了交通事故，所以所有责任都应该由他自己来承担，公司没有任何责任。

在案件审理中，案件审理部门内部发生了分歧，主张小陈所发生的事故不属于工伤的理由如下：

(1) 事故发生在周日，不是工作日时间，故不应认定为工伤。

(2) 小陈因为摩托车没油了又去单位相反方向的加油站加油，不是返回单位的直线路径，故不应当认定为“上班途中”发生的事故，不应认定为工伤。

(3) 虽然醉酒是诱发交通事故的原因，但却不是导致小陈直接受伤的原因，交通事故形成的主要原因属于他人驾驶机动车违章造成的，小陈是在“上下班途中，受到机动车事故伤害的”应当认定为工伤。

(4) 小陈无证驾驶，醉酒驾驶机动车，属于违反治安管理的行为，再结合他人驾驶机动车违章的原因，导致机动车交通事故受伤，所以不能认定为工伤。

本案事实十分清楚，案情并不复杂，但争议却很大，争议的焦点就是定性问题，即小陈的行为究竟是否构成工伤？按照《工伤保险条例》第十四条第（六）项规定：“在上下班途中，受到机动车事故伤害的”应当认定为工伤。第十六条规定“职工有下列情形之一的，不得认定为工伤或者视同工伤：(一) 因犯罪或者违反治安管理伤亡的；(二) 醉酒导致伤亡的；(三) 自残或者自杀的。”

本案究竟应如何适用法律，是否构成工伤？应当考虑以下几点：

第一，虽然事故发生在周日，不是工作日时间，但是加班是单位集体安排的，不是职工个人私下的加班，因此，也应当认定为是工作时间。同时，为了加班去单位的途中也应当认定为是上下班途中。

第二，通常认定工伤的“上下班途中”要求必须是从居住地或出发地直接到单位的必经路径，或者是下班后离开单位到自己的第一站目的地，不能把上下班途中宽泛化。本案中，集体用餐后直接返回单位，当然是在“上班途中”。但是小陈因为摩托车没油了又去单位相反方向的最近的加油站加油，这虽然不是返回单位的直线路径，但由于小陈是开摩托车到饭店集体用餐的，返回时当然也得骑车回去，因此为摩托车加油保证车能返回单位，也应当认定为是其返回单位所必须的，且该加油站是离单位最近的，是合理的路径，因此，即便是去加油途中发生的交通事故，也应当认定为“上班途中”发生的事故。

第三，小陈所受伤害属不属于《工伤保险条例》中的“受到机动车事故伤害”？如果职工上下班，走路或骑车（自行车、电动车或摩托车），自己没有违反交通规则，没有过错，而因他人驾驶机动车违章造成事故，这当然属于“受到机动车事故伤害”，应认定为工伤；但如果职工本人和驾驶机动车的他人均有过错，或者是只有职工本人有过错，此时职工因机动车事故所受伤害应否认定为工伤？对此，1996 年的《企业职工工伤保险试行办法》(已废止) 规定“在上下班的规定时间和必经路线上，发生无本人责任或者非本人主要责任的道路交通机动车事故的”，即要求职工本人没有责任或者是非主要责任，才认定为工伤。

而现行的《工伤保险条例》第十四条第（六）项并没有对机动车事故引发的原因和责任做出限定，仅第十六条规定做出了：“(一) 因犯罪或者违反治安管理伤亡的；(二) 醉酒导致伤亡的；(三) 自残或者自杀的”三项排除规定。从其立法倾向来看，是扩大了对职工的保障。但是具体如何理解和把握“因犯罪或违反治安管理伤亡的”、“醉酒导致伤亡的”规定。

本案中，交通责任事故认定，小陈无机动车驾驶证，醉酒驾驶机动车以及他人驾驶机动车违章是事故原因。那“无证驾驶”和“醉酒驾驶”机动车属不属于“违反治安管理”行为?《治安管理处罚法》中没有列明“无证驾驶”和“醉酒驾驶”机动车是违反治安管理处罚法应受治安管理处罚的行为，有专家认为不能进行扩张性的解释，不能将其理解为是“违反治安管理”的行为。当然对此，理论界和司法实践中有很大的争议。此外，虽然醉酒是诱发交通事故的原因，但却不是导致小陈直接受伤的原因，因此也不适用“醉酒导致伤亡的”不能认定工伤的规定。

综上所述，大多数专家认为，小陈虽然无机动车驾驶证，醉酒驾驶机动车，再结合他人驾驶机动车违章的原因导致机动车交通事故致伤，但其属于在上下班途中受到机动车事故伤害，应当认定为工伤。

8.2.18　上班途中无证驾驶致伤认定为工伤

2008年6月5日南京江宁区一名女工吴某下班途中遭遇车祸致伤，所在单位以她违反治安管理为由，不但拒绝给予工伤待遇，还将做出工伤认定的区劳保局告上法庭。7月17日，江宁法院依据相关法律规定驳回该公司的诉讼请求。

在法庭上，女工吴某所在单位负责人认为，根据规定《南京工伤保险实施办法》第十五条，职工未取得机动车驾驶机动车，上下班途中受机动车事故伤害的不得认定为工伤。另外《工伤保险条例》第十六条也规定，因犯罪或者违反治安管理伤亡的，不得认定为工伤。

被告江宁区劳保局认为，事故中女工吴某负次要责任，并且无证驾驶无牌机动车不是导致事故发生的主要原因，不符合不得认定为工伤的情形。同时，无证驾驶无牌摩托车的行为，不属于违反治安管理行为。

法院审理认为，随着《治安管理处罚法》实施，道路交通安全已不再属于治安管理的范畴，无证驾驶摩托车的行为显然应受《道路交通安全法》的调整，原告女工吴某驾驶的是自己的摩托车不是“偷开”，虽无驾驶执照但驾驶的不是航空器、机动船舶，所以她的行为没有违反治安管理。吴某负事故次要责任并被罚款200元，是公安交管部门依照《道路交通安全法》所作的事故认定和行政处罚，而并非治安处罚。《工伤保险条例》第十四条规定：在上下班途中，受到机动车事故伤害的;”应当认定为工伤。公安机关根据相关规定做出的责任认定，尚不能认定吴某的行为违反治安管理。最终，法院依法做出属于工伤的判决。

8.3　劳动能力鉴定案例

8.3.1　伤残八级以下有医疗依赖吗?

2007年5月29日，工伤职工汪某工伤治愈出院后，经市劳动能力鉴定委员会对其右手食指、中指指尖末节离断伤鉴定后，鉴定为伤残九级。2007年7月2日到工伤保险经办机构要求报销约8000元治疗伤指的手术费。这些费用均为手写票据，不是正常机打票据，而且日期均为她做完伤残鉴定后的6、7月发生的。工伤保险经办单位不予核销此费用。

根据《劳动能力鉴定——职工工伤与职业病致残等级》(GB/T 16180—2006) 4. 总则

4.1 判断依据 4.1.3 的规定："医疗依赖是指工伤致残于评定伤残等级技术鉴定后仍不能脱离治疗者。"而在 5. 分级原则中规定：九级是指器官部分缺损，形态异常，轻度功能障碍，无医疗依赖或者存在一般医疗依赖，无护理依赖。十级是指器官部分缺损，形态异常，无功能障碍，无医疗依赖或者存在一般医疗依赖，无护理依赖。八级存在一般医疗依赖，无护理依赖。汪某被诊断为伤残九级，那么按照规定，他的伤残状况在医疗期满应该脱离治疗阶段，已经治愈，不应该有大的治疗方案需要实施了，其所发生的医疗费用都是在伤残鉴定后发生的，也就是说在治疗期满后发生的，按照规定是不应该给予报销的。另外汪某的医疗发票也不正规，存在这样或那样的问题，工伤经办机构不予报销是有法可依的。

王某报销的如果是致伤而引发的感染等小额费用的话，工伤保险经办部门还是可以报销的，因为正常的伤口有时是可以感染的。如果确实是因为伤口感染，需要再做大的手术，应依据《劳动能力鉴定——职工工伤与职业病致残等级》(GB/T 16180—2006) 附 C.1.3 的规定："在劳动能力鉴定后伤残情况发生变化，应根据《工伤保险条例》第二十八条的规定，对残情进行复查鉴定。"汪某应该申请劳动能力鉴定委员会作对残情进行复查鉴定，经过鉴定确实需要手术的，可以进行第二次手术。但汪某没有履行相关的鉴定手续，因此，不予工伤部位状况不符的医疗费用是不能够报销的。

8.3.2 伤残级别不同，级别是否可以相加？

李某 2007 年 4 月 3 日因工作原因受伤，于 2007 年 5 月 22 日经劳动保障行政部门认定为工伤。2007 年 8 月 23 日经劳动能力鉴定委员会鉴定为左腿伤残六级，右腿伤残五级，劳动能力鉴定委员会最终鉴定伤残级别为六级，李某认为，两条腿的伤残肯定比一条腿的伤残要重。那么级别就应该定的更高一些，因此，对于鉴定结论不予认可，向省劳动能力鉴定委员会提出复鉴的申请。

依据《劳动能力鉴定——职工工伤与职业病致残等级》(GB/T 16180—2006) 4.7 总则 4.5 晋级原则规定："对于同一器官或系统多处损伤，或一个以上器官同时受到损伤者，应先对单项伤残程度进行鉴定。如几项伤残等级不同，以重者定级；两项以上等级相同，最多晋升一级。"李某两腿分别鉴定为五级、六级，以其中最为严重的五级作为最终级别，而不能够进行级别累加。

8.3.3 鉴定为四级的烧伤病人不予享受生活护理费合理吗？

2007 年 5 月 9 日中午 12 时 30 分，某建筑公司发生火灾女职工张某被烧，造成她面部中度毁容，身体躯干 70% 深Ⅱ度烫伤。2007 年 6 月 23 日，经市劳动保障行政部门认定为工伤，2007 年 6 月 29 日经市劳动能力鉴定委员会鉴定为伤残四级，没有确定生活护理程度。本人认为，自己已经被鉴定为伤残四级了，应享有生活需要依赖护理待遇。因此，要求重新鉴定护理依赖程度，享有本人工资 30% 的生活护理费待遇。

依据《劳动能力鉴定——职工工伤与职业病致残等级》(GB/T 16180—2006) 4. 总则 4.1 判断依据 4.1.4 规定："护理依赖指伤、病致残者因生活不能自理需依赖他人护理者。生活自理范围主要包括下列五项：a) 进食；b) 翻身；c) 大、小便；d) 穿衣、洗漱；e) 自我移动。护理依赖的程度分三级：护理依赖的程度分三级：A) 完全护理依赖指生活不能自理，上述五项均需护理者。B）大部分护理依赖指生活大部不能自理，上述五项中三项需要护理者。C）部分护理依赖，指部分生活不能自理，上述五项中一项需要护理者。"《劳动能力鉴定——职工工伤与职业病致残等级》(GB/T 16180—2006) 5. 总则分级原则5.4 规定："四级为器官严重缺损或畸形，有严重功能障碍或并发症，存在特殊医疗依赖，或部分护理依赖或无护理依赖。"依据上述规定可以看出，一般情况下鉴定为四级的一些工伤职工生活还是可以自理的。市劳动能力鉴定委员会对张某进行伤残鉴定的同时也随其生活护理登记进行了鉴定，认定张某不需要护理依赖。虽然张某伤残达到四级但张某的面部烧伤，嘴部、口腔没有受损，躯干部分有烧伤斑迹，不影响其进食，翻身、大小便、穿衣、洗漱、自我移动等功能均可，因此，不予支持其护理依赖的请求。

8.3.4 鉴定为伤残三级的精神病人可以有护理依赖吗?

2007年6月10日某建设工地职工徐某（女）在施工现场被高空坠落物击伤头部，造成脑外伤，导致精神障碍被市劳动能力鉴定委员会鉴定为三级伤残和护理依赖。该单位没有为职工办理工伤保险，为此，单位对给徐某鉴定为护理依赖不予认可，理由是徐某不符合关于《劳动能力鉴定——职工工伤与职业病致残等级》(GB/T 16180—2006) 享受护理依赖的条件。认为按照规定，徐某不缺胳膊少腿，能够进食、翻身、大小便、穿衣、洗漱、自我移动等。因此，单位认为其不符合护理依赖的条件。

《劳动能力鉴定——职工工伤与职业病致残等级》(GB/T 16180—2006) 4. 总则4.1 判断依据4.1.4 款规定："护理依赖指伤、病致残者因生活不能自理需依赖他人护理者。生活自理范围主要包括下列五项：a）进食；b）翻身；c）大、小便；d）穿衣、洗漱；e）自我移动。护理依赖的程度分三级：A）完全护理依赖，指生活不能自理，上述五项均需护理者。B）大部分护理依赖，指生活大部不能自理，上述五项中三项需要护理者。C）部分护理依赖指部分生活不能自强，上述五项中一项需要护理者。"在《劳动能力鉴定——职工工伤与职业病致残等级》(GB/T 16180—2006) 5. 分级原则5.1 中规定："一级器官缺失或功能完全丧失，其他器官不能代偿，存在特殊医疗依赖，生活完全或大部分不能自理。二级器官严重缺损或畸形，有严重功能障碍或并发症，存在特殊医疗依赖，或生活大部分不能自理。三级器官严重缺损或畸形，有严重功能障碍或并发症，存在特殊医疗依赖，或生活部分不能自理……"

与此同时，《劳动能力鉴定——职工工伤与职业病致残等级》(GB/T 16180—2006) 对于护理依赖的规定中，包括了所有的因工受伤疾病的种类，其中也包括精神病。徐某单位的认识有失偏颇，虽然徐某的身体尚属健全，但是应该认识到任何行为完成需要由人的精神系统来支配的，而徐某的精神系统混乱，不可能及时、准确地支配自己的行动，因此，应给予护理依赖费用。《民法通则》第十三条、第十九条也做出了相应的规定："不能辨认自己行为的精神病人是无民事行为能力人，由他的法定代理人代理民事活动。不能完全辨认自己行为的精神病人是限制民事行为能力人，可以进行与他的精神健康状况相适应的民事活动；其他民事活动由他的法定代理人代理，或者征得他的法定代理人的同意。""精神病人的利害关系人，可以向人民法院申请宣告精神病人为无民事行为能力人或者限制民事行为能力人。被人民法院宣告为无民事行为能力人或者限制民事行为能力人的，根据他健康恢复的状况，经本人或者利害关系人申请，人民法院可以宣告他为限制民事行为能力人或者完全民事行为能力人。"

由此可以看出精神病人在发病时不能控制自己的神志，因而需要监护照顾她的生活中的相关事项。当然，当神经病人精神恢复正常后，应该取消其护理依赖的待遇。

8.3.5 男女因工烧伤，伤残状况相同，为什么鉴定等级不同?

2007年8月9日上午，某地铁工地发生会火灾事故，致使职工于某（男28岁）、华某（女34岁）烧伤，两人均因面部烧伤造成轻度毁容，且烧伤面积相同，均有面部缺损。某地铁公司为二人向劳动保障行政部门申请并认定工伤后，由劳动能力鉴定委员会进行了伤残等级鉴定。鉴定结论为：华某伤残四级，于某伤残五级。伤残状况相同为什么鉴定的等级不同呢?

本案中二人都是头面部毁容五级的伤残状况，但华某是女性，且年龄为40周岁以下，依据《劳动能力鉴定——职工工伤与职业病致残等级》(GB/T 16180—2006) 附录A.7对女性面部毁容年龄界定："40周岁以下的女职工发生面部毁容，含单项的鼻缺损、额面部缺损（不包括耳廓缺损）和面瘫，按其伤残等级晋一级。晋级后致信等级不因年龄的增加而变动。"由此可知华某的伤残级别给予晋升，较于某男职工高一级是有法可依的。

上述规定是因为面部含单项的鼻缺损、额面部缺损（不包括耳廓缺损）和面瘫，烧伤毁容对于女职工来说承受的心理障碍及精神损害要比男性更大些，尤其是对于年龄在40岁以下的女职工，对其心理承受能力与家庭管子上是很难适应的，造成生活、社交与就业障碍要比男同志大得多。因此，国家规定相同条件下40周岁以下的女职工给予晋升一级的待遇。

8.4 工伤待遇案例

8.4.1 企业转制过程中工伤待遇应如何支付?

2005年4月24日。劳动保障行政部门接待了一名国有改制并轨的企业职工王某。他说，现在单位正在开展改制并轨，与职工解除劳动关系支付补偿金的工作。他本人于1997年3月25日受到事故伤害，并经劳动保障行政部门认定为工伤，鉴定为伤残八级。但是企业为自己治好伤后，也就上班了，没有什么工伤待遇。他向有关部门询问：工伤职工在企业改制并轨，将结束劳动合同关系时，应该如何维护自己的工伤权益，应得到什么样的经济补偿，使自己的生活有一定程度的保障。

王某的事故伤害是发生在1997年3月25日，劳动保障行政部门给予的认定和劳动力鉴定处理程序是合法有效的。

国家在对国有改制并轨企业支付补偿金的过程中，应充分考虑了工伤职工的合法权益，企业改制并轨是针对东北老工业基地进行的，在国家相应的法律法规出台前，辽宁省就已经制定了配套政策《辽宁省劳动和社会保障厅关于破产改制并轨买断企业职工工伤保险有关待遇问题的指导意见》并转发各地、市。第一条规定："1996年10月1日以后受到事故伤害或确诊为职业病的，经劳动鉴定机构鉴定为一级至十级伤残人员，没有享受一次性伤残补助金的，按照《工伤保险条例》支付一次性伤残补助金。"第四条规定：

“本人书面申请解除劳动关系的五级、六级伤残人员和七级至十级伤残人员，由用人单位按照《辽宁省贯彻〈工伤保险条例〉若干规定确定的标准》支付一次性工伤医疗补助金和伤残就业补助金。”工伤保险是为了保障职工因工作操守意外事故或者换职业病造成伤、残、亡时，职工及其家属能够获得医疗救治和经济补偿，原单位没有支付过这些待遇的情况下，不能把这些问题推到社会上去。

王某是伤残八级，依据相关政策规定应该享受到以下几方面的工伤保险待遇：一是拥有解除劳动关系的权利；二是企业优先解决工伤职工的工伤待遇；三是可以享受一次性伤残补助金；四是享受一次性医疗补助金和一次性就业补助金。具体标准参照《工伤保险条例》的有关规定。

8.4.2　伤残职工在停工留薪期内因工伤导致死亡与四级伤残职工停工留薪期满后死亡享受的待遇一样吗?

2005年3月8日某地铁工地发生坍塌，王某被压成重度颅脑损伤，张某被压成肺损伤，抢救出来后送医院诊治脱离危险期，当月单位为其二人向劳动保险行政部门申报认定工伤，遂后劳动保险行政部门认定工伤。2005年5月12日，该市劳动能力鉴定委员会对病情未定的张某进行伤残鉴定，结论为伤残四级。为其支付18个月的本人工资的伤残一次性补助金。2005年5月23日，王某因并发症抢救无效死亡。2005年6月2日，单位为王某向工伤保障行政部门申请工伤待遇，保险基金为其支付了6个月本人工资的丧葬补助金、60个月的一次性工亡补助金及受其供养的抚恤金。张某也于2005年10月30日因肺部感染病情恶化不幸死亡。单位为其申请因工死亡待遇，工伤保险基金为其支付了6个月本人工资的丧葬费及受其供养亲属抚恤金。张某的妻子对于丈夫因工死亡的待遇对与同一起事故中的王某的待遇不同，总感到不理解。

《工伤保险条例》第三十七条规定：“职工因工死亡，其直系亲属按照下列规定从工伤保险基金领取丧葬补助金、供养亲属抚恤金和一次性工亡补助金：（一）丧葬补助金为6个月的统筹地区上年度职工月平均工资；（二）供养亲属抚恤金按照职工本人工资的一定比例发给由因工死亡职工生前提供主要生活来源、无劳动能力的亲属。标准为：配偶每月40%，其他亲属每人每月30%，孤寡老人或者孤儿每人每月在上述标准的基础上增加10%。核定的各供养亲属的抚恤金之和不应高于因工死亡职工生前的工资。供养亲属的具体范围由国务院劳动保障行政部门规定；（三）一次性工亡补助金标准为48个月至60个月的统筹地区上年度职工月平均工资。具体标准由统筹地区的人民政府根据当地经济、社会发展状况规定，报省、自治区、直辖市人民政府备案。伤残职工在停工留薪期内因工伤导致死亡的，其直系亲属享受本条第一款规定的待遇。”

王某与张某二人均为在同一起事故中受伤，并经过一段时间的治疗后死亡但因伤势不同，各自的停工留薪期限不同。在医疗过程中，王某因脑外伤形成的脑疝后大面积出血经抢救无效死亡。王某在此期间因伤势严重，病情未稳定没有做工伤残疾等级鉴定，因此，他死亡的时段属于停工留薪期内。张某因肺部并发感染，在经过劳动鉴定机构鉴定的6个月的停职留薪期满后死亡。一个是在停工留薪期内死亡，一个是在停职留薪期满后死亡，因此两人的待遇不同。按照上面的规定，王某享受的是60个月本人工资的一次性工亡补助金；张某享受的是18个月本人工资的一次性伤残补助金，两者补助金额不同，但其性质都是对伤残职工的伤残伤亡补助金。

8.4.3 停工留薪期内与停工留薪期满的工伤待遇是否相同？

2005年1月21日，某建设工地施工机械设备发生故障，停止运转后，黄某请求维修班的于某检修机械。于某修理完毕后，于某几次告诉黄某开合电源，观察修理的效果。最后一次试调观察中，黄某误听于某要求他再次合上电闸，此时于某正把头伸进机械仔细观察调整的准确度，造成于某头部被压，整个面部压扁，口腔、眼睛损伤。后虽经过抢救挽回生命，但还是造成伤残三级的结果。

于某伤残三级是2005年8月2日经过市劳动能力鉴定委员会做出的。自从被鉴定为伤残等级后，于某的工伤待遇前后发生很大的变化，比他本人鉴定工伤级别之前的工资降低了20%，鉴定前由单位派人护理，现在改成支付上年度职工月平均工资的30%的护理费，家属打电话到劳动部门咨询这种情况是否正常。

《工伤保险条例》第三十二条规定："工伤职工已经评定伤残等级并经劳动能力鉴定委员会确认需要生活护理的，从工伤保险基金按月支付生活护理费。生活护理费按照生活完全不能自理、生活大部分不能自理或者生活部分不能自理3个不同等级支付，其标准分别为统筹地区上年度职工月平均工资的50%、40%或者30%。"第三十三条规定："职工因工致残被鉴定为一级至四级伤残的，保留劳动关系，退出工作岗位，享受以下待遇：（一）从工伤保险基金按伤残等级支付一次性伤残补助金，标准为一级伤残为24个月的本人工资，二级伤残为22个月的本人工资，三级伤残为20个月的本人工资，四级伤残为18个月的本人工资；（二）从工伤保险基金按月支付伤残津贴，标准为一级伤残为本人工资的90%，二级伤残为本人工资的85%，三级伤残为本人工资的80%，四级伤残为本人工资的75%。伤残津贴实际金额低于当地最低工资标准的，由工伤保险基金补足差额；（三）工伤职工达到退休年龄并办理退休手续后，停发伤残津贴，享受基本养老保险待遇。基本养老保险待遇低于伤残津贴的，由工伤保险基金补足差额。职工因工致残被鉴定为一级至四级伤残的，由用人单位和职工个人以伤残津贴为基数，缴纳基本医疗保险费。"

按照上述规定，于某在停工留薪期内与停工留薪期满的工伤待遇理应是应该有所区别的。停工留薪期内应该享受100%的原工资待遇，而停工留薪期满后，发放的是工伤津贴，伤残三级应为80%的本人工资，相比之前有20%的差额；鉴定后的护理费按本人工资的30%支付，本人需要承担部分护理的责任，鉴定前由单位派人护理是单位应尽的义务。

8.4.4 工伤复鉴伤残等级有变化，一次性工伤待遇还有吗？

2005年2月18日，某建筑个体承包户食堂职工张某在前厅传送饭菜时，因地面上有水，不慎滑倒将一盆沸腾的砂锅烫水洒在自己身上，造成她腿部腹部大面积烫伤。2005年2月30日，经市劳动保障行政部门做出工伤认定，2005年4月2日伤势稳定之后，经劳动能力鉴定委员会鉴定为伤残十级。承包人认为她的烫伤结结痂，长一段时间就会好的，对于评定十级伤残还要给她支付1万元的伤残补助金，十分不情愿，于是提起省级复鉴，复鉴后仍为伤残十级。

在此期间，张某找过承包人，要求支付工伤待遇，承包人支付了医疗费用。后来承包人又提出行政复议，行政复议维持认定决定，又到人民法院提起了行政诉讼。

2005年4月3日在提起行政诉讼后，又向市劳动能力鉴定委员会提起工伤满一年后的复鉴要求，并希望法院以新的伤残鉴定结论为依据支付工伤待遇，而不依已经生效的工伤伤残级别判决支付一次性伤残补助金。

根据《工伤保险条例》第二十八条规定："自劳动能力鉴定结论做出之日起1年后，工伤职工或者其直系亲属、所在单位或者经办机构认为伤残情况发生变化的，可以申请劳动能力复查鉴定。"承包人要求对张某的伤残进行复鉴，是他应有的权利，劳动能力鉴定部门应该对此申请给予受理。另外《工伤保险条例》第二十六条还规定："申请鉴定的单位或者个人对设区的市级劳动能力鉴定委员会做出的鉴定结论不服的，可以在收到该鉴定结论之日起15日内向省、自治区、直辖市劳动能力鉴定委员会提出再次鉴定申请。省、自治区、直辖市劳动能力鉴定委员会做出的劳动能力鉴定结论为最终结论。"因此，承包人已经按照正常的程序进行了省级复鉴，张某的"十级伤残"应该是最终的结论，应是人民法院的判决依据。

承包人一年后提起的工伤复鉴，应该是与职工没有终止劳动关系的单位拥有的权力。本案中张某在受伤后已经被承包人解雇了，因此承包人丧失了一年后要求工伤复鉴的权利，那么他就应该支付张某实际伤残的工伤待遇，提起行政诉讼的被告应该是设区劳动保障行政部门所作的原工伤认定决定的行政诉讼。张某的工伤在没有依法撤销前具有法律强制性效力，应严格执行原工伤待遇，不能停止执行，不能等到新的工伤等级鉴定下来再按照新的伤残级别标准进行支付。即使新的工伤级别下来，也只能改变张某以后的医疗费用与工作安排。具体到本案张某不存在再次医疗的问题，因为承包人已经将其解雇，也不存在工作的安排问题了。

如果承包人与张某没有解除劳动关系的话，那么承包人可以提出工伤复鉴，随着伤情恢复可能伤残级别有些变化，复鉴后的级别影响的也只是张某一次性伤残补助金之外的伤残待遇的变化，如相关医疗费、护理费、伤残津贴等。因为《工伤保险条例》规定，一次性伤残补助金是职工病情稳定后即可进行的劳动能力鉴定，按照鉴定级别应该支付的一次性待遇。一次性伤残待遇不能够两次支付或拖延支付。因此，本案中承包人在履行完省级终审鉴定后，就应该及时支付给张某，不能等一年或者是若干年后伤情减轻或伤情完全消失了后的伤残等级发生变化来进行确定待遇，达到少付甚至拒付一次性伤残待遇的目的。

8.4.5　伤残鉴定五至十级的职工旧伤复发死亡，能否享受因公死亡供养亲属抚恤金待遇?

2004年7月8日某施工工地材料库发生火灾，黄某在岗位上被烧伤，全身瘢痕面积40%，睾丸因砸伤后萎缩，被鉴定为伤残六级。2005年6月9日，黄某旧工伤复发，导致烧伤化脓性感染患上败血症，经过医院抢救无效死亡。死亡后，单位为其家属核发了6个月本人工资的工伤津贴和丧葬补助金，家属要求享受供养亲属抚恤金，单位向工伤保险经办机构提出申请，工伤保险经办机构不予核发。

《工伤保险条例》第三十七条规定："职工因工死亡，其直系亲属按照下列规定从工伤保险基金领取丧葬补助金、供养亲属抚恤金和一次性工亡补助金：（一）丧葬补助金为6

个月的统筹地区上年度职工月平均工资；（二）供养亲属抚恤金按照职工本人工资的一定比例发给由因工死亡职工生前提供主要生活来源、无劳动能力的亲属。标准为：配偶每月40%，其他亲属每人每月30%，孤寡老人或者孤儿每人每月在上述标准的基础上增加10%。核定的各供养亲属的抚恤金之和不应高于因工死亡职工生前的工资。供养亲属的具体范围由国务院劳动保障行政部门规定；（三）一次性工亡补助金标准为48个月至60个月的统筹地区上年度职工月平均工资。具体标准由统筹地区的人民政府根据当地经济、社会发展状况规定，报省、自治区、直辖市人民政府备案。

伤残职工在停工留薪期内因工伤导致死亡的，其直系亲属享受本条第一款规定的待遇。一级至四级伤残职工在停工留薪期满后死亡的，其直系亲属可以享受本条第一款第（一）项、第（二）项规定的待遇。”

依据上述规定，黄某是在停职留薪期满鉴定为伤残六级后死亡的，其工伤残级别也不是一级至四级内，因此他虽然是因工负伤，但伤残级别与死亡时间不符合上述条款规定的因工死亡的条件，因此，依靠他提供工资作为主要生活来源、无劳动能力的亲属不能享受到工伤职工供养亲属抚恤金的待遇。

8.4.6 同一单位两辆车相撞造成伤害的职工，可以享受工伤待遇吗？

2005年3月20日，某市运输公司派出两辆东风汽车为某建筑公司工地运水泥。两辆车前后紧挨着行使，途中为躲避路上突然闪出的小孩，前车进行紧急制动刹车，致使速度很快且行驶距离很近的两车相撞，两司机均受伤。随后，交通部门赶到，对这起交通事故进行了处理，交通认定书判定两车各占50%的责任。因运输公司为车辆投保了机动车险，要求保险公司支付第三者责任险，支付司机的医疗费，保险公司不予支付，随后运输公司向工伤保险经办机构要求支持。

《中华人民共和国道路交通安全法实施条例》第五条规定：“初次申领机动车号牌、行驶证的，应当向机动车所有人住所地的公安机关交通管理部门申请注册登记。申请机动车注册登记，应当交验机动车，并提交以下证明、凭证……（五）机动车第三者责任强制保险凭证……”中国人保《机动车辆第三者责任保险条款》第四条规定：“被保险人或其允许的合法驾驶人在使用被保险机动车过程中发生意外事故，致使第三者遭受人身伤亡或财产直接损毁，依法应当由被保险人承担的损害赔偿责任，保险人依照本保险合同的约定，对于超过机动车交通事故责任强制保险各分项赔偿限额以上的部分负责赔偿。”第三条规定：“本保险合同中的第三者是指因被保险机动车发生意外事故遭受人身伤亡或者财产损失的人，但不包括被保险机动车本车上人员、投保人、被保险人和保险人。”

由此看出，机动车第三者责任险属于强制险，是所有机动车必须投保的险种；但第三者是指投保人以外的被保险人驾驶的车辆遭受损失的车辆或者受害者，本案中的受害人属于同一个单位，同一个投保人。因此，这种情况下，机动车第三者责任险不属于承包范围。由于该单位参加了工伤保险，两辆车的司机所受到伤害所发生的医疗费用，则可由工伤保险基金给予支付，单位可以向工伤保险行政部门申请认定赔付。

8.4.7 员工犯罪，工伤待遇能否继续享受？

享受工伤待遇的职工因犯罪受到刑事处罚，用人单位是否能够因此终止工伤待遇呢？

日前，江苏江阴市人民法院审理了这样一起工伤待遇纠纷案件，最终判决原告建筑公司向被告李刚支付一次性伤残就业补助金、一次性医疗补助金等共计26.8万余元。

2005年年初，李刚进入江阴市某建筑公司工作，被安排在公司所属的一个施工队。同年11月24日，李刚在施工过程中，右手不慎被砂浆搅拌机扎断，经住院治疗后安装了假肢。治疗期间，建筑公司支付了全部医疗费用。2005年12月21日，双方就李刚的工伤待遇达成协议：李刚为建筑公司的固定职工，从2006年1月1日起服从单位安排，月工资800元；李刚更换假肢按照医嘱进行，费用由建筑公司支付。协议签订后，建筑公司安排李刚在单位担任门卫工作，享受双方商定的工资待遇。

2006年5月10日，李刚因盗窃罪被判处有期徒刑1年，但因李刚的身体有残疾被批准保外就医。李刚被判刑后，建筑公司停止支付各项费用。期间，李刚自己花费了8000余元医药费。2006年11月12日，经李刚申请，劳动部门认定其为工伤。2007年1月5日，劳动鉴定委员会评定其伤残等级为五级，并发放了工伤证书。此后，李刚向建筑公司要求享受工伤待遇，遭到拒绝。为此，李刚向当地劳动仲裁委员会申请仲裁，2007年7月27日，劳动仲裁委员会做出仲裁裁决，由建筑公司向李刚本人支付医药费、就医交通费8000余元以及一次性医疗补助金、一次性伤残就业补助金26.8万余元。建筑公司不服，遂向法院提起诉讼。

法院经审理后认为，被告李刚被判刑后，其与原告建筑公司之间的劳动关系已经自行解除，但李刚是在建筑公司工作期间发生的工伤，其仍有享受工伤待遇的权利，建筑公司应当依法支付医药费、一次性医疗补助金、一次性伤残就业补助金，遂依法做出上述判决。

8.4.8 工亡职工遗腹子的供养亲属抚恤金具有享受抚恤金的期待权吗?

2004年4月28日，某市一个建筑工地坑基突然坍塌，造成正在施工的工人5人死亡。事后当地领导十分重视对这部分因工死亡家属的安抚工作，为每名工人给予了20万元的高额赔偿。其中有一名工人徐某的情况较为特殊，他刚刚新婚不久，妻子已经怀孕三个月了，对于她的供养申请抚恤金是否包括这个未出世孩子的份额，用人单位有些疑惑。

根据《因工死亡职工供养亲属范围规定》(原劳动和社会保障部令第18号）第二条规定："本规定所称因工死亡职工供养亲属，是指该职工的配偶、子女、父母、祖父母、外祖父母、孙子女、外孙子女、兄弟姐妹。本规定所称子女，包括婚生子女、非婚生子女、养子女和有抚养关系的继子女，其中，婚生子女、非婚生子女包括遗腹子女……"徐某的妻子腹中患有一个胎儿，她也应该享有供养亲属的权利。

《工伤保险条例》第三十七条规定："……（二）供养亲属抚恤金按照职工本人工资的一定比例发给由因工死亡职工生前提供主要生活来源、无劳动能力的亲属。标准为配偶每月40%，其他亲属每人每月30%，孤寡老人或者孤儿每人每月在上述标准的基础上增加10%……"《因工死亡职工供养亲属范围规定》第三条规定："上条规定的人员，依靠因工死亡职工生前提供主要生活来源，并有下列情形之一的，可按规定申请供养亲属抚恤金：……（四）工亡职工子女未满18周岁的……"上述规定可以看出，对于因工死亡职工的子女供养申请抚恤金应该是按月支付的，那么出生的婴儿也应是按月支付的。因此，对于出生后的婴儿应该是存活一个月就发一个月的待遇。

8.4.9 工亡后职工的赔偿待遇可以继承吗?

2005年6月2日上午7时，某建设公司门卫苏某下夜班后回家途中，不幸发生机动车事故，被撞当场身亡。其前妻孙某到公司要求认定门卫苏某因工死亡，并享受相关工伤待遇。建设公司不同意认定苏某属于因工死亡。原因是从交通事故责任认定书上清晰地记录苏某是在2005年6月2日上午7时05分发生的机动车事故，而单位与其签订的劳动合同明确地规定下班时间为7时30分，苏某并没有向领导请假，这说明苏某市提前离岗的，不应该认定为下班，因此也就不能认定为工亡。其次，认为孙某的前妻没有提出认定工伤的权利。

劳动保障行政部门认真研究了此案，认定苏某的前妻确实不符合工伤认定的申请人条件。依据《工伤保险条例》第十七条规定："……用人单位未按前款规定提出工伤认定申请的，工伤职工或者其直系亲属、工会组织在事故伤害发生之日或者被诊断、鉴定为职业病之日起1年内，可以直接向用人单位所在地统筹地区劳动保障行政部门提出工伤认定申请……"苏某的前妻在苏某死亡之前已经和苏某办理了离婚手续，因此，已经不是法律上的配偶，不再是其直系亲属，丧失了提出工伤认定的权利，劳动保障行政部门对其申请不予受理。同时告知苏某的前妻："苏某的孩子作为遭受事故伤害的职工直系亲属，可以提出工伤认定申请，前妻可以作为孩子的监护人代理其进行申请。"苏某前妻履行了孩子的委托手续后再次提出申请后，工伤认定获准。

劳动保障行政部门认定苏某与用人的单位签订的劳动合同上规定每天的下班时间是7时30分，但是由于该单位其他的分公司都是上午7时下夜班，因而值班的苏某与上白班的另一个工友也形成了长期在上午7时交班的习惯，单位对此从未提出过批评或要求，并且核实当日苏某也是完成了交班后才回家的。依据《工伤保险条例》第十四条规定："……（六）在上下班途中，受到机动车事故伤害的……"劳动保障行政部门遂做出认定工伤的决定。苏某的工伤待遇，工伤保险经办机构在当事人提出待遇核实的申请后，支付了丧葬费、供养亲属抚恤金和一次性工亡补助金三项。关于待遇发放应该遵循的原则：除了孩子的供养亲属抚恤金由苏某的前妻可以每月带领之外，其他两项苏某的前妻是不可以代领的。这些钱应作为苏某的遗产，由其孩子和他的父母作为第一顺序继承人按照《中华人民共和国继承法》的规定继承。《中华人民共和国继承法》第十三条规定："同一顺序继承人继承遗产的份额，一般应当均等。"第十五条规定："继承人应当本着互谅互让、和睦团结的精神，协商处理继承问题。遗产分割的时间、办法和份额，由继承人协商确定。协商不成的，可以由人民调解委员会调解或者向人民法院提起诉讼。"那么，苏某的工伤待遇除孩子的供养抚恤金之外，其他部分应由孩子和苏某父母遵照互谅互让、和睦团结的精神协商分割。如果孩子由前妻抚养，孩子的供养亲属抚恤金可以由苏某的前妻作为监护人代管与支配，但要遵循为了被监护人的利益而合理使用的原则。

8.4.10 配置了假肢可以行走，还能享受护理费吗?

2005年8月20日，职工徐某到劳动保障行政部门申诉：自己于2005年2月20日上班途中发生机动车事故，导致左腿毁损伤，已经截肢，被认定为工伤，并鉴定为伤残三级，享受护理依赖。

2005年7月20日单位为徐某报销安装假肢的费用，但是安装假肢后，单位就不再支付徐某的护理费了，徐某询问单位的原因，理由是单位已经为徐某安装了假肢，单位已经支付了费用。单位这样处理徐某的护理费与假肢之间的关系是否合理?

劳动保障行政部门认为：单位处理他的因工负伤护理费是不合法的。《工伤保险条例》第三十条规定:"工伤职工因日常生活或者就业需要，经劳动能力鉴定委员会确认，可以安装假肢、矫形器、假眼、假牙和配置轮椅等辅助器具，所需费用按照国家规定的标准从工伤保险基金支付。"第三十二条规定:"工伤职工已经评定伤残等级并经劳动能力鉴定委员会确认需要生活护理的，从工伤保险基金按月支付生活护理费。生活护理费按照生活完全不能自理、生活大部分不能自理或者生活部分不能自理3个不同等级支付，其标准分别为统筹地区上年度职工月平均工资的50%、40%或者30%。"从上述规定可以看出，配置辅助器具和支付护理费用是并列的关系，而不是互为补充的条件。因次，徐某在配置了假肢后，应该仍然享受相应的护理费的待遇。

另外，在《人身损害赔偿司法解释》第十七条规定："受害人遭受人身损害，因就医治疗支出的各项费用以及因误工减少的收入，包括医疗费、误工费、护理费、交通费、住宿费、住院伙食补助费、必要的营养费，赔偿义务人应当予以赔偿。

受害人因伤致残的，其因增加生活上需要所支出的必要费用以及因丧失劳动能力导致的收入损失，包括残疾赔偿金、残疾辅助器具费、被扶养人生活费，以及因康复护理、继续治疗实际发生的必要的康复费、护理费、后续治疗费，赔偿义务人也应当予以赔偿。"

《人身损害赔偿司法解释》第二十一条、第二十二条规定了护理费的计算办法，护理费根据护理人员的收入状况和护理人数、护理期限确定。护理人员有收入的，参照误工费的规定计算；护理人员没有收入或者雇佣护工的，参照当地护工从事同等级别护理的劳务报酬标准计算。护理人员原则上为一人，但医疗机构或者鉴定机构有明确意见的，可以参照确定护理人员人数。护理期限应计算至受害人恢复生活自理能力时止。受害人因残疾不能恢复生活自理能力的，可以根据其年龄、健康状况等因素确定合理的护理期限，但最长不超过二十年。受害人定残后的护理，应当根据其护理依赖程度并结合配制残疾辅助器具的情况确定护理级别。同时，第二十六条规定："残疾辅助器具费按照普通适用器具的合理费用标准计算。伤情有特殊需要的，可以参照辅助器具配制机构的意见确定相应的合理费用标准。辅助器具的更换周期和赔偿期限参照配制机构的意见确定。"从此可以看出配置了辅助器具在一定的情况下还会存在护理依赖。本案中徐某虽然安装了假肢，本人可以行走，但是他的行走功能在运动时也会受限，应该享受部分护理费。

8.4.11 停工留薪期内原工资福利待遇包括加班费吗?

2005年6月23日上午9时20分，某建设银行职工李某，到隔壁办公室办事时，经过堆放装修材料的卫生间时，不慎踩在有钉子的木板上，右脚扎成穿透伤。单位为其申报了工伤，劳动保障行政管理部门对其做出了工伤认定。李某从受伤之后住院治疗20天之外，一直在家养伤。2005年8月23日单位申请劳动能力鉴定，鉴定委员会做出伤残等级评定为无伤残级别。

在支付停职留薪期内待遇时，李某与单位发生争议，对工伤保险条款中对停职留薪其内原工资福利待遇不变的规定，理解不一致，涉及工资性收入：一是奖金，在李某所在单位银行的奖金是按员工吸收储蓄额的比例提取的，李某由于工伤没有上班没有吸收储蓄额，单位不同意为其发放奖金；二是加班费，银行中午由于常规性延时服务，所以中午没事的员工都例行加班并赚到每小时20元的加班费，每月在200元左右，按小时累计计算。李某认为自己如果没有工伤，按自己的习惯也会吸收储蓄额并加班工作。单位对这两项收入都应该给予赔偿。而用人单位银行则认为：李某在上班时都没有吸收储蓄额，得不到奖金，没上班也没吸收到储蓄额还能发你奖金吗？加班费是以实际发生小时计算的，职工平时有事或非因工生病都不能加班，也没有加班费，李某虽然因工受伤，但实际上李某没有加班，也就不应该有加班费。

劳动保障行政部门在处理李某与单位的矛盾时，参照了《劳动部关于贯彻〈劳动法〉若干问题的意见》第五十三条规定："劳动法中的'工资'是指用人单位依据国家有关规定或劳动合同的约定，以货币形式直接支付给本单位劳动者的劳动报酬，一般包括计时工资、计件工资、奖金、津贴和补贴、延长工作时间的工资报酬以及特殊情况下支付的工资等。'工资'是劳动者劳动收入的主要组成部分。劳动者的以下劳动收入不属于工资范围：(1)单位支付给劳动者个人的社会保险福利费用，如丧葬抚恤救济费、生活困难补助费、计划生育补贴等；(2)劳动保护方面的费用，如用人单位支付给劳动者的工作服、解毒剂、清凉饮料费用等；(3)按规定未列入工资总额的各种劳动报酬及其他劳动收入，如根据国家规定发放的创造发明奖、国家星火奖、自然科学奖、科学技术进步奖、合理化建议和技术改进奖、中华技能大奖等，以及稿费、讲课费、翻译费等。"

李某要求的奖金属于法定工资的范围内的项目，而不是非工资性收入范围内。

国家统计局《关于工资总额组成的规定》第三条规定："工资总额是指各单位在一定时期内直接支付给本单位全部职工的劳动报酬总额。工资总额的计算应以直接支付给职工的全部劳动报酬为根据。"第四条规定："工资总额由下列六个部分组成：（一）计时工资；（二）计件工资；（三）奖金；（四）津贴和补贴；（五）加班加点工资；（六）特殊情况下支付的工资。"此条款规定了奖金和加班加点工资是职工工资待遇范围内的项目。《工伤保险条例》第三十一条规定："在停工留薪期内原工资福利待遇不变，由所在单位按月支付。"那么，李某应该享受原来一样可以享受到的奖金和加班费。因为如果李某不发生工伤，奖金和加班费虽然不一定能拿多少，但是李某是有希望的，这是一个或然关系；她发生了工伤导致不能上班，如果单位不发放，她就一定拿不到。这个损失不能让受伤的职工来承担，否则有失公允。

因此，银行应该把这两项内容计算在原工资福利待遇内。可以依据本人前十二个月的平均工资或者单位同期内同部门人员的平均值，这样比较合理。

8.4.12 工伤职工退休能否享受双重待遇？

年逾五旬的沈某某退休前向劳动争议仲裁部门提出与用人单位解除劳动关系，并由单位支付一次性工伤医疗补助金及一次性伤残就业补助金的申请。8月份，沈某某过完50周岁的生日就办理了退休手续。9月份，劳动争议仲裁部门做出对其请求不予支持的裁决。遂后沈某某一纸诉状将用人单位告上了法院，近日，无锡市南长区人民法院对这起复杂、疑难的劳动争议纠纷进行了一审宣判。

沈某某于1995年6月至某公司工作，双方签订了自1996年6月1日起的无固定期限劳动合同。2004年1月9日，沈某某在下班途中发生交通事故，经劳动部门认定为工伤。2005年6月，沈某某领取了一次性伤残补助金人民币12558元。2008年3月，沈某某向劳动争议仲裁部门申请仲裁，要求与用人单位解除劳动关系，并由用人单位支付一次性工伤医疗补助金及一次性伤残就业补助金。

同年7月，劳动能力鉴定部门确定沈某某致残程度为八级。2008年8月，沈某某办理了退休手续。用人单位通过银行按月支付沈某某工资至2008年8月，自2008年9月起，沈某某按月享受退休职工基本养老保险待遇。2008年9月1日，劳动部门做出对沈某某的所有请求事项不予支持的裁决。

沈某某诉称，劳动者只要提前一个月通知用人单位，就可以无条件地解除双方的劳动关系。其于2008年3月向劳动部门提出解除的申请，双方的劳动关系已经终止，用人单位单方面经银行支付伤残津贴并不影响劳动关系的终止。劳动者只要依法缴纳社会保险费都有权利领取退休金，办理退休手续及领取退休金与双方是否存在劳动关系无关，与沈某某在此之前应当享受的工伤保险待遇并不矛盾。

用人单位辩称，沈某某虽提出仲裁，但其按月领取病假工资直至退休，双方的劳动关系存续至沈某某退休，沈某某已办理退休手续，其诉请于法无据。

法院审理后认为，沈某某因工致残被确定为八级伤残，除享受支付一次性伤残补助金的待遇外，还可根据劳动关系终止情况享受相应的工伤保险待遇。双方的劳动关系可因提出解除而终止，也可因退休而终止，但均应办理相关的终止手续。沈某某在劳动争议仲裁部门审理期间的2008年8月办理了退休手续，应认定沈某某选择了退休方式终止劳动关系。不同的终止劳动关系方式规定有不同的工伤保险待遇，工伤职工只能选择其中一种终止劳动关系方式，享受一种工伤保险待遇。沈某某选择了退休方式终止劳动关系，只能享受《工伤保险条例》规定的工伤医疗待遇，不能重复享受一次性工伤医疗补助金和伤残就业补助金。

综上，沈某某现已办理退休手续，不再存在解除劳动合同的事实，故沈某某的诉讼请求依法均不予支持。法院最终判决沈某某与用人单位的劳动关系因办理退休手续而终止，驳回沈某某的所有诉讼请求。

8.5　赔偿竞合案例

8.5.1　民事赔偿与工伤赔偿两者可以选择吗？

女工王某是山东省某市第一建筑公司的正式职工。2005年11月15日8时许，她正在上班，突然办公楼起火，王某被烧伤并从高高的平台上摔落下来，造成腰椎体、横突等多处骨折，面部及左手严重烧伤。经法医鉴定：左眼感光为七级伤残；左手功能丧失为七级伤残；右下肢瘫为八级伤残；椎体粉碎性骨折行钢钉内固定术，需二次手术治疗。事故发生后，王某被先后送往德州市等地医院治疗，累计住院45天，花去医疗费4.1万多元，其中1.1万元医药费已由该单位支付。

在王某住院期间，其丈夫在没有王某口头或书面授权的情况下，申请工伤认定。2005年12月27日区劳动保障行政部门做出了认定王某为工伤的决定书。而王某伤愈出院后认为，如果按工伤处理，其获得工伤赔偿太少，且自己身上多处残疾、丧失了部分劳动能力，还要供养孩子上大学，故对劳动保障行政部门做出的工伤认定决定书提出异议，要求撤销工伤认定，同时，王某向该公司请求民事损害赔偿。

2006年2月27日，区劳动保障行政部门以王某没有授权其丈夫为其申请工伤认定为由，做出撤销认定王某为工伤的决定书。该单位不服，以劳动保障行政部门撤销工伤认定书的理由不充分为由，提起行政诉讼，区人民法院判决驳回了该单位的诉讼请求。由于王某向单位索要民事损害赔偿未果，随后直接向地级市中级人民法院提起民事诉讼，请求判决被告第一建筑公司赔偿王某的医疗费、护理费、误工费、残疾生活补助费、交通费、鉴定费、精神损失费等50万元。而被告第一建筑公司答辩称，原告王某所受伤害属工伤，双方之间的纠纷属劳动争议纠纷，人民法院不应受理此案。

市中级人民法院审理认为，原告王某作为被告第一建筑公司的职工，其在工作期间遭受人身损害，被告第一建筑公司应当对其所受伤害承担赔偿责任。被告提出的“原告为工伤，法院不应直接受理，应先由劳动争议仲裁委员会处理”的主张，因劳动保障行政部门做出的工伤认定决定书已经撤销，法院按人身损害赔偿案件受理原告的起诉符合法律规定，被告的主张法院不予支持。遂于2006年12月23日依法做出一审判决：被告第一建筑公司赔偿原告王某的医疗费、护理费、误工费、残疾赔偿金、交通费、鉴定费、精神损害赔偿金等共计11.4万元。

在我国审判实践中，工伤保险补偿的数额有时与民事赔偿差距甚大，的确很难保证对伤者的公平。此类案件处理，赔付金额往往成为当事人争议的焦点。《工伤保险条例》规定，参保的主体扩大到各类企业、个体工商户，但是许多参保主体未能参加保险统筹已是不争的事实。同时，即便用人单位参加了工伤保险，但伤者最终得到的保险金往往比侵权赔偿金额少得多，这一点通过比较《工伤保险条例》、最高人民法院《人身损害赔偿司法解释》关于补偿或赔偿的标准就可明了。

以职工死亡补偿为例，《工伤保险条例》第三十七条第（三）项规定：“一次性工亡补助金标准为48个月至60个月的统筹地区上年度职工月平均工资。”而《人身损害赔偿司法解释》第二十九条规定：“死亡赔偿金按照受诉法院所在地上一年度城镇居民人均可支配收入或者农村居民人均纯收入标准，按二十年计算。”但六十周岁以上的，年龄每增加一岁减少一年；七十五周岁以上的，按五年计算。两者补偿数额的巨大差异是显而易见的。所以，《工伤保险条例》对工伤的低额补偿虽然在一定程度上分散了用人单位的风险，但却没有实现工伤保险制度中体现的快速、合理补偿，减少侵权诉讼成本等立法价值，由于利益分配的不公平可能会引起更为繁琐的诉讼。

赔偿数额如此之大的差距同样体现在对工伤死亡职工亲属的抚恤上。《工伤保险条例》第三十七条第（二）项：“供养亲属抚恤金按照职工本人工资的一定比例发给由因工死亡职工生前提供主要生活来源、无劳动能力的亲属。标准为：配偶每月40%，其他亲属每人每月30%，孤寡老人或者孤儿每人每月在上述标准的基础上增加10%。核定的各供养亲属的抚恤金之和不应高于因工死亡职工生前的工资。供养亲属的具体范围由国务院劳动保障行政部门规定；”

最高人民法院《人身损害赔偿司法解释》第二十八条的规定：“被扶养人生活费根据扶养人丧失劳动能力程度，按照受诉法院所在地上一年度城镇居民人均消费性支出和农村居民人均年生活消费支出标准计算。被扶养人为未成年人的，计算至十八周岁；被扶养人无劳动能力又无其他生活来源的，计算二十年。但六十周岁以上的，年龄每增加一岁减少一年；七十五周岁以上的，按五年计算。”

由此不难看出，工伤保险制度强调社会保障，司法保护着眼于补偿受害人的损害，两种立法原则差异迥然。

8.5.2　第三人的侵权造成的民事赔偿能否抵扣工伤赔偿？

在职业人身伤害案中，受害者经常会既有侵权人的民事赔偿，又有所在单位的工伤赔偿。民事赔偿能够抵扣工伤赔偿吗？福建省龙岩市近期的一个案例表明，第三人的侵权造成的民事赔偿与所在单位的工伤赔偿在法律上不冲突，相互之间不能抵扣。

罗某是福建省某工程公司的职工。2005 年 2 月 4 日，罗某驾驶二轮摩托车在上班路上，碰撞停于路右边的大货车后端，导致受伤，被送往医院治疗 21 天。其所在单位在其住院期间支付了全部医疗费用。

2005 年 9 月，罗某被劳动和社会保障部门认定为工伤，并经劳动能力鉴定委员会认定为因工伤残八级。2006 年 1 月，罗某与所在单位因工伤待遇引起纠纷。罗某向劳动争议仲裁委员会申请劳动仲裁。劳动争议仲裁委员会做出仲裁，认为罗某所在单位的赔偿额应扣除交通事故的侵权人给予的赔偿。

罗某认为这一裁决违反法律规定，于 2006 年 3 月诉至法院，请求法院判令福建省某工程公司付给其伤残补助金、一次性工伤医疗补助金和伤残就业补助金、停工留薪期间工资、护理费、住院伙食补贴费、差旅费共计 52092 元。

案件审理中，被告提出反诉，认为原告在交通事故赔偿中已获得第三者赔偿款 8178.76 元，该数额已高于工伤补助标准，原告要求支付停工留薪期间工资、住院伙食补助费均没有依据，且被告为原告垫付了全部医疗费 9744.31 元，而原告在交通事故中已获赔偿款 4872.15 元，因此，要求法院驳回原告诉讼请求，反诉要求原告返还其为原告垫付的医疗费 4872.15 元。

法院经审理认为，原告罗某要求被告支付法律、法规规定的工伤职工应当享受待遇的费用，其理由正当，应予以支持。法院根据《劳动法》、《工伤保险条例》、《福建省工伤保险条例》的相关规定，认定原告由于第三人的侵权造成的民事赔偿与原告受伤获得的工伤待遇二者不冲突，因此驳回被告的诉讼请求，判决被告支付原告一次性伤残补助金、一次性工伤医疗补助金和伤残就业补助金、停工留薪期间工资、住院伙食补助费、护理费合计 49703.25 元。

8.5.3　已获交通损害全额赔偿是否还能认定工伤？

郭某系某建筑集团的职工，平时都是乘坐单位班车上下班。2004 年 4 月 17 日，郭某因送孩子上学未能赶上班车，便乘公共汽车上班，中途换车时被一辆出租车撞倒，左腿受伤，住院治疗 20 多天。事故发生后，经交通部门鉴定，出租车司机对事故负主要责任，并按《道路交通事故处理办法》全额赔偿郭某的医疗费、护理费、误工费共计 5988.74 元。郭某出院后，要求所在单位按工伤发给一次性伤残补助金，并支付住院期间工资。而公司认为，郭某上班不是单位班车行驶路线，因而不是在上下班的必经路线上，不能享受工伤待遇；即使认定工伤，由于郭某已经获得交通事故损害赔偿，公司也无须再给郭某工伤赔偿。郭某不服，诉诸仲裁和法院。

法院认为，郭某如果认定为工伤，应享受相关工伤保险待遇。而且尽管由于郭某已经获得事故赔偿，故对郭某请求单位发给工伤补助金和住院期间工资仍予以支持。根据《工伤保险条例》第十四条第（六）项规定：“在上下班途中，受到机动车事故伤害的”，应该认定为工伤。

原劳动部《企业职工工伤保险试行办法》第二十八条的规定，由于交通事故引起的工伤，交通事故赔偿已给付了医疗费、丧葬费、护理费、残疾用具费、误工工资的，企业或者工伤保险经办机构不再支付相应待遇（交通事故赔偿的误工工资相当于工伤津贴）；已给付死亡补偿费或者残疾生活补助费的，工伤保险的一次性工亡补助金或者一次性伤残补偿金不再发给（但死亡补偿费或者残疾生活补助费低于工伤保险的一次性工亡补助金或者一次性伤残补偿金的，由企业或者工伤保险经办机构补足差额部分）。根据上述规定，员工因交通事故引起的工伤，工伤待遇与交通事故赔偿是不能重复享受的。

但2004年1月1日起施行的《工伤保险条例》对此不再作相应规定。而2003年12月26日公布，2004年5月1日起施行的《人身损害赔偿司法解释》第十二条：“依法应当参加工伤保险统筹的用人单位的劳动者，因工伤事故遭受人身损害，劳动者或者其近亲属向人民法院起诉请求用人单位承担民事赔偿责任的，告知其按《工伤保险条例》的规定处理。”“因用人单位以外的第三人侵权造成劳动者人身损害的，赔偿权利请求第三人承担民事赔偿责任的，人民法院应予支持。”

所以法院认为，工伤保险关系与交通事故损害赔偿关系是两个不同的法律关系，当《工伤保险条例》不再规定“取得了交通事故赔偿，就不再支付相应工伤待遇”时，劳动者完全可以既依《工伤保险条例》的规定享受工伤保险待遇，又依《道路交通事故处理办法》的规定获得交通事故损害赔偿。即工伤待遇与交通事故赔偿可以兼得，本案中的郭某可获得工伤和交通事故损害的双重赔偿。

工伤保险与民事损害赔偿的关系，在审判实践中长期存在着争论。从性质上看，工伤保险属于社会保险范畴，与民事损害赔偿性质上存在根本的差别。但是，由于工伤保险赔付是基于工伤事故的发生，与劳动安全生产管理不善事故等原因有直接的关系，因此，工伤事故在民法上被评价为民事侵权。这就产生了工伤保险赔付与民事损害赔偿的相互关系问题。

对此问题世界各国在处理此类纠纷时，有四种处理模式：（1）工伤保险取代民事损害赔偿；（2）受害人可以同时获得工伤保险待遇和民事损害赔偿，但劳动者个人需交纳高额保险费；（3）受害人可以选择获得工伤保险待遇或者民事损害赔偿；（4）民事损害赔偿与保险待遇实行差额互补。

于2004年1月1日正式实施的国务院公布的《工伤保险条例》规定：“在中国境内的企事业单位和个体工商户都要参加工伤保险统筹，为劳动者缴纳工伤保险费。应当参保的企业违法不缴纳保险费的，发生工伤事故，也要按照《工伤保险条例》的规定承担给付工伤职工相应保险待遇的责任。”

相对于民事损害赔偿而言，工伤保险具有特殊的优点：工伤保险实行“无过错责任”，只要发生工伤，工伤保险经办机构就应给予全额赔偿。民事侵权考虑受害人自身是否存在过失，实行过失相抵，即根据受害人过失程度相应减少赔偿数额。此外，工伤保险实行社会统筹，有利于受害人及时获得充分救济；企业参加工伤保险，分散了赔偿责任，有利于企业摆脱高额赔付造成的困境，避免因行业风险过大导致竞争不利；工伤保险还有利于劳资关系和谐，避免劳资冲突和纠纷。

鉴于上述理由，用人单位通过缴纳保险费的方式承担责任，对用人单位和劳动者双方都有利。因此，发生工伤事故是用人单位的责任，工伤职工应当按照《工伤保险条例》的规定享受工伤待遇，不能再通过民事诉讼获得双重赔偿。但如果劳动者遭受伤害是第三人的侵权行为造成，第三人不能免除民事赔偿责任。例如本案中的郭某所受到的伤害，是第三者引起的交通事故，郭某虽依法享受工伤保险待遇，但对交通肇事负有责任的第三人仍应当承担民事赔偿责任。

8.5.4　患职业病可以享受工伤保险待遇的同时，还可以获得民事赔偿吗?

2005 年 5 月 8 日，某建筑装修漆料公司生产车间工人顾某在结束机械运转时，由于装有原料的设备断面突然泄漏，大量熔剂流出，顾某没有考虑个人安全，迅速采取措施，制止了事故的蔓延。处理完事故后，顾某感觉头有点晕，没有在意。次日发现眼睑、面额、耳廓、唇周、颧部、手背均出现大小不等红肿瘙痒等现象。

2005 年 7 月 2 日经黑龙江职业病院诊断为职业性接触性皮炎；2005 年 7 月 5 日劳动保障行政部门做出工伤认定，经诊断为职业病；2005 年 7 月 10 日经黑龙江职业病院鉴定为伤残十级；2005 年 7 月 15 日在工伤保障行政部门支付了全额医疗费、伤残等级的一次性工伤伤残补助金。同期，单位支付了诊断期间的本人全额工资、住院期间因工出差伙食费的 70%，以及家属护理费、食宿费用。

2005 年 8 月 1 日，顾某向人民法院申请支付因患职业病而应由单位支付的职业病诊断之前自己单独垫付的医疗费用 5000 元，并要求单位支付按照民事赔偿与工伤赔偿之间的差额部分 3000 元，其中包括精神损害抚慰金 1000 元以及残疾赔偿金与一次工伤伤残补助金差额部分 2000 元，共计要求单位支付顾某本人因患职业病而应得的经济补偿 8000 元。

依据《使用有毒物品作业场所劳动保护条例》第四十五条的规定：“劳动者除依法享有工伤保险外，依照有关民事法律的规定，尚有获得赔偿的权利的，有权向用人单位提出赔偿要求。”人民法院受理了顾某的诉讼。

依据《人身损害赔偿司法解释》第十七条：“受害人遭受人身损害，因就医治疗支出的各项费用以及因误工减少的收入，包括医疗费、误工费、护理费、交通费、住宿费、住院伙食补助费、必要的营养费，赔偿义务人应当予以赔偿。受害人因伤致残的，其因增加生活上需要所支出的必要费用以及因丧失劳动能力导致的收入损失，包括残疾赔偿金、残疾辅助器具费、被扶养人生活费，以及因康复护理、继续治疗实际发生的必要的康复费、护理费、后续治疗费，赔偿义务人也应当予以赔偿。”的规定，确认并支持了顾某职业病诊断之前发生的实际医疗费用 5000 元，这些费用依据《最高人民法院关于审理人身损害赔偿案件适用法律若干问题的解释》第十九条：“医疗费根据医疗机构出具的医药费、住院费等收款凭证，结合病历和诊断证明等相关证据确定。赔偿义务人对治疗的必要性和合理性有异议的，应当承担相应的举证责任。医疗费的赔偿数额，按照一审法庭辩论终结前实际发生的数额确定。器官功能恢复训练所必要的康复费、适当的整容费以及其他后续治疗费，赔偿权利人可以待实际发生后另行起诉。但根据医疗证明或者鉴定结论确定必然发生的费用，可以与已经发生的医疗费一并予以赔偿。”这些费用依据顾某的职业病的病例及诊断确实为顾某在确认为职业病之前发生的医疗费用，法院支持了顾某的请求。

根据《人身损害赔偿司法解释》第二十四条：“营养费根据受害人伤残情况参照医疗机构的意见确定。”的规定，并依据医嘱，判决支付顾某必需的营养费500元。依据《人身损害赔偿司法解释》第三十一条：“人民法院应当按照《民法通则》第一百三十一条以及本解释第二条的规定，确定第十九条至第二十九条各项财产损失的实际赔偿金额。前款确定的物质损害赔偿金与按照第十八条第一款规定确定的精神损害抚慰金，原则上应当一次性给付。”的规定，法院判决：“残疾赔偿金额依据法院所在地上一年度城镇居民人均支配收入14687元的10%乘以20年（劳动能力鉴定与司法鉴定均为十级伤残）计算为29374元”与“6个月本人工资的一次性工伤伤残补助金委各1500元及9000元”的差额部分20374元；精神损害抚慰金不与支持。单位应在支付工伤待遇之后，还应支付顾某的民事赔偿25874元，诉讼费由用人单位承担。

8.5.5 用人单位支付工伤待遇后，能否向事故致害人追偿?

2006年4月11日，被告A单位的驾驶员谢某驾驶货车途经绵广高速路时，因超速行驶，采取措施不当，致使所驾车辆驶入B地质队封闭的施工工地，造成施工人员罗某某当场死亡，施工人员郑某某等三人受伤的交通事故。经认定，被告人驾驶员谢某对此事故负全部责任。交通事故发生后，被告A单位按照《人身损害赔偿司法解释》所规定的赔偿项目及标准对伤者郑某某履行了赔偿义务。

2007年1月，伤者郑某某以五级工伤为由申请劳动仲裁，要求B地质队按照《工伤保险条例》的规定支付工伤待遇。经劳动争议仲裁委员会仲裁，B地质队向郑某某支付一次性工伤医疗补助金、伤残就业金、停工留薪期待遇等费用合计108356元。因B地质队未给郑某某投保工伤保险，故该费用由B地质队自己支付。

B地质队在支付工伤待遇后，认为郑某某的工伤系自己所致，自己作为用工单位没有任何过错，故起诉到法院要求被告谢某所在A单位承担郑某某的工伤赔偿108356元及仲裁费1000元，合计109356元。

在审理此案中，产生了分歧：

第一种意见认为，从因果关系的角度出发，若没有A单位的侵权行为致郑某某受伤，则B地质队也不会向郑某某支付工伤待遇，故B地质队支付工伤待遇与A单位的侵权行为之间具有直接的因果关系，应当支持B地质队的诉请，判令A单位支付该项费用。

第二种意见，从工伤事故的处理模式角度出发，B地质队支付给郑某某的108356元属于工伤赔款，是其依法应承担的责任，不存在B地质队替A单位代为支付赔偿款的情形，且A单位已按法律的规定向郑某某足额支付了赔偿款，故B地质队的诉请不能支持。

从上面两种意见不难看出，争论的焦点在于用人单位支付工伤赔款后对第三人是否享有追偿权?

法院判决，驳回B地质队的诉讼请求。主要原因是：因用人单位以外的第三人侵权造成劳动者人身损害，构成工伤的，劳动者因工伤事故享有工伤保险赔偿请求权、因第三人侵权享有人身损害赔偿请求权，二者虽然基于同一事实，但存在于两个不同的法律关系之中，互不排斥。工伤保险赔付与侵权损害赔偿基于的请求权基础不同，两者不能相互替代。

工伤保险法是从侵权法中发展并分离出来的一种新的法律规范，其宗旨是对受害职工的一种社会救济。职工发生工伤后享有工伤保险待遇是法律赋予劳动者的权利，相对工伤保险机构和用人单位而言则是一种法定的义务。工伤保险职工与工伤保险经办机构之间就工伤保险待遇赔付问题形成的是一种行政法律关系。受害职工基于该行政法律关系享有要求工伤保险经办机构给付工伤保险待遇的请求权。而在第三人侵权所造成的工伤事故中的第三人侵权其本身是一种违法行为，因该第三人侵权造成他人伤害的，则受害人对造成侵权之第三人产生法定的民事侵权损害赔偿的请求权，从法律关系上来说这两个请求权均能独立存在，当一个请求权消灭时并不必然导致另一请求权的消灭，且现今的法律规定和世界各国通行的做法均未排斥这两个请求权的同时存在。

本案中，郑某某因被告的侵权造成工伤而同时享有工伤保险待遇的请求权和民事侵权损害赔偿请求权，这就引发的两种责任的竞合，即工伤保险补偿与侵权损害赔偿责任之间的竞合。工伤赔款是在工伤事故发生时，用人单位不论是否有过错均应适用。当第三人侵权导致了工伤事故，用人单位和第三人此时是两个独立的致害主体，不能以用人单位已支付工伤赔偿来免除第三人的部分侵权责任，也不能以第三人的侵权赔偿来抵消用人单位的工伤赔款。二者是没有关系的，唯一的联系就是受害劳动主体一致。因用人单位以外的第三人侵权造成劳动者人身损害，构成工伤的，该劳动者既是工伤事故中的受伤职工，又是侵权行为的受害人，有权同时获得工伤保险赔偿和人身侵权赔偿；用人单位和侵权人均应当依法承担各自所负赔偿责任，即使该劳动者已从其中一方先行获得赔偿，亦不能免除或者减轻另一方的赔偿责任，用人单位支付工伤赔款后也没有对第三人的追偿权。

8.6 建筑农民工案例

8.6.1 注册地与经营地不同，在哪儿进行工伤认定？

2004年年底，建筑民工刘某与东阳A建筑工程公司签订劳动合同后，即被派到杭州B建筑工程公司从事操作工的工作（东阳A建筑工程公司与杭州B建筑工程公司是两家独立的公司法人）。东阳A建筑工程公司、杭州B建筑工程公司均未为农民工刘某投保养老、医疗、工伤等各项社会保险。

2005年7月，建筑农民工刘某在杭州B建筑工程公司工作时，左手不慎受伤，送医院治疗，经诊断为：左食指末端缺损。2005年12月经杭州市某劳动部门认定为工伤。2006年5月，经杭州市劳动能力鉴定委员会鉴定为十级。遂后建筑农民工刘某依法向该地仲裁部门提起申诉，要求东阳A建筑工程公司依法支付工伤赔付待遇。

本案有两个关键问题：一是农民工是否具工伤认定请求权。依据2004年1月1日起施行的《工伤保险条例》“中华人民共和国境内的各类企业、有雇工的个体工商户应当依照本条例规定参加工伤保险，为本单位全部职工或者雇工缴纳保险费”、“中华人民共和国境内的各类企业的职工和个体工商户的雇工，均有依照本条例的规定享受工伤保险待遇的权利”的规定，本案东阳A公司必须依法为民工缴纳工伤保险费，农民工刘某在被认定为工伤后，依法有权享受工伤保险待遇。

二是杭州的劳动部门是否有管辖权?《劳动和社会保障部发出关于农民工参加工伤有关问题的通知》(劳社部发〔2004〕18 号) 规定：“用人单位注册地生产经营地不在同一统等地区的，原则上在注册地参加工伤保险。未在注册地参加工伤保险的，在生产经营地参加工伤保险。农民工受到事故伤害后，在参保地进行工伤认定、劳动能力鉴定，并按参保地的规定依法享受工伤保险待遇。用人单位在注册地和生产经营地均未参加工伤保险的，农民工受到事故伤害后，在生产经营地进行工伤认定、劳动能力鉴定，并按生产经营地的规定依法由用人单位支付工伤保险待遇”。

建筑农民工刘某与东阳 A 建筑工程公司签订劳动合同，工作地在杭州，且东阳 A 建筑工程公司在东阳和杭州均未为建筑农民工刘某参加工伤保险。因此，根据上述规定，建筑农民工刘某有权在杭州进行工伤认定、劳动能力鉴定。且东阳 A 建筑工程公司在省工商局注册，合同履行地在杭州，因此，应由省级劳动争议仲裁院管辖。

8.6.2 公司未给农民工上工伤保险，怎样进行赔付?

2006 年，农民工周某在福州市某区某建筑有限责任公司打工。2006 年 6 月 27 日在工地作业时，被同事张某驾驶的机车致脚踝受伤。治疗 70 天，共花费医疗费 3300 元（已由公司垫付)，伤愈后于 2006 年 9 月 14 日上班。经了解，周某工伤治疗停工期间工资共计约 5000 元，另外，为了照顾周某，其妻先后请假 5 天。周某与单位就工伤补偿多次进行协商，公司以本单位未投保工伤保险以及单位与工人签订了工伤概不负责的协议为由，拒绝工伤认定，并只愿赔偿医疗费及追加 700 元做营养费、生活费、误工费。周某则要求公司除赔偿医疗费外，还应赔偿治疗期间 2 个月的工资。

周某通过律师了解到：依据《工伤保险条例》，单位应赔偿的工伤赔偿金应包括：医疗费 3300 元，误工费 5000 元，护理费 150 元，公司应赔偿周某共计 8450 元。随后周某向单位提出了上述要求，经过协商最终公司只同意在赔偿医疗费 3300 元之外，支付 1800 元，并威胁周某若不接受协议而提起工伤认定，公司将不惜重金促使工伤得不到认定。迫于压力，周某与公司达成如下协议：张某赔偿周某医疗费、营养费、生活费、误工费共计 5100 元（含已支付的医疗费 3300 元)，周某此后不得再要求工伤认定、工伤赔偿及其他费用。用人单位、周某和张某，三方在协议上签字，此案就此了结。但有些问题值得我们深思。

1. 用人单位未参加工伤保险，仍态度强硬的原因分析

《工伤保险条例》是全国强制性法规，明确规定中华人民共和国境内的各类企业、有雇工的个体工商户（以下称用人单位）应当依照本条例规定参加工伤保险，为本单位全部职工或者雇工（以下称为职工）缴纳工伤保险费；用人单位依照本条例规定应当参加工伤保险而未参加的，由劳动保障行政部门责令改正。

本案中农民工周某在与公司经理谈判时，被告知道公司未参加工伤保险，无法按工伤赔付。公司未按工伤保险条例参加工伤保险已是违法，为何还以此为由拒绝按工伤赔付?原因在于以下几点：

（1）法律责任规定不够完备。工伤保险条例仅规定，用人单位依照工伤保险条例应当参加工伤保险而未参加的，由劳动保障行政部门责令改正。并未规定其他处罚措施，用人单位完全可以心存侥幸，不参加工伤保险，等待未参保工伤险被劳动保障行政部门发现再

参保，从而达到规避工伤保险条例的强制性规定。

（2）监管不到位。工伤保险条例规定，内部监管及外部监管，内部监管是指用人单位应当将参加工伤保险的有关情况在本单位内公示，接受本单位员工的监管。外部监管是由劳动社会保障部门监管。从内部监管来说，由用人单位的职工监管难以落实，职工（尤其是农民工）为了能保住工作，不得不接受单位提出的苛刻甚至是违法的条件。更别说让职工对单位监管，除非职工想一走了之。

2. 单位未参加工伤保险能否进行工伤认定

单位未参加工伤保险时也能申请工伤认定。根据《工伤保险条例》的有关规定，未参加工伤保险期间用人单位职工发生工伤的，由该用人单位按照本条例规定的工伤保险待遇项目和标准支付费用保险。依此规定，用人单位未参加工伤保险，仍可向相关劳动社会保障部门提出工伤认定，确认为工伤的，相关的赔偿费用由用人单位支付。

3. 工伤职工维权态度软弱的原因分析

本案中工伤事故发生后，周某在明知本人具有要求公司支付工伤医疗费和因工伤治疗期间的生活费后，最终为何还是与单位签订了妥协协议呢？主要原因有以下几点：

第一，农民工在外找到工作不容易，刚进单位时，在单位提供内容为“工伤概不负责”的协议书上签名。由于绝大多数农民工缺乏必要的法律知识，并不知晓该工伤免责条款属无效条款。另外，工伤发生后，还指望能在公司继续工作，担心向单位要求赔偿后工作不保。

第二，工伤赔偿程序过于复杂，一般人员尚且无精力、无时间处理，更何况属于社会弱势群体的农民工。首先，虽然工伤保险条例规定工伤认定可由用人单位或工伤职工一方提出，但工伤职工要提出工伤认定，只能是在用人单位明确拒绝工伤认定，否则，只能等到工伤发生1个月后，才能提出。其次，难以收集提出工伤认定所需材料，由于用人单位通常不与农民工签订书面劳动合同，仅就劳动关系的证明材料，农民工就难以收集。再次，劳动社会保障部门受理并做出工伤认定后，用人单位不服工伤认定，还会要求行政复议，对行政复议不服，还可提起行政诉讼。整个程序走完耗时太长。

第三，唯恐地方保护主义。周某在与用人单位进行交涉时，用人单位威胁，若要提出工伤认定，则不惜重金促使劳动社会保障部门做出不予认定工伤的决定书。上述几个因素使得农民工即使坚信最终能获得工伤保险赔偿金，但求偿之路太长，付出的太多，最终只能选择与用人单位协商解决，放弃部分权益。

4. 工伤赔偿到底该由谁赔？

周某与公司的工伤赔偿协议书中约定由张某赔偿周某的医疗费、营养费、生活费、误工费。

工伤保险条例规定，用人单位参加工伤保险的，医疗费从工伤保险基金中支付，误工费（停工留薪期间的工资）、住院伙食补助费、护理费由单位支付。用人单位未参加工伤保险的，医疗费、误工费、住院伙食补助费、护理费均由单位支付。

本案中用人单位未参加工伤保险，因此本次工伤赔偿金均应由用人单位支付。但用人单位以周某的工伤是由张某驾车造成的为由，要求由张某支付本应由单位支付的赔偿金，这显然有悖于工伤保险条例的规定。按照法律规定，此种情形下应先由用人单位对周某进行赔偿，对张某可以根据劳动纪律对其给予以处分，但不能要求由张某承担对周某的工伤赔偿费用。

5. 案件的几点启示

一是加强工会组织工作，加强对农民工普法宣传，提高农民工的维权意识。

二是应落实对工伤保险的监管，加大对用人单位违反工伤保险条例的处罚力度。

三是应完善工伤保险条例第53条规定，明确规定不服工伤认定结果可申请行政复议，也可直接提行政诉讼。以避免一些地方法院将该条规定解释为工伤认定案件为行政复议前置案件，不利于对工伤职工的保护。

8.6.3 农民工工伤致死，为何维权履步艰难？

2004年6月14日早晨，浙江省宁波市郊区的农民工舒某来到打工的工地上，做工前的准备工作。当他爬上搭好的脚手架时，由于一个竹排脚手架竹排没有拴紧，舒某一只脚踏空，从高高的脚手架上坠落，当场左肾破裂，失血性休克。舒某某被送到宁波某医院之后，生命垂危。

舒某和承包该工地工程的某建设集团股份有限公司（以下简称建设公司）之间虽然没有签订书面劳动合同，但双方存在事实劳动关系，于是其家人向建设公司提出了赔偿要求。面对舒某家属索要的医疗赔偿，建设公司态度消极，同时，医院也发出了再不缴费就停止用药的警告。

无奈之下，舒某某家人与建设公司在2004年8月5日签订了一次性赔偿25.5万元的“私了”协议。有了这笔救命钱，舒某很快脱离了生命危险，病情也逐渐趋于稳定。然而不幸的是，由于坠落时肾破裂，舒某某落下了肾功能衰竭（尿毒症），同时肾功能衰竭也导致了高血压等一系列后遗症，出院后每周要做两次血液透析，同时需要控制血压，仅这两项，舒某一年的医药费就在6万元左右。

显然，建设公司与舒某“私了”时一次性给付的赔偿金远远不够治疗，舒某遂向劳动部门提出了工伤认定请求，走上了法律之路。

2005年5月31日，宁波市劳动和社会保障局认定舒某某为工伤，当地司法鉴定所鉴定其为二级伤残，并出具了舒某某继续治疗的意见书。8月，用人单位不服，向宁波市政府提起行政复议。2005年9月，行政复议决定维持工伤认定。此时的舒某某似乎看到了一线希望，他原本以为，随着工伤认定的确认，自己将能够依照有关标准获得应该得到的赔偿。然而他万万没有想到，这只是漫长法律程序的一个开头。

2006年2月，建设公司以宁波市劳动和社会保障局的工伤认定“事实与法律依据不足”为由，将该局告到了当地某人民法院，要求撤销工伤认定，同时，要求法院认定舒某为非工伤，且对伤残鉴定结果提出异议，要求劳动部门重新鉴定。就在法院尚未对该行政案件进行判决时，劳动部门对舒某的伤残鉴定等级，从原来的二级伤残改成了三级伤残。无奈，舒某再次向省劳动和社会保障厅申请伤残鉴定。

2006年3月24日，舒某某的伤残鉴定被恢复为二级伤残。然而，令人遗憾的是，在这个鉴定结果下来的前一天，即2006年3月23日舒某某因尿毒症恶化死亡。

从整个法律程序来看，工伤鉴定结果出来只是后面进行劳动仲裁和民事诉讼的一个必要前提。而且如果法院依据这个鉴定结果进行判决，用人单位不服的话还可以上诉，如果上诉被驳回，这场纠纷才可以真正进入劳动仲裁阶段。“依照法律程序”，如果劳动仲裁被双方接受，舒某某可以很快获得赔偿，如果有一方不服，案件将进入民事诉讼阶段，接下来的将是一审、二审，最后才是执行。

有关专家分析，如果一方有意拖延，总打法律规定时限的“擦边球”，那么这样的案子至少需要3年走完法律程序。一起工伤赔偿案件需要3年的时间，而这还没有计算工伤鉴定时间以及赔偿款执行拖延等问题。对于一些伤势较为严重、急需赔偿款来救命的职工来说，无疑是等不起的，这也是一些工伤职工无奈之下选择了与用人单位“私了”的原因。

据了解，根据目前的相关法律，一个工伤职工获得工伤赔偿最多需要经过11道法律程序：工伤认定、行政复议、行政诉讼（一审、二审）、劳动能力鉴定、申请复查（市级、省级）、劳动仲裁、民事诉讼（一审、二审）和执行。这些程序少则两年，多则四五年才能走完。

有些用人单位正是利用了这个法律空子，对一些病情较重、医药费较高的工伤职工，他们采取的做法就是故意拖延时间，所有的鉴定、仲裁、判决结果他们都要提起诉讼，而时间总是控制在诉讼时效快到期的最后几天。因为从经济上考虑，用人单位对于工亡一次性付出的赔偿金额可能要比高额的治疗费、伤残津贴等低得多。

究其根本问题出在当前一些法律制度上。如《劳动法》，规定仲裁是诉讼前的必经程序，如果没有仲裁，法院根本不会受理劳动争议案件，这无疑是人为拖延了时间。有关专家认为，其实完全可以采取“或裁或审”的办法，赋予当事人选择权利，同时也精简了法律程序。

同时，根据《工伤保险条例》，工伤鉴定必须由劳动部门完成，而对于鉴定时限，《条例》没有给出明确规定。工伤鉴定可以尝试由一些劳动部门指定的中介机构实施，中介机构对鉴定结果负法律责任。同时，用人单位和工伤职工如果没有实质性证据和理由，提出的行政复议请求应不予受理。有关法律专家也指出，工伤职工遭遇的最大困境是程序繁复、获赔困难。如何调整当前的工伤赔偿系统，使之适应市场经济体制的要求，避免类似舒某某这样的事情再次发生，是亟待解决的一个问题。

8.6.4 同工地、伤残同等级的农民工，工伤待遇为何不一样？

重庆市某县一条公路路面（下称“刘官路”）需要优化，重庆一公路工程公司中标承包修建，从当地请来农民工做工，结果在2007年5月前后不到20天，两位农民工先后受工伤，经工伤认定、劳动能力鉴定并仲裁，最终在法院审理后判出了赔偿结果。9月5日，某县法院对此案做出一审判决，由于两农民工尽管在同一工地，工伤等级一样，一次性工伤医疗补助金和伤残就业补助金却不一样，获得的赔偿金额悬殊将近一半。

两位农民工田某和卢某都是某县某村村民，分别在去年3月或4月到“刘官路”工地来做工，双方也没有签订劳动合同。2007年5月10日，农民工卢某在工地上操作时右手食指受伤；同2007年4月29日，农民工田某又因为同样的原因右手食指受伤。两人治疗后，都申请了工伤认定，两人的伤残等级也鉴定为九级。据此，两人向该县劳动仲裁部门申请要求公路承建公司进行工伤赔偿，仲裁期间，公路工程公司没有向劳动仲裁部门提交两人在工地务工的真实工资表，因此，劳动仲裁部门就按田某、卢某口述领取的务工工资为依据，被分别仲裁赔偿一次性伤残补助金、一次性医疗补助金、一次性伤残就业补助金、停工留薪期工资、护理费、伙食补助费、鉴定费、住宿费、交通费等共计34929元

(田某)、22991元(卢某)。

某县劳动仲裁部门做出仲裁裁决后,"刘官路"承建公司对劳动仲裁部门在计算标准上产生了异议,不服仲裁裁决,并将劳动仲裁部门告上了法院。2007年9月5日,某县法院一审判决,按照《工伤保险条例》第三十五条规定:"职工因工致残被鉴定为七级至十级伤残的,享受以下待遇:(一)从工伤保险基金按伤残等级支付一次性伤残补助金,标准为:七级伤残为12个月的本人工资,八级伤残为10个月的本人工资,九级伤残为8个月的本人工资,十级伤残为6个月的本人工资;(二)劳动合同期满终止,或者职工本人提出解除劳动合同的,由用人单位支付一次性工伤医疗补助金和伤残就业补助金。具体标准由省、自治区、直辖市人民政府规定。"第六十一条规定:"本条例所称本人工资,是指工伤职工因工作遭受事故伤害或者患职业病前12个月平均月缴费工资。本人工资高于统筹地区职工平均工资300%的,按照统筹地区职工平均工资的300%计算;本人工资低于统筹地区职工平均工资60%的,按照统筹地区职工平均工资的60%计算。"第三十五条规定:"职工因工致残被鉴定为七级至十级伤残的,享受以下待遇:(一)从工伤保险基金按伤残等级支付一次性伤残补助金,标准为:七级伤残为12个月的本人工资,八级伤残为10个月的本人工资,九级伤残为8个月的本人工资,十级伤残为6个月的本人工资;(二)劳动合同期满终止,或者职工本人提出解除劳动合同的,由用人单位支付一次性工伤医疗补助金和伤残就业补助金。具体标准由省、自治区、直辖市人民政府规定。"

田某和卢某的实际工资低于重庆市劳动和社会保障局关于公布重庆市2006年城镇经济单位职工年平均工资的,按统筹地区职工平均工资的60%计算,工伤时28岁的田某应获工伤赔偿3.2万余元,工伤时56岁的卢某应获工伤赔偿1.7万余元。

同在一个工地做工,同样的工伤等级,为何获得的工伤赔偿额度悬殊近一半?这是因为工伤职工主张的赔偿一般包括:一次性伤残补助金、一次性工伤医疗补助金、一次性伤残就业补助金、停工留薪期工资和护理费、伙食补助、鉴定费、差旅费等项目,田某和卢某都是伤残九级工伤,他们的差别在于一次性工伤医疗补助金和伤残就业补助金的计算标准不一样,其他项目的差别不大甚至没有差别。

按照《重庆市工伤保险实施暂行办法》七级至十级工伤职工一次性伤残就业补助金以全市上年职工月平均工资为基数计发,其中七级15个月,八级12个月,九级9个月,十级6个月。终止或解除劳动关系时,工伤职工距法定退休年龄10年以上(含10年)的,一次性工伤医疗补助金和伤残就业补助金按全额支付;距法定退休年龄9年以上(含9年)不足10年的,按90%支付,以此类推,每减少1年递减10%。距法定退休年龄不足1年的,按全额的10%支付。因此,卢某距退休年龄三年多不足四年,因此,他的一次性工伤医疗补助金和伤残就业补助金按全额的30%支付,田某因为距退休年龄还有30余年,所以是全额支付,才产生了数额上较大的悬殊。

8.6.5 一次性工伤保险待遇劳动争议案

泉州市某县农民工吴某某受雇于经营石子的个体户王某某担任钻炮工,吴某某在钻炮眼中受伤,住院治疗64天,经市劳动和社会保障局认定为工伤,伤残程度经市劳动能力鉴定委员会鉴定为伤残四级,工伤发生之日起至定残前一日止,期间为8.5个月,假肢配置费评估20500元,农民工吴某某向业主王某某提出工伤赔偿要求后,在赔付标准问题上产生争议。随后，吴某某将王某某诉至法院，要求王某某赔付工伤残疾费用、一次性伤残津贴、后续假肢配置费用等要求。

经法院审理作如下判决：

一、原告第一项请求补偿其工伤致残有关费用共计人民币76805元，具有充分的事实和法律依据，应得到法院的支持。

原告受聘于被告担任钻炮工，双方形成了事实劳动关系，原告的月工资为2000元，被告没有为原告办理社会保险，原告在钻炮眼中受伤，住院治疗64天，经市劳动和社会保障局认定为工伤，伤残程度经市劳动能力鉴定委员会鉴定为伤残四级，工伤发生之日起至残疾鉴定的前一日止，期间为8.5个月，假肢配置费评估20500元等，上述事实由原告提供的相关证据材料予以佐证。根据上述事实和《工伤保险条例》、《福建省实施〈工伤保险条例〉办法》等有关规定，原告在第一项主张的补偿项目、标准和数额包括停工留薪期工资、首次配置右大腿假肢费、一次性伤残补助金等费用符合法律规定，应得到法院的支持。

二、关于原告主张与被告终止事实劳动关系，由被告支付一次性伤残津贴问题。

(1) 申诉人的主张有事实依据。本案的被申诉人是经营石子的个体工商户，不可能长时间经营，一旦停业，势必影响原告按月享受伤残津贴，更谈不上以后为申诉人按月交纳养老保险费，让申诉人达到退休年龄时开始领取养老金。原告又是四川籍人，按月享受伤残保险待遇执行上也不方便；况且，自从出了事故后，被申诉人极不情愿补偿申诉人，申诉人不得不运用法律途径维护自身合法权益，现在双方已经“结怨”颇深，“矛盾”激化。申诉人请求一次性解决，事出此因，也是迫不得已。

(2) 申诉人的主张有法律依据。劳动和社会保障部《关于农民工参加工伤保险有关问题的通知》(劳社部发［2004］18号) 的规定：“对跨省流动的农民工，即户籍不在参加工伤保险统筹地区（生产经营地）所在省（自治区、直辖市）的农民工，一至四级伤残长期待遇的支付，可试行一次性支付和长期支付两种方式，供农民工选择……”。

福建省劳动和社会保障厅《转发劳动和社会保障部关于农民工参加工伤保险有关问题的通知》(闽劳社文〔2004〕315号) 第四条规定:“未参保的，按生产经营地的规定依法由用人单位支付工伤保险待遇。对跨省或跨统筹地区流动的农民工，一至四级伤残长期待遇可试行一次性支付的方式，由农民工选择一次性或长期支付。一至四级伤残农民工一次性享受工伤保险长期待遇的具体办法和标准，待省政府批准后下发执行。”

2005年4月26日福建省劳动和社会保障厅发文规定，参保的一至四级伤残农民工一次性享受工伤保险长期待遇的，并规定:“支付标准按照统筹地区最后一次公布的人口平均预期寿命与伤残农民工发生事故伤害或者被诊断为职业病之日时年龄之差和统筹地区上年度职工月平均工资为基数计算。具体标为：……四级，每满一年发给1.6个月；不满一年的按一年计算……三至四级伤残农民工一次性领取的工伤保险待遇低于50个月的，按50个月计算。”

另外，泉州市统计局公布的第五次人口普查人口平均预期寿命为72.86岁，原告发生事故伤害时年龄为35.9岁，泉州市2007年度职工月平均工资为1659元。原告主张的一次性伤残津贴数额，就是根据上述标准和相关数据计算的，应该说是于法有据。

(3) 关于原告主张的后续假肢配置费用问题。

原告需要并且按规定可以配置右大腿假肢，劳动仲裁部门根据原告委托的评估机构的评估和相关规定，已经裁决支持原告首次配置右大腿假肢的费用。我们知道，假肢有一定的使用年限，循环更换假肢需要一定的费用，原告既然选择一次性享受伤残工伤保险待遇，自然也应该包括后续假肢配置费用。

目前，福建省包括本市没有出台伤残职工后续更换辅助器具费用一次性结算的规定，但根据《工伤保险条例》第三十条规定、《泉州市劳动和社会保障局关于印发泉州市工伤职工辅助器具配置管理办法的通知》(泉劳社［2007］286 号)(其中规定：大腿假肢价格限额为 24000 元、使用年限为 8 年)，参照《人身损害赔偿司法解释》第二十六条："残疾辅助器具费按照普通适用器具的合理费用标准计算。伤情有特殊需要的，可以参照辅助器具配制机构的意见确定相应的合理费用标准。辅助器具的更换周期和赔偿期限参照配制机构的意见确定" 的规定，鉴于原告系外省籍农民工，以及司法实践在法律法规对此没有明确规定的情况下，支持一次性支付异地工伤职工辅助器具费用的案例，请法院对原告的上述主张，予以支持。

《工伤保险条例》第六十条规定："未参加工伤保险期间用人单位职工发生工伤的，由该用人单位按照本条例规定的工伤保险待遇项目和标准支付费用。" 综上所述，原告的诉讼请求具有充分的事实和法律依据，应得到法院的支持，以维护原告的合法权益。

8.6.6 自愿放弃工伤待遇，农民工起诉追索还能获得支持吗？

职工发生工伤，理应依法享受工伤保险待遇，但工伤职工和企业就工伤待遇问题达成协议并按约履行后，是不是可以对其已经放弃的那部分待遇继续起诉要求企业补充支付呢？江苏省苏州市中级人民法院对一起劳动合同纠纷案做出的终审判决认为，达成协议并按约履行后，表明双方对工伤事宜已经处理完毕，再次起诉要求企业补充支付没有法律依据，因此对其诉讼请求不予支持。

39 岁的王某某从江西省某县到江苏省昆山市打工，系昆山市金华公司员工。2003 年 8 月 6 日，王某某在下班途中发生交通事故，经昆山市劳动和社会保障局认定为工伤。2006 年 5 月 8 日，苏州市劳动鉴定委员会鉴定王某某工伤为九级伤残。2006 年 7 月 10 日，王某某与金华公司达成协议，约定金华公司支付王某某一次性伤残补助金 18368 元、就业补助金 27552 元，合计人民币 45920 元，双方于 2006 年 3 月 30 日解除劳动关系，今后再无纠纷。协议签订后，金华公司分两次支付了王某某 45920 元。

几个月后，王某某了解到法定赔偿项目中还应该有一次性工伤医疗补助金，而金华公司没有赔偿给他。于是，王某某于 2006 年 12 月 24 日向昆山市劳动争议仲裁委员会提出申诉，要求金华公司支付一次性工伤医疗补助金。之后王某某以双方进行协商调解为由，于 2007 年 1 月 15 日撤回申诉。但是，王某某与金华公司最终未能协商一致，王某某于 2007 年 6 月 21 日再次提出申诉，昆山市劳动争议仲裁委员会以超过六十日仲裁时效为由不予受理。2007 年 6 月 28 日，王某某起诉至昆山市人民法院，要求金华公司支付一次性工伤医疗补助金 34303 元。

昆山法院于 2007 年 7 月 24 日公开开庭进行审理后认为，王某某在金华公司发生工伤，经鉴定为伤残九级，理应依法享受工伤保险待遇。王某某、金华公司双方在明知王某某构成伤残九级的情况下就工伤待遇问题达成协议，约定金华公司支付王某某一次性伤残补助金和就业补助金，双方解除合同，嗣后双方均按约履行了合同，应当视为王某某放弃了一次性工伤医疗补助金，双方对王某某的工伤事宜已经处理完毕。现王某某再次起诉要求金华公司支付一次性工伤医疗补助金没有法律依据，因此，对其诉讼请求不予支持。2007 年 9 月 27 日，昆山法院判决驳回了王某某的诉讼请求。

王某某不服上述民事判决，于 2008 年 1 月 15 日向苏州市中级人民法院提起上诉称：上诉人只是企业员工，并不知道工伤赔偿中有一次性工伤医疗补助金，而不是上诉人放弃了一次性工伤医疗补助金。上诉人没有理由一下子放弃 3 万多元。况且，根据最高人民法院的司法解释，赔偿协议约定的数额不当，法院应当予以变更。要求支持其诉讼请求。

金华公司辩称：工伤赔偿的协议已经履行完毕，双方再无纠纷。上诉人申请仲裁，已经超过仲裁申请时效，要求维持原判。

苏州市中级法院审理后认为：王某某在金华公司工作期间发生事故，被认定为工伤，并被评定为九级伤残，其应享受相应的工伤待遇。王某某在向金华公司申请申报工伤时就明确要求适用江苏省实施《工伤保险条例》办法之有关规定，因此，上诉人王某某表示在与公司签订协议时，不知道赔偿项目中有一次性医疗补助金不符合事实。因王某某受伤是在 2003 年，双方协议按照受伤当时的《江苏省城镇企业职工工伤保险规定》来计算王某某的工伤待遇，系双方当事人的真实意思表示，也符合情理。嗣后双方均按约履行了合同，应当视为王某某放弃了一次性工伤医疗补助金，双方对王某某的工伤事宜已经处理完毕。上诉人王某某要求金华公司支付一次性工伤医疗补助金的上诉请求，本院不予支持。近日，苏州市中级法院终审判决驳回上诉，维持原判。

第9章 建筑意外保险案例

9.1 典型获赔案例

9.1.1 北京地铁项目意外事故伤害保险赔付案例

2005年9月5日，北京地铁项目西单工程四号工地项目发生坍塌事故，造成8名工人死亡，21人受伤。事故发生后，中国平安财产保险公司北京分公司，成立专案小组、快速理赔。截至2005年9月22日，西西工程四号工地项目因意外坍塌事故而遇难的8名工人家属已经全部领取了平安建筑工人意外伤害保险金，总计人民币120万元。随后21名致伤者也得到相应的补偿。

2005年9月6日上午11时许，中国平安财产保险公司北京分公司接到地铁建筑公司的报案，报案方式是通过电话报案。中国平安财产保险北京分公司立即成立专案小组、查勘人员马上赶到了现场，到工程所在地进行实地查勘，了解事故经过，拍摄现场照片并做了理赔调查记录，并密切跟踪事故的进展情况。通过核对，确认该事故属于建筑意外保险理赔责任之内。2005年9月7日，中国平安财险的工作人员再次与投保方——中国第二十二冶金建设公司洽谈，通报了保险理赔所要提交的必要材料，确保及时、准确赔付。

按照保单约定的内容，该项目每名建筑工人因意外伤害导致身故，可以获得每人15万元的赔付，这15万元是根据投保方当时投保的保费对应的赔偿金额。此次中国第二十二冶金建设公司向中国平安财险北京分公司投保的是“平安建筑团体意外伤害保险”，与北京建委所发的23号文件要求完全符合。这次投保不是按人员投保，而是按照工程的合同造价投保，投保时间是2004年9月，在保险期内，合同有效，保险合同中的被保险人是所有施工人员。

经确认该事故死亡人数八人，其余21名伤者均已救出并已脱离生命危险。在事实清楚、保险责任明确的情况下，理赔人员与工程负责人再次面谈，商议具体理赔方式并就理赔细节进行了沟通。由于此次遇难的建筑工人都是外来工，经过确认致死人员具体的保险受益人，中国平安财产保险北京分公司将120万身故赔偿金发放到受益人的手中，对于受伤的21名工人，保险公司也根据医疗费用和伤残程度给予了相应的保险赔付。

9.1.2 杭州地铁项目坍塌意外事故伤害保险赔付案例

2008年11月15日下午3点15分左右，杭州市的萧山风情大道地铁一号线出口附近发生大面积地面塌陷，杭州地铁坍塌事故造成8人身故，13人失踪。事故所在标段的建筑工人意外险的承保方是中国太平洋产险。

杭州项目的建筑工人意外险是由相关标段的中标承包商分别购买的，目前国内工程意外险市场流行的是统一投保的模式，施工方以中标工程的合同造价总额作为意外险的总额，为参与施工的人员进行投保，并根据承保条件厘定费率，保险对象是该标段每一位施工者。事发标段承包商——中铁四局选择的承保人是太平洋产险。一般施工工程每个人的保额在10万~50万元之间。此次地铁工程的保额在20万~30万左右，仅遇难者一项，中国太平洋财产保险公司支付的赔款就达到500万元左右。

9.1.3 杭州市光富摩擦材料厂厂房工地六.二六灾害事故赔付案例

2001年6月26日凌晨，位于杭州市半山镇石塘村正在实施施工前准备工作的杭州光富摩擦材料厂厂房工地，发生山洪冲倒工地围墙，围墙压塌活动房屋造成正在活动房内休息的22名工人死亡，7人受伤的严重自然灾害事故。

杭州市已于2001年4月1日推行建筑意外保险制度，杭州光富摩擦材料厂厂房工程的承建单位暨诸市第六建筑公司，也按照规定办理了建筑施工人员意外伤害保险的手续。保险人中国太平洋保险公司杭州公司领导接到暨诸市第六建筑公司项目部的报案后，立即派人前往出险工地勘查，了解意外伤害事故情况。核实情况后，立即对受害人及其家属做出理赔。

暨诸市第六建筑公司事先按照合同规定交纳了保险费用8960元，但保险人中国太平洋保险公司杭州公司按照保险合同规定和赔付标准，理赔数额高达245万元。保险公司的快速、及时的理赔为政府妥善安置受害者及其家属，维护职工权益，稳定社会安定发挥了积极作用，此次“六二六”事件的保险理赔案，充分表明：在建筑领域加快推行和完善建筑施工人员意外伤害保险制度是非常必要和切实可行的。

9.1.4 北京香山干休所工程高空坠落致亡赔付案

2004年9月6日，北京香山干休所扩建工程施工的木匠张克强，在“支模”作业过程中，由于紧固螺栓用力时过猛，导致其一脚踏空，从4.8米高度坠落后，经医院抢救9小时后无效不幸死亡。此时，正是张克强所在单位为本公司施工职工办理建筑意外伤害保险仅仅只有12天。在北京建筑业联合会和保险公司的共同努力下，保险服务中心以最快的速度调查了事故的原因，在14天内就进行了赔付。按照北京市建委的规定，中国人寿保险有限公司北京分公司赔付张克强家属保险赔付金15万元。

9.1.5 杭州滨江区“UT斯达康研发中心”建设工地厂房倒塌事故赔付案例

太保寿险杭州分公司为杭州市滨江区建筑施工事故中伤亡人员迅速给付保险金100万元。2005年2月18日，由浙江一建建设集团有限公司第三分公司施工的杭州市滨江区“UT斯达康研发中心”建设工地发生厂房倒塌事故，造成13人死亡、17人受伤。由于该公司于去年8月向杭州太保寿险投保了建筑施工人员人身意外伤害保险，因此，2月19日早晨，杭州太保寿险接到报案后迅速派人赶赴现场。随后，成立理赔专案组，于当天下午再次派遣人员赴现场查勘，并看望了正在医院抢救的伤员。为了体现公司的服务品牌，该公司决定：特事特办，提前给付。24日下午，杭州太保寿险理赔部人员就将100万元的保险金支票送到了浙江一建建设公司领导的手上。

9.2 保险合同案例

9.2.1 保费未交，意外保单已签发，保险公司应该承担意险责任吗？

1998年5月，某建筑机械厂与某保险公司商定，为全体职工投保团体人身意外伤害险，保险期间自1998年6月1日至1999年5月31日，建筑机械厂于1998年5月25日填写了投保单及被保险人明细表交保险公司。保险公司审核后统一同意承保并提出，建筑机械公司交纳保险费后，保险公司才能出具保险单。双方约定，保险公司于5月28日将保险单送到建筑机械公司，同时取回转账支票。

5月28日，保险公司派人到建筑机械公司送保险单，恰逢建筑机械公司财务人员休息，未能取回支票，投保人建筑机械公司答应于6月1日将支票送到保险公司，保险公司工作人员就将保险单交给了建筑机械公司。6月2日，建筑机械公司职工钱某在上班途中被车撞成重伤后死亡。6月5日，投保人建筑机械公司派人将支票送到保险公司，并提出该公司职工钱某死亡发生在保险期间内，要求给付保险金。保险公司认为，在钱某遭受意外事故时，投保人建筑机械公司未交付保险费用，因此，保险合同并未生效，故不能承担保险责任，保险费的缴纳是否是保险合同成立和生效的必要条件？

根据《保险法》第十三条规定："投保人提出保险要求，经保险人同意承保，保险合同成立。保险人应当及时向投保人签发保险单或者其他保险凭证。"由此看出，保险合同须经过要约和承诺两个步骤，合同要投保人和被保险人之间达成一致，合同即成立。在我国保险实务中认为，投保单经过保险人接受并在保单上签章后，保险合同即告成立。

《保险法》第十四条规定："保险合同成立后，投保人按照约定交付保险费，保险人按照约定的时间开始承担保险责任。"显然这里的约定是指保险合同的约定，在保险合同成立前，这种约定是不存在的。因此，已交付保费作为合同成立的要件是没有法律依据的。本案中投保人建筑机械公司和保险公司已就保险合同达成一致，并且保险公司已同意承保，因此，保险合同已经生效。

在保险合同成立后，投保人应当根据合同约定支付保险费的义务，保险公司应当按保险合同应当开始承担保险责任，那么，如果投保人未支付保险费合同是否生效呢？这首先要根据约定的缴费方式和合同中有关生效条款的约定来看。

《保险法》第三十五条规定："投保人可以按照合同约定或者向保险一次性支付全部保险费或者分期支付保险费。"第三十六条规定："合同约定分期支付保险费的，投保人支付首期保险费后，除合同另有约定外，投保人自保险人催告之日起超过三十日未支付当期保险费，或者超过约定的期限六十日未支付当期保险费的，合同效力中止，或者由保险人按照合同约定的条件减少保险金额。"

从中可以看出，人身意外伤害险保险合同中，有两种约定缴费模式：一是一次性支付，二是分期支付。在约定分期支付保险费时，投保人支付首期保险费的时间有具体规定，即应在合同成立之时，这表明，在约定分期支付保险费时，投保人支付首期保险费是保险合同生效的必要条件。一次性支付保险费，投保人完全可以在合同成立后的某一约定时间交付，缴纳保险费并不是合同生效的必要条件。人身伤害保险合同实务中，按照惯例保险公司通常会在投保书中注明或在合同条款中约定，保险合同在保险公司同意承保、收取保费并签发保单的次日零时开始生效。

在实务操作中保险公司一般在收取保费后，才出具保险单，并在上面载明合同内容包括保险期限（即保险合同自生效到终止的期间），以此作为合同存在的法律证明文件。本案值得注意的是，投保人建筑机械公司未能按照合同约定于5月28日缴纳保费，但保险公司工作人员在5月28日未能取得转账支票的情况下，还是将注明“保险期限自1998年6月1日至1999年5月31日止”的保险单留下，而未与对方作任何有关保险期险的变更约定，应视为同意投保人延迟交费，应视为同意按原约定的保险期限开始承担保险责任的意思表达。不过，投保人建筑机械公司未按约定在6月1日前将支票交到保险公司属于违约行为，保险公司可以要求其补偿因其延迟缴费所造成的损失。但这属于另一种性质的法律关系，不能改变保险合同已成立生效的事实，保险公司应承担本案的保险责任。

9.2.2 变更意外保险合同，需保险公司书面确认吗？

某建设工程公司从1998年起连续三年在某保险公司投保意外伤害险和意外伤害医疗险。2000年10月31日，保险公司接到该建设工程公司电话报案称：本单位肖某于昨日（10月30日）发生交通事故身故。2000年12月20日，投保人提供肖某的身故材料，提出15万元的身故赔偿损失的申请，2001年1月被保险公司以出事人肖某不是被保险人为由做出拒付结论，投保人对拒付结论执相反的意见，称2000年10月9日或20日已将肖某等10名临时工的变更名单传至保险公司，且以往被保险人的变更都是采用此方式，保险公司不能因被保险人一出现保险事故就不认账。保险公司反复查核传真记录，表明保险公司未接到过肖某等人的变更名单。且查询当地电讯局的电话记录，不能断定该建筑公司在2000年10月19或20日曾由脉冲记录传真传往保险公司，保险公司坚持拒付结论，遂后被保险人向法院提起上述。

变更被保险人是变更保险合同的一种方式，保险合同的订立，变更需双方当事人协商一致并签字认同。不要说保险公司未接到被保险人的变更传真，即使接到了，如保险人未在合同上签字同意，变更也不能认为生效。因此，理赔拒付结论从法律角度讲是拥有充分理由的。

保全规则规定变更被保险人，须有投保人填写变更被保险人的申请并盖章。但鉴于该建筑公司是保险公司多年来的客户，并且距离保险公司200余公里。保险公司允许投保人通过传真的方式变更被保险人，而没有作更为详细的约定。如果投保人发出了传真，而由于线路或传真机故障的原因，保险公司做出拒付结论，对于投保人而言有失公平，情理上说责任不完全由投保人所致。

本案投保人对理赔拒付结论引起的争议主要在于有关人员擅自改变保全作业规则，而未作全面、周密的考虑所致。为避免、减少日常工作中出现争议甚至诉讼，投保人应注意严格按照各自作业规则进行操作。如需要改变，必须进行全面、周密地与保险人协商达成协议，尤其是在法律上不能出现漏洞。投保人应加强自我保护意识，在传真发出后应作好跟踪确认工作，如通过电话确认传真是否收到？如采取挂号信方式应保留挂号凭证等。如在约定时间内认为接到保险人的批件，应及时作好电话催促工作，从而避免类似纠纷的发生。

9.3 责任认定案例

9.3.1 工地民工中暑导致死亡是否在意外险的赔偿范围内?

某建筑工程造价400万，当时施工单位购买了建筑工程施工意外伤害险。2007年7月28日天气炎热，有一民工在工地施工时突然晕倒，送到医院抢救，医生当时诊断为高度中暑，在抢救三小时后，该民工口鼻出血死亡，死亡者亲属向保险公司递交建筑意外险申请书，申请建筑工程意外险索赔。

就一般意外险而言，对于单纯的高温中暑目前没有专门的险种，对于“单纯中暑”者即由于长时间的在强烈的太阳下施工，突然晕倒，被送往医院，医生确诊为高温中暑的，不在意外保险保障范围之内。对于投保医疗保险的，中暑后可以通过医疗保险获得理赔，单纯中暑不属于建筑意外险的赔付责任。

那么由中暑而引起的摔伤或撞伤等事故是否能够获赔呢?对于高温中暑导致死亡，应作具体情况具体分析，如果高温引发其他疾病而死亡，意外险不负责赔偿；但如果由于高温而引发了其他意外事故而导致死亡的，保险公司是可以赔付的。因为按照保险近因原则，导致被保险人死亡的直接原因是“摔倒”或“碰撞”等外来突发事件，“摔倒”或“碰撞”等事故属于意外事故的范畴，被保险人可以根据单位为其购买的建筑意外伤害险附加医疗保单得到理赔。而对于直接由于中暑导致死亡的保险人是不予给付赔偿金的。

9.3.2 职工在施工现场摔倒致瘫，意外险赔不赔?

某建筑工地施工过程中，张某在运送材料时，不小心摔倒在地。送到医院后，张某被诊断为脑出血，并最终导致瘫痪。悲痛之余，张某本人申请建筑意外伤害赔偿，要求保险公司给予赔付。

在理赔过程中，保险公司认为，张某摔倒只是诱因，瘫痪的直接原因是脑出血。根据保险的近因原则，保险事故的近因是脑出血，而脑出血不属于意外事故，因此，保险公司拒绝赔付。张某遂将保险公司起诉至法院。经审理后，法院驳回了张某的诉讼请求。

那么，张某摔倒致瘫为什么不能得到赔付呢?本案争议的焦点在于意外事故如何认定?本案保险事故的近因是摔倒还是脑出血?

意外伤害保险合同是指投保人和保险人约定，在被保险人遭受意外事故并由此致残废或死亡时，由保险人依照约定向被保险人或者受益人给付保险金的保险合同。

所谓“意外事故”，是指外来的、突然的、非本意的、非疾病的客观事件。所谓“外来”，是限定引起事故的原因出自外来的，而非内在的，其目的在于排除内发疾病所致事故。所谓“突然”，指事故原因出于突发而非长年积压而成，其目的在于排除自然原因发生的事故。所谓“非本意”，指事故的发生出于意料之外或不可预测，其目的在于排除因故意行为（自杀、自残）所致的伤害结果。保险公司承担意外伤害保险责任的前提是被保险人的伤害必须是由意外事故引发的。

在保险法中，近因原则是指确定保险事故与损害结果之间的因果关系，从而确定是否属于保险责任的重要原则。如果近因事故是属于被保风险，保险人应负赔偿责任；如果近因事故属于除外风险或未保风险，则保险人不负赔偿责任。

所谓“近因”是指在风险和损害之间，导致损害发生的最直接、最有效的原因。由单一原因引发的保险事故，单一原因就是近因；多种原因引发保险事故，起决定作用的原因为近因，其他原因则称为诱因。诱因和近因，两者互为关联，但有主次之分。诱因是导火索，而近因则是最终促成了事故发生的直接因素。

就本案而言，摔倒是诱因，而被保险人脑出血是事故发生的近因。由于张某投保的是建筑意外险，而脑出血并不是外来的事故，不属于意外事故，因此，法院驳回张某要求保险公司赔付的诉讼请求，是有法律依据的。

虽然根据现行保险法，保险公司在本案中可以完全拒赔。如果仅仅将保险的近因作为保险的承保责任，而对诱因不予承保，是不合理的。如前所述，诱因既然是死亡结果的投导火索，对事故的发生起诱发作用，保险人应当承担这部分意外事故引发的责任，不能将诱因这一偶然次要的原因完全排除在承保范围之外。

目前，国外就有关于“比例责任”的立法，即在多种原因起作用的保险事故中，如果近因不属于保险责任，而诱因属于保险责任，保险公司也将承担诱因引起的部分责任。我国保险法应从利益平衡的角度对保险近因分析原则重新审视，顺应国际保险立法的潮流，对保险近因分析原则的运用有所突破，如在责任分配上规定“比例赔付”，才方显公平、合理性。

9.3.3 斗殴致死是否属于意外保险范围?

侯某为某建筑工地工人，该公司在某保险公司投保了团体人身意外伤害保险。保险金额2万元，保险期限为1年。2005年9月7日早晨，侯某在工地遇见刘某，意外地遭到刘某殴打。侯某在反抗过程中，被刘某击中胸部，于是冠心病急性发作而死亡。侯某的继承人侯某某立即通知了保险公司，要求给付保险金。保险公司以此种情况是因侯某与刘某殴斗而致冠心病发作死亡，不属意外伤害为由拒付保险金。侯某某向法院提起诉讼，要求保险公司依法判令给付保险金2万元及经济损失1000元。保险公司辩称，侯某的直接死亡原因是冠心病急性发作，不属于意外伤害，其死亡诱因是与人殴斗，属于保险合同明确规定的除外责任。所以，保险公司不承担保险责任，请求法院依法驳回侯某的诉讼请求。

一审法院经审理认为，虽然被保险人侯某是冠心病急性发作死亡，但其冠心病发作是与被人殴打有直接关系的，其意外地被人殴打这种情况不属于保险合同规定的除外责任。所以，保险公司应承担给付保险金的责任。保险公司至今未付应负纠纷的全部责任，侯某某要求保险公司给付保险金的诉讼请求符合法律规定，予以支持；其主张保险公司赔偿经济损失的请求，证据不足，不予支持。依照《保险法》第二十三条第一项、第三十条之规定，判决保险公司向侯某某给付保险金2万元，并驳回侯某某的其他诉讼请求。案件受理费由保险公司承担。保险公司不服，以原审法院认定侯某死亡与事实不符、适用法律错误为由，提起上诉，请求二审法院撤销原判决。

二审法院经审理认为，意外伤害是指遭受外来的、突发的、非本意的、非疾病的使身体受到伤害的客观事件。从侯某遭受刘某殴打，侯某在反抗过程中，被刘某击中胸部，冠心病急性发作而死亡的过程看，其死亡并非是突发的，并且死亡的主要原因是疾病，该种情况不属于意外伤害保险合同规定的承担责任的情形。上诉人上诉请求正确，原审法院判决上诉人支付保险金不当，应予以纠正。依据《民事诉讼法》第一百五十三条第一款第三项、第一百五十八条之规定，判决撤销原判。

对于此案专家认为：二审法院的判决是正确的。因为侯某死亡的真正原因是冠心病，而不是殴打所致。殴打只是死亡的诱因，或者说是条件。二审法院依据意外伤害的定义，从侯某遭刘某殴打，侯某在反抗过程中，被刘某击中胸部，冠心病急性发作而死亡的过程分析，认定侯某死亡并非是突发的，并且死亡的主要原因是疾病，不属于意外伤害保险合同规定的承担责任的情形。

9.3.4 造成两字生歧义，法院判赔意外险

2005年11月19日下午4时左右，在江西省乐平市人民东路，因两辆微型小客车发生碰撞，致使其中一辆小客车失控冲向左侧，撞向正在相对而行的王某驾驶的二轮摩托车，造成王某因抢救无效死亡，王某既无驾驶证而驾乘的摩托车又无行驶证。经乐平市交警部门认定，王某无引起该起交通事故的违规驾驶行为，不承担责任。

因王某2004年11月29日通过其所在公司在保险公司投保了一份保险期限为一年的《人身意外伤害综合保险》，保险单上意外伤害保险金额为3万元。事发后，王某家属与保险公司就保险理赔产生分歧。王某家属要求保险公司按照保险合同规定赔偿3万元的人身意外伤害保险金，而保险公司以死者无证驾驶为由拒绝理赔。为此，王某家属将保险公司告上了法庭。

在法庭上保险公司辩称：王某投保是事实，发生事故死亡也是事实，但根据双方签订的保险合同保险条款第四条第五项规定，王某无有效驾驶证驾驶无有效行驶证的摩托车，故保险公司可以拒赔；且根据《道路交通安全法》的相关规定，无有效驾驶证、无有效行驶证不得驾驶机动车上路。这也是公民的应尽义务，故保险公司拒赔有理。

经审理法院认为：保险公司拒赔无理。主要理由是《人身意外伤害综合保险条款》第四条规定："因下列情形之一，造成被保险人死亡、残疾或支付医疗费用的，本公司不负给付保险金责任。"其中第五项为："被保险人酒后驾驶、无有效驾驶证照驾驶或无有效行驶证的机动交通工具；""造成"一词的字义为"制造成为"，故该条款的含意是导致发生被保险人死亡、残疾或支付医疗费用的原因是系该保险条款规定的情形之一，也就是说，事故与条款规定的情形有因果关系。而本案中王某不具有任何导致事故的因素，其无有效驾驶证照或无有效行驶证驾驶摩托车不是导致该事故的原因，所以保险公司据此条款拒赔理由不成立。

近日，乐平市人民法院对此案做出判决：保险公司给付王某家属意外伤害保险金3万元，并承担本案的全部诉讼费。

9.3.5 "无责有关"意外伤害是否应该赔？

1999年3月12日，湖北省某市运输公司司机郑某驾驶公司货运大型卡车行至某建筑工地仓库门口时，因车辆左后轮碾轧到路上一节断砖，断砖飞出，将路边行人张某的右膝骨打碎，经当地交警支队勘查、处理，认定双方均不承担责任，只作经济调解，由车方赔偿伤者医疗费、护理费等1500元。由于该车已投保了机动车辆第三者责任保险，此案处理后，货运公司持有关单证、材料向保险公司提出索赔。

保险公司在受理此案后，就如何处理这起机动车辆第三者责任保险赔付案存在几种不同的意见：

第一种意见认为：保险公司应拒赔。理由是运输公司司机郑某虽开车碾轧路上断砖造成张某受伤害，但根据《道路交通事故处理办法》第四十四条规定："机动车、与非机动车行人发生交通事故，造成对方死亡或者重伤，机动车一方无过错的，也应分担对方10%的损失。"司机郑某在此案中既无过错责任，对行人张某又没造成重伤，事故不属于保险责任范围内，由此产生的车方损失，保险公司不予赔付。

第二种意见认为：保险公司应赔付一半。理由是此事故的发生虽然司机郑某无过错责任，但事故的发生是由郑某驾车造成的，有因果关系，考虑到张某的伤情及此事故的特殊性，保险公司可以按50%赔付。

第三种意见认为：保险公司应全数赔付。理由是在这起事故中，司机郑某虽然没有过错责任，但行人张某的受伤是由其造成的，郑某对此要负赔偿责任，因此保险公司应按郑某的赔偿金额全数赔付保险金。

本案是一起"无责有关"的第三者责任赔偿案。在此案中，司机郑某虽然没有过错责任，但根据《民法通则》第六章第一节民事责任的一般规定第一百零六条，虽当事人没有过错，但造成对方的人身伤害依法应承担的民事责任，也应承担民事责任，郑某应承担民事赔偿责任。

第三者责任保险承保的是被保险人依法应承担的民事赔偿责任，而根据机动车辆条款第十条规定："被保险人或其允许的合格驾驶人员在使用保险车辆过程中发生意外事故，致使第三者遭受人身伤亡或财产的直接损毁，被保险人依法应当支付的赔偿金额，保险公司依照保险合同的规定给予补偿"。因此，此案保险公司应当赔付保险金。

由于被保险人在行驶车辆过程中，非故意的、客观的、不可预见的造成第三者直接损害的意外事故都应该属于保险责任，其中也就包括上述"无责有关"的意外伤害事故。因此，保险公司对于类似的第三者伤害赔偿应予以赔付。

9.3.6　意外碰伤，意外险为什么拒赔?

2000年6月16日，某建筑施工单位为职工李某投保建筑意外综合险。2000年12月10日晚，李某在工作中意外碰伤，继而左下肢大面积肿胀。2001年6月17日，李某住院治疗，医院诊断为"糖尿Ⅱ型、左足外伤积极性坏疽"。当日实行左大腿中下1/3截肢术，6月13日出院。事后，李某请求保险公司给付意外伤害医疗保险金和意外伤残保险金。

保险公司受理后，要求被保险人进行法学伤残鉴定，鉴定结论为被保险人李某被截肢的原因是糖尿病并发周围血管病变引起死亡足部坏疽。因此，保险公司以"造成李某左下肢坏疽病截肢三分之一的根本原因是糖尿病，而不是意外伤害事故造成的"为由拒绝给付保险金。李某不服，遂提起诉讼。

一审法院审理认为：①人身伤害综合意外保险合同成立后，被保险人在意外保险发生后有权提出理赔请求，保险人应根据合同的约定，承担被保险责任。②被保险人因意外外伤感染诱发急性坏疽最终导致截肢，其主要原因是过去患有较为严重的糖尿病，意外伤害只是诱发的因素；③保险合同第七条约定："遭受意外伤害事故以致残疾"，并为明确约定仅限于直接或间接意外伤害造成的残疾，故应从有利于被保险人利益的角度来解释该条款，酌情确定保险公司应承担的保险责任。对于被保险人从该条款请求保险公司承担全部保险责任，并请求赔偿精神损失，缺乏事实和法律依据，法院难以支持。

因此，一审法院判决：①保险公司给付被保险人保险金3100元；②被保险人请求保险公司赔偿精神损失之诉，不予支持。保险公司不负，提起上诉。

二审法院认为：①保险双方签订的人身意外伤害综合险合同系双方当事人真实意思的体现，是合法有效的；②条款约定："遭受意外伤害事故以致残疾"，而被保险人因意外之伤口感染诱发急性坏疽导致截肢，被保险人截肢的直接原因是糖尿病并发周围血管病变。

因此，二审法院判决：①维持一审法院"不予支持被保险人请求保险公司赔偿精神损失之诉"的判决；②撤销一审法院"保险公司给付被保险人保险金3100元"的判决。

本案是一起典型的有多个原因导致保险事故发生的理赔诉讼案件，争议的焦点在于导致保险事故的直接原因是疾病还是意外伤害所致，这就涉及保险理赔中近因的原则的使用问题。

两审法院都认为糖尿病是导致原告截肢的"主要原因"、"直接原因"，但一审法院未采用近因原则，而二审法院作出撤销一审法院的判决依据是"直接原因"，与近因分析原则基本类似。因为任何损害都是由一定的危险事故造成的，但保险人承担赔偿责任的损害，必须是保险人承包范围内的危险事故所引起，而且要求危险事故与损害之间有因果关系，既要符合近因原则。

"近因原则"是判断危险事故与保险标的损害之间的因果关系，从而确定保险赔偿责任或给付责任的一项基本原则。近因是指风险和损害之间，导致损害发生的最直接、起决定作用的原因，而不是指时间上或空间上最近的原因。根据近因标准判定在多个原因中哪个是近因。近因分析原则的基本含义是：在风险与保险标的损害关系中，如果近因属于承保危险，保险人应负赔偿责任；如果近因属于除外危险或未保危险，则保险人不负赔偿责任。本案被保险人的糖尿病是导致原告截肢的主要原因，意外撞伤仅仅是其间接的、偶然的原因或远因。因此，按照近因原则，保险人对本案不承担保险责任。

9.3.7 同一车祸意外险为什么有不同的赔付?

某建筑单位为其职工投保团体意外保险。身故保险金10万元，残疾保险金5万元。单位员工居住较为分散，为此单位为离家较远的员工配备了通勤车。2003年5月12日上班途中，在公路上发生了车祸，载着单位员工的面包车与迎面而来的大货车相撞，坐在前面的员工王某和程某受了重伤。由于王某所坐的驾驶副座，就是与大货车冲撞的直接碰撞部位，当场死亡了。程某坐在他后面，撞断了个胳膊，出血很多被送往医院抢救，程某在急救中，因心肌梗塞于第二天死亡。

为此，单位为他们向保险公司提出理赔申请。保险公司调查了解到：员工王某死亡是27岁，身体平时身体非常健康，而程某，现年52岁，长期患有心脏病。据此保险公司根据近因原则，做出了如下理赔决定：确认车祸属于意外事故，并认定员工王某死亡的近因是车祸，属于意外伤害责任约定的范围，保险公司履行赔付义务，赔付10万元意外伤害保险金支付其受益人。而程某在车祸中撞断胳膊，属于意外伤害保险责任的范围，按照意外伤残保险责任，赔付意外伤残保险金5万元。但是，保险公司核定程某最终死亡原因是由于心肌梗塞，心肌梗塞是程某死亡的近因，不属于意外伤害险的保险责任范围，保险公司不承担意外身故保险责任。

对于保险人的上述认定，程某的受益人对赔偿结果非常不理解，认为同一车祸下死亡的两个人应该得到一样的赔付，如果不发生车祸，就没有可能诱发程某心肌梗塞；所以车祸是导致程某死亡的原因，保险公司为程某的赔偿金应该和王某支付的保险金相同。

本案中员工王某与程某在同一成车祸中死亡，却获得不同的赔付金额，原因在于保险公司认为这二人的死亡近因不同。王某生前身体健康，车祸是导致其死亡的唯一近因，而车祸又具有非故意、外来的、不可预知的特点，属于意外。因此，王某的死亡属于意外伤害保险责任范围，保险公司赔付10万元保险金是完全正确的。程某在车祸中受重伤，在医院抢救中，因心肌梗塞死亡。分析他的死亡过程，属于多种原因交替发生的情形：车祸导致失血过多，抢救中发生心肌梗塞死亡。根据近因原则，在因果关系链中，有一个新的独立的原因介入，使原有的因果关系链断裂，并直接导致损失，该新介入的独立的原因为近因。在程某死亡过程中，心肌梗塞是介入原有因果关系的新原因，它独立于车祸存在，所以心肌梗塞是程某死亡的近因。而心肌梗塞则属于内在疾病，不属于意外伤害保险责任约定范围，保险公司不承担责任。但是程某的胳膊是在车祸中受伤的，保险公司应给付意外伤害残疾保险金5万元。

在司法实践中，一个危害行为直接引起一个危害结果的案件，在因果关系的认定上一般不会发生争议。发生争议主要在这样的场合：在一个危害行为发展过程中又介入其他因素而导致某种危害结果。如何确定先在的行为与最后的危害结果之间有无因果关系，这是一个极为复杂的问题。近因原则对如何从事实原因中筛选法律原因并没有提供一套具体的、可操作的标准。近因标准也具有相当大的模糊性，有时不得不用“实用、公共政策或者大致的公正观念的需要”这样的政治性术语进行解释，因而受到一些人的批评。但是不可否认的是在绝大部分情况下，人们可以借助他们的普遍观念和感觉来判断哪些不正常的因素介入了因果关系，一般人观念中的因果关系和责任概念可以证明在许多方面都具有牢固的道德基础，这一点也就是司法实践中还在继续使用近因原则的原因。

9.3.8　雷击身故，保险公司负责意外伤害赔偿吗？

被保险人钱某与2003年7月5日在某市建筑工地值夜班巡查工地时，正值雷雨天气，不幸遭雷击，当即昏迷倒地，被送往附近医院急救。入院后他在给予心脏按压、电机复率等抢救措施后苏醒，与2003年8月4日被保险人病情好转出院。出院时被保险人神志清楚，一般情况尚可，除四肢肌力较差外，无其他明显异常。由于被保险人单位为其投保了意外伤害保险，因此，被保险人在出院后向保险人提出索赔申请。保险公司在接到索赔申请后，经调查研究，认为暂时不符合理赔条件，请被保险人在意外伤害发生日起满180天后作伤残鉴定。

2003年12月20日，被保险人因左下肺癌并伴有两肺转移入住该市医院，第二天，患者本人放弃治疗要求自动出院，并于出院回家后的当天身故。被保险人的受益人在2004年1月14日向保险人提出索赔申请，要求给付意外伤害身故保险金。在申请人提交的索赔材料中，医院出具的死亡证明上列明的死亡原因是“肺癌”，因此，保险人又作了进一步调查，发现被保险人与2003年7月2日（雷击事故发生前）因“咳嗽，乏力三月”入住该市医院，CT检查显示左下肺癌，并伴有两肺转移。被保险人在发生雷击事故后未满180天死亡了，因此，无法做意外伤害残疾鉴定。同时，医院出具的死亡证明原因是“肺癌”。在这种情况下，保险人对本案的理赔出现了一下不同意见：

（1）拒赔。被保险人的死亡证明了死亡的原因是“肺癌”，而肺癌是疾病，不属于意外伤害，因此，保险人应该拒赔。

（2）全额理赔。虽然被保险人的死亡证明列明了死因是“肺癌”，但被保险人遭受雷击时意外伤害事故，并且被保险人在遭受雷击后180天内死亡，在无法判断雷击事故是否为被保险人死亡的近因，应做出有利于被保险人（受益人）的解释。因此，保险人应全额理赔。

（3）比例赔付。虽然被保险人遭雷击是意外伤害事故，事实上也确实造成被保险人的身体伤害，但被保险人在遭受雷击前已确诊为“肺癌”，因此，应该认为被保险人是在“肺癌”和雷击两种原因的作用下死亡的，所以本案应根据“事故寄与度”原则，确定理赔比例。

在意外伤害保险理赔时，确定事故的近因有时会很困难。因为从事故的因果关系来看，可分为四种情况，即“一因一果”、“一因多果”、“多因一果”、“多因多果”，当对此无法判断“因”与“果”之间关系时，利用“事故寄与度”原则可以较好地处理此类事故。

本案被保险人死亡原因中，肺癌应是主因，而雷击时被保险人的人体生理产生了一定影响，加速了被保险人的死亡进程。根据“五等级外因的相关判定标准”，保险公司可以在保险金额的30%左右进行理赔。

“事故寄与度”原则最早是由日本法律学家渡边富雄于1980年提出的、1984年确立的，这一原则也被称为“渡边方式”。渡边最初是用于“事故寄与度”的概念来评价交通事故中原有的疾病与意外事故的损伤分别对受害者的死亡或残疾的影响比例关系。它将“事故寄与度”按照百分比分为11个等级，从0%开始，以10%为级差，到100%。1994年，日本法学教授若杉长英在“渡边方式”基础上将“事故寄与度”原则引入到医疗事故的损害赔偿中。若杉长英提出了更为实用的“五等级外围相关判定标准”，采用“外因直接导致”、“主要外因导致”、“外因和既往疾患共同作用”、“外因为诱发因素”、“与外因无关”作为等级划分标准，简洁清晰地确定了医疗事故在损害结果中的参与程度。

上述案例中，被保险人钱某遭雷击事以外。从物理学来说，雷击是因为雷雨云产生的一种强烈的放电现象，电压高达1亿~10亿伏特电流达几万安培，同时还放出大量热能，瞬间温度可达摄氏1万度以上。其能量可摧毁高楼大厦，劈开大树，击毙人畜。在遭雷击后，即使能存活，一般对人体生理也会产生影响。

本案中被保险人在遭受雷击后虽然经抢救好转出院，但确实遭受了身体伤害即在甲级医院抢救后出院时，四肢肌力为三级损伤。医学上把肌力分为六级，从零级到五级。零级是肌力消失，三级是能抗重力做主动运动，但不能抗阻力完成运动，五级是正常肌力。可以认为被保险人遭受雷击后肌力三级对日常生活带来一定的影响，但由于无法判断影响有多大，所以在被保险人首次理赔时，保险人提出请被保险人在最遭受雷击之日起满180后作伤残鉴定再做理赔的决定，并无不当。本案中的被保险人在雷击事故后未满180天死亡，已无法做意外伤害残疾鉴定，同时医院出具死亡原因是“肺癌”，在这种情况下判断被保险人死亡的真正原因是比较困难的。这是运用“事故寄与度”原则就不失为一种切实可行的办法。

本案件中，被保险人死亡原因中“肺癌”是主因，而遭雷击时对被保险人的人体生理产生了一定的影响，加速了被保险人的死亡进程，根据日本学者若杉所提出的“五等级外因的相关判定标准”，保险人可以在保险金额的30%左右进行理赔。

“事故寄与度”原则在国外人身意外伤害保险理赔中已经被比较普遍地应用，在中国法医界也已开始试行。如最高人民法院拟定了《损伤参与度评定标准》草案，并在全国法院系统征求修改意见；1998年5月29日江苏省高级人民法院审判委员会讨论通过《人体损伤致残程度鉴定标准（试行）》，首次以规范性文件确立“伤病比关系”。本案最后保险人决定在保险金额的30%左右进行给付。

9.3.9 事实劳动关系遭拒赔，张家港法院判令保险公司支付理赔款

根据《建筑法》等法律法规的规定，建筑工程施工前必须为施工人员办理团体人身意外保险。而施工单位在投保团体险时一般不能确定被保险工人的人数，保险公司在承保时也只能根据工程的规模、施工承包合同价格来确定保费费率。江苏省张家港市的某市政公司在办理保险的当天偏偏出了险，于是，引发了一起团体人身意外保险合同纠纷案。

日前，江苏省张家港市人民法院审结一起团体保险合同纠纷案，一审判决被告中国太平洋人寿保险股份有限公司张家港支公司（以下简称人寿保险公司）给付原告张家港保税区某市政建筑工程有限公司（以下简称市政公司）团体短期意外伤害保险金理赔款10万元、团体短期医疗保险金理赔款18534.44元，合计118534.44元。

原告市政公司诉称：原告于2004年9月2日在人寿保险公司处为在华东木业公司施工的人员投保了建筑工程施工人员团体短期意外伤害保险（B）和建筑工程施工人员团体短期医疗保险（B），保险金额分别为10万元/人和2万元/人。保险期限均自2004年9月1日零时起至2005年1月30日24时止。同日18时许，承包钢筋工劳务的谢某因发生机动车交通事故而受伤，后于9月9日死亡。2006年4月24日，经苏州市中级人民法院终审判决，认定原告公司与谢某之间有事实劳动关系，原告以谢某的死亡属工伤赔偿给付了谢某家属14.5万元。事后，原告依据2004年的两份保险合同向人寿保险公司提起索赔，遭到拒绝。为此起诉：要求人寿保险公司理赔原告损失12万元并承担本案诉讼费用。

被告人寿保险公司辩称：①市政公司不是保险合同的被保险人、受益人或者受益人的继承人，其作为投保人无权提起保险金请求权之诉；②享有保险金请求权的被保险人、受益人未在事故发生两年之内向被告公司提出索赔，因已超过诉讼时效而消灭；③保险合同中被保险人应是原告单位管理的员工，谢某是在原告处承揽业务的包工头，而不是原告管理的员工，不是保险合同的被保险人。综上，应驳回原告的诉讼请求。

张家港法院经审理认为，市政公司与人寿保险公司之间的保险合同合法有效，所形成的两份《保险单》及《保险条款》对双方均有约束力。人寿保险公司在出具《保险单》时虽明确被保险人“详见被保险人清单”，但事实上其并未要求市政公司提供上述人员清单，故造成被保险人的范围不明，其责任在人寿保险公司。从两份保险合同的内容来看，

应推定被保险人为在华东木业有限公司施工的所有与市政公司有事实劳动关系的人员，谢某属于其中一员，应当为保险合同的被保险人。根据《保险法》、《保险单》及《保险条款》的规定，被保险人享有保险金请求权，谢某的继承人已将上述权利转让给了市政公司，市政公司原告的主体资格适格。由于确认谢某与市政公司之间存在事实劳动关系也即确认谢某为保险合同的被保险人的时间最终为 2006 年 4 月，故市政公司目前主张保险金请求权，并未超过诉讼时效。遂依法做出了上述判决。

这是一起建筑工程施工人员团体意外伤害保险引发的人身保险合同纠纷案，市政公司与人寿保险公司之间的保险合同合法有效，所形成的两份《保险单》及《保险条款》对双方均有约束力。本案主要的争议焦点在于被保险人的范围问题，具体来说，就是作为与原告有事实劳动关系的谢某是否为保险合同的被保险人。

建筑行业是一个特殊的行业，从业人员的门槛较低，而且具有很强的流动性，在施工过程中往往会根据工程的不同阶段安排不同岗位和不同数量的工人从事现场施工工作。而根据建筑法等法律法规的规定，工程施工前必须办理好施工人员的人身意外保险，否则将不颁发施工许可证。因此，施工单位在投保团体险时一般不能确定被保险工人的人数，而保险公司在承保时一般也只能根据工程的规模、施工承包合同价格来确定保费费率。联系到本案，市政公司承接华东木业公司车间施工工程后即对工程施工人员团体意外险和团体医疗险进行了公开招投标，太平洋人寿保险公司竞得该标。人寿保险公司在出具《保险单》时虽明确被保险人“详见被保险人清单”，但事实上其并未要求市政公司提供上述人员清单，从法律的角度来看，造成被保险人的范围不明的责任在人寿保险公司，而从两份保险合同的内容来看，事实上应推定被保险人为在华东木业公司施工的所有与市政公司有事实劳动关系的人员。这实际上是符合设立建筑工程施工人员团体意外险的原意的。

结合本案，保险合同中虽然约定被保险人详见清单，但这仅仅是一种格式，而在其具体的条款中已经表明，被保险人为“凡满 16 周岁至 65 周岁、能够正常工作或劳动的属投保单位管理的在工程项目施工现场从事管理和作业的员工”，是一群待确定的对象。事实上由于工程施工的特殊性，市政公司需要根据工程的施工进程安排和调整工作人员，不可能在工程开工之前提供人员名单。因此，作为与市政公司有事实劳动关系的谢某，属于市政公司管理的从事工程施工的人员，应当在被保险人的范围之内，理应获得保险权益。

本案还存在一个特殊情况，事故发生后，市政公司立即通知保险公司出险，但由于市政公司对与谢某之间是否存在劳动争议存在异议，向法院提起诉讼。经苏州市中级人民法院终审，认为市政公司与谢某虽未签订劳动合同，但其向市政公司提供劳务并接受其管理、安排和监督，并在市政公司承包的华东木业公司工地从事钢筋工劳务，判决认定谢某与市政公司存在事实劳动关系。法院的判决已经确认谢某属于市政公司管理的施工人员，因此，谢某也应属于该保险的被保险人的范畴。

根据《保险法》、《保险单》及《保险条款》的规定，被保险人享有保险金请求权，作为被保险人的谢某已经死亡，其继承人继承权利后转让给了市政公司，该权利的转让不属于合同法第六十九条规定不得转让的情形，市政公司的原告主体资格适格，有权主张本案的保险金。而且由于被保险人的主体资格最终确认的时间为 2006 年 4 月，因此，市政公司主张保险金请求权并未超过诉讼时效。人寿保险公司应当按照双方签订的保险合同进行理赔。

9.4　举证责任案例

9.4.1　死因不明意外保险如何赔付?

某市建筑材料公司为全体职工投保了团体人身意外险。一天公司驾驶员申某驾车到市外运木材，在返回途中到某一旅馆住宿。申某在办妥住宿手续后，便用冷水洗脸，在洗脸时突然倒地，服务员发现后及时请来医生，但申某终因抢救无效死亡。第二天，当地公安机关对尸体进行了检查，尸体完好，结论为“排除他杀”并出具了证明。申某所在单位向保险公司提出申某平时身体健康，因此，申某的死亡意外，应推定为意外死亡，要求保险公司给付保险金。保险公司经过调查证实：①申某平时身体健康；②此次倒地后约15分钟死亡，无其他异常现象；③当天当地气温23度，申某无中暑症状；④申某的尸体已经火化，火化前未进行尸体解剖，现在已经无法查清死因。保险公司提出，由于不能证实申某死亡的原因是意外伤害，所以不属于保险责任，保险公司不予赔付。

本案中如果建筑材料公司能够证实申某因意外伤害事故死亡，则保险公司要承担保险责任；如果保险公司能够证实被保险人死于疾病，则保险公司就有充分的理由拒赔。现在的问题是既不能够证实被保险人死于疾病，也不能够证实被保险人死于意外事故。在这种情况下，关键就在于“举证责任”由谁来承担了。在保险理赔时，申请方首先具有举证责任，即应该提供证据已证明保险事故已经发生。由于本案投保单位未能举证被保险人死于意外事故，即不能举证保险事故已经发生，所以保险公司可以以证据不足予以拒付。

9.4.2　突然倒地死亡，意外险赔付吗?

2000年9月某单位为其职工投保了团体人身意外险，保额5000元，2000年10月23日王某准备上班，后来被人发现在王某上班途中，王某倒地，并头部有血，随即拨打120急救电话，送医院后抢救无效死亡。死亡证明：头外伤、猝死。

据查王某平时身体健康，死亡当天身体情绪均无异常现象。保险公司认为猝死为疾病死亡，拒付保险赔偿金。死者家属认为，保险公司未进行尸体解剖，紧抓住诊断中“猝死”一词，凭借对词义的解释和推理得出结论是错误的。因此，王某家属将保险公司诉讼致法院。

本案原告申请保险金首先对死者死于意外事故承担举证责任，家属提供的医学死亡证明为“头外伤、猝死”。其次，王某诊断为猝死，而猝死在医学上明确是疾病死亡，虽然有头外伤的记录，但不能证明头外伤与死亡有直接因果关系。当时家属对死亡诊断有异议，完全可以提出进行尸体解剖，以进一步明确死亡原因。但当时家属对死亡诊断并无异议，应视为同意医生出具的材料进行审核，不会对是否发生了保险事故主动举证。现死者家属提供的材料不能证明王某死于意外伤害，故保险公司应予拒付。

9.4.3　没有医疗费原始收据，意外险还给予赔付吗?

被保险人何某的单位为其投保了《团体意外险》和《附加意外伤害医疗保险》在保险有效期内，何某因意外伤害事故就医，伤愈后到保险公司索赔，并称其医疗原始凭证被盗只向保险公司提供了盖有就诊医院财务现金收讫章的医疗费的收据（医院留存联）复印件和公安局出具的报警证明。但保险公司认为：医疗费收据复印件之效力不能等同于医疗费原始凭证，且《附加意外险保险条款》载明："理赔时，必须提供医疗费原始凭证。"故未对被保险人进行赔付。被保送险人不同意上述理赔决定，遂诉至法院。

本案主要有两个焦点：一是盖有就诊医院财务现金收讫章的医疗费的收据（医院留存联）复印件的效力能否等同于医疗费原始收据；二是保险合同的权利义务关系是什么？

1. 原告（被保险人）的理由

（1）原告因为汽车被撬，车内皮包被盗。故纸包内现金及上述医疗费原始凭证丢失；同时期原告提供了公安局及110报警的相关证明。固足以证明原告所称医疗费原始凭证遗失属实。

（2）被保险人按时交纳了保险费，保险事故发生于保险有效期内，且属于保险责任；盖有就诊医院财务现金收讫章的医疗费的收据（医院留存联）复印件完全可以证明被保险人实际花费的医疗费用，故保险公司应履行给付保险金的义务。

（3）根据《合同法》第三十九条之规定："采用格式条款订立合同的，提供格式条款的一方应当遵循公平原则确定当事人间的权利和义务，并采取合理的方式提请对方注意免除或者限制其责任的条款，按照对方的要求，对该条款予以说明。"而签订合同时，保险公司未向原告履行任何说明免除责任的义务。

（4）根据《合同法》第四十一条规定："对格式条款有两种以上解释的，应当做出不利于提供格式条款一方的解释。"而"医疗费用原始凭证"在《附加意外伤害险医疗保险条款》并没有明确的释义，虽然原告提供的是医疗费收据复印件，但加盖有医院财务现金收讫章，应视同于医疗费用原始凭证。

（5）根据《合同法》第四十条之规定："提供格式条款一方免除其责任、加重对方责任，排除对方主要权利的，该条款无效。"而保险公司条款规定：被保险人申请意外伤害医疗保险金必须提供"本公司认可的医疗机构出具的医疗费用原始凭证"，属于加重对方责任、排除对方主要权利，应视为该条款无效。

2. 被告保险公司的理由

（1）根据《合同法》第一百二十五条规定，按照保险行业的管理、性质及保险学原理，《附加意外伤害医疗保险》属于一种补偿性保险，适用于补偿原则，即保险公司根据被保险人的实际损失进行全部或部分赔付，被保险人不能因保险事故的发生而额外收益。本案中原告向被告提供的公安部门出具的证明材料中记载：原告"报称"皮包被盗，包内医疗费原始凭证地丢失。而原告的医疗费原始凭证是真丢失，还是用于其他途径报销，保险公司无从查实。而加盖医院财务现金收讫章的医疗费的收据（医院留存联）复印件无法证明其自身的唯一性，故无法防范被保险人因保险事故的发生而额外获益的可能。如果允许这样理赔，有可能使购买保险成为以后不正当的牟利手段，势必对整个保险行业的规范经营产生不良影响，同时，也会扰乱金融秩序，破坏社会安定。

（2）医疗费用原始凭证即是一种有价单证，也是重要的理赔申请材料，原告对其负有保管义务。即使原告所称皮包被盗所导致其医疗费原始凭证丢失的情况属实，表面上看有外来因素参与，但毕竟原告也对此负有保管不当的重要责任，而保险公司对此并无任何过错，原告要求保险公司承担赔偿责任，显然有失公平。

(3) 根据《保险法》第十七条规定，对于保险合同保险人应当向投保人说明合同的内容。这说明，保险人只对投保人有说明义务，而对于合同的关系人——被保险人无此义务。而合同签订时，保险公司已将相关条款送达投保人，对相应条款进行了说明，履行了法律规定的义务。

(4) 根据《合同法》第四十一条规定：对格式条款的理解发生争议的，应当按照通常理解予以解释。对于通常理解的‘原始凭证’强调了“原始”二字的含义，而复印件是一种复制品，与“原始”二字的含义明显相悖。加盖公章始凭证生效的必要条件而绝非充分条件。医疗费原始凭证是由财政局监制的，任何其他单位和个人无权印制。因此，每张医疗费原始凭证都具有唯一性，而加盖公章的医疗费原始凭证复印件无法保证它的唯一性，故其效力无法等同于原始凭证。

(5) 原告之“被保险人按时交纳了保险费，保险事故发生于保险有效期内，且属于保险责任；故保险公司应履行给付保险金的义务。”一说，只是对保险合同片面和局限的理解而没有全面解读合同的正式含义。合同双方签订的《附加意外伤害医疗保险条款》明确规定：“被保险人向保险人申请赔偿时，除提交主险合同所约定的索赔证明和材料外，还需提供以下证明材料：县以上（含县）医院或者保险人指定或认可的医疗机构出具的诊断书、病历及医疗费用原始收据；…”而这一规定绝非转嫁对方责任、排除对方权利之举。原因在于，保险合同订立在先，保险事故发生在后，合同双方必须按照合同规定办事，只有履行了合同规定的义务，才能够享有合同赋予的权利。显然，在投保人按期交纳保险费之外，保险申请人还有提供理赔相关证明材料的义务，这样保险公司才能理赔，这正是合同签订双方的权利、义务关系平等的体现。而原告未能履行上述义务，也自然无法得到理赔。

依照《保险法》规定，一审法院认为：“本案的人身意外伤害保险、附加意外伤害医疗保险合同是当事人真实意思的表示、依法成立有效。依法成立的合同，对各方当事人都有约束力，各方当事人必须按照合同约定享受权利和履行义务。《附加意外伤害医疗保险条款》已经明确规定：本公司认可的医疗伤害后的医疗费用原始凭证。”现原告作为受益人未能向被告提供其意外伤害医疗费用的原始凭证，故要求被告赔付其意外伤害后的医药费，本院不予支持。驳回原告之诉讼请求，判令原告负担案件的受理费。

原告不服一审判决，提起上诉，理由同前，未提出新的证据。

二审法院做出终审判决：本案的人身伤害保险、附加意外伤害医疗保险合同，是当事人真实意思的表示、应视为有效合同。双方因按合同约定履行各自义务，上诉人在此期间遭受意外伤害后，应按保险合同约定将医疗费用的原始凭证提供给被上诉人，现上诉人对此不能提供原始凭证，上诉人请求不予支持。驳回上诉维持原判。判令上诉人负担案件受理费。

9.5　赔金归属案例

9.5.1　保险金归属纠纷应以何为据?

罗某为某建设集团施工工人，2002 年 11 月 22 日，公司为员工在保险公司投保意外伤害险，罗某亲自签署好保险单，填写的投保人为唐某（办公室主任），被保险人为罗某，受益人为罗小某（系罗家的儿子）保险费120元。2003年3月28日，罗某在上班时被同厂职工陆某所驾驶车夹伤，经抢救无效死亡，属于意外事故。2003年4月11日，建设集团与罗家家属达成协议，公司一次性补助罗家属丧葬费、抚恤费6.1万元。2003年8月4日，唐某与罗小某到保险公司办理理赔，唐某在保险单受益人罗小某名字后，加签上自己的姓名，保险公司审验鉴别罗小某的身份证，由罗小某在理赔单上签名后支付保险金额52120。保险金被唐某收取后，以公司名义出资为职工投保的目的是降低公司经营风险，公司已支付罗家抚恤费等为由，罗小某不应再享有保险金，拒绝将保险金付给罗小某，罗小某为索取保险金提起诉讼。

当地人民法院受理本案后，与2004年5月14日做出民事判决：认为企业职工不论发生因公或非因工伤亡，凡获得第三者责任险赔偿，其保险福利待遇不能双重享受"，支持公司的抗辩理由，判决驳回原告罗小某的诉讼请求。

有关法律专家认为，上述判决是错误的。

（1）罗小某是保险合同的受益人，公司已为职工投保的目的是降低公司经营风险为由擅自变更其为受益人无效。保险法律关系中当事人的权利、义务依据保险合同的成立而产生，以《保险法》规定为保障，纠纷解决，应以合同及《保险法》为依据。本案保险合同合法有效，罗小某作为保险受益人，是合同订立时的被保险人罗某指定的并亲自签署在保险单上的，其受益人主体资格的取得符合《保险法》第三十九条："人身保险的受益人由被保险人或者投保人指定。"受益人享有的保险金请求权，由保险合同和《保险法》为保障。受益人享有的保障金请求权，非法定情由不得剥夺。该公司所为职工投保是为了公司降低经营风险的目的理由，绝非剥夺受益人的法定情由，国有企业所提的投保目的并不能成为剥夺受益人权益的理由，在《保险法》中也没有必须按照投保目的确定受益人的规定。一审法院仅根据该公司即无合同又无理由的抗辩，剥夺受益人的保险金请求权行为显系不当。其实该公司对保险金由受益人获得的基本知识是明知，所以才发生唐某擅自在保险理赔单上签上自己的名字的行为。这一变更受益人的行为依法应认定无效。

《保险法》第三十九条、第四十一条规定，被保险人和投保人均可指定或变更受益人，但对投保人指定和变更受益人有严格的限制，规定投保人指定和变更受益人必须经过被保险人的同意，这就是说，指定和变更受益人权利实际上归被保险人，未经被保险人的同意，投保人指定或变更受益人的行为无效。法律之所以如此规定是因为人身保险是以被保险人的身体健康和生命为保险标的，将变更受益人的权利赋予被保险人，体现尊重人权的法律原则，旨在避免道德危险。该公司在保险合同中变更受益人为其已，根本不可能争得已死去的被保险人同意，已经没有变更权力。因此，该公司变更受益人的行为是不合法的。

《保险法》第四十一条规定："被保险人或投保人可以变更受益人并通知保险人。保险人收到变更受益人的书面通知后，应当在保险单或者其他保险凭证上批注或者附贴批单。"保险合同作为一种双务合同，受益人的变更是合同主要内容的变更，不能以被保险人或者投保人单方面的意思表示而生效，必须依法定的程序书面通知保险人，由保险人审查认为变更合乎法律规定，在保险单上做出批注，变更行为成为双方认可的行为，才产生法律效力。

（2）所谓因公死亡职工"保险待遇不能双重享受"的判断理由不符合法律规定。职工工伤保险是法定强制性社会保险，罗某因公死亡，该公司支付其亲属抚恤、补助仅是基于劳动用工关系的存在和职工因公死亡的事实，根据《工伤保险条例》等劳动法的规定，履行对劳动者实现劳动保护的法定义务。人身伤害意外险是商业保险，保险受益人获得保险金，是基于保险合同的约定和被保险人在保险责任范围内保险事故发生的事实，保险公司依照保险合同和《保险法》所履行的合同义务。两者是法律属性完全不同的两种保险，职工伤亡补助金和保险金支付的义务主体不同，支付的依据不同、受领的人员不同，不能混为一谈。

人身意外伤害险是给付性保险合同，也称非补偿性保险合同，是不以补偿为目的而仅给付一定保险金额的保险合同，因其保险标的是人的生命或身体，无法用金钱来衡量，投保人或被保险人根据自己交付保险费的能力确定保险金额。危险事故发生，保险人根据合同规定的保险金额承担给付义务，受益人的保险金请求权并无“保险待遇不能双重享受”的限制。《保险法》第四十六条明确规定：“人身保险的被保险人因第三者的行为而发生死亡、伤残或者疾病等保险事故，保险人向被保险人给付保险金后，不得享有向第三人追偿的权利。但被保险人或者受益人仍有权向第三者请求赔偿。”

中国保监会于2000年7月发布的《关于规范人身保险经营行为有关问题的通知》中明确规定：“保险公司对团体保险业务的死亡给付直接向受益人或者受益人委托的代理人支付。除非被保险人书面同意指定投保人为受益人，否则保险公司不得将保险给付金支付给投保单位或者其委托的代理人。”本案中保险公司以罗小某为保险金给付对象，其领取保险金是正确的。该公司将保险金据为己有是不当得利，依法应返还给罗小某。

9.5.2 保险赔付金属于工伤致死者遗产范围吗?

万某是某市私营建筑企业的员工。该企业2004年5月8日向某保险公司为全体员工投保了意外伤害险，保额10万，附加医疗险2万。2005年1月18日万某在出车运货中不幸遭遇车祸身亡。保险公司明确表示认可保险合同的效力，准备为其受益人支付12万元的赔付。就在此时，该市某区人民法院向保险公司送达了协助执行的通知，要求保险公司立即停止支付万某的死亡保险金。原因是万某生前拖欠了该区某信用社的贷款，该信用社已就此向法院提起诉讼要求债务人万某去世后，对其做出财产保全裁定，以追偿万某所欠的债务。与此同时，万某的另一债权人——本地一家农业银行，也以同样的理由向法院提出了对万某财产进行诉讼保全的申请。

本案向我们提出这样一个问题，当被保险人的债权和受益人同时向保险公司请求给付保险金时，法律应该保护谁的利益?

保险受益权的主体是保险收益人，我国《保险法》第十八条规定：“受益人是指人身保险合同中由被保险人或者被投保人指定的享有保险基金请求权的人，投保人、被保险人可以为受益人。”在保险合同中享有赔偿请求权的人本应被被保险人、受益权是由于被保险人的指定受益人的保险金赔偿请求权。受益权是一种期待权，受益人的受益权只有在保险事故发生后才能具体实现，转变为现实的财产权；受益权的行使须在保险事故发生时，受益人的生存为前提，如果受益人先于被保险人死亡，其受益权就因此丧失，保险金的请求权复归被保险人。

从这两点特征来看，受益权与继承权有相似之处，但受益权与继承权有着根本的不同：第一，人身保险中的保险金是根据合同约定，当被保险人在合同期内发生死亡、伤残、疾病等事故或达到合同约定的年龄、期限时，保险人按照合同约定给付的金钱是基于保险合同取得的。第二，人身保险的目的和功能往往在于为他人（受益人）利益自保险。美国学者侯白纳指出："与个人生命的经济价值体现在与其他生命的关系之中。"受益人虽然产生于被保险人的指定，但受益人的保险金请求权，并非从被保险人处继承而来的，而是根据人身保险合同的本质和约定而生的固有权利。

继承法的规定，继承权只是在清偿了被保险人依法应当缴纳的税款和债务后才能行使，继承权不能对抗债权人对遗产行使请求权，而保险金约定于被保险人死亡时给付与其指定的受益人，此金额不得为被保险人的遗产，则受益人的受益权不因被保险人的债权人的追索而消灭。

本案中，保险赔偿金是万某的遗产还是属于万某儿子的受益权的内容？这是决定债权人能否追索赔偿的关键。我国《保险法》及相关司法解释对保险金作为被保险人遗产的情形作了规定。1988 年《中华人民共和国最高人民法院公报》第一期明确规定："根据我国保险法有关条文的精神，人身保险金能否列入被保险人的遗产，取决于被保险人是否指定了受益人。指定了受益人的，被保险死亡后其人身保险金应付给受益人；未指定受益人的，被保险人死亡后，其人身保险金应作为遗产处理，可以用来清偿或赔偿。"

《保险法》第六十四条的规定更为明确具体，其内容如下："被保险人死亡后，遇有下列情况之一的，保险金作为被保险人的遗产，由保险人向被保险人的继承人履行给付保险金的义务：(一) 没有指定受益人的；(二) 受益人先于被保险人死亡的，没有其他受益人的；(三) 受益人依法丧失受益权或放弃受益权的，没有其他受益人的。"从以上可以看出，只要被保险人或投保人在保险合同中明确了受益人，保险金就应该由受益人领取，不能拿来作为被保险人的遗产，因而也就不能用于偿还被被保险人生前的债务，保险受益人的受益权不因被保险人的债权人的追索而消灭。

因此，在本案中，万某既然明确指定其子为唯一的受益人，那么保险赔偿金即属于万某儿子即受益人受益权的内容，而不能作为其父万某被保险人的遗产，自不必清偿万某生前所欠的债务。

9.5.3 建筑团体人身意外保险，投保人是保险受益人吗？

2006 年 7 月 21 日，重庆市彭水苗族土家族自治县金龙电站因水电施工需要，与中国人寿彭水支公司签订了 30 人的建筑工程团体人身意外保险合同。合同约定保险期限为 3 个月，保险金限额为 10 万元。同日，金龙电站向保险公司交纳了 4520 元的保险费，并出具了一份《声明书》。《声明书》称："我站办理的团体意外伤害险，涉及理赔事宜，必须由我站负责人办理，团体受益人为金龙电站。"

2006 年 8 月 13 日，金龙电站工地发生意外事故，员工罗仁斌在事故中死亡，死者的法定继承人与金龙电站在谁是保险受益人这一点上发生争议，人寿保险彭水支公司以此为由拒绝向死者的法定继承人支付保险赔偿金。为此，罗仁斌之妻诉至法院，同时将金龙电站列为第三人，要求判令人寿保险彭水支公司向其支付保险合同中约定的 10 万元保险金。

法院经审理后认为，人身意外伤害险并不是责任险，彭水金龙电站辩称为了减轻其单位发生意外事故的赔偿压力才投保团体人身险，自己单位是理所当然的受益人的理由不能成立。其理由为：人身意外伤害险指定受益人时必须经被保险人同意，而第三人在庭审中明确表示因工地民工流动性大，民工随时发生变动，谁可能发生意外伤害或死亡不可预测，第三人不可能单独与死者罗仁斌订立合同指定受益人。由此可知，第三人指定自己单位是保险受益人时没有征得死者罗仁斌的同意，故第三人关于自己单位是团体险的受益人的《声明书》是无效的。基于此，本案的保险受益人依法只能是被保险人的法定继承人，也就是本案的原告，第三人在投保过程中未如实反映指定保险受益人的情况，存有过错，遂做出由被告人寿保险彭水支公司向原告支付保险金10万元，本案诉讼费由被告和第三人分担的判决。

相关法律条文如下：《建筑法》第四十八条规定："建筑施工企业必须为从事危险作业的职工办理意外伤害保险，支付保险费。"

《保险法》第十条规定：" 保险合同是投保人与保险人约定保险权利义务关系的协议。"投保人是指与保险人订立保险合同，并按照保险合同负有支付保险费义务的人。保险人是指与投保人订立保险合同，并承担赔偿或者给付保险金责任的保险公司。《保险法》第二十一条规定："投保人、被保险人或者受益人知道保险事故发生后，应当及时通知保险人。"被保险人是指其财产或者人身受保险合同保障，享有保险金请求权的人，投保人可以为被保险人。受益人是指人身保险合同中由被保险人或者投保人指定的享有保险金请求权的人，投保人、被保险人可以为受益人。

《保险法》第二十三条规定："保险人收到被保险人或者受益人的赔偿或者给付保险金的请求后，应当及时作出核定；情形复杂的，应当在三十日内作出核定，但合同另有约定的除外。保险人应当将核定结果通知被保险人或者受益人；对属于保险责任的，在与被保险人或者受益人达成赔偿或者给付保险金的协议后十日内，履行赔偿或者给付保险金义务。保险合同对赔偿或者给付保险金的期限有约定的，保险人应当按照约定履行赔偿或者给付保险金义务。

保险人未及时履行前款规定义务的，除支付保险金外，应当赔偿被保险人或者受益人因此受到的损失。

任何单位和个人不得非法干预保险人履行赔偿或者给付保险金的义务，也不得限制被保险人或者受益人取得保险金的权利。"

《合同法》第七十九条规定："债权人可以将合同的权利全部或者部分转让给第三人，但有下列情形之一的除外：（一）根据合同性质不得转让；（二）按照当事人约定不得转让；（三）依照法律规定不得转让。"

9.5.4　被保险人死亡，保险人找不到受益人怎么办?

2004年，贵州邱某（女）在金华赤松镇做木工时，意外坠楼身亡。经过协商，事故各方达成协议，共同给付11.5万元善后款。然而同居者文某却拿不出婚姻证明，随后又突然失踪。邱某的真实身份也无从得知。此后，邱某的遗体一直在殡仪馆里，每天要60元冷冻费，长期下去怎么办。这11.5万元又该赔给谁？事主钱某十分着急。

2004年10月，赤松镇塔山村的钱某获得一块地基，他请泥水匠余某承包工程，计划营造六层高的房子。总承包人余某又将工程分成木工、钢筋工、粉墙等工程，分包给一些外地小包工头。今年4月，一名贵州人李某带着两名小工承包了木工工程，这两人中男的叫文某31岁、贵州人；女的邱某29岁。两人平日以夫妻相称，说是已同居四五年了，还有个孩子。后来贵州人李某因施工时出错退出了工程，木工工程则改由兰溪人方某承包，文、邱二人则留了下来继续干活。

2004年6月23日，房子造到第四层时发生意外。邱某在四楼平台刷地板，突然失足跌落到二楼水泥板雨棚上。大家赶紧把邱某送到金华市中心医院急救，但由于脑部重伤，当晚抢救无效死亡。

工程总承包人余某一开始以为邱某只是手脚骨折，但3个小时后她的血压突然降低，心跳也没了。抢救时，医生说肚子里还怀着2个月的身孕。

业主钱某答应赔偿11.5万元。事情发生的第二天，钱某、余某等人一起去镇政府参加了协调会。

作为高危行业，工人们都投保了“建筑意外险”。经过镇干部调解，大家在8万元赔偿金加上丧葬费共计11.5万元的调解协议上签了字。

出警的赤松派出所副所长杨根忠给目击者做了笔录，结合现场痕迹，排除他杀。金华市中心医院出具的证明则显示，死因是“脑干伤，多处骨折”。

6月25日，当邱某的丈夫文某按约定去拿钱时，工程总承包人余某才发现文某竟然拿不出与邱某有关的任何证件，两人并没办理结婚登记，钱某遂向赤松派出所报案。

然而，在核实邱某身份时，民警又遇到一个难题：邱某的名字输入公安网贵州户籍登记库和失踪人员库，都没能找到符合死者年龄和体貌特征的人。民警继续在贵州周边的广西、四川、云南等地的公安网上查询，也没能找到。

文某解释，他和邱某是在广东认识的，两人同居后在贵州老家办了酒席，生了儿子。他也曾问过邱某是哪里人，可她说：“我已经和你好了，该让你知道时自然会告诉你。”所以文某始终也不知道她到底是哪里人，警方在遗物中也没发现有价值的线索。

因为无法作为无主遗体火化，工程为业主钱某一直承担着每天60元的冷冻费。按照保险的有关规定，两年内不能出具邱某的身份证明，8万元的建筑施工人员赔偿金将失效。

事发后四五天，文某讨要了2000元火化费，没有去办理火化却悄然失踪了。总承包人和分包人也到他们曾经打过工的工地找线索，但没什么进展，又不敢贸然火化。如果过两年保险费失效，而邱某的亲人来索赔，那给由谁来负责呢?

法院认为：文某和邱某多年的同居关系可视为事实婚姻，最简便的解决办法就是经过同居者同意，采集死者DNA后火化，并将善后赔款分为若干份额，如邱某的父母一份、邱某的子女一份、同居者一份，写明交给同居者代为保管，以免之后产生纠纷。

警方认为：证实事实婚姻很简单，只要他们的邻居证明他们长期生活在一起就可以了，但现在连文某都失踪了，文某的那些话到底是不是真的?

近几年来，农村建筑市场异常活跃，然而，受诸多因素影响人身伤亡事故时有发生。因此，规范农村建筑市场秩序十分重要。因此，工程建设必须加强对劳务人员的审查与身份核实，在签订保险合同时，明确建筑意外险被保险人的受益人是十分重要的环节。

9.5.5 发生意外伤害险事故的单位是否可以成为受益人?

2006年6月28日，某公路养护有限公司就其承包的某路面整修工程，按工程造价方式向某保险公司投保建筑施工人员团体意外伤害保险，其中每人每次事故保险金额10万元；并附加建筑施工人员团体意外伤害医疗保险，其中每人每次事故保险金额1万元。保险期限为2006年6月29日至2007年6月28日，保险合同无受益人约定条款。

7月28日，该公路养护有限公司路面整修工程施工部人员艾某在现场施工过程中，不幸被毕某所驾驶的重型货车碰撞而受伤，后经医院抢救无效后死亡，期间发生抢救医疗费用4万多元。事故发生后，该公路养护有限公司某路面整修工程项目经理部与艾某的家属签订了赔偿协议，该公司赔偿给死者艾某家属包括丧葬费、死亡补偿费、子女抚养费、误工费及家属生活补助费等共22万元，余下的交通事故赔偿款由公司方获得。根据交警责任认定书，艾某负有本次事故的同等责任。调解时，交通事故第三者毕某车辆的驾驶人承担本次事故全部费用的60%，即向公路养护有限公司支付12万多元。

交通事故调解结案后，公路养护有限公司就其投保的建筑施工人员团体意外伤害保险及附加的建筑施工人员团体意外伤害医疗保险，向某保险公司索赔。某保险公司接到该公路养护有限公司的索赔通知书后，认为事故发生地点、发生时间、保险责任都符合保险合同约定的条件，但对索赔申请人身份、保险赔款适用原则、保险赔款金额多少产生了不同意见。经与客户多次协商，最后本案采用损失补偿原则，同意按该公路养护有限公司已赔偿给死者艾某家属的22万元，减去毕某车辆的驾驶人承担的12万元，以10万元向该公路养护有限公司进行赔付，并签订赔付协议书。

虽然本保险赔偿案件经过协商后进行赔付，名义上已经结案了，但此案有关专家也提出一些质疑，仍然留给我们一些思考。

(1) 关于索赔申请人。本案中，公路养护有限公司作为投保人，有无索赔申请权？根据某保险公司的《建筑施工人员团体意外伤害保险条款》的释义，索赔申请人“就本保险合同的身故保险金而言，是指受益人或被保险人的继承人或依法享有保险金请求权的其他自然人”。由于本保险合同未签订受益人约定条款，根据《保险法》第四十二条之规定，被保险人死亡后，由于没有指定受益人，保险金作为被保险人的遗产，由保险人向被保险人的继承人履行给付保险金的义务。因此，有关专家认为本案的索赔申请人应为死者艾某的继承人，而非该公路养护有限公司。

(2) 关于损失补偿原则。本案在理赔过程中，适用于损失补偿原则进行赔付。而损失补偿原则是指当保险事故发生时，被保险人从保险人处得到的赔偿应正好填补被保险人因保险事故所造成的保险金额范围内的损失，确保被保险人在经济上恢复到受损前的状态，但不允许被保险人因损失获得额外的利益。

意外伤害保险属于人身保险合同的范畴，根据《保险法》第四十六条规定人身保险：“被保险人因第三者的行为而发生死亡、伤残或者疾病等保险事故的，保险人向被保险人或者受益人给付保险金后，不得享有向第三者追偿的权利。但被保险人或者受益人仍有权向第三者请求赔偿。”本保险合同的建筑施工人员团体意外伤害保险并不适用损失补偿原则；至于附加建筑施工人员团体意外伤害医疗保险，如果适用给付原则，则被保险人可以通过保险获得额外利益，因而，虽然《保险法》或本保险合同条款中未明确规定是否适用于损失补偿原则，但在保险实务中，普遍使用损失补偿原则。因此，在本案中专家认为，建筑施工人员团体意外伤害保险适用给付原则，附加建筑施工人员团体意外伤害医疗保险则适用于损失补偿原则。

(3) 关于赔付金的计算。本案由于确认公路养护有限公司为索赔申请人，并按照损失补偿原则的精神，即不允许被保险人因损失获得额外的利益，最终的赔款计算结果为10万元。有关专家认为，本案的赔款计算结果应该是：建筑施工人员团体意外伤害保险适用给付原则，按每人每次事故保险金额10万元给付；附加建筑施工人员团体意外伤害医疗保险，则适用于损失补偿原则，由于4万元×(1－60%)＝1.6万元，大于每人每次事故保险金额1万元，按1万元赔付，总赔款金额为11万元。

综上所述，有关专家认为，本案的正确处理应当是由死者艾某的继承人或死者艾某的继承人书面委托某公路养护有限公司向某保险公司索赔；保险公司按照损失补偿原则和给付原则，将11万元赔款支付给死者艾某的继承人。退一步而言，如果某公路养护有限公司投保的本意是希望公司成为受益人，就必须在投保时取得被保险人同意某公路养护有限公司为受益人的书面声明，并在投保单和保险单中约定；保险公司在赔偿时，仍然适用于损失补偿原则和给付原则，进行保险赔偿。

9.6 保险期限案例

9.6.1 施工项目建设延期，保险合同是否有效？

原告重庆市巴南建设（集团）有限公司（以下简称巴南建设）与被告中国平安人寿保险股份有限公司重庆市巴南支公司（以下简称平安保险）就保险合同发生纠纷。

原告巴南建设诉称：我公司于2002年6月20日向被告投保建筑工程团体人身意外伤害保险，递交了投保单，并交纳了24999.35元保费。被告只交付我公司人身保险团体保险单和保费收据。按照保险单上规定，保险期限为一年，投保险种为建工意外伤害险和附加伤害医疗险。合同签订后至2003年6月，因气候原因工程延期，我公司向被告书面提出要求保险合同延期到2003年10月31日的申请，被告经办人员答复延期手续已办妥。

2003年8月23日，我公司工地工人络某在施工中不幸身亡，随后，我公司已向死者家属支付了死亡补偿费7.5万元。死者父母曾依照保险合同向被告要求索赔，被告以死亡事故发生在保险合同之后，以及无法证实死者络某为被保险人而拒赔。我公司认为：被告没有要求我公司提供被保险人名册和被保险人在投保单上签字，违反《保险法》第三十四条的规定：“以死亡为给付保险金条件的合同，未经被保险人书面同意并认可保险金额的，合同无效。”起诉要求判令：①双方签订的保险合同无效。②由被告返还保费24993.35元。③由被告赔偿因合同无效造成的损失5万元。

被告平安保险辩称：当事人双方签订的建筑工程团体人身意外伤害保险合同合法有效，并经当事人履行完毕，于2003年6月21日因期限届满依法终止。建工意外伤害保险是法定的强制性保险，被保险人系法定范围，依法行使投保时不记名不计人数的方式，原告与我公司签订的保险合同符合《建筑法》以及原建设部《关于加强建筑意外伤害保险工作的指导意见》的规定，原告以投保时没有被保险人名册以及同意等为由要求确认合同无效是违反法律规定的，加之原告向法院起诉要求确认合同无效已过诉讼时效，应予以驳回。

原告在举证期限内向本院提交以下证据：①建筑工程团体人身意外险投保单；②建

筑工程团体意外险保险单；③建筑工程团体人身意外伤害保险条款；④保险合同回执单；⑤巴南建设8月23日死亡事故的处理与死亡家属协议和死亡者络某的父亲，收取死亡补偿金7.5万元的收据；⑥法院的民事裁定书。

被告平安保险质证后对原告巴南建设提交证据的真实性无异议。

被告平安保险公司在举证期限内向本院提交以下证据：①建筑工程团体人身意外伤害保险投保单；②建筑工程团体人身意外伤害保险条例；③保险合同回执单；④建筑团体人身保险团体保险单；⑤建筑工程施工合同；⑥建设工程中标通知书。

原告巴南建设质证后对被告平安保险所提交证据的真实性无异议。

法院对原、被告双方在举证期限内各自提交的证据，经对方当事人质证无异议，本院均予以确认。

经审理查明，2001年12月23日，原告巴南建设与四川某县人民政府签订建筑工程施工合同，按照合同约定，原告巴南建设承建某县宾馆工程，工程总面积（暂定）6500平方，工程造价（暂定）1000万元，全部工程从2002年3月15日至2003年9月30日完成，合同工期总日历天数525天。2002年6月20日，原告巴南建设为工程施工人员向被告平安保险公司投保了建筑工人意外伤害保险。被告平安保险公司同意承保，收取了24999.35元保费，并签发了保险单。该保单确定保险期限一年，从2002年6月21日起至2003年6月21日止。按构成合同内容的平安保险公司《建筑工程团体人身意外伤害保险条款》的规定：凡在建筑工程施工现场从事管理和作业并与施工企业建立劳动关系的人员均可作为被保险人，以团体为单位，由所在施工企业或对被保险人具有保险利益的团体作为投保人，经被保险人书面同意，向中国平安保险股份有限公司投保本合同。在签发保单时，原告未向被告提供被保险人名册和被保险人的书面签名，而被告对原告未提供保险人名册和签名未进行明确说明，而认可原告可不上交上述文件。

2002年6月，因气候原因，原告承建的宾馆工程停工，原告向被告提交了《保险延期申请书》和《宾馆工程情况说明》。被告未对是否延长保险期限做出答复。同年8月，宾馆工程恢复施工。8月23日，当地民工络某在施工中触电身亡。此后，原告于2003年提起诉讼，要求被告按双方签订的团体保险合同进行赔偿，因原告巴南建设在保险合同中只是投保人，不是被保险人的受益人，不能作为保险合同赔偿请求权的权利人提起诉讼，原告巴南建设申请撤回了诉讼。之后死者络某的父亲于2004年8月26日起诉被告平安保险公司，要求赔偿意外身故保险金5万元，被告平安保险公司则称：①无证据证明死者络某属于巴南建设集团投保的建筑工程团体人身意外伤害险的被保险人，因而二原告不享有保险金请求权。②巴南建设投保的建工意外险已于2003年6月21日终止，死者络某，发生死亡事故的日期为2003年8月23日，不在保险期限内，二原告要求给付保险金于法无据。遂后原告络某父亲撤回诉讼。巴南建设又于2005年1月11日起诉，要求确认与被告平安保险公司签订的建筑工程团体人身意外伤害保险合同为无效合同，并由被告退还已交保费24993.35元，以及因合同无效给原告造成的损失5万元。审理中，双方各执已见，调解未果。

法院认为，原告巴南建设集团与被告平安保险公司签订的《建设工程团体人身意外伤害保险合同》是经双方平等协商、自愿达成的协议。构成合同内容的《建筑工程团体人身意外伤害保险条款》明确约定：投保人应当提供被保险人（凡在建筑工程施工现场从事管理和作业并与施工企业建立劳动关系的人员）名册，并经被保险人书面同意，方能向作为保险人的平安保险公司投保。该合同约定符合《保险法》、《建筑法》以及原建设部《指导意见》的有关规定，该条款合法有效。但是，保险合同中被告方确定的保险期限为一年。《建筑法》以及《指导意见》明确规定："保险期限应涵盖工程项目开工之日到工程竣工验收合格日。提前竣工的，保险责任自行终止。因延长工期的，应当办理保险顺延手续。"

本案中，宾馆工程工期总天数为525天，于2003年9月30日竣工。而保险合同保险期限的到期日为2003年6月21日止。被告确定的保险期限一年的条款约定明显违反了《建筑法》和《指导意见》的规定，该合同条款无效。因此，原告巴南建设集团与被告平安保险公司签订的《建筑工程团体人身意外伤害保险合同》中规定的："保险期限一年"的条款无效外，其余合同内容有效。原告巴南建设集团依照保险合同无效而提起的要求被告平安保险公司返还保费24999.35元和赔偿因合同无效造成损失5万元的诉讼请求，本院不予主张。为此，依照《民法通则》第五十七条、第五十八条第一条第（五）项、第六十条之规定，法院判决如下：

（1）原告重庆市巴南建设（集团）有限公司与被告中国平安人寿保险股份有限公司重庆市巴南支公司签订的《建筑工程团体人身意外伤害保险合同》中："保险期限一年"的条款无效外，其余合同内容有效。

（2）驳回原告重庆市巴南建设（集团）有限公司的其他诉讼请求。本案案件受理费1010元，其他诉讼费510元，合计1520元，由原告重庆市巴南建设（集团）有限公司负担（已交纳）。

如不服本判决，可在判决书送达之日起十五日内，向本院递交上诉状，并按对方当事人的人数提出副本，上诉于重庆市第一中级人民法院。同时，直接向该院预交上诉案件受理费1520元，递交上诉状后上述期满七日内仍未预交诉讼费又不提出缓交申请的，按自动撤回上诉处理。

本判决发生法律效力，当事人应自觉履行判决的全部义务。一方不履行的，自本判决内容生效后，权利人可以向本院申请强制执行。申请执行的期限为半年，该期限从法律文书规定履行期限的最后一日起计算。

9.6.2 合同成立等于保险责任开始吗？

2001年9月28日，某公司为全体员工投保团体人身意外伤害保险，保险公司收取了保险费，并当即签发了保险单，保险单上列明的保险期间自2001年10月1日起至2002年9月30日止。2001年9月30日，该公司职工高某因公外出，遭遇车祸不幸身亡。事故发生后，高某的亲属向保险公司提出了索赔申请。

对于本案出现了两种不同的观点：

一、保险公司不承担保险责任。认为保险合同成立的时间并不等于保险责任开始时间，保险责任应于保险合同约定的保险期限开始承担。本案中保险单上列明的保险责任是从2001年10月1日零时开始至2002年9月30日24时结束。高某的保险事故发生于2001年9月30日下午，不在保险责任期间内，因此，保险公司不予承担保险责任。

二、保险公司应当承担责任。认为保险合同的成立时间为2001年9月28日，保险合同的成立也就是意味着保险合同的生效。保险合同生效后，合同双方当事人就应当开始行使履行各自的权利与义务。投保人交纳了保险费，有权享受保险公司提供的保险保障。保险人收取了保费就应当承担保障被保险人的责任。已经生效的保险合同对双方当事人具有法律约束力，保险公司应当依约履行规定的义务，给付保险金。

理解本案的关键在于搞清保险合同的成立、生效、保险期间开始和保险责任期间开始的概念以及它们之间的相互关系与区别。

《保险法》第十三条规定，投保人提出保险要求，经保险人同意承保，保险合同成立。也就是说，保险合同的成立是指投保人与保险人经过了要约人的要约和被要约人的承诺，合同即告成立。保险合同的生效则是指合同双方的当事人发生约束力，即合同条款产生法律效力。一般来说保险合同的成立不一定标志着保险合同的生效，因为保险合同的生效还要有一个对价的过程，被保险人给予保险人的对价，是履行缴纳保费等合同中所附加条件中规定的义务；保险人给予被保险人的对价是保险事故发生后支付被保险人约定的赔偿金。一般情况下，投保人交纳保险费后，已建立的保险合同便开始生效（我国在人身保险合同中的生效期的时间采用“零时起保”方式确定）；当然投保人与保险人也可以在合同中约定，保险合同一经成立就发生法律效力，此时保险合同的成立就意味着保险合同的生效。

保险期间是指保险合同自生效到终止所经历的时间，即保险合同的有效期间。保险责任期间是保险人承担责任开始到终止的期间，对于在此期间内发生的保险事故，保险人应当承担保险责任，这一阶段是被保险人真正享受保险合同保障时间。在保险实务中，如果没有特别约定，保险责任期间开始的时间与保险期间开始的时间是一致的，但有以下两种情况除外：

（1）保险责任期间追溯到保险期间开始前的某一个时点，也就是说保险人需要对合同成立前所发生的保险事故承担保险责任，此情形多适用于海上保险合同。

（2）保险期间开始后，经过若干日的观察期间，保险人才开始承担保险责任及保险责任期间开始的时间晚于保险期间开始的时间，此情形多适用于健康保险合同。

保险责任开始的时间与合同生效的时间是既有联系又有区别的两个概念，根据《保险法》第十四条的规定：“保险合同成立后，投保人按照约定交付保险费，保险人按照约定的时间开始承担保险责任。”因此，保险合同的当事人可以在合同中约定保险责任开始时间，该时间可以约定在合同生效以前的某一时间点，也可以约定在合同生效以后的某一时点，还可以与合同生效时间完全一致。

本案中作投保人的某公司与保险人在保险单上明确的约定保险期间也即保险责任期间是从2001年10月1日至2002年的9月30日，所以即使该份保险合同在2001年9月28日已宣告成立并已生效，但保险责任期开始时间点为2001年10月1日零时。高某的保险事故恰恰发生在保险合同成立生效之后，但保险责任期尚未开始的这段时间内，保险人不承担对该事故的赔偿责任。上述第一种观点是正确的。因此，保险人不必支付高某亲属保险金，但应当退还已收的保险费用。

9.6.3 意外险保险合同解除后，是否具有溯及力？

某企业于2000年7月为本单位职工投保了三年定期的人身保险，受益人为职工家属。保险合同条款中明确规定：被保险人发生保险事故后投保人应及时通知保险人。2001年12月，该单位一名职工李某发生意外事故身亡，该企业未通知保险公司，死亡职工家属也未申请给付保险金。后因种种原因，该单位在2002年3月前往保险公司办理了集体退保手续，并领取了退保金。2002年9月死亡职工家属李某向保险公司提出保险金申请，认为李某在保险合同期内身亡，保险公司应承担责任，给付保险金。而保险公司则认为：保险合同已经解除，投保人领取了退保金，保险人不承担保险责任，双方遂起争议，李某家属将保险公司告上法庭。

法庭在处理本案时出现了不同意见：

一、应当履行保险责任，给付保险金。死亡职工李某的家属认为：投保人与保险人协议解除保险合同，是具有法律效力的行为，该保险合同在解除合同应自解除合同之时终止效力，在合同解除之前发生的保险事故，保险公司应履行保险合同存续期间的义务给付保险金。给付义务不受退保在前、给付申请在后这一事实的影响。

二、不应履行保险责任，应拒绝给付保险金。被保险人家属在给付申请时保险合同已近被解除了，保险合同不复存在，任何合同当事人或关系人向保险公司索赔已无法提供保险合同凭证，故保险公司无需履行保险尽给付义务。

本案的争论焦点在于保险合同解除后的法律效力如何？保险合同的基础是否具有溯及力？双方当事人在合同解除前的权利义务是否依然存在？

保险合同的解除是指在保险合同有效期尚未届满前，合同当事人以法律或约定行使解除权，提前终止合同效力的法律行为。我国《保险法》第十五条赋予了投保人解除保险合同的权利。保险合同解除的法律后果是使合同关系消灭，但这种消灭是自始消灭还是仅向将来消灭？如果合同具有溯及力，则双方当事人的合同关系视为自始并没有成立，双方依据合同所做出的给付均应返还，发生恢复原状的法律后果；如果合同解除无溯及力，则合同关系仅向将来消灭，解除前因合同形式的权利义务关系仍然有效。大陆法系将合同关系的消灭区分为合同解除和合同终止两种情况，两种情形使用的范围和产生的法律后果不同；解除一般适用于非继续性合同（履行为一次性行为的合同）的场合，具有溯及力；终止合同一般适用于继续性合同（履行一定时间内持续完成，而不是一时或一次完成的合同），不具有溯及力。

根据我国合同法的立法精神和相关规定来看，我国立法未明确合同解除的溯及力问题。《合同法》第九十七条规定："合同解除后，尚未履行的，终止履行；已经履行的，根据履行情况和合同性质，当事人可以要求恢复原状、采取其他补救措施，并有权要求赔偿损失。"可见，法律对合同解除后是否发生恢复原状的后果，没有硬性规定。理论上认为，合同解除的法律后果要视合同解除的方式、合同的类型而定。

对保险合同来说，合同的溯及力主要体现在保险费和保险金的返还上。如果保险合同的解除有溯及力，则保险人解除合同时应在扣除手续费后返还所收的保险费；被保险人若收有保险金应当退回。如果合同解除没有溯及力，则保险人无需返还自保险责任开始至解除之日期间的保费，被保险人也无需返还保险金，受益人还可以依据保险关系，在保险事故发生时依然有效为由，主张保险人给予赔付。

由于我国保险合同的解除有单方面基础和协议解除两种，而且财产保险合同能和人身保险合同解除的溯及力也不完全相同，因此，上述两种情况都有可能发生，合同解除的溯及力不能一概而论，必须视不同的情况加以分析：

(1) 单方面解除保险合同的法律后果。《保险法》对保险合同单方面解除的法律后果未作明确的规定，按照合同法的基本原理并参照国外的有关做法，应认为合同单方解除原则可以溯及以往。需要说明的是，在某种特殊情况下单方解除不产生溯及力，因为保险合同必须遵守最大诚信原则，如果投保人或被保险人故意不履行如实告知的义务、谎称发生保险事故或故意制造保险事故时，保险人将不退还保险费，保险合同解除未产生溯及力，特殊情况下被保险人违背最大诚信原则，情节恶劣的，其解除不产生溯及力。

(2) 协议解除保险合同的法律后果。保险合同的协议解除的法律后果在财产保险和人身保险中有不同体现。对于财产保险合同，根据《保险法》第五十四条的相关规定，如果保险责任未开始而协议解除合同，该行为有溯及力；如果保险责任已开始，则该行为没有溯及力。

人身保险合同不同于财产保险合同，《保险法》第四十七条规定："投保人解除合同的，保险人应当自收到解除合同通知之日起三十日内，按照合同约定退还保险单的现金价值。"该条款说明人身保险合同的解除产生溯及以往效力，保险公司退还保费或保单的现金价值。这是因为人身保险合同具有储蓄性质，投保人交纳的保险费构成获取保险基金的物质基础，保险人充当着保险资金管理人的角色，投保人交纳的保险费不应看作保险人的即得利益或利润收入，甚至可以说已收保险费中的一部分是保险人对投保人的债务，因此，人身合同解除时应具有溯及以往的法律效力。

依据本案作为投保人的某单位于2002年3月前往保险公司办理退保手续并领取了退保金，视为协议解除合同，该解除具有溯及以往的效力，保险合同关系不仅向将来消灭，而且解除前已形成的保险关系也予以消灭，双方关系恢复到没有签订约定前的状态，合同双方不再享有和承担任何合同权利和义务，因此，保险人不承担保险责任。上述第一种观点不仅在逻辑上自相矛盾（退保险费成立说明解除有溯及力，支持李某家属索赔是以合同解除没有溯及力为前提），而且对保险公司也显失公平。法院最终判定：某单位于保险公司之间双方解除保险合同的行为具有法律溯及力，而且保险受益人在向保险人提出保险金给付申请时，保险合同已解除，申请人无法作为索赔的基本依据——保险单，其请求不应得到确认，保险公司无需承担保险责任。

9.7 多险赔偿案例

获得工伤保险的赔偿后，意外险还赔付吗？

2005年2月2日，江苏某建筑有限公司（以下简称A公司）为投保人，为本单位229名职工在保险公司投保团体人身意外伤害保险每人2万元、附加团体意外医疗保险每人1万元的险种。团体人身意外伤害保险条款第三条规定："在保险期间内，被保险人因遭受意外伤害，且符合《人身保险残疾程度与保险金给付比例表》所列残疾程度，本公司按表中所列给付比例以及残疾给付说明给付“意外残疾保险金”。附件《人身保险残疾程度与保险金给付比例表》载明的七级伤残保险金给付比例为15%。附加意外伤害医疗保险条款第一条规定：“被保险人因遭受意外伤害事故，本公司承担其符合当地社会医疗保险主管部门规定的可报销的医疗费用范围内，扣除人民币100元的免赔额以后，按被保险人实际支出的医疗费用的80%比例给付‘意外伤害医疗保险金’；被保险人的意外伤害医疗保险金累计给付以保险单所载明的‘意外伤害医疗保险金额’为限。”A公司26岁的张某某是被保险人之一。

2005年6月17日凌晨6时30分左右，张某某在A公司维修84盘框绞机同步带，用左脚调试同步带时，左脚不慎被带入同步带受伤。医院诊断为：左足脱套伤。同年9月2日，宜兴市劳动和社会保障局做出工伤认定，认定张某某受伤属工伤。2006年5月19日，无锡市劳动能力鉴定委员会做出张某某的致残程度为七级的鉴定结论。之后张某某在宜兴市劳动和社会保障局领取了工伤医疗费7932.9元及伤残补助金。

依据A公司投保的团体人身意外伤害保险和附加团体意外医疗保险，张某某又向保险公司提出理赔申请，但没有能够得到赔偿。

2007年7月23日，张某某起诉至宜兴市人民法院，请求判令保险公司支付意外残疾保险金3000元（保险金额20000元×给付比例15%）、附加意外伤害医疗保险金9900元（保险金额10000元－免赔额100元）。

保险公司辩称：对投保及事故事实无异议，但对保险金数额有异议，意外伤害赔偿金的赔偿需有七级伤残的依据；按照保险合同的约定，意外伤害医疗保险金应按［（公费医疗金额－免赔额100）×给付比例80%］赔付。同时，张某某的医疗费已从社保部门取得了赔偿，保险公司只对剩余未获赔偿的医疗费进行赔偿，对社保部门已赔付的医疗费不承担赔偿责任。

赔案处理：一审判决。宜兴市人民法院审理后认为：A建筑公司与保险公司签订的保险合同合法有效，双方均应按约履行义务。张某某作为被保险人于保险期间内发生意外事故，属于合同约定的保险责任范围，保险公司应在约定的赔偿限额范围内对张某某进行赔偿。意外伤害保险是以被保险人的身体利益为保险标的，以被保险人遭受意外伤害为保险事故，当被保险事故发生时，由保险人按合同给付保险金的人身保险。无论被保险人是否已经获得赔偿，保险人均应按约向被保险人给付合同约定的保险金，故属于人身保险的意外伤害医疗保险依法应适用给付原则。该案中张某某虽已从社保部门领取了工伤医疗费，但保险公司仍应按照保险合同的约定向其支付意外伤害医疗保险金。因此，对于保险公司提出的对社保部门已赔付的医疗费其不承担赔偿责任的抗辩，该院不予采信。该院判决：保险公司于本判决发生法律效力之日起十日内向张某某支付保险金人民币12900元。

保险公司不服宜兴市人民法院上述民事判决，于2007年11月22日向无锡市中级人民法院提起上诉。无锡市中级人民法院于2008年1月11日公开开庭审理了本案，认为：根据我国保险法规定，意外伤害保险属人身保险业务。人身保险合同的保障作用突出体现在其具有的给付性上。本案中，张某某从宜兴市劳动和社会保障局领取工伤医疗费17932.9元及伤残补助金系工伤保险费用，与人身意外伤害商业保险并不冲突，保险公司仍应按约向被保险人进行理赔。保险公司上诉称宜兴市劳动和社会保障局向张某某支付工伤医疗费的17932.9元应在理赔中予以扣除，本院对此不予支持。无锡市中级人民法院依照《中华人民共和国民事诉讼法》第一百五十三条第一款第（一）项之规定，于2008年1月30日判决驳回上诉，维持原判。

第10章 雇主责任保险案例

10.1 雇主责任赔偿案例

10.1.1 雇主责任是合同责任还是侵权责任?

个体工商业户主张某（被告）承包拆除天津碱厂除钙塔厂房工程，由被告全权代理人徐某（被告之夫）组织、指挥施工，并亲自带领雇佣的临时工张国某等人拆除混凝土大梁。在拆除前四根大梁时，起吊后梁身出现裂缝；起吊第五根时，起吊后梁身中间折裂（塌腰）。对此，并未引起徐某的重视。当拆除第六根时，梁身从中折断，站在大梁上的徐某和张国某滑落坠地，张国某受伤，经医院检查：左下踝关节挫伤，受伤第五天住院，半月后死亡。鉴定结论：左踝外伤后，引起局部组织感染、坏死，致脓毒败血症死亡，医院治疗无误。后张国某之父等近亲属作为原告向法院起诉，要求被告赔偿全部经济损失。

被告辩称，死者张国某签写招工登记表时，同意“工伤概不负责”。此案刊登在《最高人民法院公报》1989年第1号（总17号）上，审理期间，最高人民法院于1988年10月14日，以（88）民他字第1号对天津市高级人民法院就该案的请示报告进行了批复，（全文是）《关于雇工合同应当严格执行劳动保护法规问题的批复》，最高人民法院认为：“对劳动者实行劳动保护，在我国宪法中已有明文规定，这是劳动者所享有的权利，受国家法律保护，任何个人和组织都不得任意侵犯。张某、徐某身为雇主，对雇员理应依法给予劳动保护，但他们却在招工登记表中注明‘工伤概不负责’，这是违反宪法和有关劳动保护法规的，也严重违反了社会主义公德，对这种行为应认定无效。”

通过这一批复最高人民法院把雇主对雇员在完成受雇工作中所受损害应承担的民事责任，界定为是一种侵权责任，而非合同责任。雇员要求赔偿的权利不是基于雇佣合同产生的，而是基于劳动保护所享有的，雇主所应承担的责任也不是因其违反雇佣合同所产生的义务，而是因其违反了法律赋予的一切人不得损害他人合法权益的普遍义务，雇主所侵犯的权利客体是雇员的人身权和财产权，而不是雇员的债权。

10.1.2 农民工刘某诉铁道部某工程公司雇主赔偿案例

原告刘某到被告铁道部第二十工程局二处第八工程公司承包的建筑工地上打工，该工程系罗某某从铁道部某工程公司承包的。被告铁道部某工程公司在开工之前曾强调安全问题。1998年10月6日下午14时许，刘某在安放道板下的胶垫时未使用铁钩，直接用手放置，由于道板上的千斤顶滑落，重达十多吨的道板坠下，将刘某的左手砸伤。经查明，大桥行车道板的架设工程，应当使用吊车起吊轨道板进行安装。而本案中被告刘某却采用人工安装，增加了安全隐患。因此，原告以被告未尽到有关的劳动保护义务，造成原告刘某左手伤残为由，向当地县人民法院提起诉讼，要求被告赔偿自己左手伤残的损失。

法院认为，《宪法》中有规定："国家应该加强劳动保护，改善劳动条件。"《劳动法》也规定："劳动者有权获得劳动保护，用人单位应该保障劳动者享有的劳动权利。"

罗某某是该工程的负责人，依法负有保护劳动者人身安全的义务，被告明知用手直接安装危险较大，却没有采取相应的劳动保护措施，也没有在现场加以监督和指导，疏于防范，致使原告刘某发生安全事故。被告铁道部某工程公司约定，将自己应该承担的劳动安全风险推给了罗某某，损害了劳动者的合法权益，因而该约定是无效的，两被告应该赔偿原告刘某所受的损失。

法院判决及适用的法律：依据《宪法》第四十二条、《劳动法》第三条、第四条、《中华人民共和国民法通则》(以下简称民法通则）第九十八条的规定，两被告因为自己的过失，造成了原告的左手伤残，应当予以赔偿。判决被告罗某某赔偿原告刘某医疗费等费用共计 18679. 56 元（不包括已付的费用），被告铁道部某工程公司承担连带责任。判决后原告刘某上诉，要求增加赔偿数额。二审法院主持调解，达成最终协议，除罗某某已支付的 6457. 71 元外，再由铁道部某工程公司赔偿 18244 元。

此案中认定被告有过失，只引用了《民法通则》第九十八条的规定，而未引用责任条款，主要是因为一些学者对有些案件中适用雇主过错责任原则提出严厉批评的结果。

10. 1. 3　雇员龙某诉中州建筑工程公司、永胜县交通局雇主赔偿纠纷案

被告中州建筑工程公司以其名义向被告永胜县交通局承包国境线工程，中州公司又与被告姜某某签订施工合同，将此工程交姜某某具体负责施工管理。随后，姜某某雇佣龙某为该工程施工。由于施工无任何安全保护措施，致使龙某被砸伤，造成腰椎压缩性骨折并瘫痪。经鉴定为二级伤残，完全丧失劳动能力。原告龙某以中州建筑公司和永胜县交通局为被告，起诉至法院要求两被告赔偿。

经过审理，法院认为：

（1）被告中州公司作为工程的直接承包者和劳动法规定的用人单位，有义务提供劳动保护，对劳动者进行劳动就业训练。但中州公司在该工程转交给被告姜某某负责后，没有履行上述义务，也没有对姜某某的工作情况进行监督管理，因而引起伤害事故的发生。对此中州公司应承担民事赔偿责任。

（2）被告姜某某与中州公司形成内部承包关系，代表中州公司直接对国境线工程的具体施工和用人负责，因此，也应代表中州公司履行宪法和劳动法给用人企业规定的提供劳动保护、对劳动者进行劳动就业培训等义务。但姜某某并未进行劳动就业培训就让劳动者上岗。在劳动过程中，姜某某也并不督促和指导劳动者采取有效的安全防护措施。这种不顾劳动安全的违章行为是此次事故的直接原因。由于中州公司是承包人，姜某某与中州公司是内部承包关系，所以姜某某在本案中不直接承担责任。中州公司在对原告承担责任后，可另行追究姜某某应当承担的责任。

（3）被告交通局是发包方，既不是劳动合同中的用人单位，也不是雇佣合同中的雇主，与原告龙某不存在直接的法律关系，且对龙某所受工伤无过错责任，故不应承担责任。

法院判决及适用法律：根据《宪法》第四十二条第四款，《劳动法》第二条、第三

条、第四条，《民法通则》第一百零六条第二款、第一百一十九条，并参照《道路交通事故处理办法》及地方规定的执行标准，判决被告中州公司赔偿原告龙某医疗费等共计163799.33元。

该案例中，认定被告违反劳动安全保护义务，适用《民法通则》第一百零六条第二款的过错责任原则等规定，判令被告进行了赔偿。

最高人民法院起草的《人身损害赔偿司法解释》中就雇主对雇员赔偿责任进一步作了规定，第十一条规定："雇员在从事雇佣活动中受到人身损害，雇主应当承担赔偿责任，受雇佣关系以外的第三人造成雇员人身损害的，赔偿权利人可以请求第三人承担责任，也可以请求雇主承担赔偿责任。雇主承担赔偿责任后，可以向第三人追偿。"《民法通则》第106条前两款情形，雇员也有过错的，适用《民法通则》第一百三十一条以及本《解释》第二条规定。《民法通则》第一百三十一条规定："受害人对于损害的发生也有过错的，可以减轻侵害人的民事责任。"本《解释》第二条规定："受害人对同一损害的发生或者扩大有故意过失的，依照《民法通则》第一百三十一条的规定，可以减轻或免除赔偿义务人的赔偿责任。但侵权人因故意或重大过失致人损害，受害人只有一般过失的，不减轻赔偿义务人的赔偿责任。依照《民法通则》第一百零六条第三款的规定承担民事责任的情形，仅在受害人有重大过失时可以减轻侵权人的赔偿责任。"这仍是过错（推定）责任原则。

10.1.4 如何判定用工中的雇佣关系与承揽关系？

2005年3月18日陈某、胡某双方约定，陈某承揽的位于浦东新区金高路1298弄129号的广告制作项目转给胡某做。胡某接受后，自己找地方、购买材料，按照陈某提供的图纸进行制作。2005年3月25日，胡某制作完毕之后直接送到金高路1298弄129号进行安装。安装过程中，胡某安装工具不够，向陈某借工具。陈某带人带工具赶到现场，并且帮助胡某进行安装。在安装过程中，胡某摔伤；陈某及时将胡某送至医院。后胡某要求陈某赔偿，陈某不同意，故胡某将陈某诉至法院。

根据双方提供的证据，法院认定陈某、胡某双方属于雇佣关系。因为陈某为胡某提供了劳动工具，并且到现场指挥了安装，判决陈某承担赔偿责任。陈某不服，提起上诉，二审法院维持原判。

《人身损害赔偿司法解释》第十一条规定："雇员在从事雇佣活动中遭受人身损害，雇主应当承担赔偿责任。雇佣关系以外的第三人造成雇员人身损害的，赔偿权利人可以请求第三人承担赔偿责任，也可以请求雇主承担赔偿责任。雇主承担赔偿责任后，可以向第三人追偿。雇员在从事雇佣活动中因安全生产事故遭受人身损害，发包人、分包人知道或者应当知道接受发包或者分包业务的雇主没有相应资质或者安全生产条件的，应当与雇主承担连带赔偿责任。"

《人身损害赔偿司法解释》第十九条规定："医疗费根据医疗机构出具的医药费、住院费等收款凭证，结合病历和诊断证明等相关证据确定。赔偿义务人对治疗的必要性和合理性有异议的，应当承担相应的举证责任。医疗费的赔偿数额，按照一审法庭辩论终结前实际发生的数额确定。器官功能恢复训练所必要的康复费、适当的整容费以及其他后续治疗费，赔偿权利人可以待实际发生后另行起诉。但根据医疗证明或者鉴定结论确定必然发生的费用，可以与已经发生的医疗费一并予以赔偿。”

《民法通则》第一百零六条规定“公民、法人违反合同或者不履行其他义务的，应当承担民事责任。公民、法人由于过错侵害国家的、集体的财产，侵害他人财产、人身的应当承担民事责任。没有过错，但法律规定应当承担民事责任的，应当承担民事责任。”第一百一十九条规定：“侵害公民身体造成伤害的，应当赔偿医疗费、因误工减少的收入、残废者生活补助费等费用；造成死亡的，并应当支付丧葬费、死者生前扶养的人必要的生活费等费用。”

本案中法院“认定为雇佣关系的依据是提供过劳动工具”。关于劳动关系、雇佣关系、承揽关系，三者之间很难分清；作为劳动者，可以通过三种途径主张自己的权利。而作为发包人，一定要明确，你和对方的关系。法律规定，只有承揽关系，出现工伤才不承担责任。其他都要承担。那么劳动关系、雇佣关系与承揽关系如何界定呢？

1. 劳动、雇佣和承揽的关系

雇佣关系分广义和狭义之分。广义的雇佣关系包容劳动关系，劳动关系以外的雇佣关系法律没有规定，参照劳动关系认定。狭义的雇佣关系对应的雇主责任、雇员责任与劳动关系对应的工伤事故赔偿责任适用不同的归责原则。雇佣关系也区别于承揽关系，雇员和承揽人从事约定作业造成他人或自身人身损害时适用不同的归责原则。

雇佣关系中存在着雇主责任、雇员责任，而劳动关系中存在着工伤事故赔偿责任，二者同属于用工关系。目前，调整用工关系中人身损害赔偿纠纷的主要依据是，一是2003年4月27日国务院颁布的《工伤保险条例》中的相关规定，确立了我国工伤事故保险责任处理的基本原则和具体方法，对工伤事故的保险责任做出了明确、具体的规定。二是2004年5月1日施行的《人身损害赔偿司法解释》，其第九、十一条分别规定了雇主责任、雇员责任，第十条规定了定作人定作指示或者选任过失责任，第十二条规定工伤赔偿责任，相关的还有第八条、第十三条、第十四条。

雇佣损害赔偿和承揽损害赔偿分别存在着两种情况。雇佣损害赔偿的两种情况是；一种是雇工执行职务致他人损害，一种是雇工执行职务自己受到损害。前者指雇员按雇主的意旨完成雇主交付的任务中致他人财产或人身损害，是雇佣中对外损害，为民事侵权中一般侵权行为；后者是指雇员在按照雇主的意旨完成雇主交付的任务中自己的人身受到损害，是雇佣中的内部损害，为特殊侵权行为。承揽人损害赔偿也有两种情况：一种是承揽人加工承揽过程中致他人损害；另一种是承揽人加工承揽过程中自己受到损害。工伤保险损害赔偿制的是后者即雇员（职工）或承揽人自身受到的损害。

2. 我国劳动、承揽与雇佣关系的立法及调整

（1）劳动关系方面。《劳动法》第二条规定：在中华人民共和国境内的企业、个体经济组织（以下统称用人单位）和与之形成劳动关系的劳动者，适用本法。国家机关、事业组织、社会团体和与之建立劳动合同关系的劳动者，依照本法执行。第十六条规定：劳动合同是劳动者与用人单位确立劳动关系、明确双方权利和义务的协议。建立劳动关系应当订立劳动合同。

1994年的《劳动法》只是在第七十三条规定了工伤事故享受保险待遇的一般原则，也没有规定具体方法。因此，在实践中形成了处理工伤事故纠纷时，旧的法规不能适用，新的法规没有规定的局面。2003年4月27日国务院正式颁布《工伤保险条例》，确定了

我国工伤事故保险责任处理的基本原则和具体方法。这是自1951年发布、1953年修正《劳动保险条例》以来第一次做出的具体规范工伤事故处理的行政法规。

（2）承揽关系方面。1999年10月1日起施行的《合同法》第二百五十一条规定了承揽合同，以及相关章节又分别规定了建设工程合同、运输合同、委托合同、行纪合同、居间合同。将承揽人与定作人两类平等主体的权利义务关系做了明确规定。其中建设工程合同的承包人、运输合同的承运人、委托合同、经纪合同、居间合同中的受托人，实质上处于承揽合同中承揽人的地位。

（3）雇佣关系方面。长期以来，人们普遍认为，雇佣关系是私有制下的用工制度，因此，虽其在现实社会中作用逐渐增强但由于其为一种古老的法律关系，在现实的基本法律中并无名分。对于雇佣合同，《民法通则》没有规定，《合同法》也没有将其列为一类独立的有名合同。

1987年1月1日起施行的《民法通则》第一百二十一条规定："国家机关或者国家机关工作人员在执行职务中，侵犯公民、法人的合法权益造成损害的，应当承担民事责任。"最高人民法院《关于贯彻执行〈中华人民共和国民法通则〉若干问题的意见》(以下简称《通则意见》）第一百五十二条规定："国家机关工作人员在执行职务中，给公民、法人的合法权益造成损害的，国家机关应当承担民事责任。"将国家机关工作人员在执行职务过程中的侵权规定为一种替代责任。《民法通则》第四十三条规定："企业法人对它的法定代表人和其他工作人员的经营活动，承担民事责任"。最高人民法院对这一本意上规范法人工作人员对外的代表或代理的条文进行了扩张解释。《通则意见》第五十八条规定："企业法人的法定代表人和其他工作人员，以法人名义从事的经营活动，给他人造成经济损失的，企业法人应当承担民事责任。"以上解释解决了机关法人和企业法人对其工作人员的责任问题，不包括其他类型的法人对其工作人员的责任，特别是7人以下的合伙组织、个体工商户、农村承包经营户等对其雇员的责任。亦即，当时的企业法人主要是公有制企业法人，对此后随着所有制改革的推进而普遍出现的私有制企业法人的雇员在雇佣活动中致人损害的赔偿责任，上述规定显然不能包括和适用。

最高人民法院于1992年7月14日《关于贯彻执行〈中华人民共和国民事诉讼法〉若干问题的意见》(以下简称《民诉法意见》）第四十五条规定："个体工商户、农村承包经营户、合伙组织雇佣的人员在进行雇佣合同规定的生产经营活动中造成他人损害的，其雇主是当事人。"从程序法的角度对雇主责任进行了规定，但其仅仅表明对雇员进行雇佣活动所致他人的损害，应当由雇主作为损害赔偿诉讼的被告，对实体法上赔偿责任的承担以及雇主是否有权对雇员进行追偿等问题的处理，仍然没有法律规定。2004年5月1日施行的《人身损害赔偿司法解释》第九条、第十一条分别规定了雇主责任、雇员责任，第十条规定了定作人指示过失责任，第十二条规定工伤赔偿责任，才使得对这类纠纷的处理有了实体法上的依据。

3. 劳动关系与雇佣关系的区别与认定

（1）区别标准。劳动关系与雇佣关系的主要区别是看用人单位和劳动者的主体资格。广义的雇佣关系与劳动法调整的劳动关系是包容与被包容的关系，劳动关系是一种特殊的雇佣关系，以提供劳务换取报酬的雇佣关系。在现代社会大量的是以劳动关系的形式出现，劳动关系只不过是雇佣关系社会化的形式。国家基于需要，将一部分雇佣关系用劳动法加以调整，劳动法调整之外的雇佣关系成为单纯的雇佣关系（狭义的雇佣关系）。

目前区分劳动关系与雇佣关系，主要是看用工主体的主体资格。依照我国《劳动法》第二条和1995年国家劳动部对劳动法的适用范围做出的解释，劳动法有两个排除对象。第一个排除对象是国家公务员。它只适用于那些虽在国家机关工作，但不具有国家公务员身份的且与国家机关建立劳动契约关系的劳动者（如司机、清洁工等），而不适用于国家公务员。“用人单位”通常包括企业、事业单位和个体经济组织等，包括个体工商、合伙制经济组织。《劳动法》的第二个排除对象就是个人。个人不属于“用人单位”之列。对个人雇佣关系、非从属性雇佣关系现行法律没有做出规定为劳动关系。

(2) 不同之处。劳动关系中的工伤赔偿与雇佣关系中的雇员责任在适用法律上有以下不同。

一是主体不同。根据《劳动法》第二条的规定，《劳动法》的适用对象是在中华人民共和国境内的企业、个体经济组织和与之形成劳动关系的劳动者。可见，作为劳动争议的工伤损害赔偿，其另一方必须是企业或个体经济组织。而个人作为雇主的雇佣关系严格上讲不是劳动关系，不应适用有关劳动法律法规进行处理。

二是处理程序不同。劳动关系中的工伤赔偿作为劳动争议的一种，发生纠纷时依《劳动法》第七十九条、《企业劳动争议处理条例》的规定，实行劳动仲裁前置，应当先向劳动仲裁机构提出仲裁申请，由该机构做出仲裁裁决。对仲裁裁决不服的，工伤职工、用人单位和工伤保险机构的任何一方都可以向法院提起民事诉讼，由人民法院依法裁决。

三是实体处理不同。劳动关系中的工伤赔偿，应当适用《企业劳动争议处理条例》和《工伤保险条例》规定的赔偿标准和方法来进行实体处理，其目的是为了保障因工作遭受事故伤害或者患职业病的职工获得医疗救治和经济补偿，促进工伤预防和职业健康，分散用人单位的工伤风险。而雇佣关系中的赔偿责任，依据的是《民法通则》及《人身损害赔偿司法解释》规定的赔偿标准和范围来进行实体处理。

(3) 竞合问题。如前所述，劳动关系和广义的雇佣关系是种属关系，那么在理论上和实践中都会出现竞合问题。如何处理竞合问题，应坚持的原则是，属于劳动关系形成的赔偿应适用《劳动法》及相关法规，如无相应规定则应适用雇佣关系形成的赔偿，属于雇佣关系的则只能适用《民法通则》等相关法律法规。

4. 雇佣关系与承揽关系区别与认定

(1) 关系区别

含义不同。雇佣契约，是指当事人约定一方于一定或不定的期间内，为他方提供劳务，他方给付报酬之契约，其目的在于提供劳务，以劳务本身为标的，但不对劳务产生的结果负责。承揽，即当事人约定一方为他方完成一定工作，他方按工作给付报酬之契约。约定完成工作之人，称为承揽人，相对人称为定作人。我国《合同法》第二百五十一条规定：“承揽合同是承揽人按照定作人的要求完成工作，交付工作成果，定作人给付报酬的合同。承揽包括加工、定作、修理、复制、测试、检验等工作。”

目的不同。承揽是以劳务发生结果为目的，因此承揽人虽负担提供劳务的义务，是直接为承揽契约的目的，劳务不过是发生承揽结果的手段。承揽关系中定作人与承揽人之间是一种提供服务的合同。加工承揽关系是平等主体之间的合同关系，是以交付劳动成果为标的的合同关系，而不是以劳动力的交换为标的的劳动合同关系。而雇佣关系中雇主与雇员之间是一种服务合同。

主体地位不同。雇佣关系中雇主与雇员之间的关系具有不平等性。在雇佣关系中，以劳动力作为合同的标的，雇主支付的是劳动报酬，雇工用于交换的是“劳动力”。“劳动力”这种商品必须依附于人身，与人身不能分离。雇工出卖劳动力，就必须限制、让予自身的部分人身权利，雇主获得了支配雇工的部分人身自由的权利。因此，不管雇主与雇工是否存在隶属关系，其地位的不平等性都会存在。承揽人虽然在承揽合同中也是提供劳务的一方，但不同于雇佣关系中的雇员，属于独立契约人，相对于定作人来讲，处于平等地位。《人身损害赔偿司法解释》的起草者、最高人民法院副院长黄松友博士也认为承揽人属于独立契约人中的一种。

判断标准不同。判断行为人是雇员还是独立契约人，其根本标准在于雇主是否对其有指挥和监督的权利，如果劳务的提供方可以自行决定其工作的各项内容则应当为独立契约人，否则即为雇员。

法律责任不同。以上特点决定了对雇员责任调整方法上不同于承揽人责任。依《人身损害赔偿司法解释》第九条、第十条、第十一条规定，在雇员、承揽人在完成工作过程中造成自身损害的归责原则是不同的，雇员损害赔偿原则，是无过错责任原则。雇佣损害赔偿由雇主举证证明其损害的发生是由不可抗力引起或由雇工故意行为造成的损害，可以免责。承揽人在完成工作过程中造成自身损害的，原则上由承揽人自己承担，归责原则为过错责任原则，但在定作人对承揽人指示或者选任有过失的情形下，定作人依其过错承担相应赔偿责任。

（2）关系认定

1）工作是否完整对于雇主的商业行为而言是不可缺少的。如果是，就意味着这些工作不是临时应急的，应当认定就是雇员。

2）报酬的给付以工作时间还是工作效果为标准。雇佣通常以工作时间的长短作为工资的依据，而独立契约人的报酬是以工作效果来判断的。

3）工作地点、工作时间、工作进程是否由劳务提供方自行决定。如果能够自行决定，自然是独立契约人，如果需要根据对方的意思来决定，则为雇员。

4）是谁提供工作的工具和设备。雇员一般使用雇主提供的劳动工具和设备，但独立契约人一般是自备工具。

5）领取工资的方式是固定的还是一次性的。雇员领取工资的方式一般是比较固定的，但独立契约人则比较自由，一般是一次性领取。

6）工作性质。如果以完成工作成果为目的，提供劳务仅仅是完成工作成果的手段，则为独立契约人，如果该工作的目的只是单纯的提供劳务，则为雇佣。

7）雇主终止和解除雇佣关系的权利大小。雇员一般受到法律的强有力的保护，雇主的权利小一些。

由此看出，本案例中法院认定为雇佣关系的依据是：陈某对胡某提供过劳动工具；胡某按照陈某提供的图纸进行制作；陈某到现场对安装进行指挥。由此，陈胡二人构成雇佣关系。

在上述陈胡案件中，如果陈某没有提供工具、到现场指挥的行为，就有被判为承揽关系的可能，陈某在安装过程中无过失的话，完全可以免责赔偿。法院判定陈胡为雇佣关系实行无过错责任原则，法院就要依据《人身损害赔偿司法解释》追究陈某的民事赔偿责任。

10.2　雇主责任保险案例

10.2.1　打架斗殴受伤害，雇主责任保险赔不赔？

刘某是某公司工段长，在分料时与李某发生摩擦口角，两天后晚上，刘某在公司加班时，李某持刀将刘某砍伤，随后刘某住院，该公司为刘某投保雇主责任险，公司向保险公司提出索赔。

此案在保险人内部产生几种不同的意见。一种意见认为，应给拒赔，理由也不一致；一种拒赔理由认为，雇主责任险承保的员工在从事业务以内时受到的意外伤害，尤其是工伤，此案刘某被打伤的后果是可以预料的，不属于意外伤害险责任。另一种拒赔理由是认为，根据刘某提供的派出所证明，不能认为刘某是在从事本人业务时受到的伤害，既非因工受伤。

另一种意见认为，与工友争执受到伤害不在除外责任范围，因此，雇主承担责任，主要看法院对事故责任认定、归属与划分，根据雇主的有无过失或过失的程度来决定赔偿金额。

还有一种意见认为，员工的斗殴应先向侵权者索赔，如侵权者无索赔能力，雇主承担责任，员工之间的斗殴雇主可以避免其发生，如果“不作为”，雇主应承担责任，侵害者也应承担责任。

这一案例看似简单，但处理起来十分复杂。一要看雇主责任险条文上是如何约定的，是否属于保险责任范围之内，是否属于除外责？二要看相关法律法规对雇主赔偿责任是如何规定的。

一般的雇主责任保险条款是这样规定的：“凡被保险人雇佣的雇工，在保险有效期内，在雇用过程中，从事本保险单载明的被保险人有关的工作时，遭受意外事故而致伤、死亡或患有与业务有关的职业性疾病时，所致伤残或死亡的，被保险人根据保险合同，需付医疗费和经济赔偿责任，包括诉讼费，本公司应负赔偿责任。”因此构成雇主责任有以下几个方面：①必须是被保险人的雇员；②事故发生时需在保险有效期内；③必须是从事雇主业务时受到的伤害；④必须是雇主应承担的经济赔偿责任。

本案例中的刘某，在保险单记名册中具有其姓名，属于被保险人的雇员；事故发生时间处于保险的有效期内，因此，满足上述的第一、二条件。那么刘某上班时被砍伤是否属于意外伤害呢？虽然员工之间的斗殴伤害性是可以预见的，但是刘某被砍事故则属于意外的、不可预见的。

本案事故是否成为雇主法律责任成为案件处理的关键所在。雇主和雇员之间是什么样的法律关系？规则原则又是怎样的呢？

广义的雇佣关系及我们所承保的雇主责任保险范围，包括劳动合同关系、雇佣合同关系和劳务合同关系三种。协议的雇佣关系是指雇佣合同关系。对于不同的合同关系，其归属原则和赔偿范围、赔偿标准就不同。《人身损害赔偿司法解释》第十一条规定：“雇员在从事雇佣活动期间遭受人身损害，雇主应当承担赔偿责任。”这条解释说明雇主责任为严格责任即无过失责任，不管雇主在雇佣活动中有无过失，都应该承担赔偿责任。但这条司法解释只限于狭义雇佣关系。同时第十一条还规定：“属于《工伤保险条例》调整的劳动关系和工伤保险范围的，不适用此条规定。”这一解释说明，凡已参加或应该参加工伤保险的人员因工伤事故遭受伤害的，即劳动合同关系的赔偿只能依照《工伤保险条例》的规定执行。

此案中如果刘某与雇主之间存在着雇佣关系，司法解释又有施实的严格责任，因此，刘某的伤害应有雇主承担，保险公司负责经济赔偿。如果刘某与被保险人存在劳动合同关系，那么，按照《工伤保险条例》的规定，刘某的事故属于个人恩怨斗殴，显然不属于因工作而遭受的意外事故，不能认定为工伤。因此，这种情况不属于被保险人的赔偿责任。

10.2.2 某律师事务所诉某保险公司雇主责任保险纠纷案例

2007年5月17日，江苏徐州律师事务所（下称律所）向中国财产保险股份有限公司徐州中心支公司（保险公司）投保律师责任险，保单扩展条款雇主责任险，雇主责任险保单记载：保险期限为2007年5月18日至2008年5月18日，死亡赔偿限额为8万元。

该险种所附条款第一条规定：凡被保险人所雇佣的员工，在本保险有效期内，在受雇过程中，从事本保险单所载明的被保险人的业务有关工作时，遭受意外而致受伤、死亡或患与业务有关的职业性疾病，所致伤残或死亡，被保险人根据雇佣合同，须付医药费、伤亡赔偿费，工伤休假期间的工资、应支出的诉讼费用，本公司负责赔偿。

条款第三条除外责任中第（二）项规定：被雇人员由于疾病、传染病、分娩流产以及因这些疾病而施行内外科治疗手术所致的伤残或死亡不在保险赔偿范围之内。

2007年6月4日，律所向保险公司递交出险通知书称：律师事务所律师杨某2007年5月31日因公务出差其间，由于工作劳累，出现感染症状，于2007年6月4日凌晨意外死亡，根据相关法律法规及保险条款约定，本起事故属于雇主责任险范围，请保险公司予以理赔，申请金额为8万元。

因根据当地县人民医院医务科出具的死亡医学证明书记载，死亡原因为心源性猝死，保险公司经审核认为：杨某是由于疾病死亡，不属于保险责任，予以拒赔处理。2007年8月，律所向徐州市泉山区法院提起诉讼。

律所认为：杨律师与律师所存在聘用合同关系，系该所所聘雇员，该律师在履行律师事务所分派的任务过程中，意外猝死，根据《工伤保险条例》第十五条规定：“职工有下列情形之一的，视同工伤：（一）在工作时间和工作岗位，突发疾病死亡或者在48小时之内经抢救无效死亡的。”杨律师2007年6月2日身感不适，并首次就诊，6月4日凌晨突然死亡，应当视为工伤，保险公司应当根据保险合同规定予以赔偿。

另外律所还认为，在保险合同签订的整个过程中，保险公司就免责条款内容没有向投保人予以明确说明，根据保险法规定，免责条款不发生法律效力。

保险公司则认为：死者系非职业疾病死亡，律师事务所对死者并不负任何法律赔偿责任，该事故亦不属于雇主责任险承保范围，另外保险条款免责部分也明确对因疾病死亡的情况保险公司不负责赔偿。另该免责条款涵义清晰明确，律师事务所作为专业法律服务机构应当强于一般人的法律理解能力，对保险人的免责条款明确说明义务应从宽掌握。

徐州市某区法院判决认为：原被告双方签订的保险合同系双方真实意思表示，合法有效，双方应当严格遵照履行。

根据保险合同的约定，被告向原告承担赔偿责任应当符合两项条件。首先，被保险人所雇员工在受雇过程中，从事保险单所载明的被保险人的业务有关工作时，遭受意外而致受伤、死亡或患与业务有关的职业性疾病，所致伤残或死亡；其次，是被保险人根据雇佣合同，负有须付医药费、伤亡赔偿费等赔偿责任。

保险合同除外责任部分明确约定：被雇人员由于疾病、传染病、分娩流产以及因这些疾病而施行内外科治疗手术所致的伤残或死亡不在保险赔偿范围之内。对此原告是明知的，原告所雇员工杨律师死亡是因为在出差期间因旅途疲累受感染而产生疾病所致，不是遭受意外也不是患与业务有关的职业性疾病。该情形符合免责条款规定的情形，被告无须承担赔偿责任。

同时，原告是否应当对死者承担赔偿责任，赔偿多少数额也均未经过法定机关确定，该合同约定的赔偿条件尚未成就，被告的答辩意见予以支持，判决驳回原告的全部诉讼请求。本案判决之后双方均未上诉。

由上述案例可以得出如下结论：

（1）被保险人对受害者依法应负担损害赔偿责任是保险人履行赔偿义务的前提条件。

我国《保险法》第六十五条规定："责任保险是指以被保险人对第三者依法应负的赔偿责任为保险标的保险。"

雇主责任保险是指被保险人所雇佣的员工在受雇过程中从事与保险单所载明的与被保险人业务有关的工作而遭受意外或患与业务有关的国家规定的职业性疾病，所致伤、残或死亡，被保险人根据《中华人民共和国劳动法》及劳动合同应承担的医药费用及经济赔偿责任，包括应支出的诉讼费用，由保险人在规定的赔偿限额内负责赔偿的一种保险。由此可见，被保险人对雇员的死亡或伤害依法负损害赔偿责任是保险人履行赔偿义务的前提条件。

结合本案，本案原告实际是对死者是无须承担法律责任的，首先在本案诉讼中，原告提出疾病死亡属于意外事故，这个说法无法成立，根据保险原理及法律规定，意外事故是指遭受外来性、突发性和非本意的，非疾病的使身体受到伤害的客观事实。所谓外来的即伤害是由身体以外的原因引起的，如车祸致死致伤，而本案死者是身体的内在原因引起。非疾病的涵义自不必解释。

其次，该疾病不属于职业病，根据当地县人民医院医务科出具的死亡医学证明书注明的死者死亡原因为：心源性猝死。根据《关于职业病范围和职业病患者处理办法的规定》该疾病不属于职业病范畴。

事实上本案所涉的死者家属并未在诉讼之前并未向原告提出过索赔要求，原告也未对死者家属做出任何赔偿。因此，根据现行劳动法律规定，死者因疾病死亡，原告对死者依法无须担任任何赔偿责任。本起事故不属于雇主责任险承保范围，保险人不负赔偿责任。

（2）受害者向致害者（被保险人）提出损害赔偿请求是保险人履行赔偿义务的必要条件。

责任保险的标的是一种无形的民事损害赔偿责任，即被保险人对受害者的损害赔偿责任，根据财产保险损失补偿原则，被保险人无损失，保险人无须承担赔偿责任，由此可见，缺少这一要件，保险人就可以不承担赔偿责任。

另外，责任保险不同于其他财产保险，在责任保险中，保险标的不具有实体性，保险人无法采用保险金额的方式来确定。保险人不可能确切的知道保险合同约定的保险事故可能造成损害的大小，也不可能约定被保险人造成多大损失就赔偿多少，所以在成立保险合同时，投保人和保险人只能约定保险责任的最高限额，保险人在保险限额内对实际损失进行赔偿。

本案原告索赔8万，但未提供证据说明8万元的组成及其依据，本案原告并未向法庭提供受害人向其提出索赔及自己已做出赔偿的任何证明材料，其自身利益并无任何损失，保险人无须承担赔偿责任。

另保险人在责任保险赔偿限额内对被保险人损失予以补偿是保险人履行赔偿义务的限制条件。正如本案判决书所述：原告是否应当对死者承担赔偿责任，赔偿多少数额也均未经过法定机关确定，该合同约定的赔偿条件尚未成就。

（3）保险责任条款与责任免除条款的关系。

保险责任条款是具体约定保险人所承担的风险范围，即承保范围。保险合同免责条款是指被保险人发生损失时，免除保险人承担赔偿或者给付保险金责任的条款。

保险责任条款与责任免除条款共存于同一份保险合同中是保险行业的通例，保险责任条款与责任免除条款的关系常见的有两种：

1）责任免除条款将保险责任条款已承保的风险在一定条件之下予以剔除，如车损险中，碰撞责任属于车损险保险责任的承保范围，但因酒后或无证驾驶导致的碰撞在责任免除部分予以剔除。

2）某些危险本就不属于保险责任条款界定的承保范围，但容易与保险责任混淆，为避免误会及歧义，在责任免除部分再次予以明确排除。

在本案所涉及的条款中，就存在第二种情形所述的情况，双方签订的条款第一条即为保险责任条款，其明确约定："凡被保险人所雇佣的员工，在本保险有效期内，在受雇过程中，从事本保险单所载明的被保险人的业务有关工作时，遭受意外而致受伤、死亡或患与业务有关的职业性疾病，所致伤残或死亡，被保险人根据雇佣合同，须付医药费、伤亡赔偿费，工伤休假期间的工资、应支出的诉讼费用，本公司负责赔偿。"该责任条款显然不承保职业病以外的疾病导致的损失，疾病本也不属于意外事故。

但为防止投保人误认为疾病属于承保范围，雇主责任险第三条规定，本公司对下列各项不负赔偿责任："被保险人的员工雇员由于职业性疾病以外的疾病、传染病、分娩、流产以及因上述原因而施行接受医疗、诊疗内外科治疗手术所致的伤残或死亡。"

由此可见，这种责任免除条款中约定的风险，本来就未约定在保险责任条款中，即使没有责任免除条款的约定，保险公司也是无需承担保险责任的。

10.2.3 工伤保险、意外伤害保险与雇主责任保险承担如何分配？

某建筑公司员工蔡某骑车上班途中与机动车相撞，造成重伤。交通部门认定机动车驾驶员陈某负全部责任。经公司申请，蔡某被认定为工伤，劳动能力鉴定为八级伤残。公司已为蔡某缴纳了工伤保险费、意外伤害险以及雇主责任险。

蔡某有权获得哪些赔偿？公司又能减轻哪些赔偿责任？

有关专家认为，在进行了劳动能力鉴定后，蔡某可以要求工伤保险待遇。这可以算是公司减轻的一个责任。蔡某还有权要求保险公司支付相应的保险金。至于雇主责任险，应该是公司可以要求保险公司支付的一笔费用。发生工伤后，工伤保险基金需要支付蔡某工伤保险待遇，公司也需要支付给蔡某一笔费用，比如住院伙食补助费等。如果公司缴纳了雇主责任险，应该可以减轻部分赔偿责任。

也有专家认为，谁有权要求保险公司支付相应的保险金，关键要看意外伤害险的受益人是谁。如果是公司，则由公司请求支付，然后根据具体情况，将该笔费用发放给蔡某。如果是蔡某，则蔡某有权请求支付。前一种情况对降低公司成本有利。因为公司可以将该笔钱用于支付公司应该支付给蔡某的那部分金额赔偿；后一种情况对蔡某有利，蔡某可以获得更多的赔偿。

专家认为，这三种保险不同程度降低了公司在发生工伤或者其他意外事故时的人力资源管理成本。企业缴纳工伤保险费是企业降低成本的一个最重要途径。意外伤害险和雇主责任险是企业自愿的，属于商业保险范畴，对降低企业成本也有意义。但企业在缴纳这些保险的时候，同时也增加了成本。因此，不同的企业对后两种商业保险，交或者不交，给全部员工上还是部分员工上，可以根据企业的不同情况做出不同选择。

专家认为，蔡某可以获得以下请求，一是要求工伤保险基金支付工伤保险待遇；二是要求公司支付住院伙食补助费等。鉴于现在企业投保意外伤害险，收益人大部分都是员工本人或近亲属，因此，如果蔡某是受益人，还可以要求保险公司支付意外伤害补助金。另外，公司减轻的责任，一部分由工伤保险基金承担，一部分因为已缴纳了雇主责任险，就转嫁到保险公司，比如蔡某的住院伙食补助费等。这是否是最优方案，则要具体问题具体分析。

专家认为，这个案例涉及的是工伤责任转嫁问题。案例提出了三条途径，但这三条途径并非三种方案，具体怎么用，要根据不同企业的不同情况具体分析。运用这三种途径解决工伤责任问题。首先要明确这三种途径的运用和作用的差别，其次要对企业自身的行业特色、人员配备及工作职责有明确概念。关于三种途径的分析，要明确工伤保险是强制的，属于社会保险范畴，是企业减轻工伤赔偿的一个非常必要的手段；意外伤害险和雇主责任保险属于商业保险，是企业自愿的，是企业转嫁工伤责任的重要手段。但缴纳商业保险也有成本计算问题，因此，企业还应结合工伤保险设计商业保险方案。交与不交？如何交？给谁交？企业要考虑以下几个因素：一是意外伤害险和雇主责任险各自的投保范围、受益人；二是企业的行业特色以及企业内部人员发生意外伤害等的概率大小等。这样，在维护工伤员工合法权益基础上，企业也能很好地降低管理成本，达到双赢的结果。

10.2.4　投保了工伤保险、意外伤害保险强制险后，如何投雇主责任保险？

某水电建设工程的分包商水电某局将其固定职工和劳务工向某保险公司投保了雇主责任险，赔偿金额为死亡每人10万元，永久性伤残每人10万元、伤残死亡每人10万元、医疗费用2万元，并且附加了人身意外伤害险每人的保险金额为3万元。在保险期内，该局的劳务工施某某在公司导流出口进行抽水作业时不幸触电，经抢救无效死亡。固定职工张某驾驶水泥罐车在导流洞进口处因车辆倾斜坠入江中也不幸死亡。被保险人就两人的死亡分别向保险人在雇主责任保险项下索赔丧葬费、死亡补偿金、被抚养人生活费10万元，在人身意外险项下，申请给付3万元。

被保险人提出索赔后，报送保险公司通过相关部门了解到：水电某局已按国家《工伤保险条例》的规定，将其所有的固定工投保了工伤保险。对于这两个雇主责任险和人身意外伤害险的个案，保险人和被保险人对人身意外伤害保险死亡的施某某、张某每人给付3万元均没有异议；对劳务工施某某的死亡能够按雇主责任险保险责任的赔偿范围处理也没有异议；但对于固定工张某因工死亡的赔偿产生了较大的分歧。被保险人认为：我们既然投保了雇主责任险，张某因工死亡，虽然其生前参加了工伤保险，但工伤保险与单位投保的雇主责任险无关，要求保险公司完全避开工伤保险的规定，按雇主责任保险的条款所列明的全部补偿项目给予张某补偿。对于这个索赔要求，承保公司持有疑义，双方争议较大。被保险人曾多次到当地保险监管机关投诉。

本案的关键是雇主责任险、意外伤害险、工伤保险的保险责任怎样认识，以及雇主责任险和工伤保险两者则是否存在重复保险，理赔时是否存在比例分摊或先赔后赔的问题。

1. 人身伤害险的给付

人身意外伤害险是以人的生命和身体为保险标的的保险，人的生命和身体是无价的，是不能用价值标准衡量的，由投保人根据需求和经济保费承担能力确定保险金额。也就是说人身意外险是定额保险。在本案中，被保险人提出对于施某某、张某在工作期间因意外事故不幸死亡，保险人按人身意外伤害险的保险金额3万元给付，无论水电某局是否为施某某、张某投保了雇主责任险和工伤保险，并不影响人身伤害险的给付，只要投保人投保意外伤害险，被保险人在保险期间内发生的责任范围伤残死亡，除医药费外保险人可以多重给付。

2. 对未涉及工伤保险的雇主责任险的赔偿

根据保险人调查，施某某生前系电站公司附近的农民工，被雇主（水电某局）招聘为劳务工。水电某局对在当地招聘的劳务工没有按《工伤保险条例》要求，向劳动保障部门投工伤险。只将其作为雇员向保险公司投保了雇主责任险。施某某死后，水电某局对其进行了善后处理对家属进行了经济补偿。事后，水电某局按照保险合同条款向雇主责任保险公司索赔死亡保险金10万元。保险公司按雇主（水电某局）依法承担雇员的经济补偿项目和金额，与雇主责任保险条款已核对，按照雇主责任险的责任范围，施某某的具体补偿标准核定补偿丧葬费，死亡赔偿金、被抚养人生活费合计人民币4.23万元。被保险人接受了保险公司的这个补偿意见。

3. 对涉及同时投保了雇主责任险和工伤保险的固定工张某补偿的争议

本案的争议焦点就是涉及同时投保了雇主责任险和工伤险的人员在因工伤亡时应如何补偿?

（1）雇主责任险与工伤保险的属性和特点

雇主责任险是商业性保险。其保险对象是：雇主对其雇用的人员在受雇期间从事业务时，因发生意外事故或因职业病而造成人身意外伤残或死亡后承担的经济补偿责任。雇主责任险是用《保险法》来规范的，属于自愿保险范畴，具体实施是以保险合同方式并按保险条款办理的。

工伤保险是国家和社会为保障劳动者在因工或职业病或从事工作有关的活动或行为时，因人身受到伤害导致暂时或永久伤残或者丧失劳动能力或因工死亡，导致本人和家庭收入中断的基本生活需要和治疗需要以及相应的赔偿而设立的社会保障制度，它是国家社会保障体系中的一个重要组成部分。工伤保险是国家强制险，2004年1月1日起在中国境内的企业和个体工商户都必须参加工伤保险。工伤保险最重要的原则是无责补偿原则，该原则包括两层含义：一是无论工伤的责任在雇主、个人或第三者，受伤者都会得到经济补偿；二是雇主不直接承担补偿责任，而是由工伤保障有关部门统一管理、组织和实施，一般不需要通过法律程序和法院裁决。

由分析雇主责任险和工伤保险两者的属性可以看出，虽然两者对因工伤残死亡的职工补偿有类似之处，但两者之间补偿的性质是完全不同的，适用的法律也不相同，雇主责任保险保的是雇主，雇主对雇员依法承担的经济赔偿责任，凡雇主负赔偿责任的，保险公司才会赔偿。工伤保险是无责任赔偿。无论企业（雇主）有没有责任，凡参加了工伤保险的人员因工伤残死亡者都能够按照国家的法律规定得到工伤保险基金的补偿。

(2) 对同时投保雇主责任险和工伤保险的人员因工伤残或死亡时的补偿。根据《人身损害赔偿司法解释》第十二条的规定："依法应向参加工伤保险统筹的用人单位的劳动者，因工伤事故遭受人身损害，劳动者或者其近亲属向人民法院起诉请求用人单位承担民事赔偿责任的，告知其按《工伤保险条例》的规定处理。"张某所在水电某局为他办理了工伤保险，他因工死亡无疑应按上述条款，按照工伤保险条例第三十条、第三十一条、第三十三条、第三十五条、第三十七条分别规定的补偿项目进行赔偿，即医疗费、残疾赔偿费、丧葬补助金、供养亲属抚恤金和一次性工亡补偿金。

用人单位按照《工伤保险条例》第二十九条规定，承担工伤职工住院伙食补助费；到统筹地区以外就医所需要的交通费、食宿费；停工期间的工资和停工留薪期的护理费用。张某因系死亡，死亡前没有发生过治疗抢救过程，因此工伤保险基金无需承担医疗费，用人单位也无需承担住院伙食费、到统筹地区以外就医所需要的交通费、食宿费；停工期间的工资和停工留薪期的护理费用。工伤保险基金只需承担张某的丧葬补助金、供养亲属抚恤金和一次性工亡补偿金。由于作为雇主责任险中的被保险人——水电某局在张某的死亡赔偿中，并没有发生经济赔偿，雇主保险公司就不对雇主（水电某局）进行经济赔偿了。因为雇主责任险合同下，保的是雇主对雇员的经济赔偿责任，既然雇主没有经济赔偿，雇主也就没有理由向雇主责任保险公司申请赔偿了。

(3) 工伤保险赔偿与雇主责任赔偿的互补作用。

由此可见，企业员工在参加了工伤保险后，又参加了商业性的雇主责任保险，对职工发生工伤致残或死亡时，工伤保险基金按照《工伤保险条例》的规定承担相应的赔偿责任，保险公司按照雇主责任保险合同中规定的雇主应承担的责任进行赔偿。两个保险各承担各的赔偿责任，并不存在重复赔偿的问题，不存在先赔后赔的问题，也不存在比例分摊的问题，两者具有检验的互补性。雇主责任保险承担工伤保险赔偿中雇主应承担的经济赔偿责任。

4. 本案的启示

工伤保险是国家养老保险、医疗保险、工伤保险、失业保险、妇女生育保险五大保险之一，雇主责任险则是商业性保险，是社会保障的补充，属于自愿保险。企业或用人单位同时参加了这两个保险，补偿是不同的，是有区别的。在国家按照《工伤保险条例》依法实施工伤保险的同时，如何加快发展商业性雇主责任险业务？充分发挥商业保险的社会功能？

(1) 建设企业应搞清工伤保险与雇主责任险的区别。应认清参加工伤保险后，又投保雇主责任险时，企业应与雇主责任保险公司说明情况，双方事先商定出现保险事故后的理赔处理范围，以免日后理赔时产生歧义。同时应知道，在投保了工伤保险后，雇主责任险的保险责任范围将会缩小，企业可争取雇主责任险的费率下浮，以较小的费率争取较好的理赔效果。

(2) 企业可以充分与雇主保险公司协商，在工伤保险条款框架的基础上设计一些专门与工伤保险配套的“工伤保险补充保险”条款，将工伤保险基金不赔的，而应由雇主承担的经济责任列为保险责任范围，而将工伤保险赔付部分列为责任免除，协调两者的关系。

(3)《建筑法》第五章第四十八条规定：“建筑施工企业必须为从事危险作业的职工办理意外伤害保险，支付保险费。”意外险已成为建筑企业的强制性保险，目前各地实施的意外伤害险，普遍都对医疗保险作为附加条款，纳入保险责任范围，实际上这与工伤保险条款责任范围有重叠，在工伤保险为强制保险的条件下，建筑意外保险完全可以免除医疗附加险，有利于降低保险费率，促进工伤保险与意外伤害保险相互补充、协调发展。

第 11 章　建筑职业伤害保险研究

11.1　职工工伤保险研究

11.1.1　工伤预防机制探讨

建立工伤预防机制，是全面贯彻落实“安全第一，预防为主”方针政策的需要，没有工伤预防机制，就不能发挥工伤保险的功能，促进安全事故预防的积极作用。没有预防机制工伤保险制度是不完全的，其功能的发挥作用必定带有一定的局限性。因此，建立工伤保险预防机制，构建工伤预防、工伤赔偿和职工康复相结合的平台，既是中国可持续发展战略的一个组成部分，也是目前工伤保险工作的一项重要任务。结合我国目前实际，如何建立和完善工伤保险预防机制，有效减低企业安全风险事故发生，应从以下几个方面入手。

1. 科学划分工伤保险费率等级

目前，行业缴费费率不平衡、差距过小的问题比较突出。具体讲就是费率档次太少，划分粗略，过于笼统，未能使参保单位的安全风险与保险费率直接挂钩，即存在权利与义务的失衡，保险费率没能发挥其应有的经济杠杆作用，在一定程度上影响了工伤保险工作的发展。

(1) 行业费率档次较少。目前，按照《工伤保险条例》有关规定，各行业根据风险程度划分为三个类别：一类低风险行业，差别费率为 0.5%，二类中等风险行业费率为 1%，三类高风险行业费率为 2%，加上浮动费率在我国可用的行业保险费率分三类共有十一个保险费率档次。

保险行业费率与行业风险相关性不强，差别费率与浮动费率机制不够完善，主要体现在：风险等级不同的行业处在同一风险等级，设置不够合理。目前实行的行业划分中，低风险所列举行业：金融业、零售业、城市公共交通业等行业之间存在风险差别较大的问题；中等风险所列举行业：体育、娱乐、电力生产、运输业、橡胶制品业等行业风险悬殊较大；高风险行业列举行业：建筑业、化学制品、制造业、采掘业等行业风险也不尽相同，但目前都处于同一风险等级。

(2) 高风险行业费率偏低。按现行政策，高风险行业费率最高为 3%，是低风险行业费率的 6 倍。而据统计，风险较高的采掘业与风险较低的金融业事故率之比近 1400：1，远远高于 6 倍。这样形成了“低投入高保险”模式，权利、义务不对价，造成高风险行业费率低，投入过少、事故多、受益过大现象，潜在地威胁着工伤保险基金，为工伤保险制度可持续发展埋下了隐患。

现行的行业分类表中列举行业不够全面，差别费率档次少，与工作实际有些脱节。随着事业单位的参保，覆盖面的扩大，有些参保单位找不到明确的费率依据，往往找一项沾边的行业，就低避高参保，无形中加大了工作难度，造成了基金损失。行业费率档次少，很难真实反映各类行业的安全风险。例如，制药业、油漆业、部分事业单位其行业费率如何确定？无明确规定。前两个行业按照现在分类应同属于三类中的“化学原料及化学制品制造业”，行业费率均设为2%，但实际上二者所承受的安全风险程度具有较大的差别。造成相关行业抱怨，和橡胶、塑料制品业等相关的化学制品业攀比的现象。

（3）工伤费率机制建议

1）合理确定工伤行业费率。应采取如下措施，要坚持权利、义务对等的原则，实施确保费率与单位风险紧密相关，让保险费率在实际工作中发挥作用。为此，首先要建立科学完善的行业差别费率机制，杜绝出现不同风险等级的单位处于同一费率档次的不合理现象。行业风险等级要划分详细，行业差别费率要增多。虽然已有浮动费率，但操作起来相当费事，而且主要针对高风险行业，未在实际工作中发挥很大作用。应在现有的“行业风险分类表”基础上细化。目前，政策要求所有企事业单位、有雇工的个体工商户参加工伤保险，现行《国民经济行业分类》所列举行业都要囊括其中，包括的行业要详细、全面，差别费率也要增多，基本做到行业风险与缴费费率一一对应，不能模棱两可，不要有弹性。让所有参保单位，无论风险高或低，根据行业风险分类表不仅自己能确定缴费费率，而且认为科学、合理，这样执行起来直接方便，会大大增加单位参保的积极性，提高经办机构的工作效率，形成良好的社会效应。比如，制药业、油漆业等行业都要列入分类表之中，为进一步扩大覆盖面扫清障碍，这是工伤保险的基础性工作。

2）提高第三类风险行业基准费率，将权利义务等价。现行政策中，三类高风险行业差别费率偏低，应要适当提高，尤其是采矿业的费率。根据国际经验应提高到8%左右。在市场经济条件下，用人单位追求利润最大化，具有趋利避害的心理是正常的，无可非议的。只有提高保险费率，增大缴费额度，使保险费用在企业心理有地位，有作用，才能让其足够重视安全生产工作。工伤预防工作是工伤保险工作的根本，是企业生产的生命线，要逐步解决企业安全意识不强，过分追逐经济利益而不愿进行安全投入的问题，克服企业淡漠安全的意识，形成“高风险高投入高保险”的保险模式。同时，还要把降低安全事故发生率，作为企业考核的目标，纳入到企业信用、资质、等级、评优的考核体系之中。

3）加大保险费率浮动幅度。加大保险浮动费率，使其达到的标准为：让企业因发生安全事故而提高的缴费额要高于对安全生产管理的投入，让企业主观上害怕发生安全事故。工伤保险费率要在差别费率的基础上实行浮动，安全事故率高企业要提高费率，安全事故率低的企业要降低费率。

目前有四个浮动费率档次，费率差距依然较小，应适当增加费率浮动空间，尤其是适当增加风险大的行业的浮动空间，有效发挥浮动费率对用人单位的制约和激励作用。建议在一类行业中增加一个下浮档次、上浮档次，即80%、120%，在三类行业中增加两个上浮档次200%、300%。这样，保险费率最低者为0.4%，最高者为6%左右，增大了保险费率的浮动幅度，强化了保险费率在促进用人单位做好工伤预防的积极作用。

只有这样，才能有力地推进工伤预防工作，最大限度地保障劳动者的基本权益，变被动补偿为积极预防，为工伤保险事业的可持续发展奠定坚实的基础，使工伤保险制度不断完善。

2. 加强工伤预防、教育、培训

近年来建筑行业工伤事故率居高不下的情况，除生产技术、工艺落后，安全设施不完善等原因外，生产经营管理人员与从业人员的法律意识、劳动防护意识和职业危害意识不强是一个重要的原因。因此，应加强行业工伤预防的教育培训力度，主要采取的措施有以下几点：

（1）加大安全培训经费支出

据统计，有80%以上的工伤事故是人为原因造成的，多数是可以避免的。要改善这种状况，除加强建筑安全监察工作外，有必要建立工伤保险宣传、教育和培训的平台，通过经常性的在全行业内开展工伤保险与工伤预防的宣传，普及工伤保险知识；通过对企业生产经济管理人员尤其是私营施工企业、三资施工企业、基础施工企业、外来施工企业等用人单位主要经营管理人员的教育培训，提高法律意识和劳动保护意识。

在教育培训中尤其应积极开展对农民工、临时工、季节工的安全教育培训。这种教育培训可采取工伤保险基金的支持，对受教育培训人员实行免费。目前，全国十几个省市政府做出决定，可以从工伤保险基金中提取预防宣传教育经费，对高危作业人员可采取免费发送宣传教育手册，提高从业人员的自我保护意识和工伤保险意识。

（2）积极吸取国外教育培训的经验

在工伤预防建设方面德国是做的比较好的国家。德国工伤保险工商业同业公会中设有技术监督机构和监督员，负责对企业进行劳动保护监察和提供咨询服务。同业公会拥有约3000名监察员，监察员主要职责是：监察事故预防和安全规章的执行；从事安全生产的培训和教育；提供安全技术咨询；对雇员进行安全知识考试；对企业进行安全设备检测；就劳动保护问题与雇主会谈，提出改进意见。

开展教育培训是同业公会开展工伤预防工作的重要手段。在德国经过学校体系的教育后，同业公会提供最全面的劳动安全培训。目前，工商业同业公会拥有36个培训中心，每年要培训35万人。培训中心用现代化手段，包括闭路电视、微机等开展教学活动。培训内容包括基础安全知识和进一步的劳动安全教育活动。培训费用由工伤保险基金支付。我国应该积极吸取国外安全事故防范教育的先进经验，充分发挥农民工夜校的作用，把安全保险知识与技术教育紧密结合起来，使工伤保险预防知识成为农民夜校学员的必修课程。

3. 积极开展防护技术研究

用工伤保险基金支持开展职业危害防护技术研究与高危行业、工种岗位加强预防、改善劳动条件技术、保护措施的制定工作。基于“损失控制”的原理，应在以下几个方面开展工作：

（1）以工伤保险基金的支持，有针对性地选择如施工机械噪声、粉尘、冲压等危害性大、数量多、防护设置落后等方面的技术研究与产品开发，推动劳动保护设施的改善。

德国十分重视技术研究与产品开发，推动劳动保护设施的改善。德国同业公会拥有3个研究院（所），开展如冲压设备保护、防火、防毒、防噪声等防护技术的研究及推广活动。同业公会每年从工伤保险基金中提取7%左右的费用用于工伤预防工作。德国的工伤预防已建立了取样、测试、软件分析、建立数据库等一系列工作程序，并为了防止工伤、职业病的发生或职业因素对人体潜在的损害，对职业危害因素（物理、化学、生物、心理）做了深入的研究，甚至细致到劳保用品是否达到国际标准、钢锯等工具的减噪及如何最大程度起到对工人的安全保护。通过坚持不懈的工伤预防工作，工伤事故逐年降低。

（2）以工伤保险基金的支持，配合安全健康监察部门开展对职业高危害场所的监测和人员健康监护，从早预防、早改造、早发现、早治疗等的有效控制，防止和降低事故与职业病发病率，降低从业人员的伤害程度，从而也降低工伤保险基金的支出。例如，德国积极开展定期健康检查。健康检查主要针对受到严重职业病危害的人群，这是工伤预防的一项主要工作。德国的同业公会有170个检查中心，检查中心的医生不是治疗医生，仅负责健康检查。根据同业公会的规定，在一般情况下雇主招收新工人要进行劳动健康检查；特定工种的工人，必须进行定期检查，开展安全技术研究。

（3）以工伤保险基金的支持，针对工伤风险较高的典型场所、典型工种、典型岗位制定科学的工作规范，以规范操作动作、规范操作频率、规范操作强度、规范操作重量、规范暴露程度，加强职业危害的防范。总之，工伤保险要坚持"预防优先"，将预防工作做在前头。但从目前情况看，我国建筑行业的规范操作法规与建设实际需要依然有很大差距，与国外规范建设仍有很大差距，例如，德国工商业同业公会制定的相关工伤预防法规多达130多种，我国极需进一步加快规范步伐，尽快形成科学的工伤防范法律法规体系。

4. *积极做好扩大覆盖面工作*

工伤预防工作是建立在广大投保群体的基础之上，工伤保险覆盖面越广泛，这项政策惠及的人群也越大，工伤预防工作越有基础，其效果越好。因此，当务之急是扩大工伤保险覆盖面，通过工伤保险的运行体系，开展工伤预防工作，国内外的实践都已取得了显著的成效。工伤保险实施积极的"预防优先"政策，是一项有利于各类从业人员的政策，工作重点是工伤风险高的矿山、建筑、化工等行业。目前，我国各级政府、各部门加强合作，实施联动机制，努力扩大工伤保险覆盖面。预计，经过几年的扩大覆盖面工作，我国工伤保险的参保人数将从2004年的6000多万人到2010年将达到2亿人左右。

工伤预防与安全健康监察预防是相辅相成、相互促进的，通过劳动保障部门与行业主管部门的密切配合，必将使中国的职业安全健康工作翻开新的一页。

11.1.2 工伤认定制度改革的设想

国务院《工伤保险条例》是在原劳动部《企业职工工伤保险试行办法》基础上明确了工伤认定制度，统一了工伤赔偿的救济程序。实践证明，工伤认定制度运行低效率、高成本，拖延了劳动者工伤救济时间，损害了工伤职工利益，而且导致法律关系混乱，逐步取消工伤认定程序应尽早纳入立法机关的视野。

1. *工伤认定制度实施基本情况*

工伤认定制度指劳动保障行政部门根据当事人的申请，依法对职工遭受伤害情形进行审核，做出是否属于工伤或视同工伤的结论的行政确认制度。当事人对工伤认定不服，可申请行政复议；对复议决定不服，可依法提起行政诉讼。

（1）工伤认定的价值及其法律后果。就目前而言，工伤认定的主要价值在于通过确认职工受伤害情形是否为工伤来固定相关权利义务关系，具体权利义务仍需适用实体性规定另行确定。其法律后果可分为两类：对参加工伤保险的职工而言，认定工伤后，支付工伤保险待遇的义务主要由社会保险经办机构承担，属于公权性质；用人单位有支付就业补助金和伤残津贴等义务，属私权性质。对未参加工伤保险的职工而言，认定工伤后，用人单位将承担全部工伤待遇的义务，纯粹属私权性质。

(2) 工伤认定争议案件的特点。《工伤保险条例》2004年1月1日实施以来，工伤认定行政争议案件在全国范围内急剧上升，成为主要行政争议之一。有两个突出特点：一是案件数量增长快。据不完全统计，由于工伤认定争议的大幅度增加，全国仅是劳动保障部门2005年处理的行政复议申请比2004年增加10%，行政应诉案件比2004年增加36.5%。某省级劳动保障部门2004年、2005年两年时间办理的行政复议案件就为《行政复议法》实施以来的77%，其中79%是工伤认定案件。二是发生争议的基本是未参加工伤保险的案件。因工伤认定发生行政争议的案件中绝大部分职工都未参加工伤保险。而且经常是在用人单位拒绝支付工伤医疗费用之后，职工才申请认定工伤。有的省工伤认定行政争议案件中未参加工伤保险的比例超过90%。鉴此，本文在探讨工伤认定的制度缺陷时侧重于未参加工伤保险的情形。

(3) 工伤认定争议案件多发的原因分析。工伤认定争议案件的多发主要原因并不是劳动保障部门的责任，而是由于：其一，受工伤认定决定影响的双方利益对立。特别是未参加工伤保险的情况下，认定结论势必不利于用人单位或不利于职工，因此一般都会引发双方激烈的争议。其二，对法规条文的理解分歧大。《工伤保险条例》虽然明确列举了应当认定工伤、视同工伤以及不得认定或者视同工伤的情形。但对工伤定义以及法规条款的“工作原因”、“上下班途中”、“因工外出”等关键要素，各地工伤认定机关、复议机关、审判机关认识不尽一致。由于工伤情形的法律预见性差，当事人常寄望于监督机关改变原来的认定。其三，存在循环复议和诉讼。按照现行行政、司法体制，工伤认定机关有认定权，但不是最终认定；复议机关和法院有监督权，但不能直接认定工伤；即有关各方都不能做出最终认定。因此，经常出现某个工伤认定决定被监督机关撤销，认定机关重新认定后，另一方当事人不服又提起复议，从而导致循环复议、诉讼。特别是，如果第一次的监督机关的意见与第二次的监督机关的观点相反，将导致认定机关和当事人无所适从，无端增加争议。

2. 工伤认定制度的弊端

鉴于上述因素，只要工伤认定制度存在，只要未实现工伤保险全覆盖，工伤认定争议案件数将在较长时期持续上升并保持在高位状态。当然，单凭案件多发不能说明制度存在问题，但是如果是制度实施导致争议多发，而争议多发不能使立法向保护的一方受惠，就值得引起深刻反思：工伤认定制度的实施是否达到预期效果？是否有更好的措施替代以更好地实现立法目标？

《工伤保险条例》第一条开宗明义列明立法目的是保障工伤职工获得医疗救治和经济赔偿。国家建立工伤保险制度确实能使劳动者受工伤事故损害后能得到较可靠的保障，但是由于工伤认定是获得工伤救济的前提条件，而工伤认定制度存在缺陷，严重阻碍了工伤职工的权益及时获得保障，导致立法目标受挫。归纳起来有五大弊端。

(1) 导致工伤赔偿救济周期冗长，严重损害工伤职工利益（主要指未参保情形）。设置工伤认定制度目的本是减少争议，确保工伤职工及时得到救济。但是由于工伤认定前置程序的介入，工伤赔偿救济周期非常冗长。一般情况而言，如果未参加工伤保险，发生工伤事故后要取得工伤赔偿，法定程序有三类：工伤认定、劳动能力鉴定、劳动争议处理，全部走完达10道程序，耗时700多天。情况复杂的，两年时间都无法完结工伤认定程序。有的省甚至规定工伤认定期间对是否存在劳动关系发生争议的，应当先通过劳动争议仲裁途径解决。程序的不公必然导致实体的不公。广大工伤职工常常因难以承受繁杂的程序而无奈放弃权利。

（2）监督程序不科学。一是牺牲了效率。设置监督程序，必须兼顾公正和效率原则，设置多层监督程序往往是满足公正性要求。工伤职工医疗救济等权利是最迫切需要保障的权益之一，其公正性要求远远不能与刑事追责程序相比，与一般民事权利救济相比也应更强调效率性。但工伤认定设置行政复议和两审行政诉讼三重监督程序，显然与工伤赔偿对公正性和效率性的要求不协调。二是偏离了行政监督制度目标。行政监督制度目标是纠正违法行政，保护行政管理相对人的合法权益。由于不良企业频频把工伤认定监督程序当成拖延、逃避责任的工具，监督程序变成了工伤职工权益保护的障碍。

（3）制度运行成本高。简单一个工伤赔偿案件，常常牵涉了工伤认定机关、行政复议机关、审判机关、劳动争议处理机关大量时间、财力和物力。目前，全国大部分地区的劳动保障部门无专门的工伤保险行政管理机构和人员，显然不具备完成工伤认定职责的必要条件。在一些经济发达地区，一个市一年的工伤认定案件超过1万件，但基本没有专门工伤认定机构和人员。随着工伤认定争议的增加，不少地区的行政复议机关和法院行政审判机构也普遍出现人员吃紧现象。为保障工伤认定机关和有关监督机关按期办结案件，政府必须投入大量人力、物力和财力。

（4）不符合行政权限制原则（主要指未参保的情形）。按照法治精神，以行政权介入处理民事纠纷属于例外。目前我国的商标异议、专利权异议、国土林地草原确权争议等领域允许行政权介入裁决，这除了专业性需要外，更为重要的是行政机关占据信息优势。因为国家在这些领域建立了注册、登记制度，管理机关可通过将提出异议的事项与注册登记的事项对比做出判断。

此外，《环境保护法》规定环境保护部门可根据申请处理环境污染损害赔偿争议，这主要是基于环境污染损害对象的不特定性，带有公益目的，而且介入是选择性不是必经程序。新修订的《道路交通安全法》规定交通事故责任认定只有证据效力，不再作为一种行政确认行为，也体现了行政权的限制原则。反观工伤认定问题，对未参保的职工，有关是否工伤的争议本质属于是否能获取工伤赔偿的劳动争议，属私权性质争议，没有公益性内容，劳动保障部门也无信息优势，行政权介入不但不符合行政权限制原则，介入的结果也不能产生好的社会效果。

（5）导致权利义务错位。对已参加工伤保险的，相关权利义务关系应在工伤保险关系主体三方即用人单位、劳动者和社会保险经办机构之间分配。劳动保障部门不是该法律关系主体，强行介入属于政府错位，也导致作为社会保险关系一方的社会保险经办机构的权利义务不完整。

对于未参加工伤保险的情形，由于劳动保障部门的介入，使举证责任主体发生混乱。因为，对于是否工伤以及工伤赔偿问题，本来应由用人单位和劳动者双方举证证明并承担相关后果，《工伤保险条例》也明确了是否工伤应由职工和用人单位双方举证，用人单位不认为是工伤的应承担举证责任；但是劳动保障部门介入认定后，按照行政争议处理原理，劳动保障部门对其做出的决定有举证义务，如何正确界定各方的举证责任变得非常复杂。

3. 工伤认定制度改革的设想

在工伤保险制度未健全的时期，由雇主对劳动者职业损害承担赔偿责任，这种赔偿责任被作为特殊的民事侵权行为处理。建立了工伤保险制度后，参加工伤保险的用人单位，其风险部分转移至工伤保险基金，未参加工伤保险的，就不能发生转移。因此，是否参加工伤保险成为区分法律关系属性的分水岭。

现行工伤认定制度弊端根本原因在于，未合理区分参加工伤保险和不参加工伤保险导致法律关系属性的迥异，将私权法律关系和公权法律关系扭合在同一规则解决。因此改革的思路是从法律关系的属性出发，在不损害公正和效率的前提下，确保工伤保险立法目标的实现。为使法律关系清晰明确，减少工伤赔偿救济环节，充分保护工伤职工的权利，降低社会运行成本，应当取消工伤认定制度。对工伤定性问题分轨处理：未参加工伤保险，因工伤定性发生争议的，作为私权争议，纳入劳动争议程序处理；如对定性无争议的，建立工伤证明制度取代。已参加工伤保险，纳入工伤保险待遇支付程序一并处理。

（1）未参加工伤保险，纳入劳动争议处理程序解决。未参加工伤保险的，伤害事故的定性只对用人单位和劳动者的权利义务产生影响，双方因是否工伤发生的争议以及因工伤赔偿问题发生争议，仍然是双方的劳动争议，属于私权方面的争议。而且工伤认定是工伤赔偿程序中的一个环节，脱离赔偿的工伤认定没有实际意义。甚至有时决定是否为工伤的因素是是否存在劳动关系。这意味着工伤认定实际就是审查是否存在劳动关系，而按照劳动保障部的意见是否存在劳动关系的争议可按照劳动争议处理，使本可一个程序解决的问题，由于工伤认定的前置性，变成两个程序解决。对工伤事故定性由劳动争议处理程序取代完全可行：首先，工伤认定专业性不强，实际是认定案件事实和适用法规的过程，与劳动仲裁、诉讼程序的审理方式基本一致。确有专业性问题如伤病关系认定等，可委托技术部门鉴定。其次，减少环节，最大限度保护工伤职工权益，符合立法目标。工伤认定申请常常和工资支付、医疗待遇等请求同时发生，实践中常常是劳动仲裁机构受理赔偿申诉后中止审理等待工伤认定结果。纳入劳动争议处理程序后，使工伤残疾赔偿以及工资支付、医疗救济等问题得以合并处理，大大简化救济程序。其三，纳入劳动争议程序处理有两审诉讼程序监督，完全可满足公正性要求。

（2）已参加工伤保险的，纳入保险待遇支付程序处理。已参加工伤保险的，将工伤认定和待遇支付程序合并为一个程序，由社会保险经办机构行使。其可行性主要体现为：

1）社会保险经办机构是国家授权管理工伤保险基金的机构，对工伤事故进行定性实际是审查被保险人是否符合领取工伤保险待遇的资格，社会保险经办机构理应享有该职权。

2）已参加工伤保险的，工伤认定实际是工伤待遇支付的条件审查，是从属关系，没有非常必要的理由不应分开。

3）合并工伤认定和工伤待遇支付程序符合工伤救济的及时性原则，节约了政府资源，提高了政府工作效率。

4）公正性仍有充分保障。由于工伤的情形由法规统一规定，而且社会保险经办机构工作经费由财政供给，与工伤保险基金并无利害关系，我们没有理由对社会保险经办机构认定的公正性产生怀疑。同时，对社会保险经办机构的认定决定有行政复议、行政诉讼程序监督，可以保障社会保险经办机构公正执法。

尽管已参加工伤保险，发生工伤事故后，用人单位也有一定的保障义务，如支付停工治疗期工资的义务，劳动合同终止或解除后支付就业补助金等。社会保险经办机构做出的待遇支付决定并不直接调整用人单位权利义务，取消工伤认定程序后，如用人单位以不属于工伤为由拒绝履行义务是个难题。笔者认为，应允许社会保险经办机构的工伤保险待遇支付决定附带影响用人单位权利义务关系，相应的，用人单位对支付决定不服的，可作为第三人提起行政复议或诉讼。

4. 对具体立法的设想

按照以上思路，对国务院现行的《工伤保险条例》进行局部修订。主要修改建议如下：

(1) 将现行的《工伤保险条例》第十四条："职工有下列情形之一的，应当认定为工伤……"中"应当认定为工伤"修改为"属于工伤"；《工伤保险条例》第十六条："职工有下列情形之一的，不得认定为工伤或者视同工伤……"中的"不得认定为工伤或者视同工伤"修改为"不属于工伤或者视同工伤"，以使劳动争议处理阶段、待遇支付审核阶段都可以适用。将《工伤保险条例》第十七至二十条中的"劳动保障行政部门"改为"社会保险经办机构"；将"申请认定工伤"改为"申请工伤保险待遇"，同时，增加申请工伤保险待遇的程序性规定，如工伤待遇审核支付时限、支付形式等。同时应在现行的《工伤保险条例》增加一条："未参加工伤保险的，不适用本条例第十七（关于申请时限条款）、十八（工伤认定申请应当提交材料条款）、十九条第一款（工伤认定调查）、第二十条（工伤认定期限）的规定。"

(2) 将现行的《工伤保险条例》第十九条第二款改为一条，并修改为："未参加工伤保险的，职工或者其直系亲属有证据显示属于工伤，用人单位不认为是工伤的，由用人单位承担举证责任；已参加工伤保险申请人有证据显示属于工伤，社会保险经办机构不认为是工伤的，由社会保险经办机构承担举证责任"。因为，现行规定忽略了职工基本的举证责任，用人单位不合理地承担过多责任，而且如果单位故意不以举证，将使职工的主张在没有证据情况下都可以合法成立，工伤保险基金支出将出现巨大漏洞。

(3) 将现行的《工伤保险条例》第五十二条规定："职工与用人单位发生工伤待遇方面的争议，按照处理劳动争议的有关规定处理。"修改为："职工与用人单位因是否属于工伤或者工伤待遇支付发生争议的，按照劳动争议的有关规定处理。"增加一条："未参加工伤保险的，如单位和职工对是否为工伤无异议，可共同申请劳动保障部门出具工伤证明，该证明只有证据作用；如双方有异议的，根据《工伤保险条例》第五十二条规定处理。"

(4) 删去第五十三条第（一）项。《工伤保险条例》第五十三条规定："有下列情形之一的，有关单位和个人可以依法申请行政复议；对复议决定不服的，可以依法提起行政诉讼：（一）申请工伤认定的职工或者其直系亲属、该职工所在单位对工伤认定结论不服的……"对此条款进行删除。

11.1.3 建筑农民工工伤保险制度的完善

建筑行业是劳动密集型行业，其就业容量大，据统计局 2004 年数据，全国建筑业从业人员总计 3893 万人，其中施工现场操作人员基本是农民工，总人数已达 3201 万人，占建筑业一线人员的90%以上。从发生在建筑施工过程中的各类事故统计来看，建筑农民工也占90%以上，建筑业事故发生率和死亡人数仅次于煤矿，排在各行业的第二位，这两个90%，充分表明建筑业农民工是工伤保险的主体，从某种意义上说，建筑行业的工伤保险，主要就是解决建筑农民工的保险问题。

1. 建筑农民工工伤保险的难点

(1) 农民工参保人员的比率低。自《工伤保险条例》和《关于加快推进建筑施工企业农民工参加工伤保险工作的通知》，全国各地对农民工参加工伤保险工作取得很大进展。农民工参加工伤保险不容乐观，不尽如人意。以北京市、辽宁省部分市对建筑企业调查得知，农民工参加工伤保险人数不到应参保人数的50%。一些施工企业只给固定工、正式职工上保险，不给农民上保险。造成上述的原因有以下三点：一是建筑农民工岗位不稳定，农民工劳动关系复杂，如有临时工、季节工等工种无正式劳动合同，劳动关系随时可能终止；二是人员流动性大，受劳动力市场供求关系的影响，经常随建设项目施工地点的变化，而更换施工现场，甚至跨越城市区域流动；三是一般来说当地农民工较少，而大部分都是外来的农民工，居住地与工作地不属于同一区域。岗位不稳定和劳动力的流动性大，造成了他们与城镇职工工伤保险之间存在着较大的矛盾。

(2) 农民工参加工伤保险意识薄弱。建筑市场的农民工主要来自偏远的农村，农民工中的大部分人文化水平较低，预测风险能力不够强，参加保险意识相对较差，往往从眼前的利益出发，就业压力大，现实收益对他们来说相当重要，业主缴纳工伤保险费与否无所谓，反正工作时间是短期的，致使农民工参保积极性不高。例如，对某市调查数据显示，对农民工参加的险种有较全面了解的不到47%，而参加工伤保险的人员不到5%。

(3) 用人单位缺乏职业风险防范意识。按照《关于加快推进建筑施工企业农民工参加工伤保险工作的通知》和相关法律法规文件规定，农民工参加工伤保险费用为每人平均工资的1%缴纳，平均到人头不足60～70元，但当前一些地方政府要求企业投保的险种较多，例如医疗保险、养老保险等，保费加在一起，就不是一笔小数目了。尽管多数用人单位已经意识到参加工伤保险的重要性和强制性，但多数建筑用人单位仍不愿交纳，认为让员工参加工伤保险，增加了产品成本，加重了企业负担。为了谋取更多的利益，还是不愿意为农民工办理工伤保险，采取漏保、少保等手段，逃避有关部门的监查。用人单位缺乏维护职工工伤保险防范风险的思想，不能积极主动地为农民工办理工伤保险。

(4) 相关法律不配套，执法疲软。相关法律法规不配套，强制性乏力。建筑安全监督部门对侵犯建筑农民工合法权益的行为进行处理时，强制手段不够，执法疲软，缺乏震撼作用。有的甚至对用人单位的劳动违法行为视而不见，对劳动者的投诉或抗争不重视、不支持，甚至通过种种途径施压以“息事宁人”。将守法尽义务的严肃事项，变成了“婚嫁相亲”、“悉听尊便”或“哀求乞讨”，乐意的就参加，不乐意的就不参加。要破解这个怪圈，单靠行政安全监督部门独家吆喝难以有所突破，必须完善配套法规，多个部门通力协作。

(5) 劳务用工欠规范，劳务合同缺失。在建筑市场中，非法用工情况较为普遍。既使具有合法资质的单位也存在非法用工的现象。据北京市某农民工法律援助站统计，在138个非法用工案件中，除了55个是跟随包工头打工、18个非法单位用工的以外，还有65

个案件（占总数的47.1%）涉及的用人单位是合法的，与劳动者建立的劳动关系也是合法的，但劳动用工却是非法的，用人单位并未与农民工签订劳动合同，也没有提供工伤保险。

非法用工中分包商往往为追求利益最大化，减少经营成本，就采取逃保、漏保的手段。非法用工一般承包商不与农民工签订劳动合同，使农民工失去自我保障的护身符，一旦发生工伤事故纠纷，由于没有劳动合同，根本找不到起诉的对象，增加了立案难度。即使确立了劳动关系，这些非法用工单位能躲则躲，能逃则逃，强制追讨也难以执行，农民工维权难以保障。

(6) 法制不完善，维护权益履步难。由于工伤保险法规不完善，使农民工维护自身权益步履艰难。按照工伤保险条列的规定，非法用工单位一旦出现工伤事故由用人单位承担经济责任。在实务中，非法用人单位往往能逃就逃，能躲就躲，能躲多长时间就躲到多长时间，难以兑现，造成受害人维权的成本过高，受伤害的农民工难以伤有所赔、病有所医，甚至由于得不到及时补偿和医治，农民工被逼到跳楼、自杀、纠集人对非法用工单位实施报复的现象。

2. 建筑农民工工伤保险问题对策

(1) 加强宣传教育培训工作。积极广泛地展开宣传教育活动，增强农民工自我保护意识，鼓励他们通过法律的手段来保护自身的权益，在与雇主签订劳动或劳务合同时要求其为自己参加工伤保险。宣传教育应充分利用农民工夜校、岗前培训等形式，充分利用各种教育资源，将保险知识列入其中教育的重要内容之一，提高农民工的安全技术同时，提高农民工保险意识。

在宣传教育中，要积极发挥工会组织的作用，有条件的地区或企业应成立建筑农民工工会，通过工会组织各种形式的教育活动，使他们及时了解国家保险政策法规，尤其是使他们系统地了解国家对农民工保险的法律法规，提高建筑农民工的维权水平。

(2) 推动建筑劳务用工制度改革，加强市场准入监管。进一步推进建筑劳务用工制度的改革，推行成建制劳务用工模式，强化劳务合同的管理。通过把建筑施工劳务作业分包给经过国家有关部门批准的、具有相应劳务资质的企业承担。可以规范劳务合同，确立明确的劳务关系，有利于农民工维护自己的工伤保险权益。施工劳务企业是成建制的劳务实体，按照《建筑劳务分包企业资质等级标准》的有关规定，获得相应的资质证书，由建设主管部门批准，并进行工商注册的专门从事劳务输出的企业。施工企业应当按照合同约定，按照劳务分包企业完成的工作量及时支付给他们劳务费用。施工企业应对劳务分包企业的用工情况和工资支付进行监督，并对本工程发生的劳务纠纷承担连带责任。此用工模式要求劳务企业依法与农民工签订劳动合同。建制劳务用工模式确保了建筑企业雇用劳务的规范化和法制化，使农民工具有劳务合同，确立农民工与承包企业合法的劳动关系，为最大限度地维护了农民工的工伤保险权益奠定了基础。

(3) 建立社保基金垫付制度。按照现行的《工伤保险条例》第六十三条规定，非法用工单位的职工受到事故伤害或者患职业病的，由该单位向伤残职工或者死亡职工的直系亲属给予经济赔偿。但鉴于非法用工单位在农民工发生伤害事故中难于兑现的现实，建议修改《工伤保险条例》，规定如果用人单位不参加工伤保险而农民工发生工伤事故后，由社保基金先行支付工伤保险，然后劳动部门再向用人单位追缴。而在追缴时，劳动部门除向用人单位追缴支付的费用外，还可以根据用人单位欠缴工伤保险的时间收取滞纳金，这样还可以不影响社保基金的正常运行。因为以往对于用人单位不参加工伤保险的违法行为本应由行政机关进行处罚，但是这种违法行为造成的后果和追求违法行为的责任却转嫁到了农民工身上，这是不公平的。现有保险基金统一支付，然后再向单位追缴和惩罚，使农民工工伤能够得到及时的医治和康复，对于减少因工伤而引起的社会成本，稳定社会，使他们及时得到经济赔付和医治康复。确保农民伤有所赔，病有所医的合法权益。

（4）完善农民工的赔付制度。建筑农民工工伤保险的实施对于确保农民工的合法权益发挥了重要的作用，但从目前实施的效果来看，还有一些地方需要进一步完善，例如，一些地方对农民工的赔付标准有些不尽人意之处，建筑农民工在工伤事故中认定为一级至四级伤残一次性领取标准过低，而且还有随着伤者年龄的增大，赔付数额越低的规定。选择一次性伤残赔付领取的保险金后，伤残者必须与原单位中断劳动关系，由于一级至四级伤残这是完全丧失劳动能力，本人不能重新就业，一次性补偿杯水车薪，使农民工的身体康复和家庭生活长期失去经济保障。建筑企业流动性大，变化快，选择长期补偿方式又使农民工担心不能够按时得到保险津贴，尤其对那些没给职工上保险，工伤津贴由单位支付的，无论是持有伤残认定证明书、法院判决书的往往都要为残疾补贴付出很大代价，一旦单位发生变化，赔偿金就会随之消声灭迹。

解决以上问题一是要逐步提高农民工的补偿标准，农民工属于弱势群体，政府应对其工伤保障给予更多地照顾和关怀，制定赔偿标准时，逐步缩小农民工正常收益与残疾赔偿之间的距离。二是改革工伤保险管理体制，打破属地管理体制，实现城乡一体化工伤保险的管理模式，使农民工的致残者在当地劳保部门就可以领到长期保险津贴。三是加强工伤保险监察的执法力度，如建筑业则只有加强巡回监察和加大惩罚力度，督促承包人为其新来人员及时办理保险。对于逃保、漏保的单位要进行惩罚，提高企业参保的比率，防范今后工伤赔偿纠纷事件的发生。

11.1.4　建筑安全事故瞒报现象成因与对策

1. 安全事故瞒报现象

根据国家《工伤保险条例》有关规定，凡从事建筑施工活动的施工企业，应当为施工现场从事施工作业和管理的人员在施工活动过程中发生人身伤害事故提供保障，办理建筑工伤保险，保险费由施工企业支付，并在保险费率、申办手续等方面为施工企业投保创造了简洁、便利的条件。

然而，建筑工地单位不愿意申报安全事故的现象却较为普遍，相当部分的施工单位在发生工伤事故后，并没有按照规定申报事故，往往对事故处理采取以下两种方法：一是和员工私了的方式解决工伤医疗费用和相关待遇问题，有的单位甚至宁可支付法定的数倍赔偿金额，也不愿意申报安全事故；另一种方法是企业在员工要求支付医疗费用和享受相应工伤待遇时，以各种理由拒不为员工确认工伤，甚至干脆一推了之，将受伤员工关在工伤保险的大门外，或干脆拒绝承认该职工为本单位职工，严重侵害了职工及其家属的合法权益。

根据有关部门统计，2007年度我国某市一级用人单位中，共发生100多起工伤事故时，受害人被单位“抛弃”的事件。还有多起单位以工人身份不明为借口，不愿意垫付受伤职工的抢救和治疗费，使受伤职工无法及时得到治疗和康复，甚至导致职工死亡的事件发生。

某市的100多起工伤职工通过劳动仲裁或者有关部门协助确认劳动关系认定的案件中，建筑施工企业占总案件的比例为75%，其结果造成工伤职工不得不为医疗费和工伤事故认定和相关待遇处处上访，走上维权之路，通过仲裁确认劳动关系，法院一审二审判决，工伤事故认定，然后再到工伤医疗费和待遇的仲裁裁定，法院一审二审等程序，有的案件甚至要反反复复拖上几年时间，同时也导致受伤职工因为生活失去主要来源而采取诸如爬塔吊、跳楼、到有关机关单位集体上访和围堵马路，甚至采取拘禁单位相关负责人等违法手段来追讨相关待遇，成为影响社会稳定的重要因素。

2. 安全事故瞒报原因分析

为什么单位在发生工伤事故后，宁可选择不申报事故而采取花大钱私了或者干脆拒绝承认工伤职工这种极端不负责任的行为呢？主要有以下几个方面的原因：

(1) 申报工伤事故怕影响工程质量等级。根据建筑法律规定，建筑施工中的质量和安全事故情况是评判工程质量等级的一项重要指标，各种优质工程评选中多将无重大建筑质量安全事故作为一个不可或缺的条件，相当部分的工程项目其建筑设计和施工都是按照特定等级标准（如全国、省和市优质工程）在进行的，而且业主和施工企业签订的合同中，是否达到相应的施工等级标准，将影响到工程款项的最终结算。因此，发生安全事故后，只要不是属于特大类型事故，有可能隐瞒的，业主和施工企业就会尽力隐瞒，采用和受伤职工“私了”方式来解决。有些工伤职工也因此抓住单位的“软肋”，乘机多要一些补偿。如果双方无法就相关费用和工伤待遇谈妥，则有可能导致另一个极端，那就是单位“破罐子破摔”干脆不承认受伤职工，故意不提供确认工伤的相应资料，这样就加大职工的维权成本。

(2) 申报工伤事故怕影响企业资质和招投标。根据建筑法律有关规定，建筑企业所属工地有出现发生过三级以上工程建设重大质量安全事故或者发生过两起以上四级工程建设质量安全事故的要降低一个资质等级；发生过重大质量事故，受到省、部级主管部门通报批评或资质降级处罚的建筑施工企业，三年内不允许申报鲁班奖；严重伤亡事故的话，就要停标半年，外地要清理出建筑市场。目前，为加强建筑企业的管理，建设主管部门加强建筑系统信用体系力度，如原建设部颁布的《房屋建筑与市政工程企业信用等级评定暂行办法》明确规定：累计发生死亡4人或发生较大及以上安全事故的，将在申请办理资质资格延续、登记、变更、对外施工等方面受到严格限制和重点审查。许多企业为避免信用等级降低，对工地上的工伤事故，只要不是群死群伤，企业一般都采取能瞒报则瞒报，能了则了的策略。

(3) 申报工伤事故怕影响个人资质年审。目前，国家对安全生产管理非常重视，对各类施工管理监督人员的资质有严格要求，例如《建筑施工企业项目经理资质管理办法》中规定，每两年年审一次，对项目经理资质复查做出结论分为合格、不合格、不在岗三种。其中规定项目经理履行项目承包合同，且未发生工程建设重大事故及违法行为的，为“合格”；项目经理未能发行项目承包合同，或发生过一起三级工程建设重大事故，或发生过两起以上四级工程建设重大事故，或发生过一起三级工程建设重大事故，或发生过两起以上四级工程建设重大事故，或发生过重大违法行为的，均为“不合格”；并规定，连续二次复查结论为“不合格”者，降低资质等级一级。其他具有资质年审的有关人员都有类似规定，这样由于安全事故对项目经理、现场监理、安全员个人资质年审有较大的影响，因此，发生事故的时候，只要不是较大事故，这些现场管理人员一般也是采取能不报则不报的态度，而希望劳务企业或包工队和职工，私下协商解决医疗费和赔偿问题。

(4) 用工制度不规范，劳动关系难以确认。工程与劳务层层转包，职工到底属于那个单位无法确认，受伤职工成为“皮球”。工地现场管理普遍方式是将工程劳务发包给包工头，包工头往往会继续分包下去，最下面一层的包工头具体负责招用人员或者组织包工队伍进行施工，而企业只负责工地的材料供应、技术指导和质量管理等。包工队属于松散型组织，在非施工阶段，包工队往往会流动到其他工地边干活边等待下一阶段的工期来临。这样就造成一个包工队可能同时属于多个项目的劳务者的现象，事故发生时劳动关系难以确认。

有些工程是包工头通过各种渠道取得后，再找建筑企业挂靠，成为公司的项目经理或者实际项目负责人。建筑项目负责单位以包代管，为求降低管理成本，却将工程劳务发包给出价最低的个人（包工头），而且往往一个工程经过3～5次的转包，根本不办理招用工手续，更谈不上签订劳动合同，明确双方权利与义务。在发生事故时，上级的包工头自己都不清楚该工人是否属于该工地，因此，在发生工伤事故，受伤员工的身份往往因为没有工友作证和与建筑施工单位直接交涉而成为最容易包工头和单位“甩包袱”的对象。

(5) 施工企业资金紧张，不愿意为工伤者垫付费用。垫款施工是当前建筑市场普遍存在的问题，为此，建筑企业或劳务企业往往因为承揽工程需要垫资造成资金紧缺的问题。职工发生工伤事故后，实际承包人一时拿不出资金来支付医疗费和工伤待遇费用；还有的单位或者承包人故意拖延时间不支付，迫使工伤职工及其家属在私了时候放弃自己的部分权利，从而达到少支付相关待遇的目的。而建筑企业和劳务企业往往不愿意主动申报工伤事故，从而影响到本身的资质，抱着事不关己高高挂起的心态，更多的是让承包人和工伤职工及其家属进行私下解决。

(6) 对有关规定不熟悉，往往超过申报时限。施工企业不熟悉工伤事故申报相关程序规定，未能及时申报而导致无法理赔，企业选择干脆私了。根据工伤事故申报有关规定，发生工伤事故后，单位应在2～7天内向工伤认定机构口头或者书面提出报告，在一个月内单位必须提出工伤认定，用人单位未在规定的时限内提交工伤认定申请，在此期间发生符合《工伤保险条例》规定的工伤待遇等有关费用由该用人单位负担。由于建筑工地多数是以包代管，缺乏专业的熟悉业务的劳动管理人员，发生事故后，工地往往不懂得及时申报工伤事故，即使知道也不懂得如何申报，因此，往往超过法定申报时效，失去了工伤保险基金支付医疗费用和工伤相关待遇的权利。既然都要自己掏钱，建筑或者劳务企业干脆选择和受伤职工私了方式来解决。

3. 安全事故瞒报现象的对策

为保障建筑从业人员的合法权益，减轻企业的风险负担，防止有情不报现象的发生，应采取以下措施：

(1) 建设行政主管部门应加大对工伤保险相关法律规定和办事程序的宣传力度，使广大用人单位了解、熟悉相关法律规定的具体内容和办事程序。除对施工企业全员进行宣传教育外，特别是要加强项目负责人和劳务企业相关人员的培训；在建筑施工场所公开工伤保险经办机构的报案和咨询电话，方便单位和劳动者及时申报工伤事故。

(2) 完善用工制度，加强劳动合同管理。针对建筑劳务用工的特点，一是要继续深入推行成建制劳务用工制度，规范建设用工市场。二是建议制定出台《建筑企业劳动管理规定》，对于建筑企业的劳动关系确定、招工手续办理、劳动合同签订、社会保险办理、内部劳动制度建立、工资结算和发放、工人培训、奖惩制度等方面进行规范，指导企业依法建立和完善内部管理制度，尤其是规范内部承包制，从源头上杜绝建筑企业劳动纠纷的发生。建筑工地应该建立和完善人员录用、考勤、考核、辞退、奖惩和工资支付等制度，做好招用工地人员的用工手续办理，及时签订和报备劳动合同，确保发生争议纠纷时有充分的证据可调解或仲裁。

(3) 在全国建设施工行业积极推行"建筑工地农民工劳动保障维权手册"制度。规定所有建筑工地必须给工人办理实名制的劳动保障维权手册，把工地上建筑工人基本身份资料、该工人进出工地时间、每天考勤、工作岗位、安全培训、工价、继续教育、工资发放、工伤保险办理情况全部记录进手册，在工人到建筑工地后《手册》要加盖公司公章，每天由建筑公司负责考勤的人确认工人出勤和工价，这样每个工人跟公司之间的劳动关系和权利义务就能一目了然。

在条件成熟的情况下，应参照香港和广东省等地的经验，在全部建筑工地推行IC制度，IC的员工的劳动保障等全部资料加以记载，采用网络管理系统为基础，对职工进行IC式的管理方式，对工地招用员工情况进行全方位的实时监控。全面规范建筑企业用工管理行为。

(4) 加大瞒报事故的处罚力度。建筑主管部门和安全生产监管部门应和社保经办部门建立定期通报制度，加强对单位不依法申报工伤事故的监督和处罚力度，尤其是对恶意不承认工伤职工这种违法行为加大处罚力度，加大瞒报工伤事故的违法成本，确保工伤职工生命救治和依法享受工伤保险待遇的合法权益。

(5) 加强工伤事故案件的法律援助力度。针对当前建筑工地职工普遍存在文化水平低下（文盲半文盲人数占30%以上、小学毕业约占46%、初中文化约占15%）的现状，有关司法机构应加大受工伤职工的法律援助力度，及时指派有经验的律师为职工提供法律援助，尤其应加强区一级的基层法律援助机构的援助力度，正确引导职工通过法律途径保障自身的合法权益，避免受伤职工及其家属在百般无奈情况下，以极端方式来主张自己的权益。

(6) 完善工伤保险制度，简化理赔手续。坚持以人为本的原则，简化工伤保险的理赔程序，改变不合理的理赔规定。目前，企业普遍反映，工伤保险认定程序繁琐，理赔时间过长，一旦遇到工伤纠纷将陷入维权的困境之中。建议有关部门引进竞争机制，对建筑工伤保险条款不合理的规定进行限制性的修订，使得此项惠民政策真正惠民而不是成为企业的负担。

11.2 建筑意外保险研究

11.2.1 建筑意外保险现状调查

自1998年3月1日《建筑法》明确规定“建筑施工企业必须为从事危险作业的职工办理意外保险，支付保险费用”以来，全国各省、自治区和直辖市积极开展了建筑意外伤害保险工作。2003年5月，建设部又出台《关于加强建筑意外伤害保险工作的指导意见》，各地积极响应，先后制定实施细则或意见。近十几年来，一方面建筑意外伤害保险制度不断完善，对于维护建筑业从业人员的合法权益、促进建筑业安全生产、构建和谐社会起到了积极的作用，但仍然存在许多问题，表现为施工企业对意外保险的知识了解甚少；另一方面是不少施工企业对于保险费率的合理性表示怀疑，反映保险合同中约定的安全服务不到位，使得建筑意外伤害保险的作用没能完全发挥，阻碍了建筑意外伤害保险制度的健康发展。为详细了解意外险的现状，通过个别访谈、问卷调查和专家座谈三种方式进行了意见征询，取得了一些宝贵的信息。

1. 个别访谈

(1) 访安全管理专家

这次调研主要是通过和中建三局安全部有关负责人访谈，通过访谈了解到：由于建筑意外伤害保险是国家强制性的保险，在建设企业中执行情况基本较好，作为施工方办理建筑施工伤害保险表示欢迎和支持。但在实施运行当中，仍然存在有许多争议的地方。

1) 保险服务不到位。建设企业对保险公司支付了保费，按照对价原则，建设企业理应得到相应的安全指导服务，然而保险公司对施工企业的服务却存在很大的缺陷，仅仅停留在收取保险费用，当发生意外事故后进行理赔阶段。

2) 现行的意外保险模式费率机制不够灵活。许多地区制定的保险费率和理赔标准根本未能体现出激励的作用，对于安全生产搞得好的单位，激励度不高，没能充分调动广大施工企业参加建筑意外保险的积极性。

3) 当前一些管理制度使得建筑意外保险实施存在一定的困难。各级主管部门按照有关法规建立了安全生产业绩考评和处罚标准，应该说这些制度的建立对于提高建筑施工企业安全生产水平起到了极大的作用。但是一些地区在执行这一处罚规定时，不管发生事故的建设工地的规模大小，不管施工单位或项目部在以前是否发生过安全事故，不管企业或工地参与施工人数的多少，不管事故发生是否与企业有直接的联系，都毫无区分地执行同一个处罚标准。同时，被访问的专家还认为，应积极采取多种措施，从主观上减少安全事故的发生，通过投保促进施工企业加强安全管理。

(2) 访保险公司专家

在和保险公司专家的个别访谈中了解到：

1) 在当今市场竞争激烈的背景下，各保险公司为了扩大各自的保险覆盖面，各保险公司之间竞争日趋激烈。为了争取到更多的保额，各公司实施各种策略，争取市场的占有份额，有些公司甚至违反国家的有关法规私自降低保险费率。那些规模较小的保险公司得到的保费较少，抗风险的能力就减弱。当建筑施工发生意外事故时，他们往往不能提供足够的资金进行赔付，这样既损害了保险公司的整体形象，同时对建筑施工企业也有害无益。所以，应建立保险公司评估体系，提高准入门槛。

2）对政府安全监督部门担当的角色存有争议。目前，在建筑意外伤害保险实施的许多环节上都有安全监督部门代理保险公司执行。例如日常监管、催缴保费、事故处理理赔等工作。安全监督机构向保险公司收取30%的保费。按照《保险法》的规定，建设安全监督机构不具备保险代理资格。保险公司依据保险条款以给保险代理人名义提取保费的30%，给予安全监督机构提取保费的做法经不起推敲。建议政府部门应成立相应的行业协会，负责相关方面的工作。

2. 问卷调查

为了解建筑意外伤害保险实施过程中存在的具体问题，对部分施工项目进行了小规模的问卷调查（问卷调查结果如表11-1所示）。通过回收问卷和走访现场所获得的信息得出以下结论：

问卷调查统计结果　　表11-1

问卷内容	问卷结果	总计
项目是否实施意外伤害保险	是：否　34：9	43
实施意外伤害险之后项目与以前同类工程相比，工伤事故率有无明显的下降	有：无　19：11	30
意外伤害保险与项目安全管理		
（1）向保险公司呈送项目安全计划及重大专项施工安全技术方案	是：否　18：19	37
（2）保险公司对本项目提供安全风险评估服务	是：否　12：23	35
（3）保险公司审核本项目安全计划及重大专项施工安全技术方案	是：否　17：18	35
意外伤害保险预防功能的发挥		
（1）保险公司安全专职技术人员对本项目进行检查	经常：偶尔：从不　5：12：22	39
（2）保险公司理赔工作及时	是：否　14：24	38
（3）第三方安全检查、培训对工伤预防的效果	好：一般　26：16	42

1）目前，建筑意外伤害保险的投保率很高，但建筑施工企业对于建筑意外伤害保险并不熟悉，与保险公司掌握的信息不平衡，施工企业处于劣势。调查的43个施工项目投保率达到80%，通过走访工地负责人了解到，作为施工方，他们确定该项目一定是买了保险的（否则拿不到施工许可证），但是没有见过保险合同，工作都有建筑企业来完成，施工现场无任何反应投保的信息和标示。在这样的情况下，很难使建筑企业的利益得到保护。

2）投保费率不统一。部分外地企业例如浙江中天、福建闽清都按照武汉市统一标准缴纳保费为0.80‰，在同样造价范围内，本地企业按协议费率投保，明显低于外地企业。而且本地企业的费率各不相同，但都低于武汉市统一的保险费率。

3）保险企业只理赔不服务。保险公司对投保的建筑企业的服务仅停留在安全事故发生之后的理赔层面上。22份有效问卷（56%）认为："保险公司从来没有专业安全技术人员对项目进行安全检查。”他们对保险公司收取的保费表示疑惑，普遍认为保险公司的利润很大，应加强技术服务。

4）建筑意外伤害保险的预防功能发挥的不充分。其中有16份问卷（40%）认为：“第三方（安全监督部门）对安全检查、培训对工伤事故的预防效果一般。”这也就反映出目前建筑意外伤害保险模式未能体现出建筑意外险的事故预防作用。

5）在对建筑意外伤害保险的改进意见中，大部分建议：降低保险费率，提高保险理赔额度，同时几乎所有问卷都要求保险公司将安全服务落到实处。

3. 专家座谈

在原建设部组织的建筑意外伤害保险课题研讨会上，有关专家和负责人指出现行建筑意外伤害保险制度主要存在以下问题：

(1) 参保面比较低。部分建筑企业迫于国家政策的压力虽然进行了投保，但在投保过程中要手腕，瞒报或谎报工程规模、造价等，没有全员或足额投保。

(2) 投保额和理赔额之间不平衡，现在建筑企业普遍认为保险公司存在暴利，有必要重新验证保险费率的合理性。

(3) 保险市场竞争激烈，没有发挥杠杆作用，建议提高保险公司准入门槛，规范保险市场。

(4) 现行的保险制度实施过程中中间环节太多，不利于降低保险费率，建议减少保险经纪、代理等中间环节，提高保险服务水平。

(5) 保险制度不完善、约束不够，不细致，部分的建筑企业对保险的认识不深，造成了实施过程中的许多误会。建议建立一套完善的机制来实施建筑意外伤害保险。

(6) 政府监督部门监管不力。需要探索保险新思路。最后建筑安全方面的专家建议，应加大建筑意外伤害险的宣传力度，以便更好地实施这一制度。

4. 结语

通过调查可以看出，当前建筑意外伤害保险在实施过程中，仍然存在着许多的问题，积极引导建筑意外伤害保险向健康方向发展，仍然有许多工作要做。

(1) 加快解决建筑安全监督机构的经费问题；

(2) 加快建筑意外伤害保险规范化管理；

(3) 协调解决建筑意外伤害保险与工伤保险的关系；

(4) 建立灵活的保险费率机制；

(5) 提高保险中介机构安全技术服务水平。

同时，应积极支持行业协会或者中介组织开展安全咨询服务活动，大力培育建筑安全中介服务市场，保险公司应通过安全中介服务组织向建筑企业提供与建筑意外伤害保险有关的安全服务。

11.2.2 建筑意外保险费率探究

建筑意外伤害保险是《建筑法》、《建设工程安全生产管理条例》、《安全生产许可证条例》确立的一项重要制度，意外伤害保险费率是实施建筑意外伤害保险制度的一个重点环节，全国各地普遍开展了建筑意外伤害保险工作，但各地意外伤害保险费率的运作各不相同。如何合理确定意外伤害保险费率，引入浮动费率机制，保证意外伤害保险工作健康有序发展，促进建筑施工安全生产，这确实是一个值得探讨和研究的问题。

1. 建筑意外险费率实施现状

据了解，全国绝大多数地方意外伤害保险费率是由行政主管部门与保险公司商定的，根据工程规模、类型等因素，基本上实行了行业差别费率，在行业差别费率的基础上，企业的保险费率不能浮动或浮动费率范围较为狭窄。按照发达国家的做法，涉及整个行业利益的商业谈判，应该由最能代表行业利益的协会来担当的。但在我国，作为承担保险合同权利义务一方主体的施工企业并不能直接参与保险费率的确定，而是由行政主管部门与保险公司来确定，这种做法确实有些欠妥。

保险费率的固定或浮动力度过于狭窄，不利于调动施工企业加强安全管理、积极开展争先创优工作的积极性。按照建设部《关于加强建筑意外伤害保险工作的指导意见》，政府对开展建筑意外伤害保险工作的主导职能应该是依法加强监督、管理、指导，建立和完善有关规章制度，积极支持行业协会或者其他中介组织开展安全咨询服务工作，大力培育建筑安全中介服务市场，引导建筑意外伤害保险工作有序健康发展，而不是参与确定基本费率等具体的商务活动。

2. 采取浮动费率机制的重要意义

根据原建设部《指导意见》，施工企业和保险公司双方应本着平等协商的原则，根据各类风险因素商定建筑意外伤害保险费率，提倡差别费率和浮动费率。意外伤害保险应贯彻“预防为主”和“奖优罚劣”的原则，将施工企业的投保费率与安全绩效全面挂钩，采用浮动费率，具有十分重要的意义：

(1) 符合建筑市场信用管理体系建设的要求。安全生产是建筑市场信用管理体系的一个重要组成部分，引入浮动费率机制，体现了施工企业安全生产“诚信激励”和“失信惩戒”的机制，符合建筑市场信用管理体系建设的要求。

(2) 有利于建立安全生产监督制约机制。通过实行浮动费率机制，促使企业安全管理由“被动接受监督”向“主动自我防范”转变，有利于促进施工企业的安全生产，达到建立安全生产制约机制的目的。

(3) 进一步促进建筑施工安全生产。通过实行浮动费率机制，激励施工企业加强安全管理以节省投保成本，提高企业和项目经理部安全管理争先创优工作的积极性，进一步促进建筑施工安全生产。

3. 浮动费率应考虑的主要因素

浮动费率应与施工企业安全生产业绩、安全生产管理状况等因素挂钩。对重视安全生产管理、安全业绩好的企业应采用下浮费率；对安全生产业绩差、安全管理不善的企业应采用上浮费率。具体应考虑以下方面：

(1) 安全生产先进单位。为进一步推动建筑施工安全生产，发扬成绩，表彰先进，各级政府、建设行政主管部门每年都会开展安全生产先进单位评选活动。企业通过加强安全生产管理，坚持“安全第一、预防为主、综合治理”的方针，积极宣传并贯彻落实国家和行业有关建筑安全生产的法律、法规及安全技术标准、规范，健全安全生产管理网络，落实各级安全生产责任制，建立并执行安全考核制度，积极开展文明工地创建活动，实现安全生产无事故，被评为安全生产先进单位，应该说企业的安全管理各项工作比较到位，企业发生事故的概率相对较低，保险公司的赔付风险也就较小，应实行下浮费率。另外，结合当前评先工作的实际，应根据政府、建设行政主管部门及其不同层次的评先，实行不同的下浮标准。

(2) 创建文明工地。目前建筑行业普遍开展以“安全达标”为主要内容、“以人为本”为主要特征的创建文明工地活动，项目经理部通过以创建文明工地为载体，全面提升施工现场安全防护、文明施工管理水平，使之成为“以人为本”的典型、安全管理的典型、施工现场安全防护的典型。项目经理部通过加大安全生产投入、安全防护规范到位、加强文明施工管理，工程项目被评为文明工地，说明项目经理重视安全生产，安全管理水平较高，其承接下一个工程时应该实行下浮费率。另外，还应根据各个不同层次的表彰实行不同的下浮费率。

(3) 安全质量标准化。为加强建筑施工安全生产基础工作，促进建筑施工企业建立起自我约束、持续改进的安全生产长效管理机制，实现企业市场行为的规范化、安全管理流程的程序化、场容场貌的秩序化和施工现场安全防护的标准化，提高建筑安全管理的整体水平，自2006年起，建设部在全国建筑施工企业中开展了建筑施工安全质量标准化工作，并提出了2006年至2010年具体工作目标。为推动建筑施工安全质量标准化工作的深入开展，各级建设行政主管部门还将开展安全质量标准化“示范企业”、“示范工地”评选活动。对建筑施工安全质量标准化“达标企业”和“达标现场”，尤其是各级建设行政主管理部门表彰的“示范企业”、“示范工地”，应实行下浮费率。另外，还应根据不同层次的表彰实行不同的下浮费率。

(4) 生产安全事故。工程项目施工发生生产安全事故，一般是由于施工人员违章作业、违章指挥、安全教育不到位、安全防护不严、安全管理混乱、各项管理制度不落实造成的，说明施工企业安全管理不到位，保险公司的赔付风险相对较高，根据“罚劣”的原则，应实行上浮费率。另外，为加大事故的处罚力度，加大其安全生产失信成本，还应根据事故死亡的人数及发生事故的频次实行不同的上浮费率，对于一次性死亡人数较多或连续发生安全事故的企业应加大上浮幅度。

4. 浮动费率应控制的幅度范围

据调查，目前参与建筑意外伤害保险业务的保险公司，一般是按保险费总额的45%～55%来计算经营风险及利润，再加上安全服务费用约占保险费总额的25%左右，同时考虑到足以刺激施工企业加强安全管理以节省投保成本，因此，浮动费率的最高下浮幅度应控制在30%左右。对发生事故的施工企业，结合当前工程承发包活动中低价中标、工程款不到位、利润相对较低的实际，在体现“罚劣”原则的基础上，浮动费率的最高上浮幅度应控制在20%左右。

5. 浮动费率机制具体建议

浮动费率是激发、调动施工企业安全管理积极性的杠杆，为建立浮动费率机制，应采取以下几点措施：

(1) 浮动费率的幅度。各地应结合安全管理状况和近几年建筑意外伤害保险工作实绩，对费率浮动幅度进行测定，在不影响赔付和安全服务的前提下，应在充分征求保险公司和施工企业意见的基础上，提出当地浮动费率的具体标准：

1) 下浮费率。应根据施工企业的安全业绩，分等级的给予下浮费率的政策：

① 各级人民政府（或其安全生产委员会）评为“安全生产先进单位”的企业，在发文

之日起一年内：市级先进企业、省级先进企业、国家级先进企业依次下浮一定的比例。例如：依次下浮10%，下浮20%，下浮30%；

② 被建设行政主管部门评为“建筑安全生产先进单位”的企业，在发文之日起一年内：市级、省级、部级先进企业依次下浮一定比例。例如：5%、10%、15%；

③ 凡取得“文明工地”称号的工程项目部，自发文之日起一年内，该项目经理承接的工程项目按不同级别下浮：市级、省级以上（含省级）文明工地的依次下浮一定比例。例如，10%、20%。

以上下浮费率按最高计取，不得累加。施工企业项目部，如果发生伤残以上（含伤残）事故，该项目经理承接的工程项目保险费率各项优惠即行终止。

2）上浮费率。凡发生四级以上（含四级）重大安全事故的施工企业，自事故发生之日起一年内，施工企业保险费率按基本费率的一定比例上浮。例如，四级事故115%、三级事故120%、二级事故125%、一级事故130%计算。

（2）浮动费率的监督。各地有关部门应积极宣传浮动利率机制工作，同时，建立安全生产业绩及安全生产事故定期通报制度。为保证浮动费率机制的正常运行，要加强浮动费率机制的监督管理。

一是要通过行政办事中心建设局窗口，对办理建设工程安全监督报监时，严格把关，加强对浮动费率执行情况监督；二是在施工企业办理建设工程安全施工措施备案时，安全监督机构进行认真审查；三是设立举报电话，接受建筑意外伤害保险工作的投诉。对存在违规操作、不按规定执行浮动费率的保险公司，一经发现应立即制止，要求整改，并在全市予以通报。

浮动费率机制建设是调动企业安全管理积极性，将安全预防方针落到实处的核心环节。应根据当地经济社会发展水平和建筑施工安全管理状况，确定科学、合理的浮动费率，需要认真分析和研究。通过全面实施意外伤害保险制度，完善意外伤害保险的浮动费率机制，充分发挥意外伤害保险既要分散事故风险又有利于提高企业安全管理水平的激励制约作用，进一步推动建筑意外伤害保险工作的健康发展，提高建筑施工安全管理的整体水平，具有十分重要的意义。

11.2.3 建筑意外保险的协调发展

1. 意外伤害保险与工伤保险的属性类别与功能异同

工伤保险是社会保险制度的重要组成部分，是指国家和社会为在生产、工作中遭受事故伤害和患职业性疾病的劳动者及其亲属提供医疗救治、生活保障、经济补偿、医疗和职业康复等物质帮助的一种社会保障制度。意外伤害险是指人的身体和生命受到外来的、意想不到的或不可抗拒因素的伤害后，根据投保时双方约定的契约和投保额，从保险公司获取相应的赔偿。两者的区别集中体现在前者是一种政府行为，属于社会保险范畴，而意外伤害险则是一种商业行为，属于商业保险范畴。两者在实施目的、实施方式、实施范围、基金来源、保险金额的确定和给付、保障程度和法律关系等等方面都存在着差异。

当然，工伤保险和意外伤害险是同一社会保障项下的两大不同险种类别，两者之间存在十分密切的关系。工伤保险和意外伤害险两者之间存在着相互补充、共同发展的关系，工伤保险制度的健全和发展，并不意味着否定或者排斥意外伤害险的作用，相反，由于二者保障功能的同一性，使得工伤保险和意外伤害保险可以相互补充、共同发展。

2. 意外伤害险与工伤保险的交叉性与互补性

工伤保险与人身意外伤害保险承保的保险责任范围有交叉性、相似性之处，承保的责任范围重合面较大。

《工伤保险条例》规定将职工在工作过程中，从事业务工作而遭受意外或患与业务有关的国家规定的职业性疾病所致伤、残或死亡的，属于保险保障的范围。《建筑意外险条款》也规定："在保险期间内，被保险人在施工现场工作过程中遭受意外伤害，身故、伤残的按照合同约定承担保险金给付责任；意外伤害医疗保障则按比例在保险单所载的该被保险人意外伤害医疗保险金额内予以补偿。"可见，工伤保险与建筑意外险在保险责任范围上有交叉，有重合。当然这也有利于加强对正常工伤职工（雇员）的保障。

两者的保险标的虽然都是人身伤害，其责任范围具有交叉、重合的地方，但又存在着差异。工伤保险作为一种强制推行的社会保障制度，其意义是最大限度地保障每个劳动者的基本合法权益，当然它并不是包治百病，工伤保险体现国家、公共利益。《工伤保险条例》规定，工伤保险保障下列风险事故：在抢险救灾等维护国家利益、公共利益活动中受到伤害的；职工原在军队服役，因战、因公负伤致残，已取得革命伤残军人证，到用人单位后旧伤复发等，这些风险事故均属于社会风险。由于商业性保险公司经营的目的是为了盈利，它们考虑更多的是公司的盈利状况，因而建筑意外伤害保险对于维护国家、公共利益活动中受到伤害的雇员、革命伤残军人旧病复发等方面均属除外责任。工伤保险还把在工作时间和工作岗位造成的职业病，突发疾病死亡或者在48小时之内经抢救无效死亡的纳入责任范围之中，体现出其社会救助的性质，而建筑意外保险对这一部分内容则不予承保，可见工伤保险与建筑意外险又存在很强的互补性。

3. 建筑意外保险与工伤保险赔偿的兼得性

企业进行双重保险其赔偿是否可以兼得？即被保险人在进行双重保险后，当出现工伤事故时被保险人已获得社会保险部门的赔偿后，是否还可以获得意外伤害险的赔偿？显然答案是肯定的。

2005年，江苏省无锡市中级人民法院对一起意外伤害险保险拒赔案的终审判决结果就是证明了这一点。江苏某有限公司，为本单位300名职工上了双重保险，该企业一位职工出现工伤，经有关部门工伤认定后，从劳动和社会保障局领取了工伤医疗费7932.9元及伤残补助金。随后，该投保险人根据合同向意外伤害险保险公司提出理赔申请，遭到保险公司的拒绝。保险公司辩称：意外伤害医疗保险金应按[（公费医疗金额－免赔额100）×给付比例80%]赔付，该投保人的医疗费已从社保部门取得了赔偿，保险公司只对剩余未获赔偿的医疗费进行赔偿，对社保部门已赔付的医疗费不承担赔偿责任。对保险公司申述法院不予采纳，认为意外伤害保险是以被保险人的身体利益为保险标的，以被保险人遭受意外伤害为保险事故，当被保险事故发生时，由保险人按合同给付保险金的人身保险，该案中被保险人虽已从社保部门领取了工伤医疗费，但保险公司仍应按照保险合同的约定向其支付意外伤害医疗保险金。最后判决，保险公司在法院审判书下达十日内，向该被保险人支付保险金人民币12900元。

意外伤害保险属人身保险业务，人的身体或生命是无价的，不存在获得超额获取赔偿金的问题，因此，人身保险合同的保障作用突出体现在其给付性上。无论被保险人是否已经获得赔偿，意外伤害保险人均应按约定向被保险人给付合同约定的保险金。社会保险部门对被保险人赔付了工伤医疗费，但保险公司仍应按照保险合同的约定向其支付意外伤害医疗保险金。因此，工伤保险与意外伤害保险并不冲突，保险公司仍应按约向被保险人进行理赔，两者具有兼得性。为此，建设行政主管部门在有关文件中要求，建筑施工企业在为职工参保工伤保险的同时，还要为职工投保建筑意外伤害险，以确实保障施工企业职工的合法权益。

4. 意外伤害保险与工伤保险之间的替代性

《建筑法》、《工伤保险条例》实施以来，人身伤害纠纷案件层出不穷、有增无减，诉讼案件居高不下，职业伤害保险制度面临着严峻的形势，这对我们研究在新形势下，如何调整与完善职业伤害保险制度带来了新的挑战。

(1) 用人单位是否可以用意外伤害保险来代替工伤保险。

许多企业负责人普遍认为：企业已按《建筑法》的规定为其职工办理了意外伤害险，一旦出现工伤事故，职工已经有了经济上的保障和补偿，无须再参加工伤保险。这种做法往往会导致两种结果：一是会引起职工向当地劳动保障行政部门投诉或者向法院提起诉讼，由劳动保障行政部门或者法院裁定是否需要追加办理工伤保险。《工伤保险条例》明文规定："中华人民共和国境内的各类企业、有雇工的个体工商户应当参加工伤保险，为本单位全部职工或者雇工交纳工伤保险费。"工伤保险本身具有的强制性、无偿性和固定性等特征，国家以法律的形式向用人单位征缴工伤保险费，缴费义务人必须履行缴费和办理工伤保险的义务。二是即使企业员工缺乏相关的法律知识或者其他方面的原因，没有提出要求企业为其追加办理工伤保险，按照现行法律法规，对没有参保的企业，一旦出现工伤事故，按照工伤保险标准企业自己必须支付相应费用，而建筑意外伤害险中并未有工伤伤残补贴、工伤治疗费用和工伤就业补贴等项目。这是由于意外伤害险的商业属性、有偿性和非确定性特征所致。

(2) 用人单位能否用工伤保险代替意外伤害保险。

这也是需要分情况讨论的。第一，按照国家规定，工伤保险属于强制险，是企业必须履行的责任。就一般企业来讲，我国目前法律法规并不排斥用人单位参加意外伤害保险，除有法律明文规定要求参加的行业以外，国家法律法规对企业是否为其职工办理意外伤害保险，并不进行干预。当然，对有能力为职工办理双层保险的，国家乐观其成、采取的是鼓励的态度。第二，对于一些特别的行业和工种，国家法律法规有明文规定要求办理意外伤害险的则企业必须投保。比如，《建筑法》规定："建筑施工企业必须为从事危险作业的职工办理意外伤害保险，支付保险费"。为此，建筑企业除了必须为职工办理工伤保险外，还必须为职工购买建筑意外伤害保险。

(3) 工伤保险与意外伤害保险用人单位所承担责任范围的比较。

根据现行国家有关工伤保险的规定，职工因工负伤，无论被鉴定为几级，下列待遇应由工伤保险基金支付：工伤职工治疗或职业病所需的挂号费、住院费、医疗费、药费、残疾辅助器具费、伤残津贴、伤残补助金等；职工因工伤死亡的，工伤保险基金还应支付丧葬补助金、供养亲属抚恤金、一次性工亡补助金。那么用人单位还需要支付那些费用呢？

根据有关工伤保险赔偿标准文件规定，用人单位应承担的责任如下：

1) 对于一般工伤门诊和一级至四级伤残的，用人单位应承担因工负伤员工的住院伙食费的70%、转外地治疗的交通食宿费的100%和停工留薪期内福利待遇，以及生活不能自理需要的护理费的 100%。

2）对于五级至六级伤残，用人单位应承担因工负伤员工 70% 的住院伙食费、100% 的转外地治疗的交通食宿费、停工留薪期内福利、生活不能自理需要的护理费的 100%、劳动合同期满终止或者工伤人员本人提出解除劳动合同的，由用人单位支付一次性工伤医疗补助金和伤残就业补助金，两项补助金标准合计，五级伤残为 24 个月的上年度全市职工月平均工资；六级伤残为 22 个月的上年度全市职工月平均工资。

3）工伤人员因工致残被鉴定为七级至十级伤残的，用人单位应承担因工负伤员工 70% 的住院伙食费、100% 的转外地治疗的交通食宿费、停工留薪期内福利、生活不能自理需要的护理费的 100%、劳动合同期满终止或者工伤人员本人提出解除劳动合同的，由用人单位支付一次性工伤医疗补助金和伤残就业补助金。两项补助金标准合计，七级伤残为 20 个月的上年度全市职工月平均工资；八级伤残的为 15 个月上年度全市职工月平均工资；九级伤残的为 10 个月上年度全市职工月平均工资；十级伤残的为 5 个月上年度全市职工月平均工资。

由此看出，参加工伤保险，用人单位一旦发生工伤事故，用人单位虽然减轻了许多经济赔付责任，但仍负有较大的责任。意外伤害保险在出险时，由保险人按合同约定给付保险赔偿，用人单位在意外伤害险项下不负经济赔偿责任。因此，有条件的用人单位在参与工伤险的同时，再投保意外伤害险不失为最佳的选择。但用人单位应注意的是在已经参保工伤保险的情况下再购买意外伤害险，只是起到一种补充作用，从成本的角度考虑，对于工伤保险已保的范围可以在选择意外伤害险的时候给以除外。当然，对有能力的用人单位，从职工福利的角度考虑可以选择双重保险。

5. 意外伤害保险与工伤保险协调发展的建议

（1）坚持以工伤保险为主、意外伤害保险为辅的原则。

意外伤害保险一般存在以下几个问题：一是由于意外保险属于商业保险，对意外事故的界定十分严格，因此意外事故的争议也较多，追究事故责任的过程很复杂，法庭调查的时间也很长，承保方支付的比例一般都低于工伤员工的真正需要。二是保险公司开设的意外伤害保险有一定的局限性，在大多数情况下，商业性保险公司一般拒绝那些职业危险性很大的用人单位参加保险，而职业风险较小的用人单位又不愿投保。三是在支付保险金的时候，保险公司出于商业动机会想方设法降低给付标准，尽可能逃避赔付责任。因此，只采用意外伤害保险，或以意外伤害保险为主，必然会使被保险人保障的范围受到局限。因此，要坚持以工伤保险为主，意外伤害保险为辅，是职业伤害保险制度建设的发展方向，也是用人单位投保方案的最佳选择。

（2）营造良好的意外伤害保险制度的政策法规环境。

完善意外伤害保险制度，需要良好的政策法律环境。就建筑行业讲，要以修改《建筑法》为契机，进一步调整、完善建筑职业伤害保险的法律条款，突出工伤保险在建筑伤害保险体系中的主导地位和作用，充分发挥其社会保障性功能，最大程度地维护建设职工的人身合法权益。同时，应充分肯定商业保险的补充作用，促进工伤保险与意外伤害险的相互补充、共同发展提供坚实的法律基础。

当前，建筑业在强制推行意外伤害险的过程中，由于市场化程度不高，市场秩序、组织机构等方面还存在一定问题，各地区制度、赔付标准发展也不平衡，没有充分发挥保险应有的社会功能，应进一步规范建筑意外伤害保险市场秩序和提高保险公司的承保行为，严格意外伤害保险的市场经营原则，在讲求盈利与效益的同时，讲求社会效益，注重发挥其社会保障的补充功能，为意外伤害保险提供理想的法律环境。

（3）创新保险新险种，充分发挥意外伤害保险的补充功能。

意外伤害保险与工伤保险的条款，目前在责任范围上存在着较大的重合面，影响商业保险功能的充分发挥。因此，保险有关部门应针对社会、行业实际，积极调整、修订意外伤害险的责任范围，从市场需求实际出发，推出新险种，凸现与工伤保险的互补性，形成险种的特色；修订某些影响发挥保障功能的赔偿性限定性条款，在考虑经济效益的同时，应考虑其社会扶助功能，使其在职业伤害保障制度建设中充分发挥其应有的作用。

（4）实施减免税收政策，积极扶植意外伤害保险业发展。

商业保险公司开办意外伤害保险业务，承担着相当一部分与社会稳定有关的社会保险职能，经营风险大、管理成本高、经营存在较大的困难，这是不言而喻的。因此，应大力扶植商业保险的发展，促进意外伤害险种的发展和完善。对此，政府应在政策上特别是税收上给予保险公司优惠，促进发展，如减免所缴保费的所得税等其他现行规定缴纳的各种税费等。对一般行业来说，意外伤害险是非强制性的，对投保人也理应给予税收政策上的鼓励和支持，如减免意外保障收入所得税、免除储蓄保险费的利息税、单位和个人按规定缴纳的意外保费不计入应纳所得税收入总额等。优惠的税收政策是社会保险事业发展的重要基础，也是刺激保险需求的重要条件，优惠的税收必将带来意外伤害保险等商业性社会保险的繁荣，以弥补工伤保险的不足。

11.3 雇主责任保险研究

11.3.1 雇主责任保险初探

伴随着我国经济建设的高速发展，工程重大、特大事故时有发生，给国民经济和社会安定带来严重影响。研究人员发现，人均 GDP 达到 1000～3000 美元时是安全事故的高发期，而目前我国正处于这一发展阶段。随着法律制度的不断健全，以及公民意识的不断高涨，雇主依法承担雇员在雇佣工作期间遭受意外伤害事故而致伤残、死亡应付的经济赔偿责任的风险也日益突出。

《建筑法》颁布实施以来，北京、上海、浙江、山东等 24 个省市、直辖市开展了职工意外保险工作，原建设部《关于加强建筑意外伤害保险工作的指导意见》就全面推行建筑意外保险制度提出了指导意见，第一条明确规定："建筑职工意外伤害保险是法定的强制性保险，也是保护建筑业从业人员合法权益，转移企业事故风险，增强企业预防和控制事故能力，促进企业安全生产的重要手段。"在此指导下，建筑企业纷纷投保建筑意外险，企图"转移企业事故风险。"

我们应该认识到，建筑意外险与转移雇主责任的雇主责任险是两种截然不同性质的保险险种。在保险标的、保险金额确定、赔偿支付对象、转嫁的风险和保障对象均存在着较大差异和本质区别，从而对建筑施工企业的作用以及受伤害职工民事赔偿方面都有较大的影响。即使建筑施工企业依照法律投保了建筑意外伤害保险，也无法转移或减轻依法承担的民事责任。我们对意外伤害保险和雇主责任险两者的区别和作用进行剖析，以引起我们对雇主责任险的地位和作用有一个认识。

1. 意外伤害保险与雇主责任保险的区别

两者的根本区别是前者属于人身保险中的意外伤害保险，后者属于财产保险中的责任保险，具体表现在：

（1）保险标的不同。意外伤害保险直接为被保险人的生命或身体提供保险保障，其保险标的是职工的生命或身体，在保险有效期限内，被保险人因意外事故身残或身故，保险公司将给付相应的意外身故保险金或意外身残保险金。

而雇主责任保险的保障对象是雇主，其保险标的是雇主对雇员在法律上应付的责任。雇主责任险的特征是偿付的代替性和保障性。即代替被保险人（雇主）承担对雇员因工受伤、身故或职业病的经济偿付责任，保障雇主免受经济赔偿、经济给付的风险。保险给付的基础是雇主对雇员的伤亡负有法律责任。否则，即使雇员因工而发生意外致伤致亡，雇主在法律上没有赔付责任，保险公司也不负责给付。

（2）被保险人和投保人不同。雇主责任险的被保险人可以是自然人，也可以是法人，是可能造成他人财产损失、人身伤害必须承担法律责任的人。由于在雇主责任险中的投保人和被保险人是同一人，因此，无论是自然人或法人，都有权为自己承担的责任投保雇主责任险。而人身伤害险的被保险人只能是自然人，是可能遭受意外伤害的个体，其投保人可以是被保险人，也可以是被保险人的配偶、子女、父母与其有抚养、赡养关系的家庭成员和近亲属，或者是取得他人同意为其订立保险合同的人。

在人身伤害险中由于存在较高的风险，因此，《保险法》规定："以死亡为给付保险金条件的人身保险，必须取得被保险人的同意。"在建筑意外险条款中规定："凡从事土木、水利、道路、桥梁等建筑工程施工、线路管道设备安装、构筑物建筑物拆除和建筑装饰装修的企业，均可作为投保人为其在工程项目施工现场从事管理和作业的员工投保本保险，投保时必须经被保险人同意。"而责任保险中，被保险人只是为转嫁自己承担的法律赔偿责任，因此不存在上述意义的道德风险。办理责任保险无需通过别人的同意，投保人可自行决定。

（3）保险金额确定方式不同。职工的生命和身体是无价的，但可以通过一定方式估计被保险人身体或生命的价值。意外伤害险保险金额的确定是按照一定方式估算或约定的价值确定。意外伤害险的给付主要依据受害者伤残程度和约定的保险金额。《指导意见》第四条规定："各地建设行政主管部门要结合本地区实际情况，确定合理的最低保险金额。最低保险金额要能够保障施工伤亡人员得到有效的经济补偿。施工企业办理建筑意外伤害保险时，投保的保险金额不得低于此标准。"雇主责任险中，雇主对雇员的经济赔偿金额可以在雇主合同中加以确定，确定雇主责任保险金额给付时，要考虑雇员的伤残程度和在特定时间段内雇员的平均工资额。因此，在投保时只能根据上述因素设定赔偿限额。

（4）保险赔偿支付对象不同。在雇主责任保险中，保险赔金可以直接支付给被保险人或投保人（雇主），也可以直接支付给由雇主承担法律责任而遭受伤害的第三者。意外伤害保险赔金支付对象只能是被保险人或被保险人指定的受益人，受害者本人或其亲属、配偶、父母或法定继承人。

（5）转嫁风险和保障对象不同。雇主责任险转嫁的是依附人身风险之上的责任风险。责任大小的程度，除了是否造成他人损失及损害程度外，还取决于一定的法律制度。而意外伤害保险转嫁的只是保险单上列明的意外事故导致的人身伤害损失。所以雇主责任风险比意外伤害保险具有更大的不确定性。正因为如此，意外伤害保险可以明确地约定保险金额，而雇主责任保险只能规定保险限额。从保障对象来看，意外伤害保险直接保障的对象是被保险人，保险人与被保险人是直接的保险合同关系，而雇主责任保险在客观上是间接保障第三者的权益。

2. 两险种差异对建筑施工企业及施工受伤人员的影响

雇主责任险是为了缓解劳资纠纷，保障雇员的利益而产生和发展起来的。其客观上起到保障雇主权益的作用。因此，许多国家立法强制实行雇主责任险。如果雇员在工作中受到伤害，雇主对此负有法律责任，则雇主应当赔偿雇员的损失。购买雇主责任保险，把雇主承担责任的费用风险转嫁到保险公司，可以稳定企业经营，保障雇主免受纠纷干扰，支出额外费用，同时也保障了雇员的权益，无疑是一项双赢之策。从根本上讲，雇主责任保险保障对象是雇主，由保险公司替代雇主向雇员支付赔偿金，免予雇主向雇员支付赔偿金。

意外伤害保险是为应对被保险人不幸因意外事故导致身故或身残的风险而产生和发展起来的。意外伤害保险具有保费低、保障高、手续简便的优点，从而广受青睐。意外伤害险的保险金付给被保险人，可以减轻受害人暂时或永久丧失工作能力收入减少而造成的生活压力；意外身故保险金给付被保险人的受益人，可以使被保险人意外死亡而增加费用支出的职工家庭维持日常的生活水平。因此，意外伤害保险可以为被保险人及其家庭提供切实的生活保障。特别是在高危行业中，一旦发生群死群伤事件，极易造成社会的不安定。施工企业在为员工投保了建筑施工意外保险，则在企业无力承担赔偿责任或赔偿责任能力有限时，意外险赔付金可以在很大程度上缓解受害员工及其家属在经济上所受到的巨大冲击。这应该是《建筑法》将意外伤害保险作为强制保险的初衷。

值得注意的是，无论施工企业为员工投保多少金额的意外保险，在意外险赔付金之外，受害人及其家属还可以向单位要求其他的赔偿金、抚恤金和救济金。即意外险保险金的多少与用人单位对施工人员意外事故造成的民事责任，没有任何直接的联系。即使投保了远远超过赔偿责任的保险金额，也不能够减轻或免除用人单位的雇主责任。

与此情况十分相似的如航空意外保险，乘客可以自愿购买一定金额的航空意外伤害保险，有时一些航空公司出于竞争的需要，会对乘客赠送40万元的航空意外保险。如果万一发生空难，并不能因为承运人已为乘客投保或赠送了航空意外伤害保险，就可以免除或减轻其应承担的法律赔偿责任，承运人仍然需要承担发生意外伤害损失的法律责任。

3. 正确认识意外伤害保险的性质和意义

保险是转移风险的一种有效途径，通过固定的财务支付可以获得稳定的财务安全保障。当用人单位为职工购买了相应高保额的意外伤害保险，保险金额由被保险人或被保险人指定的受益人享有，可防止其家庭水平因意外事件的发生而骤然下降，并且保险金和企业应付给员工的抚恤金、伤残补助金等不具有替代性，从而使员工得到周全的保障。保险在经济运行中发挥着积极的不可替代的作用。

但是保险的专业性很强，加上保险合同是特殊的合同（例如保险合同必须遵循保险利益原则、损失补偿原则、最大诚信原则、近因原则、代位求偿与危付原则等等），知识学科涉及到保险、财务、法律、理工科专业学科，如果对保险险种理解不够深入，对各险种的性质和作用相互混肴，很容易造成投保的错误，要么没有真正的转移风险，要么发生意外事故时得不到应有的赔偿，甚至事与愿违。

因此，我们不能认为国家要求为从事高危行业的施工现场操作人员、井下矿工投保意外伤害保险这样做就可以转移用人单位的雇主责任了，其实这是对意外伤害保险的性质与作用缺乏正确而全面认识的结果。

4. *推动雇主责任保险发展的建议*

目前，各级政府积极推行《建筑法》中规定的意外伤害保险，强制高危作业建筑施工人员意外伤害保险，以此加强工程安全生产管理，保护建设施工从业人员合法权益，缓解和减轻了从业人员因意外事故造成生活的压力。同时也大大降低了施工企业施工风险，增强施工企业预防和控制意外事故发生的能力，为建设和谐社会发挥了积极的作用。

但是从意外伤害险险种的本质而言，意外伤害保险只是理解为当施工人员遭受意外伤亡事故时对职工的一种福利性救济制度，并没有从法理上和法律上转移雇主的风险。

对于上百亿的建设工程而言，施工企业要承担成千上万的意外伤害险的保险费用，的确是一笔不小的财务支出，尤其是在当前施工企业面临着带资施工的形式下，具有一定的经济压力。但当发生意外伤害险时，按照现行的规定每人的给付标准只在 10 万 ~ 20 万元，与受害职工的实际损失相差甚远。而发生伤害事故时，无论保险给付金是多少，受害人及其家属仍然有权利向单位提出索赔，这对于用人单位而言也显失公平。

为避免出现上述尴尬的局面，应积极立法将意外伤害保险改为雇主责任险，而将意外伤害保险作为用人单位的一种福利制度，自选险种。这样做的优势是显而易见的：

(1) 虽然雇主责任险和意外险承保的风险都有劳动者在受雇期间从事职业活动中遭受意外伤害造成的经济损失。但雇主责任保险具有偿付的替代性和保障性的双重特征，保险人不但替代被保险人（雇主）对雇员因工受伤、身故或患有职业病的经济赔付责任，而且保障雇主免受经济赔偿、给付而遭受损失的风险。

(2) 意外伤害险是保障被保险人因意外事故而带来的伤害和损失，而雇主责任险包括意外伤害事故和职业病等。可以有效地减少雇主和雇员之间的摩擦和对抗，对于促进平安建设起着重要的作用。

(3) 经营雇主责任险的财产保险公司比经营意外伤害保险的人寿保险公司在某些领域的防灾防损技术更专业，财产保险公司是专门从事财产和灾害的集中和分散的工作，拥有专业的风险知识、风险度量、分散机制和经验。通过保险公司的防灾防损工作，可及时发现企业的安全隐患，纠正不安全行为，从而提高企业防灾防损的预防能力，为企业增加安全保障。以立法形式规范和推动雇主责任险的强制实施，既可以做大限度地维护企业员工和雇主的利益，又可在程度上和职能上减轻政府的负担，可以稳定企业的经营与和谐社会是十分必要的。否则，意外事故受害人或受益人领取到足够的保险金后，仍然可以依法向企业提出索赔，政府部门和施工企业将会面临尴尬的境地。

11.3.2　雇主责任保险的法律环境

雇主责任险是 19 世纪 80 年代中期发展起来的，是责任保险中最早进入法定强制性实施的险种。20 世纪 80 年代雇主责任险已成为许多国家雇主必须履行的法定义务。

1. *雇主责任保险是以法律为依据的*

雇主责任是以法律规定雇主责任为依据的。雇主责任险是通过国家立法，规定雇主对其受雇人员在受雇期间在执行任务因发生意外或职业病而造成人身伤害或死亡时附有经济补偿的责任。雇主所承担的责任包括其自身的故意行为、过失行为以及无过失行为所致的雇佣人员的人身伤害的赔偿责任。而保险人为了控制风险，并保障保险的目标与社会公共道德标准相一致，均将被保险人（雇主）的故意行为列为除外责任。雇主责任险承保雇主的过失行为和无过失行为造成的对雇员的损害赔偿责任。在法学上，后两者又称为过失责任和绝对责任。过失责任是指雇主因任何疏忽和过失对受害的雇员而应承担的经济责任。无过失责任是指雇主无论过失与否，依据法律规定雇主均需对受害雇员承担经济责任。雇主责任险的责任范围是按照法律规定的雇主责任来经营的。

2. 国外或地区对投保雇主责任保险的做法

由于雇主责任险和法律制度密切相关，必须按照法律规定来经营。而各个国家或地区的法律制度各不相同，因此在实施雇主责任的做法也多有差异。

（1）英国的雇主责任保险。英国的雇主责任险是在健全的法律制度下，由政府强制实行的一个险种。具有以下特征：

1）法律法规的全面。除了《1969年雇主责任险（强制保险）法》外，还有《1971年雇主责任险（强制保险）条例》及豁免条例。《1974年雇主责任险（强制保险）修整条例》以及《1975年雇主责任条例》。这些法则对于承保条件、雇主雇员范围、赔偿限额等作了较为详细的规定。保险人依法经营雇主责任险。

2）雇主险是强制性保险，并交予商业保险公司经营。

3）雇主责任保险按照过失原则经营，英国将雇主责任分为绝对责任和过失责任。前者作为劳工保险的对象受劳工法的规范，是带有社会保障性质的基本保障，后者作为雇主责任险的对象受雇主责任法的规范。

（2）日本的雇主责任险。

日本没有专门的雇主责任法，雇主责任险的法律依据是劳工法，实施方式有以下特点：

1）雇主责任保险由两部分组成：一是向政府投保的雇主责任险，以《劳动标准法》为依据，强制投保。二是由商业保险公司开办的雇主责任险，承保雇主依据民法或雇佣合同对雇员应负的超过政府强制性赔付标准的那一部分赔付责任，是自愿投保的。

2）雇主责任险是基本保障和超额保障的结合。强制性雇主责任险是依据劳工法对员工的基本权益的保障，是有限保障；而自愿投保的雇主责任险是依民法和雇主合同原则对超过基本保障以上的部分实行超额保险，从而最大限度地保障了雇员的合法权益。

3）强制保险按绝对保险原则办理，而自愿保险按过失保险原则经营。

（3）香港的雇主责任险。

香港也没有专门的雇主责任法。雇主责任险是依据《劳工赔偿条例》开办的，还与《雇主条例》和《劳资关系条例》有直接关系。实施方法有以下特点：

1）香港的雇主责任保险又叫做劳工赔偿保险，是劳工责任保险和雇主责任保险的合并经营，统一强制执行。

2）雇主责任保险按照绝对责任办理。

3）规定了严格的法律措施，确保雇主履行（劳工赔偿条例）规定的义务。例如，雇主必须在他所雇佣的雇工所工作的场所在显著位置，必须展示保险通告，告知每一位雇员，否则被视为违法，可被判罚1万元港币。又如，劳工处处长及所授权的公职人员有权在合理的时间，不必需要持有任何令状就可以进入雇主之雇员工作场所内巡视，要求雇主出示因其雇佣的雇员而必须投保强制性雇主责任险而建立的有关记录和任何文件。

3. 我国立法雇主责任保险的必要性

(1) 目前，雇主责任险在我国存在着广阔的市场需求。第一，我国实行的工伤保险制度，职工在遭受伤害时所遭受的损失可以获得到劳动社会保障。但是国家和单位有限的财力决定了此种保险的赔偿标准是很低的，无法全面保障职工的权益。为此，开办雇主责任保险作为社会保险的必要补充是很有必要的。第二，由于社会保障基金有限，我国的社会保险在赔偿责任范围上是有严格界限的，许多事故规定除外，对于除外事故，用人单位仍需承担民事赔偿责任。发展雇主责任保险，使其与社会保险形成互相补充，解除企业的后顾之忧。第三，现行社会保险法律规定，工伤保险待遇并不是全部由保险基金中支付的，部分经济待遇仍需要由事故用人单位自行承担。为彻底解除用人单位的这种经济压力，需要通过发展雇主责任保险来加以解决，使雇主与雇员的权益都得到全面的保障。

(2) 发展雇主责任保险关键是立法。责任保险与法律制度紧密相关，只有存在某种行为以法律形式确认为应负经济赔偿责任时，用人单位或个人才会通过保险转移这种风险，保险就会应运而生，不断发展起来，雇主责任保险不例外。

在法制完备的西方国家，民法、劳工法、雇主责任法同时并存，对雇主责任进行了严格的规定，例如，对雇主雇员的定义和范围、雇主的责任、雇员发生伤残时雇主赔付的标准、申请赔偿和雇主支付赔款的手续等都作了较为详细的规定，由于法制完善，因此雇主责任保险行业也十分发达。而在我国没有雇主责任法，劳工法主要适用于国家机关、事业单位以及国营、大集体企业。保险人在经营雇主责任险时，一般只能依据民法为法律基础，以雇主与雇员之间的雇佣合同为法律依据。保险人承担的实际上是一种合同责任，还未上升到法律责任。同时，雇佣责任合同条文尚且规范和进一步完善，各保险公司差异较大，赔付标准也不统一，既不利于雇主责任保险的开发和经营，也不利于维护广大雇主的合法权益。因此，尽快地建立和完善雇主责任法成为当务之急。

(3) 对雇主责任险实行强制性方式，才能切实维护广大雇员的合法权益。这是因为仅有法律规定的赔偿责任而无法定强制保险，一旦发生雇主险责任事故而雇主没有参加保险，雇主无力赔偿受损害的雇员损失，还是无法维护雇员的合法权益。目前，我国法制仍然处于需要逐步完善阶段，人们的法制观念淡薄，雇员自我保护意识差，尤其是那些从事高危行业的雇员，最需要雇主责任保险。如果不从法律上强制实施雇主责任保险，雇主责任保险就是一句空话。纵观各国雇主责任险的发展，都是从强制实施开始的。法制健全的国家尚且如此，我国更应该尽快强制实施雇主责任险。

11.3.3　雇主责任保险的协调发展

工伤保险存在一系列的问题在一段时期内难以完全解决，因而需要把工伤保险与雇主责任保险结合起来，以工伤保险为主、雇主责任保险为辅，加强雇主责任保险的立法工作，使两者的保险责任相互补充，形成合理、科学的职业伤害保障体系，不断提高我国工伤人员的保障水平。

1. 以工伤保险为主，雇主责任保险为辅

工伤保险与雇主责任保险结合发展，共同打造我国的工伤保障体系。并不是说两者并重，或者是两者平行发展，而是以工伤保险为主体，以雇主责任保险为补充。

(1) 工伤保险是工伤保障的主体

自1884年德国颁布《工人灾害赔偿法》以来，社会工伤保险在世界上被广泛的采用。根据国际社会保险协会（ISSA）的资料，截至2002年底，在全球近200个国家和地区中，有164个国家和地区建立了社会工伤保险，其他30多个国家和地区也有与工伤事故方面相关的立法。据不完全统计，在1998年至1995年的4年间，有50多个国家和地区修改或实施了工伤保险制度。有的国家通过立法，扩大了工伤保险的覆盖范围，有的国家调整和完善了工伤保险的待遇标准。目前社会工伤保险已经成为世界各国处理工伤风险的主要手段。

社会工伤保险的实施有利于加强对雇主的强制性，其主要做法是统一筹集基金，共担风险，以支付长期待遇为主。社会工伤保险可以在全社会范围内分散工伤风险，在工伤发生后也能够使雇员比较快的获得赔偿，因而工伤保险应该是整个社会工伤保障体制的基础和主体。但在当前职业伤害保险制度中一般存在以下几个问题：

① 工伤事故的争议较多，追求事故责任的过程很复杂，法庭调查的时间也很长，雇主支付的比例一般都低于工伤员工的真正需要；②商业性保险公司介入职工伤害保险有很大的局限性，在大多数情况下，商业性保险公司会拒绝那些职业危险性很大的雇主和雇员参加保险，而职业风险较小的雇主和雇员又不愿投保商业保险，即产生“逆选择”问题；③在支付保险金的时候，保险公司会想方设法的降低给付标准，尽可能逃避赔付责任。

单纯采用商业性雇主责任保险，或以雇主责任保险为主，必然会导致“逆选择”问题，使得工伤保障的范围受到局限，无法充分发挥工伤保险工伤保障的作用。风险性较大的行业，如采矿、建筑等，得不到应有的保障。以工伤保险为主体，理论上可以使工伤保险扩大到全国所有的行业和地区，可以有效的分散风险，也可以使所有的雇员都得到基本工伤保障，这基本上就可以达到工伤保险开办的目的。

(2) 雇主责任保险是辅助手段

但是，工伤保险也存在一些问题。我国的工伤保险保障程度低，对于工伤事故发生后工人的康复费用、丧失劳动能力的扶助费用补偿不足，直接造成很多雇员发生工伤后，生活水平非常低下。还有，我国的工伤保险制度对于由于工伤给受害者及其家属带来的精神损害估计不足，因而难以满足工伤受害者的赔偿要求，因工伤闹事的现象时有发生。雇主责任保险正好可以满足以上工伤受害者的要求，为他们提供高额的保障，也为企业提供了抵御工伤事故带来财务损失风险的工具。

雇主责任保险作为一种商业性生命、健康和财产保险，在发生工伤事故，导致伤残、疾病、死亡等时，可以转移雇主所应承担的风险，保持企业经营不受工伤事故的影响，甚至可以提供因工伤而引起的法律诉讼费用，使企业可以专心的进行经营活动。而雇员也可以较快的得到工伤赔偿，有利于工伤的康复。雇主投保雇主责任保险，给雇员提供较高程度的工伤保障，是企业福利之一，也可以作为一种吸引人才的手段。而雇员也因为较高的工伤保障而获得一些心理的保障，从而可以安心的工作。

另外，雇主责任保险一般施行共保。也就是比例保险。雇主于商业性保险公司各自分担一部分风险，分担的比例由雇主责任保险合同约定。商业性保险公司只负责自己的那部分风险的保障。也就是说，雇主即使投保了雇主责任保险，也不能完全免除自己的工伤责任。商业性保险公司会督促投保的雇主尽快改善工作安全条件，客观上推进了工伤预防工作的开展，有利于“安全第一，预防为主”方针的落实。

2. 加强工伤保险和雇主责任保险法规建设

（1）完善工伤保险法律法规

我国2003年5月4日国务院颁布的《工伤保险条例》，在一定程度上扩大了我国工伤保险的法定覆盖范围，明确规定了职工个人不承担工伤保险费，并且规定工伤争议由用人单位承担举证责任等。使得工伤保险条例更加具有可操作性。但是在各地方工伤保险立法中存在一些误区，迫切需要澄清。主要需要解决以下几个方面的问题。

1）完善工伤保险法规体系。当前我国工伤保险的法规体系尚不够完善，一些法律法规缺失，使工伤保险在执行中，缺乏法律依据。例如，工伤保险跨地区管理问题、正式职工与农民工工伤待遇标准不统一问题、伤残待遇与退休待遇的衔接问题等都需要相关法律法规做出明确的规定，需要不断修改和完善，使工伤保险法规体系更加科学和完整，以适应和谐社会发展的需要。

2）加强应用解释配套文件的可执行性。法规政策一经颁布实施，就应当不折不扣地贯彻执行，不能有丝毫的怠慢。但我国部分地区现行的工伤保险政策法规中，有一些条款是无法执行的，理由是这些条款意图不清、用词不当、表述不准确、甚至自相矛盾。这是工伤保险立法必须克服的又一个误区。特别是地方立法机关，应该重视解释配套文件的解释和表达。我们应该避免一些文件刚刚下发就失去生命力的现象。在工伤保险的立法工作中，一定要加强立法的文字工作，使法律法规的规定具有可执行性。

3）规范统一政策交叉矛盾。工伤保险政策的细致要求程度从一定意义上更是超过其他项目的社会保险，一些市场经济国家将其列入社会保险体系的首要位置，称其为社会保险的“鼻祖”。但现阶段我国对工伤保险的重视程度和力量配备远远不够，就劳动保障部门内部看，工伤保险行政职能和业务经办工作，长期挂靠其他职能机构和经办机构承办，难免出现由于种种条件限制，对法规政策研究不够，研究不深，疲于应付，结果出现种种问题是可想而知了。因此，工伤保险政策交叉矛盾也是下一步工作应当重点突破的盲点。

（2）加强雇主责任保险的立法工作

我国的雇主责任保险还处于初级阶段。《保险法》中的第六十五条、第六十六条、第九十五条从法律层面给责任保险提供了框架，但我国对各种责任保险的法律不够充分，目前，责任保险法律体系正处于建设之中。

我国的雇主责任和雇主责任保险的立法工作应该从以下几个方面入手：

1）制定专门的雇主责任保险法规。我国目前没有专门的雇主责任法，劳动法则仅适用于国家机关、事业单位以及国有、集体企业，而目前大量增加的非公有制企业雇员的权益很难得到保障，造成保险人在经营雇主责任保险时，一般只能以《保险法》为法律基础，以雇主与雇员之间的雇佣合同作为法律依据。

但是雇主责任保险属于责任保险的范畴，责任保险属于广义的财产保险，它本身具有特殊的社会管理的功能，而且其经营一般都非常复杂。有的国家甚至把责任保险从财产保险中划分出来，与财产保险、人身保险并列为三大险种。基于雇主责任保险的复杂性、独特性，需要专门立法对其经营进行规范。在立法完备的西方发达国家，如英国、美国等，民法、劳工法、雇主责任法同时并存，民法作为雇主责任保险的法律基础，劳工法是社会保险性质的劳工保险（强制性雇主责任保险）的法律依据，雇主责任法则是商业意义的雇主责任保险的直接法律依据。

2）将保险人承保的责任上升为法律责任。目前我国保险人承保的仍然是一种合同责任，还未上升为法律责任。从法律上讲，雇员要求赔偿的权利不是基于雇佣合同产生的，而是基于劳动保护所享有的权利；雇主所承担的责任也不是因其违反雇佣合同所产生的义务；而是因其违反了法律赋予的一切人不得损害他人合法权益的普遍义务；雇主所侵犯的是雇员的人身权和财产权。

3）加强用人单位的雇佣合同管理。目前，我国雇主与雇员之间的雇佣合同，其条文不够完善、规范，差异较大，赔偿标准很不统一，因而既不利于雇主责任保险的经营和发展，又不利于保护广大雇员的正当权益。

(3) 工伤保险和雇主责任保险法律法规相结合

近一时期以来，我国有一些学者和财产保险公司提出建议，要促使雇主责任保险转变为强制性保险，并通过雇主责任保险法的形式确定下来。把工伤保险和雇主责任保险结合起来进行考虑是有一定道理的，尤其是在某些特殊行业中，将工伤保险与雇主责任险有机结合是必要的和可行的。

1）我国已经有强制性的工伤保险。我国现在实行的是强制性的工伤保险。我国《工伤保险条例》规定："中华人民共和国境内的各类企业、有雇工的个体工商户（以下称用人单位）应当依照本条例规定参加工伤保险，为本单位全部职工或者雇工（以下称职工）缴纳工伤保险费。"确立了我国工伤保险强制性保险的地位，从而有利于全面保障私营企业、三资企业、个体商户等的雇员的权益，使得工伤保障具有了一定的普遍性。从而确定了工伤保险在职业伤害险中的主导地位，成为保障用人单位职工合法权益的基本制度。

2）雇主责任险应在法律上采取强制性方式进行，尤其是在高危行业中推行雇主责任强制性保险制度，取代意外伤害保险的地位，在法律上明确规定雇主责任保险的辅助地位，这样既直接保护了雇主本身的合法权益，又间接地为受害职工提供了第二层保障防线。通过商业保险公司的经营活动来拓展雇主责任保险业务，扩大雇主责任保险的保障范围，提高我国工伤保障的保障水平和保障效率。

3. 工伤保险和雇主责任保险的保险责任相互补充

工伤保险作为社会保障的重要组成部分，其保险责任范围非常广泛。与之相比较，雇主责任保险属于商业性保险，其保险责任范围比工伤保险要狭窄一些。但是两者在较大范围内，承保的保险责任范围有相似之处，承保的保险事故重合面较大。两者的保险责任相互补充，可以更加全面的提供给雇员和雇主保障。

(1) 两者保险责任范围有相似之处。

工伤保险和雇主责任保险都承保下列保险事故：雇员在受雇过程中，从事本保险单所载明的被保险人的业务有关工作时，遭受意外而致受伤、死亡或患与业务有关的职业性疾病，所致伤残或死亡。

《工伤保险条例》和中国人保的《雇主责任保险条款》都规定，雇员在受雇过程中（包括上下班途中）从事业务工作而遭受意外或患与业务有关的国家规定的职业性疾病所致伤、残或死亡的，属于保险保障的范围。可见，工伤保险与雇主责任保险在保险责任范围上有交叉，有利于加强对正常工伤雇员的保障。

(2) 工伤保险保障社会性风险。

1）工伤保险体现国家、公共利益。我国《工伤保险条例》规定，工伤保险保障下列风险事故：在抢险救灾等维护国家利益、公共利益活动中受到伤害的；职工原在军队服役，因战、因公负伤致残，已取得革命伤残军人证，到用人单位后旧伤复发的。而这些风险事故属于社会风险。

社会风险，尤其是战争风险，是商业保险的基本除外责任，也是雇主责任保险的除外责任。因为战争风险一般容易造成巨额的损失，这是商业性保险公司无力承担的。而且，由于商业性保险公司经营的目的就是为了盈利，其保单的制定也就不会向国家利益、公共利益倾斜，它们考虑更多的是公司的盈利状况，因而雇主责任保险不会承保在维护国家、公共利益活动中受到伤害的雇员，也不会承保革命伤残军人。

工伤保险体现国家的意志，其保障范围应该覆盖由于维护国家利益或公共利益而受到伤害的员工，有利于提高公民为国家和社会做贡献的积极性，也有利于社会主义精神文明的发展。

工伤保险还承保下面的情况：在工作时间和工作岗位，突发疾病死亡或者在48小时之内经抢救无效死亡的。这又带有一定的社会救助的性质。

2）修正工伤保险相关条款。工伤保险与雇主责任保险结合发展，应参照雇主责任保险的有关条款，修正工伤保险的责任范围。例如，雇主责任保险不承保雇主的故意行为或重大过失所造成的工伤事故。工伤保险应该加强对于雇主故意行为的约束，使工伤雇员在雇主有故意行为或重大过失的情况下，仍然可以得到保障，甚至可以追加雇主的责任，立法中应规定类似的条款。

现阶段还需要进一步明确工伤保险的保障范围。例如，《工伤保险条例》规定，在维护国家、公众利益中受到伤害的员工可以受到工伤保险的保障。但是没有明确规定什么样的活动算是维护国家、公共利益，见义勇为算不算工伤？

（3）雇主责任保险提供双方保障

1）雇主责任保险保障雇主。雇主责任保险中，被保险人是雇佣雇员的雇主。雇主责任保险一般规定保险公司负责投保的雇主须负医药费及经济赔偿责任，包括应支出的诉讼费用等。可见，雇主责任保险有利于保障买单的雇主，主要是基于雇主的利益。这可以从雇主责任保险为雇主提供诉讼费用赔偿看出。

一般情况下，雇主责任保险可以使雇主避免繁琐的工伤纠纷，获得经营的稳定性，尤其是其法律费用的规定，是工伤保险所不能保障的。因而，雇主责任保险与工伤保险共同发展，可以拓展雇主责任保险所承保的雇主风险的范围。保险公司甚至可以在保单中附加工伤风险管理服务的相关条款，提高雇主责任保险对雇主的保障程度，也提高对其吸引力。

2）雇主责任保险提供较高保障。目前，我国工伤保险所面临的一个严重的问题就是保障程度不足，保障水平较低。而雇主责任保险的推广为雇员提供了一个较高的保障。雇主责任保险一般采用中央再保险保障体制，采用超额赔款再保险的方式，一旦发生重大工伤事故，再保险可以为雇员提供高额的保障，有利于雇员严重工伤后的康复和生活扶助等问题的解决。

针对工伤保险的承保责任条款，雇主责任保险应该适当调整其关于工伤风险的表述，统一两者对承保风险事故的表述。并尽量细化雇主责任保险工伤评定标准，可以与工伤保险工伤评定标准一致。

第4篇　文件篇

第12章 建筑工伤保险文件

12.1 国家主管部门文件

12.1.1 施工现场工伤保险试点工作研讨会纪要

关于印发《施工现场工伤保险试点工作研讨会纪要》的通知

（建监安［1997］17号）

各省自治区直辖市（建设厅）、江苏、山东省、建管局、计划单列市建委：

现将《施工现场工伤保险试点工作研讨会纪要》印发给你们。上海、浙江、山东三个试点省市应根据《纪要》精神，抓紧组织开展试点工作。其他地区也应当及时创造条件，着手施工现场工伤保险的试点工作。请各地区将开展或拟开展工伤保险试点工作的情况，及时告我司安全处。

附：施工现场工伤保险试点工作研讨会纪要

一九九七年四月三十日

4月12至13日，建设部建设监理司组织召开了施工现场工伤保险试点工作研讨会，浙江、上海、山东三个试点省市的有关同志，以及中国太平洋保险公司的同志参加了会议。会上，大家就如何开展施工现场保险试点工作，进行了认真深入的讨论。中国太平洋保险公司的同志在会上介绍了意外伤害险的基本知识，并表示愿意为开展施工现场工伤保险工作提供支持和帮助，先将有关情况纪要如下：

（一）

与会同志一致认为，建筑业是工伤事故多发的行业。为保障职工因工伤事故遭受伤害后能获得有效及时救治和经济补偿，分散工伤事故的风险，促进企业完善安全生产管理，维护社会安定，根据《中华人民共和国保险法》和国家有关规定，在建筑业企业中开展工伤保险试点是十分必要的、适时的。

与会同志认为：工伤保险制度是建立社会保障体系的一个重要组成部分，是深入改革的客观要求，也是建立社会主义市场经济的必然趋势。依据国家有关规定，并从建筑业的实际出发，我国的施工现场工伤保险工作，应当实行社会保险、行业管理，即由各级建设行政主管部门同依法成立的社会保险机构共同组织实施。具体工作，地方建设行政主管部门可委托所属的建筑安全监督管理机构负责运作，建设部可委托中国建筑业协会建筑安全专业委员会负责组织。

对于工伤保险的对象，与会同志认为，凡从事土木建筑施工、线路管道设备安装、构筑物建筑物拆除和建筑装饰装修的企业，都应当建立以项目经理部为主体的工伤保险制度。投保人应该是项目部或项目经理。被保险人是该工程项目施工现场上所有的作业人员和管理人员。受益人是工伤事故伤残者的本人或死亡者生前指定的受益人。

工伤保险期限为该工程项目被批准开工之日起，至合同规定的工程竣工之日止。工程因故停工，保险期限应作为相应顺延，并需办理保险顺延手续。

（二）

对于工伤保险的机构及职责分工，与会同志认为，各级建设行政主管部门同社会保险机构应建立起固定的组织形式，确定各自的职责分工，并按照一定的运作程序，相互配合，相互合作，共同搞好这项工作。

一、建设行政主管部门或者委托建筑安全监督管理机构应履行下列职责：

1. 会同社会保险机构研究制定工伤保险管理制度和实施办法（包括测算保险费率、保险金额、轻重伤医疗费等，下同），指导和组织本行政区域内的建筑企业开展工伤保险工作；

2. 组织项目经理部参加投保；

3. 负责对投保单位的建筑安全生产实施监督管理；组织预防伤亡事故的宣传、教育和培训工作；

4. 组织工伤事故的调查处理，确认伤亡人员身份，同保险机构商定支付保险金；

5. 确定工伤康复医疗单位，管理工伤康复医疗工作。

二、社会保险机构应履行下列职责：

1. 协同建设行政主管部门或建筑安全监督管理机构研究制定工伤保险管理制度和实施办法；

2. 根据建设行政主管部门或建筑安全监督管理机构测算的施工现场投保人数收缴保费；按规定与投保人签定保险合同；

3. 提供工伤保险咨询；

4. 参与工伤保险事故调查，确认伤亡人员身份，负责支付保险金；

5. 按照约定，负责支付预防伤亡事故培训教育管理费及企业安全奖励发放费用。

（三）

对于工伤保险费的计提和保险金的支付，与会同志认为，工伤保险费的计提，应考虑建筑业的特点，各地可从实际出发，按工伤项目施工高峰期实有人数的40%计算（只计人数，不计姓名），设定每人的年投保费，也可以按工程造价的一定比例或按单位施工面积计投。具体费率可以根据工程事故风险，当地人均生活水平和支付最高保险金额而测定，试行差别费率。工伤保险费由项目经理部负责缴纳，不得向职工摊派，因工死亡人员的保险金，应包括抢救费、因工残废抚恤费或因工残废补助费。最高保险金的支付额，各地可以从实际出发而测定。

被保险人在保险期间，无论一次或多次发生工伤事故，均应按保险责任支付保险金。保险期间为一年，以投保日期起计。保险费来源，应当在建设工程期间定额费中列支。

（四）

对于工伤保险范围的认定，与会同志认为，应当遵循以下原则：

一、保险范围

1. 在施工场所、场内外临时设施和工作时间内，由于不安全因素或意外因素造成的意外伤害的；

2. 本单位负责人临时指派从事与施工相关工作而遭受意外伤害的；

3. 在施工场所和工作时间内，因疾病造成突然死亡的；

4. 乘坐本单位交通车，发生交通意外事故的；

5. 法律法规规定的工伤事故。

因施工场所的责任，造成相邻居民或过路行人意外伤害的，建筑业企业可以投保第三方责任险。

二、非工伤保险范围

1. 自杀、自残、泅或犯罪被法办的；

2. 因自然灾害、战争、军事行动、核子辐射、核污染、动乱或暴乱导致伤亡的；

3. 非施工场所和工作时间因疾病所致死亡的；

4. 按工费医疗规定应自费购买的医药费；

5. 因酒后驾驶、无驾驶或其他违章驾驶造成伤亡的；

6. 法律法规规定不应予保险补偿的。

对于保险金支付的确认程序，与会同志认为，施工现场发生工伤事故后，除须按国家有关规定上报外，受伤害职工或其亲属可在事故发生后规定的期限内提出工伤保险待遇申请，由建设行政主管部门或建筑安全监督管理机构会同保险机构认定其工伤保险待遇。申请人须提供下列资料：

（1）受伤害职工的身份证、工作证（或务工证）；

（2）经企业签字验印的职工工伤保险待遇申请；

（3）制定医院或抢救治疗医院初次诊断病理和医疗证明书；

（4）企业工伤调查报告或建筑安全监督管理机构工伤事故调查处理报告书；

工伤伤残评定由各地建设行政主管部门或建筑安全监督管理机构、保险机构及制定医疗单位等，按伤残等级标准，评定应支付的保险金额。等级（见附表一、二）。职工因工死亡，其丧葬事宜的办理应当执行国家有关规定。

投保单位要及时报告工伤情况，不得瞒报、虚报和骗取保险金，违者除如数退还发放的保险金外，建设行政主管部门或建筑安全监督管理机关可依据国家有关规定给予处罚。

（五）

对于工伤保险费的收支，与会同志认为，工伤保险费应当按照以支定收，收支基本平衡，略有节存的原则，实行属地管理、专户储存、专款专用、适当统筹、合理分配支出。工伤保险费除按规定支付保险金外，应由一定比例提缴建筑安全监督管理机构用作安全培训教育及施工现场安全监督费用，并应由适当比例留作储备基金和上缴用作统筹。

对企业的安全生产应实行奖励制度。凡当年未发生死亡事故或负伤率未超过的建筑业企业，保险机构可采取在下一年度降低保险费率或将当年给企业投保费用退还以一定比例等方式予以奖励。

附表一

伤亡保险金支付参考表

保险类型	要求	按最高保险金额支付的比例
死亡保险金	一次性付给	100%
重伤保险金（全部丧失劳动能力）	一级伤残一次性付给	95%
	二级伤残一次性付给	90%
	三级伤残一次性付给	85%
	四级伤残一次性付给	85%
	五级伤残一次性付给	80%
	六级伤残一次性付给	75%
	七级伤残一次性付给	75%
	八级伤残一次性付给	65%
	九级伤残一次性付给	50%
	十级伤残一次性付给	30%
轻伤生活补贴	最高25天一次性付给	每天20元

附表二

职工工伤与职业病致残程度分级表

级别	级别划分标准
一级	器官缺陷或功能完全丧失、其他器官不能代偿，需特殊医疗依赖即完全护理依赖方可维持生命及基本生活
二级	器官严重缺损或畸形，有严重功能依赖或并发症，需特殊医疗依赖和大部护理依赖者
三级	器官严重缺损或畸形，有严重功能依赖或并发症，需特殊医疗依赖和部分护理依赖者
四级	器官严重缺损或畸形，有严重功能依赖或并发症，需特殊医疗依赖但生活可以自理者
五级	器官大部缺损或明显畸形，有较重功能依赖或并发症，需一般医疗依赖，生活能自理者
六级	器官大部缺损或明显畸形，有中度功能依赖或并发症，需一般医疗依赖，生活能自理者
七级	器官大部缺损或明显畸形，有轻度功能依赖或并发症，需一般医疗依赖，生活能自理者
八级	器官部分缺损，形态异常，轻度功能障碍，有医疗依赖，生活能自理者
九级	器官部分缺损，形态异常，轻度功能障碍，无医疗依赖，生活能自理者
十级	器官部分缺损，形态异常，无功能障碍，无医疗依赖，生活能自理者

12.1.2 建筑施工企业农民工参加工伤保险有关工作的通知

关于做好建筑施工企业农民工参加工伤保险有关工作的通知

（劳社部发［2006］44号）

各省、自治区、直辖市劳动和社会保障厅（局）、建设厅（建委）：

建筑业是农民工较为集中、工伤风险程度较高的行业。《国务院关于解决农民工问题的若干意见》（国发［2006］5号，以下简称国务院5号文件）对农民工特别是建筑行业农民工参加工伤保险提出了明确要求，各地劳动保障部门和建设行政主管部门要深入贯彻落实，加快推进建筑施工企业农民工参加工伤保险工作。现就有关问题通知如下：

一、建筑施工企业要严格按照国务院《工伤保险条例》规定，及时为农民工办理参加工伤保险手续，并按时足额缴纳工伤保险费。同时，按照《建筑法》规定，为施工现场从事危险作业的农民工办理意外伤害保险。

二、建筑施工企业和农民工应当严格遵守有关安全生产和职业病防治的法律法规，执行安全卫生标准和规程，预防工伤事故的发生，避免和减少职业病的发生。

三、各地劳动保障部门要按照《工伤保险条例》、国务院5号文件和《关于农民工参加工伤保险有关问题的通知》（劳社部发［2004］18号）、《关于实施农民工“平安计划”加快推进农民工参加工伤保险工作的通知》（劳社部发［2006］19号）的要求，针对建筑施工企业跨地区施工、流动性大等特点，切实做好建筑施工企业参加工伤保险的组织实施工作。注册地与生产经营地不在同一统筹地区、未在注册地参加工伤保险的建筑施工企业，在生产经营地参保，鼓励各地探索适合建筑施工企业农民工特点的参保方式；对上一年度工伤费用支出少、工伤发生率低的建筑施工企业，经建设行政部门同意，在行业基准费率的基础上，按有关规定下浮费率档次执行；建筑施工企业农民工受到事故伤害或者患职业病后，按照有关规定依法进行工伤认定、劳动能力鉴定，享受工伤保险待遇；建筑施工企业办理了参加工伤保险后，社会保险经办机构要及时为企业出具工伤保险参保证明。

四、各地建设行政主管部门要加强对建筑施工企业的管理，落实国务院《安全生产许可证条例》和《建筑施工企业安全生产许可证管理规定》，在审核颁发安全生产许可证时，将参加工伤保险作为建筑施工企业取得安全生产许可证的必备条件之一。

五、劳动保障部门和建设行政主管部门要定期交流、通报建设施工企业参加工伤保险情况和相关收支情况，及时研究解决工作中出现的问题，加快推进建筑施工企业参加工伤保险。探索建立工伤预防机制，从工伤保险基金中提取一定比例的资金用于工伤预防工作，充分运用工伤保险浮动费率机制，促进建筑施工企业加强安全生产管理，切实保障农民工合法权益。

二〇〇六年十二月五日

12.1.3 原劳动和社会保障部关于农民工参加工伤保险有关问题的通知

劳动和社会保障部关于农民工参加工伤保险有关问题的通知

（劳社部发［2004］18号）

各省、自治区、直辖市劳动和社会保障厅（局）：

为了维护农民工的工伤保险权益，改善农民工的就业环境，根据《工伤保险条例》规定，从农民工的实际情况出发，现就农民工参加工伤保险、依法享受工伤保险待遇有关问题通知如下：

一、各级劳动保障部门要统一思想，提高认识，高度重视农民工工伤保险权益维护工作。要从践行“三个代表”重要思想的高度，坚持以人为本，做好农民工参加工伤保险、依法享受工伤保险待遇的有关工作，把这项工作作为全面贯彻落实《工伤保险条例》，为农民工办实事的重要内容。

二、农民工参加工伤保险、依法享受工伤保险待遇是《工伤保险条例》赋予包括农民工在内的各类用人单位职工的基本权益，各类用人单位招用的农民工均有享受工伤保险待遇的权利。各地要将农民工参加工伤保险，作为今年工伤保险扩面的重要工作，明确任务，抓好落实。凡是与用人单位建立劳动关系的农民工，用人单位必须及时为他们办理参加工伤保险的手续。对用人单位为农民工先行办理工伤保险的，各地经办机构应予办理。今年重点推进建筑、矿山等工伤风险较大、职业危害较重行业的农民工参加工伤保险。

三、用人单位注册地与生产经营地不在同一统筹地区的，原则上在注册地参加工伤保险。未在注册地参加工伤保险的，在生产经营地参加工伤保险。农民工受到事故伤害或患职业病后，在参保地进行工伤认定、劳动能力鉴定，并按参保地的规定依法享受工伤保险待遇。用人单位在注册地和生产经营地均未参加工伤保险的，农民工受到事故伤害或者患职业病后，在生产经营地进行工伤认定、劳动能力鉴定，并按生产经营地的规定依法由用人单位支付工伤保险待遇。

四、对跨省流动的农民工，即户籍不在参加工伤保险统筹地区（生产经营地）所在省（自治区、直辖市）的农民工，一级至四级伤残长期待遇的支付，可试行一次性支付和长期支付两种方式，供农民工选择。在农民工选择一次性或长期支付方式时，支付其工伤保险待遇的社会保险经办机构应向其说明情况。一次性享受工伤保险长期待遇的，需由农民工本人提出，与用人单位解除或者终止劳动关系，与统筹地区社会保险经办机构签订协议，终止工伤保险关系。一级至四级伤残农民工一次性享受工伤保险长期待遇的具体办法和标准由省（自治区、直辖市）劳动保障行政部门制定，报省（自治区、直辖市）人民政府批准。

五、各级劳动保障部门要加大对农民工参加工伤保险的宣传和督促检查力度，积极为农民工提供咨询服务，促进农民工参加工伤保险。同时要认真做好工伤认定、劳动能力鉴定工作，对侵害农民工工伤保险权益的行为要严肃查处，切实保障农民工的合法权益。

劳动和社会保障部

二〇〇四年六月一日

12.2　地方主管部门文件

12.2.1　北京市建筑业农民工参加工伤保险的通知

北京市关于做好建筑业农民工参加工伤保险工作的通知

（京劳社工发［2006］138号）

各区县劳动保障局、建委，各建设单位，各建筑集团（总公司）、建筑施工企业、劳务企业，各有关单位：

为落实国务院《关于解决农民工问题的若干意见》（国办发［2006］5号）文件精神，全面贯彻《工伤保险条例》（国务院令［2003］375号），切实做好建筑业农民工参加工伤保险工作，按照《北京市外地农民工参加工伤保险暂行办法》（京劳社办发［2004］101号）等有关规定，经市政府同意，现就北京市建筑业农民工参加工伤保险工作通知如下：

一、本市行政区域内从事建设项目施工的所有建筑企业，应当按照《工伤保险条例》的规定，为建筑业农民工办理工伤保险，落实工伤保险待遇。建筑业农民工是指参与建设项目施工、具有本市或外地农村户籍、符合法定劳动年龄、企业招聘的农村从业人员。

二、新开工的建设项目（含改、扩建的项目），建设单位应当将农民工工伤保险费用在工程总预算造价中单独列项，并作为专用款项在开工前一次性拨付施工总承包企业或直接发包的专业承包企业（以下统称“总承包单位”），总承包单位负责以建设项目和总承包单位为名称存入银行账户。

三、本市所有建设项目，自本通知生效之日起，总承包单位在开工前将整个工程期间施工的所有专业承包企业、劳务分包企业需缴纳的农民工工伤保险费，一次性缴纳到区县社保经办机构，保障参保资金的落实，简化工伤保险费征缴手续。建设单位应当督促其直接发包的专业承包企业及时为农民工缴纳工伤保险费。

四、建设项目提取和缴纳农民工工伤保险费用的公式为：农民工工伤保险费用总额＝本市上年度职工月平均工资÷月平均工作时间20.92天×60%×保险期（合同工期总天数÷30天）×月平均预计农民工缴费人次（见附件1）×缴费费率1%。工伤保险费计算的结果四舍五入保留到“元”。建设项目农民工工伤保险缴费费率可由市劳动和社会保障局会同有关部门根据工伤发生率和基金收支状况进行调整。

五、总承包单位持建设项目中标通知书和工程项目承包合同书（复印件加盖公章）以及银行存款回执，可以在建设项目所在地或单位在京住所地的社保经办机构办理建设项目《社保登记证》，缴纳专业承包企业、劳务分包企业农民工的工伤保险费，自建设项目缴费之日次月起，应每月向社保经办机构备案在该项目施工的专业承包企业、劳务分包企业变化情况。与该建设项目的专业承包企业、劳务分包企业签订了劳动合同的农民工，在施工过程中发生工伤的，按参保农民工对待。

六、建设项目的工伤保险期限自建设工程开工之日起至合同截止之日止。建设项目合同工期延长，总承包单位于合同到期30日前向社保经办机构备案；建设项目竣工后有保修期的，总承包单位应持保修合同于项目竣工后30日内向社保经办机构备案。其工伤保险期限有效顺延，工伤保险待遇按规定执行。已为农民工办理工伤保险的建设项目，建设单位、总承包单位、建设项目名称发生变更的，有关单位依法到相关主管部门办理变更手续后，持批准文件或有效证明及时到原社保经办机构办理备案手续。

七、建设单位在办理施工许可手续时，其提交的“有保证工程安全的具体措施”材料中，应当包括注明建设项目名称的《社保登记证》和建设项目农民工工伤保险的缴费凭证及证明，不提交上述材料的，不予核发《建筑工程施工许可证》。规定限额以下不需要领取《建筑工程施工许可证》的小型工程，建设单位也应当依照本规定拨付农民工工伤保险费用，由总承包单位在开工前为农民工办理工伤保险。

八、总承包单位负责牵头组织做好农民工工伤保险的各项工作，汇总在建设项目施工的专业承包企业、劳务分包企业名册及农民工人员名册，及时掌握人员增减情况。专业承包企业、劳务分包企业要认真落实实名制管理，在北京市建筑业企业信息管理系统中如实填报农民工人员信息。

九、建筑业农民工受到伤害的，在建设项目所在地的区县劳动保障部门办理申请工伤认定和劳动能力鉴定。专业承包企业、劳务分包企业持有总承包单位出具的建设项目参保证明的，农民工所受伤害经劳动保障行政部门认定为工伤，予以核发《建筑业工伤证》，《建筑业工伤证》上明确标注建设项目工伤保险期限。建筑业农民工到工伤医疗机构住院治疗时，应持《建筑业工伤证》以及专业承包企业、劳务分包企业当月出具的劳动关系证明。工伤医疗机构要将劳动关系证明的原件以及费用清单一并报送医疗保险经办机构，社保经办机构依据医疗保险经办机构审核单据与工伤医疗机构直接结算医疗费用。

十、农民工按我市政策规定享受工伤保险待遇（待遇标准见附件2）。核定工伤待遇以农民工本人工资作为计发基数的，统一按照受伤时上年度本市职工月平均工资的60%作为基数。已认定因工死亡的农民工，由总承包单位建设项目部开具证明，专业承包企业、劳务分包企业到社保机构可先行办理支付丧葬补助金和一次性工亡补助金，其供养亲属抚恤金待遇，待申报材料齐全并审核后支付。

十一、领取定期待遇的一级至四级工伤农民工和工亡农民工供养亲属，不受建设项目工伤保险期的限制，由专业承包企业、劳务分包企业持享受待遇人员的身份证复印件和《建筑业工伤证》到社保经办机构办理待遇社会化发放管理手续，工伤保险基金长期支付工伤待遇。

五级至十级和未达到等级的工伤农民工在建设项目工伤保险期限内，工伤保险基金支付工伤保险待遇；工伤农民工随专业承包企业、劳务分包企业转入到本市其他参保建设项目的，由专业承包企业、劳务分包企业到劳动保障行政部门办理《建筑业工伤证》变更手续后，在转入的建设项目工伤保险期限内工伤保险基金继续支付工伤保险待遇。工伤农民工在建设项目工伤保险期限内与专业承包企业、劳务分包企业终止或解除劳动关系的，专业承包企业、劳务分包企业应当按照工伤保险政策支付一次性工伤医疗补助金和伤残就业补助金后，终止工伤保险关系，《建筑业工伤证》同时废止。

十二、总承包单位给农民工办理参加工伤保险后，要在工地显著位置予以公示，按照劳动保障部门统一的格式内容告知农民工发生工伤后的保障、投诉、举报渠道和待遇标准。

十三、建设单位不按照本规定将农民工工伤保险费拨付总承包单位或者总承包单位收到建设单位拨付的专项费用不及时向社保经办机构缴纳工伤保险费的，建委对有关责任单位依法给予行政处罚，并将相关信息记入建设行业信息系统，向社会公布。

十四、劳动保障部门对辖区内建设项目农民工参加工伤保险情况实施监察，对未为农民工办理工伤保险手续和缴纳工伤保险费的建筑业企业，责令其限期参保，依法进行查处。

十五、在外地注册、在京生产经营的建筑施工企业招聘的外地城镇户籍从业人员，在注册地没有参加工伤保险的，应在本市参加工伤保险，在京施工期间发生工伤后按照本规定执行。建筑施工企业可以为特定高风险作业的农民工办理意外伤害保险。

十六、本通知自2006年10月15日起执行。

附件：1. 建设项目月平均预计农民工缴费人次表

2. 建设项目农民工工伤保险待遇明细表

北京市劳动和社会保障局

北京市建设委员会

二〇〇六年九月十五日

附件1（略）

附件2

北京市建设项目农民工工伤保险待遇明细表

<table>
<tr><th colspan="3" rowspan="2">补偿类型</th><th colspan="2" rowspan="2">伤残津贴＊</th><th colspan="5">一次性待遇</th><th rowspan="2">备注</th></tr>
<tr><th colspan="2">伤残补助金＊</th><th colspan="3">工伤医疗补助金和伤残就业补助金</th></tr>
<tr><td rowspan="10">因工伤残待遇</td><td rowspan="4">完全丧失劳动能力</td><td>1级</td><td rowspan="4">本市上年度职工年平均工资60%为基数</td><td>90%</td><td rowspan="4">本市上年度职工年平均工资60%为基数</td><td>24个月</td><td colspan="3" rowspan="4"></td><td rowspan="10">工伤住院治疗工伤的，由所在单位按照本单位因公出差伙食补助标准的70%发放</td></tr>
<tr><td>2级</td><td>85%</td><td>22个月</td></tr>
<tr><td>3级</td><td>80%</td><td>20个月</td></tr>
<tr><td>4级</td><td>75%</td><td>18个月</td></tr>
<tr><td rowspan="2">大部分丧失劳动能力</td><td>5级</td><td colspan="2" rowspan="2"></td><td rowspan="6">本市上年度职工月平均工资的60%为基数</td><td>16个月</td><td rowspan="6">农民工与用人单位解除或终止劳动关系后，由所在单位按本市上年度职工月平均工资为基数计发</td><td>30个月</td><td rowspan="6">工伤职工距法定退休年龄超过五年（含五年）的，应当支付全额的一次性工伤医疗补助金和伤残就业补助金；不足五年的，每减少一年扣除全额的20%，但最高扣除额不得超过全额的90%</td></tr>
<tr><td>6级</td><td>14个月</td><td>25个月</td></tr>
<tr><td rowspan="4">部分丧失劳动能力</td><td>7级</td><td colspan="2" rowspan="4"></td><td>12个月</td><td>20个月</td></tr>
<tr><td>8级</td><td>10个月</td><td>15个月</td></tr>
<tr><td>9级</td><td>8个月</td><td>10个月</td></tr>
<tr><td>10级</td><td>6个月</td><td>5个月</td></tr>
</table>

续表

<table>
<tr><td colspan="2" rowspan="2">补偿类型</td><td rowspan="2">伤残津贴*</td><td colspan="2">一次性待遇</td><td rowspan="2">备注</td></tr>
<tr><td>伤残补助金*</td><td>工伤医疗补助金和伤残就业补助金</td></tr>
<tr><td rowspan="3">因工伤残待遇</td><td>停工留薪期待遇</td><td colspan="4">停工留薪期待遇：原工资福利待遇不变，生活不能自理的，由单位负责护理。生活护理费（以鉴定等级按月发给）*：完全不能自理的，本市上年度职工月平均工资×50%；大部分不能自理的，本市上年度职工月平均工资×40%；部分不能自理的，本市上年度职工月平均工资×30%</td></tr>
<tr><td>残疾辅助器具费*</td><td colspan="4">经劳动鉴定委员会批准，配置辅助器具费用按《辅助器具限额表》支付</td></tr>
<tr><td>工伤医疗费*</td><td colspan="4">治疗工伤伤害部位，按《工伤保险药品、诊疗项目、住院服务标准支付范围》支付</td></tr>
<tr><td rowspan="6">因工死亡待遇</td><td>丧葬补助金*</td><td colspan="4">本市上年度职工月平均工资×6个月</td></tr>
<tr><td>一次性工亡补助金*</td><td colspan="4">本市上年度职工月平均工资×48个月</td></tr>
<tr><td rowspan="3">一次性领取供养亲属抚恤金*</td><td>配偶：</td><td colspan="3">本市上年度职工月平均工资的60%×40%</td></tr>
<tr><td>其他供养亲属：</td><td colspan="3">本市上年度职工月平均工资的60%×30%</td></tr>
<tr><td>孤寡老人或孤儿：</td><td colspan="3">在上述标准基础上增加10%</td></tr>
<tr><td>工伤医疗费*</td><td colspan="4">工伤职工抢救治疗的费用，按《工伤保险药品、诊疗项目、住院服务标准支付范围》支付</td></tr>
</table>

注：1. 依据《工伤保险条例》（中华人民共和国国务院令第375号）和《北京市实施〈工伤保险条例〉办法》（北京市人民政府令2003年第140号），自2004年1月1日施行。
2. 带*的为工伤保险基金支付。

12.2.2 北京市建筑业农民工参加工伤保险通知的若干意见

关于执行《做好北京市建筑业农民工参加工伤保险工作的通知》的若干意见

（京劳社工发［2006］177号）

各区县劳动保障局、建委，各建设单位，各建筑集团公司，建筑施工企业、劳务企业：

为了更好地贯彻《关于做好北京市建筑业农民工参加工伤保险工作的通知》（京劳社工发［2006］138号，以下简称《通知》），现提出如下意见：

一、根据国务院的《工伤保险条例》规定，在建筑业企业中，用人单位应是农民工参加工伤保险的法人主体。为保障农民工参加工伤保险的合法权益，实现以建设项目为单位、所有用人单位的农民工全员参保、开工前一次性趸缴保费的目标，按照《通知》的规定，实施的具体措施是，由总承包单位在开工前统一代缴农民工工伤保险费。总承包单位在工程分包计费时，不再向分包企业另行计提、划拨农民工工伤保险费。专业承包企业、劳务分包企业应当认真履行工伤保险的法定职责。

二、总承包单位应在与专业承包、劳务分包企业签订分包合同时，同时签订《关于代缴农民工工伤保险费的协议》（附件一），并作为分包合同的组成部分备查、备用。进入施工现场的专业承包、劳务分包企业未与总承包单位签订代缴工伤保险费协议的应当补签。

三、工伤保险费作为规费，不得作为让利因素参与竞标；在招投标及合同签订过程中应单独列支。总承包单位所缴纳的农民工工伤保险费用：

1. 按现行预算定额计价的工程，其工伤保险费已包括在企业管理费中；

2. 按工程量清单计价的工程，其工伤保险费应在规费中单独列项。

四、建设单位在开工前将农民工工伤保险费预提后一次性拨付给总承包单位。

总承包单位应将农民工工伤保险费作为专款，及时以建设项目和总承包单位为名称存入银行账户，并以支票转账或托收的方式一次性向社保经办机构缴纳。总承包单位在办理缴费时，需携带加盖公章的含有建设项目名称、工程总造价、工期等内容的合同相关页码的复印件，填写《北京社会保险单位信息登记表》(附件二)《北京市建筑业农民工工伤保险一次性趸缴汇总表》(附件三)。汇总表中所列上年度职工月平均工资应按照市统计局公布的年职工平均工资除以12个月（计算的结果四舍五入保留到“元”）填入。社保经办机构应即时核发标明有建设项目名称和总承包单位名称的《社会保险登记证》。

五、总承包单位应向已签订《关于代缴农民工工伤保险费协议》的分包企业，分别发给盖有总承包项目部或项目主管部门公章的《社会保险登记证》的复印件。

六、按照《通知》第八条的规定，农民工人员名册及增减变化情况由用工企业按照市建委的规定及时输入“北京市建筑业企业信息管理系统”。农民工发生工伤时，以该系统中的人员名册为准。

七、根据《通知》第八条规定，总承包单位要认真做好建设项目的实名制管理，及时汇总分包企业名册和农民工名册，准确掌握人员增减情况，并切实指导和督促分包企业落实实名制管理。

八、建设行政主管部门在审核建设项目安全监督备案文件时，应包括注明建设项目名称和总承包单位名称的《社会保险登记证》和注明建筑工程项目名称工趸字样的银行托收单或缴费发票的复印件，并加盖公章。

建设项目一次性缴纳工伤保险费后，由总承包单位按照统一规定的式样制作《建设项目农民工工伤保险公示》(附件四）标牌，在施工现场张贴或悬挂。

九、属于本市总承包企业承包的分布在不同区县的建设项目，可以在项目所在地的区县社保经办机构缴费，也可在总承包单位注册地的区县社保经办机构缴费；如果总承包单位是外地注册的企业在京承揽工程的，可以到建设项目所在地的区县社保经办机构缴费，也可在北京的办公所在地的区县社保经办机构缴费。

十、建设项目延期竣工的，在向社保经办机构办理备案手续时，需携带以下证件、资料：

1. 《北京市社会保险单位信息登记变更表》；

2. 建设项目的《社会保险登记证》；

3. 总承包单位的“工程延期施工报告”（报告需说明延期施工的起止日期）。建设项目竣工后有保修、维修期的，在向社保经办机构办理备案手续时，需携带以下证件、资料：

1. 《北京市社会保险单位信息登记变更表》；

2. 建设项目的《社会保险登记证》；

3. 建设项目保修合同（合同中需注明保修期或维修期的起、止日期）。

十一、农民工发生工伤提出申请工伤认定时，需填写《工伤认定申请表》(附件五）并按“填表说明”准备材料，同时出示建设项目《社会保险登记证》复印件，以及附有《关于代缴农民工工伤保险协议》的分包合同。

十二、工伤人员门诊、急诊、急诊留观以及外地就医治疗的医疗费，由专业承包、劳务分包企业（一至四级的由街道社保所）执单据送劳动保障部门医保中心审核后传递社保中心报销。

十三、认定工伤后伤残评定为一至四级按月领取定期待遇的，由专业承包、劳务分包企业将协商的住院伙食补助费一次性支付给工伤人员后，到社保中心办理工伤保险转移手续，持社保中心开具的转移单以及《建筑业工伤证》，将工伤保险关系转移到缴费的区县社保经办机构所在地的街道社保所，由街道社保所按月办理工伤待遇发放管理手续。

一至四级的工伤人员，每年一月份将当地公安派出所出具的生存证明邮寄给街道社保所，作为继续享受待遇的凭证，未按时提交的将暂停待遇支付。

十四、一至四级工伤人员死亡的次月，其家属向街道社保所提交医疗机构死亡证明、当地公安派出所户口注销证明、被供养家属的身份证复印件、有无生活来源的供养关系等证明材料办理有关工伤保险待遇支付手续。超时限提交死亡证明在核定丧葬费等项待遇时将多领取的伤残津贴、护理费扣还工伤保险基金。

十五、因工死亡农民工的供养亲属办理了核准供养亲属抚恤金待遇手续后选择按月领取定期待遇的，由农民工所在专业承包企业、劳务分包企业到社保中心办理工伤保险转移手续，持社保中心开具的转移单以及《建筑业工伤证》，将享受供养亲属抚恤金待遇人员的工伤保险关系转到缴费的区县社保经办机构所在地的街道社保所，由街道社保所按月办理待遇发放管理手续。领取供养亲属抚恤金待遇的人员（18周岁以下子女除外）每年一月份将当地公安派出所出具的生存证明邮寄给街道社保所，作为继续享受待遇的凭证，未按时提交的将暂停待遇支付。享受供养亲属抚恤金待遇的人员死亡，其家属要在次月向街道社保所提交医疗机构或有关部门出具的死亡证明办理终止待遇手续，超时限提交死亡证明的一经查实，将多领取的定期待遇退还工伤保险基金；属于骗取工伤保险基金的，由劳动保障部门予以处罚。

十六、五至十级工伤人员伤情变化经劳动能力鉴定达到一至四级的，按照上述一至四级工伤人员办理待遇手续。五至十级工伤人员随单位转入其他建设项目，在办理《建筑业工伤证》变更手续时，要提交新项目参保证明，《建筑业工伤证》变更后继续由工伤保险基金支付工伤待遇。五至十级工伤人员随单位转入到未以建设项目缴纳工伤保险费的施工工地工作后，将《建筑业工伤证》换为《工伤证》，专业承包、劳务分包企业按月缴纳工伤保险费的，继续由工伤保险基金支付工伤待遇，未缴纳工伤保险费的，由专业承包、劳务分包企业支付工伤待遇。

十七、专业承包、劳务分包企业与认定为工伤的农民工终止或解除劳动关系，要根据劳动鉴定委员会的鉴定等级支付一次性工伤医疗补助金和一次性伤残就业补助金待遇，并负责将工伤证收回，办理人员减少和终止工伤保险关系手续，未收回工伤证则由专业承包、劳务分包企业承担责任。

十八、《通知》实施前已开工的建设项目，愿意选择以建设项目一次性缴纳工伤保险费的，可以按《通知》的规定执行，计算应缴纳工伤保险费时，保险期按照合同工期总天数减去已施工的工期天数后除以30天进行计算。在该建设项目改变缴费方式之前已认定的工伤人员，专业承包、劳务分包企业可持总承包单位证明办理工伤证变更手续，继续由工伤保险基金支付工伤待遇。

十九、为加强建筑业农民工工伤保险管理工作，市、区县劳动和社会保障局与市、区县建委要建立信息平台，实现信息共享。农民工工伤保险费的收缴和支付情况应公开透明，市劳动和社会保障局与市建委要按季通报项目报批情况、参保情况、资金使用情况、工伤事故情况，密切配合共同做好维护农民工合法权益的工作。

附件：1. 关于代缴农民工工伤保险费的协议
2. 北京社会保险单位信息登记表
3. 北京市建筑业农民工工伤保险一次性趸缴汇总表
4. 建设项目农民工工伤保险公示标牌说明
5. 工伤认定申请表

北京市劳动和社会保障局
北京市建设委员会
二〇〇六年十一月二十九日

12.2.3 北京市外地农民工参加工伤保险暂行办法

北京市外地农民工参加工伤保险暂行办法

（京劳社办发［2004］101号）

第一条　为妥善解决外地农民工在本市务工期间工伤保险问题，根据《工伤保险条例》(国务院令第375号)、劳动和社会保障部《关于农民工参加工伤保险有关问题的通知》(劳社部发［2004］18号）及本市工伤保险规定，制定本办法。

第二条　本办法适用于本市行政区域内的各类企业、有雇工的个体工商户以及在外省市注册（简称外地注册），在京从事生产经营活动的企业，包括成建制在京承揽施工的单位（以下统称用人单位）和与之形成劳动关系的外地农民工。本办法所称外地农民工，是指在国家规定的劳动年龄内，具有外省市农业户口，并与用人单位形成劳动关系的人员。

第三条　按照《工伤保险条例》的规定，外地注册的用人单位原则上应当在注册地为招用的外地农民工办理参加工伤保险手续，缴纳工伤保险费。

外地注册用人单位未在注册地为农民工办理参加工伤保险手续，缴纳工伤保险费的，在本市从事生产经营活动期间，应当按照《北京市实施〈工伤保险条例〉办法》(北京市人民政府令2003年第140号）参加本市工伤保险。用人单位应当携带相关材料到本市生产经营地所在区县社会保险经办机构为外地农民工办理参加工伤保险手续，缴纳工伤保险费。

参加本市工伤保险的外地注册用人单位离开本市时，应当到参加工伤保险的社会保险经办机构办理终止参保手续。

第四条　用人单位参加社会保险，可以为外地农民工先行办理工伤保险参保手续。

第五条　外地农民工参加工伤保险，由用人单位缴纳工伤保险费，个人不缴费。按本办法缴纳工伤保险费，应以外地农民工上年度月平均工资为缴费工资基数。外地农民工务工时间不足12个月的，按实际务工时间计算月平均工资；新招用的外地农民工以本人第一个月工资作为当年缴费工资基数。

外地农民工缴费工资基数低于上一年本市职工平均工资60%的，以上一年本市职工平均工资的60%作为缴费工资基数；高于上一年本市职工平均工资300%的，以上一年本市职工平均工资的300%作为缴费工资基数。

缴纳工伤保险费的费率按照《北京市实施〈工伤保险条例〉办法》及相关文件执行。

第六条 已参加本市工伤保险的用人单位，其外地农民工在本市工作期间受到事故伤害或者患职业病的，用人单位、外地农民工或者其直系亲属可以作为申请人，到参保地的区县劳动保障行政部门、劳动能力鉴定机构、社会保险经办机构，按照本市工伤保险规定申请工伤认定、劳动能力鉴定、核定工伤保险待遇。

第七条 用人单位在本市为外地农民工办理了工伤保险参保手续并按时足额缴费，经本市区县劳动保障行政部门认定为工伤的，其工伤保险待遇按照本市规定执行，符合工伤保险基金支付项目的，由工伤保险基金支付。

用人单位招用外地农民工，应当及时向参保地的区县社会保险经办机构办理缴费人员增加手续，办理参保人员增加手续后发生的工伤费用，符合工伤保险基金支付项目的，由工伤保险基金支付。

用人单位终止缴费的，自终止缴费的次月起，其伤残等级为五至十级的外地农民工的工伤保险待遇由用人单位支付。

第八条 外地注册的用人单位办理终止本市参保手续，应当根据伤残等级为一至四级的外地农民工工伤治疗情况，确定一次性支付其住院伙食补助费的金额，并在办理移交参保地区县街道、乡（镇）社会保障事务所实行社会化管理手续前支付给工伤职工。

被认定为因工死亡或者被认定为工伤且伤残等级达到一至四级的外地农民工的供养亲属抚恤金或伤残津贴、护理费，由参保地的区县街道、乡（镇）社会保障事务所按月上报支付月报，区县社会保险经办机构按月邮寄给享受待遇的本人，并执行本市工伤保险待遇的调整政策。

第九条 被认定为工伤且劳动能力鉴定伤残等级达到一至四级的外地农民工，享受的伤残津贴、护理费，按月支付，直至丧失领取条件时止；本人自愿选择一次性领取工伤保险待遇的，一次性支付标准按照工伤发生之日或者职业病诊断之日的年龄以及伤残等级核定，具体标准为：

（一）满16周岁不满30周岁伤残等级一级的为20万元；二级为18万元；三级为15万元；四级为13万元。

（二）满30周岁不满50周岁伤残等级一级的为15万元；二级为12万元；三级为11万元；四级为9万元。

（三）满50周岁以上伤残等级一级的为9万元；二级为8万元；三级为7万元；四级为6万元。

第十条 因工死亡的外地农民工的供养亲属，符合享受供养亲属抚恤金条件的，按月支付，直至丧失领取条件时止。本人自愿选择一次性领取供养亲属抚恤金的，一次性支付的标准为：配偶为8万元；其他供养亲属为5万元，其中子女（含弟、妹）按照年满18周岁终止领取的供养余年计算，具体标准见附表。

供养亲属有数人的，按上款标准一次性支付总额不超过15万元。

第十一条 外地农民工按照本办法第九条、第十条规定一次性领取工伤保险待遇的，本人应当在申请核定一次性伤残补助金、丧葬费、一次性工亡补助金待遇时确定，并由本人与用人单位和区县社会保险经办机构签署协议，一次性领取各项工伤保险待遇后，终止工伤保险关系，用人单位和区县社会保险经办机构不再支付工伤保险待遇。

已经按月领取伤残津贴、护理费、供养亲属抚恤金待遇的，不得再按照本办法第九条、第十条规定一次性领取工伤保险待遇。

第十二条　用人单位在本市和外地均未给外地农民工缴纳工伤保险费，外地农民工在本市工作期间受到事故伤害或者患职业病的，用人单位、外地农民工或者其直系亲属可以作为申请人，按照《工伤保险条例》和《北京市实施〈工伤保险条例〉办法》的规定申请工伤认定、劳动能力鉴定，核定工伤保险待遇。外地注册的用人单位，应当到本市生产经营地的区县劳动保障行政部门、劳动能力鉴定机构、社会保险经办机构，申请工伤认定、劳动能力鉴定、核定工伤保险待遇。本市注册的用人单位，应当到注册地的区县劳动保障行政部门、劳动能力鉴定机构、社会保险经办机构，申请工伤认定、劳动能力鉴定、核定工伤保险待遇。

认定为工伤的外地农民工，其工伤保险待遇、劳动能力鉴定费等按照本市的标准由用人单位支付。

第十三条　用人单位未给外地农民工缴纳工伤保险费，或者未按核定的标准支付工伤保险待遇的，外地农民工可以向用人单位在本市生产经营地的区县或者市劳动保障行政部门劳动监察机构举报。

第十四条　用人单位未给外地农民工缴纳工伤保险费，又未按照本市规定的工伤保险待遇标准支付工伤保险待遇的，外地农民工与用人单位因此发生的争议，外地农民工可以向用人单位在本市生产经营地的区县劳动争议仲裁委员会申请仲裁。

第十五条　用人单位在外地参加工伤保险的，应当向其在本市生产经营地的区县劳动保障行政部门提交参保地社会保险经办机构的相关证明。其招用的外地农民工在本市工作期间受到事故伤害或者患职业病的，用人单位、外地农民工或者其直系亲属应当按照《工伤保险条例》的规定，到用人单位工伤保险参保地的有关部门申请工伤认定、劳动能力鉴定、核定工伤保险待遇。

第十六条　外地农民工工伤保险未尽事项，按照《工伤保险条例》及《北京市实施〈工伤保险条例〉办法》和本市工伤保险规定执行。

第十七条　本办法自2004年9月1日起实施。本办法实施前已受到事故伤害或者患职业病的外地农民工，未超过1年的工伤认定申请时限，且目前其用人单位仍在本市生产经营的，参照本办法规定执行。

12.2.4　北京市实施《工伤保险条例》办法

北京市实施《工伤保险条例》办法

（北京市人民政府令第140号）

《北京市实施〈工伤保险条例〉办法》已经2003年11月25日市人民政府第17次常务会议审议通过，现予公布，自2004年1月1日起施行。

代市长　王岐山

二〇〇三年十二月一日

北京市实施《工伤保险条例》办法

第一章 总 则

第一条 为了实施国务院制定的《工伤保险条例》(以下简称《条例》),结合本市实际情况,制定本办法。

第二条 本市行政区域内的各类企业、有雇工的个体工商户(以下统称用人单位)和与之形成劳动关系的劳动者(以下统称职工),应当遵守《条例》和本办法。

第三条 市劳动保障行政部门负责全市的工伤保险工作。区、县劳动保障行政部门负责本辖区内的工伤保险工作。市和区、县劳动保障行政部门设立的社会保险经办机构(以下简称经办机构)具体承办工伤保险事务。

第四条 财政、审计部门依法对工伤保险基金的收支、管理情况进行监督。卫生行政、安全生产监督管理部门在各自职责范围内,协助劳动保障行政部门做好工伤保险工作。

第五条 街道、乡(镇)社会保障事务所负责实行社会化管理的工伤人员和享受供养亲属抚恤金待遇人员的社会化管理服务工作。

第二章 工伤保险基金

第六条 工伤保险基金实行全市统筹。工伤保险基金全部纳入社会保障基金财政专户,实行收支两条线管理。

第七条 本市根据国家规定和本市工伤保险基金支出、工伤发生率和职业病危害程度等情况,按照以支定收、收支平衡的原则确定工伤保险行业基准费率和浮动档次(见附表),向社会公布后施行。

工伤保险行业基准费率和浮动档次需要调整时,由市劳动保障行政部门会同市财政、卫生行政和安全生产监督管理部门提出调整方案,报市人民政府批准后施行。

第八条 本办法实施后参加工伤保险的,经办机构根据用人单位《企业法人营业执照》或者《营业执照》登记的经营范围,按照不同行业类别的行业基准费率,确定用人单位的缴费费率。

本办法实施前参加工伤保险确定费率浮动档次。

第九条 市劳动保障行政部门会同市财政、卫生行政和安全生产监督管理部门,根据工伤保险费支出、工伤发生率和职业病危害程度等情况,制定全市费率浮动方案。经办机构按照费率浮动方案,确定各用人单位费率浮动档次。

第十条 下列项目由工伤保险基金列支:

(一)工伤医疗费;

(二)一至四级工伤人员伤残津贴;

(三)一次性伤残补助金;

(四)生活护理费;

(五)丧葬补助金;

（六）供养亲属抚恤金；

（七）一次性工亡补助金；

（八）辅助器具费；

（九）工伤康复费；

（十）工伤职工劳动能力鉴定费用。

第十一条　工伤保险基金不支付工伤职工在国外或者香港、澳门特别行政区以及台湾地区治疗的费用。

第十二条　用人单位有下列行为之一的，应当补缴工伤保险费。未参加工伤保险的职工发生工伤或者职工在用人单位欠缴工伤保险费期间发生工伤的，由用人单位按照《条例》和本办法规定的工伤保险待遇项目、标准向工伤职工支付费用，工伤保险基金不予补支：

（一）应当参加工伤保险而未参加的；

（二）少报职工人数，未给部分职工缴纳工伤保险费的；

（三）未按时缴纳工伤保险费的。

用人单位未按时缴纳工伤保险费，欠缴前已由工伤保险基金支付工伤保险待遇的工伤职工，欠缴期间的工伤保险待遇由用人单位支付；补缴后工伤保险基金予以补支。

第十三条　用人单位少报职工工资，未足额缴纳工伤保险费，造成工伤职工享受的工伤保险待遇降低的，差额部分由用人单位补足。用人单位足额缴纳工伤保险费后，重新核定工伤保险待遇。重新核定前工伤保险待遇的差额，工伤保险基金不予补支。

第十四条　本市工伤保险基金应当留有储备金。工伤保险基金历年结余部分并入储备金。需要动用储备金时，经办机构应当向市劳动保障行政部门报告，由市劳动保障行政部门会同市财政部门审查提出意见后，报市人民政府批准。

第三章　工 伤 认 定

第十五条　用人单位、职工或者其直系亲属、工会组织可以作为申请人，提出工伤认定申请或者视同工伤确认申请（以下统称工伤认定申请）。申请工伤认定应当按照《条例》第十七条规定的时限，向用人单位营业执照登记的住所地区、县劳动保障行政部门提出。

第十六条　职工在原用人单位从事接触职业病危害作业，到现用人单位后被诊断患职业病的，现用人单位有责任提出工伤认定申请。

第十七条　申请人提出工伤认定申请时，应当填报工伤认定申请表并附职工的居民身份证；有下列情形之一的，还应当分别提交相应证据：

（一）用人单位未参加工伤保险的，提交用人单位的营业执照或者工商行政管理部门出具的查询证明；

（二）职工死亡的，提交死亡证明；

（三）属于《条例》第十四条第（一）项、第（二）项情形的，提交事故的相关证据材料；

（四）属于《条例》第十四条第（三）项情形的，提交公安部门的证明或者人民法院的判决或者其他证明；

（五）属于《条例》第十四条第（五）项情形的，提交公安部门的证明或者相关部门的证明；

（六）属于《条例》第十四条第（六）项情形的，提交公安交通管理部门的证明；不属于公安交通管理部门处理的，提交相关部门的证明；

（七）属于《条例》第十五条第（一）项情形的，提交医疗机构的抢救证明；

（八）属于《条例》第十五条第（二）项情形的，提交民政部门或者其他相关部门的证明；

（九）属于《条例》第十五条第（三）项情形的，提交《革命伤残军人证》及医疗机构对旧伤复发的诊断证明。

第十八条 申请人提出工伤认定申请时，应当提交职工受伤害或者被诊断患职业病时与用人单位之间的劳动合同或者其他建立劳动关系的证明。

职工与用人单位之间因劳动关系发生争议的，当事人应当向劳动争议仲裁委员会申请仲裁，由劳动争议仲裁委员会依法确定劳动关系。依法定程序处理劳动争议的时间不计算在工伤认定的时限内。

第十九条 申请人应当提交医疗机构出具的职工受伤害时初诊诊断证明书，或者依法承担职业病诊断的医疗机构出具的职业病诊断证明书（或者职业病诊断鉴定书）。

第二十条 区、县劳动保障行政部门收到工伤认定申请后，应当在15日内进行审查，符合条件的应当受理；对不属于本部门管辖的，应当将有权管辖的部门书面告知申请人；申请材料不完整的，应当一次性书面告知申请人需要补正的材料；申请人在30日内补正全部材料的，应当受理。

第二十一条 工伤认定申请有下列情形之一的，不予受理：

（一）自事故发生之日或者被诊断、鉴定为职业病之日起超过1年提出申请的；

（二）受伤害人员是用人单位聘用的离退休人员或者超过法定退休年龄的；

（三）属于《条例》第六十三条规定情形的。

对不予受理的，区、县劳动保障行政部门应当自收到申请之日起15日内书面告知申请人。

第二十二条 职工或者其直系亲属认为是工伤，用人单位认为不是工伤的，用人单位应当承担举证责任，并在区、县劳动保障行政部门规定的时限内提交证据。

第二十三条 区、县劳动保障行政部门应当自受理工伤认定申请之日起60日内做出结论，并书面通知用人单位和职工或者其直系亲属。对认定为工伤或者视同工伤的，应当核发《工伤证》。用人单位不得扣留《工伤证》。

第二十四条 区、县劳动保障行政部门应当根据医疗诊断证明书，确定工伤职工的伤害部位或者职业病名称。由工伤直接导致的疾病，经劳动能力鉴定委员会确认后，一并列入伤害部位。

第二十五条 认定工伤后，职工应当在依据《条例》第四十五条签订服务协议的医疗机构中选择1至2家医疗机构（以下简称工伤医疗机构）就医。职工选定工伤医疗机构满1年后，可以重新选择。

第四章　劳动能力鉴定

第二十六条　劳动能力鉴定包括伤残等级鉴定、生活自理障碍等级鉴定、工伤直接导致疾病确认和配置辅助器具确认。

第二十七条　工伤职工停工留薪期满或者停工留薪期内工伤治愈的，用人单位、工伤职工或者其直系亲属应当书面向区、县劳动能力鉴定委员会提出劳动能力鉴定申请，并提交工伤认定结论、诊断证明书、检查结果、诊疗病历等资料。工伤职工认为工伤直接导致其他疾病的，还应当提交工伤医疗机构出具的相关证明。

第二十八条　劳动能力鉴定委员会应当从医疗卫生专家库中随机抽取3名或者5名相关专业的专家组成专家组，进行劳动能力鉴定。劳动能力鉴定委员会根据专家组的意见，做出劳动能力鉴定结论和相关的确认结论，并书面通知用人单位和工伤职工或者其直系亲属。

劳动能力鉴定委员会应当自收到劳动能力鉴定申请之日起60日内做出鉴定结论。工伤职工的劳动能力鉴定涉及医疗卫生专业较多、情况复杂的，鉴定期限可以适当延长，但延长期限不得超过30日。

专家组认为需要做进一步医学检查的，可以要求工伤职工到指定医疗机构进行医学检查。检查的时间不计算在劳动能力鉴定期限内。

第二十九条　用人单位、工伤职工或者其直系亲属对区、县劳动能力鉴定委员会的劳动能力鉴定结论不服的，应当在收到结论之日起15日内向市劳动能力鉴定委员会申请再次鉴定，并书面说明原因。市劳动能力鉴定委员会的鉴定结论为最终结论。

第三十条　本办法规定的劳动能力鉴定程序适用于复查鉴定。

第三十一条　用人单位未参加工伤保险或者未给工伤职工缴纳工伤保险费的，工伤职工的劳动能力鉴定费用由用人单位支付。用人单位申请劳动能力鉴定委员会确认工伤职工是否延长停工留薪期的，所需费用由用人单位支付。具体收费标准由市价格主管部门会同市财政部门制定。

第五章　工伤保险待遇

第三十二条　职工在停工留薪期内，用人单位不得与其解除或者终止劳动关系。职工停工留薪期满，工伤医疗机构出具继续休假证明的，可以延长停工留薪期。用人单位不同意延长的，由用人单位向区、县劳动能力鉴定委员会提出确认申请，用人单位未提出确认申请的，视为同意延长。

第三十三条　申请供养亲属抚恤金待遇的，应当向经办机构提交被供养人户口簿、居民身份证、工伤职工工资证明以及街道办事处、乡（镇）人民政府出具的被供养人经济状况证明。

有下列情形之一的，还应当分别提交相应材料：

（一）被供养人属于孤寡老人、孤儿的，提交街道办事处、乡（镇）人民政府出具的证明；

（二）被供养人属于养父母、养子女的，提交公证书；

（三）被供养人完全丧失劳动能力的，提交劳动能力鉴定委员会的劳动能力鉴定结论。市劳动鉴定委员会的鉴定结论为最终结论。

第三十四条 因工死亡职工一次性工亡补助金标准为48个月的本市上一年度职工月平均工资。

第三十五条 一级至四级工伤职工达到法定退休年龄或者其所在单位依法破产、解散的，应当办理退休手续，停发伤残津贴，享受基本养老保险待遇。核定基本养老金时，工伤职工基本养老金低于伤残津贴的差额部分由工伤保险基金补足。

第三十六条 五级至十级工伤职工有下列情况之一的，由用人单位向工伤职工支付一次性工伤医疗补助金和伤残就业补助金，收回《工伤证》并交至经办机构，办理工伤职工的工伤保险关系终止手续：

（一）工伤职工本人书面提出自愿与用人单位解除或者终止劳动关系的；

（二）用人单位依据《中华人民共和国劳动法》第二十五条第（二）项、第（三）项、第（四）项规定解除劳动关系的；

（三）七级至十级工伤职工劳动合同期满，用人单位不再续签劳动合同而终止劳动关系的；

（四）用人单位依法破产、解散的。

一次性工伤医疗补助金和伤残就业补助金合并计算，标准为解除或者终止劳动关系时5至30个月的本市上一年度职工月平均工资。其中，五级30个月，六级25个月，七级20个月，八级15个月，九级10个月，十级5个月。

属于本条第一款第（一）项情形，工伤职工距法定退休年龄超过五年（含五年）的，应当支付全额的一次性工伤医疗补助金和伤残就业补助金；不足五年的，减少一年扣除全额的20%，但最高扣除额不得超过全额的90%。

工伤职工达到退休年龄或者办理退休手续的，不享受一次性工伤医疗补助金和伤残就业补助金。

第三十七条 已经参加工伤保险的用人单位依法破产、解散后，符合工伤保险基金支付项目的工伤待遇由工伤保险基金支付，一级至四级的工伤职工、享受供养亲属抚恤金待遇的人员、已退休的工伤人员，由其户籍所在地或者常年居住地的街道、乡（镇）社会保障事务所负责工伤保险待遇的社会化管理服务工作；未居住在本市的，可以由用人单位所在地的街道、乡（镇）社会保障事务所负责办理工伤保险待遇手续。

用人单位依法破产、解散后，工伤职工的住院伙食补助费，根据工伤职工实际情况，由用人单位与工伤职工协商确定补助金额并一次性支付。

第三十八条 工伤职工因日常生活或者就业需要安装、配置辅助器具的，应当由工伤医疗机构提出建议，经区、县劳动能力鉴定委员会确认，到依据《条例》第四十五条签订服务协议的工伤辅助器具配置机构安装、配置。辅助器具安装、配置结算的具体规定由市劳动保障行政部门制定。

第三十九条 工伤职工生活护理费、供养亲属抚恤金和伤残津贴待遇，由市劳动保障行政部门会同市财政部门根据本市职工平均工资和生活费用变化等情况，适时提出调整方案，报市人民政府批准后执行。

第四十条 经劳动能力鉴定委员会复查鉴定，工伤职工伤残等级、生活自理障碍等级发生变化的，自做出劳动能力鉴定结论次月起，其伤残津贴、生活护理费做相应调整。

第四十一条　领取工伤待遇的人员丧失享受条件的，用人单位或者社会保障事务所应当及时告知经办机构。

第六章　附　　则

第四十二条　本办法自2004年1月1日起施行。1999年11月18日市人民政府颁布的《北京市企业劳动者工伤保险规定》同时废止。

12.2.5　杭州市建筑农民工参加工伤保险的通知

关于推进杭州市建筑施工企业农民工参加工伤保险的通知

（杭政办函［2007］148号）

各区、县（市）人民政府，市政府各部门、各直属单位：

市劳动保障局、市建委、市地税局等部门拟订的《关于推进杭州市建筑施工企业农民工参加工伤保险的通知》已经市政府同意，现转发给你们，请遵照实施。

二〇〇七年六月十三日

关于推进杭州市建筑施工企业农民工参加工伤保险的通知

市劳动保障局　市建委　市地税局

（二〇〇七年五月十八日）

为贯彻落实《工伤保险条例》(国务院令〔2003〕375号)、《杭州市人民政府关于全面推进工伤保险的通知》(杭政函〔2007〕48号）和《浙江省劳动和社会保障厅、浙江省建设厅转发关于做好建筑施工企业农民工参加工伤保险工作的通知》(浙劳社工伤〔2007〕24号）精神，结合我市实际，现就推进杭州市建筑施工企业农民工参加工伤保险的有关事项通知如下：

一、凡在本市行政区域范围内从事房屋建筑工程、市政基础设施工程、装饰装修工程等活动的建筑施工企业，包括建设工程项目的建筑施工总承包企业、单项工程的建筑施工承包企业、直接发包的专业承包企业，应当按照《工伤保险条例》和本通知的规定，为从事建筑施工的农民工办理工伤保险，落实工伤保险待遇。

二、建筑施工企业农民工参加工伤保险，以建设工程项目为单位，由建筑施工企业为参与该项目建设的所有农民工统一办理参保登记和缴费手续。

建设工程项目需分包时，建筑施工承包企业应当与专业工程分包、劳务作业分包企业签订《建设工程项目代缴农民工工伤保险费的协议》，并作为分包合同的组成部分。

专业工程分包、劳务作业分包企业应当依法履行工伤保险的法定义务。

三、建设工程项目的建筑施工企业确定后，该施工企业应持建设工程项目的中标通知书（或工程交易单）和工程项目承包合同书（原件及复印件），在工程开工前到建设工程项目所在地的社会保险经办机构办理农民工工伤保险参保登记手续。

社会保险经办机构应于受理之日起10个工作日内核定应缴工伤保险费额，发放《建设工程项目工伤保险参保登记证》，并将有关数据交地方税务机关征收入库。

四、建设工程项目农民工工伤保险的缴费数额，按照建设工程项目造价乘以1.1‰之积计算（缴费基数以建设工程造价的11%作为工资总额，按1%的工伤保险基准费率计算）。建设工程项目农民工工伤保险缴费费率可由市劳动保障行政部门会同有关部门根据工伤保险基金运行情况适时调整。

本通知实施前已开工的建设工程项目，其应缴纳的农民工工伤保险费计算公式为：应缴费额＝建设工程造价×1.1‰×〔(合同工期总天数－已施工的工期天数)÷合同工期总天数〕。

五、建筑施工企业应当在建设工程项目开工之日起10日内向社会保险经办机构申报农民工名册。如施工过程中农民工数量发生变化，应当按月向社会保险经办机构申报农民工增减名册。

因建设工程需要临时增加或调用的农民工，其在10日之内发生工伤事故的，虽用人单位未及时申报其名册，经劳动保障行政部门、建设行政主管部门确认后，可视同已参加工伤保险。

六、建设工程项目的工伤保险期限自建设工程开工之日起至建筑施工合同截止之日止。如建筑施工工期延长，建筑施工企业应当于合同到期前到社会保险经办机构备案，其工伤保险期限可相应顺延。

已为农民工办理工伤保险的建设工程项目，建设单位、建筑施工企业以及建设工程项目名称发生变更的，原建筑施工企业应当持主管部门的变更批准文件或有效证明及时到社会保险经办机构办理参保登记变更手续。

七、建筑施工企业农民工发生工伤事故，其工伤认定、劳动能力鉴定以及工伤保险待遇等按照《工伤保险条例》及有关规定执行。工伤保险待遇以本人工资作为基数的，统一按照工伤发生时统筹地上年度职工月平均工资的60%核定。1～4级伤残农民工的工伤保险长期待遇以及工亡农民工供养亲属的抚恤金实行一次性支付（详见附表《杭州市建设工程项目农民工工伤保险待遇明细表》）。

八、建筑施工企业完成农民工参保工作后，应当按照劳动保障部门统一规定的式样，制作《建设工程项目农民工工伤保险公示》标牌，并在工地的显著位置予以公示。

九、建设行政主管部门在核发建筑工程施工许可证时，应当查验该建设工程项目的《建设工程项目工伤保险参保登记证》和建设工程项目工伤保险参保的缴费凭证。对未按本通知规定给农民工办理参加工伤保险的建筑施工企业，由劳动保障部门责令其限期改正；逾期未改正的，报建设行政主管部门暂扣或吊销其《安全生产许可证》等有关证件，并依法予以处罚。

十、劳动保障部门依法对辖区内建筑施工企业农民工参加工伤保险的情况实施监察。对未办理农民工参加工伤保险手续和缴纳工伤保险费的建筑施工企业，责令其限期参保，拒不参保的，依法进行查处。

十一、本通知自2007年7月1日起执行。

附件

杭州市建设工程项目农民工工伤保险待遇明细表

<table>
<tr><td colspan="3" rowspan="2">补偿类型</td><td colspan="2" rowspan="2">一次性享受的工伤保险长期待遇＊（包括，一次性伤残补助金、生活护理费、后期的医疗费和辅助器具费等）</td><td colspan="5">一次性待遇</td></tr>
<tr><td colspan="2">伤残补助金＊</td><td colspan="3">工伤医疗补助金和伤残就业补助金</td></tr>
<tr><td rowspan="13">因工伤残待遇</td><td rowspan="4">完全丧失劳动能力</td><td>1级</td><td rowspan="4">工伤发生时统筹地上年度职工年平均工资为基数</td><td>16倍</td><td colspan="5" rowspan="4"></td></tr>
<tr><td>2级</td><td>14倍</td></tr>
<tr><td>3级</td><td>12倍</td></tr>
<tr><td>4级</td><td>10倍</td></tr>
<tr><td rowspan="2">大部分丧失劳动能力</td><td>5级</td><td colspan="2"></td><td rowspan="6">工伤发生时统筹地上年度职工月平均工资的60%为基数</td><td>16个月</td><td rowspan="6">农民工与用人单位解除或终止劳动关系后，由所在单位按统筹地上年度职工月平均工资为基数计发</td><td>60个月</td><td rowspan="6">已经依法参加基本养老保险工伤职工距法定退休年龄不足五年的，按照每周年递减20%的标准支付一次性工伤医疗补助金和伤残就业补助金，到达退休年龄办理退休手续的，不能享受该项待遇</td></tr>
<tr><td>6级</td><td colspan="2"></td><td>14个月</td><td>50个月</td></tr>
<tr><td rowspan="4">部分丧失劳动能力</td><td>7级</td><td colspan="2"></td><td>12个月</td><td>20个月</td></tr>
<tr><td>8级</td><td colspan="2"></td><td>10个月</td><td>14个月</td></tr>
<tr><td>9级</td><td colspan="2"></td><td>8个月</td><td>8个月</td></tr>
<tr><td>10级</td><td colspan="2"></td><td>6个月</td><td>4个月</td></tr>
<tr><td colspan="2">停工留薪期待遇</td><td colspan="7">工资不低于统筹地最低工资标准，由所在单位按月支付。生活不能自理，住院期间需要护理的，由所在单位负责（按所住医院的护工工资支付）</td></tr>
<tr><td colspan="2">残疾辅助器具费＊</td><td colspan="7">经劳动能力鉴定委员会确认，可以安装辅助器具的，配置辅助器具费用按《辅助器具限额表》标准支付</td></tr>
<tr><td colspan="2">工伤医疗费＊</td><td colspan="7">在医疗机构治疗工伤伤害部位的医疗费，按《浙江省工伤保险药品目录、医疗服务项目目录》范围支付</td></tr>
<tr><td rowspan="5">因工死亡待遇</td><td colspan="2">丧葬补助金＊</td><td colspan="7">统筹地上年度职工月平均工资×6个月</td></tr>
<tr><td colspan="2">一次性工亡补助金＊</td><td colspan="7">统筹地上年度职工月平均工资×60个月</td></tr>
<tr><td colspan="2" rowspan="3">一次性领取供养亲属抚恤金＊</td><td colspan="6">配偶：统筹地上年度职工月平均工资的60%×40%</td><td rowspan="3">应符合《因工死亡职工供养亲属范围的规定》条件的供养亲属，核定各供养亲属的抚恤金之和不应高于统筹地上年度职工月平均工资的60%。子女不满18周岁的，一次性计算到18周岁；男年满60周岁，女年满55周岁及以上的一次性计发到75岁，70周岁以上的按5年计算，最高计发20周年</td></tr>
<tr><td colspan="6">其他供养亲属：统筹地上年度职工月平均工资的60%×30%</td></tr>
<tr><td colspan="6">孤寡老人或孤儿：在上述标准基础上增加10%</td></tr>
</table>

续表

补偿类型		一次性享受的工伤保险长期待遇*（包括，一次性伤残补助金、生活护理费、后期的医疗费和辅助器具费等）	一次性待遇	
			伤残补助金*	工伤医疗补助金和伤残就业补助金
因工死亡待遇	工伤医疗费*	在医疗机构抢救治疗的医疗费，按《浙江省工伤保险药品目录、医疗服务项目目录》范围支付		

注：1. 依据《工伤保险条例》(国务院令第375号)、《因工死亡职工供养亲属范围规定》(中华人民共和国劳动和社会保障部令第18号)、《浙江省人民政府关于贯彻执行〈工伤保险条例〉有关事项的通知》(浙政发〔2003〕52号)、《浙江省劳动和社会保障厅转发劳动和社会保障部关于农民工参加工伤保险问题的通知》(浙劳社工伤〔2004〕140号)、《浙江省劳动和社会保障厅关于一次性工伤保险待遇问题的复函》(浙劳社厅字〔2004〕294号)。

2. 带*的为工伤保险基金支付。

12.2.6 杭州建筑农民工工伤保险待遇支付办理指南

杭州市建筑施工企业农民工工伤保险待遇支付办理指南

杭州市社会保险管理服务局

一、办理条件

已办理了缴费和参保登记手续的农民工发生工伤的，建筑施工企业持经劳动保障行政部门确认的《工伤认定决定书》，向杭州市社会保险服务局进行申报，经审核后领取《杭州市建筑施工企业农民工工伤保险费用支付申报表》，申领工伤保险待遇。

二、办理凭证

申领待遇时需填报《杭州市建筑施工企业农民工工伤保险费用支付申报表》(一式两份)，并附报以下材料：

1. 工伤医疗费报销

① 工伤治疗原始病历；

② 工伤治疗医疗费收据（原件）；

③ 门诊治疗的须提供相关费用明细，有中药处方的须提供相关处方笺；住院治疗的须提供相关住院费用清单。

2. 工伤残疾辅助器具的配置

① 用人单位填报《杭州市工伤职工配置辅助器具确认书》(一式五份)；

② 工伤认定决定书（复印件)；

③ 医疗机构出具的医疗诊断证明（原件)；

④ 相关病历资料；

⑤ 本人照片（一式六张)。

3. 伤残鉴定费、一次性伤残补助金和伤残津贴、护理费一次性支付待遇办理

① 杭州市劳动能力鉴定委员会出具的《杭州市职工因工致残程度鉴定表》(原件)；

② 杭州市劳动行政部门开具的伤残鉴定费收据（原件）。

4. 工亡职工丧葬费及一次性工亡补助金申领

工亡职工死亡证明（复印件）。

5. 工亡职工供养亲属资格审核及待遇申领

资格审核：职工工亡后，施工单位应填写《因工死亡职工供养亲属审批表》，并持下列材料办理供养亲属资格审核手续：

①《工伤认定决定书》；

② 供养者和被供养者的身份证原件及复印件、死亡火化证明；

③ 被供养者年满十八周岁的，附完全丧失劳动能力或在校的有效证明；

④ 供养关系为父母、祖父母的，提供其他直系亲属单位未享受待遇证明；

⑤ 被供养者为鳏寡孤独或孤儿的，提供社区或乡（镇）出具的证明；

⑥ 符合供养条件③④⑤的，附社区或其乡（镇）出具的无收入证明；

⑦ 被供养者为子女的，提供与工亡人员的关系证明（独生子女证或出生证）。

待遇申领：经审批后，凭《因工死亡职工供养亲属审批表》申领相关待遇。

三、受理部门

1. 工伤申报及待遇申领：市社保局业务大厅19号（工伤生育待遇）窗口；

2. 工亡职工供养直系亲属资格审批：市社保局审计稽核室。

四、受理时间

每周一至周五（国家法定节假日除外）。

五、办理结果

杭州市建筑施工企业农民工工伤保险待遇实行一次性支付。每月12日前上报的材料，于当月20日后返还《杭州市建筑施工企业农民工工伤保险费用支付申报表》（回执）及相关材料，工伤保险费用支付将通过当月结算一次性拨付给建筑施工企业；每月12日以后上报的材料，次月予以处理。

六、注意事项

1. 建设工程项目竣工，工伤职工医疗期未结束的，由建筑施工企业向市社保局填报《杭州市建设工程项目工伤职工待遇支付延期表》（一式三份），市社保局在工伤职工医疗终结或劳动能力鉴定后，凭有关手续给予办理工伤保险待遇支付。

2. 建筑施工企业农民工因交通事故或其他事故伤害被认定工伤或视同工伤的，其待遇按总额补差的办法支付，申报工伤待遇支付时应附带相关责任认定和赔偿调解书等。

12.3　国家有关法律法规

12.3.1　中华人民共和国工伤保险条例

工伤保险条例

（国务院令第375号）

《工伤保险条例》已经2003年4月16日国务院第5次常务会议讨论通过，现予公布，自2004年1月1日起施行。

总理 温家宝

二〇〇三年四月二十七日

工伤保险条例

第一章 总 则

第一条 为了保障因工作遭受事故伤害或者患职业病的职工获得医疗救治和经济补偿，促进工伤预防和职业康复，分散用人单位的工伤风险，制定本条例。

第二条 中华人民共和国境内的各类企业的职工和个体工商户的雇工，均有依照本条例的规定享受工伤保险待遇的权利。

有雇工的个体工商户参加工伤保险的具体步骤和实施办法，由省、自治区、直辖市人民政府规定。

第三条 工伤保险费的征缴按照《社会保险费征缴暂行条例》关于基本养老保险费、基本医疗保险费、失业保险费的征缴规定执行。

第四条 用人单位应当将参加工伤保险的有关情况在本单位内公示。

用人单位和职工应当遵守有关安全生产和职业病防治的法律法规，执行安全卫生规程和标准，预防工伤事故发生，避免和减少职业病危害。职工发生工伤时，用人单位应当采取措施使工伤职工得到及时救治。

第五条 国务院劳动保障行政部门负责全国的工伤保险工作。

县级以上地方各级人民政府劳动保障行政部门负责本行政区域内的工伤保险工作。

劳动保障行政部门按照国务院有关规定设立的社会保险经办机构（以下称经办机构）具体承办工伤保险事务。

第六条 劳动保障行政部门等部门制定工伤保险的政策、标准，应当征求工会组织、用人单位代表的意见。

第二章 工伤保险基金

第七条 工伤保险基金由用人单位缴纳的工伤保险费、工伤保险基金的利息和依法纳入工伤保险基金的其他资金构成。

第八条 工伤保险费根据以支定收、收支平衡的原则，确定费率。国家根据不同行业的工伤风险程度确定行业的差别费率，并根据工伤保险费使用、工伤发生率等情况，在每个行业内确定若干费率档次。行业差别费率及行业内费率档次由国务院劳动保障行政部门会同国务院财政部门、卫生行政部门、安全生产监督管理部门制定，报国务院批准后公布施行。统筹地区经办机构根据用人单位工伤保险费使用、工伤发生率等情况，适用所属行业内相应的费率档次确定单位缴费费率。

第九条 国务院劳动保障行政部门应当定期了解全国各统筹地区工伤保险基金收支情

况，及时会同国务院财政部门、卫生行政部门、安全生产监督管理部门提出调整行业差别费率及行业内费率档次的方案，报国务院批准后公布施行。

第十条　用人单位应当按时缴纳工伤保险费。职工个人不缴纳工伤保险费。

用人单位缴纳工伤保险费的数额为本单位职工工资总额乘以单位缴费费率之积。

第十一条　工伤保险基金在直辖市和设区的市实行全市统筹，其他地区的统筹层次由省、自治区人民政府确定。

跨地区、生产流动性较大的行业，可以采取相对集中的方式异地参加统筹地区的工伤保险。具体办法由国务院劳动保障行政部门会同有关行业的主管部门制定。

第十二条　工伤保险基金存入社会保障基金财政专户，用于本条例规定的工伤保险待遇、劳动能力鉴定以及法律、法规规定的用于工伤保险的其他费用的支付。任何单位或者个人不得将工伤保险基金用于投资运营、兴建或者改建办公场所、发放奖金，或者挪作其他用途。

第十三条　工伤保险基金应当留有一定比例的储备金，用于统筹地区重大事故的工伤保险待遇支付；储备金不足支付的，由统筹地区的人民政府垫付。储备金占基金总额的具体比例和储备金的使用办法，由省、自治区、直辖市人民政府规定。

第三章　工 伤 认 定

第十四条　职工有下列情形之一的，应当认定为工伤：

（一）在工作时间和工作场所内，因工作原因受到事故伤害的；

（二）工作时间前后在工作场所内，从事与工作有关的预备性或者收尾性工作受到事故伤害的；

（三）在工作时间和工作场所内，因履行工作职责受到暴力等意外伤害的；

（四）患职业病的；

（五）因工外出期间，由于工作原因受到伤害或者发生事故下落不明的；

（六）在上下班途中，受到机动车事故伤害的；

（七）法律、行政法规规定应当认定为工伤的其他情形。

第十五条　职工有下列情形之一的，视同工伤：

（一）在工作时间和工作岗位，突发疾病死亡或者在48小时之内经抢救无效死亡的；

（二）在抢险救灾等维护国家利益、公共利益活动中受到伤害的；

（三）职工原在军队服役，因战、因公负伤致残，已取得革命伤残军人证，到用人单位后旧伤复发的。

职工有前款第（一）项、第（二）项情形的，按照本条例的有关规定享受工伤保险待遇；职工有前款第（三）项情形的，按照本条例的有关规定享受除一次性伤残补助金以外的工伤保险待遇。

第十六条　职工有下列情形之一的，不得认定为工伤或者视同工伤：

（一）因犯罪或者违反治安管理伤亡的；

（二）醉酒导致伤亡的；

（三）自残或者自杀的。

第十七条 职工发生事故伤害或者按照职业病防治法规定被诊断、鉴定为职业病，所在单位应当自事故伤害发生之日或者被诊断、鉴定为职业病之日起30日内，向统筹地区劳动保障行政部门提出工伤认定申请。遇有特殊情况，经报劳动保障行政部门同意，申请时限可以适当延长。

用人单位未按前款规定提出工伤认定申请的，工伤职工或者其直系亲属、工会组织在事故伤害发生之日或者被诊断、鉴定为职业病之日起1年内，可以直接向用人单位所在地统筹地区劳动保障行政部门提出工伤认定申请。

按照本条第一款规定应当由省级劳动保障行政部门进行工伤认定的事项，根据属地原则由用人单位所在地的设区的市级劳动保障行政部门办理。

用人单位未在本条第一款规定的时限内提交工伤认定申请，在此期间发生符合本条例规定的工伤待遇等有关费用由该用人单位负担。

第十八条 提出工伤认定申请应当提交下列材料：

（一）工伤认定申请表；

（二）与用人单位存在劳动关系（包括事实劳动关系）的证明材料；

（三）医疗诊断证明或者职业病诊断证明书（或者职业病诊断鉴定书）。

工伤认定申请表应当包括事故发生的时间、地点、原因以及职工伤害程度等基本情况。

工伤认定申请人提供材料不完整的，劳动保障行政部门应当一次性书面告知工伤认定申请人需要补正的全部材料。申请人按照书面告知要求补正材料后，劳动保障行政部门应当受理。

第十九条 劳动保障行政部门受理工伤认定申请后，根据审核需要可以对事故伤害进行调查核实，用人单位、职工、工会组织、医疗机构以及有关部门应当予以协助。

职业病诊断和诊断争议的鉴定，依照职业病防治法的有关规定执行。对依法取得职业病诊断证明书或者职业病诊断鉴定书的，劳动保障行政部门不再进行调查核实。

职工或者其直系亲属认为是工伤，用人单位不认为是工伤的，由用人单位承担举证责任。

第二十条 劳动保障行政部门应当自受理工伤认定申请之日起60日内作出工伤认定的决定，并书面通知申请工伤认定的职工或者其直系亲属和该职工所在单位。

劳动保障行政部门工作人员与工伤认定申请人有利害关系的，应当回避。

第四章 劳动能力鉴定

第二十一条 职工发生工伤，经治疗伤情相对稳定后存在残疾、影响劳动能力的，应当进行劳动能力鉴定。

第二十二条 劳动能力鉴定是指劳动功能障碍程度和生活自理障碍程度的等级鉴定。

劳动功能障碍分为十个伤残等级，最重的为一级，最轻的为十级。

生活自理障碍分为三个等级：生活完全不能自理、生活大部分不能自理和生活部分不能自理。

劳动能力鉴定标准由国务院劳动保障行政部门会同国务院卫生行政部门等部门制定。

第二十三条 劳动能力鉴定由用人单位、工伤职工或者其直系亲属向设区的市级劳动能力鉴定委员会提出申请，并提供工伤认定决定和职工工伤医疗的有关资料。

第二十四条　省、自治区、直辖市劳动能力鉴定委员会和设区的市级劳动能力鉴定委员会分别由省、自治区、直辖市和设区的市级劳动保障行政部门、人事行政部门、卫生行政部门、工会组织、经办机构代表以及用人单位代表组成。

劳动能力鉴定委员会建立医疗卫生专家库。列入专家库的医疗卫生专业技术人员应当具备下列条件：

（一）具有医疗卫生高级专业技术职务任职资格；

（二）掌握劳动能力鉴定的相关知识；

（三）具有良好的职业品德。

第二十五条　设区的市级劳动能力鉴定委员会收到劳动能力鉴定申请后，应当从其建立的医疗卫生专家库中随机抽取3名或者5名相关专家组成专家组，由专家组提出鉴定意见。设区的市级劳动能力鉴定委员会根据专家组的鉴定意见作出工伤职工劳动能力鉴定结论；必要时，可以委托具备资格的医疗机构协助进行有关的诊断。

设区的市级劳动能力鉴定委员会应当自收到劳动能力鉴定申请之日起60日内作出劳动能力鉴定结论，必要时，作出劳动能力鉴定结论的期限可以延长30日。劳动能力鉴定结论应当及时送达申请鉴定的单位和个人。

第二十六条　申请鉴定的单位或者个人对设区的市级劳动能力鉴定委员会作出的鉴定结论不服的，可以在收到该鉴定结论之日起15日内向省、自治区、直辖市劳动能力鉴定委员会提出再次鉴定申请。省、自治区、直辖市劳动能力鉴定委员会作出的劳动能力鉴定结论为最终结论。

第二十七条　劳动能力鉴定工作应当客观、公正。劳动能力鉴定委员会组成人员或者参加鉴定的专家与当事人有利害关系的，应当回避。

第二十八条　自劳动能力鉴定结论作出之日起1年后，工伤职工或者其直系亲属、所在单位或者经办机构认为伤残情况发生变化的，可以申请劳动能力复查鉴定。

第五章　工伤保险待遇

第二十九条　职工因工作遭受事故伤害或者患职业病进行治疗，享受工伤医疗待遇。

职工治疗工伤应当在签订服务协议的医疗机构就医，情况紧急时可以先到就近的医疗机构急救。

治疗工伤所需费用符合工伤保险诊疗项目目录、工伤保险药品目录、工伤保险住院服务标准的，从工伤保险基金支付。工伤保险诊疗项目目录、工伤保险药品目录、工伤保险住院服务标准，由国务院劳动保障行政部门会同国务院卫生行政部门、药品监督管理部门等部门规定。

职工住院治疗工伤的，由所在单位按照本单位因公出差伙食补助标准的70%发给住院伙食补助费；经医疗机构出具证明，报经办机构同意，工伤职工到统筹地区以外就医的，所需交通、食宿费用由所在单位按照本单位职工因公出差标准报销。

工伤职工治疗非工伤引发的疾病，不享受工伤医疗待遇，按照基本医疗保险办法处理。

工伤职工到签订服务协议的医疗机构进行康复性治疗的费用，符合本条第三款规定的，从工伤保险基金支付。

第三十条 工伤职工因日常生活或者就业需要，经劳动能力鉴定委员会确认，可以安装假肢、矫形器、假眼、假牙和配置轮椅等辅助器具，所需费用按照国家规定的标准从工伤保险基金支付。

第三十一条 职工因工作遭受事故伤害或者患职业病需要暂停工作接受工伤医疗的，在停工留薪期内，原工资福利待遇不变，由所在单位按月支付。

停工留薪期一般不超过12个月。伤情严重或者情况特殊，经设区的市级劳动能力鉴定委员会确认，可以适当延长，但延长不得超过12个月。工伤职工评定伤残等级后，停发原待遇，按照本章的有关规定享受伤残待遇。工伤职工在停工留薪期满后仍需治疗的，继续享受工伤医疗待遇。

生活不能自理的工伤职工在停工留薪期需要护理的，由所在单位负责。

第三十二条 工伤职工已经评定伤残等级并经劳动能力鉴定委员会确认需要生活护理的，从工伤保险基金按月支付生活护理费。

生活护理费按照生活完全不能自理、生活大部分不能自理或者生活部分不能自理3个不同等级支付，其标准分别为统筹地区上年度职工月平均工资的50%、40%或者30%。

第三十三条 职工因工致残被鉴定为一级至四级伤残的，保留劳动关系，退出工作岗位，享受以下待遇：

（一）从工伤保险基金按伤残等级支付一次性伤残补助金，标准为：一级伤残为24个月的本人工资，二级伤残为22个月的本人工资，三级伤残为20个月的本人工资，四级伤残为18个月的本人工资；

（二）从工伤保险基金按月支付伤残津贴，标准为：一级伤残为本人工资的90%，二级伤残为本人工资的85%，三级伤残为本人工资的80%，四级伤残为本人工资的75%。伤残津贴实际金额低于当地最低工资标准的，由工伤保险基金补足差额；

（三）工伤职工达到退休年龄并办理退休手续后，停发伤残津贴，享受基本养老保险待遇。基本养老保险待遇低于伤残津贴的，由工伤保险基金补足差额。

职工因工致残被鉴定为一级至四级伤残的，由用人单位和职工个人以伤残津贴为基数，缴纳基本医疗保险费。

第三十四条 职工因工致残被鉴定为五级、六级伤残的，享受以下待遇：

（一）从工伤保险基金按伤残等级支付一次性伤残补助金，标准为：五级伤残为16个月的本人工资，六级伤残为14个月的本人工资；

（二）保留与用人单位的劳动关系，由用人单位安排适当工作。难以安排工作的，由用人单位按月发给伤残津贴，标准为：五级伤残为本人工资的70%，六级伤残为本人工资的60%，并由用人单位按照规定为其缴纳应缴纳的各项社会保险费。伤残津贴实际金额低于当地最低工资标准的，由用人单位补足差额。

经工伤职工本人提出，该职工可以与用人单位解除或者终止劳动关系，由用人单位支付一次性工伤医疗补助金和伤残就业补助金。具体标准由省、自治区、直辖市人民政府规定。

第三十五条 职工因工致残被鉴定为七级至十级伤残的，享受以下待遇：

（一）从工伤保险基金按伤残等级支付一次性伤残补助金，标准为：七级伤残为12

个月的本人工资，八级伤残为10个月的本人工资，九级伤残为8个月的本人工资，十级伤残为6个月的本人工资；

（二）劳动合同期满终止，或者职工本人提出解除劳动合同的，由用人单位支付一次性工伤医疗补助金和伤残就业补助金。具体标准由省、自治区、直辖市人民政府规定。

第三十六条 工伤职工工伤复发，确认需要治疗的，享受本条例第二十九条、第三十条和第三十一条规定的工伤待遇。

第三十七条 职工因工死亡，其直系亲属按照下列规定从工伤保险基金领取丧葬补助金、供养亲属抚恤金和一次性工亡补助金：

（一）丧葬补助金为6个月的统筹地区上年度职工月平均工资；

（二）供养亲属抚恤金按照职工本人工资的一定比例发给由因工死亡职工生前提供主要生活来源、无劳动能力的亲属。标准为：配偶每月40%，其他亲属每人每月30%，孤寡老人或者孤儿每人每月在上述标准的基础上增加10%。核定的各供养亲属的抚恤金之和不应高于因工死亡职工生前的工资。供养亲属的具体范围由国务院劳动保障行政部门规定；

（三）一次性工亡补助金标准为48个月至60个月的统筹地区上年度职工月平均工资。具体标准由统筹地区的人民政府根据当地经济、社会发展状况规定，报省、自治区、直辖市人民政府备案。

伤残职工在停工留薪期内因工伤导致死亡的，其直系亲属享受本条第一款规定的待遇。

一级至四级伤残职工在停工留薪期满后死亡的，其直系亲属可以享受本条第一款第（一）项、第（二）项规定的待遇。

第三十八条 伤残津贴、供养亲属抚恤金、生活护理费由统筹地区劳动保障行政部门根据职工平均工资和生活费用变化等情况适时调整。调整办法由省、自治区、直辖市人民政府规定。

第三十九条 职工因工外出期间发生事故或者在抢险救灾中下落不明的，从事故发生当月起3个月内照发工资，从第4个月起停发工资，由工伤保险基金向其供养亲属按月支付供养亲属抚恤金。生活有困难的，可以预支一次性工亡补助金的50%。职工被人民法院宣告死亡的，按照本条例第三十七条职工因工死亡的规定处理。

第四十条 工伤职工有下列情形之一的，停止享受工伤保险待遇：

（一）丧失享受待遇条件的；

（二）拒不接受劳动能力鉴定的；

（三）拒绝治疗的；

（四）被判刑正在收监执行的。

第四十一条 用人单位分立、合并、转让的，承继单位应当承担原用人单位的工伤保险责任；原用人单位已经参加工伤保险的，承继单位应当到当地经办机构办理工伤保险变更登记。

用人单位实行承包经营的，工伤保险责任由职工劳动关系所在单位承担。

职工被借调期间受到工伤事故伤害的，由原用人单位承担工伤保险责任，但原用人单位与借调单位可以约定补偿办法。

企业破产的，在破产清算时优先拨付依法应由单位支付的工伤保险待遇费用。

第四十二条 职工被派遣出境工作，依据前往国家或者地区的法律应当参加当地工伤保险的，参加当地工伤保险，其国内工伤保险关系中止；不能参加当地工伤保险的，其国内工伤保险关系不中止。

第四十三条 职工再次发生工伤，根据规定应当享受伤残津贴的，按照新认定的伤残等级享受伤残津贴待遇。

第六章 监督管理

第四十四条 经办机构具体承办工伤保险事务，履行下列职责：

（一）根据省、自治区、直辖市人民政府规定，征收工伤保险费；

（二）核查用人单位的工资总额和职工人数，办理工伤保险登记，并负责保存用人单位缴费和职工享受工伤保险待遇情况的记录；

（三）进行工伤保险的调查、统计；

（四）按照规定管理工伤保险基金的支出；

（五）按照规定核定工伤保险待遇；

（六）为工伤职工或者其直系亲属免费提供咨询服务。

第四十五条 经办机构与医疗机构、辅助器具配置机构在平等协商的基础上签订服务协议，并公布签订服务协议的医疗机构、辅助器具配置机构的名单。具体办法由国务院劳动保障行政部门分别会同国务院卫生行政部门、民政部门等部门制定。

第四十六条 经办机构按照协议和国家有关目录、标准对工伤职工医疗费用、康复费用、辅助器具费用的使用情况进行核查，并按时足额结算费用。

第四十七条 经办机构应当定期公布工伤保险基金的收支情况，及时向劳动保障行政部门提出调整费率的建议。

第四十八条 劳动保障行政部门、经办机构应当定期听取工伤职工、医疗机构、辅助器具配置机构以及社会各界对改进工伤保险工作的意见。

第四十九条 劳动保障行政部门依法对工伤保险费的征缴和工伤保险基金的支付情况进行监督检查。

财政部门和审计机关依法对工伤保险基金的收支、管理情况进行监督。

第五十条 任何组织和个人对有关工伤保险的违法行为，有权举报。劳动保障行政部门对举报应当及时调查，按照规定处理，并为举报人保密。

第五十一条 工会组织依法维护工伤职工的合法权益，对用人单位的工伤保险工作实行监督。

第五十二条 职工与用人单位发生工伤待遇方面的争议，按照处理劳动争议的有关规定处理。

第五十三条 有下列情形之一的，有关单位和个人可以依法申请行政复议；对复议决定不服的，可以依法提起行政诉讼：

（一）申请工伤认定的职工或者其直系亲属、该职工所在单位对工伤认定结论不服的；

（二）用人单位对经办机构确定的单位缴费费率不服的；

（三）签订服务协议的医疗机构、辅助器具配置机构认为经办机构未履行有关协议或者规定的；

（四）工伤职工或者其直系亲属对经办机构核定的工伤保险待遇有异议的。

第七章　法律责任

第五十四条　单位或者个人违反本条例第十二条规定挪用工伤保险基金，构成犯罪的，依法追究刑事责任；尚不构成犯罪的，依法给予行政处分或者纪律处分。被挪用的基金由劳动保障行政部门追回，并入工伤保险基金；没收的违法所得依法上缴国库。

第五十五条　劳动保障行政部门工作人员有下列情形之一的，依法给予行政处分；情节严重，构成犯罪的，依法追究刑事责任：

（一）无正当理由不受理工伤认定申请，或者弄虚作假将不符合工伤条件的人员认定为工伤职工的；

（二）未妥善保管申请工伤认定的证据材料，致使有关证据灭失的；

（三）收受当事人财物的。

第五十六条　经办机构有下列行为之一的，由劳动保障行政部门责令改正，对直接负责的主管人员和其他责任人员依法给予纪律处分；情节严重，构成犯罪的，依法追究刑事责任；造成当事人经济损失的，由经办机构依法承担赔偿责任：

（一）未按规定保存用人单位缴费和职工享受工伤保险待遇情况记录的；

（二）不按规定核定工伤保险待遇的；

（三）收受当事人财物的。

第五十七条　医疗机构、辅助器具配置机构不按服务协议提供服务的，经办机构可以解除服务协议。

经办机构不按时足额结算费用的，由劳动保障行政部门责令改正；医疗机构、辅助器具配置机构可以解除服务协议。

第五十八条　用人单位瞒报工资总额或者职工人数的，由劳动保障行政部门责令改正，并处瞒报工资数额1倍以上3倍以下的罚款。用人单位、工伤职工或者其直系亲属骗取工伤保险待遇，医疗机构、辅助器具配置机构骗取工伤保险基金支出的，由劳动保障行政部门责令退还，并处骗取金额1倍以上3倍以下的罚款；情节严重，构成犯罪的，依法追究刑事责任。

第五十九条　从事劳动能力鉴定的组织或者个人有下列情形之一的，由劳动保障行政部门责令改正，并处2000元以上1万元以下的罚款；情节严重，构成犯罪的，依法追究刑事责任：

（一）提供虚假鉴定意见的；

（二）提供虚假诊断证明的；

（三）收受当事人财物的。

第六十条　用人单位依照本条例规定应当参加工伤保险而未参加的，由劳动保障行政部门责令改正；未参加工伤保险期间用人单位职工发生工伤的，由该用人单位按照本条例规定的工伤保险待遇项目和标准支付费用。

第八章 附 则

第六十一条 本条例所称职工，是指与用人单位存在劳动关系（包括事实劳动关系）的各种用工形式、各种用工期限的劳动者。

本条例所称工资总额，是指用人单位直接支付给本单位全部职工的劳动报酬总额。

本条例所称本人工资，是指工伤职工因工作遭受事故伤害或者患职业病前12个月平均月缴费工资。本人工资高于统筹地区职工平均工资300%的，按照统筹地区职工平均工资的300%计算；本人工资低于统筹地区职工平均工资60%的，按照统筹地区职工平均工资的60%计算。

第六十二条 国家机关和依照或者参照国家公务员制度进行人事管理的事业单位、社会团体的工作人员因工作遭受事故伤害或者患职业病的，由所在单位支付费用。具体办法由国务院劳动保障行政部门会同国务院人事行政部门、财政部门规定。

其他事业单位、社会团体以及各类民办非企业单位的工伤保险等办法，由国务院劳动保障行政部门会同国务院人事行政部门、民政部门、财政部门等部门参照本条例另行规定，报国务院批准后施行。

第六十三条 无营业执照或者未经依法登记、备案的单位以及被依法吊销营业执照或者撤销登记、备案的单位的职工受到事故伤害或者患职业病的，由该单位向伤残职工或者死亡职工的直系亲属给予一次性赔偿，赔偿标准不得低于本条例规定的工伤保险待遇；用人单位不得使用童工，用人单位使用童工造成童工伤残、死亡的，由该单位向童工或者童工的直系亲属给予一次性赔偿，赔偿标准不得低于本条例规定的工伤保险待遇。具体办法由国务院劳动保障行政部门规定。

前款规定的伤残职工或者死亡职工的直系亲属就赔偿数额与单位发生争议的，以及前款规定的童工或者童工的直系亲属就赔偿数额与单位发生争议的，按照处理劳动争议的有关规定处理。

第六十四条 本条例自2004年1月1日起施行。本条例施行前已受到事故伤害或者患职业病的职工尚未完成工伤认定的，按照本条例的规定执行。

12.3.2 关于实施《工伤保险条例》若干问题的意见

关于实施《工伤保险条例》若干问题的意见

（劳社部函［2004］256号）

各省、自治区、直辖市劳动和社会保障厅（局）：

《工伤保险条例》（以下简称条例）已于二〇〇四年一月一日起施行。现就条例实施中的有关问题提出如下意见：

一、职工在两个或两个以上用人单位同时就业的，各用人单位应当分别为职工缴纳工伤保险费。职工发生工伤，由职工受到伤害时其工作的单位依法承担工伤保险责任。

二、条例第十四条规定“上下班途中，受到机动车事故伤害的，应当认定为工伤”。这里“上下班途中”既包括职工正常工作的上下班途中，也包括职工加班加点的上下班途中。“受到机动车事故伤害的”既可以是职工驾驶或乘坐的机动车发生事故造成的，也可以是职工因其他机动车事故造成的。

三、条例第十五条规定“职工在工作时间和工作岗位，突发疾病死亡或者在48小时之内经抢救无效死亡的，视同工伤”。这里“突发疾病”包括各类疾病。“48小时”的起算时间，以医疗机构的初次诊断时间作为突发疾病的起算时间。

四、条例第十七条第二款规定的有权申请工伤认定的“工会组织”包括职工所在用人单位的工会组织以及符合《中华人民共和国工会法》规定的各级工会组织。

五、用人单位未按规定为职工提出工伤认定申请，受到事故伤害或者患职业病的职工或者其直系亲属、工会组织提出工伤认定申请，职工所在单位是否同意（签字、盖章），不是必经程序。

六、条例第十七条第四款规定“用人单位未在本条第一款规定的时限内提交工伤认定申请的，在此期间发生符合本条例规定的工伤待遇等有关费用由该用人单位负担”。这里用人单位承担工伤待遇等有关费用的期间是指从事故伤害发生之日或职业病确诊之日起到劳动保障行政部门受理工伤认定申请之日止。

七、条例第三十六条规定的工伤职工旧伤复发，是否需要治疗应由治疗工伤职工的协议医疗机构提出意见，有争议的由劳动能力鉴定委员会确认。

八、职工因工死亡，其供养亲属享受抚恤金待遇的资格，按职工因工死亡时的条件核定。

中华人民共和国劳动和社会保障部

二〇〇四年十一月一日

12.3.3 关于农民工参加工伤保险有关问题的通知

关于农民工参加工伤保险有关问题的通知

（劳社部发［2004］18号）

各省、自治区、直辖市劳动和社会保障厅（局）：

为了维护农民工的工伤保险权益，改善农民工的就业环境，根据《工伤保险条例》规定，从农民工的实际情况出发，现就农民工参加工伤保险，依法享受工伤保险待遇有关问题通知如下：

一、各级劳动保障部门要统一思想，提高认识，高度重视农民工工伤保险权益维护工作。要从践行“三个代表”重要思想的高度，坚持以人为本，做好农民工参加工伤保险、依法享受工伤保险待遇的有关工作，把这项工作作为全面贯彻落实《工伤保险条例》，为农民工办实事的重要内容。

二、农民工参加工伤保险、依法享受工伤保险待遇是《工伤保险条例》赋予包括农民工在内的各类用人单位职工的基本权益，各类用人单位招用的农民工均有依法享受工伤保险待遇的权利。各地要将农民工参加工伤保险，作为今年工伤保险扩面的重要工作，明确任务，抓好落实。凡是与用人单位建立劳动关系的农民工，用人单位必须及时为他们办理参加工伤保险的手续。对用人单位为农民工先行办理工伤保险的，各地经办机构应予办理。今年重点推进建筑、矿山等工伤风险较大、职业危害较重行业的农民工参加工伤保险。

三、用人单位注册地与生产经营地不在同一统筹地区的，原则上在注册地参加工伤保险。未在注册地参加工伤保险的，在生产经营地参加工伤保险。农民工受到事故伤害或患职业病后，在参保地进行工伤认定、劳动能力鉴定，并按参保地的规定依法享受工伤保险待遇。用人单位在注册地和生产经营地均未参加工伤保险的，农民工受到事故伤害或者患职业病后，在生产经营地进行工伤认定、劳动能力鉴定，并按生产经营地的规定依法由用人单位支付工伤保险待遇。

四、对跨省流动的农民工，即户籍不在参加工伤保险统筹地区（生产经营地）所在省（自治区、直辖市）的农民工，一级至四级伤残长期待遇的支付，可试行一次性支付和长期支付两种方式，供农民工选择。在农民工选择一次性或长期支付方式时，支付其工伤保险待遇的社会保险经办机构应向其说明情况。一次性享受工伤保险长期待遇的，需由农民工本人提出，与用人单位解除或者终止劳动关系，与统筹地区社会保险经办机构签订协议，终止工伤保险关系。1至4级伤残农民工一次性享受工伤保险长期待遇的具体办法和标准由省（自治区、直辖市）劳动保障行政部门制定，报省（自治区、直辖市）人民政府批准。

五、各级劳动保障部门要加大对农民工参加工伤保险的宣传和督促检查力度，积极为农民工提供咨询服务，促进农民工参加工伤保险。同时要认真做好工伤认定、劳动能力鉴定工作，对侵害农民工工伤保险权益的行为要严肃查处，切实保障农民工的合法权益。

劳动和社会保障部

二〇〇四年六月一日

12.3.4 中华人民共和国工伤认定办法

工伤认定办法

中华人民共和国劳动和社会保障部令第17号

《工伤认定办法》已于2003年9月18日经劳动和社会保障部第5次部务会议通过，现予颁布，自2004年1月1日起施行。

部长 郑斯林

二〇〇三年九月二十三日

工伤认定办法

第一条 为规范工伤认定程序，依法进行工伤认定，维护当事人的合法权益，根据

《工伤保险条例》的有关规定，制定本办法。

第二条 劳动保障行政部门进行工伤认定按照本办法执行。

第三条 职工发生事故伤害或者按照职业病防治法规定被诊断、鉴定为职业病，所在单位应当自事故伤害发生之日或者被诊断、鉴定为职业病之日起30日内，向统筹地区劳动保障行政部门提出工伤认定申请。遇有特殊情况，经报劳动保障行政部门同意，申请时限可以适当延长。

按照前款规定应当向省级劳动保障行政部门提出工伤认定申请的，根据属地原则应向用人单位所在地设区的市级劳动保障行政部门提出。

第四条 用人单位未在规定的期限内提出工伤认定申请的，受伤害职工或者其直系亲属、工会组织在事故伤害发生之日或者被诊断、鉴定为职业病之日起1年内，可以直接按本办法第三条规定提出工伤认定申请。

第五条 提出工伤认定申请应当填写《工伤认定申请表》，并提交下列材料：

（一）劳动合同文本复印件或其他建立劳动关系的有效证明；

（二）医疗机构出具的受伤后诊断证明书或者职业病诊断证明书（或者职业病诊断鉴定书）。

工伤认定申请表的样式由劳动保障部统一制定。

第六条 申请人提供材料不完整的，劳动保障行政部门应当当场或者在15个工作日内以书面形式一次性告知工伤认定申请人需要补正的全部材料。

第七条 工伤认定申请人提供的申请材料完整，属于劳动保障行政部门管辖范围且在受理时效内的，劳动保障行政部门应当受理。

劳动保障行政部门受理或者不予受理的，应当书面告知申请人并说明理由。

第八条 劳动保障行政部门受理工伤认定申请后，根据需要可以对提供的证据进行调查核实，有关单位和个人应当予以协助。用人单位、医疗机构、有关部门及工会组织应当负责安排相关人员配合工作，据实提供情况和证明材料。

第九条 劳动保障行政部门在进行工伤认定时，对申请人提供的符合国家有关规定的职业病诊断证书或者职业病诊断鉴定书，不再进行调查核实。职业病诊断证明书或者职业病诊断鉴定书不符合国家规定的格式和要求的，劳动保障行政部门可以要求出具证据部门重新提供。

第十条 劳动保障行政部门受理工伤认定申请后，可以根据工作需要，委托其他统筹地区的劳动保障行政部门或相关部门进行调查核实。

第十一条 劳动保障行政部门工作人员进行调查核实，应由两名以上人员共同进行，并出示执行公务的证件。

第十二条 劳动保障行政部门工作人员进行调查核实时，可以行使下列职权：

（一）根据工作需要，进入有关单位和事故现场；

（二）依法查阅与工伤认定有关的资料，询问有关人员；

（三）记录、录音、录像和复制与工伤认定有关的资料。

第十三条 劳动保障行政部门人员进行调查核实时，应当履行下列义务：

（一）保守有关单位商业秘密及个人隐私；

（二）为提供情况的有关人员保密。

第十四条 职工或者其直系亲属认为是工伤，用人单位不认为是工伤的，由该用人单位承担举证责任。用人单位拒不举证的，劳动保障行政部门可以根据受伤害职工提供的证据依法作出工伤认定结论。

第十五条 劳动保障行政部门应当自受理工伤认定申请之日起60日内作出工伤认定决定。认定决定包括工伤或视同工伤的认定决定和不属于工伤或不视同工伤的认定决定。

第十六条 工伤认定决定应当载明下列事项：

（一）用人单位全称；

（二）职工的姓名、性别、年龄、职业、身份证号码；

（三）受伤部位、事故时间和诊治时间或职业病名称、伤害经过和核实情况、医疗救治的基本情况和诊断结论；

（四）认定为工伤、视同工伤或认定为不属于工伤、不视同工伤的依据；

（五）认定结论；

（六）不服认定决定申请行政复议的部门和期限；

（七）作出认定决定的时间。

工伤认定决定应加盖劳动保障行政部门工伤认定专用印章。

第十七条 劳动保障行政部门应当自工伤认定决定作出之日起20个工作日内，将工伤认定决定送达工伤认定申请人以及受伤害职工（或其直系亲属）和用人单位，并抄送社会保险经办机构。

工伤认定法律文书的送达按照《民事诉讼法》有关送达的规定执行。

第十八条 工伤认定结束后，劳动保障行政部门应将工伤认定的有关资料至少保存20年。

第十九条 职工或者其直系亲属、用人单位对不予受理决定不服或者对工伤认定决定不服的，可以依法申请行政复议或者提起行政诉讼。

第二十条 进行工伤认定调查核实时，用人单位及人员拒不依法履行协助义务的，由劳动保障行政部门责令改正。

第二十一条 本办法自2004年1月1日起施行。

12.3.5 关于确立劳动关系有关事项的通知

关于确立劳动关系有关事项的通知

（劳社部发［2005］12号）

各省、自治区、直辖市劳动和社会保障厅（局）：

近一个时期，一些地方反映部分用人单位招用劳动者不签订劳动合同，发生劳动争议时因双方劳动关系难以确定，致使劳动者合法权益难以维护，对劳动关系的和谐稳定带来不利影响。为规范用人单位用工行为，保护劳动者合法权益，促进社会稳定，现就用人单位与劳动者确立劳动关系的有关事项通知如下：

一、用人单位招用劳动者未订立书面劳动合同，但同时具备下列情形的，劳动关系成立。

（一）用人单位和劳动者符合法律、法规规定的主体资格；

（二）用人单位依法制定的各项劳动规章制度适用于劳动者，劳动者受用人单位的劳动管理，从事用人单位安排的有报酬的劳动；

（三）劳动者提供的劳动是用人单位业务的组成部分。

二、用人单位未与劳动者签订劳动合同，认定双方存在劳动关系时可参照下列凭证：

（一）工资支付凭证或记录（职工工资发放花名册）、缴纳各项社会保险费的记录；

（二）用人单位向劳动者发放的“工作证”、“服务证”等能够证明身份的证件；

（三）劳动者填写的用人单位招工招聘“登记表”、“报名表”等招用记录；

（四）考勤记录；

（五）其他劳动者的证言等。

其中，（一）、（三）、（四）项的有关凭证由用人单位负举证责任。

三、用人单位招用劳动者符合第一条规定的情形的，用人单位应当与劳动者补签劳动合同，劳动合同期限由双方协商确定。协商不一致的，任何一方均可提出终止劳动关系，但对符合签订无固定期限劳动合同条件的劳动者，如果劳动者提出订立无固定期限劳动合同，用人单位应当订立。

用人单位提出终止劳动关系的，应当按照劳动者在本单位工作年限每满一年支付一个月工资的经济补偿金。

四、建筑施工、矿山企业等用人单位将工程（业务）或经营权发包给不具备用工主体资格的组织或自然人，对该组织或自然人招用的劳动者，由具备用工主体资格的发包方承担用工主体责任。

五、劳动者与用人单位就是否存在劳动关系引发争议的，可以向有管辖权的劳动争议仲裁委员会申请仲裁。

二〇〇五年五月二十五日

12.3.6　非法用工单位伤亡人员一次性赔偿办法

非法用工单位伤亡人员一次性赔偿办法

（原劳动和社会保障部令第19号）

中华人民共和国劳动和社会保障部令第19号《非法用工单位伤亡人员一次性赔偿办法》已于2003年9月18日经劳动和社会保障部第5次部务会议通过，现予颁布，自2004年1月1日起施行。

部长　郑斯林

二〇〇三年九月二十三日

非法用工单位伤亡人员一次性赔偿办法

第一条 根据《工伤保险条例》第六十三条第一款的授权，制定本办法。

第二条 本办法所称非法用工单位伤亡人员，是指在无营业执照或者未经依法登记、备案的单位以及被依法吊销营业执照或者撤销登记、备案的单位受到事故伤害或者患职业病的职工，或者用人单位使用童工造成的伤残、死亡童工。

前款所列单位必须按照本办法的规定向伤残职工或死亡职工的直系亲属、伤残童工或者死亡童工的直系亲属给予一次性赔偿。

第三条 一次性赔偿包括受到事故伤害或患职业病的职工或童工在治疗期间的费用和一次性赔偿金，一次性赔偿金数额应当在受到事故伤害或患职业病的职工或童工死亡或者经劳动能力鉴定后确定。劳动能力鉴定按属地原则由单位所在地设区的市级劳动能力鉴定委员会办理。劳动能力鉴定费用由伤亡职工或者童工所在单位支付。

第四条 职工或童工受到事故伤害或患职业病，在劳动能力鉴定之前进行治疗期间的生活费、医疗费、护理费、住院期间的伙食补助费及所需的交通费等费用，按照《工伤保险条例》规定的标准和范围，全部由伤残职工或童工所在单位支付。

第五条 一次性赔偿金按以下标准支付：一级伤残的为赔偿基数的16倍，二级伤残的为赔偿基数的14倍，三级伤残的为赔偿基数的12倍，四级伤残的为赔偿基数的10倍，五级伤残的为赔偿基数的8倍，六级伤残的为赔偿基数的6倍，七级伤残的为赔偿基数的4倍，八级伤残的为赔偿基数的3倍，九级伤残的为赔偿基数的2倍，十级伤残的为赔偿基数的1倍。

第六条 受到事故伤害或患职业病造成死亡的，按赔偿基数的10倍支付一次性赔偿金。

第七条 本办法所称赔偿基数，是指单位所在地工伤保险统筹地区上年度职工年平均工资。

第八条 单位拒不支付一次性赔偿的，伤残职工或死亡职工的直系亲属、伤残童工或者死亡童工的直系亲属可以向劳动保障行政部门举报。经查证属实的，劳动保障行政部门应责令该单位限期改正。

第九条 伤残职工或死亡职工的直系亲属、伤残童工或者死亡童工的直系亲属就赔偿数额与单位发生争议的，按照劳动争议处理的有关规定处理。

第十条 本办法自2004年1月1日起施行。

12.3.7 关于非全日制用工若干问题的意见

劳动和社会保障部关于非全日制用工若干问题的意见

（原劳社部发［2003］12号）

一、关于非全日制用工的劳动关系

（一）非全日制用工是指以小时计酬、劳动者在同一用人单位平均每日工作时间不超过5小时累计每周工作时间不超过30小时的用工形式。

从事非全日制工作的劳动者，可以与一个或一个以上用人单位建立劳动关系。用人单位与非全日制劳动者建立劳动关系，应当订立劳动合同。劳动合同一般以书面形式订立。劳动合同期限在一个月以下的，经双方协商同意，可以订立口头劳动合同。但劳动者提出订立书面劳动合同的，应当以书面形式订立。

（二）劳动者通过依法成立的劳务派遣组织为其他单位、家庭或个人提供非全日制劳动的，由劳务派遣组织与非全日制劳动者签订劳动合同。

（三）非全日制劳动合同的内容由双方协商确定，应当包括工作时间和期限、工作内容、劳动报酬、劳动保护和劳动条件五项必备条款，但不得约定试用期。

（四）非全日制劳动合同的终止条件，按照双方的约定办理。劳动合同中，当事人未约定终止劳动合同提前通知期的，任何一方均可以随时通知对方终止劳动合同；双方约定了违约责任的，按照约定承担赔偿责任。

（五）用人单位招用劳动者从事非全日制工作，应当在录用后到当地劳动保障行政部门办理录用备案手续。

（六）从事非全日制工作的劳动者档案可由本人户口所在地劳动保障部门的公共职业介绍机构代管。

二、关于非全日制用工的工资支付

（七）用人单位应当按时足额支付非全日制劳动者的工资。用人单位支付非全日制劳动者的小时工资不得低于当地政府颁布的小时最低工资标准。

（八）非全日制用工的小时最低工资标准由省、自治区、直辖市规定，并报劳动保障部备案。确定和调整小时最低工资标准应当综合参考以下因素：当地政府颁布的月最低工资标准；单位应缴纳的基本养老保险费和基本医疗保险费（当地政府颁布的月最低工资标准未包含个人缴纳社会保险费因素的，还应考虑个人应缴纳的社会保险费）；非全日制劳动者在工作稳定性、劳动条件和劳动强度、福利等方面与全日制就业人员之间的差异。小时最低工资标准的测算方法为：

$$\text{小时最低工资标准} = [(\text{月最低工资标准} \div 20.92 \div 8) \times (1 + \text{单位应当缴纳的基本养老保险费、基本医疗保险费比例之和})] \times (1 + \text{浮动系数})$$

（九）非全日制用工的工资支付可以按小时、日、周或月为单位结算。

三、关于非全日制用工的社会保险

（十）从事非全日制工作的劳动者应当参加基本养老保险，原则上参照个体工商户的参保办法执行。对于已参加过基本养老保险和建立个人账户的人员，前后缴费年限合并计算，跨统筹地区转移的，应办理基本养老保险关系和个人账户的转移、接续手续。符合退休条件时，按国家规定计发基本养老金。

（十一）从事非全日制工作的劳动者可以以个人身份参加基本医疗保险，并按照待遇水平与缴费水平相挂钩的原则，享受相应的基本医疗保险待遇。参加基本医疗保险的具体办法由各地劳动保障部门研究制定。

（十二）用人单位应当按照国家有关规定为建立劳动关系的非全日制劳动者缴纳工伤保险费。从事非全日制工作的劳动者发生工伤，依法享受工伤保险待遇；被鉴定为伤残

5~10级的，经劳动者与用人单位协商一致，可以一次性结算伤残待遇及有关费用。

四、关于非全日制用工的劳动争议处理

（十三）从事非全国制工作的劳动者与用人单位因履行劳动合同引发的劳动争议，按照国家劳动争议处理规定执行。

（十四）劳动者直接向其他家庭或个人提供非全日制劳动的，当事人双方发生的争议不适用劳动争议处理规定。

五、关于非全日制用工的管理与服务

（十五）非全日制用工是劳动用工制度的一种重要形式，是灵活就业的主要方式。各级劳动保障部门要高度重视，从有利于维护非全日制劳动者的权益、有利于促进灵活就业、有利于规范非全日制用工的劳动关系出发，结合本地实际，制定相应的政策措施。要在劳动关系建立、工资支付、劳动争议处理等方面为非全日制用工提供政策指导和服务。

（十六）各级劳动保障部门要切实加强劳动保障监察执法工作，对用人单位不按照本意见要求订立劳动合同、低于最低小时工资标准支付工资以及拖欠克扣工资的行为，应当严肃查处，维护从事非全日制工作劳动者的合法权益。

（十七）各级社会保险经办机构要为非全日制劳动者参保缴费提供便利条件，开设专门窗口，可以采取按月、季或半年缴费的办法，及时为非全日制劳动者办理社会保险关系及个人账户的接续和转移手续；按规定发放社会保险缴费对账单，及时支付各项社会保险待遇，维护他们的社会保障权益。

（十八）各级公共职业介绍机构要积极为从事非全日制工作的劳动者提供档案保管、社会保险代理等服务，推动这项工作顺利开展。

二〇〇七年三月六日

12.3.8 因工死亡职工供养亲属范围规定

因工死亡职工供养亲属范围规定

（原劳动和社会保障部令第18号）

《因工死亡职工供养亲属范围规定》已于2003年9月18日经劳动和社会保障部第5次部务会议通过，现予颁布，自2004年1月1日起施行。

部长 郑斯林

二〇〇三年九月二十三日

第一条 为明确因工死亡职工供养亲属范围，根据《工伤保险条例》第三十七条第一款第二项的授权，制定本规定。

第二条 本规定所称因工死亡职工供养亲属，是指该职工的配偶、子女、父母、祖父母、外祖父母、孙子女、外孙子女、兄弟姐妹。

本规定所称子女，包括婚生子女、非婚生子女、养子女和有抚养关系的继子女，其中，婚生子女、非婚生子女包括遗腹子女；

本规定所称父母，包括生父母、养父母和有抚养关系的继父母；

本规定所称兄弟姐妹，包括同父母的兄弟姐妹、同父异母或者同母异父的兄弟姐妹、养兄弟姐妹、有抚养关系的继兄弟姐妹。

第三条 上条规定的人员，依靠因工死亡职工生前提供主要生活来源，并有下列情形之一的，可按规定申请供养亲属抚恤金：

（一）完全丧失劳动能力的；

（二）工亡职工配偶男年满60周岁、女年满55周岁的；

（三）工亡职工父母男年满60周岁、女年满55周岁的；

（四）工亡职工子女未满18周岁的；

（五）工亡职工父母均已死亡，其祖父、外祖父年满60周岁，祖母、外祖母年满55周岁的；

（六）工亡职工子女已经死亡或完全丧失劳动能力，其孙子女、外孙子女未满18周岁的；

（七）工亡职工父母均已死亡或完全丧失劳动能力，其兄弟姐妹未满18周岁的。

第四条 领取抚恤金人员有下列情形之一的，停止享受抚恤金待遇：

（一）年满18周岁且未完全丧失劳动能力的；

（二）就业或参军的；

（三）工亡职工配偶再婚的；

（四）被他人或组织收养的；

（五）死亡的。

第五条 领取抚恤金的人员，在被判刑收监执行期间，停止享受抚恤金待遇。刑满释放仍符合领取抚恤金资格的，按规定的标准享受抚恤金。

第六条 因工死亡职工供养亲属享受抚恤金待遇的资格，由统筹地区社会保险经办机构核定。

因工死亡职工供养亲属的劳动能力鉴定，由因工死亡职工生前单位所在地设区的市级劳动能力鉴定委员会负责。

第七条 本办法自2004年1月1日起施行。

12.3.9 中华人民共和国劳动法

中华人民共和国劳动法

（中华人民共和国主席令第二十八号）

《中华人民共和国劳动法》已由中华人民共和国第八届全国人民代表大会常务委员会第八次会议于1994年7月5日通过，现予公布，自1995年1月1日起施行。

中华人民共和国主席　江泽民

1994年7月5日

中华人民共和国劳动法

第一章 总 则

第一条 为了保护劳动者的合法权益，调整劳动关系，建立和维护适应社会主义市场经济的劳动制度，促进经济发展和社会进步，根据宪法，制定本法。

第二条 在中华人民共和国境内的企业、个体经济组织（以下统称用人单位）和与之形成劳动关系的劳动者，适用本法。

第三条 劳动者享有平等就业和选择职业的权利、取得劳动报酬的权利、休息休假的权利、获得劳动安全卫生保护的权利、接受职业技能培训的权利、享受社会保险和福利的权利、提请劳动争议处理的权利以及法律规定的其他劳动权利。

劳动者应当完成劳动任务，提高职业技能，执行劳动安全卫生规程，遵守劳动纪律和职业道德。

第四条 用人单位应当依法建立和完善规章制度，保障劳动者享有劳动权利和履行劳动义务。

第五条 国家采取各种措施，促进劳动就业，发展职业教育，制定劳动标准，调节社会收入，完善社会保险，协调劳动关系，逐步提高劳动者的生活水平。

第六条 国家提倡劳动者参加社会主义义务劳动，开展劳动竞赛和合理化建议活动，鼓励和保护劳动者进行科学研究、技术革新和发明创造，表彰和奖励劳动模范和先进工作者。

第七条 劳动者有权依法参加和组织工会。

工会代表和维护劳动者的合法权益，依法独立自主地开展活动。

第八条 劳动者依照法律规定，通过职工大会、职工代表大会或者其他形式，参与民主管理或者就保护劳动合法权益与用人单位进行平等协商。

第九条 国务院劳动行政部门主管全国劳动工作。

县级以上地方人民政府劳动行政部门主管本行政区域内的劳动工作。

第二章 促进就业

第十条 国家通过促进经济和社会发展，创造就业条件，扩大就业机会。

国家鼓励企业、事业组织、社会团体在法律、行政法规规定的范围内兴办产业或者拓展经营，增加就业。

国家支持劳动者自愿组织起来就业和从事个体经营实现就业。

第十一条 地方各级人民政府应当采取措施，发展多种类型的职业介绍机构，提供就业服务。

第十二条 劳动者就业，不因民族、种族、性别、宗教信仰不同而受歧视。

第十三条 妇女享有与男子平等的就业权利。在录用职工时，除国家规定的不适合妇女的工种或者岗位外，不得以性别为由拒绝录用妇女或者提高对妇女的录用标准。

第十四条 残疾人、少数民族人员、退出现役的军人的就业，法律、法规有特别规定的，从其规定。

第十五条　禁止用人单位招用未满16岁的未成年人，必须依照国家有关规定，履行审批手续，并保障其接受义务教育的权利。

第三章　劳动合同和集体合同

第十六条　劳动合同是劳动者与用人单位确立劳动关系、明确双方权利和义务的协议。

建立劳动关系应当订立劳动合同。

第十七条　订立和变更劳动合同，应当遵循平等自愿、协商一致的原则，不得违反法律、行政法规的规定。

劳动合同依法订立即具有法律约束力，当事人必须履行劳动合同规定的义务。

第十八条　下列劳动合同无效：

（一）违反法律、行政法规的劳动合同；

（二）采取欺诈、威胁等手段订立的劳动合同。

无效的劳动合同，从订立的时候起，就没有法律约束力。确认劳动合同部分无效的，如果不影响其余部分的效力，其余部分仍然有效。

劳动合同的无效，由劳动争议仲裁委员会或者人民法院确认。

第十九条　劳动合同应当以书面形式订立，并具备以下条款：

（一）劳动合同期限；

（二）工作内容；

（三）劳动保护和劳动条件；

（四）劳动报酬；

（五）劳动纪律；

（六）劳动合同终止的条件；

（七）违反劳动合同的责任。

劳动合同除前款规定的必备条款外，当事人可以协商约定其他内容。

第二十条　劳动合同的期限分为有固定期限、无固定期限和以完成一定的工作为期限。

劳动者在同一用人单位连续工作满10年以上，当事人双方同意续延劳动合同的，如果劳动者提出订立无固定限期的劳动合同，应当订立无固定限期的劳动合同。

第二十一条　劳动合同可以约定试用期。试用期最长不得超过6个月。

第二十二条　劳动合同当事人可以在劳动合同中约定保守用人单位商业秘密的有关事项。

第二十三条　劳动合同期满或者当事人约定的劳动合同终止条件出现，劳动合同即行终止。

第二十四条　经劳动合同当事人协商一致，劳动合同可以解除。

第二十五条　劳动者有下列情形之一的，用人单位可以解除劳动合同：

（一）在试用期间被证明不符合录用条件的；

（二）严重违反劳动纪律或者用人单位规章制度的；

（三）严重失职、营私舞弊，对用人单位利益造成重大损害的；

（四）被依法追究刑事责任的。

第二十六条 有下列情形之一的，用人单位可以解除劳动合同，但是应当提前30日以书面形式通知劳动者本人：

（一）劳动者患病或者非因工负伤，医疗期满后，不能从事原工作也不能从事由用人单位另行安排的工作的；

（二）劳动者不能胜任工作，经过培训或者调整工作岗位，仍不能胜任工作的；

（三）劳动合同订立时所依据的客观情况发生重大变化，致使原劳动合同无法履行，经当事人协商不能就变更劳动合同达成协议的。

第二十七条 用人单位濒临破产进行法定整顿期间或者生产经营状况发生严重困难，确需裁减人员的，应当提前30日向工会或者全体员工说明情况，听取工会或者职工的意见，经向劳动行政部门报告后，可以裁减人员。

用人单位依据本条规定裁减人员，在6个月内录用人员的，应当优先录用被裁减人员。

第二十八条 用人单位依据本法第二十四条、第二十六条、第二十七条的规定解除劳动合同的，应当依照国家有关规定给予经济补偿。

第二十九条 劳动者有下列情形之一的，用人单位不得依据本法第二十六条、第二十七条的规定解除劳动合同：

（一）患职业病或者因工负伤并被确认丧失或者部分丧失劳动能力的；

（二）患病或者负伤，在规定的医疗期内的；

（三）女职工在孕期、产期、哺乳期的；

（四）法律、行政法规规定的其他情形。

第三十条 用人单位解除劳动合同，工会认为不适当的，有权提出意见。如果用人单位违反法律、法规或者劳动合同，工会有权要求重新处理；劳动者申请仲裁或者提起诉讼的，工会应当依法给予支持和帮助。

第三十一条 劳动者解除劳动合同，应当提前三十日以书面形式通知用人单位。

第三十二条 有下列情形之一的，劳动者可以随时通知用人单位解除劳动合同：

（一）在试用期内的；

（二）用人单位以暴力、威胁或者非法限制人身自由的手段强迫劳动的；

（三）用人单位未按照劳动合同约定支付劳动报酬或者提供劳动条件的。

第三十三条 企业职工一方与企业可以就劳动报酬、工作时间、休息休假、劳动安全卫生、保险福利等事项，签订集体合同。集体合同草案应当提交职工代表大会或者全体职工讨论通过。

集体合同由工会代表职工与企业签订；没有建立工会的企业，由职工推举的代表与企业签订。

第三十四条 集体合同签订后应当报送劳动行政部门；劳动行政部门自收到集体合同文本之日起15日内未提出异议的，集体合同即行生效。

第三十五条 依法签订的集体合同对企业和企业全体职工具有约束力。职工个人与企业订立的劳动合同中劳动条件和劳动报酬等标准不得低于集体合同的规定。

第四章 工作时间和休息休假

第三十六条 国家实行劳动者每日工作时间不超过8小时、平均每周工作时间不超过44小时的工时制度。

第三十七条 对实行计件工作的劳动者，用人单位应当根据本法第三十六条规定的工时制度合理确定其劳动定额和计件报酬标准。

第三十八条 用人单位应当保证劳动者每周至少休息1日。

第三十九条 企业应生产特点不能实行本法第三十六条、第三十八条规定的，经劳动行政部门批准，可以实行其他工作和休息办法。

第四十条 用人单位在下列节日期间应当依法安排劳动者休假：

（一）元旦；

（二）春节；

（三）国际劳动节；

（四）国庆节；

（五）法律、法规规定的其他休假节日。

第四十一条 用人单位由于生产经营需要，经与工会和劳动者协商后可以延长工作时间，一般每日不得超过1小时；因特殊原因需要延长工作时间的在保障劳动者身体健康的条件下延长工作时间每日不得超过3小时，但是每月不得超过36小时。

第四十二条 有下列情形之一的，延长工作时间不受本法第四十一条规定的限制：

（一）发生自然灾害、事故或者因其他原因，威胁劳动者生命健康和财产安全，需要紧急处理的；

（二）生产设备、交通运输线路、公共设施发生故障，影响生产和公众利益，必须及时抢修的；

（三）法律、行政法规规定的其他情形。

第四十三条 用人单位不得违反本法规定延长劳动者的工作时间。

第四十四条 有下列情形之一的，用人单位应当按照下列标准支付高于劳动者正常工作时间工资的工资报酬：

（一）安排劳动者延长时间的，支付不低于工资的百分之一百五十的工资报酬；

（二）休息日安排劳动者工作又不能安排补休的，支付不低于工资的百分之二百的工资报酬；

（三）法定休假日安排劳动者工作的，支付不低于工资的百分之三百的工资报酬。

第四十五条 国家实行带薪年休假制度。

劳动者连续工作1年以上的，享受带薪年休假。具体办法由国务院规定。

第五章 工 资

第四十六条 工资分配应当遵循按劳分配原则，实行同工同酬。

工资水平在经济发展的基础上逐步提高。国家对工资总量实行宏观调控。

第四十七条 用人单位根据本单位的生产经营特点和经济效益，依法自主确定本单位的工资分配方式和工资水平。

第四十八条　国家实行最低工资保障制度。最低工资的具体标准由省、自治区、直辖市人民政府规定，报国务院备案。

第四十九条　确定和调整最低工资标准应当综合参考下列因素：

（一）劳动者本人及平均赡养人口的最低生活费用；

（二）社会平均工资水平；

（三）劳动生产率；

（四）就业状况；

（五）地区之间经济发展水平的差异。

第五十条　工资应当以货币形式按月支付给劳动者本人。不得克扣或者无故拖欠劳动者的工资。

第五十一条　劳动者在法定休假日和婚丧假期间以及依法参加社会活动期间，用人单位应当依法支付工资。

第六章　劳动安全卫生

第五十二条　用人单位必须建立、健全劳动卫生制度，严格执行国家劳动安全卫生规程和标准，对劳动者进行劳动安全卫生教育，防止劳动过程中的事故，减少职业危害。

第五十三条　劳动安全卫生设施必须符合国家规定的标准。

新建、改建、扩建工程的劳动安全卫生设施必须与主题同时设计、同时施工、同时投入生产和使用。

第五十四条　用人单位必须为劳动者提供符合国家规定的劳动安全卫生条件和必要的劳动防护用品，对从事有职业危害作业的劳动者应当定期进行健康检查。

第五十五条　从事特种作业的劳动者必须经过专门培训并取得特种作业资格。

第五十六条　劳动者在劳动过程中必须严格遵守安全操作规程。

劳动者对用人单位管理人员违章指挥、强令冒险作业，有权拒绝执行；对危害生命安全和身体健康的行为，有权提出批评、检举和控告。

第五十七条　国家建立伤亡和职业病统计报告和处理制度。县级以上各级人民政府劳动行政部门、有关部门和用人单位应当依法对劳动者在劳动过程中发生的伤亡事故和劳动者的职业病状况，进行统计、报告和处理。

第七章　女职工和未成年工特殊保护

第五十八条　国家对女职工和未成年工实行特殊劳动保护。

未成年工是指年满16周岁未满18周岁的劳动者。

第五十九条　禁止安排女职工从事矿山井下、国家规定的第四级体力劳动强度的劳动和其他禁忌从事的劳动。

第六十条　不得安排女职工在经期从事高处、低温、冷水作业和国家规定的第三级体力劳动强度的劳动。

第六十一条　不得安排女职工在怀孕期间从事国家规定的第三级体力劳动强度的劳动和孕期禁忌从事的劳动。对怀孕7个月以上的女职工，不得安排其延长工作时间和夜班劳动。

第六十二条　女职工生育享受不少于90天的产假。

第六十三条　不得安排女职工在哺乳未满1周岁的婴儿期间从事国家规定的第三级体力劳动强度的劳动和哺乳期禁忌从事的其他劳动，不得安排其延长工作时间和夜班劳动。

第六十四条　不得安排未成年工从事矿山井下、有毒有害、国家规定的第四级体力劳动强度的劳动和其他禁忌从事的劳动。

第六十五条　用人单位应当对未成年工定期进行健康检查。

第八章　职 业 培 训

第六十六条　国家通过各种途径，采取各种措施，发展职业培训事业，开发劳动者的职业技能，提高劳动者素质，增强劳动者的就业能力和工作能力。

第六十七条　各级人民政府应当把发展职业培训纳入社会经济发展的规划，鼓励和支持有条件的企业、事业组织、社会团体和个人进行各种形式的职业培训。

第六十八条　用人单位应当建立职业培训制度，按照国家规定提取和使用职业培训经费，根据本单位实际，有计划地对劳动者进行职业培训。

从事技术工种的劳动者，上岗前必须经过培训。

第六十九条　国家确定职业分类，对规定的职业制度职业技能标准，实行职业资格证书制度，由经过政府批准的考核鉴定机构负责对劳动者实施职业技能考核鉴定。

第九章　社会保险和福利

第七十条　国家发展社会保险，建立社会保险制度，设立社会保险基金，使劳动者在年老、患病、工伤、失业、生育等情况下获得帮助和补偿。

第七十一条　社会保险水平应当与社会经济发展水平和社会承受能力相适应。

第七十二条　社会保险基金按照保险类型确定资金来源，逐步实行社会统筹。用人单位和劳动者必须依法参加社会保险，缴纳社会保险费。

第七十三条　劳动者在下列情形下，依法享受社会保险待遇：

（一）退休；

（二）患病；

（三）因工伤残或者患职业病；

（四）失业；

（五）生育。

劳动者死亡后，其遗属依法享受遗属津贴。

劳动者享受社会保险待遇的条件和标准由法律、法规规定。

劳动者享受的社会保险金必须按时足额支付。

第七十四条　社会保险基金经办机构依照法律规定收支、管理和运营社会保险基金，并负有使社会保险基金保值增值的责任。

社会保险基金监督机构依照法律规定，对社会保险基金的收支、管理和运营实施监督。

社会保险基金经办机构和社会保险基金监督机构的设立和职能由法律规定。

任何组织和个人不得挪用社会保险基金。

第七十五条 国家鼓励用人单位根据本单位实际情况为劳动者建立补充保险。

国家提倡劳动者个人进行储蓄性保险。

第七十六条 国家发展社会福利事业，兴建公共福利设施，为劳动者休息、修养和疗养提供条件。

用人单位应当创造条件，改善集体福利，提高劳动者的福利待遇。

第十章 劳动争议

第七十七条 用人单位与劳动者发生劳动争议，当事人可以依法申请调解、仲裁、提起诉讼，也可以协商解决。

调解原则适用于仲裁和诉讼程序。

第七十八条 解决劳动争议，应当根据合法、公正、及时处理的原则，依法维护劳动争议当事人的合法权益。

第七十九条 劳动争议发生后，当事人可以向本单位劳动争议调解委员会申请调解；调解不成，当事人一方要求仲裁的，可以向劳动争议仲裁委员会申请仲裁。当事人一方也可以直接向劳动争议仲裁委员会申请仲裁。对仲裁裁决不服的，可以向人民法院提出诉讼。

第八十条 在用人单位内，可以设立劳动争议调解委员会。劳动争议调解委员会由职工代表、用人单位代表和工会代表组成。劳动争议调解委员会主任由工会代表担任。

劳动争议经调解达成协议的，当事人应当履行。

第八十一条 劳动争议仲裁委员会由劳动行政部门代表、同级工会代表、用人单位代表方面的代表组成。劳动争议仲裁委员会主任由劳动行政部门代表担任。

第八十二条 提出仲裁要求的一方应当自劳动争议发生之日起60日内向劳动争议仲裁委员会提出书面申请。仲裁裁决一般应在收到仲裁申请的60日内作出。对仲裁裁决无异议的，当事人必须履行。

第八十三条 劳动争议当事人对仲裁裁决不服的，可以自收到仲裁裁决书之日起15日内向人民法院提起诉讼。一方当事人在法定期限内不起诉又不履行仲裁裁决的，另一方当事人可以申请强制执行。

第八十四条 因签定集体合同发生争议，当事人协商解决不成的，当地人民政府劳动行政部门可以组织有关各方协调处理。

因履行集体合同发生争议，当事人协商解决不成的，可以向劳动争议仲裁委员会申请仲裁；对仲裁裁决不服的，可以自收到仲裁裁决书之日起15日内向人民法院提出诉讼。

第十一章 监督检查

第八十五条 县级以上各级人民政府劳动行政部门依法对用人单位遵守劳动法律、法规的情况进行监督检查，对违反劳动法律、法规的行为有权制止，并责令改正。

第八十六条 县级以上各级人民政府劳动行政部门监督检查人员执行公务，有权进入用人单位了解执行劳动法律、法规的情况，查阅必要的资料，并对劳动场所进行检查。

县级以上各级人民政府劳动行政部门监督检查人员执行公务，必须出示证件，秉公执法并遵守有关规定。

第八十七条 县级以上各级人民政府有关部门在各自职责范围内，对用人单位遵守劳动法律、法规的情况进行监督。

第八十八条 各级工会依法维护劳动者的合法权益，对用人单位遵守劳动法律、法规的情况进行监督。

任何组织和个人对于违反劳动法律、法规的行为有权检举和控告。

第十二章 法律责任

第八十九条 用人单位制定的劳动规章制度违反法律、法规规定的，由劳动行政部门给予警告，责令改正；对劳动者造成损害的，应当承担赔偿责任。

第九十条 用人单位违反本法律规定，延长劳动者工作时间的，由劳动行政部门给予警告，责令改正，并可以处以罚款。

第九十一条 用人单位有下列侵害劳动者合法权益情形之一的，由劳动行政部门责令支付劳动者的工资报酬、经济补偿，并可以责令支付赔偿金：

（一）克扣或者无故拖欠劳动者工资的；

（二）拒不支付劳动者延长工作时间工资报酬的；

（三）低于当地最低工资标准支付劳动者工资的；

（四）解除劳动合同后，未依照本法规定给予劳动者经济补偿的。

第九十二条 用人单位的劳动安全设施和劳动卫生条件不符合国家规定或者未向劳动者提供必要的劳动防护用品和劳动保护设施的，由劳动行政部门或者有关部门责令改正，可以处以罚款；情节严重的，提请县级以上人民政府决定责令停产整顿；对事故隐患不采取措施，致使发生重大事故，造成劳动者生命和财产损失的，对责任人员比照刑法第一百八十七条的规定追究刑事责任。

第九十三条 用人单位强令劳动者违章冒险作业，发生重大伤亡事故，造成严重后果的，对责任人员依法追究刑事责任。

第九十四条 用人单位非法招用未满16周岁的未成年人的，由劳动行政部门责令改正，处以罚款；情节严重的，由工商行政管理部门吊销营业执照。

第九十五条 用人单位违反本法对女职工和未成年工的保护规定，侵害其合法权益的，由劳动行政部门责令改正，处以罚款；对女职工或者未成年工造成损害的，应当承担赔偿责任。

第九十六条 用人单位有下列行为之一，由公安机关对责任人员处以15日以下拘留、罚款或者警告；构成犯罪的，对责任人员依法追究刑事责任：

（一）以暴力、威胁或者非法限制人身自由的手段强迫劳动的；

（二）侮辱、体罚、殴打、非法搜查和拘禁劳动者的。

第九十七条 由于用人单位的原因订立的无效合同，对劳动者造成损害的，应当承担赔偿责任。

第九十八条 用人单位违反本法规定的条件解除劳动合同或者故意拖延不订立劳动合同的，由劳动行政部门责令改正；对劳动者造成损害的，应当承担赔偿责任。

第九十九条 用人单位招用尚未解除劳动合同的劳动者，对原用人单位造成经济损失的，该用人单位应当依法承担连带赔偿责任。

第一百条　用人单位无故不缴纳社会保险费的，由劳动行政部门责令其限期缴纳；逾期不缴的，可以加收滞纳金。

第一百零一条　用人单位无理阻挠劳动行政部门、有关部门及其工作人员行使监督检查权，打击报复举报人员的，由劳动行政部门或者有关部门处以罚款；构成犯罪的，对责任人员依法追究形事责任。

第一百零二条　劳动者违反本法规定的条件解除劳动合同或者违反劳动合同中约定的保密事项，对用人单位造成经济损失的，应当依法承担赔偿责任。

第一百零三条　劳动行政部门或者有关部门的工作人员滥用职权、玩忽职守、徇私舞弊，构成犯罪的，依法追究刑事责任；不构成犯罪的，给予行政处分。

第一百零四条　国家工作人员和社会保险基金经办机构的工作人员挪用社会保险基金，构成犯罪的，依法追究刑事责任。

第一百零五条　违反本法规定侵害劳动者合法权益，其他法律、行政法规已规定处罚的，依照该法律、行政法规的规定处罚。

第十三章　附　　则

第一百零六条　省、自治区、直辖市人民政府根据本法和本地区的实际情况，规定劳动合同制度的实施步骤，报国务院备案。

第一百零七条　本法自1995年1月1日。

12.3.10　关于贯彻执行《中华人民共和国劳动法》若干问题的意见

关于贯彻执行《中华人民共和国劳动法》若干问题的意见

（1995年8月4日劳动部）

《中华人民共和国劳动法》（以下简称劳动法）已于1995年1月1日起施行，现就劳动法在贯彻执行中遇到的若干问题提出以下意见。

一、适用范围

1. 劳动法第二条中的“个体经济组织”是指一般雇工在七人以下的个体工商户。

2. 中国境内的企业、个体经济组织与劳动者之间，只要形成劳动关系，即劳动者事实上已成为企业、个体经济组织的成员，并为其提供有偿劳动，适用劳动法。

3. 国家机关、事业组织、社会团体实行劳动合同制度的以及按规定应实行劳动合同制度的工勤人员；实行企业化管理的事业组织的人员；其他通过劳动合同与国家机关、事业组织、社会团体建立劳动关系的劳动者，适用劳动法。

4. 公务员和比照实行公务员制度的事业组织和社会团体的工作人员，以及农村劳动者（乡镇企业职工和进城务工、经商的农民除外）、现役军人和家庭保姆等不适用劳动法。

5. 中国境内的企业、个体经济组织在劳动法中被称为用人单位。国家机关、事业组织、社会团体和与之建立劳动合同关系的劳动者依照劳动法执行。根据劳动法的这一规定，国家机关、事业组织、社会团体应当视为用人单位。

二、劳动合同和集体合同

（一）劳动合同的订立

6. 用人单位应与其富余人员、放长假的职工，签订劳动合同，但其劳动合同与在岗职工的劳动合同在内容上可以有所区别。用人单位与劳动者经协商一致可以在劳动合同中就不在岗期间的有关事项作出规定。

7. 用人单位应与其长期被外单位借用的人员、带薪上学人员、以及其他非在岗但仍保持劳动关系的人员签订劳动合同，但在外借和上学期间，劳动合同中的某些相关条款经双方协商可以变更。

8. 请长病假的职工，在病假期间与原单位保持着劳动关系，用人单位应与其签订劳动合同。

9. 原固定工中经批准的停薪留职人员，愿意回原单位继续工作的，原单位应与其签订劳动合同；不愿回原单位继续工作的，原单位可以与其解除劳动关系。

10. 根据劳动部《实施〈劳动法〉中有关劳动合同问题的解答》（劳部发［1995］202号）的规定，党委书记、工会主席等党群专职人员也是职工的一员，依照劳动法的规定，与用人单位签订劳动合同。对于有特殊规定的，可以按有关规定办理。

11. 根据劳动部《实施〈劳动法〉中有关劳动合同问题的解答》（劳部发［1995］202号）的规定，经理由其上级部门聘任（委任）的，应与聘任（委任）部门签订劳动合同。实行公司制的经理和有关经营管理人员，应依据《中华人民共和国公司法》的规定与董事会签订劳动合同。

12. 在校生利用业余时间勤工助学，不视为就业，未建立劳动关系，可以不签订劳动合同。

13. 用人单位发生分立或合并后，分立或合并后的用人单位可依据其实际情况与原用人单位的劳动者遵循平等自愿、协商一致的原则变更原劳动合同。

14. 派出到合资、参股单位的职工如果与原单位仍保持着劳动关系，应当与原单位签订劳动合同，原单位可就劳动合同的有关内容在与合资、参股单位订立的劳务合同时，明确职工的工资、保险、福利、休假等有关待遇。

15. 租赁经营（生产）、承包经营（生产）的企业，所有权并没有发生改变，法人名称未变，在与职工订立劳动合同时，该企业仍为用人单位一方。依据租赁合同或承包合同，租赁人、承包人如果作为该企业的法定代表人或者该法定代表人的授权委托人时，可代表该企业（用人单位）与劳动者订立劳动合同。

16. 用人单位与劳动者签订劳动合同时，劳动合同可以由用人单位拟定，也可以由双方当事人共同拟定，但劳动合同必须经双方当事人协商一致后才能签订，职工被迫签订的劳动合同或未经协商一致签订的劳动合同为无效劳动合同。

17. 用人单位与劳动者之间形成了事实劳动关系，而用人单位故意拖延不订立劳动合同，劳动行政部门应予以纠正。用人单位因此给劳动者造成损害的，应按劳动部《违反〈劳动法〉有关劳动合同规定的赔偿办法》（劳部发［1995］223号）的规定进行赔偿。

（二）劳动合同的内容

18. 劳动者被用人单位录用后，双方可以在劳动合同中约定试用期，试用期应包括在劳动合同期限内。

19. 试用期是用人单位和劳动者为相互了解、选择而约定的不超过六个月的考察期。一般对初次就业或再次就业的职工可以约定。在原固定工进行劳动合同制度的转制过程中，用人单位与原固定工签订劳动合同时，可以不再约定试用期。

20. 无固定期限的劳动合同是指不约定终止日期的劳动合同。按照平等自愿、协商一致的原则，用人单位和劳动者只要达成一致，无论初次就业的，还是由固定工转制的，都可以签订无固定期限的劳动合同。

无固定期限的劳动合同不得将法定解除条件约定为终止条件，以规避解除劳动合同时用人单位应承担支付给劳动者经济补偿的义务。

21. 用人单位经批准招用农民工，其劳动合同期限可以由用人单位和劳动者协商确定。

从事矿山井下以及在其他有害身体健康的工种、岗位工作的农民工，实行定期轮换制度，合同期限最长不超过八年。

22. 劳动法第二十条中的"在同一用人单位连续工作满十年以上"是指劳动者与同一用人单位签订的劳动合同的期限不间断达到十年，劳动合同期满双方同意续订劳动合同时，只要劳动者提出签订无固定期限劳动合同的，用人单位应当与其签订无固定期限的劳动合同。在固定工转制中各地如有特殊规定的，从其规定。

23. 用人单位用于劳动者职业技能培训费用的支付和劳动者违约时培训费的赔偿可以在劳动合同中约定，但约定劳动者违约时负担的培训费和赔偿金的标准不得违反劳动部《违反〈劳动法〉有关劳动合同规定的赔偿办法》(劳部发［1995］223号）等有关规定。

24. 用人单位在与劳动者订立劳动合同时，不得以任何形式向劳动者收取定金、保证金（物）或抵押金（物）。对违反以上规定的，应按照劳动部、公安部、全国总工会《关于加强外商投资企业和私营企业劳动管理切实保障职工合法权益的通知》(劳部发［1994］118号）和劳动部办公厅《对"关于国有企业和集体所有制企业能否参照执行劳部发［1994］118号文件中的有关规定的请示"的复函》(劳办发［1994］256号）的规定，由公安部门和劳动行政部门责令用人单位立即退还给劳动者本人。

（三）经济性裁员

25. 依据劳动法第二十七条和劳动部《企业经济性裁减人员规定》(劳部发［1994］447号）第四条的规定，用人单位确需裁减人员，应按下列程序进行：

（1）提前30日向工会或全体职工说明情况，并提供有关生产经营状况的资料；

（2）提出裁减人员方案，内容包括：被裁减人员名单、裁减时间及实施步骤，符合法律、法规规定和集体合同约定的被裁减人员的经济补偿办法；

（3）将裁减人员方案征求工会或者全体职工的意见，并对方案进行修改和完善；

（4）向当地劳动行政部门报告裁减人员方案以及工会或者全体职工的意见，并听取劳动行政部门的意见；

（5）由用人单位正式公布裁减人员方案，与被裁减人员办理解除劳动合同手续，按照有关规定向被裁减人员本人支付经济补偿金，并出具裁减人员证明书。

（四）劳动合同的解除和无效劳动合同

26. 劳动合同的解除是指劳动合同订立后，尚未全部履行以前，由于某种原因导致劳动合同一方或双方当事人提前消灭劳动关系的法律行为。劳动合同的解除分为法定解除和约定解除两种。根据劳动法的规定，劳动合同既可以由单方依法解除，也可以双方协商解除。劳动合同的解除，只对未履行的部分发生效力，不涉及已履行的部分。

27. 无效劳动合同是指所订立的劳动合同不符合法定条件，不能发生当事人预期的法律后果的劳动合同。劳动合同的无效由人民法院或劳动争议仲裁委员会确认，不能由合同双方当事人决定。

28. 劳动者涉嫌违法犯罪被有关机关收容审查、拘留或逮捕的，用人单位在劳动者被限制人身自由期间，可与其暂时停止劳动合同的履行。

暂时停止履行劳动合同期间，用人单位不承担劳动合同规定的相应义务。劳动者经证明被错误限制人身自由的，暂时停止履行劳动合同期间劳动者的损失，可由其依据《国家赔偿法》要求有关部门赔偿。

29. 劳动者被依法追究刑事责任的，用人单位可依据劳动法第二十五条解除劳动合同。

“被依法追究刑事责任”是指：被人民检察院免予起诉的、被人民法院判处刑罚的、被人民法院依据刑法第三十二条免予刑事处分的。

劳动者被人民法院判处拘役、3 年以下有期徒刑缓刑的，用人单位可以解除劳动合同。

30. 劳动法第二十五条为用人单位可以解除劳动合同的条款，即使存在第二十九条规定的情况，只要劳动者同时存在第二十五条规定的四种情形之一，用人单位也可以根据第二十五条的规定解除劳动合同。

31. 劳动者被劳动教养的，用人单位可以依据被劳教的事实解除与该劳动者的劳动合同。

32. 按照劳动法第三十一条的规定，劳动者解除劳动合同，应当提前三十日以书面形式通知用人单位。超过三十日，劳动者可以向用人单位提出办理解除劳动合同手续，用人单位予以办理。如果劳动者违法解除劳动合同给原用人单位造成经济损失，应当承担赔偿责任。

33. 劳动者违反劳动法规定或劳动合同的约定解除劳动合同（如擅自离职），给用人单位造成经济损失的，应当根据劳动法第一百零二条和劳动部《违反〈劳动法〉有关劳动合同规定的赔偿办法》(劳部发［1995］223 号）的规定，承担赔偿责任。

34. 除劳动法第二十五条规定的情形外，劳动者在医疗期、孕期、产期和哺乳期内，劳动合同期限届满时，用人单位不得终止劳动合同。劳动合同的期限应自动延续至医疗期、孕期、产期和哺乳期期满为止。

35. 请长病假的职工在医疗期满后，能从事原工作的，可以继续履行劳动合同；医疗期满后仍不能从事原工作也不能从事由单位另行安排的工作的，由劳动鉴定委员会参照工伤与职业病致残程度鉴定标准进行劳动能力鉴定。被鉴定为一至四级的，应当退出劳动岗位，解除劳动关系，办理因病或非因工负伤退休退职手续，享受相应的退休退职待遇；被鉴定为五至十级的，用人单位可以解除劳动合同，并按规定支付经济补偿金和医疗补助费。

（五）解除劳动合同的经济补偿

36. 用人单位依据劳动法第二十四条、第二十六条、第二十七条的规定解除劳动合同，应当按照劳动法和劳动部《违反和解除劳动合同的经济补偿办法》(劳部发［1994］481号）支付劳动者经济补偿金。

37. 根据《民法通则》第四十四条第二款“企业法人分立、合并，它的权利和义务由变更后的法人享有和承担”的规定，用人单位发生分立或合并后，分立或合并后的用人单位可依据其实际情况与原用人单位的劳动者遵循平等自愿、协商一致的原则变更、解除或重新签订劳动合同。在此种情况下的重新签订劳动合同视为原劳动合同的变更，用人单位变更劳动合同，劳动者不能依据劳动法第二十八条要求经济补偿。

38. 劳动合同期满或者当事人约定的劳动合同终止条件出现，劳动合同即行终止，用人单位可以不支付劳动者经济补偿金。国家另有规定的，可以从其规定。

39. 用人单位依据劳动法第二十五条解除劳动合同，可以不支付劳动者经济补偿金。

40. 劳动者依据劳动法第三十二条第（一）项解除劳动合同，用人单位可以不支付经济补偿金，但应按照劳动者的实际工作天数支付工资。

41. 在原固定工实行劳动合同制度的过程中，企业富余职工辞职，经企业同意可以不与企业签订劳动合同的，企业应根据《国有企业富余职工安置规定》(国务院令第111号，1993年公布）发给劳动者一次性生活补助费。

42. 职工在接近退休年龄（按有关规定一般为五年以内）时因劳动合同到期终止劳动合同的，如果符合退休、退职条件，可以办理退休、退职手续；不符合退休、退职条件的，在终止劳动合同后按规定领取失业救济金。享受失业救济金的期限届满后仍未就业，符合社会救济条件的，可以按规定领取社会救济金，达到退休年龄时办理退休手续，领取养老保险金。

43. 劳动合同解除后，用人单位对符合规定的劳动者应支付经济补偿金。不能因劳动者领取了失业救济金而拒付或克扣经济补偿金，失业保险机构也不得以劳动者领取了经济补偿金为由，停发或减发失业救济金。

（六）体制改革过程中实行劳动合同制度的有关政策

44. 困难企业签订劳动合同，应区分不同情况，有些亏损企业属政策性亏损，生产仍在进行，还能发出工资，应该按照劳动法的规定签订劳动合同。已经停产半停产的企业，要根据具体情况签订劳动合同，保证这些企业职工的基本生活。

45. 在国有企业固定工转制过程中，劳动者无正当理由不得单方面与用人单位解除劳动关系；用人单位也不得以实行劳动合同制度为由，借机辞退部分职工。

46. 关于在企业内录干、聘干问题，劳动法规定用人单位内的全体职工统称为劳动者，在同一用人单位内，各种不同的身分界限随之打破。应该按照劳动法的规定，通过签订劳动合同来明确劳动者的工作内容、岗位等。用人单位根据工作需要，调整劳动者的工作岗位时，可以与劳动者协商一致，变更劳动合同的相关内容。

47. 由于各用人单位千差万别，对工作内容、劳动报酬的规定也就差异很大，因此，国家不宜制定统一的劳动合同标准文本。目前，各地、各行业制定并向企业推荐的劳动合同文本，对于用人单位和劳动者双方有一定的指导意义，但这些劳动合同文本只能供用人单位和劳动者参考。

48. 按照劳动部办公厅《对全面实行劳动合同制若干问题的请示的复函》(劳办发［1995］19号）的规定，各地企业在与原固定工签订劳动合同时，应注意保护老弱病残职工的合法权益。对工作时间较长，年龄较大的职工，各地可以根据劳动法第一百零六条制定一次性的过渡政策，具体办法由各省、自治区、直辖市确定。

49. 在企业全面建立劳动合同制度以后，原合同制工人与本企业内的原固定工应享受同等待遇。是否发给15%的工资性补贴，可以由各省、自治区、直辖市人民政府根据劳动法第一百零六条在制定劳动合同制度的实施步骤时加以规定。

50. 在目前工伤保险和残疾人康复就业制度尚未建立和完善的情况下，对因工部分丧失劳动能力的职工，劳动合同期满也不能终止劳动合同，仍由原单位按照国家有关规定提供医疗等待遇。

（七）集体合同

51. 当前签订集体合同的重点应在非国有企业和现代企业制度试点的企业进行，积累经验，逐步扩大范围。

52. 关于国有企业在承包制条件下签订的"共保合同"，凡内容符合劳动法和有关法律、法规和规章关于集体合同规定的，应按照有关规定办理集体合同送审、备案手续；凡不符合劳动法和有关法律、法规和规章规定的，应积极创造条件逐步向规范的集体合同过渡。

三、工资

（一）最低工资

53. 劳动法中的"工资"是指用人单位依据国家有关规定或劳动合同的约定，以货币形式直接支付给本单位劳动者的劳动报酬，一般包括计时工资、计件工资、奖金、津贴和补贴、延长工作时间的工资报酬以及特殊情况下支付的工资等。"工资"是劳动者劳动收入的主要组成部分。劳动者的以下劳动收入不属于工资范围：（1）单位支付给劳动者个人的社会保险福利费用，如丧葬抚恤救济费、生活困难补助费、计划生育补贴等；（2）劳动保护方面的费用，如用人单位支付给劳动者的工作服、解毒剂、清凉饮料费用等；（3）按规定未列入工资总额的各种劳动报酬及其他劳动收入，如根据国家规定发放的创造发明奖、国家星火奖、自然科学奖、科学技术进步奖、合理化建议和技术改进奖、中华技能大奖等，以及稿费、讲课费、翻译费等。

54. 劳动法第四十八条中的"最低工资"是指劳动者在法定工作时间内履行了正常劳动义务的前提下，由其所在单位支付的最低劳动报酬。最低工资不包括延长工作时间的工资报酬，以货币形式支付的住房和用人单位支付的伙食补贴，中班、夜班、高温、低温、井下、有毒、有害等特殊工作环境和劳动条件下的津贴，国家法律、法规、规章规定的社会保险福利待遇。

55. 劳动法第四十四条中的"劳动者正常工作时间工资"是指劳动合同规定的劳动者本人所在工作岗位（职位）相对应的工资。鉴于当前劳动合同制度尚处于推进过程中，按上述规定执行确有困难的用人单位，地方或行业劳动部门可在不违反劳动部《关于工资〈支付暂行规定〉有关问题的补充规定》（劳部发［1995］226号）文件所确定的总的原则的基础上，制定过渡办法。

56. 在劳动合同中，双方当事人约定的劳动者在未完成劳动定额或承包任务的情况下，用人单位可低于最低工资标准支付劳动者工资的条款不具有法律效力。

57. 劳动者与用人单位形成或建立劳动关系后，试用、熟练、见习期间，在法定工作时间内提供了正常劳动，其所在的用人单位应当支付其不低于最低工资标准的工资。

58. 企业下岗待工人员，由企业依据当地政府的有关规定支付其生活费，生活费可以低于最低工资标准，下岗待工人员中重新就业的，企业应停发其生活费。女职工因生育、哺乳请长假而下岗的，在其享受法定产假期间，依法领取生育津贴；没有参加生育保险的企业，由企业照发原工资。

59. 职工患病或非因工负伤治疗期间，在规定的医疗期间内由企业按有关规定支付其病假工资或疾病救济费，病假工资或疾病救济费可以低于当地最低工资标准支付，但不能低于最低工资标准的80%。

（二）延长工作时间的工资报酬

60. 实行每天不超过8小时，每周不超过44小时或40小时标准工作时间制度的企业，以及经批准实行综合计算工时工作制的企业，应当按照劳动法的规定支付劳动者延长工作时间的工资报酬。全体职工已实行劳动合同制度的企业，一般管理人员（实行不定时工作制人员除外）经批准延长工作时间的，可以支付延长工作时间的工资报酬。

61. 实行计时工资制的劳动者的日工资，按其本人月工资标准除以平均每月法定工作天数（实行每周40小时工作制的为21.16天，实行每周44小时工作制的为23.33天）进行计算。

62. 实行综合计算工时工作制的企业职工，工作日正好是周休息日的，属于正常工作；工作日正好是法定节假日时，要依照劳动法第四十四条第（三）项的规定支付职工的工资报酬。

（三）有关企业工资支付的政策

63. 企业克扣或无故拖欠劳动者工资的，劳动监察部门应根据劳动法第九十一条、劳动部《违反和解除劳动合同的经济补偿办法》第三条、《违反〈中华人民共和国劳动法〉行政处罚办法》第六条予以处理。

64. 经济困难的企业执行劳动部《工资支付暂行规定》（劳部发［1994］489号）确有困难，应根据以下规定执行：

(1)《关于做好国有企业职工和离退休人员基本生活保障工作的通知》（国发［1993］76号）的规定，"企业发放工资确有困难时，应发给职工基本生活费，具体标准由各地区、各部门根据实际情况确定"；

(2)《关于国有企业流动资金贷款的紧急通知》（银传［1994］34号）的规定，"地方政府通过财政补贴，企业主管部门有可能也要拿出一部分资金，银行要拿出一部分贷款，共同保证职工基本生活和社会的稳定"；

(3)《国有企业富余职工安置规定》（国务院令第111号，1993年发布）的规定："企业可以对职工实行有限期的放假。职工放假期间，由企业发给生活费"。

四、工作时间和休假

（一）综合计算工作时间

65. 经批准实行综合计算工作时间的用人单位，分别以周、月、季、年等为周期综合计算工作时间，但其平均日工作时间和平均周工作时间应与法定标准工作时间基本相同。

66. 对于那些在市场竞争中，由于外界因素的影响，生产任务不均衡的企业的部分职工，经劳动行政部门严格审批后，可以参照综合计算工时工作制的办法实施，但用人单位应采取适当方式确保职工的休息休假权利和生产、工作任务的完成。

67. 经批准实行不定时工作制的职工，不受劳动法第四十一条规定的日延长工作时间标准和月延长工作时间标准的限制，但用人单位应采用弹性工作时间等适当的工作和休息方式，确保职工的休息休假权利和生产、工作任务的完成。

68. 实行标准工时制度的企业，延长工作时间应严格按劳动法第四十一条的规定执行，不能按季、年综合计算延长工作时间。

69. 中央直属企业、企业化管理的事业单位实行不定时工作制和综合计算工时工作制等其他工作和休息办法的，须经国务院行业主管部门审核，报国务院劳动行政部门批准。地方企业实行不定时工作制和综合计算工时工作制等其他工作和休息办法的审批办法，由省、自治区、直辖市人民政府劳动行政部门制定，报国务院劳动行政部门备案。

（二）延长工作时间

70. 休息日安排劳动者工作的，应先按同等时间安排其补休，不能安排补休的应按劳动法第四十四条第（二）项的规定支付劳动者延长工作时间的工资报酬。法定节假日（元旦、春节、劳动节、国庆节）安排劳动者工作的，应按劳动法第四十四条第（三）项支付劳动者延长工作时间的工资报酬。

71. 协商是企业决定延长工作时间的程序（劳动法第四十二条和《劳动部贯彻〈国务院关于职工工作时间的规定〉的实施办法》第七条规定除外），企业确因生产经营需要，必须延长工作时间时，应与工会和劳动者协商。协商后，企业可以在劳动法限定的延长工作时数内决定延长工作时间，对企业违反法律、法规强迫劳动者延长工作时间的，劳动者有权拒绝。若由此发生劳动争议，可以提请劳动争议处理机构予以处理。

（三）休假

72. 实行新工时制度后，企业职工原有的年休假制度仍然实行。在国务院尚未作出新的规定之前，企业可以按照1991年6月5日《中共中央国务院关于职工休假问题的通知》，安排职工休假。

五、社会保险

73. 企业实施破产时，按照国家有关企业破产的规定，从其财产清产和土地转让所得中按实际需要划拨出社会保险费用和职工再就业的安置费。其划拨的养老保险费和失业保险费由当地社会保险基金经办机构和劳动部门就业服务机构接收，并负责支付离退休人员的养老保险费用和支付失业人员应享受的失业保险待遇。

74. 企业富余职工、请长假人员、请长病假人员、外借人员和带薪上学人员，其社会保险费仍按规定由原单位和个人继续缴纳，缴纳保险费期间计算为缴费年限。

75. 用人单位全部职工实行劳动合同制度后，职工在用人单位内由转制前的原工人岗位转为原干部（技术）岗位或由原干部（技术）岗位转为原工人岗位，其退休年龄和条件，按现岗位国家规定执行。

76. 依据劳动部《企业职工患病或非因工负伤医疗期的规定》（劳部发［1994］479号）和劳动部《关于贯彻〈企业职工患病或非因工负伤医疗期的规定〉的通知》（劳部发［1995］236号），职工患病或非因工负伤，根据本人实际参加工作的年限和本企业工作年限长短，享受3～24个月的医疗期。对于某些患特殊疾病（如癌症、精神病、瘫痪等）

的职工，在24个月内尚不能痊愈的，经企业和当地劳动部门批准，可以适当延长医疗期。

77. 劳动者的工伤待遇在国家尚未颁布新的工伤保险法律、行政法规之前，各类企业仍要执行《劳动保险条例》及相关的政策规定，如果当地政府已实行工伤保险制度改革的，应执行当地的新规定；个体经济组织的劳动者的工伤保险参照企业职工的规定执行；国家机关、事业组织、社会团体的劳动者的工伤保险，如果包括在地方人民政府的工伤改革规定范围内的，按地方政府的规定执行。

78. 劳动者患职业病按照1987年由卫生部等部门发布的《职业病范围和职业病患者处理办法的规定》和所附的“职业病名单”（［87］卫防第60号）处理，经职业病诊断机构确诊并发给《职业病诊断证明书》，劳动行政部门据此确认工伤，并通知用人单位或者社会保险基金经办机构发给有关工伤保险待遇；劳动者因工负伤的，劳动行政部门根据企业的工伤事故报告和工伤者本人的申请，作出工伤认定，由社会保险基金经办机构或用人单位，发给有关工伤保险待遇。患职业病或工伤致残的，由当地劳动鉴定委员会按照劳动部《职工工伤和职业病致残程度鉴定标准》(劳险字［1992］6号）评定伤残等级和护理依赖程度。劳动鉴定委员会的伤残等级和护理依赖程度的结论，以医学检查、诊断结果为技术依据。

79. 劳动者因工负伤或患职业病，用人单位应按国家和地方政府的规定进行工伤事故报告，或者经职业病诊断机构确诊进行职业病报告。用人单位和劳动者有权按规定向当地劳动行政部门报告。如果用人单位瞒报、漏报工作或职业病，工会、劳动者可以向劳动行政部门报告。经劳动行政部门确认后，用人单位或社会保险基金经办机构应补发工伤保险待遇。

80. 劳动者对劳动行政部门作出的工伤或职业病的确认意见不服，可依法提起行政复议或行政诉讼。

81. 劳动者被认定患职业病或因工负伤后，对劳动鉴定委员会作出的伤残等级和护理依赖程度鉴定结论不服，可依法提起行政复议或行政诉讼。对劳动能力鉴定结论所依据的医学检查、诊断结果有异议的，可以要求复查诊断，复查诊断按各省、自治区和直辖市劳动鉴定委员会规定的程序进行。

六、劳动争议

82. 用人单位与劳动者发生劳动争议不论是否订立劳动合同，只要存在事实劳动关系，并符合劳动法的适用范围和《中华人民共和国企业劳动争议处理条例》的受案范围，劳动争议仲裁委员会均应受理。

83. 劳动合同鉴证是劳动行政部门审查、证明劳动合同的真实性、合法性的一项行政监督措施，尤其在劳动合同制度全面实施的初期有其必要性。劳动行政部门鼓励并提倡用人单位和劳动者进行劳动合同鉴证。劳动争议仲裁委员会不能以劳动合同未经鉴证为由不受理相关的劳动争议案件。

84. 国家机关、事业组织、社会团体与本单位工人以及其他与之建立劳动合同关系的劳动者之间，个体工商户与帮工、学徒之间，以及军队、武警部队的事业组织和企业与其无军籍的职工之间发生的劳动争议，只要符合劳动争议的受案范围，劳动争议仲裁委员会应予受理。

85. “劳动争议发生之日”是指当事人知道或者应当知道其权利被侵害之日。

86. 根据《中华人民共和国商业银行法》的规定，商业银行为企业法人。商业银行与其职工适用《劳动法》、《中华人民共和国企业劳动争议处理条例》等劳动法律、法规和规章。商业银行与其职工发生的争议属于劳动争议的受案范围的，劳动争议仲裁委员会应予受理。

87. 劳动法第二十五条第（三）项中的“重大损害”，应由企业内部规章来规定，不便于在全国对其作统一解释。若用人单位以此为由解除劳动合同，与劳动者发生劳动争议，当事人向劳动争议仲裁委员会申请仲裁的，由劳动争议仲裁委员会根据企业类型、规模和损害程度等情况，对企业规章中规定的“重大损害”进行认定。

88. 劳动监察是劳动法授予劳动行政部门的职责，劳动争议仲裁是劳动法授予各级劳动争议仲裁委员会的职能。用人单位或行业部门不能设立劳动监察机构和劳动争议仲裁委员会，也不能设立劳动行政部门劳动监察机构的派出机构和劳动争议仲裁委员会的派出机构。

89. 劳动争议当事人向企业劳动争议调解委员会申请调解，从当事人提出申请之日起，仲裁申诉时效中止，企业劳动争议调解委员会应当在30日内结束调解，即中止期间最长不得超过30日。结束调解之日起，当事人的申诉时效继续计算。调解超过30日的，申诉时效从30日之后的第一天继续计算。

90. 劳动争议仲裁委员会的办事机构对未予受理的仲裁申请，应逐件向仲裁委员会报告并说明情况，仲裁委员会认为应当受理的，应及时通知当事人。当事人从申请至受理的期间应视为时效中止。

七、法律责任

91. 劳动法第九十一条的含义是，如果用人单位实施了本条规定的前三项侵权行为之一的，劳动行政部门应责令用人单位支付劳动者的工资报酬和经济补偿，并可以责令支付赔偿金。如果用人单位实施了本条规定的第四项侵权行为，即解除劳动合同后未依法给予劳动者经济补偿的，因不存在支付工资报酬的问题，故劳动行政部门只责令用人单位支付劳动者经济补偿，还可以支付赔偿金。

92. 用人单位实施下列行为之一的，应认定为劳动法第一百零一条中的“无理阻挠”行为：

（1）阻止劳动监督检查人员进入用人单位内（包括进入劳动现场）进行监督检查的；

（2）隐瞒事实真象，出具伪证，或者隐匿、毁灭证据的；

（3）拒绝提供有关资料的；

（4）拒绝在规定的时间和地点就劳动行政部门所提问题作出解释和说明的；

（5）法律、法规和规章规定的其他情况。

八、适用法律

93. 劳动部、外经贸部《外商投资企业劳动管理规定》（劳部发［1994］246号）与劳动部《违反和解除劳动合同的经济补偿办法》（劳部发［1994］481号）中关于解除劳动合同的经济补偿规定是一致的，246号文中的“生活补助费”是劳动法第二十八条所指经济补偿的具体化，与481号文中的“经济补偿金”可视为同一概念。

94. 劳动部、外经贸部《外商投资企业劳动管理规定》（劳部发［1994］246号）与劳动部《违反〈中华人民共和国劳动法〉行政处罚办法》（劳部发［1994］532号）在企业低于当地最低工资标准支付职工工资应付赔偿金的标准，延长工作时间的罚款标准，阻止劳动监察人员行使监督检查权的罚款标准等方面规定不一致，按照同等效力的法律规范新法优于旧法执行的原则，应执行劳动部劳部发［1994］532号规章。

95. 劳动部《企业最低工资规定》（劳部发［1993］333号）与劳动部《违反〈中华人民共和国劳动法〉行政处罚办法》（劳部发［1994］532号）在拖欠或低于国家最低工资标准支付工资的赔偿金标准方面规定不一致，应按劳动部劳部发［1994］532号规章执行。

96. 劳动部《违反〈中华人民共和国劳动法〉行政处罚办法》（劳部发［1994］532号）对行政处罚行为、处罚标准未作规定，而其他劳动行政规章和地方政府规章作了规定的，按有关规定执行。

97. 对违反劳动法的用人单位，劳动行政部门有权依据劳动法律、法规和规章的规定予以处理，用人单位对劳动行政部门作出的行政处罚决定不服，在法定期限内不提起诉讼或不申请复议又不执行行政处罚决定的，劳动行政部门可以根据行政诉讼法第六十六条申请人民法院强制执行。劳动行政部门依法申请人民法院强制执行时，应当提交申请执行书，据以执行的法律文书和其他必须提交的材料。

98. 适用法律、法规、规章及其他规范性文件遵循下列原则：

（1）法律的效力高于行政法规与地方性法规；行政法规与地方性法规效力高于部门规章和地方政府规章；部门规章和地方政府规章效力高于其他规范性文件。

（2）在适用同一效力层次的文件时，新法律优于旧法律；新法规优于旧法规；新规章优于旧规章；新规范性文件优于旧规范性文件。

99. 依据《法规规章备案规定》（国务院令第48号，1990年发布）“地方人民政府规章同国务院部门规章之间或者国务院部门规章相互之间有矛盾的，由国务院法制局进行协调；经协调不能取得一致意见的，由国务院法制局提出意见，报国务院决定。”地方劳动行政部门在发现劳动部规章与国务院其他部门规章或地方政府规章相矛盾时，可将情况报劳动部，由劳动部报国务院法制局进行协调或决定。

100. 地方或行业劳动部门发现劳动部的规章之间、其他规范性文件之间或规章与其他规范性文件之间相矛盾，一般适用“新文件优于旧文件”的原则，同时可向劳动部请示。

第 13 章　建筑意外保险文件

13.1　国家主管部门文件

建筑意外伤害保险工作的指导意见

关于加强建筑意外伤害保险工作的指导意见

（建质［2003］107 号）

各省、自治区建设厅，直辖市建委，江苏省、山东省建管局，新疆生产建设兵团建设局，国务院有关部门建设司（局），中央管理的有关总公司：

自 1997 年我部《关于印发〈施工现场工伤保险试点工作研讨纪要〉的通知》（建监安［1997］17 号）以来，特别是 1998 年 3 月 1 日《建筑法》颁布实施以来，上海、浙江、山东等 24 个省、自治区和直辖市积极开展了建筑意外伤害保险工作，积累了一定经验。但此项工作的发展很不平衡。为贯彻执行《建筑法》和《安全生产法》，进一步加强和规范建筑意外伤害保险工作，提出如下指导意见：

一、全面推行建筑意外伤害保险工作

根据《建筑法》第四十八条规定，建筑职工意外伤害保险是法定的强制性保险，也是保护建筑业从业人员合法权益，转移企业事故风险，增强企业预防和控制事故能力，促进企业安全生产的重要手段。2003 年年内，要实现在全国各地全面推行建筑意外伤害保险制度的目标。

各地区建设行政主管部门要依法加强对本地区建筑意外伤害保险工作的监督管理和指导，建立和完善有关规章制度，引导本地区建筑意外伤害保险工作有序健康发展。要切实把推行建筑意外伤害保险作为今年建筑安全生产工作的重点来抓。已经开展这项工作的地区，要继续加强和完善有关制度和措施，扩大覆盖面。尚未开展这项工作的地区，要认真借鉴兄弟省（区、市）的经验，抓紧制定有关管理办法，尽快启动这项工作。

二、关于建筑意外伤害保险的范围

建筑施工企业应当为施工现场从事施工作业和管理的人员，在施工活动过程中发生的人身意外伤亡事故提供保障，办理建筑意外伤害保险、支付保险费。范围应当覆盖工程项目。已在企业所在地参加工伤保险的人员，从事现场施工时仍可参加建筑意外伤害保险。

各地建设行政主管部门可根据本地区实际情况，规定建筑意外伤害保险的附加险要求。

三、关于建筑意外伤害保险的保险期限

保险期限应涵盖工程项目开工之日到工程竣工验收合格日。提前竣工的，保险责任自行终止。因延长工期的，应当办理保险顺延手续。

四、关于建筑意外伤害保险的保险金额

各地建设行政主管部门要结合本地区实际情况，确定合理的最低保险金额。最低保险金额要能够保障施工伤亡人员得到有效的经济补偿。施工企业办理建筑意外伤害保险时，投保的保险金额不得低于此标准。

五、关于建筑意外伤害保险的保险费

保险费应当列入建筑安装工程费用。保险费由施工企业支付，施工企业不得向职工摊派。

施工企业和保险公司双方应本着平等协商的原则，根据各类风险因素商定建筑意外伤害保险费率，提倡差别费率和浮动费率。差别费率可与工程规模、类型、工程项目风险程度和施工现场环境等因素挂钩。浮动费率可与施工企业安全生产业绩、安全生产管理状况等因素挂钩。对重视安全生产管理、安全业绩好的企业可采用下浮费率；对安全生产业绩差、安全管理不善的企业可采用上浮费率。通过浮动费率机制，激励投保企业安全生产的积极性。

六、关于建筑意外伤害保险的投保

施工企业应在工程项目开工前，办理完投保手续。鉴于工程建设项目施工工艺流程中各工种调动频繁、用工流动性大，投保应实行不记名和不计人数的方式。工程项目中有分包单位的由总承包施工企业统一办理，分包单位合理承担投保费用。业主直接发包的工程项目由承包企业直接办理。

各级建设行政主管部门要强化监督管理，把在建工程项目开工前是否投保建筑意外伤害保险情况作为审查企业安全生产条件的重要内容之一；未投保的工程项目，不予发放施工许可证。

投保人办理投保手续后，应将投保有关信息以布告形式张贴于施工现场，告之被保险人。

七、关于建筑意外伤害保险的索赔

建筑意外伤害保险应规范和简化索赔程序，搞好索赔服务。各地建设行政主管部门要积极创造条件，引导投保企业在发生意外事故后即向保险公司提出索赔，使施工伤亡人员能够得到及时、足额的赔付。各级建设行政主管部门应设置专门电话接受举报，凡被保险人发生意外伤害事故，企业和工程项目负责人隐瞒不报、不索赔的，要严肃查处。

八、关于建筑意外伤害保险的安全服务

施工企业应当选择能提供建筑安全生产风险管理、事故防范等安全服务和有保险能力的保险公司，以保证事故后能及时补偿与事故前能主动防范。目前还不能提供安全风险管理和事故预防的保险公司，应通过建筑安全服务中介组织向施工企业提供与建筑意外伤害保险相关的安全服务。建筑安全服务中介组织必须拥有一定数量、专业配套、具备建筑安全知识和管理经验的专业技术人员。

安全服务内容可包括施工现场风险评估、安全技术咨询、人员培训、防灾防损设备配置、安全技术研究等。施工企业在投保时可与保险机构商定具体服务内容。

各地建设行政主管部门应积极支持行业协会或者其他中介组织开展安全咨询服务工作，大力培育建筑安全中介服务市场。

九、关于建筑意外伤害保险行业自保

一些国家和地区结合建筑行业高风险特点，采取建筑意外伤害保险行业自保或企业联合自保形式，并取得一定成功经验。有条件的省（区、市）可根据本地的实际情况，研究探索建筑意外伤害保险行业自保。我部将根据各地研究和开展建筑意外伤害保险的实际情况，提出相应的意见。

中华人民共和国建设部
二〇〇三年五月二十三日

13.2　地方主管部门文件

13.2.1　北京市建设施工人员意外伤害保险办法

北京市实施建设工程施工人员意外伤害保险办法（试行）

（京建法［2004］243号）

各区县建委，各集团、总公司，各有关单位：

现将《北京市实施建设工程施工人员意外伤害保险办法（试行）》印发给你们，请认真学习，依照执行。

二〇〇四年六月三日

北京市实施建设工程施工人员意外伤害保险办法（试行）

第一条　为保障对建设工程施工人员意外伤害实施救济，防范建设工程施工安全风险，促进建筑施工企业安全生产管理工作，根据《中华人民共和国建筑法》、《建设工程安全生产管理条例》等法律法规，制定本办法。

第二条　凡在本市行政区域内从事建设工程新建、改建、扩建活动的建筑施工（含拆除）企业依法办理施工人员意外伤害保险，均应遵守本办法。

第三条　北京市建设委员会（以下简称市建委）是本市实施建筑施工企业施工人员意外伤害保险的主管机关。

区县建设委员会依据职责负责本行政辖区内建筑施工企业为施工人员办理意外伤害保险的监督管理工作。

建设工程安全监督管理机构受市或区县建委委托，负责施工人员意外伤害保险的日常监督管理。

第四条　建设工程施工人员意外伤害保险以工程项目或单项工程为单位进行投保。投保人为工程项目或单项工程的建筑施工总承包企业。

第五条 施工人员意外伤害保险期限自建设工程开工之日起至竣工验收合格之日止。

第六条 施工人员意外伤害保险范围是建筑施工企业在施工现场的施工作业人员和工程管理人员受到的意外伤害，以及由于施工现场施工直接给其他人员造成的意外伤害。

第七条 建设单位应当按照建设部、财政部《关于印发建筑安装工程费用项目组成的通知》（建标［2003］206号）的有关规定，将施工人员意外伤害保险费用列入工程造价。在施工承包合同备案时，建设行政主管部门应当进行审核。

施工人员意外伤害保险费实行差别费率：施工承包合同价在三千万元以下（含三千万元）的，千分之一点二；施工承包合同价在三千万元以上一亿元以下（含一亿元）的，千分之零点八；施工承包合同价在一亿元以上的，千分之零点六。

按上述费率计算施工人员意外伤害保险费低于三百元的，应当按照三百元计算。

第八条 建设工程实行总分包的，分包单位施工人员意外伤害保险费包括在施工总承包合同中，不再另行计提。分包单位施工人员意外伤害保险投保理赔事项，统一由施工总承包单位办理。

第九条 建设单位必须在施工承包合同签定后七日内，将施工人员意外伤害保险费全额交付建筑施工企业。建筑施工企业必须及时办理施工人员意外伤害保险。

第十条 建筑施工企业应当根据保险法律法规规定，向依法设立的保险公司办理施工人员意外伤害保险。

建筑施工企业可以通过行业协会集中办理施工人员意外伤害保险。

第十一条 保险公司应当及时办理施工人员意外伤害保险事项，不得以不正当理由推脱。保险公司以不正当理由拒绝建筑施工企业办理施工人员意外伤害保险投保的，市或区县建委应当要求其改正，拒不改正的，按规定记入市建设行业信用系统。

第十二条 建筑施工企业应当将已办理保险的凭证及时交付建设单位，建设单位办理工程安全监督手续时，应当交验。

第十三条 发生意外伤害事项，建筑施工企业应当立即通知保险公司，积极办理相关索赔事宜。

第十四条 因意外伤害死亡的，每人赔付不得低于十五万元。

因意外伤害致残的，按照不低于下列标准赔付：

一级十万元，二级九万元，三级八万元，四级七万元，五级六万元，六级五万元，七级四万元，八级三万元，九级二万元，十级一万元。

伤残等级标准划分按照《职工工伤与职业病致残程度鉴定》（中华人民共和国国家标准 GB/T 16180—1996）的规定执行。

第十五条 意外伤害理赔事项确认后，保险公司应当直接向保险受益人及时赔付。

第十六条 建筑施工企业应当按照法律法规规定，积极做好意外伤害的安全防范工作，努力减少意外伤害事故发生。保险公司可以根据建筑施工企业安全防范工作情况和意外伤害事故发生率实行意外伤害保险浮动费率。

第十七条 保险公司应当为投保人提供安全服务。安全服务内容应当包括施工现场风险评估、安全技术咨询、人员培训、防灾防损设备配置、安全技术研究等。

保险公司不能按规定提供上款规定的安全服务的，市或区县建委应当要求其改正，拒不改正的，按规定记入市建设行业信用系统。

第十八条　建设单位未按本办法支付意外伤害保险或建筑施工企业不办理意外伤害保险投保的，市或区县建委应当要求改正。

第十九条　本办法自2004年8月1日起执行。

13.2.2　广东省建筑意外伤害保险工作导则

广东省建设厅印发《广东省建筑意外伤害保险工作导则》的通知

（粤建管字［2004］132号）

广州市建委、各地级以上市建设局，驻粤各保险公司，省直有关单位：

为加强房屋建筑及市政基础设施工程施工安全管理、保护从业人员合法权益，降低施工企业事故风险，增强企业预防和控制事故能力，指导建立健全建筑意外伤害保险制度，根据《中华人民共和国建筑法》、《中华人民共和国安全生产法》《中华人民共和国保险法》、国务院《建设工程安全生产管理条例》及建设部《关于加强建筑意外伤害保险工作的指导意见》，结合我省建筑行业实际，制定了《广东省建筑意外伤害保险工作导则》，现印发给你们，请遵照执行。各地区在执行中如有问题，请及时向省建设厅和中国保险监督管理委员会广东监管局反映。

广东省建设厅
广东保监局
二〇〇四年九月八日

广东省建筑意外伤害保险工作导则

1. 总则

1.0.1　为加强房屋建筑及市政基础设施工程施工安全管理、保护从业人员合法权益，降低企业事故风险，增强企业预防和控制事故能力，指导建立健全建筑意外伤害保险制度，根据《中华人民共和国建筑法》、《中华人民共和国安全生产法》、《中华人民共和国保险法》、国务院《建设工程安全生产管理条例》及建设部《关于加强建筑意外伤害保险工作的指导意见》，结合我省建筑行业实际，制定本工作导则。

1.0.2　本工作导则适用于房屋建筑工程及市政基础设施工程施工活动的建筑意外伤害保险工作。

1.0.3　建筑意外伤害是指施工现场工作的管理人员和工人在施工过程中遭受外来的、突发的、非本意的、非疾病的使身体受到伤害的客观事件。

1.0.4　开展建筑意外伤害保险业务的保险公司，应积极参与安全事故预防、施工安全教育和培训工作。

2. 保险范围与对象

2.0.1　在我省从事房屋建筑工程及市政基础设施工程新建、扩建、改建和拆除等施工活动的施工企业，应依法为在施工现场工作的管理人员和工人办理建筑意外伤害保险。

2.0.2　施工现场从事管理和作业并与施工企业建立合法劳动关系的人员均为建筑意

外伤害保险的被保险人。

2.0.3 已在企业所在地参加工伤保险的人员，从事现场施工时仍须办理建筑意外伤害保险。

3. 保险期限

3.0.1 保险期限为工程施工合同约定的开工时间至竣工时间，提前竣工的工程保险责任自竣工验收之日起自行终止。因故延长工期的工程，施工企业必须在保险合同规定的期限内办理续保手续。提前或延期竣工的工程，保险费原则上不作调整，如需要调整，由施工企业与保险公司自行约定。

3.0.2 工程停工和复工时，应在保险公司办理保险责任暂时中止或复效手续。保险责任中止期间，保险公司不承担保险责任，不计算保险公司的责任期限。已办理复效手续的，建筑意外伤害保险责任时间相应顺延。

4. 保险内容

4.0.1 应办理被保险人自建筑意外伤害发生之日起一百八十日内以该次意外伤害事故为直接原因死亡的身故保险。

4.0.2 应办理被保险人自建筑意外伤害发生之日起一百八十日内以该次建筑意外伤害事故为直接原因致残的残疾保险。

4.0.3 鼓励办理建筑意外伤害医疗保险和第三方责任保险。

5. 保险金额及保险费率

5.0.1 保险费列入建筑安装工程费用。保险费由施工企业支付，施工企业不得向职工摊派或变相摊派。

5.0.2 每一被保险人的建筑意外伤害保险金额不少于10万元。

5.0.3 建筑意外伤害保险业务是直接的保险业务，由施工企业向保险公司直接投保和交纳保险金，任何人员不得收取中介费用。

5.0.4 建筑意外伤害保险实行不记名和不计人数的方式，以工程项目为保险单元，房屋建筑工程以建筑面积为保险费计算基础，市政基础设施工程和其他建设工程以合同总造价为保险费计算基础。施工企业和保险公司应本着平等协商的原则，根据各类风险因素商定建筑意外伤害保险费率，提倡差别费率和浮动费率。

5.0.5 差别费率可与工程规模、类型、工程项目风险程度、施工现场环境和每一个被保险人的身故保险金额和残疾保险金额情况等因素挂钩，由施工企业与保险公司共同约定。原则上差别费率不得低于广东省建筑业协会和保险行业协会共同制定的指导价格。

5.0.6 浮动费率可与施工企业安全生产业绩、安全生产管理状况等因素挂钩，凡取得省、地级以上市安全生产文明施工优良样板工地称号的施工企业，自获得荣誉称号之日起两年内，可享受保险费率按一定比例下浮的优惠；凡发生四级以上（含四级）重大安全事故的施工企业，自事故发生之日起两年内，可按一定比例提高保险费率，具体比例由施工企业与保险公司共同约定，原则上浮动比例不得超出广东省建筑业协会和保险行业协会共同制定的标准。

6. 投保

6.0.1 在我省开展建筑人身意外伤害保险险种的保险公司，由广东省建筑业协会组织综合考评后，选择若干家信誉良好及综合实力较强的保险公司，作为我省建筑人身意外伤害定点承保单位。

6.0.2　在工程项目开工前，施工企业应向我省定点开展建筑意外伤害保险业务的保险公司办理投保手续。实行施工总承包的，由总承包单位支付意外伤害保险费。

6.0.3　保险合同的条款应包含有关保险公司提供的施工现场风险评估、安全技术咨询、人员安全培训等安全服务的内容，施工企业在投保时可与保险公司商定具体服务内容。

6.0.4　投保人办理投保手续后，应将投保的有关信息以布告形式张贴于施工现场，告知被保险人。

7. 索赔

7.0.1　发生建筑意外伤害事故后，投保企业应迅速报告保险公司，同时按工程管理隶属关系向建设行政主管部门报告，由建设行政主管部门出具事故认定书，作为索赔的依据文件之一。

7.0.2　投保人应根据保险合同规定的索赔要求，提供有关的证明文件，在规定的时间内向保险公司索赔。有关的证明文件和材料一般包括：

身故保险索赔应提交下列证明文件和材料：

1. 保险单或其他保险凭证；

2. 受益人户籍证明或身份证明；

3. 用人单位出具的被保险人的人事证明或劳动关系凭证；

4. 公安等部门出具的建筑意外伤害事故证明；

5. 公安机关或保险人指定或认可的医疗机构出具的被保险人身故证明书和公安机关出具的被保险人户籍注销证明；

6. 如被保险人因意外事故宣告死亡，受益人须提供人民法院出具的宣告死亡证明文件；

7. 建设行政主管部门出具的事故认定书；

8. 受益人所能提供的与确认伤害事故的性质、原因、伤害程度等有关的其他证明材料。

被保险人残疾的，由被保险人作为申请人填写保险赔付申请书，并凭下列证明文件和材料向保险公司进行残废保险索赔：

1. 保险单或其他保险凭证；

2. 被保险人户籍证明或身份证明；

3. 用人单位出具的被保险人的人事证明或劳动关系凭证；

4. 公安等部门出具的意外伤害事故证明；

5. 公安机关、保险人指定或认可的伤残鉴定机构或医师出具的被保险人残疾程度鉴定书；

6. 建设行政主管部门出具的事故认定书；

7. 被保险人所能提供的与确认伤害事故的性质、原因、伤害程度等有关的其他证明材料。

8. 监督管理

8.0.1　各级建设行政主管部门和各级安全监督机构要加强对实施建筑人身意外伤害保险的监督管理，把在建工程项目开工前是否办理建筑意外伤害保险作为审查企业安全生产条件的一项重要内容，未投保的工程项目，不颁发施工许可证。

8.0.2 各地建设行政主管部门应积极支持建筑行业协会或其他有条件的中介组织开展安全咨询服务工作，大力培育建筑安全中介服务市场。

8.0.3 各地建设行政主管部门要了解掌握施工企业投保情况和保险公司开展建筑意外伤害保险业务的情况。保险公司应当将每年度建筑工程办理投保、理赔情况汇总，并抄报当地和省级建设行政主管部门。各地建设行政主管部门对违法违规操作、服务质量差、不及时按合同赔偿或给付保险金的保险公司，除向广东保监局反映情况外，还应向施工企业通报，情节严重的，取消其定点承保单位资格。

9. 附则

9.0.1 合法劳动关系是指与施工企业依照《中华人民共和国劳动法》有关规定签订正式或临时劳动合同，并办理了入职手续的有关管理人员、工人等与施工企业之间的关系。

13.2.3 福建省建筑意外伤害保险工作的通知

关于进一步加强和规范建筑意外伤害保险工作的通知

（闽建建［2004］36号）

各设区市建设局、厦门市市政园林局、泉州市公用事业局：

为加强意外伤害保险工作的监管和指导，维护建筑业从业人员合法权益，建设部颁发了《关于加强建筑意外伤害保险工作的指导意见》（建反［2003］107号，以下简称《指导意见》），现将《指导意见》转发给你们，并结合我省实际提出以下意见，请一并贯彻执行。

一、施工企业为从事危险作业人员办理意外伤害保险是一项法定义务。各级建设行政主管部门要把施工企业在工程开工前是否投保意外伤害保险，作为审查施工企业和工程是否具备安全生产条件和质量安全保证措施的重要内容。在颁发施工企业安全生产许可证和建设工程施工许可证时，应审查施工企业投保意外伤害保险情况。各级建筑安全监督机构要加大监督检查力度，确保本辖区内所有在建房屋和市政基础设施工程的承建施工企业均办理意外伤害保险。

二、对建筑意外伤害保险实施工作，各地应按照建设部《指导意见》精神，引导施工企业选择信誉良好、能够提供有效安全防范服务和合理费率的保险公司。对于如何确定保险公司和保险代理机构，省厅不规定全省统一模式和办法，各设区市建设行政主管部门和施工企业要依照建设部《指导意见》引入竞争机制，综合考虑保险的范围、期限、投保金额、保险费以及索赔受理、安全服务等因素，自行选择确定。

三、各级建设行政主管部门要加强建筑意外伤害保险工作的监管，在发生建筑意外伤亡事故后，要求施工企业及时向保险公司提出赔偿，维护建筑业从业人员合法权益；同时要设立举报电话，凡被保险人发生意外伤害事故，企业和工程项目隐瞒不报、不索赔的，要严肃查处。

四、各地建设行政主管部门要督促各承保公司认真履行《保险法》规定的责任和义务，加大投入开展安全宣传教育培训，协助投保施工企业采取措施加强安全防范。各地要按照有关保险财务管理规定加强安全防范费用管理，做到专款专用。对安全防范费使用情况应立即进行自查自纠，有违法违规行为的，要严肃查处，并建立健全相关财务管理制度。各地自查自纠情况请于9月底前报省厅工程处。

五、以前省厅颁发的《关于开展建筑施工企业从事危险作业职工人身意外伤害保险工作的通知》（闽建建［1999］33号）和《关于建筑业意外伤害保险工作有关问题的通知》（闽建法［2002］69号）等有关文件不符合《行政许可法》规定，与本通知内容有抵触的，按本通知要求执行。

附件：建设部《关于加强建筑意外伤害保险工作的指导意见》（建质［2003］107号）

福建省建设厅

二〇〇四年九月三日

13.2.4 厦门市建筑意外伤害保险工作的意见

关于加强和规范建筑意外伤害保险工作的意见

（厦建工〔2007〕79号）

各有关单位：

为加强和规范我市建筑意外伤害保险工作，维护建筑业从业人员的合法权益，增强企业预防和控制事故的能力，促进安全生产，根据《建筑法》、《建设工程安全生产条例》以及建设部《关于建筑意外伤害保险工作的指导意见》（建质〔2003〕107号）、省建设厅《关于进一步加强和规范建筑意外伤害保险工作的通知》（闽建建〔2004〕36号）要求，结合我市实际，提出如下意见：

一、施工企业应依法办理建筑意外伤害保险

（一）凡在本市从事建筑施工活动的施工企业，应当为施工现场从事施工作业和管理的人员在施工活动过程中发生人身意外伤害事故提供保障，办理建筑意外伤害保险，支付保险费。

（二）建筑意外伤害保险以工程项目为单位进行投保，施工企业应当在工程项目开工前办理投保手续。鉴于建筑施工过程的特殊性，投保实行不计名和不计人数的方式。工程项目中有分包单位的由总承包施工企业统一办理，分包单位按照分包比例合理承担投保费用。业主直接发包的工程项目由承包施工企业直接办理。

（三）建筑意外伤害保险费列入建筑安装工程费用。保险费由施工企业支付，施工企业不得向从业人员摊派。

（四）施工企业办理投保手续后，应将投保有关信息以公告形式张贴于施工现场，告之被保险人，公告时间不得少于30天。

（五）发生建筑意外伤害事故后，投保施工企业应及时告知建筑意外伤害保险安全服务中介公司或保险公司，提出赔偿，维护建筑业从业人员合法权益。

（六）保险期限应涵盖工程项目开工之日到工程竣工验收合格日。提前竣工的，保险责任自行终止。因延长工期的，应当办理保险顺延手续。

（七）我市建筑意外伤害保险保障标准为：每一被保险人的意外伤害保险金额不得低于厦

门市全市上年度在岗职工月平均工资的104倍、附加意外伤害医疗保险金额不得低于1.6万元。

二、完善建筑意外伤害保险服务机构的选择机制

（一）为促进建筑意外伤害保险市场的有序竞争，由市建设工程质量安全管理协会根据施工企业的意愿，代表施工企业采用招标方式择优选择不少于四家的建筑意外伤害保险安全服务中介公司和一定数量的保险公司，参与本市建筑意外伤害保险业务。招标方案（含招标方式、招标文件、资格审查文件、评标委员会组成等）应事先报市建设行政主管部门审核。

（二）市建设工程质量安全管理协会应当自确定中标人之日起三日内将中标结果报市建设行政主管部门备案，应当自签订合同之日起七日内将合同报市建设行政主管部门备案。

（三）为确保招投标的公开、公平、公正，应由纪检监察机关派人对招投标活动实行全过程跟踪监督。

三、建筑意外伤害保险安全服务中介公司的基本条件和要求

（一）建筑意外伤害保险安全服务中介公司必须拥有一定数量、专业配套、具备建筑安全技术知识和管理经验的专业技术人员，必须具有保险专业中介资质和独立法人资格，并接受市建设行政主管部门的监督管理。

（二）建筑意外伤害保险安全服务中介公司共同组成服务机构，制定统一的服务标准、确定专业的服务人员集中办公，推行安全标准化服务，开展施工现场风险评估、防灾防损、代理索赔、安全技术咨询、农民工等从业人员的安全教育和培训等服务。

（三）设立建筑意外伤害保险安全风险防范费用专户，专款专用。市建设工程质量安全管理协会、建筑意外伤害保险安全服务中介公司和承保公司共同建立监管和使用制度，确保将安全风险防范费用用于促进、激励、服务和提高我市建设工程安全生产、文明施工。定期向市建设行政主管部门报告建筑意外伤害保险安全风险防范费用使用情况。

（四）建立建筑意外伤害保险救治“绿色通道”和医疗抢救费用保证金制度。建筑意外伤害保险安全服务中介公司应与医疗定点单位签订协议，向投保单位提供“绿色通道”介绍信。

（五）建筑意外伤害保险安全服务中介公司发现投保企业的施工现场存在有不安全因素和隐患，应建议投保企业纠正并向有关行政主管部门报告。

（六）其他有利于提高安全服务质量的要求。

四、建筑意外伤害保险公司的基本条件和要求

（一）从事我市建筑意外伤害保险的保险公司应具有从业资格、良好信誉和履约能力，接受建设行政主管部门对建筑意外伤害保险工作的监督管理。

（二）保险公司应全面履行合同约定，并提供便捷优质的承保和理赔服务，协助做好安全服务工作。

（三）其他有利于安全服务等履约要求。

五、建筑意外伤害保险费率实行差别费率和浮动费率

（一）市建设工程质量安全管理协会负责组织建筑意外伤害保险安全服务中介公司统一明确我市建筑意外伤害保险的责任范围、赔偿标准和承保费率。

（二）承保费率实行差别费率和浮动费率。差别费率可与工程规模、类型、工程项目风险程度和施工现场环境等因素挂钩。浮动费率可与施工企业安全生产业绩、安全生产管理状况等因素挂钩。对重视安全生产管理、安全业绩好的企业可采用下浮费率；对安全生产业绩差、安全管理不善的企业可采用上浮费率。差别费率和浮动费率细则由市建设工程质量安全管理协会负责制定。

六、加强建筑意外伤害保险工作的监督管理

（一）市建设行政主管部门负责对本市建筑意外伤害保险工作进行监督、管理和指导，引导本市建筑意外伤害保险工作有序健康开展。

（二）建设单位在申办施工许可手续时，应要求施工企业依法办理建筑意外伤害保险，并将其作为安全生产条件之一，如实记载于质量安全保证措施。建设行政主管部门在办理施工许可证时，应审查施工安全措施中的建筑意外伤害保险办理情况。对未办理或者办理不符合要求的，建设行政主管部门不予受理许可申请，并予书面告知。

（三）市建设工程质量安全管理协会负责制定考评办法，并对建筑意外伤害保险安全服务中介公司和保险公司进行动态管理，定期考评，实行优胜劣汰。

（四）市建设工程质量安全管理协会应及时将招标方案（含招标文件）、招投标结果、保险的责任范围、赔偿标准和承保费率、差别费率和浮动费率细则、对中介公司和保险公司的考评办法、考评结果等报市建设行政主管部门备案。

（五）建筑意外伤害保险的投保人对建筑意外伤害保险安全服务中介公司、保险公司在办理建筑意外伤害保险及保后服务和索赔支付过程中有违法行为、违约行为以及其他不诚信行为的，可以向市建设行政主管部门投诉。

七、其他要求

（一）各区建设局应参照本《通知》意见，结合各区实际情况，制定建筑意外伤害保险工作的相关办法，进一步加强和规范本区建筑意外伤害保险工作。

（二）自2007年9月1日起，我市新办理施工许可证的市管工程的建筑意外伤害保险按本《通知》实施。

二〇〇八年五月二十九日

13.2.5　杭州市建筑施意外伤害保险实施办法

杭州市人民政府办公厅转发市建委关于杭州市建筑施工
人身意外伤害保险实施办法（试行）的通知

（杭政办函〔2006〕163号）

各区、县（市）人民政府，市政府各部门、各直属单位：

市建委拟订的《杭州市建筑施工人身意外伤害保险实施办法（试行）》已经市政府同意，现转发给你们，请认真遵照执行。

杭州市人民政府办公厅
二〇〇六年六月十二日

杭州市建筑施工人身意外伤害保险实施办法（试行）

（市建委二〇〇六年六月五日）

为保障对建设工程施工人员意外伤害的经济救济，降低施工企业事故风险，促进安全生产管理工作，根据《建筑法》、《安全生产法》、《保险法》、《建设工程安全生产管理条例》及建设部《关于加强建筑意外伤害保险工作的指导意见》精神，结合我市实际，制定本办法。

一、在杭州市区范围内从事房屋建筑工程及市政基础设施工程的新建、扩建、改建等活动的建筑施工企业，实施建筑施工人身意外伤害保险（以下简称建工意外险）适用本办法。

二、杭州市建设行政主管部门（以下简称市建委）是本市实施建筑施工企业建工意外险的主管部门。杭州市建设工程质量安全监督总站受市建委委托，具体负责市区建工意外险实施的日常管理工作。

三、各区建设行政主管部门依据《杭州市建设工程质量安全文明施工管理工作若干规定》确定的建设工程管理分工职责，负责各自管辖范围内建工意外险实施的监督管理工作。

四、为规范保险公司的建工意外险承保、理赔和安全服务等行为，在市区开展建工意外险业务的保险公司，应在开展业务前报市建委备案。

五、建工意外险是法定的强制性保险，其承保范围是在施工现场的施工企业作业人员（含操作人员、现场管理人员）以及因施工现场施工受意外伤害的其他人员（以上简称为被保险人），还包括其他国家法律、法规规定与施工工程相关联的伤亡事故。投保人为工程项目或单位工程的建筑施工总承包企业。

六、开展建工意外险业务的保险公司，应具有中国保监会核准的专门用于建筑施工企业的《建筑（设）工人人身意外伤害保险条款》，指定一个专门机构负责办理建工意外险业务，并积极配合建设主管部门开展安全事故预防、施工安全教育和培训等工作。

七、保险公司应当为投保人提供安全服务。安全服务内容应当包括施工现场风险评价、安全技术咨询、安全事故防范、人员培训、防灾防损设备配置、安全技术研究等，具体服务内容应在保险合同中约定。保险公司也可委托能够提供安全风险管理和事故预防的建筑安全服务中介组织提供相关服务。

八、建设单位应按照建设部、财政部《关于印发建筑安装工程费用项目组成的通知》（建标〔2003〕206号）的有关规定，将建工意外险费用列入工程造价。

九、投保人应在工程项目开工前办理投保手续。已在企业所在地参加工伤保险的施工企业人员，从事现场施工时仍须办理建工意外险。投保人应当将已办理保险的凭证及时交付建设单位，建设单位办理工程安全监督手续时，应当交验。

投保人不得将保险费用向被保险人摊派或变相摊派，并应在办理投保手续后，及时以张贴布告等形式将投保的有关信息告知被保险人。

十、投保人和保险公司应认真按照约定的保险合同履行各自的责任和义务。

十一、保险责任期限自投保人已交付保险费的次日（或约定起保日）零时起，至施工合同规定的工程竣工验收合格之日止。提前竣工的工程保险责任自竣工验收合格之日起自行终止。因故延长工期的工程，投保人必须在保险合同规定的期限内办理续保手续。

十二、建工意外险实行不记名和不计人数的方式，以工程项目或单位工程为保险单元，房屋建筑工程和市政基础设施工程及其他各类建设工程均以合同总造价为保险费计算基础。保险费率原则上应按下表确定：

保　险　费　率（金额）

工程造价在2亿元以下	按照工程造价的1‰收取保险费
工程造价在2亿元以上	按照工程造价的0.8‰收取保险费
保费不足500元	按照500元收取

在不影响赔付和安全服务的前提下，根据工程规模、类型、工程项目风险程度和施工现场环境等因素，保险费率可以实行差别费率，具体由投保人与保险公司协商约定。

十三、鼓励实行浮动费率。浮动费率与投保人安全生产业绩、安全生产管理状况等因素挂钩，具体由投保人与保险公司协商约定。

凡当年度投保人获得市级及以上安全标准化样板工地称号的，在下一年度承接工程项目办理意外伤害保险时，保险费费率在原基础上可以下浮0.1‰至0.2‰。

凡当年度投保人因安全管理原因曾被市级以上建设行政主管部门暂扣安全生产许可证或暂停参与政府投资工程投标的，在下一年度承接工程项目办理意外伤害保险时，保险费费率在原基础上可以上浮0.1‰至0.2‰。

十四、被保险人因意外事故死亡，每人赔付额不少于15万元。因意外事故或工伤事故致残的，按照下列标准赔付：一级10万元；二级9万元；三级8万元；四级7万元；五级6万元；六级5万元；七级4万元；八级3万元；九级2万元；十级1万元。

伤残等级标准划分按照《职工工伤与职业病伤残程度鉴定》（中华人民共和国国家标准GB/T 16180—1996）的规定执行。

意外伤害医疗保险金额（含被保险人多次受伤累计）不高于3万元。

十五、被保险人一次受伤造成多处伤残，按所核定的最高伤残等级标准进行赔付，不累计。在保险期内，被保险人多次受伤，每次均按鉴定的伤残等级标准进行赔付，累计赔付不超过10万元。

十六、发生建筑意外伤害事故后，投保人应迅速报告保险公司，并根据保险合同约定的索赔要求，提供有关的证明文件，在规定的时间内向保险公司索赔。有关的证明文件和材料一般包括：

（一）书面申请索赔报告；

（二）保险单及保险收据复印件；

（三）被保险人的身份证复印件和用人单位出具的被保险人的人事证明或劳动关系凭证；

（四）县级以上医院或抢救治疗医院出具的医疗费用凭证，若被保险人死亡应提供医院或公安部门出具的死亡证明，若被保险人伤残应提供劳动部门出具的伤残证明；

（五）申请治疗赔偿，应提供县级以上医院出具的附有检查报告的医院诊断证明、病历卡、医药费发票及用药清单；

（六）受益人户籍证明或身份证明；

（七）其他特殊情况所需提供的材料。

十七、保险公司在收到索赔申请和相关材料后，经审核确认，在10个工作日内一次赔偿结案，并报相应工程安全监督机构备案。

十八、各级建设行政主管部门和各级安全监督机构要加强对实施建工意外险的监督管理，把在建工程项目开工前是否办理建工意外险作为审查企业安全生产条件的一项重要内容，不得给未经备案的保险公司投保的工程项目办理工程安全监督注册手续。

十九、各级建设行政主管部门要了解掌握施工企业投保情况和保险公司开展建工意外险业务的情况。各保险公司应当在每年一月底前将上年度建筑工程办理投保、理赔情况汇总报市建委。各区建设行政主管部门、市建设工程质量安全监督总站发现保险公司有违法违规操作、不及时按合同赔偿或给付保险金、不能按照承诺提供安全服务等行为时，应及时向市建委反映情况。

二十、发现保险公司存在违反本办法的行为时，市（区）建设行政主管部门应当要求其改正，并作为不良行为进行记录。拒不改正的，市建委将终止该保险公司备案，并将其不良行为抄告保险监督管理部门查处，还将通过有关媒体向社会曝光。

二十一、施工企业未依法办理建工意外险的，市（区）建设行政主管部门应当责令改正。拒不改正的，予以全市通报批评，并按有关法律、法规进行处罚。

二十二、市建委和各区建设行政主管部门、市建设工程质量安全监督总站均应设置专门电话接受举报，凡被保险人发生意外伤害事故，企业和工程项目负责人隐瞒不报、不索赔的，将依法查处。市建委投诉举报电话：87012398。

二十三、萧山区、余杭区及各县（市）可参照执行。

二十四、本办法自发布之日起执行。

杭州市建委

二〇〇六年六月五日

13.2.6 杭州市建筑意外伤害保险实施细则

关于实施《杭州市建筑施工人身意外伤害保险实施细则》的通知

（杭建监总［2006］73号）

为贯彻执行市政府办公厅转发市建委《关于杭州市建筑施工人身意外伤害保险实施办法（试行）的通知》〔杭政办函（2006）163号〕(以下简称《办法》)，规范施工企业办理建筑施工人身意外伤害保险（以下简称建工意外险）行为，保障投保企业和建筑工人的合法权益，结合我市工程建设实际，制定本实施细则。

一、在我市市区（不含萧山区、余杭区）从事房屋建筑工程及市政基础设施工程新建、扩建、改建等施工活动的施工企业，包括建设工程项目的建筑施工总承包企业、单项工程的建筑施工总承包企业、建设单位依法直接发包的专业承包企业，应依照《办法》办理建工意外险。

二、施工企业（以下简称投保人）应在工程办理建设工程质量安全监督注册手续前，选择已在杭州市建设委员会（以下简称市建委）备案的保险公司办理建工意外险。

三、各保险公司在杭州市区开展建工意外险业务前，应报市建委备案，每家保险公司应指定一个专门部门（机构）负责办理建工意外险。各保险公司申报备案的资料由杭州市建设工程质量安全监督总站（以下简称市总站）统一受理，并按照市建委要求进行核对。申报备案的资料包括下列内容：

（一）开展建工意外险的备案申报表（附件一）；

（二）企业法人营业执照及复印件（国家工商总局）；

（三）企业在杭分支机构营业执照及复印件（省工商局）；

（四）企业在杭分支机构组织机构代码证及复印件（国家技术监督局）；

（五）企业在杭分支机构经营保险业务许可证及复印件（保险监督机构）；

（六）响应《办法》内容的统一格式《杭州市区建筑施工人身意外伤害保险单》；

（七）在杭州市开展建工意外险的申请以及诚信理赔、失信退出和积极配合建设行政主管部门的防险减灾管理的承诺；

（八）开展事故预防、施工安全教育和培训等安全服务工作的具体内容、措施和组织机构；

（九）备案所需要的其他相关资料。

四、当开展建工意外险业务的保险公司备案时具有的各项条件发生变化时，应及时报市建委重新备案。

五、保险公司应为投保人提供下列安全服务：

（一）施工现场风险评价：应根据建设工程的施工工艺特点以及施工现场及周边环境等综合因素对施工现场的重大危险源做出风险评价，为现场安全技术措施方案的编制以及项目安全管理的决策提供参考。

（二）安全技术咨询：针对施工过程中的安全技术问题，提供专家咨询服务。

（三）安全事故防范：针对施工现场容易产生的安全隐患和管理漏洞，提出针对性防范措施，提醒施工现场做好相应防范工作。

（四）人员培训：应按照建设行政主管部门的有关要求或施工企业的需要，组织对施工现场的各类人员提供安全知识培训。

（五）指导防灾防损设备配置：为了减少或避免灾害性天气的损害以及防范施工现场发生人员伤亡，指导施工企业配备必要的防灾防损设备。

（六）安全技术研究：组织或委托专门机构对施工现场的安全技术进行研究，提出解决方案，降低施工现场事故发生的概率。

（七）其他帮助投保人改进安全生产管理的措施：保险公司应建立专门的组织机构负责为施工企业提供上述安全服务，具有相应的业务能力和人员，每年用于提供安全服务的投入不应低于保险费收入的20%。目前还不能提供安全风险管理和事故预防的保险公司，应通过委托建筑安全服务中介组织向施工企业提供与建工意外险相关的安全服务。建筑安全服务中介组织必须拥有一定数量、专业配套、具备建筑安全知识和管理经验的安全技术人员（原则上专业技术人员不少于30人）。建筑安全服务中介组织的安全服务能力应取得市建委的认可。

六、投保人办理建工意外险后，应将保险凭证专用联交付建设单位办理工程质量安全监督注册手续。

七、市总站设立专门服务窗口，为投保人提供咨询服务、对保险业务进行登记、对安全服务内容进行复核等工作。

禁止保险公司业务人员在交易中心场内进行任何业务推销、洽谈、咨询等活动；如有违反，则被视为不良行为。

滨江区、下沙经济技术开发区、之江管委会、西湖风景名胜区服务窗口的设置和管理由各区建设行政主管部门自行确定。

八、开展建工意外险的保险公司采用统一格式的保单（附件二），在保险合同条款中应载明为投保人提供安全服务的具体内容。质量安全监督机构在受理工程质量安全监督注册手续时，对建工意外险凭证、承保单位、保额、保费、安全服务等是否符合要求进行检查。不符合《办法》和本实施细则要求的，不予办理质量安全监督注册手续。

九、建设工程实行总承包的，分包单位意外伤害保险费包括在施工总承包合同中，不再另行计提。

十、发生重大安全生产（意外伤害）事故或紧急情况时，保险公司应根据建设行政主管部门的要求，在48小时内先行预付估计保险理赔金。

十一、因施工现场防护不当造成第三者受到意外伤害的，在保险理赔时投保人所需提交的证明文件和材料中，无需提交被保险人的人事证明或劳动关系凭证。

十二、投保人和保险公司在理赔金额等方面存在纠纷的，双方当事人应协商解决，也可提请杭州市建设工程质量安全监督总站（以下简称市总站）进行协调。协商或调解不成的，按照法律途径解决。

十三、投保人投保后应将有关信息在施工现场以张贴公告等形式告知被保险人，出险后的理赔金应及时送达被保险人或其受益人。

十四、施工企业除与建设单位解除施工合同外，不得退保建工意外险。

十五、保险责任期限自投保人已交付保险费的次日（或约定起保日）零时起，至施工合同规定的工程竣工验收合格之日止。提前竣工的工程保险责任自竣工验收合格之日起自行终止。因故延长工期的工程，投保人必须在保险合同规定的期限内办理续保手续。取得续保凭证后，投保人应在三个工作日内将凭证专用联送交相应的工程质量安全监督机构备查。

十六、为有效监督施工企业投保建工意外险的情况，各保险公司应按月将承保、理赔和开展安全服务工作等内容以报表形式上报市总站。市总站将结合日常监督工作，对办理建工意外险的开展情况进行不定期的检查，检查每半年不少于一次，检查结果报市建委。

十七、发现投保人或保险公司存在重大事故发生而保险公司不能及时赔付和违反《办法》及本实施细则的行为时，市（区）质量安全监督机构应当要求其改正，并作为不良行为进行记录。拒不改正的，应向市建委报告。对于施工企业，市建委将予以全市通报批评，并按有关法律、法规进行行政处罚。对于保险公司，市建委将终止该保险公司备案，并将其不良行为抄告保险监督管理部门查处，还将通过有关媒体向社会曝光。

十八、设置以下投诉电话接受举报：

市建委：87012398；

市总站：88398968。

十九、萧山区、余杭区及各县（市）可参照本细则执行。

二十、本细则自二〇〇六年十月一日起执行。

杭州市建设工程质量安全监督总站
二〇〇六年九月二十六日

13.2.7　哈尔滨市建设工程意外伤害保险暂行规定

哈尔滨市建设委员会关于印发《哈尔滨市建设工程意外
伤害保险暂行规定》的通知哈建发〔2007〕19号

各区、县（市）、开发区建设局，在哈各建设、施工、监理单位：

我市建设工程意外伤害保险工作，经过几年的广泛宣传和大力推行，已逐步趋于规范，对于维护建筑业从业人员的合法权益、转移企业事故风险、增强企业预防和控制事故能力、促进建筑业安全生产等方面起到了积极作用，得到了全社会的支持和广大施工企业的重视。为进一步明确建设工程意外伤害保险工作各方主体责任，推动意外伤害保险工作的健康发展，根据国家《建筑法》、《安全生产法》、《建设工程安全生产管理条例》、建设部《关于加强建筑意外伤害保险工作的指导意见》及《黑龙江省建设工程安全生产管理办法》等法律、法规和文件规定，制定《哈尔滨市建设工程意外伤害保险暂行规定》，现印发给你们，请遵照执行。

二〇〇七年三月二日

哈尔滨市建设工程意外伤害保险暂行规定

第一章　总　则

第一条　为保障对建设工程施工人员意外伤害实施救济，防范建设工程施工安全风险，明确建设工程意外伤害保险各方主体责任，促进建筑施工企业安全生产管理工作，根据《中华人民共和国建筑法》、《建设工程安全生产管理条例》、建设部《关于加强建筑意外伤害保险工作的指导意见》以及《黑龙江省建设工程安全生产管理办法》等法律、法规、规章和文件规定，制定本规定。

第二条　凡在本市行政区域内从事房屋建筑、市政基础设施、设备与线路管道安装、装饰装修等施工活动的建筑施工企业，依法办理建设工程意外伤害保险，应当遵守本规定。

施工企业已参加工伤保险的，施工人员在从事建设工程现场施工作业时，仍需办理意外伤害保险（以施工企业工程项目为单位办理团体险）。

第三条　建设工程意外伤害保险范围包括：在建设工程施工现场的施工作业和管理人员所受到的意外伤害以及由于现场施工而直接导致他人所受到的伤害。

第四条　哈尔滨市建设委员会（以下简称市建委）负责本市建设工程意外伤害保险

的监督管理工作。

区、县（市）、开发区建设局负责本辖区建设工程安全监管范围内意外伤害保险的监督管理工作，并接受市建委的业务指导。

各级建设安全监督管理机构受建委（建设局）委托，负责建设工程意外伤害保险的日常监管工作。

第二章 保险机构

第五条 从事建设工程意外伤害保险业务的保险公司由市建设行政主管部门通过招标方式确定。

第六条 保险公司应当为投保企业提供建设安全生产风险管理、事故防范等安全服务。安全服务内容应包括施工现场风险评估、安全技术咨询、人员培训、防灾防损设备配置、安全技术研究等。目前不能提供安全风险管理和事故预防的保险公司，应当委托具备相应资质的建设安全服务中介组织向施工企业提供与建设工程意外伤害保险相关的安全服务。

第七条 保险公司应当规范和简化理赔程序，做好理赔服务，保证施工伤亡人员能够得到及时、足额赔付。保险公司在收到理赔申请和规定资料后，应当在10个工作日内一次性赔偿完毕。

第三章 建设安全服务的中介组织

第八条 从事建设工程意外伤害保险安全服务的中介组织必须具备相应的资质，拥有专业配套、具备建设安全知识和管理经验的专业技术人员。中介组织在从事建设安全服务前应当到市建委备案。

第九条 建设安全服务中介组织应当规范管理，服务及时到位，认真做好保险公司委托的建设工程意外伤害保险安全服务工作，对自己的行为和技术咨询服务等工作成果承担相应的法律责任。

第四章 建设单位

第十条 实行施工总承包的或建设单位直接发包专业性较强的工程项目，都应依法为从业人员办理意外伤害保险，保险费计入工程成本。

实行施工总承包的，保险费由建设单位在办理施工许可证或者开工报告时一次性支付；业主直接发包的专业性较强工程项目，由业主直接交纳。

第十一条 建设工程意外伤害保险以工程项目为单位进行投保。鉴于建筑施工过程的特殊性，投保实行不计名和不计人数的方式。工程项目中实行总承包的，分包单位施工人员意外伤害保险包含在施工总承包中，分包单位施工人员意外伤害保险投保理赔事项，统一由施工总承包单位办理；建设单位直接发包的专业性较强工程项目由专业承包企业另行为施工人员办理。

第十二条 建设工程意外伤害保险费交纳标准执行哈建发〔2003〕7号文件规定，按照工程建筑面积或工程总造价交纳，具体标准为：

1. 七层以下（含七层）普通砖混住宅：1.5元/m^2；

2. 七层以上住宅、厂房、办公楼、宾馆、商场等：2元/m^2；

3. 市政、管线和设备安装、装饰装修、构筑物工程按照总造价交纳，费率为1‰。

第五章　施工企业

第十三条　建设工程意外伤害保险的期限自建设工程开工之日起至竣工验收合格之日止。提前竣工的，保险责任自行终止；工程延期竣工的，施工企业应当写出经建设单位确认的书面报告，报告中注明延期时间。凡未打延期报告，但在延期内发生伤亡事故的，保险公司可不予赔偿。

第十四条　施工单位办理建设工程意外伤害保险后，应当将投保有关信息以布告形式张贴于施工现场，告之被保险人；同时，为现场参保人员建立培训教育档案，并按照安全生产“三级教育”的有关规定进行教育培训，将安全教育人员名册（施工现场陆续进人可以补报）报建设安全监察机构备案。

第十五条　发生建设工程意外伤害事故后，施工企业应当在24小时内告知保险公司，并出具理赔申请书（一式两份）报建设安全监察机构进行登记，登记后保险公司方可进行理赔。

第六章　理　赔

第十六条　建设工程意外伤害保险最低赔付标准为：

被保险人因意外事故死亡，每人赔付10万元；

被保险人因意外事故致残的，按国家规定的下列伤残标准进行赔付：

伤残赔付标准明细表

伤残等级	一级	二级	三级	四级	五级	六级	七级	八级	九级	十级
赔付标准（万元）	10	9	8	7	6	5	4	3	2	1

注：伤残等级划分标准按照《职工工伤与职业病致残程度鉴定》（中华人民共和国国家标准GB/T 16180—1996）的规定执行。

被保险人一次受伤造成多处伤残，按所核定的最高伤残等级标准进行赔付，不累计。在保险期内，被保险人多次受伤，每次均按鉴定的伤残等级标准进行赔付，累计最高赔付10万元。

建设工程意外伤害保险附加险标准为：被保险人因意外事故致伤，医疗费按实际发生理赔，每人次最高赔付1万元。

第十七条　建设工程意外伤害保险赔偿款应由投保施工企业领取，企业对伤亡人员的赔付金额不得低于保险赔偿款金额。

第七章　意外伤害保险费率浮动

第十八条　为激励投保建筑施工企业安全生产的积极性，意外伤害保险费率采取浮动机制。

第十九条 对重视安全生产管理、安全管理绩效显著、未发生安全生产事故的建筑施工企业，在下一年度投保中，可采用下浮费率：

（一）被建设行政主管部门评为“建设安全生产先进单位”的企业，在发文之日起一年内：市级先进企业下浮5%；省级先进企业下浮10%；部级先进企业下浮15%。

（二）凡取得省级以上（含省级）文明工地、市标准化工地称号的工程项目部，自发文之日起下一年度内，该项目经理承接的工程项目按保险费率不同级别下浮：市级标准化工地下浮10%；省级安全生产文明工地下浮15%；“三市安全联检”金、银牌工地下浮20%；国家级安全生产文明工地下浮25%。

以上下浮费率按最高额计取，不得累加。施工企业项目部若发生伤残以上（含伤残）事故，该项目经理承接的工程项目保险费率各项优惠即行终止，并应补足优惠的意外伤害保险费用。保险公司应当按正常赔付标准进行赔付。

第二十条 对安全生产业绩差、安全管理不善，发生建筑施工安全违规行为和伤亡事故的建筑施工企业，在下一年度投保中，采用上浮费率：

（一）凡发生四级以上（含四级）重大安全事故或被建设行政主管部门暂扣安全生产许可证的施工总承包企业和建设单位直接发包的专业承包企业，自事故发生或安全生产许可证暂扣之日起一年内，该企业所承揽的工程保险费率按基本费率的110%计；在以后年度内连续发生事故或被暂扣安全生产许可证的施工企业，保险费率每年均在上年度费率（不得享受第十九条优惠）基础上上浮10%。

（二）工程项目部所承揽的工程在施工期间，因安全防护措施不到位，被停工整改两次以上（含两次）的，自第二次停工后一年之内该项目部承接的新工程项目保险费率按基本费率上浮10%。

（三）企业年度安全生产评价不合格的，自评价之日起一年内，该企业所承揽工程保险费率按基本费率上浮20%。

第八章 监督管理

第二十一条 各级建设安全监督机构要加强对意外伤害保险各方主体行为的日常监督检查。

建设单位未按照保证工程安全的具体措施有关规定依法办理建设工程意外伤害保险的，不予办理该项工程施工许可证。

施工企业不按照规定为作业人员办理意外伤害保险的，责令改正，拒不改正的，予以通报批评，并计入企业信用档案，同时依据有关规定进行处罚。

第二十二条 加强对保险公司开展建设工程意外伤害保险业务情况监督管理，对存在违规操作、服务质量差、不及时按合同赔付保险金、不按规定提供安全服务等不良行为的保险公司，有权要求其改正，拒不改正的，上报市建设行政主管部门，由市建设行政主管部门取消其从事建设工程意外伤害保险资格，并要求施工企业不得在该公司投保，并将其不良行为抄告保险监督管理部门查处。

第二十三条 鼓励建筑行业协会或其他有条件的中介组织开展安全咨询服务工作，大力培育建筑安全中介服务市场。

第二十四条　加强对提供建设安全服务的中介组织的管理，对存在严重违规或施工企业投诉较多的，不予备案。

第二十五条　设立建设工程意外伤害保险投诉举报电话。

第九章　附　　则

第二十六条　本规定自下发之日起施行。

13.3　保险公司有关条款

13.3.1　建筑意外伤残身故保险条款

中国人民财产保险股份有限公司建筑施工人员团体意外伤害保险条款

保险合同的构成

第一条　本保险合同由保险条款、投保单、保险单、批单和特别约定组成。凡涉及本保险合同的约定，均应采取书面形式。

投 保 范 围

第二条　凡年满16周岁（含16周岁，下同）至65周岁，能够正常工作或劳动的、从事建筑管理或作业，并与施工企业单位建立劳动关系的人员均可作为被保险人。施工企业或其他对被保险人具有保险利益的团体均可作为投保人。

按被保险人人数投保时，其投保人数必须占在职人员的75%以上，且投保人数不低于8人。

保 险 责 任

第三条　在保险期间内，被保险人从事建筑施工及与建筑施工相关的工作，或在施工现场或施工指定的生活区域内遭受意外伤害，本公司依下列约定给付保险金：

（一）被保险人自意外伤害发生之日起180日内因同一原因死亡的，保险人按保险金额给付死亡保险金，本合同对该被保险人保险责任终止。

被保险人身故前已领有本条第（二）项的保险金的，身故保险金为扣除已给付保险金后的余额。

（二）被保险人因遭受意外伤害事故，并自事故发生之日起180日内因同一原因造成本保险合同所附《人身保险残疾程度与保险金给付表》（简称《给付表》）所列残疾程度之一者，保险人按该表所列给付比例乘以保险金额，给付残疾保险金。如治疗仍未结束的，按第180日的身体情况进行残疾鉴定，并据此给付残疾保险金。

1. 被保险人因遭受意外伤害事故导致《给付表》一项以上残疾时，保险人给付各项残疾保险金之和。但不同残疾项目属于同一肢时，仅给付其中一项残疾保险金；如残疾项目所对应的给付比例不同时，仅给付其中比例较高一项的残疾保险金。

2. 被保险人本次意外伤害事故所致之残疾，如合并以前因意外伤害事故所致的残疾，可领取《给付表》所列较严重项目的残疾保险金者，保险人按较严重的项目给付残疾保险金；但应扣除以前已给付的残疾保险金。

（三）保险人对每一被保险人所负给付保险金的责任以保险金额为限，一次或累计给付的保险金达到保险金额时，本保险合同对该被保险人的保险责任终止。

责任免除

第四条 因下列原因造成被保险人身故、残疾的，保险人不承担给付保险金责任。

一、投保人、被保险人、受益人的故意行为；

二、因被保险人挑衅或故意行为而导致的打斗、被袭击或被谋杀；

三、被保险人妊娠、流产、分娩、药物过敏、食物中毒；

四、被保险人接受整容手术或其他内、外科手术导致医疗事故；

五、被保险人未遵循医嘱，私自服用、涂用、注射药物；

六、被保险人因遭受意外伤害意外的原因失踪而被法院宣告死亡者；

七、原子能或核能装置所造成的爆炸、污染或辐射。

第五条 被保险人在下列期间遭受意外伤害导致身故、残疾的，保险人也不承担给付保险金责任：

（一）战争、军事行动、暴动、恐怖活动或武装叛乱等其他类似情况期间；

（二）被保险人从事非法、犯罪活动期间；

（三）被保险人因酗酒或受酒精、毒品、管制药物的影响期间；

（四）被保险人患有艾滋病（AIDS）或感染艾滋病毒（HIV呈阳性）期间；

（五）被保险人酒后驾车，无有效驾驶执照驾驶或驾驶员无有效行驶证的机动交通工具或无有效资质操作施工设备期间。

保险金额

第六条 保险金额由投保人、保险人双方约定，并在保险单中载明。但采取本保险合同第七条第二项及第三项缴费方式的，同一保险合同所承保的每一被保险人的保险金额应保持一致。

每一被保险人的最低保险金额为10000元。

每一被保险人的保险金额一经确定，中途不得变更。

保险金额是保险人承担给付保险金责任的最高限额。

保险费

第七条 保险费有三种方式计收，由本双方选定一种，并在保险单中载明：

（一）保险费按被保险人人数计收的，按下列计算公式缴纳保险费：

保险费＝保险金额×基本年费率×保险年份数×被保险人人数×人数优惠系数×施工资质系数

保险期满后仍需办理续保手续的，仍按上式计算。

（二）保险费按建筑工程项目总造价计收的，按下列算式缴纳保险费：

保险费 = 项目总造价 × 基本保险费率 ×（每一被保险人保险金额/10000）× 施工资质系数

施工期间届满后需办理续保手续的，按下列公式计算保险费：

保险费 = 项目总造价 × 基本保险费率 ×（每一被保险人保险金额/10000）×（施工未完工期限/合同施工合同期限）× 施工资质系数

（三）保险费按建筑施工总面积计收，按下列算式缴纳保险费：

保险费 = 建筑施工总面积（平方米）× 每平方米保险费率 ×（每一被保险人保险金额/10000）× 施工资质系数

保险期间届满后仍需办理续保手续的，按下列公式计算保险费：

保险费 = 建筑施工总面积（平方米）× 每平方米保险费率 ×（每一被保险人保险金额/10000）×（施工未完工期限/合同施工期限）× 施工资质系数

保险期间

第八条　按照被保险人人数计收保险费的保险期间为一年或根据施工项目期限的长短确定，保险期间自保险人同意承保，收取保险费并签发保险单的次日零时起，至约定的终止日的 24 小时止。保险期间在保险单中列明。

第九条　按照建筑工程项目总造价或建筑施工总面积计收保险费的，保险期间自施工工程项目被正式开工，并投保人已交付保险费的次日（或约定保险期间开始之日）零时起，至施工合同规定的工程竣工之日止。保险期间在保险单中列明。

提前竣工的，保险责任自行终止。工程因延长工期或停工，需书面通知保险人并办理保险期间顺延手续。工程停工期间，保险责任中止，保险人不承担责任。工程重新开工后，投保人可书面申请恢复保险合同效力，但累计有效保险期间不得超过保险合同对保险期间的约定。

保险合同期间届满，工程仍未竣工的，需办理续保手续。

投保人、被保险人义务

第十条　投保人应如实填写投保单并回答保险人提出的询问，履行如实告知义务。

投保人故意隐瞒事实不履行如实告知义务的，保险人有权解除本保险合同，且不退还保险费。对于本保险合同解除前发生的保险事故，保险人不负给付保险金的责任。

投保人因过失未履行如实告知义务并且足以影响保险人决定是否同意承保或者提高保险费率的，保险人有权解除本保险合同；因过失未履行如实忠告义务的对保险事故发生有严重影响的并在本保险合同解除前发生的保险事故，保险人不负给付保险金的责任，仅按约定退还扣除手续费后的未满期保险费。

第十一条　保险人应在订立合同时或按照双方约定交付保险费。保险费缴付前发生的保险事故，保险人不承担保险金给付责任。

第十二条　投保人住所或通讯地址变更时，应及时以书面形式通知保险人。投保人未通知保险人的，保险人按本保险合同所在的最后住所或通讯地址发送有关通知，均视为依法送给投保人。

第十三条 在保险期间内，投保人因其人员变动，需增加、减少被保险人时，应以书面形式通知保险人，经保险人同意出具批单在本保险合同中批注后，方可生效。

被保险人人数增加时，保险人在审核同意后，于收到投保人的保险合同变更申请之日的次日零时予以起保，并按约定增收未满期保险费。

被保险人人数减少时，保险人于收到投保人的被保险人变更通知书申请之日的次日零时起对其终止保险责任（如减少被保险人属于已离职的，保险人对其所负的保险责任自其离职之日起终止），并按约定退还扣除手续费后的未满期保险费，减少后的被保险人人数不足其在职人员75%或人数低于8人时，保险人有权解除本保险合同，并按约定退还扣除手续费后的未满期保险费。

受益人的指定和变更处理

第十四条 订立保险合同时，投保人或被保险人可以指定一人或数人为身故保险金受益人，身故保险金受益人为数人时，应确定其受益顺序和受益份额，未确定受益顺序和受益份额的，各受益人按照相等份额享有受益权。

投保人或者被保险人可以变更身故保险金受益人，但需书面通知保险人，由保险人在本保险合同上批注。身故保险金受益人变更若发生法律上的纠纷，保险人不负任何责任。

投保人指定或变更受益人的，应经被保险人书面同意。

本保险合同残疾保险金的受益人为被保险人本人，保险人不受理其他指定或变更。

保险金的申请与给付

第十五条 发生本保险合同保险责任范围内的事故后，投保人、被保险人或受益人应于知道或应当知道保险事故发生之日起5日内通知本公司。

投保人、被保险人或受益人未通知或通知迟延致使保险人因此增加的勘查、调查等费用，应由被保险人承担。

投保人、被保险人或受益人未通知或通知迟延致使必要的证据丧失或事故性质、原因无法认定时，保险人对于不能认定的部分不承担赔偿责任。

上述约定，不包括因不可抗拒力而导致的迟延。

第十六条 索赔申请人向保险人申请赔偿时，应提交作为索赔依据证明材料。索赔申请人未及时提供有关单证，导致保险人无法核实单证的真实性及其记载内容的，保险人对无法核实部分不负给付保险金责任。

（一）被保险人身故的，索赔人应填写保险金给付通知书，并向保险人提供下列证明文件和资料：

1. 保险单及投保单位证明；

2. 施工单位出具的被保险人的认识证明或聘用合同证明；

3. 受益人户籍证明及身份证明；

4. 公安部门或本公司认可的医疗机构出具的被保险人死亡证明书；

5. 如被保险人因意外伤害事故被宣告死亡，受益人须提供人民法院出具的宣告死亡证明文件；

6. 被保险人户籍注销证明；

7. 索赔申请人所能提供的与确认保险事故的性质、原因等有关的其他证明和资料。

（二）被保险人残疾的，由被保险人作为申请人填写保险金给付通知书，于确定残疾及其程度后，凭借下列证明和资料向保险人申请给付保险金：

1. 保险单及投保单位证明；
2. 被保险人户籍证明及身份证明；
3. 施工单位出具的被保险人的认识证明或聘用合同证明；
4. 被保险人指定或认定的医疗机构司法机关出具的残疾或烧伤鉴定诊断书；
5. 被保险人所能提供的与确认保险事故的性质、原因、伤害程度等有关的其他证明和资料。

第十七条 保险人在收到索赔申请人的保险金给付通知书和第十六条所列的相关证明和材料后，应及时做出核定。

对属于保险责任的，保险人应在与索赔申请人达成有关给付保险金数额的协议后10日内，履行给付保险金义务；对于不属于保险责任的，保险人应向索赔人发出拒绝给付保险金通知书；对于确定属保险责任的而给付保险金数额不能确定的，保险人应自收到赔偿或者给付保险金的请求和有关证明资料之日起60日内根据已有证明和其资料，按可以确定的最低数额先予以支付，并在最终确定给付数额后作相应扣除。

第十八条 在保险期间内，被保险人因遭受意外伤害事故且在事故发生日起失踪，后经人民法院宣告为死亡的，保险人应根据该判决给付身故保险金。但若被保险人被宣告死亡后生还的，保险金领取人应于知道被保险人生还后30日内退还保险人支付的身故保险金。

第十九条 索赔申请人对保险人请求保险金的权利，自知道保险事故发生之日起两年不行使而消灭。

争议处理

第二十条 因履行本保险合同发生争议的，由当事人协商解决。

协商不成的，提交保险单载明的仲裁机构仲裁。保险单未载明仲裁机构或者争议发生后未达成仲裁协议的，可向中华人民共和国人民法院起诉。

第二十一条 本保险合同争议处理适用于中华人民共和国法律。

其他事项

第二十二条 本保险合同成立后，投保人不得解除合同。

第二十三条 在保险期间，经投保人与保险人双方约定，可以采用附加条款或批单的方式变更本保险合同的有关内容。这种附加条款或批单是本保险合同的有效组成部分。本保险合同条款与附加条款或批单不一致之处，以附加条款或批单为准，附加条款或批单未尽之处，以本保险合同条款为准。

第二十四条 释义

保险人：指与投保人订立本保险合同的中国人民财产保险股份有限公司各分支机构。

索赔申请人：指就本保险合同的身故保险金而言，是指受益人或被保险人的继承人或依法享有保险金请求权的其他自然人，就本保险合同的残疾保险金而言是指被保险人。

不可抗拒力：指不能预见、不能避免并不能克服的客观情况。

意外伤害：指意外来的、突发的、非本意的、非疾病的客观事件为直接且单独的原因致使身体受到的伤害。

肢：指人体的四肢，即左上肢、右上肢、左下肢和右下肢。

艾滋病（AIDS）或艾滋病毒（HIV）：按照世界卫生组织所订的定义为准。若在被保险人的血液样本中发现上述病毒的抗体，则认定被保险人已被艾滋病毒感染。

医疗事故：指医疗机构及其医务人员在医疗活动中，违反医疗卫生管理法律、行政法规、部门规章和诊疗护理规范、常规，过失造成患者人身伤害的事故。

无有效驾驶执照：指驾驶人员有下列情况之一者：无驾驶证或驾驶车辆与驾驶证准驾车型不相符；公安管理部门规定的其他属于无效驾驶证的情况下驾车。

保险年份数=保险合同经过的月份数/12

未满期保险费计算公式为：

未满期保费=保险费[1-(保单已过天数/保险期间天数)]

经过天数不足一天的按一天计算。

扣除手续费后未满期保费计算公式为：

未满期保费=保险费[1-(保单已过天数/保险期间天数)](1-20%)

经过天数不足一天的按一天计算。

13.3.2 附加建筑意外伤害医疗保险条款

中国人民财产保险股份有限公司附加建筑施工人员团体
意外伤害医疗保险条款

（2004年8月26日由中国保险监督管理委员会备案）

总　则

第一条　本附加合同是建筑施工人员团体意外伤害保险合同（以下简称“主合同”）的附加险合同，主险合同与本附加险合同相抵触之处，以本附加合同为准。本附加合同未约定事项，以主险合同为准。主合同效力终止，本附加险合同效力亦同时终止；主险合同无效，本附加险合同亦无效。

保险责任

第二条　在保险期间内，被保险人因遭受主险合同保险责任范围内的意外伤害事故，在中华人民共和国境内（不包括香港、澳门、台湾地区）县以上（含县）医院或者保险人指定或认可的医疗机构进行治疗，保险人按下列约定给付保险金：

（一）对被保险人在每次事故中所支出必要的、合理的、符合当地社会医疗保险主管部门规定可报销的医疗费用，保险人扣除人民币100元免赔额后，按80%比例给付医疗保险金。

（二）保险期限届满被保险人治疗仍未结束的，保险人所负保险责任期限可按下列约定延长：门诊治疗者，自保险期间届满次日起计算，以15日为限；住院治疗者，自本保险期间届满次日起计算至出院之日止，最长以90日为限。

（三）保险人所负给付保险金的责任以保险金额为限，对被保险人一次或者累计给付保险金达到其保险金额时，保险责任终止。

责任免除

第三条　因以下情形之一，造成被保险人支出医疗费用的，保险人不负保险金责任：

（一）主险合同责任免除条款所列情形；

（二）被保险人健康护理等非治疗性行为；

（三）被保险人在家自设病床治疗；

（四）被保险人洗牙、洁齿、验光、装配假肢、假牙或者助听器；

（五）未经保险人同意的转院治疗。

保险金额

第四条　保险金额由投保人，保险人双方约定，并在保险单中载明。采取主险合同第七条第二项及第三项缴费方式的，本附加险合同所承保的每一被保险人的保险金额应保持一致。

保险金额不得超过主险合同保险金额。每一被保险人的保险金额一经确定，中途不得变更。

保险金的申请与给付

第五条　被保险人向保险人申请赔偿时，除提交主险合同所约定的索赔证明和材料外，还需提供以下证明材料：

1. 县以上（含县）医院或者保险人指定或认可的医疗机构出具的诊断书、病历及医疗费用原始收据；

2. 保险人所需的其他与本项索赔相关的证明和资料。

因特殊原因不能提供上述证明的，则应提供合法有效的其他证明材料。

受益人的指定或变更换

第六条　保险金的受益人为被保险人本人，保险人不受理其他指定或变更。

13.3.3　建筑意外伤害综合保险条款

中国人财建筑工程施工人员团体人身意外伤害保险条款

第一条　保险合同构成

本保险合同（以下简称“本合同”）由保险单和其他保险凭证及所附条款、投保单、与本合同有关的投保文件、声明、批注、附贴批单及其他书面文件构成。

第二条　投保范围

一、投保人：凡从事土木、水利、道路、桥梁等建筑工程施工、线路管道设备安装、构筑物建筑物拆除和建筑装饰装修的企业，均可作为投保人为其在工程项目施工现场从事管理和作业的员工投保本保险。其员工人数在8人以下的，应全部投保；员工人数在8人以上的，被保险人人数应占投保单位所有员工人数的75%以上且不少于8人。投保时必须经被保险人同意。

二、被保险人：凡年龄在16周岁（含16周岁，下同）至65周岁，能够正常工作或劳动，属投保单位管理的员工均可作为本保险的被保险人。

第三条 保险责任

在保险期间内，被保险人在施工现场工作过程中遭受意外伤害，保险人按照本合同约定承担如下保险金给付责任：

一、意外伤害身故伤残保障

（一）被保险人自意外伤害发生之日起一百八十日内以该次意外伤害为直接原因身故，保险人按保险单所载该被保险人意外伤害身故伤残保险金额给付身故保险金。

（二）被保险人自意外伤害发生之日起一百八十日内以该次意外伤害为直接原因致残的，保险人按保险单所载该被保险人意外伤害身故伤残保险金额及该项身体残疾所对应的给付比例给付残疾保险金。如自意外伤害发生之日起第一百八十日时治疗仍未结束，按意外伤害发生之日起第一百八十日时的身体情况进行鉴定，并据此给付残疾保险金。

被保险人因同一意外伤害造成多项身体残疾时，保险人给付对应项残疾保险金之和。但不同残疾项目属于同一手或同一足时，保险人仅给付其中一项残疾保险金；如属于同一手或同一足的不同残疾项目所对应的给付比例不同时，保险人仅给付其中比例较高一项的残疾保险金。

（三）本合同列明的被保险人在因公外出期间或因公往返建筑工地途中遭受意外伤害的，保险人也根据本款第一、二项的规定承担给付保险金责任。

（四）保险人对每一被保险人所负给付保险金的责任以保险单所载该被保险人意外伤害身故伤残保险金额为限，一次或累计给付的保险金达到意外伤害身故伤残保险金额时，对该被保险人的本款保险责任终止。

二、意外伤害医疗保障

被保险人因在建筑施工现场、因公外出期间或因公往返建筑工地途中遭受意外伤害，在县级以上（含县级）或保险人认可的医疗机构治疗所支出的符合本保险单签发地政府社会医疗保险主管部门规定可以报销的医疗费用，保险人按下列约定承担给付责任：

（一）保险人对一次事故中的医疗费用在扣除100元免赔额基础上按80%的比例在保险单所载的该被保险人意外伤害医疗保险金额内予以补偿。保险期间届满被保险人治疗仍未结束的，保险人继续承担意外伤害导致的医疗费用保险责任，住院医疗最长至意外伤害发生之日起第九十日止，门诊医疗最长至意外伤害发生之日起第十五日止。

（二）在保险期间内，无论被保险人一次或多次发生意外伤害，保险人均按约定给付意外伤害医疗保险金，但累计给付金额达到保险单所载该被保险人意外伤害医疗保险金额时，保险人对该被保险人的本款保险责任终止。

（三）保险事故发生时，被保险人拥有其他医疗费用保险有效保单的，保险人按本合同有效意外伤害医疗保险金额与全部合同有效的意外伤害医疗保险金额的比例承担医疗费用给付责任。

第四条 责任免除

一、因下列情形之一，造成被保险人身故、残疾或发生医疗费用，保险人不负给付保险金责任：

（一）投保人、受益人对被保险人的故意杀害、伤害；

（二）被保险人违法、故意犯罪或拒捕；

（三）被保险人殴斗、醉酒、自杀、故意自伤或服用、吸食、注射毒品；

（四）被保险人受酒精、毒品或管制药品的影响；

（五）被保险人酒后驾驶、无有效驾驶证驾驶或驾驶无有效行驶证的机动交通工具、助动交通工具；

（六）被保险人妊娠（包括宫外孕）、安胎、分娩（包括剖腹产、流产和引产）；

（七）被保险人因检查、整容、麻醉、手术治疗或药物治疗导致的医疗事故；

（八）被保险人精神错乱或精神失常；

（九）被保险人未遵医嘱，私自服用、涂用或注射药物；

（十）被保险人从事潜水、跳伞、攀岩、探险、武术、摔跤、特技、赛马或赛车等高风险运动和活动；

（十一）被保险人患有艾滋病或感染艾滋病病毒（HIV呈阳性）期间；

（十二）因意外事故、自然灾害以外的原因失踪而被法院宣告死亡的；

（十三）战争、军事行动、恐怖活动、暴乱或武装叛乱；

（十四）核爆炸、核辐射或核污染。

如发生以上情形，导致被保险人身故，保险人对该被保险人的保险责任终止，保险人退还该被保险人的未满期保险费，但发生本条第一项情形或已发生保险金给付的，保险人不退还未满期保险费。

二、本公司对下列费用不负给付保险金责任：

（一）非因意外伤害而发生的治疗；

（二）用于矫形、整容、美容、心理咨询、器官移植或修复、安装及购买残疾用具（如轮椅、假肢、助听器、假眼、配镜等）的费用；

（三）被保险人体检、疗养或康复治疗的费用；

（四）被保险人在县级以下或非保险人认可医院的治疗费用；

（五）任何间接损失，包括交通费、食宿费、生活补助费、误工补贴费或护理费等。

第五条　保险期间

一、投保人选择按照施工建筑面积或按工程合同造价的一定比例计收保险费方式的，保险期间为：自施工工程项目被批准正式开工，并且投保人已缴付保险费的次日（或约定起保日）零时起，至施工合同规定的工程竣工之日二十四时止。提前竣工的，保险责任自行终止。工程因故延长工期或停工的，需书面通知保险人并办理保险期间顺延手续，但保险期间自开工之日起最长不超过五年。工程停工期间，保险人不承担保险责任。

二、由投保人自行选择三个月以上（含三个月）一年以内（含一年）的整数月，保险期间以保险单载明的起讫时间为准。

第六条　保险金额和保险费

一、本保险每一被保险人的最低意外伤害身故伤残保险金额为人民币10000元，意外伤害医疗保险金额最高不超过意外伤害身故伤残保险金额的30%，意外伤害身故伤残保险金额和意外伤害医疗保险金额由投保人和保险人约定并于保险单中载明，每一被保险人的保险金额一经确定，中途不得变更。

二、本保险的保险费计收方式有以下三种：

（一）按照施工建筑面积计收；

（二）按工程合同造价计收；

（三）按投保人自行选择的保险期间所对应的基准保险费计收。

投保人应于合同成立前一次支付全部保险费，保险费未缴清前，保险合同不生效。

第七条 如实告知

订立本合同时，保险人应向投保人明确说明保险条款内容，特别是责任免除条款，并有权就投保人、被保险人的有关情况提出询问，投保人、被保险人应当如实告知。

如投保人、被保险人故意不履行如实告知义务，保险人有权解除本合同，并对于本合同解除前发生的保险事故，不负给付保险金的责任，不退还保险费。

投保人、被保险人因过失未履行如实告知义务，足以影响保险人决定是否同意承保或提高保险费率的，保险人有权解除本合同；对保险事故的发生有严重影响的，本合同解除前发生的保险事故，保险人不负给付保险金的责任，但退还未满期保险费。

第八条 受益人的指定和变更

一、被保险人或者投保人可指定一人或数人为身故保险金受益人，受益人为数人时，应确定受益顺序或受益份额。

二、被保险人或者投保人变更身故保险金受益人时，应以书面形式通知保险人，并由保险人在保险单上予以批注。投保人在指定和变更身故保险金受益人时，须经被保险人书面同意。

三、被保险人身故后，遇有下列情形之一的，保险金作为被保险人的遗产，由保险人向被保险人的继承人履行给付保险金的义务：

（一）没有指定受益人的；

（二）受益人先于被保险人身故，没有其他受益人；

（三）受益人依法丧失受益权或者受益人放弃受益权，没有其他受益人的。

四、除身故保险金外，其余各项保险金的受益人为被保险人本人，保险人不受理其他指定或变更。

第九条 保险事故的通知

投保人、被保险人或受益人应于知道或应当知道保险事故发生之时起二十四小时内通知保险人。否则投保人、被保险人或受益人应承担，由于通知迟延致使保险人增加的勘查、检验等项费用。但因不可抗力导致的迟延除外。

第十条 保险金的申请

一、被保险人发生保险事故，由被保险人的保险金受益人或被保险人的继承人作为申请人填写保险金给付申请书，并凭下列证明和资料向保险人申请给付保险金：

（一）保险单正本；

（二）保险金申请人户籍证明或身份证明；

（三）用人单位出具的被保险人的人事证明或聘用合同证明；

（四）被保险人身故，须提供公安部门、县级以上（含县级）或保险人认可的医疗机构出具的户籍注销证明及身故证明书；如被保险人因意外事故或自然灾害宣告死亡的，须提供人民法院出具的宣告死亡的判决书；

（五）被保险人残疾，须提供县级以上（含县级）或保险人认可的医疗机构或医师出具的残疾程度鉴定书；

（六）被保险人因遭受意外伤害而在县级以上（含县级）或保险人认可的医疗机构治疗，须提供由该医疗机构出具的附有必要病理检查、化验检查、血液检验及其他诊断报告的诊断证明书、病历、住院证明、出院小结、医疗费用原始发票等；

（七）建筑安全主管部门出具的证明材料；

（八）投保人、保险金申请人所能提供的与确认保险事故的性质、原因、伤害程度等有关的其他证明和材料。

二、如保险金申请人委托他人申领保险金，还须提供授权委托书及受托人的身份证明等材料。

三、保险人收到申请人的保险金给付申请书及本条第一、二款所列证明和材料后，对确定属于保险责任的，在与申请人达成有关给付保险金数额的协议后十日内，履行给付保险金义务；对不属于保险责任的，向申请人发出拒绝给付保险金通知书。

四、保险人自收到申请人的保险金给付申请书及本条第一、二款所列证明和材料之日起六十日内，对属于保险责任而给付保险金的数额不能确定的，根据已有证明和材料，按可以确定的最低数额先予以支付，保险人最终确定给付保险金的数额后，给付相应的差额。

五、如被保险人在宣告死亡后生还的，保险金领取人应在知道或应当知道被保险人生还后三十日内退还保险人已支付的保险金。

六、保险金申请人对保险人请求给付保险金的权利，自其知道或应当知道保险事故发生之日起二年不行使而消灭。

第十一条　医疗费用保险补偿原则

本合同中的意外伤害医疗保险为医疗费用保险，适用补偿原则，即被保险人通过任何途径（包括本保险）所获得的医疗费用补偿金额总和以被保险人实际支出的符合本保险单签发地政府社会医疗保险主管部门规定可报销的医疗费用金额为限。

第十二条　地址变更

投保人住所或通讯地址变更时，应及时以书面形式通知保险人。投保人未以书面形式通知的，保险人将按本合同注明最后住所或通讯地址发送有关通知。

第十三条　投保人解除合同的处理

本合同成立后投保人不得要求解除本合同。

第十四条　争议处理

一、本合同适用中华人民共和国法律，受中华人民共和国司法管辖。

二、因履行本合同发生的争议，由当事人协商解决，协商不成的，依法向保单签发地的人民法院起诉。

第十五条　释义

保险人：指中国太平洋财产保险股份有限公司。

不可抗力：指不能预见、不能避免并不能克服的客观情况。

意外伤害：指遭受外来的、突发的、非本意的、非疾病的使身体受到伤害的客观事件。

给付比例：指本保险条款所附《残疾程度与保险金给付比例表》中规定的保险金给付比例。

潜水：指以辅助呼吸器材在江、河、湖、海、水库、运河等水域进行的水下运动。

攀岩：指攀登悬崖、楼宇外墙、人造悬崖、冰崖、冰山等运动。

武术：指两人或两人以上对抗性柔道、空手道、跆拳道、散打、拳击等各种拳术及各种使用器械的对抗性比赛。

探险：指明知在某种特定的自然条件下有失去生命或使身体受到伤害的危险，而故意使自己置身其中的行为。如江河漂流、徒步穿越沙漠或人迹罕见的原始森林等活动。

特技：指马术、杂技、驯兽等特殊技能。

管制药品：指根据《中华人民共和国药品管理法》及有关法规被列为特殊管理的药品，包括麻醉药品，精神药品，毒性药品及放射性药品。

未满期保险费："保险费×[1-(保单已生效天数/保险期间)](1-10%)"。生效天数不足一天的按一天计算。

保险金额：保险人承担给付保险金责任的最高限额。

附表一：

残疾程度与保险金给付比例表

等级	项目	残疾程度	给付比例
第一级	一	双目永久完全失明的；	100%
	二	两上肢腕关节以上或两下肢踝关节以上缺失的；	
	三	一上肢腕关节以上及一下肢踝关节以上缺失的；	
	四	一目永久完全失明及一上肢腕关节以上缺失的；	
	五	一目永久完全失明及一下肢踝关节以上缺失的；	
	六	四肢关节机能永久完全丧失的；	
	七	咀嚼、吞咽机能永久完全丧失的；	
	八	中枢神经系统机能或胸、腹部脏器机能极度障碍，终身不能从事任何工作，为维持生命必要的日常生活活动，全需他人扶助的	
第二级	九	两上肢，或两下肢，或一上肢及一下肢，各有三大关节中的两个关节以上机能永久完全丧失的；	75%
	十	十手指缺失的	
第三级	十一	一上肢腕关节以上缺失，或一上肢的三大关节全部机能永久完全丧失的；	50%
	十二	一下肢踝关节以上缺失，或一下肢的三大关节全部机能永久完全丧失的；	
	十三	双耳听觉机能永久完全丧失的；	
	十四	十手指机能永久完全丧失的；	
	十五	十足趾缺失的	
第四级	十六	一目永久完全失明的；	30%
	十七	一上肢三大关节中，有二关节之机能永久完全丧失的；	
	十八	一下肢三大关节中，有二关节之机能永久完全丧失的；	
	十九	一手含拇指及食指，有四手指以上缺失的；	
	二十	一下肢永久缩短5公分以上的；	
	二一	语言机能永久完全丧失的；	
	二二	十足趾机能永久完全丧失的	

续表

等　级	项　目	残 疾 程 度	给付比例
第五级	二三	一上肢三大关节中，有一关节之机能永久完全丧失的；	20%
	二四	一下肢三大关节中，有一关节之机能永久完全丧失的；	
	二五	两手拇指缺失的；	
	二六	一足五趾缺失的；	
	二七	两眼眼睑显著缺失的；	
	二八	一耳听觉机能永久完全丧失的；	
	二九	鼻部缺损且嗅觉机能遗存显著障碍的	
第六级	三十	一手拇指及食指缺失，或含拇指或食指有三个或三个以上手指缺失的；	15%
	三一	一手含拇指或食指有三个或三个以上手指机能永久完全丧失的；	
	三二	一足五趾机能永久完全丧失的	
第七级	三三	一手拇指或食指缺失，或中指、无名指和小指中有二个或二个以上手指缺失的；	10%
	三四	一手拇指及食指机能永久完全丧失的	

附表二：

意外伤害事故烧伤保险金给付比例表

烧 伤 部 位	占体表皮面积	给 付 比 例
头部	足2%但少于5%	50%
	足2%但少于5%	75%
	不少于8%	100%
躯干及四肢	足10%但少于15%	50%
	足15%但少于20%	75%
	不少于20%	100%

第14章 雇主责任保险文件

14.1 保险公司条款

14.1.1 中财保险公司新版雇主责任保险条款（2004）

中国人民财产保险公司新版雇主责任保险条款（2004）

总 则

第一条 本保险合同由保险条款、投保单、保险单以及批单组成。凡涉及本保险合同的约定，均应采用书面形式。

第二条 中华人民共和国境内（不包括香港、澳门和台湾地区）的各类企业、有雇工的个体工商户、国家机关、事业单位、社会团体、学校均可作为本保险合同的被保险人。

第三条 本保险合同所称工作人员，是指与被保险人存在劳动关系（包括事实劳动关系）的各种用工形式、各种用工期限、年满十六周岁的劳动者及其他按国家规定和法定途径审批的劳动者。

保险责任

第四条 在保险期间内，被保险人的工作人员在中华人民共和国境内（不包括香港、澳门和台湾地区）因下列情形导致伤残或死亡，依照中华人民共和国法律应由被保险人承担的经济赔偿责任，保险人按照本保险合同约定负责赔偿：

（一）在工作时间和工作场所内，因工作原因受到事故伤害；

（二）工作时间前后在工作场所内，从事与工作有关的预备性或者收尾性工作受到事故伤害；

（三）在工作时间和工作场所内，因履行工作职责受到暴力等意外伤害；

（四）被诊断、鉴定为职业病；

（五）因工外出期间，由于工作原因受到伤害或者发生事故下落不明；

（六）在上下班途中，受到交通及意外事故伤害；

（七）在工作时间和工作岗位，突发疾病死亡或者在48小时之内经抢救无效死亡；

（八）在抢险救灾等维护国家利益、公共利益活动中受到伤害；

（九）原在军队服役，因战、因公负伤致残，已取得革命伤残军人证，到用人单位后旧伤复发；

（十）法律、行政法规规定应当认定为工伤的其他情形。

第五条　保险事故发生后，被保险人因保险事故而被提起仲裁或者诉讼的，对应由被保险人支付的仲裁或者诉讼费用以及事先经保险人书面同意支付的其他必要的、合理的费用（以下简称“法律费用”），保险人按照本保险合同约定的限额也负责赔偿。

责任免除

第六条　下列原因造成的损失、费用和责任，保险人不负责赔偿：

（一）投保人、被保险人的故意或重大过失行为；

（二）战争、敌对行动、军事行为、武装冲突、罢工、暴动、民众骚乱、恐怖活动；

（三）核辐射、核爆炸、核污染及其他放射性污染；

（四）行政行为或司法行为；

（五）被保险人承包商的工作人员遭受的伤害；

（六）被保险人的工作人员犯罪或者违反法律、法规的；

（七）被保险人的工作人员醉酒导致伤亡的；

（八）被保险人的工作人员自残或者自杀的；

（九）在工作时间和工作岗位，被保险人的工作人员因投保时已患有的疾病发作或分娩、流产导致死亡或者在48小时之内经抢救无效死亡。

第七条　下列损失、费用和责任，保险人不负责赔偿：

（一）罚款、罚金及惩罚性赔款；

（二）精神损害赔偿；

（三）被保险人的间接损失；

（四）被保险人的工作人员因保险合同列明情形之外原因发生的医疗费用；

（五）本保险合同中载明的免赔额。

责任限额与免赔额

第八条　责任限额包括每人伤亡责任限额、每人医疗费用责任限额、法律费用责任限额及累计责任限额，由投保人自行确定，并在保险合同中载明。其中每人伤亡责任限额不低于3万元人民币；每人医疗费用责任限额不超过每人伤亡责任限额的50%并且不高于5万元人民币，法律费用责任限额为伤亡责任限额的20%。

第九条　每次事故每人医疗费用免赔额由投保人与保险人在签订保险合同时协商确定，并在保险合同中载明。

保险期间

第十条　除另有约定外，保险期间为一年，以保险合同载明的起讫时间为准。

投保人、被保险人义务

第十一条　投保人应履行如实告知义务，如实回答保险人就被保险人的有关情况提出的询问，并如实填写投保单。

投保人故意隐瞒事实，不履行如实告知义务的，或者因过失未履行如实告知义务，足以影响保险人决定是否同意承保或者提高保险费率的，保险人有权解除保险合同，保险合同自保险人的解约通知书到达投保人或被保险人时解除。

投保人故意不履行如实告知义务的，保险人对于保险合同解除前发生的保险事故，不承担赔偿责任，并不退还保险费。

投保人因过失未履行如实告知义务，对保险事故的发生有严重影响的，保险人对于保险合同解除前发生的保险事故，不承担赔偿责任，但可退还保险费。

第十二条 投保人应在保险合同成立时一次性支付保险费。保险事故发生时投保人未足额支付保险费的，保险人按照已交保险费与保险合同约定保险费的比例承担赔偿责任。

第十三条 被保险人应严格遵守有关安全生产和职业病防治的法律法规以及国家及政府有关部门制定的其他相关法律、法规及规定，执行安全卫生规程和标准，加强管理，采取合理的预防措施，预防保险事故发生，避免和减少损失。

保险人可以对被保险人遵守前款约定的情况进行检查，向投保人、被保险人提出消除不安全因素和隐患的书面建议，投保人、被保险人应该认真付诸实施。

投保人、被保险人未遵守上述约定而导致保险事故发生的，保险人不承担赔偿责任；投保人、被保险人未遵守上述约定而导致损失扩大的，保险人对扩大部分的损失不承担赔偿责任。

第十四条 在保险期间内，如保险合同所载事项变更或其他足以影响保险人决定是否继续承保或是否增加保险费的保险合同重要事项变更，被保险人应及时书面通知保险人，保险人有权要求增加保险费或者解除合同。

被保险人未履行通知义务，因上述保险合同重要事项变更而导致保险事故发生的，保险人不承担赔偿责任。

第十五条 发生本保险责任范围内的事故，被保险人应该：

（一）尽力采取必要、合理的措施，防止或减少损失，使工作人员得到及时救治，否则，对因此扩大的损失，保险人不承担赔偿责任；

（二）立即通知保险人，并书面说明事故发生的原因、经过和损失情况；对因未及时通知导致保险人无法对事故原因进行合理查勘的，保险人不承担赔偿责任；对因未及时通知导致保险人无法核实损失情况的，保险人对无法核实部分不承担赔偿责任；

（三）允许并且协助保险人进行事故调查；对于拒绝或者妨碍保险人进行事故调查导致无法确定事故原因或核实损失情况的，保险人不承担赔偿责任。

第十六条 被保险人收到其工作人员的损害赔偿请求时，应立即通知保险人。未经保险人书面同意，被保险人自行对其工作人员作出的任何承诺、拒绝、出价、约定、付款或赔偿，保险人不承担赔偿责任。

第十七条 被保险人获悉可能发生诉讼、仲裁时，应立即以书面形式通知保险人；接到法院传票或其他法律文书后，应将其副本及时送交保险人。保险人有权以被保险人的名义对诉讼进行抗辩或处理有关仲裁事宜，被保险人应提供有关文件，并给予必要的协助。

对因未及时提供上述通知或必要协助引起或扩大的损失，保险人不承担赔偿责任。

第十八条 被保险人向保险人请求赔偿时，应提交保险单正本、索赔申请、工作人员名单、有关事故证明书、就诊病历、检查报告、用药清单、支付凭证、损失清单、劳动保障行政部门出具的工伤认定证明、劳动能力鉴定委员会出具的劳动能力鉴定证明或保险人认可的医疗机构出具的残疾程度证明、公安部门或保险人认可的医疗机构出具的死亡证明、有关的法律文书（裁定书、裁决书、判决书等）或和解协议、以及保险人合理要求的有效的、作为请求赔偿依据的其他证明材料。

被保险人未履行前款约定的单证提供义务，导致保险人无法核实损失的，保险人对无法核实部分不承担赔偿责任。

第十九条　被保险人在请求赔偿时应当如实向保险人说明与本保险合同保险责任有关的其他保险合同的情况。对未如实说明导致保险人多支付保险金的，保险人有权向被保险人追回应由其他保险合同的保险人负责赔偿的部分。

第二十条　发生保险责任范围内的损失，应由有关责任方负责赔偿的，被保险人应行使或保留行使向该责任方请求赔偿的权利。

保险事故发生后，保险人未履行赔偿义务之前，被保险人放弃对有关责任方请求赔偿的权利的，保险人不承担赔偿责任。

在保险人向有关责任方行使代位请求赔偿权利时，被保险人应当向保险人提供必要的文件和其所知道的有关情况。

由于被保险人的过错致使保险人不能行使代位请求赔偿的权利的，保险人相应扣减赔偿金额。

赔偿处理

第二十一条　保险人的赔偿以下列方式之一确定的被保险人的赔偿责任为基础：

（一）被保险人和向其提出损害赔偿请求的工作人员或其代理人协商并经保险人确认；

（二）仲裁机构裁决；

（三）人民法院判决；

（四）保险人认可的其他方式。

第二十二条　在保险责任范围内，被保险人对其工作人员因本保险合同列明的原因所致伤残、死亡依法应承担的经济赔偿责任，保险人按照本保险合同约定负责赔偿：

（一）死亡：在保险合同约定的每人伤亡责任限额内据实赔偿；

（二）伤残：

A. 永久丧失全部工作能力：在保险合同约定的每人伤亡责任限额内据实赔偿；

B. 永久丧失部分工作能力：依保险人认可的医疗机构出具的伤残程度证明，在保险合同所附伤残赔偿比例表规定的百分比乘以每人伤亡责任限额的数额内赔偿；

C. 经保险人认可的医疗机构证明，暂时丧失工作能力超过五天（不包括五天）的，在超过5天的治疗期间，每人/天按当地政府公布的最低生活标准赔偿误工补助，以医疗期满及确定伤残程度先发生者为限，最长不超过1年。如经过诊断被医疗机构确定为永久丧失全部（部分）工作能力，保险人按A款或B款确定的赔偿金额扣除已赔偿的误工补助后予以赔偿。

第二十三条　在保险责任范围内，被保险人对其工作人员因本保险合同列明的情形所致伤残、死亡依法应承担的下列医疗费用，保险人在本保险合同约定的每人医疗费用责任限额内据实赔偿，包括：

（一）挂号费、治疗费、手术费、检查费、医药费；

（二）住院期间的床位费、陪护费、伙食费、取暖费、空调费；

（三）就（转）诊交通费、急救车费；

（四）安装假肢、假牙、假眼和残疾用具费用。

除紧急抢救外，受伤工作人员均应在县级以上（含县级）医院或保险人认可的医疗机构就诊。

被保险人承担的诊疗项目、药品使用、住院服务及辅助器具配置费用，保险人均按照国家工伤保险待遇规定的标准，在依据本条第一款（一）至（四）项计算的基础上，扣除每次事故每人医疗费用免赔额后进行赔偿。

第二十四条 保险人对每次事故法律费用的赔偿金额，不超过法律费用责任限额的25%。

同一原因同时导致被保险人多名工作人员伤残或死亡的，视为一次保险事故。

第二十五条 发生保险责任范围内的损失，在保险期间内，保险人对每个工作人员的各项累计赔偿金额不超过保险合同载明的分项每人责任限额；保险人对应由被保险人支付的法律费用的累计赔偿金额不超过保险合同载明的法律费用责任限额；保险人对被保险人的所有赔偿不超过保险合同载明的累计责任限额。

第二十六条 保险人按照投保时被保险人提供的工作人员名单承担赔偿责任。被保险人对名单范围以外的工作人员承担的赔偿责任，保险人不负责赔偿。经保险人同意按约定人数投保的，如发生保险事故时被保险人的工作人员人数多于投保时人数，保险人按投保人数与实际人数的比例承担赔偿责任。

第二十七条 保险事故发生时，如有其他相同保障的保险（包括工伤保险）存在，不论该保险赔偿与否，保险人对本条款第二十二、二十三及二十四条项下的赔偿，仅承担差额责任。

其他保险人应承担的赔偿金额，本保险人不负责垫付。

第二十八条 保险人收到被保险人的赔偿请求后，应当及时作出核定，并将核定结果通知被保险人；对属于保险责任的，在与被保险人达成有关赔偿金额的协议后十日内，履行赔偿义务。

第二十九条 被保险人对保险人请求赔偿的权利，自其知道保险事故发生之日起二年不行使而消灭。

争议处理

第三十条 因履行本保险合同发生的争议，由当事人协商解决。协商不成的，提交保险合同载明的仲裁机构仲裁；保险合同未载明仲裁机构或者争议发生后未达成仲裁协议的，应向被告住所地人民法院起诉。

第三十一条 本保险合同的争议处理适用中华人民共和国法律。

其他事项

第三十二条 保险责任开始前，投保人要求解除保险合同的，应当向保险人支付相当于保险费5%的退保手续费，保险人应当退还剩余部分保险费；保险人要求解除保险合同的，不得向投保人收取手续费并应退还已收取的保险费。

保险责任开始后，投保人要求解除保险合同的，自通知保险人之日起，保险合同解除，保险人按照保险责任开始之日起至合同解除之日止期间按短期费率计收保险费，并退还剩余部分保险费；保险人要求解除保险合同的，应提前十五日向投保人发出解约通知书，保险人按照保险责任开始之日起至合同解除之日止期间与保险期间的日比例计收保险费，并退还剩余部分保险费。

附录1：

短期费率表

保险期间	一个月	二个月	三个月	四个月	五个月	六个月	七个月	八个月	九个月	十个月	十一个月	十二个月
年费率的百分比	10	20	30	40	50	60	70	80	85	90	95	100

注：不足一个月的按一个月计收。

附录2：

伤亡赔偿比例表

项　目	伤害程度	保险合同约定每人伤亡责任限额的百分比
（一）	死亡	100%
（二）	永久丧失工作能力或一级伤残	100%
（三）	二级伤残	80%
（四）	三级伤残	65%
（五）	四级伤残	55%
（六）	五级伤残	45%
（七）	六级伤残	25%
（八）	七级伤残	15%
（九）	八级伤残	10%
（十）	九级伤残	4%
（十一）	十级伤残	1%

14.1.2　雇主责任保险附加险条款（2004）

附加罢工、暴动、骚乱责任保险条款（2004）

经保险合同双方特别约定，且投保人已支付相应附加保险费，在保险期间内被保险人的工作人员由于罢工、暴动、民众骚乱导致伤残或死亡，依照中华人民共和国法律应由被保险人承担的经济赔偿责任，保险人按照本附加险合同约定，在责任限额内负责赔偿。

本附加险条款与雇主责任保险条款相抵触之处，以本附加险条款为准；其他未尽事项以雇主责任保险条款为准。

附加核子辐射责任保险条款（2004）

经保险合同双方特别约定，且投保人已支付相应附加保险费，从事核工业生产、研究、应用的被保险人的职工在保险期间内由于突然发生的核泄漏事件受到伤害，或由于核辐射而患有职业病，被依法认定为工伤，依照中华人民共和国法律应由被保险人承担的经济赔偿责任，保险人按照本附加险合同约定，在责任限额内负责赔偿。

本附加险条款与雇主责任保险条款相抵触之处，以本附加险条款为准；其他未尽事项以雇主保险条款为准。

附加公务出国责任保险条款（2004）

经保险合同双方特别约定，且投保人已支付相应附加保险费，在保险期间内被保险人的工作人员在公务出国期间因意外事故导致伤残或死亡，依照中华人民共和国法律应由被保险人承担的经济赔偿责任，保险人按照本附加险合同约定，在责任限额内负责赔偿。

保险人对被保险人支付的境外（包括香港、澳门及台湾地区）医疗费用不承担赔偿责任。

本附加险条款与雇主责任保险条款相抵触之处，以本附加险条款为准；其他未尽事项以雇主责任保险条款为准。

附加误工补助补充责任保险条款（2004）

经保险合同双方特别约定，且投保人已支付相应附加保险费，在保险期间内发生雇主责任保险条款第二十二条（二）款C项下赔偿时，若被保险人工作人员工资标准的80%高于当地政府公布的最低生活标准，保险人按照该工作人员事故前12个月平均工资80%的标准，补足差额。

本附加险条款与雇主责任保险条款相抵触之处，以本附加险条款为准；其他未尽事项以雇主责任保险条款为准。

附加第三者责任保险条款（2004）

保险责任

经保险合同双方特别约定，且投保人已支付相应附加保险费，在保险期间内被保险人的工作人员在从事保险合同载明的被保险人业务时，因意外或疏忽，造成第三者人身伤亡或财产损失，依照中华人民共和国法律应由被保险人承担的经济赔偿责任，保险人按照本附加险合同约定，在保险合同载明的本附加险责任限额内负责赔偿。

责任免除

下列责任，保险人不负责赔偿：

（一）被保险人工作人员因驾驶各种机动车辆造成第三者人身伤亡或财产损失所引起的赔偿责任；

（二）被保险人工作人员因从事医师、律师、会计师、建筑师、美容师等其他专门职业造成第三者人身伤亡或财产损失，所引起的赔偿责任。

责任限额及免赔额

责任限额包括每次事故责任限额、累计责任限额以及每次事故每人伤亡责任限额，由投保人自行确定，并在保险合同中载明。

每次事故财产损失免赔额由投保人与保险人在签订保险合同时协商确定，并在保险合同中载明。

发生本附加险责任范围内的损失，保险人对每次事故人身伤亡的赔偿金额与每次事故财产损失的赔偿金额之和不超过保险合同载明的第三者责任每次事故责任限额；在保险期间内，保险人对第三者责任的累计赔偿金额不超过保险合同载明的第三者责任累计责任限额。

其 他 事 项

本附加险条款与雇主责任保险条款相抵触之处，以本附加险条款为准；其他未尽事项以雇主责任保险条款为准。

14.1.3　中国平安保险公司雇主责任保险条款

中国平安保险公司雇主责任保险条款

总　　则

第一条　为了保障被保险人因其雇员遭受意外事故或患职业性疾病，而依法应承担的经济赔偿责任能够获得补偿，特制定本保险。

第二条　中华人民共和国境内的各类机关、企事业单位、和个体经济组织以及其他组织均可成为本保险的被保险人。

一　保险责任

第三条　在本保险合同有效期间内，凡被保险人的员工雇员，在其雇佣期间因从事本保险单所载明的被保险人的工作而遭受意外事故或患与工作有关的国家规定的职业性疾病所致伤、残或死亡，对被保险人因此依法应承担的下列经济赔偿责任，保险人本公司依据本保险单本保险合同的约定，在约定的赔偿限额内予以赔付：

（一）死亡赔偿金；

（二）伤残赔偿金；

（三）误工费用；

（四）医疗费用。

经保险人本公司书面同意负责的、必要的、合理的诉讼费用及其他费用，本公司负责在保险单中规定的约定的诉讼费用累计赔偿限额内赔偿保险人。

在本保险期间内，保险人本公司对本保险单项下的各项赔偿的最高赔偿责任金额之和不得超过本保险单明细表中列明的累计赔偿限额。

二　责任免除

第四条　保险人本公司对下列各项不负赔偿责任：

（一）被保险人的员工雇员由于职业性疾病以外的疾病、传染病、分娩、流产以及因上述原因而施行接受医疗、诊疗内外科治疗手术所致的伤残或死亡；

（二）由于被保险人的员工雇员自伤、自杀、打架、斗殴、犯罪及无照驾驶各种机动车辆所致的伤残或死亡；

（三）被保险人的员工雇员因非职业原因而受酒精或药剂的影响所导致的伤残或死亡；

（四）被保险人的雇员因工外出期间以及上下班途中遭受意外事故而导致的伤残或死亡；

（五）被保险人直接或指使他人对其雇员故意实施的骚扰、伤害、性侵犯，而直接或间接造成其雇员的伤残、死亡；

（六）任何性质的精神损害赔偿、罚款、罚金；

（七）被保险人对其承包商所雇佣员工雇员的责任；

（八）在中华人民共和国境外，包括我国香港、澳门和台湾地区，所发生的被保险人员工雇员的伤残或死亡；

（九）国务院颁布的《工伤保险条例》所规定的工伤保险诊疗项目目录、工伤保险药品目录、工伤保险住院服务标准之外的医药费用；

（十）劳动和社会保障部所颁布的《国家基本医疗保险药品目录》规定之外的医药费用；

（十一）假肢、矫形器、假眼、假牙和配置轮椅等辅助器具；

（十二）住宿费用、陪护人员的误工费、交通费、生活护理费、丧葬费用、供养亲属抚恤金、抚养费；战争、军事行动、恐怖活动、罢工、暴动、民众骚乱或由于核子辐射所致被保险人所雇用雇员伤残、死亡或疾病；

（十三）超出之外战争、军事行动、恐怖活动、罢工、暴动、民众骚乱或由于核子辐射所致被保险人雇员的伤残、死亡或疾病；

（十四）超出之外直接或间接因计算机2000年问题造成的损失；

（十五）其他不属于保险责任范围内的损失和费用。

三 保险期限间

第五条 除保险单另有约定外，保险期间为一年，自起保日的零时起到期满日的二十四时止。

四 赔偿处理

第六条 被保险人在向保险人本公司申请赔偿时，应提交保险单、有关事故证明书、保险人本公司认可的医疗机构出具的医疗证明、医疗费等费用的原始单据及保险人本公司认为必要的有效单证材料。保险人本公司应当迅速审定核实，保险赔款金额一经保险合同双方确认，保险人本公司应当在十日内一次性支付赔款结案。

第七条 在本保险合同有效期内，发生保险责任范围内的事故，保险人本公司根据投保人或被保险人提供的雇员名册，对本保险人依法承担的对其发生伤、残、亡的每个雇员经济赔偿责任，在赔偿限额内给付下列赔偿金：

（一）死亡赔偿金：以保单约定的每人死亡赔偿限额为限。

（二）伤残赔偿金：按伤残鉴定机构出具的伤残程度鉴定书，并对照国家发布的《职工工伤与职业病致残程度鉴定标准》GB/T 16180—2006以下称“《伤残鉴定标准”》）确定伤残等级而支付相应赔偿金。相应的赔偿限额为该伤残等级所对应的下列“伤残等级赔偿限额比例表”的比例乘以每人死亡赔偿额度限额所得金额。

伤残等级赔偿限额比例表

伤残等级	比例
一级	100%
二级	80%
三级	70%
四级	60%
五级	50%
六级	40%
七级	30%
八级	20%
九级	10%
十级	5%

伤残项目对应“《伤残鉴定标准》”两项者，如果两项不同级，以级别高者为伤残等级，如果两项同级，以该级别的上一等晋升一级为伤残等级；伤残项目对应《伤残鉴定标准》三项以上者（含三项），以该等级中的最高级别晋升一级的上一等级为伤残等级。但无论如何，最高级别伤残等级不得高于上表中所规定的一级。

（三）误工费用

本公司负责赔偿被保险人雇员因疾病或受伤导致C其暂时丧失工作能力（持续五天以上<不包括五天>无法工作的）而遭受的误工损失：经医院证明，按以下公式计算赔偿：当地政府公布的最低工资月标准/30＊（实际暂时丧失工作能力天数－5天），最长赔付天数为365天，且以保单约定的每人死亡赔偿限额为限。

如在赔付本条第（三）款项下误工费用补助后，被保险人雇员死亡或经伤残鉴定机构诊断确定为永久丧失全部（或部分）工作能力一级至十级伤残，索赔人被保险人就其雇员的同一保险事故申请，按永久丧失全部（或部分）工作能力A（或B）确定赔付本条第（一）款项下死亡赔偿金或第（二）款项下伤残补助赔偿金额的，在计算A（或B）的赔付金额时，需扣除本公司已赔偿的工伤第（三）款项下赔偿金额。如被保险人就其雇员的同一保险事故索赔人已经A或B申请领取本条第（一）款项下死亡赔偿金或第（二）款项下伤残补助赔偿金付额，则不能再按照C申请第（三）款项下赔偿金额。

（四）医疗费用

保险人本公司赔偿必需的、合理的医疗费用，具体包括挂号费、治疗费、手术费、床位费、检查费（最高人民币300元/每人）、医药费。本公司不承担陪护费、伙食费、营养费、交通费、取暖费及空调费用。除紧急抢救外，受伤雇员均应在县级以上医院或政府有关部门或承保本公司指定的医院就诊。本公司支付的本款项下的赔偿金额以保单约定的每人医疗费用赔偿限额为限。

（五）赔偿金的给付

（1）无论发生一次或多次保险事故，本公司保险人对被保险人的单个员工雇员所给付的上述各项总的赔偿金额死亡赔偿金、伤残赔偿金和误工费用之和不超过本保险单约定的每人死亡赔偿限额。被保险人不得就其单个雇员因同一保险事故同时申请伤残赔偿金和死亡赔偿金。无论发生一次或多次保险事故，被保险人就其单个雇员申请，按永久丧失全部（或部分）工作能力A（或B）确定赔付死亡赔偿金补助的，如果本公司已赔付了伤残赔偿金，在计算赔付金额时，需扣除已赔付的工伤伤残赔偿金额。

（2）串用无论发生一次或多次保险事故，本公司对被保险人所雇佣的每个雇员所给付的医疗费用不超过保险单约定的每人医疗费用赔偿限额。

第八条 在发生本保险单项下的索赔时，若存在重复保险，保险人本公司按本保险合同保险金额与保险金额总和的比例承担赔偿责任。

第九条 被保险人雇员在本保险合同期间内，因第三方全部或部分责任导致的意外事故所致死亡、伤残，本公司按以下约定负责赔偿本保险条款第七条项下所规定的赔偿款项：

（一）第三方未赔偿其依法应付的赔偿金，本公司按本保险合同约定计算赔偿金额。

（二）第三方已赔偿其依法应付的赔偿金的：

1. 第三方承担的本保险合同责任范围内的赔偿金低于按本保险合同约定计算的赔偿金，本公司负责赔偿按照本保险合同约定计算的赔偿金与第三方已付的本保险合同责任范围内的赔偿金的差额部分；

2. 第三方承担的本保险合同责任范围内的赔偿金高于按本保险合同约定计算的赔偿金，本公司不负责赔偿。

3. 无论如何，在其他因素相同的情况下，存在第三方责任时本保险单计算的各项赔偿金均不超过在没有第三方责任时本保险单计算的各项赔偿金。

第十条 投保人应在投保时列明被保险人雇员名单，对被保险人承担的发生保险事故时未列人名单的雇员的经济赔偿责任，本公司不负赔偿。发生名单变动时，要在新增人员开始工作后五日内通知保险人本公司办理批改手续。更改或新增的雇员发生的索赔案件，事先未及时通知保险人本公司批改保险单导致该名雇员不在列明人员名单中的，保险人本公司不负赔偿责任。

第十一条 被保险人向本公司请求赔偿或者给付保险金的权利，自其知道保险事故发生之日起二年不行使而消灭。

五 被保险人义务

第十二条 在投保时，投保人及其代表应对投保申请书中的事项以及保险人本公司提出的其他事项做出真实、详尽的说明或描述。

第十三条 投保人应当按照约定及时缴纳保险费。

第十四条 被保险人应加强对其经营业务的安全管理，严格执行有关劳动保护条例，防止伤害事故发生；一旦发生事故，应采取一切合理措施减少损失。

第十五条 如果在本保险合同有效期限内，本保险重要事项变更或保险标的危险程度增加的，被保险人或其代表应在五天内以书面形式通知保险人本公司，并根据保险人本公司的要求调整保费，否则本公司对由此导致的损失不负赔偿责任。

第十六条 一旦发生本保险单所承保的任何事故，被保险人或其代表应履行下列义务：

（一）立即通知保险人本公司，并在七天或经保险人本公司书面同意延长的期间内以书面报告提供事故发生的经过、原因和损伤程度，并协助保险人本公司进行调查核实；

（二）未经保险人本公司同意，被保险人或其代表不得自行对索赔事项做出的承诺、提议或付款的表示，否则，对此本公司概不负责；

（三）在预知可能引起诉讼时，立即以书面形式通知保险人本公司，并在接到法院传票或其他法律文件后，立即将其送交保险人本公司；保险人本公司有权以被保险人名义进行诉讼、追偿，被保险人应全力协助。

第十七条　被保险人如不履行上述第十二条至第十六条约定的任一项义务，保险人本公司有权拒绝赔偿，或者从书面通知之日起解除保险合同。

六　总则其他事宜事项

第十八条　保单效力被保险人严格遵守和履行本保险单的各项约定，是保险人本公司承担本保险合同项下赔偿责任的先决条件。

第十九条　本保险合同在被保险人丧失保险利益后自动终止，保险人本公司将按日比例退还被保险人本保险合同项下未到期部分的保险费。

第二十条　保单注销被保险人可随时书面申请终止本保险单，对未满期的保险费，保险人本公司依照短期费率的约定返还被保险人；保险人本公司也可提前十五天书面通知被保险人终止本保险合同，对未满期间的保险费，保险人本公司依照全年保险费按日比例返还被保险人。

第二十一条　权益丧失如果任何索赔含有虚假成分，或被保险人或其代表在索赔时采取欺诈手段企图在保险合同项下获取利益，或任何损失是由被保险人或其代表的故意行为或纵容所致，被保险人将丧失其在本保险合同项下，此次索赔的所有权益。对由此产生的包括保险人本公司已支付的赔款在内的一切损失，应由被保险人负责赔偿。

第二十二条　权益转让若本保险合同项下负责的损失涉及其他责任方时，不论保险人本公司是否已赔偿被保险人，被保险人应立即采取一切必要的措施行使或保留向该责任方索赔的权利。在保险人本公司支付赔款后，被保险人应将向该责任方追偿的权利转让给保险人本公司，移交一切必要的单证，并协助保险人本公司向责任方追偿。

第二十三条　争议处理被保险人和保险人之间的一切有关本保险的争议，应通过协商解决。如果协商不成，可按仲裁协议申请仲裁或向法院提出诉讼。除事先特别约定外，诉讼应在被告所在地进行。被保险人与本公司之间的一切有关本保险的争议应通过友好协商解决，如协商不成，可选择以下二种方式之一解决：

（一）提交仲裁委员会仲裁；

（二）向被告住所地人民法院起诉。

第二十四条　因本保险合同产生的争议适用中华人民共和国法律。

定　义

职业性疾病

职业性疾病是指企业、事业单位、个体经济组织以及其他组织的雇员在职业活动中，因接触粉尘、放射性物质和其他有毒、有害物质等因素而引起的并且在保险合同期间内确诊的疾病。职业病的分类和目录以国务院卫生行政部门会同国务院劳动保障行政部门公布的关类别和目录为准。

雇员是指与被保险人签订有劳动合同或存在事实劳动合同关系，接受被保险人给付薪金、工资，年满十六周岁的人员及其他按国家规定审批的未满十六周岁的特殊人员，包括正式在册职工、短期工、临时工、季节工和徒工等。但因委托代理、行纪、居间等其他合同为被保险人提供服务或工作的人员不属于本保险合同所称雇员。

非列明方式承保附加险条款

本保险条款为雇主责任保险（主险）的附加条款，若主险条款与本附加险条款互有冲突，以本附加险条款为准。本附加险条款未尽事宜，以主险条款为准。

经投保人与保险人本公司协商一致，投保人在投保时不提供雇员名单，只提供雇员总人数和对应的各工种人数。被保险人的雇员如有增减，应在30天内通知本公司批改相应工种的申报人数，并补交或退还相应的保险费。本公司按出险时各工种的申报人数与出险时该工种的实际人数的比例分别计算赔偿。

临时海外出境工作附加险条款

本保险条款为雇主责任保险（主险）的附加险条款，若主险条款与本附加险条款互有冲突，以本附加险条款为准。本附加险条款未尽事宜，以主险条款为准。经投保人与本公司协商一致，对于被保险人的雇员在临时出境，包括前往我国香港、澳门和台湾地区，工作的雇佣期间因遭受意外事故或患职业性病而导致被保险人依法应承担的经济赔偿责任，本公司按照主险条款规定负责赔偿。

境内公出及上下班途中附加险条款

本保险条款为雇主责任保险（主险）的附加险条款，若主险条款与本附加险条款互有冲突，以本附加险条款为准。本附加险条款未尽事宜，以主险条款为准。经投保人与本公司协商一致，对于被保险人的雇员在境内，不包括我国香港、澳门和台湾地区，因工外出期间由于工作原因遭受意外事故及上下班途中遭受意外事故而导致被保险人依法应承担的经济赔偿责任，本公司按照主险条款规定负责赔偿。

本附加险所指上下班途中遭受意外事故是指被保险人雇员在上下班的规定时间和必经路线上，发生无本人责任或者非本人主要责任的道路交通机动车事故。

申报工资附加险条款

本保险条款为雇主责任保险（主险）的附加险条款，若主险条款与本附加险条款互有冲突，以本附加险条款为准。本附加险条款未尽事宜，以主险条款为准。

经投保人与本公司协商一致，投保人在投保时分类申报被保险人雇员的月工资标准，本公司同意在计算赔偿主险条款第七条第（三）款所规定的补助误工费用时，不再按当地最低工资标准计算，而从申报月工资标准和实际月工资标准两者中选取低者作为标准计算。

14.1.4 中银保险有限公司雇主责任保险

中银保险有限公司雇主责任保险（2006）

总　则

第一条 本保险合同由保险条款、投保单、保险单以及批单组成。凡涉及本保险合同的约定，均应采用书面形式。

第二条　中华人民共和国境内（不包括香港、澳门和台湾地区）的各类企业、有雇工的个体工商户、国家机关、事业单位、社会团体、学校均可作为本保险合同的被保险人。

第三条　本保险合同所称工作人员，是指与被保险人存在劳动关系（包括事实劳动关系）的各种用工形式、各种用工期限、年满十六周岁的劳动者及其他按国家规定和法定途径审批的劳动者。

保险责任

第四条　在保险期间内，被保险人的工作人员在中华人民共和国境内（不包括香港、澳门和台湾地区）因下列情形导致伤残或死亡，依照中华人民共和国法律应由被保险人承担的经济赔偿责任，保险人按照本保险合同约定负责赔偿：

（一）在工作时间和工作场所内，因工作原因受到事故伤害；

（二）工作时间前后在工作场所内，从事与工作有关的预备性或者收尾性工作受到事故伤害；

（三）在工作时间和工作场所内，因履行工作职责受到暴力等意外伤害；

（四）被诊断、鉴定为职业病；

（五）因工外出期间，由于工作原因受到伤害或者发生事故下落不明；

（六）在上下班途中，受到交通及意外事故伤害；

（七）在工作时间和工作岗位，突发疾病死亡或者在48小时之内经抢救无效死亡；

（八）在抢险救灾等维护国家利益、公共利益活动中受到伤害；

（九）原在军队服役，因战、因公负伤致残，已取得革命伤残军人证，到用人单位后旧伤复发；

（十）法律、行政法规规定应当认定为工伤的其他情形。

第五条　保险事故发生后，被保险人因保险事故而被提起仲裁或者诉讼的，对应由被保险人支付的仲裁或者诉讼费用以及事先经保险人书面同意支付的其他必要的、合理的费用（以下简称“法律费用”），保险人按照本保险合同约定的限额也负责赔偿。

责任免除

第六条　下列原因造成的损失、费用和责任，保险人不负责赔偿：

（一）投保人、被保险人的故意或重大过失行为；

（二）战争、类似战争行为、敌对行为、军事行动、武装冲突、恐怖主义活动、谋反、政变、罢工、暴动、民众骚乱；

（三）核辐射、核爆炸、核污染及其他放射性污染；

（四）行政行为或司法行为；

（五）被保险人承包商的工作人员遭受的伤害；

（六）被保险人的工作人员犯罪或者违反法律、法规的；

（七）被保险人的工作人员醉酒导致伤亡的；

（八）被保险人的工作人员自残或者自杀的；

（九）在工作时间和工作岗位，被保险人的工作人员因投保时已患有的疾病发作或分娩、流产导致死亡或者在48小时之内经抢救无效死亡；

（十）被保险人从事潜水、跳伞、攀岩运动、探险活动、武术比赛、摔跤比赛、特技表演、赛马、赛车等高风险运动。

第七条 下列损失、费用和责任，保险人不负责赔偿：

（一）罚款、罚金及惩罚性赔款；

（二）精神损害赔偿；

（三）被保险人的间接损失；

（四）被保险人的工作人员因保险合同列明情形之外原因发生的医疗费用；

（五）本保险合同中载明的免赔额。

责任限额与免赔额

第八条 责任限额包括每人伤亡责任限额、每人医疗费用责任限额、法律费用责任限额、每次事故责任限额及累计责任限额，由投保人自行确定，并在保险合同中载明。其中每人伤亡责任限额不低于3万元人民币；每人医疗费用责任限额不超过每人伤亡责任限额的30%并且不高于5万元人民币，法律费用责任限额为伤亡责任限额的20%。

第九条 每次事故每人医疗费用免赔额由投保人与保险人在签订保险合同时协商确定，并在保险合同中载明。

保险期间

第十条 除另有约定外，保险期间为一年，以保险合同载明的起讫时间为准。

投保人、被保险人义务

第十一条 投保人、被保险人应履行如实告知义务，如实回答保险人就被保险人的有关情况提出的询问，并如实填写投保单。

投保人、被保险人故意隐瞒事实，不履行如实告知义务的，或者因过失未履行如实告知义务，足以影响保险人决定是否同意承保或者提高保险费率的，保险人有权解除保险合同，保险合同自保险人的解约通知书到达投保人或被保险人时解除。

投保人、被保险人故意不履行如实告知义务的，保险人对于保险合同解除前发生的保险事故，不承担赔偿责任，并不退还保险费。

投保人、被保险人因过失未履行如实告知义务，对保险事故的发生有严重影响的，保险人对于保险合同解除前发生的保险事故，不承担赔偿责任，但可退还保险费。

第十二条 投保人应在保险合同成立时一次性支付保险费。保险事故发生时投保人未足额支付保险费的，保险人按照已交保险费与保险合同约定保险费的比例承担赔偿责任。

第十三条 被保险人应严格遵守有关安全生产和职业病防治的法律法规以及国家及政府有关部门制定的其他相关法律、法规及规定，执行安全卫生规程和标准，加强管理，采取合理的预防措施，预防保险事故发生，避免和减少损失。

保险人可以对被保险人遵守前款约定的情况进行检查，向投保人、被保险人提出消除不安全因素和隐患的书面建议，投保人、被保险人应该认真付诸实施。

投保人、被保险人未遵守上述约定而导致保险事故发生的，保险人不承担赔偿责任；投保人、被保险人未遵守上述约定而导致损失扩大的，保险人对扩大部分的损失不承担赔偿责任。

第十四条　在保险期间内，如保险合同所载事项变更或其他足以影响保险人决定是否继续承保或是否增加保险费的保险合同重要事项变更，被保险人应及时书面通知保险人，保险人有权要求增加保险费或者解除合同。

被保险人未履行通知义务，因上述保险合同重要事项变更而导致保险事故发生的，保险人不承担赔偿责任。

第十五条　发生本保险责任范围内的事故，被保险人应该：

（一）尽力采取必要、合理的措施，防止或减少损失，使工作人员得到及时救治，否则，对因此扩大的损失，保险人不承担赔偿责任；

（二）立即通知保险人，并书面说明事故发生的原因、经过和损失情况；对因未及时通知导致保险人无法对事故原因进行合理查勘的，保险人不承担赔偿责任；对因未及时通知导致保险人无法核实损失情况的，保险人对无法核实部分不承担赔偿责任；

（三）允许并且协助保险人进行事故调查；对于拒绝或者妨碍保险人进行事故调查导致无法确定事故原因或核实损失情况的，保险人不承担赔偿责任。

第十六条　被保险人收到其工作人员的损害赔偿请求时，应立即通知保险人。未经保险人书面同意，被保险人自行对其工作人员作出的任何承诺、拒绝、出价、约定、付款或赔偿，保险人不承担赔偿责任。

第十七条　被保险人获悉可能发生诉讼、仲裁时，应立即以书面形式通知保险人；接到法院传票或其他法律文书后，应将其副本及时送交保险人。保险人有权以被保险人的名义对诉讼进行抗辩或处理有关仲裁事宜，被保险人应提供有关文件，并给予必要的协助。

对因未及时提供上述通知或必要协助引起或扩大的损失，保险人不承担赔偿责任。

第十八条　被保险人向保险人请求赔偿时，应提交保险单正本、索赔申请、工作人员名单、有关事故证明书、就诊病历、检查报告、用药清单、支付凭证、损失清单、劳动保障行政部门出具的工伤认定证明、劳动能力鉴定委员会出具的劳动能力鉴定证明或保险人认可的医疗机构出具的残疾程度证明、公安部门或保险人认可的医疗机构出具的死亡证明、有关的法律文书（裁定书、裁决书、判决书等）或和解协议，以及保险人合理要求的有效的、作为请求赔偿依据的其他证明材料。

被保险人未履行前款约定的单证提供义务，导致保险人无法核实损失的，保险人对无法核实部分不承担赔偿责任。

第十九条　被保险人在请求赔偿时应当如实向保险人说明与本保险合同保险责任有关的其他保险合同的情况。对未如实说明导致保险人多支付保险金的，保险人有权向被保险人追回应由其他保险合同的保险人负责赔偿的部分。

第二十条　发生保险责任范围内的损失，应由有关责任方负责赔偿的，被保险人应行使或保留行使向该责任方请求赔偿的权利。

保险事故发生后，保险人未履行赔偿义务之前，被保险人放弃对有关责任方请求赔偿的权利的，保险人不承担赔偿责任。

在保险人向有关责任方行使代位请求赔偿权利时，被保险人应当向保险人提供必要的文件和其所知道的有关情况。

由于被保险人的过错致使保险人不能行使代位请求赔偿的权利的，保险人相应扣减赔偿金额。

赔偿处理

第二十一条 保险人的赔偿以下列方式之一确定的被保险人的赔偿责任为基础：

（一）被保险人和向其提出损害赔偿请求的工作人员或其代理人协商并经保险人确认；

（二）仲裁机构裁决；

（三）人民法院判决；

（四）保险人认可的其他方式。

第二十二条 在保险责任范围内，被保险人对其工作人员因本保险合同列明的原因所致伤残、死亡依法应承担的经济赔偿责任，保险人按照本保险合同约定负责赔偿：

（一）死亡：在保险合同约定的每人伤亡责任限额内据实赔偿；

（二）伤残：

A. 永久丧失全部工作能力：在保险合同约定的每人伤亡责任限额内据实赔偿；

B. 永久丧失部分工作能力：依保险人认可的医疗机构出具的伤残程度证明，在保险合同所附伤残赔偿比例表规定的百分比乘以每人伤亡责任限额的数额内赔偿；

C. 经保险人认可的医疗机构证明，暂时丧失工作能力超过五天（不包括五天）的，在超过5天的治疗期间，每人/天按当地政府公布的最低生活标准赔偿误工补助，以医疗期满及确定伤残程度先发生者为限，最长不超过1年。如经过诊断被医疗机构确定为永久丧失全部（部分）工作能力，保险人按A款或B款确定的赔偿金额扣除已赔偿的误工补助后予以赔偿。

第二十三条 在保险责任范围内，被保险人对其工作人员因本保险合同列明的情形所致伤残、死亡依法应承担的下列医疗费用，保险人在本保险合同约定的每人医疗费用责任限额内据实赔偿，包括：

（一）挂号费、治疗费、手术费、检查费、医药费；

（二）住院期间的床位费、陪护费、伙食费、取暖费、空调费；

（三）就（转）诊交通费、急救车费；

（四）安装假肢、假牙、假眼和残疾用具费用。

除紧急抢救外，受伤工作人员均应在县级以上（含县级）医院或保险人认可的医疗机构就诊。

被保险人承担的诊疗项目、药品使用、住院服务及辅助器具配置费用，保险人均按照国家工伤保险待遇规定的标准，在依据本条第一款（一）至（四）项计算的基础上，扣除每次事故每人医疗费用免赔额后进行赔偿。

第二十四条 保险人对每次事故法律费用的赔偿金额，不超过法律费用责任限额的25%。

同一原因同时导致被保险人多名工作人员伤残或死亡的，视为一次保险事故。

第二十五条　发生保险责任范围内的损失，在保险期间内，保险人对每个工作人员的各项累计赔偿金额不超过保险合同载明的分项每人责任限额；保险人对应由被保险人支付的法律费用的累计赔偿金额不超过保险合同载明的法律费用责任限额；保险人对被保险人的所有赔偿不超过保险合同载明的累计责任限额。

第二十六条　保险人按照投保时被保险人提供的工作人员名单承担赔偿责任。被保险人对名单范围以外的工作人员承担的赔偿责任，保险人不负责赔偿。

经保险人同意按约定人数投保的，如发生保险事故时被保险人的工作人员人数多于投保时人数，保险人按投保人数与实际人数的比例承担赔偿责任。

第二十七条　保险事故发生时，如有其他相同保障的保险（包括工伤保险）存在，不论该保险赔偿与否，保险人对本条款第二十二、二十三及二十四条项下的赔偿，仅承担差额责任。

其他保险人应承担的赔偿金额，本保险人不负责垫付。

第二十八条　保险人收到被保险人的赔偿请求后，应当及时作出核定，并将核定结果通知被保险人；对属于保险责任的，在与被保险人达成有关赔偿金额的协议后十日内，履行赔偿义务。

第二十九条　被保险人对保险人请求赔偿的权利，自其知道保险事故发生之日起二年不行使而消灭。

争议处理

第三十条　因履行本保险合同发生的争议，由当事人协商解决。协商不成的，提交保险合同载明的仲裁机构仲裁；保险合同未载明仲裁机构或者争议发生后未达成仲裁协议的，可向人民法院起诉。

第三十一条　本保险合同的争议处理适用中华人民共和国法律。

其他事项

第三十二条　保险责任开始前，投保人要求解除保险合同的，应当向保险人支付相当于保险费5%的退保手续费，保险人应当退还剩余部分保险费；保险人要求解除保险合同的，不得向投保人收取手续费并应退还已收取的保险费。

保险责任开始后，投保人要求解除保险合同的，自通知保险人之日起，保险合同解除，保险人按照保险责任开始之日起至合同解除之日止期间按短期费率计收保险费，并退还剩余部分保险费。

释　义

医疗机构：指本公司指定或认可的医院或中华人民共和国境内合法经营的县（区）级以上公立医院，但不包括主要作为诊所、康复、护理、休养、静养、戒酒、戒毒等或类似的医疗机构。该医院必须具有符合国家有关医院管理规则设置标准的医疗设备，且全天二十四小时有合格医师及护士驻院提供医疗及护理服务。

潜水：指以辅助呼吸器材在江、河、湖、水库、运河等水域进行的水下运动。

攀岩运动：指攀登悬崖、楼宇外墙、人造悬崖、冰崖、冰山等运动。

武术比赛：指两人或两人以上对抗柔道、空手道、跆拳道、散打、拳击等各种拳术及各种使用器械的对抗性比赛。

探险活动：指明知在某种特定的自然条件下有失去生命或使身体受到伤害的危险，而故意使自己置身其中的行为。如江河漂流、徒步穿越沙漠或人迹罕至的原始森林等活动。

特技：指从事马术、杂技、驯兽等特殊技能。

附录：

伤亡赔偿比例表

项目	伤害程度	保险合同约定每人伤亡责任限额的百分比
（一）	死亡	100%
（二）	永久丧失工作能力或一级伤残	100%
（三）	二级伤残	80%
（四）	三级伤残	65%
（五）	四级伤残	55%
（六）	五级伤残	45%
（七）	六级伤残	25%
（八）	七级伤残	15%
（九）	八级伤残	10%
（十）	九级伤残	4%
（十一）	十级伤残	1%

14.2 国家司法解释

最高人民法院关于审理人身损害赔偿案件适用法律若干问题的解释

最高人民法院关于审理人身损害赔偿案件适用法律若干问题的解释

（2003年12月4日最高人民法院审判委员会第1299次会议通过）

（法释［2003］20号）

为正确审理人身损害赔偿案件，依法保护当事人的合法权益，根据《中华人民共和国民法通则》（以下简称民法通则）、《中华人民共和国民事诉讼法》（以下简称民事诉讼法）等有关法律规定，结合审判实践，就有关适用法律的问题作如下解释：

第一条 因生命、健康、身体遭受侵害，赔偿权利人起诉请求赔偿义务人赔偿财产损失和精神损害的，人民法院应予受理。

本条所称“赔偿权利人”，是指因侵权行为或者其他致害原因直接遭受人身损害的受害人、依法由受害人承担扶养义务的被扶养人以及死亡受害人的近亲属。

本条所称“赔偿义务人”，是指因自己或者他人的侵权行为以及其他致害原因依法应当承担民事责任的自然人、法人或者其他组织。

第二条　受害人对同一损害的发生或者扩大有故意、过失的，依照民法通则第一百三十一条的规定，可以减轻或者免除赔偿义务人的赔偿责任。但侵权人因故意或者重大过失致人损害，受害人只有一般过失的，不减轻赔偿义务人的赔偿责任。

适用民法通则第一百零六条第三款规定确定赔偿义务人的赔偿责任时，受害人有重大过失的，可以减轻赔偿义务人的赔偿责任。

第三条　二人以上共同故意或者共同过失致人损害，或者虽无共同故意、共同过失，但其侵害行为直接结合发生同一损害后果的，构成共同侵权，应当依照民法通则第一百三十条规定承担连带责任。

二人以上没有共同故意或者共同过失，但其分别实施的数个行为间接结合发生同一损害后果的，应当根据过失大小或者原因力比例各自承担相应的赔偿责任。

第四条　二人以上共同实施危及他人人身安全的行为并造成损害后果，不能确定实际侵害行为人的，应当依照民法通则第一百三十条规定承担连带责任。共同危险行为人能够证明损害后果不是由其行为造成的，不承担赔偿责任。

第五条　赔偿权利人起诉部分共同侵权人的，人民法院应当追加其他共同侵权人作为共同被告。赔偿权利人在诉讼中放弃对部分共同侵权人的诉讼请求的，其他共同侵权人对被放弃诉讼请求的被告应当承担的赔偿份额不承担连带责任。责任范围难以确定的，推定各共同侵权人承担同等责任。

人民法院应当将放弃诉讼请求的法律后果告知赔偿权利人，并将放弃诉讼请求的情况在法律文书中叙明。

第六条　从事住宿、餐饮、娱乐等经营活动或者其他社会活动的自然人、法人、其他组织，未尽合理限度范围内的安全保障义务致使他人遭受人身损害，赔偿权利人请求其承担相应赔偿责任的，人民法院应予支持。

因第三人侵权导致损害结果发生的，由实施侵权行为的第三人承担赔偿责任。安全保障义务人有过错的，应当在其能够防止或者制止损害的范围内承担相应的补充赔偿责任。安全保障义务人承担责任后，可以向第三人追偿。赔偿权利人起诉安全保障义务人的，应当将第三人作为共同被告，但第三人不能确定的除外。

第七条　对未成年人依法负有教育、管理、保护义务的学校、幼儿园或者其他教育机构，未尽职责范围内的相关义务致使未成年人遭受人身损害，或者未成年人致他人人身损害的，应当承担与其过错相应的赔偿责任。

第三人侵权致未成年人遭受人身损害的，应当承担赔偿责任。学校、幼儿园等教育机构有过错的，应当承担相应的补充赔偿责任。

第八条　法人或者其他组织的法定代表人、负责人以及工作人员，在执行职务中致人损害的，依照民法通则第一百二十一条的规定，由该法人或者其他组织承担民事责任。上述人员实施与职务无关的行为致人损害的，应当由行为人承担赔偿责任。

属于《国家赔偿法》赔偿事由的，依照《国家赔偿法》的规定处理。

第九条　雇员在从事雇佣活动中致人损害的，雇主应当承担赔偿责任；雇员因故意或者重大过失致人损害的，应当与雇主承担连带赔偿责任。雇主承担连带赔偿责任的，可以向雇员追偿。

前款所称“从事雇佣活动”，是指从事雇主授权或者指示范围内的生产经营活动或者其他劳务活动。雇员的行为超出授权范围，但其表现形式是履行职务或者与履行职务有内在联系的，应当认定为“从事雇佣活动”。

第十条 承揽人在完成工作过程中对第三人造成损害或者造成自身损害的，定作人不承担赔偿责任。但定作人对定作、指示或者选任有过失的，应当承担相应的赔偿责任。

第十一条 雇员在从事雇佣活动中遭受人身损害，雇主应当承担赔偿责任。雇佣关系以外的第三人造成雇员人身损害的，赔偿权利人可以请求第三人承担赔偿责任，也可以请求雇主承担赔偿责任。雇主承担赔偿责任后，可以向第三人追偿。

雇员在从事雇佣活动中因安全生产事故遭受人身损害，发包人、分包人知道或者应当知道接受发包或者分包业务的雇主没有相应资质或者安全生产条件的，应当与雇主承担连带赔偿责任。

属于《工伤保险条例》调整的劳动关系和工伤保险范围的，不适用本条规定。

第十二条 依法应当参加工伤保险统筹的用人单位的劳动者，因工伤事故遭受人身损害，劳动者或者其近亲属向人民法院起诉请求用人单位承担民事赔偿责任的，告知其按《工伤保险条例》的规定处理。

因用人单位以外的第三人侵权造成劳动者人身损害，赔偿权利人请求第三人承担民事赔偿责任的，人民法院应予以支持。

第十三条 为他人无偿提供劳务的帮工人，在从事帮工活动中致人损害的，被帮工人应当承担赔偿责任。被帮工人明确拒绝帮工的，不承担赔偿责任。帮工人存在故意或者重大过失，赔偿权利人请求帮工人和被帮工人承担连带责任的，人民法院应予以支持。

第十四条 帮工人因帮工活动遭受人身损害的，被帮工人应当承担赔偿责任。被帮工人明确拒绝帮工的，不承担赔偿责任；但可以在受益范围内予以适当补偿。

帮工人因第三人侵权遭受人身损害的，由第三人承担赔偿责任。第三人不能确定或者没有赔偿能力的，可以由被帮工人予以适当补偿。

第十五条 为维护国家、集体或者他人的合法权益而使自己受到人身损害，因没有侵权人、不能确定侵权人或者侵权人没有赔偿能力，赔偿权利人请求受益人在受益范围内予以适当补偿的，人民法院应予以支持。

第十六条 下列情形，适用民法通则第一百二十六条的规定，由所有人或者管理人承担赔偿责任，但能够证明自己没有过错的除外：

（一）道路、桥梁、隧道等人工建造的构筑物因维护、管理瑕疵致人损害的；

（二）堆放物品滚落、滑落或者堆放物倒塌致人损害的；

（三）树木倾倒、折断或者果实坠落致人损害的。

前款第（一）项情形，因设计、施工缺陷造成损害的，由所有人、管理人与设计、施工者承担连带责任。

第十七条 受害人遭受人身损害，因就医治疗支出的各项费用以及因误工减少的收入，包括医疗费、误工费、护理费、交通费、住宿费、住院伙食补助费、必要的营养费，赔偿义务人应当予以赔偿。

受害人因伤致残的，其因增加生活上需要所支出的必要费用以及因丧失劳动能力导致的收入损失，包括残疾赔偿金、残疾辅助器具费、被扶养人生活费，以及因康复护理、继续治疗实际发生的必要的康复费、护理费、后续治疗费，赔偿义务人也应当予以赔偿。

受害人死亡的，赔偿义务人除应当根据抢救治疗情况赔偿本条第一款规定的相关费用外，还应当赔偿丧葬费、被扶养人生活费、死亡补偿费以及受害人亲属办理丧葬事宜支出的交通费、住宿费和误工损失等其他合理费用。

第十八条　受害人或者死者近亲属遭受精神损害，赔偿权利人向人民法院请求赔偿精神损害抚慰金的，适用《最高人民法院关于确定民事侵权精神损害赔偿责任若干问题的解释》予以确定。

精神损害抚慰金的请求权，不得让与或者继承。但赔偿义务人已经以书面方式承诺给予金钱赔偿，或者赔偿权利人已经向人民法院起诉的除外。

第十九条　医疗费根据医疗机构出具的医药费、住院费等收款凭证，结合病历和诊断证明等相关证据确定。赔偿义务人对治疗的必要性和合理性有异议的，应当承担相应的举证责任。

医疗费的赔偿数额，按照一审法庭辩论终结前实际发生的数额确定。器官功能恢复训练所必要的康复费、适当的整容费以及其他后续治疗费，赔偿权利人可以待实际发生后另行起诉。但根据医疗证明或者鉴定结论确定必然发生的费用，可以与已经发生的医疗费一并予以赔偿。

第二十条　误工费根据受害人的误工时间和收入状况确定。误工时间根据受害人接受治疗的医疗机构出具的证明确定。受害人因伤致残持续误工的，误工时间可以计算至定残日前一天。

受害人有固定收入的，误工费按照实际减少的收入计算。受害人无固定收入的，按照其最近三年的平均收入计算；受害人不能举证证明其最近三年的平均收入状况的，可以参照受诉法院所在地相同或者相近行业上一年度职工的平均工资计算。

第二十一条　护理费根据护理人员的收入状况和护理人数、护理期限确定。

护理人员有收入的，参照误工费的规定计算；护理人员没有收入或者雇佣护工的，参照当地护工从事同等级别护理的劳务报酬标准计算。护理人员原则上为一人，但医疗机构或者鉴定机构有明确意见的，可以参照确定护理人员人数。

护理期限应计算至受害人恢复生活自理能力时止。受害人因残疾不能恢复生活自理能力的，可以根据其年龄、健康状况等因素确定合理的护理期限，但最长不超过二十年。

受害人定残后的护理，应当根据其护理依赖程度并结合配制残疾辅助器具的情况确定护理级别。

第二十二条　交通费根据受害人及其必要的陪护人员因就医或者转院治疗实际发生的费用计算。交通费应当以正式票据为凭；有关凭据应当与就医地点、时间、人数、次数相符合。

第二十三条　住院伙食补助费可以参照当地国家机关一般工作人员的出差伙食补助标准予以确定。

受害人确有必要到外地治疗，因客观原因不能住院，受害人本人及其陪护人员实际发生的住宿费和伙食费，其合理部分应予赔偿。

第二十四条 营养费根据受害人伤残情况参照医疗机构的意见确定。

第二十五条 残疾赔偿金根据受害人丧失劳动能力程度或者伤残等级，按照受诉法院所在地上一年度城镇居民人均可支配收入或者农村居民人均纯收入标准，自定残之日起按二十年计算。但六十周岁以上的，年龄每增加一岁减少一年；七十五周岁以上的，按五年计算。

受害人因伤致残，但实际收入没有减少，或者伤残等级较轻但造成职业妨害严重影响其劳动就业的，可以对残疾赔偿金作相应调整。

第二十六条 残疾辅助器具费，按照普通适用器具的合理费用标准计算。伤情有特殊需要的，可以参照辅助器具配制机构的意见确定相应的合理费用标准。

辅助器具的更换周期和赔偿期限参照配制机构的意见确定。

第二十七条 丧葬费按照受诉法院所在地上一年度职工月平均工资标准，以六个月总额计算。

第二十八条 被扶养人生活费根据扶养人丧失劳动能力程度，按照受诉法院所在地上一年度城镇居民人均消费性支出和农村居民人均年生活消费支出标准计算。被扶养人为未成年人的，计算至十八周岁；被扶养人无劳动能力又无其他生活来源的，计算二十年。但六十周岁以上的，年龄每增加一岁减少一年；七十五周岁以上的，按五年计算。

被扶养人是指受害人依法应当承担扶养义务的未成年人或者丧失劳动能力又无其他生活来源的成年近亲属。被扶养人还有其他扶养人的，赔偿义务人只赔偿受害人依法应当负担的部分。被扶养人有数人的，年赔偿总额累计不超过上一年度城镇居民人均消费性支出额或者农村居民人均年生活消费支出额。

第二十九条 死亡赔偿金按照受诉法院所在地上一年度城镇居民人均可支配收入或者农村居民人均纯收入标准，按二十年计算。但六十周岁以上的，年龄每增加一岁减少一年；七十五周岁以上的，按五年计算。

第三十条 赔偿权利人举证证明其住所地或者经常居住地城镇居民人均可支配收入或者农村居民人均纯收入高于受诉法院所在地标准的，残疾赔偿金或者死亡赔偿金可以按照其住所地或者经常居住地的相关标准计算。被扶养人生活费的相关计算标准，依照前款原则确定。

第三十一条 人民法院应当按照民法通则第一百三十一条以及本解释第二条的规定，确定第十九条至第二十九条各项财产损失的实际赔偿金额。

前款确定的物质损害赔偿金与按照第十八条第一款规定确定的精神损害抚慰金，原则上应当一次性给付。

第三十二条 超过确定的护理期限、辅助器具费给付年限或者残疾赔偿金给付年限，赔偿权利人向人民法院起诉请求继续给付护理费、辅助器具费或者残疾赔偿金的，人民法院应予受理。赔偿权利人确需继续护理、配制辅助器具，或者没有劳动能力和生活来源的，人民法院应当判令赔偿义务人继续给付相关费用五至十年。

第三十三条 赔偿义务人请求以定期金方式给付残疾赔偿金、被扶养人生活费、残疾辅助器具费的，应当提供相应的担保。人民法院可以根据赔偿义务人的给付能力和提供担保的情况，确定以定期金方式给付相关费用。但一审法庭辩论终结前已经发生的费用、死亡赔偿金以及精神损害抚慰金，应当一次性给付。

第三十四条 人民法院应当在法律文书中明确定期金的给付时间、方式以及每期给付标准。执行期间有关统计数据发生变化的，给付金额应当适时进行相应调整。

定期金按照赔偿权利人的实际生存年限给付，不受本解释有关赔偿期限的限制。

第三十五条 本解释所称“城镇居民人均可支配收入”、“农村居民人均纯收入”、“城镇居民人均消费性支出”、“农村居民人均年生活消费支出”、“职工平均工资”，按照政府统计部门公布的各省、自治区、直辖市以及经济特区和计划单列市上一年度相关统计数据确定。“上一年度”，是指一审法庭辩论终结时的上一统计年度。

第三十六条 本解释自2004年5月1日起施行。2004年5月1日后新受理的一审人身损害赔偿案件，适用本解释的规定。已经做出生效裁判的人身损害赔偿案件依法再审的，不适用本解释的规定。

在本解释公布施行之前已经生效施行的司法解释，其内容与本解释不一致的，以本解释为准。

14.3 国家相关法律

14.3.1 中华人民共和国民法通则

中华人民共和国民法通则

（1986年4月12日第六届全国人民代表大会第四次会议通过1986年4月12日中华人民共和国主席令第三十七号公布自1987年1月1日起施行）

第一章 基本原则

第一条 为了保障公民、法人的合法的民事权益，正确调整民事关系，适应社会主义现代化建设事业发展的需要，根据宪法和我国实际情况，总结民事活动的实践经验，制定本法。

第二条 中华人民共和国民法调整平等主体的公民之间、法人之间、公民和法人之间的财产关系和人身关系。

第三条 当事人在民事活动中的地位平等。

第四条 民事活动应当遵循自愿、公平、等价有偿、诚实信用的原则。

第五条 公民、法人的合法的民事权益受法律保护，任何组织和个人不得侵犯。

第六条 民事活动必须遵守法律，法律没有规定的，应当遵守国家政策。

第七条 民事活动应当尊重社会公德，不得损害社会公共利益，破坏国家经济计划，扰乱社会经济秩序。

第八条 在中华人民共和国领域内的民事活动，适用中华人民共和国法律，法律另有规定的除外。

本法关于公民的规定，适用于在中华人民共和国领域内的外国人、无国籍人，法律另有规定的除外。

第二章　公民（自然人）

第一节　民事权利能力和民事行为能力

第九条　公民从出生时起到死亡时止，具有民事权利能力，依法享有民事权利，承担民事义务。

第十条　公民的民事权利能力一律平等。

第十一条　十八周岁以上的公民是成年人，具有完全民事行为能力，可以独立进行民事活动，是完全民事行为能力人。

十六周岁以上不满十八周岁的公民，以自己的劳动收入为主要生活来源的，视为完全民事行为能力人。

第十二条　十周岁以上的未成年人是限制民事行为能力人，可以进行与他的年龄、智力相适应的民事活动；其他民事活动由他的法定代理人代理，或者征得他的法定代理人的同意。

不满十周岁的未成年人是无民事行为能力人，由他的法定代理人代理民事活动。

第十三条　不能辨认自己行为的精神病人是无民事行为能力人，由他的法定代理人代理民事活动。

不能完全辨认自己行为的精神病人是限制民事行为能力人，可以进行与他的精神健康状况相适应的民事活动；其他民事活动由他的法定代理人代理，或者征得他的法定代理人的同意。

第十四条　无民事行为能力人、限制民事行为能力人的监护人是他的法定代理人。

第十五条　公民以他的户籍所在地的居住地为住所，经常居住地与住所不一致的，经常居住地视为住所。

第二节　监　护

第十六条　未成年人的父母是未成年人的监护人。

未成年人的父母已经死亡或者没有监护能力的，由下列人员中有监护能力的人担任监护人：

（一）祖父母、外祖父母；

（二）兄、姐；

（三）关系密切的其他亲属、朋友愿意承担监护责任，经未成年人的父、母的所在单位或者未成年人住所地的居民委员会、村民委员会同意的。

对担任监护人有争议的，由未成年人的父、母的所在单位或者未成年人住所地的居民委员会、村民委员会在近亲属中指定。对指定不服提起诉讼的，由人民法院裁决。

没有第一款、第二款规定的监护人的，由未成年人的父、母的所在单位或者未成年人住所地的居民委员会、村民委员会或者民政部门担任监护人。

第十七条　无民事行为能力或者限制民事行为能力的精神病人，由下列人员担任监护人：

（一）配偶；

（二）父母；

（三）成年子女；

（四）其他近亲属；

（五）关系密切的其他亲属、朋友愿意承担监护责任，经精神病人的所在单位或者住所地的居民委员会、村民委员会同意的。

对担任监护人有争议的，由精神病人的所在单位或者住所地的居民委员会、村民委员会在近亲属中指定。对指定不服提起诉讼的，由人民法院裁决。

没有第一款规定的监护人的，由精神病人的所在单位或者住所地的居民委员会、村民委员会或者民政部门担任监护人。

第十八条　监护人应当履行监护职责，保护被监护人的人身、财产及其他合法权益，除为被监护人的利益外，不得处理被监护人的财产。

监护人依法履行监护的权利，受法律保护。

监护人不履行监护职责或者侵害被监护人的合法权益的，应当承担责任；给被监护人造成财产损失的，应当赔偿损失。人民法院可以根据有关人员或者有关单位的申请，撤销监护人的资格。

第十九条　精神病人的利害关系人，可以向人民法院申请宣告精神病人为无民事行为能力人或者限制民事行为能力人。

被人民法院宣告为无民事行为能力人或者限制民事行为能力人的，根据他健康恢复的状况，经本人或者利害关系人申请，人民法院可以宣告他为限制民事行为能力人或者完全民事行为能力人。

第三节　宣告失踪和宣告死亡

第二十条　公民下落不明满二年的，利害关系人可以向人民法院申请宣告他为失踪人。

战争期间下落不明的，下落不明的时间从战争结束之日起计算。

第二十一条　失踪人的财产由他的配偶、父母、成年子女或者关系密切的其他亲属、朋友代管。代管有争议的，没有以上规定的人或者以上规定的人无能力代管的，由人民法院指定的人代管。

失踪人所欠税款、债务和应付的其他费用，由代管人从失踪人的财产中支付。

第二十二条　被宣告失踪的人重新出现或者确知他的下落，经本人或者利害关系人申请，人民法院应当撤销对他的失踪宣告。

第二十三条　公民有下列情形之一的，利害关系人可以向人民法院申请宣告他死亡：

（一）下落不明满四年的；

（二）因意外事故下落不明，从事故发生之日起满二年的。

战争期间下落不明的，下落不明的时间从战争结束之日起计算。

第二十四条　被宣告死亡的人重新出现或者确知他没有死亡，经本人或者利害关系人申请，人民法院应当撤销对他的死亡宣告。

有民事行为能力人在被宣告死亡期间实施的民事法律行为有效。

第二十五条 被撤销死亡宣告的人有权请求返还财产。依照继承法取得他的财产的公民或者组织，应当返还原物；原物不存在的，给予适当补偿。

第四节 个体工商户、农村承包经营户

第二十六条 公民在法律允许的范围内，依法经核准登记，从事工商业经营的，为个体工商户。个体工商户可以起字号。

第二十七条 农村集体经济组织的成员，在法律允许的范围内，按照承包合同规定从事商品经营的，为农村承包经营户。

第二十八条 个体工商户、农村承包经营户的合法权益，受法律保护。

第二十九条 个体工商户、农村承包经营户的债务，个人经营的，以个人财产承担；家庭经营的，以家庭财产承担。

第五节 个人合伙

第三十条 个人合伙是指两个以上公民按照协议，各自提供资金、实物、技术等，合伙经营、共同劳动。

第三十一条 合伙人应当对出资数额、盈余分配、债务承担、入伙、退伙、合伙终止等事项，订立书面协议。

第三十二条 合伙人投入的财产，由合伙人统一管理和使用。

合伙经营积累的财产，归合伙人共有。

第三十三条 个人合伙可以起字号，依法经核准登记，在核准登记的经营范围内从事经营。

第三十四条 个人合伙的经营活动，由合伙人共同决定，合伙人有执行和监督的权利。

合伙人可以推举负责人。合伙负责人和其他人员的经营活动，由全体合伙人承担民事责任。

第三十五条 合伙的债务，由合伙人按照出资比例或者协议的约定，以各自的财产承担清偿责任。

合伙人对合伙的债务承担连带责任，法律另有规定的除外。偿还合伙债务超过自己应当承担数额的合伙人，有权向其他合伙人追偿。

第三章 法 人

第一节 一般规定

第三十六条 法人是具有民事权利能力和民事行为能力，依法独立享有民事权利和承担民事义务的组织。

法人的民事权利能力和民事行为能力，从法人成立时产生，到法人终止时消灭。

第三十七条 法人应当具备下列条件：

（一）依法成立；

（二）有必要的财产或者经费；

（三）有自己的名称、组织机构和场所；

（四）能够独立承担民事责任。

第三十八条　依照法律或者法人组织章程规定，代表法人行使职权的负责人，是法人的法定代表人。

第三十九条　法人以它的主要办事机构所在地为住所。

第四十条　法人终止，应当依法进行清算，停止清算范围外的活动。

第二节　企业法人

第四十一条　全民所有制企业、集体所有制企业有符合国家规定的资金数额，有组织章程、组织机构和场所，能够独立承担民事责任，经主管机关核准登记，取得法人资格。

在中华人民共和国领域内设立的中外合资经营企业、中外合作经营企业和外资企业，具备法人条件的，依法经工商行政管理机关核准登记，取得中国法人资格。

第四十二条　企业法人应当在核准登记的经营范围内从事经营。

第四十三条　企业法人对它的法定代表人和其他工作人员的经营活动，承担民事责任。

第四十四条　企业法人分立、合并或者有其他重要事项变更，应当向登记机关办理登记并公告。

企业法人分立、合并，它的权利和义务由变更后的法人享有和承担。

第四十五条　企业法人由于下列原因之一终止：

（一）依法被撤销；

（二）解散；

（三）依法宣告破产；

（四）其他原因。

第四十六条　企业法人终止，应当向登记机关办理注销登记并公告。

第四十七条　企业法人解散，应当成立清算组织，进行清算。企业法人被撤销、被宣告破产的，应当由主管机关或者人民法院组织有关机关和有关人员成立清算组织，进行清算。

第四十八条　全民所有制企业法人以国家授予它经营管理的财产承担民事责任。集体所有制企业法人以企业所有的财产承担民事责任。中外合资经营企业法人、中外合作经营企业法人和外资企业法人以企业所有的财产承担民事责任，法律另有规定的除外。

第四十九条　企业法人有下列情形之一的，除法人承担责任外，对法定代表人可以给予行政处分、罚款，构成犯罪的，依法追究刑事责任：

（一）超出登记机关核准登记的经营范围从事非法经营的；

（二）向登记机关、税务机关隐瞒真实情况、弄虚作假的；

（三）抽逃资金、隐匿财产逃避债务的；

（四）解散、被撤销、被宣告破产后，擅自处理财产的；

（五）变更、终止时不及时申请办理登记和公告，使利害关系人遭受重大损失的；

（六）从事法律禁止的其他活动，损害国家利益或者社会公共利益的。

第三节 机关、事业单位和社会团体法人

第五十条 有独立经费的机关从成立之日起，具有法人资格。

具备法人条件的事业单位、社会团体，依法不需要办理法人登记的，从成立之日起，具有法人资格；依法需要办理法人登记的，经核准登记，取得法人资格。

第四节 联 营

第五十一条 企业之间或者企业、事业单位之间联营，组成新的经济实体，独立承担民事责任、具备法人条件的，经主管机关核准登记，取得法人资格。

第五十二条 企业之间或者企业、事业单位之间联营，共同经营、不具备法人条件的，由联营各方按照出资比例或者协议的约定，以各自所有的或者经营管理的财产承担民事责任。依照法律的规定或者协议的约定负连带责任的，承担连带责任。

第五十三条 企业之间或者企业、事业单位之间联营，按照合同的约定各自独立经营的，它的权利和义务由合同约定，各自承担民事责任。

第四章 民事法律行为和代理

第一节 民事法律行为

第五十四条 民事法律行为是公民或者法人设立、变更、终止民事权利和民事义务的合法行为。

第五十五条 民事法律行为应当具备下列条件：

（一）行为人具有相应的民事行为能力；

（二）意思表示真实；

（三）不违反法律或者社会公共利益。

第五十六条 民事法律行为可以采取书面形式、口头形式或者其他形式。法律规定用特定形式的，应当依照法律规定。

第五十七条 民事法律行为从成立时起具有法律约束力。行为人非依法律规定或者取得对方同意，不得擅自变更或者解除。

第五十八条 下列民事行为无效：

（一）无民事行为能力人实施的；

（二）限制民事行为能力人依法不能独立实施的；

（三）一方以欺诈、胁迫的手段或者乘人之危，使对方在违背真实意思的情况下所为的；

（四）恶意串通，损害国家、集体或者第三人利益的；

（五）违反法律或者社会公共利益的；

（六）经济合同违反国家指令性计划的；

（七）以合法形式掩盖非法目的的。

无效的民事行为，从行为开始起就没有法律约束力。

第五十九条 下列民事行为，一方有权请求人民法院或者仲裁机关予以变更或者

撤销：

（一）行为人对行为内容有重大误解的；

（二）显失公平的。

被撤销的民事行为从行为开始起无效。

第六十条　民事行为部分无效，不影响其他部分的效力的，其他部分仍然有效。

第六十一条　民事行为被确认为无效或者被撤销后，当事人因该行为取得的财产，应当返还给受损失的一方。有过错的一方应当赔偿对方因此所受的损失，双方都有过错的，应当各自承担相应的责任。

双方恶意串通，实施民事行为损害国家的、集体的或者第三人的利益的，应当追缴双方取得的财产，收归国家、集体所有或者返还第三人。

第六十二条　民事法律行为可以附条件，附条件的民事法律行为在符合所附条件时生效。

第二节　代　　理

第六十三条　公民、法人可以通过代理人实施民事法律行为。代理人在代理权限内，以被代理人的名义实施民事法律行为。被代理人对代理人的代理行为，承担民事责任。

依照法律规定或者按照双方当事人约定，应当由本人实施的民事法律行为，不得代理。

第六十四条　代理包括委托代理、法定代理和指定代理。

委托代理按照被代理人的委托行使代理权，法定代理人依照法律的规定行使代理权，指定代理人按照人民法院或者指定单位的指定行使代理权。

第六十五条　民事法律行为的委托代理，可以用书面形式，也可以用口头形式。法律规定用书面形式的，应当用书面形式。

书面委托代理的授权委托书应当载明代理人的姓名或者名称、代理事项、权限和期间，并由委托人签名或者盖章。

委托书授权不明的，被代理人应当向第三人承担民事责任，代理人负连带责任。

第六十六条　没有代理权、超越代理权或者代理权终止后的行为，只有经过被代理人的追认，被代理人才承担民事责任。未经追认的行为，由行为人承担民事责任。本人知道他人以本人名义实施民事行为而不作否认表示的，视为同意。

代理人不履行职责而给被代理人造成损害的，应当承担民事责任。

代理人和第三人串通，损害被代理人的利益的，由代理人和第三人负连带责任。第三人知道行为人没有代理权、超越代理权或者代理权已终止还与行为人实施民事行为给他人造成损害的，由第三人和行为人负连带责任。

第六十七条　代理人知道被委托代理的事项违法仍然进行代理活动的，或者被代理人知道代理人的代理行为违法不表示反对的，由被代理人和代理人负连带责任。

第六十八条　委托代理人为被代理人的利益需要转托他人代理的，应当事先取得被代理人的同意。事先没有取得被代理人同意的，应当在事后及时告诉被代理人，如果被代理人不同意，由代理人对自己所转托的人的行为负民事责任，但在紧急情况下，为了保护被代理人的利益而转托他人代理的除外。

第六十九条　有下列情形之一的，委托代理终止：

（一）代理期间届满或者代理事务完成；

（二）被代理人取消委托或者代理人辞去委托；

（三）代理人死亡；

（四）代理人丧失民事行为能力；

（五）作为被代理人或者代理人的法人终止。

第七十条 有下列情形之一的，法定代理或者指定代理终止：

（一）被代理人取得或者恢复民事行为能力；

（二）被代理人或者代理人死亡；

（三）代理人丧失民事行为能力；

（四）指定代理的人民法院或者指定单位取消指定；

（五）由其他原因引起的被代理人和代理人之间的监护关系消灭。

第五章 民事权利

第一节 财产所有权和与财产所有权有关的财产权

第七十一条 财产所有权是指所有人依法对自己的财产享有占有、使用、收益和处分的权利。

第七十二条 财产所有权的取得，不得违反法律规定。

按照合同或者其他合法方式取得财产的，财产所有权从财产交付时起转移，法律另有规定或者当事人另有约定的除外。

第七十三条 国家财产属于全民所有。

国家财产神圣不可侵犯，禁止任何组织或者个人侵占、哄抢、私分、截留、破坏。

第七十四条 劳动群众集体组织的财产属于劳动群众集体所有，包括：

（一）法律规定为集体所有的土地和森林、山岭、草原、荒地、滩涂等；

（二）集体经济组织的财产；

（三）集体所有的建筑物、水库、农田水利设施和教育、科学、文化、卫生、体育等设施；

（四）集体所有的其他财产。集体所有的土地依照法律属于村农民集体所有，由村农业生产合作社等农业集体经济组织或者村民委员会经营、管理。已经属于乡（镇）农民集体经济组织所有的，可以属于乡（镇）农民集体所有。

集体所有的财产受法律保护，禁止任何组织或者个人侵占、哄抢、私分、破坏或者非法查封、扣押、冻结、没收。

第七十五条 公民的个人财产，包括公民的合法收入、房屋、储蓄、生活用品、文物、图书资料、林木、牲畜和法律允许公民所有的生产资料以及其他合法财产。

公民的合法财产受法律保护，禁止任何组织或者个人侵占、哄抢、破坏或者非法查封、扣押、冻结、没收。

第七十六条 公民依法享有财产继承权。

第七十七条 社会团体包括宗教团体的合法财产受法律保护。

第七十八条 财产可以由两个以上的公民、法人共有。共有分为按份共有和共同共有。按份共有人按照各自的份额，对共有财产分享权利，分担义务。共同共有人对共有财产享有权利，承担义务。

按份共有财产的每个共有人有权要求将自己的份额分出或者转让。但在出售时，其他共有人在同等条件下，有优先购买的权利。

第七十九条　所有人不明的埋藏物、隐藏物，归国家所有。接收单位应当对上缴的单位或者个人，给予表扬或者物质奖励。

拾得遗失物、漂流物或者失散的饲养动物，应当归还失主，因此而支出的费用由失主偿还。

第八十条　国家所有的土地，可以依法由全民所有制单位使用，也可以依法确定由集体所有制单位使用，国家保护它的使用、收益的权利；使用单位有管理、保护、合理利用的义务。

公民、集体依法对集体所有的或者国家所有由集体使用的土地的承包经营权，受法律保护。承包双方的权利和义务，依照法律由承包合同规定。

土地不得买卖、出租、抵押或者以其他形式非法转让。

第八十一条　国家所有的森林、山岭、草原、荒地、滩涂、水面等自然资源，可以依法由全民所有制单位使用，也可以依法确定由集体所有制单位使用，国家保护它的使用、收益的权利；使用单位有管理、保护、合理利用的义务。

国家所有的矿藏，可以依法由全民所有制单位和集体所有制单位开采，也可以依法由公民采挖。国家保护合法的采矿权。

公民、集体依法对集体所有的或者国家所有由集体使用的森林、山岭、草原、荒地、滩涂、水面的承包经营权，受法律保护。承包双方的权利和义务，依照法律由承包合同规定。

国家所有的矿藏、水流，国家所有的和法律规定属于集体所有的林地、山岭、草原、荒地、滩涂不得买卖、出租、抵押或者以其他形式非法转让。

第八十二条　全民所有制企业对国家授予它经营管理的财产依法享有经营权，受法律保护。

第八十三条　不动产的相邻各方，应当按照有利于生产、方便生活、团结互助、公平合理的精神，正确处理截水、排水、通行、通风、采光等方面的相邻关系。给相邻方造成妨碍或者损失的，应当停止侵害，排除妨碍，赔偿损失。

第二节　债　　权

第八十四条　债是按照合同的约定或者依照法律的规定，在当事人之间产生的特定的权利和义务关系，享有权利的人是债权人，负有义务的人是债务人。

债权人有权要求债务人按照合同的约定或者依照法律的规定履行义务。

第八十五条　合同是当事人之间设立、变更、终止民事关系的协议。依法成立的合同，受法律保护。

第八十六条　债权人为二人以上的，按照确定的份额分享权利。债务人为二人以上的，按照确定的份额分担义务。

第八十七条　债权人或者债务人一方人数为二人以上的，依照法律的规定或者当事人的约定，享有连带权利的每个债权人，都有权要求债务人履行义务；负有连带义务的每个债务人，都负有清偿全部债务的义务，履行了义务的人，有权要求其他负有连带义务的人偿付他应当承担的份额。

第八十八条 合同的当事人应当按照合同的约定，全部履行自己的义务。

合同中有关质量、期限、地点或者价款约定不明确，按照合同有关条款内容不能确定，当事人又不能通过协商达成协议的，适用下列规定：

（一）质量要求不明确的，按照国家质量标准履行，没有国家质量标准的，按照通常标准履行。

（二）履行期限不明确的，债务人可以随时向债权人履行义务，债权人也可以随时要求债务人履行义务，但应当给对方必要的准备时间。

（三）履行地点不明确，给付货币的，在接受给付一方的所在地履行，其他标的在履行义务一方的所在地履行。

（四）价款约定不明确的，按照国家规定的价格履行；没有国家规定价格的，参照市场价格或者同类物品的价格或者同类劳务的报酬标准履行。

合同对专利申请权没有约定的，完成发明创造的当事人享有申请权。

合同对科技成果的使用权没有约定的，当事人都有使用的权利。

第八十九条 依照法律的规定或者按照当事人的约定，可以采用下列方式担保债务的履行：

（一）保证人向债权人保证债务人履行债务，债务人不履行债务的，按照约定由保证人履行或者承担连带责任；保证人履行债务后，有权向债务人追偿。

（二）债务人或者第三人可以提供一定的财产作为抵押物。债务人不履行债务的，债权人有权依照法律的规定以抵押物折价或者以变卖抵押物的价款优先得到偿还。

（三）当事人一方在法律规定的范围内可以向对方给付定金。债务人履行债务后，定金应当抵作价款或者收回。给付定金的一方不履行债务的，无权要求返还定金；接受定金的一方不履行债务的，应当双倍返还定金。

（四）按照合同约定一方占有对方的财产，对方不按照合同给付应付款项超过约定期限的，占有人有权留置该财产，依照法律的规定以留置财产折价或者以变卖该财产的价款优先得到偿还。

第九十条 合法的借贷关系受法律保护。

第九十一条 合同一方将合同的权利、义务全部或者部分转让给第三人的，应当取得合同另一方的同意，并不得牟利。依照法律规定应当由国家批准的合同，需经原批准机关批准。但是，法律另有规定或者原合同另有约定的除外。

第九十二条 没有合法根据，取得不当利益，造成他人损失的，应当将取得的不当利益返还受损失的人。

第九十三条 没有法定或者约定的义务，为避免他人利益受损失进行管理或者服务的，有权要求受益人偿付由此而支付的必要费用。

第三节 知识产权

第九十四条 公民、法人享有著作权（版权），依法有署名、发表、出版、获得报酬等权利。

第九十五条　公民、法人依法取得的专利权受法律保护。

第九十六条　法人、个体工商户、个人合伙依法取得的商标专用权受法律保护。

第九十七条　公民对自己的发现享有发现权。发现人有权申请领取发现证书、奖金或者其他奖励。

公民对自己的发明或者其他科技成果，有权申请领取荣誉证书、奖金或者其他奖励。

第四节　人　身　权

第九十八条　公民享有生命健康权。

第九十九条　公民享有姓名权，有权决定、使用和依照规定改变自己的姓名，禁止他人干涉、盗用、假冒。

法人、个体工商户、个人合伙享有名称权。企业法人、个体工商户、个人合伙有权使用、依法转让自己的名称。

第一百条　公民享有肖像权，未经本人同意，不得以营利为目的使用公民的肖像。

第一百零一条　公民、法人享有名誉权，公民的人格尊严受法律保护，禁止用侮辱、诽谤等方式损害公民、法人的名誉。

第一百零二条　公民、法人享有荣誉权，禁止非法剥夺公民、法人的荣誉称号。

第一百零三条　公民享有婚姻自主权，禁止买卖、包办婚姻和其他干涉婚姻自由的行为。

第一百零四条　婚姻、家庭、老人、母亲和儿童受法律保护。残疾人的合法权益受法律保护。

第一百零五条　妇女享有同男子平等的民事权利。

第六章　民 事 责 任

第一节　一 般 规 定

第一百零六条　公民、法人违反合同或者不履行其他义务的，应当承担民事责任。

公民、法人由于过错侵害国家的、集体的财产，侵害他人财产、人身的，应当承担民事责任。没有过错，但法律规定应当承担民事责任的，应当承担民事责任。

第一百零七条　因不可抗力不能履行合同或者造成他人损害的，不承担民事责任，法律另有规定的除外。

第一百零八条　债务应当清偿。暂时无力偿还的，经债权人同意或者人民法院裁决，可以由债务人分期偿还。有能力偿还拒不偿还的，由人民法院判决强制偿还。

第一百零九条　因防止、制止国家的、集体的财产或者他人的财产、人身遭受侵害而使自己受到损害的，由侵害人承担赔偿责任，受益人也可以给予适当的补偿。

第一百一十条　对承担民事责任的公民、法人需要追究行政责任的，应当追究行政责任；构成犯罪的，对公民、法人的法定代表人应当依法追究刑事责任。

第二节　违反合同的民事责任

第一百一十一条　当事人一方不履行合同义务或者履行合同义务不符合约定条件的，

另一方有权要求履行或者采取补救措施，并有权要求赔偿损失。

第一百一十二条 当事人一方违反合同的赔偿责任，应当相当于另一方因此所受到的损失。

当事人可以在合同中约定，一方违反合同时，向另一方支付一定数额的违约金；也可以在合同中约定对于违反合同而产生的损失赔偿额的计算方法。

第一百一十三条 当事人双方都违反合同的，应当分别承担各自应负的民事责任。

第一百一十四条 当事人一方因另一方违反合同受到损失的，应当及时采取措施防止损失的扩大；没有及时采取措施致使损失扩大的，无权就扩大的损失要求赔偿。

第一百一十五条 合同的变更或者解除，不影响当事人要求赔偿损失的权利。

第一百一十六条 当事人一方由于上级机关的原因，不能履行合同义务的，应当按照合同约定向另一方赔偿损失或者采取其他补救措施，再由上级机关对它因此受到的损失负责处理。

第三节 侵权的民事责任

第一百一十七条 侵占国家的、集体的财产或者他人财产的，应当返还财产，不能返还财产的，应当折价赔偿。

损坏国家的、集体的财产或者他人财产的，应当恢复原状或者折价赔偿。受害人因此遭受其他重大损失的，侵害人并应当赔偿损失。

第一百一十八条 公民、法人的著作权（版权）、专利权、商标专用权、发现权、发明权和其他科技成果权受到剽窃、篡改、假冒等侵害的，有权要求停止侵害，消除影响，赔偿损失。

第一百一十九条 侵害公民身体造成伤害的，应当赔偿医疗费、因误工减少的收入、残废者生活补助费等费用；造成死亡的，并应当支付丧葬费、死者生前扶养的人必要的生活费等费用。

第一百二十条 公民的姓名权、肖像权、名誉权、荣誉权受到侵害的，有权要求停止侵害，恢复名誉，消除影响，赔礼道歉，并可以要求赔偿损失。

法人的名称权、名誉权、荣誉权受到侵害的，适用前款规定。

第一百二十一条 国家机关或者国家机关工作人员在执行职务中，侵犯公民、法人的合法权益造成损害的，应当承担民事责任。

第一百二十二条 因产品质量不合格造成他人财产、人身损害的，产品制造者、销售者应当依法承担民事责任。运输者、仓储者对此负有责任的，产品制造者、销售者有权要求赔偿损失。

第一百二十三条 从事高空、高压、易燃、易爆、剧毒、放射性、高速运输工具等对周围环境有高度危险的作业造成他人损害的，应当承担民事责任；如果能够证明损害是由受害人故意造成的，不承担民事责任。

第一百二十四条 违反国家保护环境防止污染的规定，污染环境造成他人损害的，应当依法承担民事责任。

第一百二十五条 在公共场所、道旁或者通道上挖坑、修缮安装地下设施等，没有设置明显标志和采取安全措施造成他人损害的，施工人应当承担民事责任。

第一百二十六条 建筑物或者其他设施以及建筑物上的搁置物、悬挂物发生倒塌、脱落、坠落造成他人损害的，它的所有人或者管理人应当承担民事责任，但能够证明自己没有过错的除外。

第一百二十七条 饲养的动物造成他人损害的，动物饲养人或者管理人应当承担民事责任；由于受害人的过错造成损害的，动物饲养人或者管理人不承担民事责任；由于第三人的过错造成损害的，第三人应当承担民事责任。

第一百二十八条 因正当防卫造成损害的，不承担民事责任。正当防卫超过必要的限度，造成不应有的损害的，应当承担适当的民事责任。

第一百二十九条 因紧急避险造成损害的，由引起险情发生的人承担民事责任。如果危险是由自然原因引起的，紧急避险人不承担民事责任或者承担适当的民事责任。因紧急避险采取措施不当或者超过必要的限度，造成不应有的损害的，紧急避险人应当承担适当的民事责任。

第一百三十条 二人以上共同侵权造成他人损害的，应当承担连带责任。

第一百三十一条 受害人对于损害的发生也有过错的，可以减轻侵害人的民事责任。

第一百三十二条 当事人对造成损害都没有过错的，可以根据实际情况，由当事人分担民事责任。

第一百三十三条 无民事行为能力人、限制民事行为能力人造成他人损害的，由监护人承担民事责任。监护人尽了监护责任的，可以适当减轻他的民事责任。

有财产的无民事行为能力人、限制民事行为能力人造成他人损害的，从本人财产中支付赔偿费用。不足部分，由监护人适当赔偿，但单位担任监护人的除外。

第四节 承担民事责任的方式

第一百三十四条 承担民事责任的方式主要有：

（一）停止侵害；

（二）排除妨碍；

（三）消除危险；

（四）返还财产；

（五）恢复原状；

（六）修理、重作、更换；

（七）赔偿损失；

（八）支付违约金；

（九）消除影响、恢复名誉；

（十）赔礼道歉。

以上承担民事责任的方式，可以单独适用，也可以合并适用。

人民法院审理民事案件，除适用上述规定外，还可以予以训诫、责令具结悔过、收缴进行非法活动的财物和非法所得，并可以依照法律规定处以罚款、拘留。

第七章 诉讼时效

第一百三十五条 向人民法院请求保护民事权利的诉讼时效期间为二年，法律另有规定的除外。

第一百三十六条 下列的诉讼时效期间为一年：

（一）身体受到伤害要求赔偿的；

（二）出售质量不合格的商品未声明的；

（三）延付或者拒付租金的；

（四）寄存财物被丢失或者损毁的。

第一百三十七条 诉讼时效期间从知道或者应当知道权利被侵害时起计算。但是，从权利被侵害之日起超过二十年的，人民法院不予保护。有特殊情况的，人民法院可以延长诉讼时效期间。

第一百三十八条 超过诉讼时效期间，当事人自愿履行的，不受诉讼时效限制。

第一百三十九条 在诉讼时效期间的最后六个月内，因不可抗力或者其他障碍不能行使请求权的，诉讼时效中止。从中止时效的原因消除之日起，诉讼时效期间继续计算。

第一百四十条 诉讼时效因提起诉讼、当事人一方提出要求或者同意履行义务而中断。从中断时起，诉讼时效期间重新计算。

第一百四十一条 法律对诉讼时效另有规定的，依照法律规定。

第八章 涉外民事关系的法律适用

第一百四十二条 涉外民事关系的法律适用，依照本章的规定确定。

中华人民共和国缔结或者参加的国际条约同中华人民共和国的民事法律有不同规定的，适用国际条约的规定，但中华人民共和国声明保留的条款除外。

中华人民共和国法律和中华人民共和国缔结或者参加的国际条约没有规定的，可以适用国际惯例。

第一百四十三条 中华人民共和国公民定居国外的，他的民事行为能力可以适用定居国法律。

第一百四十四条 不动产的所有权，适用不动产所在地法律。

第一百四十五条 涉外合同的当事人可以选择处理合同争议所适用的法律，法律另有规定的除外。

涉外合同的当事人没有选择的，适用与合同有最密切联系的国家的法律。

第一百四十六条 侵权行为的损害赔偿，适用侵权行为地法律。当事人双方国籍相同或者在同一国家有住所的，也可以适用当事人本国法律或者住所地法律。

中华人民共和国法律不认为在中华人民共和国领域外发生的行为是侵权行为的，不作为侵权行为处理。

第一百四十七条　中华人民共和国公民和外国人结婚适用婚姻缔结地法律，离婚适用受理案件的法院所在地法律。

第一百四十八条　扶养适用与被扶养人有最密切联系的国家的法律。

第一百四十九条　遗产的法定继承，动产适用被继承人死亡时住所地法律，不动产适用不动产所在地法律。

第一百五十条　依照本章规定适用外国法律或者国际惯例的，不得违背中华人民共和国的社会公共利益。

第九章　附　　则

第一百五十一条　民族自治地方的人民代表大会可以根据本法规定的原则，结合当地民族的特点，制定变通的或者补充的单行条例或者规定。自治区人民代表大会制定的，依照法律规定报全国人民代表大会常务委员会批准或者备案；自治州、自治县人民代表大会制定的，报省、自治区人民代表大会常务委员会批准。

第一百五十二条　本法生效以前，经省、自治区、直辖市以上主管机关批准开办的全民所有制企业，已经向工商行政管理机关登记的，可以不再办理法人登记，即具有法人资格。

第一百五十三条　本法所称的“不可抗力”，是指不能预见、不能避免并不能克服的客观情况。

第一百五十四条　民法所称的期间按照公历年、月、日、小时计算。

规定按照小时计算期间的，从规定时开始计算。规定按照日、月、年计算期间的，开始的当天不算入，从下一天开始计算。

期间的最后一天是星期日或者其他法定休假日的，以休假日的次日为期间的最后一天。

期间的最后一天的截止时间为二十四点。有业务时间的，到停止业务活动的时间截止。

第一百五十五条　民法所称的“以上”、“以下”、“以内”、“届满”，包括本数；所称的“不满”、“以外”，不包括本数。

第一百五十六条　本法自1987年1月1日起施行。

14.3.2　关于贯彻执行《中华人民共和国民法通则》若干问题的意见（试行）

关于贯彻执行《中华人民共和国民法通则》若干问题的意见（试行）

（1988年1月26日最高人民法院审判委员会讨论通过）

《中华人民共和国民法通则》（以下简称民法通则）已于1987年1月1日起施行。现将民法通则的贯彻执行中遇到的问题提出以下意见。

一、公民

（一）关于民事权利能力和民事行为能力问题

1. 公民的民事权利能力自出生时开始。出生的时间以户籍为准；没有户籍证明的，以医院出具的出生证明为准，没有医院证明的，参照其他有关证明认定。

2. 十六周岁以上不满十八周岁的公民，能够以自己的劳动取得收入，并能维持当地群众一般生活水平的，可以认定为以自己的劳动收入为主要生活来源的完全民事行为能力人。

3. 十周岁以上的未成年人进行的民事活动是否与其年龄、智力状况相适应，可以从行为与本人生活相关联的程度、本人的智力能否理解其行为，并预见相应的行为后果，以及行为标的数额等方面认定。

4. 不能完全辨认自己行为的精神病人进行的民事活动，是否与其精神健康状态相适应，可以从行为与本人生活相关联的程度、本人的精神状态能否理解其行为，并预见相应的行为后果，以及行为标的数额等方面认定。

5. 精神病人（包括痴呆症人）如果没有判断能力和自我保护能力，不知其行为后果的，可以认定为不能辨认自己行为的人；对于比较复杂的事物或者比较重大的行为缺乏判断能力和自我保护能力，并且不能预见其行为后果的，可以认定为不能完全辨认自己行为的人。

6. 无民事行为能力人、限制民事行为能力人接受奖励、赠与、报酬，他人不得以行为人无民事行为能力、限制民事行为能力为由，主张以上行为无效。

7. 当事人是否患有精神病，人民法院应当根据司法精神病学鉴定或者参照医院的诊断、鉴定确认。在不具备诊断、鉴定条件的情况下，也可以参照群众公认的当事人的精神状态认定，但应以利害关系人没有异议为限。

8. 在诉讼中，当事人及利害关系人提出一方当事人患有精神病（包括痴呆症），人民法院认为确有必要认定的，应当按照民事诉讼法（试行）规定的特别程序，先作出当事人有无民事行为能力的判决。

确认精神病人（包括痴呆症人）为限制民事行为能力人的，应当比照民事诉讼法（试行）规定的特别程序进行审理。

9. 公民离开住所地最后连续居住一年以上的地方，为经常居住地。但住医院治疗的除外。公民由其户籍所在地迁出后至迁入另一地之前，无经常居住地的，仍以其原户籍所在地为住所。

（二）关于监护问题

10. 监护人的监护职责包括：保护被监护人的身体健康，照顾被监护人的生活，管理和保护被监护人的财产，代理被监护人进行民事活动，对被监护人进行管理和教育，在被监护人合法权益受到侵害或者与人发生争议时，代理其进行诉讼。

11. 认定监护人的监护能力，应当根据监护人的身体健康状况、经济条件，以及与被监护人在生活上的联系状况等因素确定。

12. 民法通则中规定的近亲属包括配偶、父母、子女、兄弟姐妹、祖父母、外祖父母、孙子女，外孙子女。

13. 为患有精神病的未成年人设定监护人，适用民法通则第十六条的规定。

14. 人民法院指定监护人时，可以将民法通则第十六条第二款中的（一）、（二）、（三）项或第十七条第一款中的（一）、（二）、（三）、（四）、（五）项规定视为指定监护人的顺序。前一顺序有监护资格的人无监护能力或者对被监护人明显不利的，人民法院可以根据对被监护人有利的原则从后一顺序有监护资格的人中择优确定。被监护人有识别能力的，应视情况征求被监护人的意见。

监护人可以是一人，也可以是同一顺序中的数人。

15. 有监护资格的人之间协议确定监护人的，应当由协议确定的监护人对被监护人承担监护责任。

16. 对于担任监护人有争议的，应当按照民法通则第十六条第三款或者第十七条第二款的规定，由有关组织予以指定。未经指定而向人民法院起诉的，人民法院不予受理。

17. 有关组织依照民法通则规定指定监护人，以书面或者口头通知了被指定人的，应当认定指定成立。被指定人不服的，应当在接到通知的次日起三十日内向人民法院起诉。逾期起诉的，按变更监护关系处理。

18. 监护人被指定后，不得自行变更。擅自变更的，由原被指定的监护人和变更后的监护人承担监护责任。

19. 被指定人对指定不服提起诉讼的，人民法院应当根据本意见第十四条的规定，作出维持或者撤销指定监护人的判决。如果判决是撤销原指定的，可以同时另行指定监护人。此类案件，比照民事诉讼法（试行）规定的特别程序进行审理。在人民法院作出判决前的监护责任，一般应当按照指定监护人的顺序由有监护资格的人承担。

20. 监护人不履行监护职责，或者侵害了被监护人的合法权益，民法通则第十六条、第十七条规定的其他有监护资格的人或者单位向人民法院起诉要求监护人承担民事责任的，按照普通程序审理，要求变更监护关系的，按照特别程序审理；既要求承担民事责任，又要求变更监护关系的，分别审理。

21. 夫妻离婚后，与子女共同生活的一方无权取消对方对该子女的监护权。但是未与该子女共同生活的一方，对该子女有犯罪行为、虐待行为或者对该子女明显不利的，人民法院认为可以取消的除外。

22. 监护人可以将监护职责部分或者全部委托给他人。因被监护人的侵权行为需要承担民事责任的，应当由监护人承担，但另有约定的除外；被委托人确有过错的，负连带责任。

23. 夫妻一方死亡后，另一方将子女送给他人收养，如收养对子女的健康成长并无不利，又办了合法收养手续的，认定收养关系成立。其他有监护资格的人不得以收养未经其同意而主张收养关系无效。

（三）关于宣告失踪、宣告死亡问题

24. 申请宣告失踪的利害关系人，包括被申请宣告失踪人的配偶、父母、子女、兄弟姐妹、祖父母、外祖父母、孙子女、外孙子女以及其他与被申请人有民事权利义务关系的人。

25. 申请宣告死亡的利害关系人的顺序是：

（1）配偶；

（2）父母、子女；

（3）兄弟姐妹、祖父母、外祖父母、孙子女、外孙子女；

（4）其他有民事权利义务关系的人。

申请撤销死亡宣告不受上列顺序限制。

26. 下落不明是指公民离开最后居住地后没有音讯的状况。对于在台湾或者在国外，无法正常通讯联系的，不得以下落不明宣告死亡。

27. 战争期间下落不明的，申请宣告死亡的期间适用民法通则第二十三条第一款第一项的规定。

28. 民法通则第二十条第一款、第二十三条第一款第一项中的下落不明的起算时间，从公民音讯消失之次日起算。

宣告失踪的案件，由被宣告失踪人住所地的基层人民法院管辖。住所地与居住地不一致的，由最后居住地基层人民法院管辖。

29. 宣告失踪不是宣告死亡的必须程序。公民下落不明，符合申请宣告死亡的条件，利害关系人可以不经申请宣告失踪而直接申请宣告死亡。但利害关系人只申请宣告失踪的，应当宣告失踪；同一顺序的利害关系人，有的申请宣告死亡，有的不同意宣告死亡，则应当宣告死亡。

30. 人民法院指定失踪人的财产代管人，应当根据有利于保护失踪人财产的原则指定。没有民法通则第二十一条规定的代管人，或者他们无能力作代管人，或者不宜作代管人的，人民法院可以指定公民或者有关组织为失踪人的财产代管人。无民事行为能力人、限制民事行为能力人失踪的，其监护人即为财产代管人。

31. 民法通则第二十一条第二款中的“其他费用”，包括赡养费、扶养费、抚育费和因代管财产所需的管理费等必要的费用。

32. 失踪人的财产代管人拒绝支付失踪人所欠的税款、债务和其他费用，债权人提起诉讼的，人民法院应当将代管人列为被告。

失踪人的财产代管人向失踪人的债务人要求偿还债务的，可以作为原告提起诉讼。

33. 债务人下落不明，但未被宣告失踪，债权人起诉要求清偿债务的，人民法院可以在公告传唤后缺席判决或者按中止诉讼处理。

34. 人民法院审理宣告失踪的案件，比照民事诉讼法（试行）规定的特别程序进行。人民法院审理宣告失踪的案件，应当查清被申请宣告失踪人的财产，指定临时管理人或者采取诉讼保全措施，发出寻找失踪人的公告，公告期间为半年。公告期间届满，人民法院根据被宣告失踪人失踪的事实是否得到确认，作出宣告失踪的判决或者终结审理的裁定。如果判决宣告为失踪人，应当同时指定失踪人的财产代管人。

35. 失踪人的财产代管人以无力履行代管职责，申请变更代管人的，人民法院比照特别程序进行审理。

失踪人的财产代管人不履行代管职责或者侵犯失踪人财产权益的，失踪人的利害关系人可以向人民法院请求财产代管人承担民事责任。如果同时申请人民法院变更财产代管人的，变更之诉比照特别程序单独审理。

36. 被宣告死亡的人，判决宣告之日为其死亡的日期。判决书除发给申请人外，还应当在被宣告死亡的人住所地和人民法院所在地公告。

被宣告死亡和自然死亡的时间不一致的，被宣告死亡所引起的法律后果仍然有效，但自然死亡前实施的民事法律行为与被宣告死亡引起的法律后果相抵触的，则以其实施的民事法律行为为准。

37. 被宣告死亡的人与配偶的婚姻关系，自死亡宣告之日起消灭。死亡宣告被人民法院撤销，如果其配偶尚未再婚的，夫妻关系从撤销死亡宣告之日起自行恢复；如果其配偶再婚后又离婚或者再婚后配偶又死亡的，则不得认定夫妻关系自行恢复。

38. 被宣告死亡的人在被宣告死亡期间，其子女被他人依法收养，被宣告死亡的人在死亡宣告被撤销后，仅以未经本人同意而主张收养关系无效的，一般不应准许，但收养人和被收养人同意的除外。

39. 利害关系人隐瞒真实情况使他人被宣告死亡而取得其财产的，除应返还原物及孳息外，还应对造成的损失予以赔偿。

40. 被撤销死亡宣告的人请求返还财产，其原物已被第三人合法取得的，第三人可不予返还。但依继承法取得原物的公民或者组织，应当返还原物或者给予适当补偿。

（四）关于个体工商户、农村承包经营户、个人合伙问题

41. 起字号的个体工商户，在民事诉讼中，应以营业执照登记的户主（业主）为诉讼当事人，在诉讼文书中注明系某字号的户主。

42. 以公民个人名义申请登记的个体工商户和个人承包的农村承包经营户，用家庭共有财产投资，或者收益的主要部分供家庭成员享用的，其债务应以家庭共有财产清偿。

43. 在夫妻关系存续期间，一方从事个体经营或者承包经营的，其收入为夫妻共有财产，债务亦应以夫妻共有财产清偿。

44. 个体工商户、农村承包经营户的债务，如以其家庭共有财产承担责任时，应当保留家庭成员的生活必需品和必要的生产工具。

45. 起字号的个人合伙，在民事诉讼中，应当以依法核准登记的字号为诉讼当事人，并由合伙负责人为诉讼代表人。合伙负责人的诉讼行为，对全体合伙人发生法律效力。

未起字号的个人合伙，合伙人在民事诉讼中为共同诉讼人。合伙人人数众多的，可以推举诉讼代表人参加诉讼，诉讼代表人的诉讼行为，对全体合伙人发生法律效力。推举诉讼代表人，应当办理书面委托手续。

46. 公民按照协议提供资金或者实物，并约定参与合伙盈余分配，但不参与合伙经营、劳动的，或者提供技术性劳务而不提供资金、实物，但约定参与盈余分配的，视为合伙人。

47. 全体合伙人对合伙经营的亏损额，对外应当负连带责任；对内则应按照协议约定的债务承担比例或者出资比例分担；协议未规定债务承担比例或者出资比例的，可以按照约定的或者实际的盈余分配比例承担。但是对造成合伙经营亏损有过错的合伙人，应当根据其过错程度相应的多承担责任。

48. 只提供技术性劳务不提供资金、实物的合伙人，对于合伙经营的亏损额，对外也应当承担连带责任；对内则应按照协议约定的债务承担比例或者技术性劳务折抵的出资比例承担；协议未规定债务承担比例或者出资比例的，可以按照约定的或者合伙人实际的盈余分配比例承担；没有盈余分配比例的，按照其余合伙人平均投资比例承担。

49. 个人合伙、或者个体工商户，虽经工商行政管理部门错误地登记为集体所有制的

企业，但实际为个人合伙或者个体工商户的，应当按个人合伙或者个体工商户对待。

50. 当事人之间没有书面合伙协议，又未经工商行政管理部门核准登记，但具备合伙的其他条件，又有两个以上无利害关系人证明有口头合伙协议的，人民法院可以认定为合伙关系。

51. 在合伙经营过程中增加合伙人，书面协议有约定的，按照协议处理；书面协议未约定的，须经全体合伙人同意，未经全体合伙人同意的，应当认定入伙无效。

52. 合伙人退伙，书面协议有约定的，按书面协议处理；书面协议未约定的，原则上应予准许。但因其退伙给其他合伙人造成损失的，应当考虑退伙的原因、理由以及双方当事人的过错等情况，确定其应当承担的赔偿责任。

53. 合伙经营期间发生亏损，合伙人退出合伙时未按约定分担或者未合理分担合伙债务的，退伙人对原合伙的债务，应当承担清偿责任；退伙人已分担合伙债务的，对其参加合伙期间的全部债务仍负连带责任。

54. 合伙人退伙时分割的合伙财产，应当包括合伙时投入的财产和合伙期间积累的财产，以及合伙期间的债权和债务。入伙的原物退伙时原则上应予退还，一次清退有困难的，可以分批分期清退；退还原物确有困难的，可以折价处理。

55. 合伙终止时，对合伙财产的处理，有书面协议的，按协议处理；没有书面协议，又协商不成的，如果合伙人出资额相等，应当考虑多数人意见酌情处理；合伙人出资额不等的，可以按出资额占全部合伙额多的合伙人意见处理，但要保护其他合伙人的利益。

56. 合伙人互相串通逃避合伙债务的，除应令其承担清偿责任外，还可以按照民法通则第一百三十四条第三款的规定处理。

57. 民法通则第三十五条第一款中关于“以各自的财产承担清偿责任”，是指合伙人以个人财产出资的，以合伙人的个人财产承担；合伙人以其家庭共有财产出资的，以其家庭共有财产承担；合伙人以个人财产出资，合伙的盈余分配所得用于其家庭成员生活的，应先以合伙人的个人财产承担，不足部分以合伙人的家庭共有财产承担。

二、法人

58. 企业法人的法定代表人和其他工作人员，以法人名义从事的经营活动，给他人造成经济损失的，企业法人应当承担民事责任。

59. 企业法人解散或者被撤销的，应当由其主管机关组织清算小组进行清算。企业法人被宣告破产的，应当由人民法院组织有关机关和有关人员成立清算组织进行清算。

60. 清算组织是以清算企业法人债权、债务为目的而依法成立的组织。它负责对终止的企业法人的财产进行保管、清理、估价、处理和清偿。

对于涉及终止的企业法人债权、债务的民事诉讼，清算组织可以用自己的名义参加诉讼，以逃避债务责任为目的而成立的清算组织，其实施的民事行为无效。

61. 人民法院审理案件时，如果查明企业法人有民法通则第四十九条所列的六种情形之一的，除企业法人承担责任外，还可以根据民法通则第四十九条和第一百三十四条第三款的规定，对企业法定代表人直接给予罚款的处罚；对需要给予行政处分的，可以向有关部门提出司法建议，由有关部门决定处理；对构成犯罪需要依法追究刑事责任的，应当依法移送公安、检察机关。

62. 人民法院在审理案件中，依法对企业法定代表人或者其他人采用罚款、拘留制裁措施，必须经院长批准，另行制作民事制裁决定书。被制裁人对决定不服的，在收到决定书的次日起十日内可以向上一级法院申请复议一次。复议期间，决定暂不执行。

63. 对法定代表人直接处以罚款的数额一般在二千元以下。法律另有规定的除外。

64. 以提供土地使用权作为联营条件的一方，对联营企业的债务，应当按照书面协议的约定承担；书面协议未约定的，可以按照出资比例或者盈余分配比例承担。

三、民事法律行为和代理

65. 当事人以录音、录像等视听资料形式实施的民事行为，如有两个以上无利害关系人作为证人或者有其他证据证明该民事行为符合民法通则第五十五条的规定，可以认定有效。

66. 一方当事人向对方当事人提出民事权利的要求，对方未用语言或者文字明确表示意见，但其行为表明已接受的，可以认定为默示。不作为的默示只有在法律有规定或者当事人双方有约定的情况下，才可以视为意思表示。

67. 间歇性精神病人的民事行为，确能证明是在发病期间实施的，应当认定无效。

行为人在神志不清的状态下所实施的民事行为，应当认定无效。

68. 一方当事人故意告知对方虚假情况，或者故意隐瞒真实情况，诱使对方当事人作出错误意思表示的，可以认定为欺诈行为。

69. 以给公民及其亲友的生命健康、荣誉、名誉、财产等造成损害或者以给法人的荣誉、名誉、财产等造成损害为要挟，迫使对方作出违背真实的意思表示的，可以认定为胁迫行为。

70. 一方当事人乘对方处于危难之机，为牟取不正当利益，迫使对方作出不真实的意思表示，严重损害对方利益的，可以认定为乘人之危。

71. 行为人因为对行为的性质、对方当事人、标的物的品种、质量、规格和数量等的错误认识，使行为的后果与自己的意思相悖，并造成较大损失的，可以认定为重大误解。

72. 一方当事人利用优势或者利用对方没有经验，致使双方的权利与义务明显违反公平、等价有偿原则的，可以认定为显失公平。

73. 对于重大误解或者显失公平的民事行为，当事人请求变更的，人民法院应当予以变更；当事人请求撤销的，人民法院可以酌情予以变更或者撤销。

可变更或者可撤销的民事行为，自行为成立时起超过一年当事人才请求变更或者撤销的，人民法院不予保护。

74. 民法通则第六十一条第二款中的“双方取得的财产”，应当包括双方当事人已经取得和约定取得的财产。

75. 附条件的民事行为，如果所附的条件是违背法律规定或者不可能发生的，应当认定该民事行为无效。

76. 附期限的民事法律行为，在所附期限到来时生效或者解除。

77. 意思表示由第三人义务转达，而第三人由于过失转达错误或者没有转达，使他人造成损失的，一般可由意思表示人负赔偿责任。但法律另有规定或者双方另有约定的除外。

78. 凡是依法或者依双方的约定必须由本人亲自实施的民事行为，本人未亲自实施的，应当认定行为无效。

79. 数个委托代理人共同行使代理权的，如果其中一人或者数人未与其他委托代理人协商，所实施的行为侵害被代理人权益的，由实施行为的委托代理人承担民事责任。

被代理人为数人时，其中一人或者数人未经其他被代理人同意而提出解除代理关系，因此造成损害的，由提出解除代理关系的被代理人承担。

80. 由于急病、通讯联络中断等特殊原因，委托代理人自己不能办理代理事项，又不能与被代理人及时取得联系，如不及时转托他人代理，会给被代理人的利益造成损失或者扩大损失的，属于民法通则第六十八条中的“紧急情况”。

81. 委托代理人转托他人代理的，应当比照民法通则第六十五条规定的条件办理转托手续。因委托代理人转托不明，给第三人造成损失的，第三人可以直接要求被代理人赔偿损失；被代理人承担民事责任后，可以要求委托代理人赔偿损失，转托代理人有过错的，应当负连带责任。

82. 被代理人死亡后有下列情况之一的，委托代理人实施的代理行为有效：

①代理人不知道被代理人死亡的；②被代理人的继承人均予承认的；③被代理人与代理人约定到代理事项完成时代理权终止的；④在被代理人死亡前已经进行、而在被代理人死亡后为了被代理人的继承人的利益继续完成的。

83. 代理人和被代理人对已实施的民事行为负连带责任的，在民事诉讼中，可以列为共同诉讼人。

四、民事权利

（一）关于财产所有权和与财产所有权有关的财产权问题

84. 财产已经交付，但当事人约定财产所有权转移附条件的，在所附条件成就时，财产所有权方为转移。

85. 财产所有权合法转移后，一方翻悔的，不予支持。财产所有权尚未按原协议转移，一方翻悔并无正当理由，协议又能够履行的，应当继续履行；如果协议不能履行，给对方造成损失的，应当负赔偿责任。

86. 非产权人在使用他人的财产上增添附属物，财产所有人同意增添，并就财产返还时附属物如何处理有约定的，按约定办理；没有约定又协商不成，能够拆除的，可以责令拆除，不能拆除的，也可以折价归财产所有人；造成财产所有人损失的，应当负赔偿责任。

87. 有附属物的财产，附属物随财产所有权的转移而转移。但当事人另有约定又不违法的，按约定处理。

88. 对于共有财产，部分共有人主张按份共有，部分共有人主张共同共有，如果不能证明财产是按份共有的，应当认定为共同共有。

89. 共同共有人对共有财产享有共同的权利，承担共同的义务。在共同共有关系存续期间，部分共有人擅自处分共有财产的，一般认定无效。但第三人善意、有偿取得该财产的，应当维护第三人的合法权益，对其他共有人的损失，由擅自处分共有财产的人赔偿。

90. 在共同共有关系终止时，对共有财产的分割，有协议的，按协议处理；没有协议的，应当根据等分原则处理，并且考虑共有人对共有财产的贡献大小，适当照顾共有人生产、生活的实际需要等情况。但分割夫妻共有财产，应当根据婚姻法的有关规定处理。

91. 共有财产是特定物，而且不能分割或者分割有损其价值的，可以折价处理。

92. 共同共有财产分割后，一个或者数个原共有人出卖自己分得的财产时，如果出卖的财产与其他原共有人分得的财产属于一个整体或者配套使用，其他原共有人主张优先购买权的，应当予以支持。

93. 公民、法人对于挖掘、发现的埋藏物、隐藏物，如果能够证明属其所有，而且根据现行的法律、政策又可以归其所有的，应当予以保护。

94. 拾得物灭失、毁损，拾得人没有故意的，不承担民事责任。拾得人将拾得物据为己有，拒不返还而引起诉讼的，按照侵权之诉处理。

95. 公民和集体依法对集体所有的或者国家所有由集体使用的森林、土地、山岭、草原、荒地、滩涂、水面等承包经营的权利和义务，按承包合同的规定处理。承包人未经发包人同意擅自转包或者转让的无效。

96. 因土地、山岭、森林、草原、荒地、滩涂、水面等自然资源的所有权或使用权发生权属争议的，应当由有关行政部门处理。对行政处理不服的，当事人可以依据有关法律和行政法规的规定，向人民法院提起诉讼；因侵权纠纷起诉的，人民法院可以直接受理。

97. 相邻一方因修建施工临时占用他方使用的土地，占用的一方如未按照双方约定的范围、用途和期限使用的，应当责令其及时清理现场，排除妨碍，恢复原状，赔偿损失。

98. 一方擅自堵截或独占自然流水影响他方正常生产、生活的，他方有权请求排除妨碍；造成他方损失的，应负赔偿责任。

99. 相邻一方必须使用另一方的土地排水的，应当予以准许；但应在必要限度内使用并采取适当的保护措施排水，如仍造成损失的，由受益人合理补偿。

相邻一方可以采取其他合理的措施排水而未采取，向他方土地排水毁损或者可能毁损他方财产，他方要求致害人停止侵害、消除危险、恢复原状、赔偿损失的，应当予以支持。

100. 一方必须在相邻一方使用的土地上通行的，应当予以准许；因此造成损失的，应当给予适当补偿。

101. 对于一方所有的或者使用的建筑物范围内历史形成的必经通道，所有权人或者使用权人不得堵塞。因堵塞影响他人生产、生活，他人要求排除妨碍或者恢复原状的，应当予以支持。但有条件另开通道的，也可以另开通道。

102. 处理相邻房屋滴水纠纷时，对有过错的一方造成他方损害的，应当责令其排除妨碍、赔偿损失。

103. 相邻一方在自己使用的土地上挖水沟、水池、地窖等或者种植的竹木根枝伸延危及另一方建筑物的安全和正常使用的，应当分别情况，责令其消除危险，恢复原状，赔偿损失。

（二）关于债权问题

104. 债权人无正当理由拒绝债务人履行义务，债务人将履行的标的物向有关部门提存的，应当认定债务已经履行。因提存所支出的费用，应当由债权人承担。提存期间，财产收益归债权人所有，风险责任由债权人承担。

105. 依据民法通则第八十八条第二款第（一）项规定，合同对产品质量要求不明确，当事人未能达成协议，又没有国家质量标准的，按部颁标准或者专业标准处理；没有部颁标准或者专业标准的，按经过批准的企业标准处理；没有经过批准的企业标准的，按标的物产地同行业其他企业经过批准的同类产品质量标准处理。

106. 保证人应当是具有代偿能力的公民、企业法人以及其他经济组织。保证人即使不具备完全代偿能力，仍应以自己的财产承担保证责任。国家机关不能担任保证人。

107. 企业法人的分支机构不具有法人资格。分支机构以自己的名义对外签订的保证合同，一般应当认定无效。但因此产生的财产责任，分支机构如有偿付能力的，应当自行承担；如无偿付能力的，应由企业法人承担。

108. 保证人向债权人保证债务人履行债务的，应当与债权人订立书面保证合同，确定保证人对主债务的保证范围和保证期限。虽未单独订立书面保证合同，但在主合同中写明保证人的保证范围和保证期限，并由保证人签名盖章的，视为书面保证合同成立。公民间的口头保证，有两个以上无利害关系人证明的，也视为保证合同成立，法律另有规定的除外。保证范围不明确的，推定保证人对全部主债务承担保证责任。

109. 在保证期限内，保证人的保证范围，可因主债务的减少而减少。新增加的债务，未经保证人同意担保的，保证人不承担保证责任。

110. 保证人为二人以上的，相互之间负连带保证责任。但是保证人与债权人约定按份承担保证责任的除外。

111. 被担保的经济合同确认无效后，如果被保证人应当返还财产或者赔偿损失的，除有特殊约定外，保证人仍应承担连带责任。

112. 债务人或者第三人向债权人提供抵押物时，应当订立书面合同或者在原债权文书中写明。没有书面合同，但有其他证据证明抵押物或者其权利证书已交给抵押权人的，可以认定抵押关系成立。

113. 以自己不享有所有权或者经营管理权的财产作抵押物的，应当认定抵押无效。

以法律限制流通的财产作为抵押物的，在清偿债务时，应当由有关部门收购，抵押权人可以从价款中优先受偿。

114. 抵押物在抵押权人保管期间灭失、毁损的，抵押权人如有过错，应当承担民事责任。

抵押物在抵押人处灭失、毁损的，应当认定抵押关系存在，并责令抵押人以其他财产代替抵押物。

115. 抵押物如由抵押人自己占有并负责保管，在抵押期间，非经债权人同意，抵押人将同一抵押物转让他人，或者就抵押物价值已设置抵押部分再作抵押的，其行为无效。

债务人以抵押物清偿债务时，如果一项抵押物有数个抵押权人的，应当按照设定抵押权的先后顺序受偿。

116. 有要求清偿银行贷款和其他债权等数个债权人的，有抵押权的债权人应享有优先受偿的权利。法律、法规另有规定的除外。

117. 债权人因合同关系占有债务人财物的，如果债务人到期不履行义务，债权人可以将相应的财物留置。经催告，债务人在合理期限内仍不履行义务，债权人依法将留置的财物以合理的价格变卖，并以变卖财物的价款优先受偿的，应予保护。

118. 出租人出卖出租房屋，应提前三个月通知承租人，承租人在同等条件下，享有优先购买权；出租人未按此规定出卖房屋的，承租人可以请求人民法院宣告该房屋买卖无效。

119. 承租户以一人名义承租私有房屋，在租赁期内，承租人死亡，该户共同居住人要求按原租约履行的，应当准许。

私有房屋在租赁期内，因买卖、赠与或者继承发生房屋产权转移的，原租赁合同对承租人和新房主继续有效。

未定租期，房主要求收回房屋自住的，一般应当准许。承租人有条件搬迁的，应责令其搬迁；如果承租人搬迁确有困难的，可给一定期限让其找房或者腾让部分房屋。

120. 在房屋出典期间或者典期届满时，当事人之间约定延长典期或者增减典价的，应当准许。承典人要求出典人高于原典价回赎的，一般不予支持。以合法流通物作典价的，应当按照回赎时市场零售价格折算。

121. 公民之间的借贷，双方对返还期限有约定的，一般应按约定处理；没有约定的，出借人随时可以请求返还，借方应当根据出借人的请求及时返还；暂时无力返还的，可以根据实际情况责令其分期返还。

122. 公民之间的生产经营性借贷的利率，可以适当高于生活性借贷利率。如因利率发生纠纷，应本着保护合法借贷关系，考虑当地实际情况，有利于生产和稳定经济秩序的原则处理。

123. 公民之间的无息借款，有约定偿还期限而借款人不按期偿还，或者未约定偿还期限但经出借人催告后，借款人仍不偿还的，出借人要求借款人偿付逾期利息，应当予以准许。

124. 借款双方因利率发生争议，如果约定不明，又不能证明的，可以比照银行同类贷款利率计息。

125. 公民之间的借贷，出借人将利息计入本金计算复利的，不予保护；在借款时将利息扣除的，应当按实际出借款数计息。

126. 借用实物的，出借人要求归还原物或者同等数量、质量的实物，应当予以支持；如果确实无法归还实物的，可以按照或者适当高于归还时市场零售价格折价给付。

127. 借用人因管理、使用不善造成借用物毁损的，借用人应当负赔偿责任；借用物自身有缺陷的，可以减轻借用人的赔偿责任。

128. 公民之间赠与关系的成立，以赠与物的交付为准。赠与房屋，如根据书面赠与合同办理了过户手续的，应当认定赠与关系成立；未办理过户手续，但赠与人根据书面赠与合同已将产权证书交与受赠人，受赠人根据赠与合同已占有、使用该房屋的，可以认定赠与有效，但应令其补办过户手续。

129. 赠与人明确表示将赠与物赠给未成年人个人的，应当认定该赠与物为未成年人的个人财产。

130. 赠与人为了逃避应履行的法定义务，将自己的财产赠与他人，如果利害关系人主张权利的，应当认定赠与无效。

131. 返还的不当利益，应当包括原物和原物所生的孳息。利用不当得利所取得的其他利益，扣除劳务管理费用后，应当予以收缴。

132. 民法通则第九十三条规定的管理人或者服务人可以要求受益人偿付的必要费用，包括在管理或者服务活动中直接支出的费用，以及在该活动中受到的实际损失。

（三）关于知识产权、人身权问题

133. 作品不论是否发表，作者均享有著作权（版权）。

134. 二人以上按照约定共同创作作品的，不论各人的创作成果在作品中被采用多少，应当认定该项作品为共同创作。

135. 合著的作品，著作权（版权）应当认定为全体合著人共同享有。其中各组成部分可以分别独立存在的，各组成部分的著作权（版权）由各组成部分的作者分别享有。

136. 作者死亡后，著作权（版权）中由继承人继承的财产权利在法律规定的保护期限内受到侵犯，继承人依法要求保护的，人民法院应当予以支持。

137. 公民、法人通过申请专利取得的专利权，或者通过继承、受赠、受让等方式取得的专利权，应当予以保护。

转让专利权应当由国家专利局登记并公告，专利权自国家专利局公告之日起转移。

138. 法人、个体工商户、个人合伙通过申请商标注册或者受让等方式取得的商标专用权，除依法定程序撤销者外，应当予以保护。

转让商标专用权应当由国家工商行政管理局商标局核准，商标专用权自核准之日起转移。

139. 以营利为目的，未经公民同意利用其肖像做广告、商标、装饰橱窗等，应当认定为侵犯公民肖像权的行为。

140. 以书面、口头等形式宣扬他人的隐私，或者捏造事实公然丑化他人人格，以及用侮辱、诽谤等方式损害他人名誉，造成一定影响的，应当认定为侵害公民名誉权的行为。

以书面、口头等形式诋毁、诽谤法人名誉，给法人造成损害的，应当认定为侵害法人名誉权的行为。

141. 盗用、假冒他人姓名、名称造成损害的，应当认定为侵犯姓名权、名称权的行为。

五、民事责任

142. 为维护国家、集体或他人合法权益而使自己受到损害，在侵害人无力赔偿或者没有侵害人的情况下，如果受害人提出请求的，人民法院可以根据受益人受益的多少及其经济状况，责令受益人给予适当补偿。

143. 受害人的误工日期，应当按其实际损害程度、恢复状况并参照治疗医院出具的证明或者法医鉴定等认定。赔偿费用的标准，可以按照受害人的工资标准或者实际收入的数额计算。

受害人是承包经营户或者个体工商户的，其误工费的计算标准，可以参照受害人一定期限内的平均收入酌定。如果受害人承包经营的种植、养殖业季节性很强，不及时经营会造成更大损失的，除受害人应当采取措施防止损失扩大外，还可以裁定侵害人采取措施防止扩大损失。

144. 医药治疗费的赔偿，一般应以所在地治疗医院的诊断证明和医药费、住院费的单据为凭。应经医务部门批准而未获批准擅自另找医院治疗的费用，一般不予赔偿；擅自购买与损害无关的药品或者治疗其他疾病的，其费用则不予赔偿。

145. 经医院批准专事护理人，其误工补助费可以按收入的实际损失计算。应得奖金一般可以计算在应赔偿的数额内。本人没有工资收入的，其补偿标准应以当地的一般临时工的工资标准为限。

146. 侵害他人身体致使其丧失全部或部分劳动能力的，赔偿的生活补助费，一般应补足到不低于当地居民基本生活费的标准。

147. 侵害他人身体致人死亡或者丧失劳动能力的，依靠受害人实际扶养而又没有其他生活来源的人要求侵害人支付必要生活费的，应当予以支持，其数额根据实际情况确定。

148. 教唆、帮助他人实施侵权行为的人，为共同侵权人，应当承担连带民事责任。

教唆、帮助无民事行为能力人实施侵权行为的人，为侵权人，应当承担民事责任。

教唆、帮助限制民事行为能力人实施侵权行为的人，为共同侵权人，应当承担主要民事责任。

149. 盗用、假冒他人名义，以函、电等方式进行欺骗或者愚弄他人，并使其财产、名誉受到损害的，侵权人应当承担民事责任。

150. 公民的姓名权、肖像权、名誉权、荣誉权和法人的名称权、名誉权、荣誉权受到侵害，公民或者法人要求赔偿损失的，人民法院可以根据侵权人的过错程度、侵权行为的具体情节、后果和影响确定其赔偿责任。

151. 侵害他人的姓名权、名称权、肖像权、名誉权、荣誉权而获利的，侵权人除应适当赔偿受害人的损失外，其非法所得应当予以收缴。

152. 国家机关工作人员在执行职务中，给公民、法人的合法权益造成损害的，国家机关应当承担民事责任。

153. 消费者、用户因为使用质量不合格的产品造成本人或者第三人人身伤害、财产损失的，受害人可以向产品制造者或者销售者要求赔偿。因此提起的诉讼，由被告所在地或侵权行为地人民法院管辖。

运输者和仓储者对产品质量负有责任，制造者或者销售者请求赔偿损失的，可以另案处理，也可以将运输者和仓储者列为第三人，一并处理。

154. 从事高度危险作业，没有按有关规定采取必要的安全防护措施，严重威胁他人人身、财产安全的，人民法院应当根据他人的要求，责令作业人消除危险。

155. 因堆放物品倒塌造成他人损害的，如果当事人均无过错，应当根据公平原则酌情处理。

156. 因紧急避险造成他人损失的，如果险情是由自然原因引起，行为人采取的措施又无不当，则行为人不承担民事责任。受害人要求补偿的，可以责令受益人适当补偿。

157. 当事人对造成损害均无过错，但一方是在为对方的利益或者共同的利益进行活动的过程中受到损害的，可以责令对方或者受益人给予一定的经济补偿。

158. 夫妻离婚后，未成年子女侵害他人权益的，同该子女共同生活的一方应当承担民事责任；如果独立承担民事责任确有困难的，可以责令未与该子女共同生活的一方共同承担民事责任。

159. 被监护人造成他人损害的，有明确的监护人时，由监护人承担民事责任；监护人不明确的，由顺序在前的有监护能力的人承担民事责任。

160. 在幼儿园、学校生活、学习的无民事行为能力人或者在精神病院治疗的精神病人，受到伤害或者给他人造成损害，单位有过错的，可以责令这些单位适当给予赔偿。

161. 侵权行为发生时行为人不满十八周岁，在诉讼时已满十八周岁，并有经济能力的，应当承担民事责任；行为人没有经济能力的，应当由原监护人承担民事责任。

行为人致人损害时年满十八周岁的，应当由本人承担民事责任；没有经济收入的，由抚养人垫付，垫付有困难的，也可以判决或者调解延期给付。

162. 在诉讼中遇有需要停止侵害、排除妨碍、消除危险的情况时，人民法院可以根据当事人的申请或者依职权先行作出裁定。

当事人在诉讼中用赔礼道歉方式承担了民事责任的，应当在判决中叙明。

163. 在诉讼中发现与本案有关的违法行为需要给予制裁的，可适用民法通则第一百三十四条第三款规定，予以训诫、责令具结悔过、收缴进行非法活动的财物和非法所得，或者依照法律规定处以罚款、拘留。

采用收缴、罚款、拘留制裁措施，必须经院长批准，另行制作民事制裁决定书。被制裁人对决定不服的，在收到决定书的次日起十日内可以向上一级人民法院申请复议一次。复议期间，决定暂不执行。

164. 适用民法通则第一百三十四条第三款对公民处以罚款的数额为五百元以下，拘留为十五日以下。

依法对法定代表人处以拘留制裁措施，为十五日以下。

以上两款，法律另有规定的除外。

六、诉讼时效

165. 在民法通则实施前，权利人知道或者应当知道其民事权利被侵害，民法通则实施后，向人民法院请求保护的诉讼时效期间，应当适用民法通则第一百三十五条和第一百三十六条的规定，从1987年1月1日起算。

166. 民法通则实施前，民事权利被侵害超过二十年的，民法通则实施后，权利人向人民法院请求保护的诉讼时效期间，分别为民法通则第一百三十五条规定的二年或者第一百三十六条规定的一年，从1987年1月1日起算。

167. 民法通则实施后，属于民法通则第一百三十五条规定的二年诉讼时效期间，权利人自权利被侵害时起的第十八年后至第二十年期间才知道自己的权利被侵害的，或者属于民法通则第一百三十六条规定的一年诉讼时效期间，权利人自权利被侵害时起的第十九年后至第二十年期间才知道自己的权利被侵害的，提起诉讼请求的权利，应当在权利被侵害之日起的二十年内行使，超过二十年的，不予保护。

168. 人身损害赔偿的诉讼时效期间，伤害明显的，从受伤害之日起算；伤害当时未曾发现，后经检查确诊并能证明是由侵害引起的，从伤势确诊之日起算。

169. 权利人由于客观的障碍在法定诉讼时效期间不能行使请求权的，属于民法通则第一百三十七条规定的“特殊情况”。

170. 未授权给公民、法人经营、管理的国家财产受到侵害的，不受诉讼时效期间的限制。

171. 过了诉讼时效期间，义务人履行义务后，又以超过诉讼时效为由翻悔的，不予支持。

172. 在诉讼时效期间的最后六个月内，权利被侵害的无民事行为能力人、限制民事行为能力人没有法定代理人，或者法定代理人死亡、丧失代理权，或者法定代理人本人丧失行为能力的，可以认定为因其他障碍不能行使请求权，适用诉讼时效中止。

173. 诉讼时效因权利人主张权利或者义务人同意履行义务而中断后，权利人在新的诉讼时效期间内，再次主张权利或者义务人再次同意履行义务的，可以认定为诉讼时效再次中断。

权利人向债务保证人、债务人的代理人或者财产代管人主张权利的，可以认定诉讼时效中断。

174. 权利人向人民调解委员会或者有关单位提出保护民事权利的请求，从提出请求时起，诉讼时效中断。经调处达不成协议的，诉讼时效期间即重新起算；如调处达成协议，义务人未按协议所定期限履行义务的，诉讼时效期间应从期限届满时重新起算。

175. 民法通则第一百三十五条、第一百三十六条规定的诉讼时效期间，可以适用民法通则有关中止、中断和延长的规定。

民法通则第一百三十七条规定的“二十年”诉讼时效期间，可以适用民法通则有关延长的规定，不适用中止、中断的规定。

176. 法律、法规对索赔时间和对产品质量等提出异议的时间有特殊规定的，按特殊规定办理。

177. 继承的诉讼时效按继承法的规定执行。但继承开始后，继承人未明确表示放弃继承的，视为接受继承，遗产未分割的，即为共同共有。诉讼时效的中止、中断、延长，均适用民法通则的有关规定。

七、涉外民事关系的法律适用

178. 凡民事关系的一方或者双方当事人是外国人、无国籍人、外国法人的；民事关系的标的物在外国领域内的；产生、变更或者消灭民事权利义务关系的法律事实发生在外国的，均为涉外民事关系。

人民法院在审理涉外民事关系的案件时，应当按照民法通则第八章的规定来确定应适用的实体法。

179. 定居国外的我国公民的民事行为能力，如其行为是在我国境内所为，适用我国法律；在定居国所为，可以适用其定居国法律。

180. 外国人在我国领域内进行民事活动，如依其本国法律为无民事行为能力，而依我国法律为有民事行为能力，应当认定为有民事行为能力。

181. 无国籍人的民事行为能力，一般适用其定居国法律；如未定居的，适用其住所地国法律。

182. 有双重或多重国籍的外国人，以其有住所或者与其有最密切联系的国家的法律为其本国法。

183. 当事人的住所不明或者不能确定的，以其经常居住地为住所。当事人有几个住所的，以与产生纠纷的民事关系有最密切联系的住所为住所。

184. 外国法人以其注册登记地国家的法律为其本国法，法人的民事行为能力依其本国法确定。

外国法人在我国领域内进行的民事活动，必须符合我国的法律规定。

185. 当事人有二个以上营业所的，应以与产生纠纷的民事关系有最密切联系的营业所为准；当事人没有营业所的，以其住所或者经常居住地为准。

186. 土地、附着于土地的建筑物及其他定着物、建筑物的固定附属设备为不动产。不动产的所有权、买卖、租赁、抵押、使用等民事关系，均应适用不动产所在地法律。

187. 侵权行为地的法律包括侵权行为实施地法律和侵权结果发生地法律。如果两者不一致时，人民法院可以选择适用。

188. 我国法院受理的涉外离婚案件，离婚以及因离婚而引起的财产分割，适用我国法律。认定其婚姻是否有效，适用婚姻缔结地法律。

189. 父母子女相互之间的抚养、夫妻相互之间的抚养以及其他有抚养关系的人之间的抚养，应当适用与被抚养人有最密切联系国家的法律。抚养人和被抚养人的国籍、住所以及供养被抚养人的财产所在地，均可视为与被抚养人有最密切的联系。

190. 监护的设立、变更和终止，适用被监护人的本国法律。但是，被监护人在我国境内有住所的，适用我国的法律。

191. 在我国境内死亡的外国人，遗留在我国境内的财产如果无人继承又无人受遗赠的，依照我国法律处理，两国缔结或者参加的国际条约另有规定的除外。

192. 依法应当适用的外国法律，如果该外国不同地区实施不同的法律的，依据该国法律关于调整国内法律冲突的规定，确定应适用的法律。该国法律未作规定的，直接适用与该民事关系有最密切联系的地区的法律。

193. 对于应当适用的外国法律，可通过下列途径查明：①由当事人提供；②由与我国订立司法协助协定的缔约对方的中央机关提供；③由我国驻该国使领馆提供；④由该国驻我国使馆提供；⑤由中外法律专家提供。通过以上途径仍不能查明的，适用中华人民共和国法律。

194. 当事人规避我国强制性或者禁止性法律规范的行为，不发生适用外国法律的效力。

195. 涉外民事法律关系的诉讼时效，依冲突规范确定的民事法律关系的准据法确定。

八、其他

196. 1987 年 1 月 1 日以后受理的案件，如果民事行为发生在 1987 年以前，适用民事行为发生时的法律、政策，当时的法律、政策没有具体规定的，可以比照民法通则处理。

197. 处理申诉案件和按审判监督程序再审的案件，适用原审审结时应当适用的法律或政策。

198. 当事人约定的期间不是以月、年第一天起算的，一个月为三十日，一年为三百六十五日。

期间的最后一天是星期日或者其他法定休假日，而星期日或者其他法定休假日有变通的，以实际休假日的次日为期间的最后一天。

199. 按照日、月、年计算期间，当事人对起算时间有约定的，按约定办。

200. 最高人民法院以前的有关规定，与民法通则和本意见抵触的，各级人民法院今后在审理一、二审民事、经济纠纷案件中不再适用。

14.3.3 中华人民共和国保险法

中华人民共和国主席令

第十一号

《中华人民共和国保险法》已由中华人民共和国第十一届全国人民代表大会常务委员会第七次会议于2009年2月28日修订通过，现将修订后的《中华人民共和国保险法》公布，自2009年10月1日起施行。

中华人民共和国主席　胡锦涛

2009年2月28日

中华人民共和国保险法

（1995年6月30日第八届全国人民代表大会常务委员会第十四次会议通过根据2002年10月28日第九届全国人民代表大会常务委员会第三十次会议《关于修改〈中华人民共和国保险法〉的决定》修正2009年2月28日第十一届全国人民代表大会常务委员会第七次会议修订）

目　　录

第一章　总　　则

第一条　为了规范保险活动，保护保险活动当事人的合法权益，加强对保险业的监督管理，维护社会经济秩序和社会公共利益，促进保险事业的健康发展，制定本法。

第二条　本法所称保险，是指投保人根据合同约定，向保险人支付保险费，保险人对于合同约定的可能发生的事故因其发生所造成的财产损失承担赔偿保险金责任，或者当被保险人死亡、伤残、疾病或者达到合同约定的年龄、期限等条件时承担给付保险金责任的商业保险行为。

第三条 在中华人民共和国境内从事保险活动，适用本法。

第四条 从事保险活动必须遵守法律、行政法规，尊重社会公德，不得损害社会公共利益。

第五条 保险活动当事人行使权利、履行义务应当遵循诚实信用原则。

第六条 保险业务由依照本法设立的保险公司以及法律、行政法规规定的其他保险组织经营，其他单位和个人不得经营保险业务。

第七条 在中华人民共和国境内的法人和其他组织需要办理境内保险的，应当向中华人民共和国境内的保险公司投保。

第八条 保险业和银行业、证券业、信托业实行分业经营、分业管理，保险公司与银行、证券、信托业务机构分别设立。国家另有规定的除外。

第九条 国务院保险监督管理机构依法对保险业实施监督管理。

国务院保险监督管理机构根据履行职责的需要设立派出机构。派出机构按照国务院保险监督管理机构的授权履行监督管理职责。

第二章 保险合同

第一节 一般规定

第十条 保险合同是投保人与保险人约定保险权利义务关系的协议。

投保人是指与保险人订立保险合同，并按照合同约定负有支付保险费义务的人。

保险人是指与投保人订立保险合同，并按照合同约定承担赔偿或者给付保险金责任的保险公司。

第十一条 订立保险合同，应当协商一致，遵循公平原则确定各方的权利和义务。

除法律、行政法规规定必须保险的外，保险合同自愿订立。

第十二条 人身保险的投保人在保险合同订立时，对被保险人应当具有保险利益。

财产保险的被保险人在保险事故发生时，对保险标的应当具有保险利益。

人身保险是以人的寿命和身体为保险标的的保险。

财产保险是以财产及其有关利益为保险标的的保险。

被保险人是指其财产或者人身受保险合同保障，享有保险金请求权的人。投保人可以为被保险人。

保险利益是指投保人或者被保险人对保险标的具有的法律上承认的利益。

第十三条 投保人提出保险要求，经保险人同意承保，保险合同成立。保险人应当及时向投保人签发保险单或者其他保险凭证。

保险单或者其他保险凭证应当载明当事人双方约定的合同内容。当事人也可以约定采用其他书面形式载明合同内容。

依法成立的保险合同，自成立时生效。投保人和保险人可以对合同的效力约定附条件或者附期限。

第十四条 保险合同成立后，投保人按照约定交付保险费，保险人按照约定的时间开始承担保险责任。

第十五条 除本法另有规定或者保险合同另有约定外，保险合同成立后，投保人可以解除合同，保险人不得解除合同。

第十六条 订立保险合同，保险人就保险标的或者被保险人的有关情况提出询问的，投保人应当如实告知。

投保人故意或者因重大过失未履行前款规定的如实告知义务，足以影响保险人决定是否同意承保或者提高保险费率的，保险人有权解除合同。

前款规定的合同解除权，自保险人知道有解除事由之日起，超过三十日不行使而消灭。自合同成立之日起超过二年的，保险人不得解除合同；发生保险事故的，保险人应当承担赔偿或者给付保险金的责任。

投保人故意不履行如实告知义务的，保险人对于合同解除前发生的保险事故，不承担赔偿或者给付保险金的责任，并不退还保险费。

投保人因重大过失未履行如实告知义务，对保险事故的发生有严重影响的，保险人对于合同解除前发生的保险事故，不承担赔偿或者给付保险金的责任，但应当退还保险费。

保险人在合同订立时已经知道投保人未如实告知的情况的，保险人不得解除合同；发生保险事故的，保险人应当承担赔偿或者给付保险金的责任。

保险事故是指保险合同约定的保险责任范围内的事故。

第十七条 订立保险合同，采用保险人提供的格式条款的，保险人向投保人提供的投保单应当附格式条款，保险人应当向投保人说明合同的内容。

对保险合同中免除保险人责任的条款，保险人在订立合同时应当在投保单、保险单或者其他保险凭证上作出足以引起投保人注意的提示，并对该条款的内容以书面或者口头形式向投保人作出明确说明；未作提示或者明确说明的，该条款不产生效力。

第十八条 保险合同应当包括下列事项：

（一）保险人的名称和住所；

（二）投保人、被保险人的姓名或者名称、住所，以及人身保险的受益人的姓名或者名称、住所；

（三）保险标的；

（四）保险责任和责任免除；

（五）保险期间和保险责任开始时间；

（六）保险金额；

（七）保险费以及支付办法；

（八）保险金赔偿或者给付办法；

（九）违约责任和争议处理；

（十）订立合同的年、月、日。

投保人和保险人可以约定与保险有关的其他事项。

受益人是指人身保险合同中由被保险人或者投保人指定的享有保险金请求权的人。投保人、被保险人可以为受益人。

保险金额是指保险人承担赔偿或者给付保险金责任的最高限额。

第十九条 采用保险人提供的格式条款订立的保险合同中的下列条款无效：

（一）免除保险人依法应承担的义务或者加重投保人、被保险人责任的；

（二）排除投保人、被保险人或者受益人依法享有的权利的。

第二十条 投保人和保险人可以协商变更合同内容。

变更保险合同的，应当由保险人在保险单或者其他保险凭证上批注或者附贴批单，或者由投保人和保险人订立变更的书面协议。

第二十一条 投保人、被保险人或者受益人知道保险事故发生后，应当及时通知保险人。故意或者因重大过失未及时通知，致使保险事故的性质、原因、损失程度等难以确定的，保险人对无法确定的部分，不承担赔偿或者给付保险金的责任，但保险人通过其他途径已经及时知道或者应当及时知道保险事故发生的除外。

第二十二条 保险事故发生后，按照保险合同请求保险人赔偿或者给付保险金时，投保人、被保险人或者受益人应当向保险人提供其所能提供的与确认保险事故的性质、原因、损失程度等有关的证明和资料。

保险人按照合同的约定，认为有关的证明和资料不完整的，应当及时一次性通知投保人、被保险人或者受益人补充提供。

第二十三条 保险人收到被保险人或者受益人的赔偿或者给付保险金的请求后，应当及时作出核定；情形复杂的，应当在三十日内作出核定，但合同另有约定的除外。保险人应当将核定结果通知被保险人或者受益人；对属于保险责任的，在与被保险人或者受益人达成赔偿或者给付保险金的协议后十日内，履行赔偿或者给付保险金义务。保险合同对赔偿或者给付保险金的期限有约定的，保险人应当按照约定履行赔偿或者给付保险金义务。

保险人未及时履行前款规定义务的，除支付保险金外，应当赔偿被保险人或者受益人因此受到的损失。

任何单位和个人不得非法干预保险人履行赔偿或者给付保险金的义务，也不得限制被保险人或者受益人取得保险金的权利。

第二十四条 保险人依照本法第二十三条的规定作出核定后，对不属于保险责任的，应当自作出核定之日起三日内向被保险人或者受益人发出拒绝赔偿或者拒绝给付保险金通知书，并说明理由。

第二十五条 保险人自收到赔偿或者给付保险金的请求和有关证明、资料之日起六十日内，对其赔偿或者给付保险金的数额不能确定的，应当根据已有证明和资料可以确定的数额先予支付；保险人最终确定赔偿或者给付保险金的数额后，应当支付相应的差额。

第二十六条 人寿保险以外的其他保险的被保险人或者受益人，向保险人请求赔偿或者给付保险金的诉讼时效期间为二年，自其知道或者应当知道保险事故发生之日起计算。

人寿保险的被保险人或者受益人向保险人请求给付保险金的诉讼时效期间为五年，自其知道或者应当知道保险事故发生之日起计算。

第二十七条 未发生保险事故，被保险人或者受益人谎称发生了保险事故，向保险人提出赔偿或者给付保险金请求的，保险人有权解除合同，并不退还保险费。

投保人、被保险人故意制造保险事故的，保险人有权解除合同，不承担赔偿或者给付保险金的责任；除本法第四十三条规定外，不退还保险费。

保险事故发生后，投保人、被保险人或者受益人以伪造、变造的有关证明、资料或者其他证据，编造虚假的事故原因或者夸大损失程度的，保险人对其虚报的部分不承担赔偿或者给付保险金的责任。

投保人、被保险人或者受益人有前三款规定行为之一，致使保险人支付保险金或者支出费用的，应当退回或者赔偿。

第二十八条　保险人将其承担的保险业务，以分保形式部分转移给其他保险人的，为再保险。

应再保险接受人的要求，再保险分出人应当将其自负责任及原保险的有关情况书面告知再保险接受人。

第二十九条　再保险接受人不得向原保险的投保人要求支付保险费。

原保险的被保险人或者受益人不得向再保险接受人提出赔偿或者给付保险金的请求。

再保险分出人不得以再保险接受人未履行再保险责任为由，拒绝履行或者迟延履行其原保险责任。

第三十条　采用保险人提供的格式条款订立的保险合同，保险人与投保人、被保险人或者受益人对合同条款有争议的，应当按照通常理解予以解释。对合同条款有两种以上解释的，人民法院或者仲裁机构应当作出有利于被保险人和受益人的解释。

第二节　人身保险合同

第三十一条　投保人对下列人员具有保险利益：

（一）本人；

（二）配偶、子女、父母；

（三）前项以外与投保人有抚养、赡养或者扶养关系的家庭其他成员、近亲属；

（四）与投保人有劳动关系的劳动者。

除前款规定外，被保险人同意投保人为其订立合同的，视为投保人对被保险人具有保险利益。

订立合同时，投保人对被保险人不具有保险利益的，合同无效。

第三十二条　投保人申报的被保险人年龄不真实，并且其真实年龄不符合合同约定的年龄限制的，保险人可以解除合同，并按照合同约定退还保险单的现金价值。保险人行使合同解除权，适用本法第十六条第三款、第六款的规定。

投保人申报的被保险人年龄不真实，致使投保人支付的保险费少于应付保险费的，保险人有权更正并要求投保人补交保险费，或者在给付保险金时按照实付保险费与应付保险费的比例支付。

投保人申报的被保险人年龄不真实，致使投保人支付的保险费多于应付保险费的，保险人应当将多收的保险费退还投保人。

第三十三条　投保人不得为无民事行为能力人投保以死亡为给付保险金条件的人身保险，保险人也不得承保。

父母为其未成年子女投保的人身保险，不受前款规定限制。但是，因被保险人死亡给付的保险金总和不得超过国务院保险监督管理机构规定的限额。

第三十四条　以死亡为给付保险金条件的合同，未经被保险人同意并认可保险金额的，合同无效。

按照以死亡为给付保险金条件的合同所签发的保险单，未经被保险人书面同意，不得转让或者质押。

父母为其未成年子女投保的人身保险，不受本条第一款规定限制。

第三十五条 投保人可以按照合同约定向保险人一次支付全部保险费或者分期支付保险费。

第三十六条 合同约定分期支付保险费，投保人支付首期保险费后，除合同另有约定外，投保人自保险人催告之日起超过三十日未支付当期保险费，或者超过约定的期限六十日未支付当期保险费的，合同效力中止，或者由保险人按照合同约定的条件减少保险金额。

被保险人在前款规定期限内发生保险事故的，保险人应当按照合同约定给付保险金，但可以扣减欠交的保险费。

第三十七条 合同效力依照本法第三十六条规定中止的，经保险人与投保人协商并达成协议，在投保人补交保险费后，合同效力恢复。但是，自合同效力中止之日起满二年双方未达成协议的，保险人有权解除合同。

保险人依照前款规定解除合同的，应当按照合同约定退还保险单的现金价值。

第三十八条 保险人对人寿保险的保险费，不得用诉讼方式要求投保人支付。

第三十九条 人身保险的受益人由被保险人或者投保人指定。

投保人指定受益人时须经被保险人同意。投保人为与其有劳动关系的劳动者投保人身保险，不得指定被保险人及其近亲属以外的人为受益人。

被保险人为无民事行为能力人或者限制民事行为能力人的，可以由其监护人指定受益人。

第四十条 被保险人或者投保人可以指定一人或者数人为受益人。

受益人为数人的，被保险人或者投保人可以确定受益顺序和受益份额；未确定受益份额的，受益人按照相等份额享有受益权。

第四十一条 被保险人或者投保人可以变更受益人并书面通知保险人。保险人收到变更受益人的书面通知后，应当在保险单或者其他保险凭证上批注或者附贴批单。

投保人变更受益人时须经被保险人同意。

第四十二条 被保险人死亡后，有下列情形之一的，保险金作为被保险人的遗产，由保险人依照《中华人民共和国继承法》的规定履行给付保险金的义务：

（一）没有指定受益人，或者受益人指定不明无法确定的；

（二）受益人先于被保险人死亡，没有其他受益人的；

（三）受益人依法丧失受益权或者放弃受益权，没有其他受益人的。

受益人与被保险人在同一事件中死亡，且不能确定死亡先后顺序的，推定受益人死亡在先。

第四十三条 投保人故意造成被保险人死亡、伤残或者疾病的，保险人不承担给付保险金的责任。投保人已交足二年以上保险费的，保险人应当按照合同约定向其他权利人退还保险单的现金价值。

受益人故意造成被保险人死亡、伤残、疾病的，或者故意杀害被保险人未遂的，该受益人丧失受益权。

第四十四条　以被保险人死亡为给付保险金条件的合同，自合同成立或者合同效力恢复之日起二年内，被保险人自杀的，保险人不承担给付保险金的责任，但被保险人自杀时为无民事行为能力人的除外。

保险人依照前款规定不承担给付保险金责任的，应当按照合同约定退还保险单的现金价值。

第四十五条　因被保险人故意犯罪或者抗拒依法采取的刑事强制措施导致其伤残或者死亡的，保险人不承担给付保险金的责任。投保人已交足二年以上保险费的，保险人应当按照合同约定退还保险单的现金价值。

第四十六条　被保险人因第三者的行为而发生死亡、伤残或者疾病等保险事故的，保险人向被保险人或者受益人给付保险金后，不享有向第三者追偿的权利，但被保险人或者受益人仍有权向第三者请求赔偿。

第四十七条　投保人解除合同的，保险人应当自收到解除合同通知之日起三十日内，按照合同约定退还保险单的现金价值。

第三节　财产保险合同

第四十八条　保险事故发生时，被保险人对保险标的不具有保险利益的，不得向保险人请求赔偿保险金。

第四十九条　保险标的转让的，保险标的的受让人承继被保险人的权利和义务。

保险标的转让的，被保险人或者受让人应当及时通知保险人，但货物运输保险合同和另有约定的合同除外。

因保险标的转让导致危险程度显著增加的，保险人自收到前款规定的通知之日起三十日内，可以按照合同约定增加保险费或者解除合同。保险人解除合同的，应当将已收取的保险费，按照合同约定扣除自保险责任开始之日起至合同解除之日止应收的部分后，退还投保人。

被保险人、受让人未履行本条第二款规定的通知义务的，因转让导致保险标的的危险程度显著增加而发生的保险事故，保险人不承担赔偿保险金的责任。

第五十条　货物运输保险合同和运输工具航程保险合同，保险责任开始后，合同当事人不得解除合同。

第五十一条　被保险人应当遵守国家有关消防、安全、生产操作、劳动保护等方面的规定，维护保险标的的安全。

保险人可以按照合同约定对保险标的的安全状况进行检查，及时向投保人、被保险人提出消除不安全因素和隐患的书面建议。

投保人、被保险人未按照约定履行其对保险标的的安全应尽责任的，保险人有权要求增加保险费或者解除合同。

保险人为维护保险标的的安全，经被保险人同意，可以采取安全预防措施。

第五十二条　在合同有效期内，保险标的的危险程度显著增加的，被保险人应当按照合同约定及时通知保险人，保险人可以按照合同约定增加保险费或者解除合同。保险人解除合同的，应当将已收取的保险费，按照合同约定扣除自保险责任开始之日起至合同解除之日止应收的部分后，退还投保人。

被保险人未履行前款规定的通知义务的，因保险标的的危险程度显著增加而发生的保险事故，保险人不承担赔偿保险金的责任。

第五十三条 有下列情形之一的，除合同另有约定外，保险人应当降低保险费，并按日计算退还相应的保险费：

（一）据以确定保险费率的有关情况发生变化，保险标的的危险程度明显减少的；

（二）保险标的的保险价值明显减少的。

第五十四条 保险责任开始前，投保人要求解除合同的，应当按照合同约定向保险人支付手续费，保险人应当退还保险费。保险责任开始后，投保人要求解除合同的，保险人应当将已收取的保险费，按照合同约定扣除自保险责任开始之日起至合同解除之日止应收的部分后，退还投保人。

第五十五条 投保人和保险人约定保险标的的保险价值并在合同中载明的，保险标的发生损失时，以约定的保险价值为赔偿计算标准。

投保人和保险人未约定保险标的的保险价值的，保险标的发生损失时，以保险事故发生时保险标的的实际价值为赔偿计算标准。

保险金额不得超过保险价值。超过保险价值的，超过部分无效，保险人应当退还相应的保险费。

保险金额低于保险价值的，除合同另有约定外，保险人按照保险金额与保险价值的比例承担赔偿保险金的责任。

第五十六条 重复保险的投保人应当将重复保险的有关情况通知各保险人。

重复保险的各保险人赔偿保险金的总和不得超过保险价值。除合同另有约定外，各保险人按照其保险金额与保险金额总和的比例承担赔偿保险金的责任。

重复保险的投保人可以就保险金额总和超过保险价值的部分，请求各保险人按比例返还保险费。

重复保险是指投保人对同一保险标的、同一保险利益、同一保险事故分别与两个以上保险人订立保险合同，且保险金额总和超过保险价值的保险。

第五十七条 保险事故发生时，被保险人应当尽力采取必要的措施，防止或者减少损失。

保险事故发生后，被保险人为防止或者减少保险标的的损失所支付的必要的、合理的费用，由保险人承担；保险人所承担的费用数额在保险标的损失赔偿金额以外另行计算，最高不超过保险金额的数额。

第五十八条 保险标的发生部分损失的，自保险人赔偿之日起三十日内，投保人可以解除合同；除合同另有约定外，保险人也可以解除合同，但应当提前十五日通知投保人。

合同解除的，保险人应当将保险标的未受损失部分的保险费，按照合同约定扣除自保险责任开始之日起至合同解除之日止应收的部分后，退还投保人。

第五十九条 保险事故发生后，保险人已支付了全部保险金额，并且保险金额等于保险价值的，受损保险标的的全部权利归于保险人；保险金额低于保险价值的，保险人按照保险金额与保险价值的比例取得受损保险标的的部分权利。

第六十条 因第三者对保险标的的损害而造成保险事故的，保险人自向被保险人赔偿保险金之日起，在赔偿金额范围内代位行使被保险人对第三者请求赔偿的权利。

前款规定的保险事故发生后，被保险人已经从第三者取得损害赔偿的，保险人赔偿保险金时，可以相应扣减被保险人从第三者已取得的赔偿金额。

保险人依照本条第一款规定行使代位请求赔偿的权利，不影响被保险人就未取得赔偿的部分向第三者请求赔偿的权利。

第六十一条　保险事故发生后，保险人未赔偿保险金之前，被保险人放弃对第三者请求赔偿的权利的，保险人不承担赔偿保险金的责任。

保险人向被保险人赔偿保险金后，被保险人未经保险人同意放弃对第三者请求赔偿的权利的，该行为无效。

被保险人故意或者因重大过失致使保险人不能行使代位请求赔偿的权利的，保险人可以扣减或者要求返还相应的保险金。

第六十二条　除被保险人的家庭成员或者其组成人员故意造成本法第六十条第一款规定的保险事故外，保险人不得对被保险人的家庭成员或者其组成人员行使代位请求赔偿的权利。

第六十三条　保险人向第三者行使代位请求赔偿的权利时，被保险人应当向保险人提供必要的文件和所知道的有关情况。

第六十四条　保险人、被保险人为查明和确定保险事故的性质、原因和保险标的的损失程度所支付的必要的、合理的费用，由保险人承担。

第六十五条　保险人对责任保险的被保险人给第三者造成的损害，可以依照法律的规定或者合同的约定，直接向该第三者赔偿保险金。

责任保险的被保险人给第三者造成损害，被保险人对第三者应负的赔偿责任确定的，根据被保险人的请求，保险人应当直接向该第三者赔偿保险金。被保险人怠于请求的，第三者有权就其应获赔偿部分直接向保险人请求赔偿保险金。

责任保险的被保险人给第三者造成损害，被保险人未向该第三者赔偿的，保险人不得向被保险人赔偿保险金。

责任保险是指以被保险人对第三者依法应负的赔偿责任为保险标的的保险。

第六十六条　责任保险的被保险人因给第三者造成损害的保险事故而被提起仲裁或者诉讼的，被保险人支付的仲裁或者诉讼费用以及其他必要的、合理的费用，除合同另有约定外，由保险人承担。

第三章　保 险 公 司

第六十七条　设立保险公司应当经国务院保险监督管理机构批准。

国务院保险监督管理机构审查保险公司的设立申请时，应当考虑保险业的发展和公平竞争的需要。

第六十八条　设立保险公司应当具备下列条件：

（一）主要股东具有持续盈利能力，信誉良好，最近三年内无重大违法违规记录，净资产不低于人民币二亿元；

（二）有符合本法和《中华人民共和国公司法》规定的章程；

（三）有符合本法规定的注册资本；

（四）有具备任职专业知识和业务工作经验的董事、监事和高级管理人员；

（五）有健全的组织机构和管理制度；

（六）有符合要求的营业场所和与经营业务有关的其他设施；

（七）法律、行政法规和国务院保险监督管理机构规定的其他条件。

第六十九条 设立保险公司，其注册资本的最低限额为人民币二亿元。

国务院保险监督管理机构根据保险公司的业务范围、经营规模，可以调整其注册资本的最低限额，但不得低于本条第一款规定的限额。

保险公司的注册资本必须为实缴货币资本。

第七十条 申请设立保险公司，应当向国务院保险监督管理机构提出书面申请，并提交下列材料：

（一）设立申请书，申请书应当载明拟设立的保险公司的名称、注册资本、业务范围等；

（二）可行性研究报告；

（三）筹建方案；

（四）投资人的营业执照或者其他背景资料，经会计师事务所审计的上一年度财务会计报告；

（五）投资人认可的筹备组负责人和拟任董事长、经理名单及本人认可证明；

（六）国务院保险监督管理机构规定的其他材料。

第七十一条 国务院保险监督管理机构应当对设立保险公司的申请进行审查，自受理之日起六个月内作出批准或者不批准筹建的决定，并书面通知申请人。决定不批准的，应当书面说明理由。

第七十二条 申请人应当自收到批准筹建通知之日起一年内完成筹建工作；筹建期间不得从事保险经营活动。

第七十三条 筹建工作完成后，申请人具备本法第六十八条规定的设立条件的，可以向国务院保险监督管理机构提出开业申请。

国务院保险监督管理机构应当自受理开业申请之日起六十日内，作出批准或者不批准开业的决定。决定批准的，颁发经营保险业务许可证；决定不批准的，应当书面通知申请人并说明理由。

第七十四条 保险公司在中华人民共和国境内设立分支机构，应当经保险监督管理机构批准。

保险公司分支机构不具有法人资格，其民事责任由保险公司承担。

第七十五条 保险公司申请设立分支机构，应当向保险监督管理机构提出书面申请，并提交下列材料：

（一）设立申请书；

（二）拟设机构三年业务发展规划和市场分析材料；

（三）拟任高级管理人员的简历及相关证明材料；

（四）国务院保险监督管理机构规定的其他材料。

第七十六条 保险监督管理机构应当对保险公司设立分支机构的申请进行审查，自受理之日起六十日内作出批准或者不批准的决定。决定批准的，颁发分支机构经营保险业务许可证；决定不批准的，应当书面通知申请人并说明理由。

第七十七条 经批准设立的保险公司及其分支机构，凭经营保险业务许可证向工商行政管理机关办理登记，领取营业执照。

第七十八条 保险公司及其分支机构自取得经营保险业务许可证之日起六个月内，无正当理由未向工商行政管理机关办理登记的，其经营保险业务许可证失效。

第七十九条 保险公司在中华人民共和国境外设立子公司、分支机构、代表机构，应当经国务院保险监督管理机构批准。

第八十条 外国保险机构在中华人民共和国境内设立代表机构，应当经国务院保险监督管理机构批准。代表机构不得从事保险经营活动。

第八十一条 保险公司的董事、监事和高级管理人员，应当品行良好，熟悉与保险相关的法律、行政法规，具有履行职责所需的经营管理能力，并在任职前取得保险监督管理机构核准的任职资格。

保险公司高级管理人员的范围由国务院保险监督管理机构规定。

第八十二条 有《中华人民共和国公司法》第一百四十七条规定的情形或者下列情形之一的，不得担任保险公司的董事、监事、高级管理人员：

（一）因违法行为或者违纪行为被金融监督管理机构取消任职资格的金融机构的董事、监事、高级管理人员，自被取消任职资格之日起未逾五年的；

（二）因违法行为或者违纪行为被吊销执业资格的律师、注册会计师或者资产评估机构、验证机构等机构的专业人员，自被吊销执业资格之日起未逾五年的。

第八十三条 保险公司的董事、监事、高级管理人员执行公司职务时违反法律、行政法规或者公司章程的规定，给公司造成损失的，应当承担赔偿责任。

第八十四条 保险公司有下列情形之一的，应当经保险监督管理机构批准：

（一）变更名称；

（二）变更注册资本；

（三）变更公司或者分支机构的营业场所；

（四）撤销分支机构；

（五）公司分立或者合并；

（六）修改公司章程；

（七）变更出资额占有限责任公司资本总额百分之五以上的股东，或者变更持有股份有限公司股份百分之五以上的股东；

（八）国务院保险监督管理机构规定的其他情形。

第八十五条 保险公司应当聘用经国务院保险监督管理机构认可的精算专业人员，建立精算报告制度。

保险公司应当聘用专业人员，建立合规报告制度。

第八十六条 保险公司应当按照保险监督管理机构的规定，报送有关报告、报表、文件和资料。

保险公司的偿付能力报告、财务会计报告、精算报告、合规报告及其他有关报告、报表、文件和资料必须如实记录保险业务事项，不得有虚假记载、误导性陈述和重大遗漏。

第八十七条 保险公司应当按照国务院保险监督管理机构的规定妥善保管业务经营活

动的完整账簿、原始凭证和有关资料。

前款规定的账簿、原始凭证和有关资料的保管期限，自保险合同终止之日起计算，保险期间在一年以下的不得少于五年，保险期间超过一年的不得少于十年。

第八十八条 保险公司聘请或者解聘会计师事务所、资产评估机构、资信评级机构等中介服务机构，应当向保险监督管理机构报告；解聘会计师事务所、资产评估机构、资信评级机构等中介服务机构，应当说明理由。

第八十九条 保险公司因分立、合并需要解散，或者股东会、股东大会决议解散，或者公司章程规定的解散事由出现，经国务院保险监督管理机构批准后解散。

经营有人寿保险业务的保险公司，除因分立、合并或者被依法撤销外，不得解散。

保险公司解散，应当依法成立清算组进行清算。

第九十条 保险公司有《中华人民共和国企业破产法》第二条规定情形的，经国务院保险监督管理机构同意，保险公司或者其债权人可以依法向人民法院申请重整、和解或者破产清算；国务院保险监督管理机构也可以依法向人民法院申请对该保险公司进行重整或者破产清算。

第九十一条 破产财产在优先清偿破产费用和共益债务后，按照下列顺序清偿：

（一）所欠职工工资和医疗、伤残补助、抚恤费用，所欠应当划入职工个人账户的基本养老保险、基本医疗保险费用，以及法律、行政法规规定应当支付给职工的补偿金；

（二）赔偿或者给付保险金；

（三）保险公司欠缴的除第（一）项规定以外的社会保险费用和所欠税款；

（四）普通破产债权。

破产财产不足以清偿同一顺序的清偿要求的，按照比例分配。

破产保险公司的董事、监事和高级管理人员的工资，按照该公司职工的平均工资计算。

第九十二条 经营有人寿保险业务的保险公司被依法撤销或者被依法宣告破产的，其持有的人寿保险合同及责任准备金，必须转让给其他经营有人寿保险业务的保险公司；不能同其他保险公司达成转让协议的，由国务院保险监督管理机构指定经营有人寿保险业务的保险公司接受转让。

转让或者由国务院保险监督管理机构指定接受转让前款规定的人寿保险合同及责任准备金的，应当维护被保险人、受益人的合法权益。

第九十三条 保险公司依法终止其业务活动，应当注销其经营保险业务许可证。

第九十四条 保险公司，除本法另有规定外，适用《中华人民共和国公司法》的规定。

第四章 保险经营规则

第九十五条 保险公司的业务范围：

（一）人身保险业务，包括人寿保险、健康保险、意外伤害保险等保险业务；

（二）财产保险业务，包括财产损失保险、责任保险、信用保险、保证保险等保险业务；

（三）国务院保险监督管理机构批准的与保险有关的其他业务。

保险人不得兼营人身保险业务和财产保险业务。但是，经营财产保险业务的保险公司经国务院保险监督管理机构批准，可以经营短期健康保险业务和意外伤害保险业务。

保险公司应当在国务院保险监督管理机构依法批准的业务范围内从事保险经营活动。

第九十六条 经国务院保险监督管理机构批准，保险公司可以经营本法第九十五条规定的保险业务的下列再保险业务：

（一）分出保险；

（二）分入保险。

第九十七条 保险公司应当按照其注册资本总额的百分之二十提取保证金，存入国务院保险监督管理机构指定的银行，除公司清算时用于清偿债务外，不得动用。

第九十八条 保险公司应当根据保障被保险人利益、保证偿付能力的原则，提取各项责任准备金。

保险公司提取和结转责任准备金的具体办法，由国务院保险监督管理机构制定。

第九十九条 保险公司应当依法提取公积金。

第一百条 保险公司应当缴纳保险保障基金。

保险保障基金应当集中管理，并在下列情形下统筹使用：

（一）在保险公司被撤销或者被宣告破产时，向投保人、被保险人或者受益人提供救济；

（二）在保险公司被撤销或者被宣告破产时，向依法接受其人寿保险合同的保险公司提供救济；

（三）国务院规定的其他情形。

保险保障基金筹集、管理和使用的具体办法，由国务院制定。

第一百零一条 保险公司应当具有与其业务规模和风险程度相适应的最低偿付能力。保险公司的认可资产减去认可负债的差额不得低于国务院保险监督管理机构规定的数额；低于规定数额的，应当按照国务院保险监督管理机构的要求采取相应措施达到规定的数额。

第一百零二条 经营财产保险业务的保险公司当年自留保险费，不得超过其实有资本金加公积金总和的四倍。

第一百零三条 保险公司对每一危险单位，即对一次保险事故可能造成的最大损失范围所承担的责任，不得超过其实有资本金加公积金总和的百分之十；超过的部分应当办理再保险。

保险公司对危险单位的划分应当符合国务院保险监督管理机构的规定。

第一百零四条 保险公司对危险单位的划分方法和巨灾风险安排方案，应当报国务院保险监督管理机构备案。

第一百零五条 保险公司应当按照国务院保险监督管理机构的规定办理再保险，并审慎选择再保险接受人。

第一百零六条 保险公司的资金运用必须稳健，遵循安全性原则。

保险公司的资金运用限于下列形式：

（一）银行存款；

（二）买卖债券、股票、证券投资基金份额等有价证券；

（三）投资不动产；

（四）国务院规定的其他资金运用形式。

保险公司资金运用的具体管理办法，由国务院保险监督管理机构依照前两款的规定制定。

第一百零七条 经国务院保险监督管理机构会同国务院证券监督管理机构批准，保险公司可以设立保险资产管理公司。

保险资产管理公司从事证券投资活动，应当遵守《中华人民共和国证券法》等法律、行政法规的规定。

保险资产管理公司的管理办法，由国务院保险监督管理机构会同国务院有关部门制定。

第一百零八条 保险公司应当按照国务院保险监督管理机构的规定，建立对关联交易的管理和信息披露制度。

第一百零九条 保险公司的控股股东、实际控制人、董事、监事、高级管理人员不得利用关联交易损害公司的利益。

第一百一十条 保险公司应当按照国务院保险监督管理机构的规定，真实、准确、完整地披露财务会计报告、风险管理状况、保险产品经营情况等重大事项。

第一百一十一条 保险公司从事保险销售的人员应当符合国务院保险监督管理机构规定的资格条件，取得保险监督管理机构颁发的资格证书。

前款规定的保险销售人员的范围和管理办法，由国务院保险监督管理机构规定。

第一百一十二条 保险公司应当建立保险代理人登记管理制度，加强对保险代理人的培训和管理，不得唆使、诱导保险代理人进行违背诚信义务的活动。

第一百一十三条 保险公司及其分支机构应当依法使用经营保险业务许可证，不得转让、出租、出借经营保险业务许可证。

第一百一十四条 保险公司应当按照国务院保险监督管理机构的规定，公平、合理拟订保险条款和保险费率，不得损害投保人、被保险人和受益人的合法权益。

保险公司应当按照合同约定和本法规定，及时履行赔偿或者给付保险金义务。

第一百一十五条 保险公司开展业务，应当遵循公平竞争的原则，不得从事不正当竞争。

第一百一十六条 保险公司及其工作人员在保险业务活动中不得有下列行为：

（一）欺骗投保人、被保险人或者受益人；

（二）对投保人隐瞒与保险合同有关的重要情况；

（三）阻碍投保人履行本法规定的如实告知义务，或者诱导其不履行本法规定的如实告知义务；

（四）给予或者承诺给予投保人、被保险人、受益人保险合同约定以外的保险费回扣或者其他利益；

（五）拒不依法履行保险合同约定的赔偿或者给付保险金义务；

（六）故意编造未曾发生的保险事故、虚构保险合同或者故意夸大已经发生的保险事故的损失程度进行虚假理赔，骗取保险金或者牟取其他不正当利益；

（七）挪用、截留、侵占保险费；

（八）委托未取得合法资格的机构或者个人从事保险销售活动；

（九）利用开展保险业务为其他机构或者个人牟取不正当利益；

（十）利用保险代理人、保险经纪人或者保险评估机构，从事以虚构保险中介业务或者编造退保等方式套取费用等违法活动；

（十一）以捏造、散布虚假事实等方式损害竞争对手的商业信誉，或者以其他不正当竞争行为扰乱保险市场秩序；

（十二）泄露在业务活动中知悉的投保人、被保险人的商业秘密；

（十三）违反法律、行政法规和国务院保险监督管理机构规定的其他行为。

第五章　保险代理人和保险经纪人

第一百一十七条　保险代理人是根据保险人的委托，向保险人收取佣金，并在保险人授权的范围内代为办理保险业务的机构或者个人。

保险代理机构包括专门从事保险代理业务的保险专业代理机构和兼营保险代理业务的保险兼业代理机构。

第一百一十八条　保险经纪人是基于投保人的利益，为投保人与保险人订立保险合同提供中介服务，并依法收取佣金的机构。

第一百一十九条　保险代理机构、保险经纪人应当具备国务院保险监督管理机构规定的条件，取得保险监督管理机构颁发的经营保险代理业务许可证、保险经纪业务许可证。

保险专业代理机构、保险经纪人凭保险监督管理机构颁发的许可证向工商行政管理机关办理登记，领取营业执照。

保险兼业代理机构凭保险监督管理机构颁发的许可证，向工商行政管理机关办理变更登记。

第一百二十条　以公司形式设立保险专业代理机构、保险经纪人，其注册资本最低限额适用《中华人民共和国公司法》的规定。

国务院保险监督管理机构根据保险专业代理机构、保险经纪人的业务范围和经营规模，可以调整其注册资本的最低限额，但不得低于《中华人民共和国公司法》规定的限额。

保险专业代理机构、保险经纪人的注册资本或者出资额必须为实缴货币资本。

第一百二十一条　保险专业代理机构、保险经纪人的高级管理人员，应当品行良好，熟悉保险法律、行政法规，具有履行职责所需的经营管理能力，并在任职前取得保险监督管理机构核准的任职资格。

第一百二十二条　个人保险代理人、保险代理机构的代理从业人员、保险经纪人的经纪从业人员，应当具备国务院保险监督管理机构规定的资格条件，取得保险监督管理机构颁发的资格证书。

第一百二十三条　保险代理机构、保险经纪人应当有自己的经营场所，设立专门账簿记载保险代理业务、经纪业务的收支情况。

第一百二十四条　保险代理机构、保险经纪人应当按照国务院保险监督管理机构的规定缴存保证金或者投保职业责任保险。未经保险监督管理机构批准，保险代理机构、保险经纪人不得动用保证金。

第一百二十五条 个人保险代理人在代为办理人寿保险业务时，不得同时接受两个以上保险人的委托。

第一百二十六条 保险人委托保险代理人代为办理保险业务，应当与保险代理人签订委托代理协议，依法约定双方的权利和义务。

第一百二十七条 保险代理人根据保险人的授权代为办理保险业务的行为，由保险人承担责任。

保险代理人没有代理权、超越代理权或者代理权终止后以保险人名义订立合同，使投保人有理由相信其有代理权的，该代理行为有效。保险人可以依法追究越权的保险代理人的责任。

第一百二十八条 保险经纪人因过错给投保人、被保险人造成损失的，依法承担赔偿责任。

第一百二十九条 保险活动当事人可以委托保险公估机构等依法设立的独立评估机构或者具有相关专业知识的人员，对保险事故进行评估和鉴定。

接受委托对保险事故进行评估和鉴定的机构和人员，应当依法、独立、客观、公正地进行评估和鉴定，任何单位和个人不得干涉。

前款规定的机构和人员，因故意或者过失给保险人或者被保险人造成损失的，依法承担赔偿责任。

第一百三十条 保险佣金只限于向具有合法资格的保险代理人、保险经纪人支付，不得向其他人支付。

第一百三十一条 保险代理人、保险经纪人及其从业人员在办理保险业务活动中不得有下列行为：

（一）欺骗保险人、投保人、被保险人或者受益人；

（二）隐瞒与保险合同有关的重要情况；

（三）阻碍投保人履行本法规定的如实告知义务，或者诱导其不履行本法规定的如实告知义务；

（四）给予或者承诺给予投保人、被保险人或者受益人保险合同约定以外的利益；

（五）利用行政权力、职务或者职业便利以及其他不正当手段强迫、引诱或者限制投保人订立保险合同；

（六）伪造、擅自变更保险合同，或者为保险合同当事人提供虚假证明材料；

（七）挪用、截留、侵占保险费或者保险金；

（八）利用业务便利为其他机构或者个人牟取不正当利益；

（九）串通投保人、被保险人或者受益人，骗取保险金；

（十）泄露在业务活动中知悉的保险人、投保人、被保险人的商业秘密。

第一百三十二条 保险专业代理机构、保险经纪人分立、合并、变更组织形式、设立分支机构或者解散的，应当经保险监督管理机构批准。

第一百三十三条 本法第八十六条第一款、第一百一十三条的规定，适用于保险代理机构和保险经纪人。

第六章　保险业监督管理

第一百三十四条　保险监督管理机构依照本法和国务院规定的职责，遵循依法、公开、公正的原则，对保险业实施监督管理，维护保险市场秩序，保护投保人、被保险人和受益人的合法权益。

第一百三十五条　国务院保险监督管理机构依照法律、行政法规制定并发布有关保险业监督管理的规章。

第一百三十六条　关系社会公众利益的保险险种、依法实行强制保险的险种和新开发的人寿保险险种等的保险条款和保险费率，应当报国务院保险监督管理机构批准。国务院保险监督管理机构审批时，应当遵循保护社会公众利益和防止不正当竞争的原则。其他保险险种的保险条款和保险费率，应当报保险监督管理机构备案。

保险条款和保险费率审批、备案的具体办法，由国务院保险监督管理机构依照前款规定制定。

第一百三十七条　保险公司使用的保险条款和保险费率违反法律、行政法规或者国务院保险监督管理机构的有关规定的，由保险监督管理机构责令停止使用，限期修改；情节严重的，可以在一定期限内禁止申报新的保险条款和保险费率。

第一百三十八条　国务院保险监督管理机构应当建立健全保险公司偿付能力监管体系，对保险公司的偿付能力实施监控。

第一百三十九条　对偿付能力不足的保险公司，国务院保险监督管理机构应当将其列为重点监管对象，并可以根据具体情况采取下列措施：

（一）责令增加资本金、办理再保险；

（二）限制业务范围；

（三）限制向股东分红；

（四）限制固定资产购置或者经营费用规模；

（五）限制资金运用的形式、比例；

（六）限制增设分支机构；

（七）责令拍卖不良资产、转让保险业务；

（八）限制董事、监事、高级管理人员的薪酬水平；

（九）限制商业性广告；

（十）责令停止接受新业务。

第一百四十条　保险公司未依照本法规定提取或者结转各项责任准备金，或者未依照本法规定办理再保险，或者严重违反本法关于资金运用的规定的，由保险监督管理机构责令限期改正，并可以责令调整负责人及有关管理人员。

第一百四十一条　保险监督管理机构依照本法第一百四十条的规定作出限期改正的决定后，保险公司逾期未改正的，国务院保险监督管理机构可以决定选派保险专业人员和指定该保险公司的有关人员组成整顿组，对公司进行整顿。

整顿决定应当载明被整顿公司的名称、整顿理由、整顿组成员和整顿期限，并予以公告。

第一百四十二条 整顿组有权监督被整顿保险公司的日常业务。被整顿公司的负责人及有关管理人员应当在整顿组的监督下行使职权。

第一百四十三条 整顿过程中，被整顿保险公司的原有业务继续进行。但是，国务院保险监督管理机构可以责令被整顿公司停止部分原有业务、停止接受新业务，调整资金运用。

第一百四十四条 被整顿保险公司经整顿已纠正其违反本法规定的行为，恢复正常经营状况的，由整顿组提出报告，经国务院保险监督管理机构批准，结束整顿，并由国务院保险监督管理机构予以公告。

第一百四十五条 保险公司有下列情形之一的，国务院保险监督管理机构可以对其实行接管：

（一）公司的偿付能力严重不足的；

（二）违反本法规定，损害社会公共利益，可能严重危及或者已经严重危及公司的偿付能力的。

被接管的保险公司的债权债务关系不因接管而变化。

第一百四十六条 接管组的组成和接管的实施办法，由国务院保险监督管理机构决定，并予以公告。

第一百四十七条 接管期限届满，国务院保险监督管理机构可以决定延长接管期限，但接管期限最长不得超过二年。

第一百四十八条 接管期限届满，被接管的保险公司已恢复正常经营能力的，由国务院保险监督管理机构决定终止接管，并予以公告。

第一百四十九条 被整顿、被接管的保险公司有《中华人民共和国企业破产法》第二条规定情形的，国务院保险监督管理机构可以依法向人民法院申请对该保险公司进行重整或者破产清算。

第一百五十条 保险公司因违法经营被依法吊销经营保险业务许可证的，或者偿付能力低于国务院保险监督管理机构规定标准，不予撤销将严重危害保险市场秩序、损害公共利益的，由国务院保险监督管理机构予以撤销并公告，依法及时组织清算组进行清算。

第一百五十一条 国务院保险监督管理机构有权要求保险公司股东、实际控制人在指定的期限内提供有关信息和资料。

第一百五十二条 保险公司的股东利用关联交易严重损害公司利益，危及公司偿付能力的，由国务院保险监督管理机构责令改正。在按照要求改正前，国务院保险监督管理机构可以限制其股东权利；拒不改正的，可以责令其转让所持的保险公司股权。

第一百五十三条 保险监督管理机构根据履行监督管理职责的需要，可以与保险公司董事、监事和高级管理人员进行监督管理谈话，要求其就公司的业务活动和风险管理的重大事项作出说明。

第一百五十四条 保险公司在整顿、接管、撤销清算期间，或者出现重大风险时，国务院保险监督管理机构可以对该公司直接负责的董事、监事、高级管理人员和其他直接责任人员采取以下措施：

（一）通知出境管理机关依法阻止其出境；

（二）申请司法机关禁止其转移、转让或者以其他方式处分财产，或者在财产上设定其他权利。

第一百五十五条 保险监督管理机构依法履行职责，可以采取下列措施：

（一）对保险公司、保险代理人、保险经纪人、保险资产管理公司、外国保险机构的代表机构进行现场检查；

（二）进入涉嫌违法行为发生场所调查取证；

（三）询问当事人及与被调查事件有关的单位和个人，要求其对与被调查事件有关的事项作出说明；

（四）查阅、复制与被调查事件有关的财产权登记等资料；

（五）查阅、复制保险公司、保险代理人、保险经纪人、保险资产管理公司、外国保险机构的代表机构以及与被调查事件有关的单位和个人的财务会计资料及其他相关文件和资料；对可能被转移、隐匿或者毁损的文件和资料予以封存；

（六）查询涉嫌违法经营的保险公司、保险代理人、保险经纪人、保险资产管理公司、外国保险机构的代表机构以及与涉嫌违法事项有关的单位和个人的银行账户；

（七）对有证据证明已经或者可能转移、隐匿违法资金等涉案财产或者隐匿、伪造、毁损重要证据的，经保险监督管理机构主要负责人批准，申请人民法院予以冻结或者查封。

保险监督管理机构采取前款第（一）项、第（二）项、第（五）项措施的，应当经保险监督管理机构负责人批准；采取第（六）项措施的，应当经国务院保险监督管理机构负责人批准。

保险监督管理机构依法进行监督检查或者调查，其监督检查、调查的人员不得少于二人，并应当出示合法证件和监督检查、调查通知书；监督检查、调查的人员少于二人或者未出示合法证件和监督检查、调查通知书的，被检查、调查的单位和个人有权拒绝。

第一百五十六条 保险监督管理机构依法履行职责，被检查、调查的单位和个人应当配合。

第一百五十七条 保险监督管理机构工作人员应当忠于职守，依法办事，公正廉洁，不得利用职务便利牟取不正当利益，不得泄露所知悉的有关单位和个人的商业秘密。

第一百五十八条 国务院保险监督管理机构应当与中国人民银行、国务院其他金融监督管理机构建立监督管理信息共享机制。

保险监督管理机构依法履行职责，进行监督检查、调查时，有关部门应当予以配合。

第七章 法 律 责 任

第一百五十九条 违反本法规定，擅自设立保险公司、保险资产管理公司或者非法经营商业保险业务的，由保险监督管理机构予以取缔，没收违法所得，并处违法所得一倍以上五倍以下的罚款；没有违法所得或者违法所得不足二十万元的，处二十万元以上一百万元以下的罚款。

第一百六十条 违反本法规定，擅自设立保险专业代理机构、保险经纪人，或者未取得经营保险代理业务许可证、保险经纪业务许可证从事保险代理业务、保险经纪业务的，由保险监督管理机构予以取缔，没收违法所得，并处违法所得一倍以上五倍以下的罚款；

没有违法所得或者违法所得不足五万元的，处五万元以上三十万元以下的罚款。

第一百六十一条 保险公司违反本法规定，超出批准的业务范围经营的，由保险监督管理机构责令限期改正，没收违法所得，并处违法所得一倍以上五倍以下的罚款；没有违法所得或者违法所得不足十万元的，处十万元以上五十万元以下的罚款。逾期不改正或者造成严重后果的，责令停业整顿或者吊销业务许可证。

第一百六十二条 保险公司有本法第一百一十六条规定行为之一的，由保险监督管理机构责令改正，处五万元以上三十万元以下的罚款；情节严重的，限制其业务范围、责令停止接受新业务或者吊销业务许可证。

第一百六十三条 保险公司违反本法第八十四条规定的，由保险监督管理机构责令改正，处一万元以上十万元以下的罚款。

第一百六十四条 保险公司违反本法规定，有下列行为之一的，由保险监督管理机构责令改正，处五万元以上三十万元以下的罚款：

（一）超额承保，情节严重的；

（二）为无民事行为能力人承保以死亡为给付保险金条件的保险的。

第一百六十五条 违反本法规定，有下列行为之一的，由保险监督管理机构责令改正，处五万元以上三十万元以下的罚款；情节严重的，可以限制其业务范围、责令停止接受新业务或者吊销业务许可证：

（一）未按照规定提存保证金或者违反规定动用保证金的；

（二）未按照规定提取或者结转各项责任准备金的；

（三）未按照规定缴纳保险保障基金或者提取公积金的；

（四）未按照规定办理再保险的；

（五）未按照规定运用保险公司资金的；

（六）未经批准设立分支机构或者代表机构的；

（七）未按照规定申请批准保险条款、保险费率的。

第一百六十六条 保险代理机构、保险经纪人有本法第一百三十一条规定行为之一的，由保险监督管理机构责令改正，处五万元以上三十万元以下的罚款；情节严重的，吊销业务许可证。

第一百六十七条 保险代理机构、保险经纪人违反本法规定，有下列行为之一的，由保险监督管理机构责令改正，处二万元以上十万元以下的罚款；情节严重的，责令停业整顿或者吊销业务许可证：

（一）未按照规定缴存保证金或者投保职业责任保险的；

（二）未按照规定设立专门账簿记载业务收支情况的。

第一百六十八条 保险专业代理机构、保险经纪人违反本法规定，未经批准设立分支机构或者变更组织形式的，由保险监督管理机构责令改正，处一万元以上五万元以下的罚款。

第一百六十九条 违反本法规定，聘任不具有任职资格、从业资格的人员的，由保险监督管理机构责令改正，处二万元以上十万元以下的罚款。

第一百七十条 违反本法规定，转让、出租、出借业务许可证的，由保险监督管理机构处一万元以上十万元以下的罚款；情节严重的，责令停业整顿或者吊销业务许可证。

第一百七十一条 违反本法规定，有下列行为之一的，由保险监督管理机构责令限期改正；逾期不改正的，处一万元以上十万元以下的罚款：

（一）未按照规定报送或者保管报告、报表、文件、资料的，或者未按照规定提供有关信息、资料的；

（二）未按照规定报送保险条款、保险费率备案的；

（三）未按照规定披露信息的。

第一百七十二条　违反本法规定，有下列行为之一的，由保险监督管理机构责令改正，处十万元以上五十万元以下的罚款；情节严重的，可以限制其业务范围、责令停止接受新业务或者吊销业务许可证：

（一）编制或者提供虚假的报告、报表、文件、资料的；

（二）拒绝或者妨碍依法监督检查的；

（三）未按照规定使用经批准或者备案的保险条款、保险费率的。

第一百七十三条　保险公司、保险资产管理公司、保险专业代理机构、保险经纪人违反本法规定的，保险监督管理机构除分别依照本法第一百六十一条至第一百七十二条的规定对该单位给予处罚外，对其直接负责的主管人员和其他直接责任人员给予警告，并处一万元以上十万元以下的罚款；情节严重的，撤销任职资格或者从业资格。

第一百七十四条　个人保险代理人违反本法规定的，由保险监督管理机构给予警告，可以并处二万元以下的罚款；情节严重的，处二万元以上十万元以下的罚款，并可以吊销其资格证书。

未取得合法资格的人员从事个人保险代理活动的，由保险监督管理机构给予警告，可以并处二万元以下的罚款；情节严重的，处二万元以上十万元以下的罚款。

第一百七十五条　外国保险机构未经国务院保险监督管理机构批准，擅自在中华人民共和国境内设立代表机构的，由国务院保险监督管理机构予以取缔，处五万元以上三十万元以下的罚款。

外国保险机构在中华人民共和国境内设立的代表机构从事保险经营活动的，由保险监督管理机构责令改正，没收违法所得，并处违法所得一倍以上五倍以下的罚款；没有违法所得或者违法所得不足二十万元的，处二十万元以上一百万元以下的罚款；对其首席代表可以责令撤换；情节严重的，撤销其代表机构。

第一百七十六条　投保人、被保险人或者受益人有下列行为之一，进行保险诈骗活动，尚不构成犯罪的，依法给予行政处罚：

（一）投保人故意虚构保险标的，骗取保险金的；

（二）编造未曾发生的保险事故，或者编造虚假的事故原因或者夸大损失程度，骗取保险金的；

（三）故意造成保险事故，骗取保险金的。

保险事故的鉴定人、评估人、证明人故意提供虚假的证明文件，为投保人、被保险人或者受益人进行保险诈骗提供条件的，依照前款规定给予处罚。

第一百七十七条　违反本法规定，给他人造成损害的，依法承担民事责任。

第一百七十八条　拒绝、阻碍保险监督管理机构及其工作人员依法行使监督检查、调查职权，未使用暴力、威胁方法的，依法给予治安管理处罚。

第一百七十九条　违反法律、行政法规的规定，情节严重的，国务院保险监督管理机构可以禁止有关责任人员一定期限直至终身进入保险业。

第一百八十条 保险监督管理机构从事监督管理工作的人员有下列情形之一的，依法给予处分：

（一）违反规定批准机构的设立的；

（二）违反规定进行保险条款、保险费率审批的；

（三）违反规定进行现场检查的；

（四）违反规定查询账户或者冻结资金的；

（五）泄露其知悉的有关单位和个人的商业秘密的；

（六）违反规定实施行政处罚的；

（七）滥用职权、玩忽职守的其他行为。

第一百八十一条 违反本法规定，构成犯罪的，依法追究刑事责任。

第八章 附 则

第一百八十二条 保险公司应当加入保险行业协会。保险代理人、保险经纪人、保险公估机构可以加入保险行业协会。

保险行业协会是保险业的自律性组织，是社会团体法人。

第一百八十三条 保险公司以外的其他依法设立的保险组织经营的商业保险业务，适用本法。

第一百八十四条 海上保险适用《中华人民共和国海商法》的有关规定；《中华人民共和国海商法》未规定的，适用本法的有关规定。

第一百八十五条 中外合资保险公司、外资独资保险公司、外国保险公司分公司适用本法规定；法律、行政法规另有规定的，适用其规定。

第一百八十六条 国家支持发展为农业生产服务的保险事业。农业保险由法律、行政法规另行规定。

强制保险，法律、行政法规另有规定的，适用其规定。

第一百八十七条 本法自2009年10月1日起施行。

第15章 职业伤害保险文书

15.1 职工工伤保险文书

15.1.1 建筑施工企业工伤保险团体参保登记表

1. 式样一

建筑施工企业工伤保险团体参保登记表

填表时间： 年 月 日

<table>
<tr><td rowspan="4">参保单位情况</td><td rowspan="2">单位名称</td><td rowspan="2" colspan="2"></td><td colspan="2">单位负责人</td><td colspan="2"></td></tr>
<tr><td colspan="2">证件类别及名称</td><td colspan="2"></td></tr>
<tr><td rowspan="2">通讯地址</td><td rowspan="2" colspan="2"></td><td colspan="2">联系人及电话</td><td colspan="2"></td></tr>
<tr><td colspan="2">邮　编</td><td colspan="2"></td></tr>
<tr><td rowspan="4">参保项目情况</td><td rowspan="2">项目名称</td><td rowspan="2"></td><td>项目经理</td><td></td><td>电　话</td><td colspan="2"></td></tr>
<tr><td>经办人</td><td></td><td>电　话</td><td colspan="2"></td></tr>
<tr><td>项目所在地</td><td colspan="3"></td><td>邮　编</td><td colspan="2"></td></tr>
<tr><td>项目施工期限</td><td></td><td>开工日期</td><td></td><td>竣工日期</td><td colspan="2"></td></tr>
<tr><td rowspan="3">参保情况</td><td>参保项目人数</td><td colspan="6"></td></tr>
<tr><td>参保项目
合同金额</td><td colspan="3"></td><td>缴费费率</td><td colspan="2"></td></tr>
<tr><td>缴费金额</td><td colspan="6">（大写）　　　　　　　　　　　　（￥：　　　）</td></tr>
</table>

备注：1. 参保单位应附送工程招投标中标标书、工程施工合同或协议书文本及复印件；
2. 本表一式叁份：参保单位、社保经办机构、劳动保障行政部门各一份。

2. 式样二

江苏省建筑企业农民工工伤保险参保登记表

<table>
<tr><td colspan="4">建筑企业农民工工伤保险参保登记表</td></tr>
<tr><td>参保单位（全称）</td><td></td><td>单位编号</td><td></td></tr>
<tr><td>项目序号</td><td></td><td>邮政编码</td><td></td></tr>
<tr><td>单位负责人</td><td></td><td>联系电话</td><td></td></tr>
<tr><td>单位经办人</td><td></td><td>联系电话</td><td></td></tr>
<tr><td>单位注册地</td><td></td><td>单位户名</td><td></td></tr>
<tr><td>开户银行</td><td></td><td>银行账号</td><td></td></tr>
<tr><td>工程项目名称</td><td colspan="3"></td></tr>
<tr><td>项目经办人</td><td></td><td>联系电话</td><td></td></tr>
<tr><td>项目所在地</td><td></td><td>邮政编码</td><td></td></tr>
<tr><td>开工日期</td><td></td><td>竣工日期</td><td></td></tr>
<tr><td>参保项目人数</td><td colspan="3"></td></tr>
<tr><td>工程总造价</td><td></td><td>缴费费率</td><td></td></tr>
<tr><td>缴费金额</td><td>（小写）￥</td><td colspan="2">（大写）</td></tr>
<tr><td>社保经办机构意见</td><td colspan="3">该项目农民工工伤保险费已按规定缴纳。
经办人：
年　月　日</td></tr>
<tr><td colspan="4">备注：1. 单位办理参保登记时应附建设项目《中标通知书》或《建设工程施工合同》文本及复印件；
2. 本表一式三份，工伤保险行政部门、社保经办机构和单位各一份；
3. 建设单位凭本表（单位联）办理《建筑工程施工许可证》。</td></tr>
</table>

15.1.2 建设工程项目代缴农民工工伤保险费协议

北京市建设工程项目代缴农民工工伤保险费的协议

项目名称：
施工地点：
总承包单位（甲方）：
分包单位（乙方）：

根据国务院《工伤保险条例》规定，在建筑施工企业中，专业工程分包、劳务作业分包企业作为用人单位，应是农民工参加工伤保险的法人主体。在现阶段，为保障建筑业农民工参加工伤保险的合法权益，实现以建设工程项目为单位，相关专业工程分包、劳务作业分包企业的农民工全员参保的目标，根据××办函〔2007〕××号文的规定，乙方同意由甲方在开工前统一代缴农民工工伤保险费。

甲方在开工前已为本建设工程项目中的与甲方签订专业工程分包、劳务作业分包合同的分包企业，代缴了建设工程项目农民工工伤保险费。《建设工程项目工伤保险参保登记证》（××社险工字　　号）。

甲方（盖章）　　　　　　乙方（盖章）
年　　月　　日　　　　　年　　月　　日

15.1.3　社会保险单位信息登记表

1. 单位信息登记表

北京市社会保险单位信息登记表

制表机关：北京市劳动与社会保障局
批准单位：北京市统计局
有效日期：2010 年 1 月 31 日

组织机构代码□□□□□□□□
填报单位盖章：

组织机构代码			单位简称		单位类型		单位类别	
单位名称			街道编码					
单位办公地址			邮政编码		经济类型		隶属关系	
工商登记执照信息	执照种类		执照号码		行业性质		行业费率	
	发照日期		有效期限		参统方式		结算周期	按　月（　　） 缴费卡（　　） 不定期（　　）
	工商注册地址				特殊标识		原行业系统	
批准成立信息（外资企业或事业单位等非企业单位填写）	批准单位				二级公司组织机构代码		二级公司社会保险登记证号	
	批准日期		批准文号		二级公司名称		二级公司	是（　　） 否（　　）
单位法人或负责人	姓名		公民身份号码		参加保险情况	险种	首次月报时间	支付区县
	联系电话		移动电话号码			养老		
单位经办人	姓名	所在部门	联系电话			失业		
缴费业务						工伤		
支付业务						医疗		
缴费专户开户全称			账号			生育		
缴费专户开户银行			行号		参加补充保险险种		养老（　　）医疗（　　）	
其他缴费户开户全称			账号		备注			
其他缴费户开户银行			行号					
支出户开户全称			账号					
支出户开户银行			行号		单位负责人： 填报日期：		单位经办人：	

续表

<table>
<tr><td>主管部门或总机构</td><td colspan="3"></td><td rowspan="4">社保经（代）办机构审核意见</td><td rowspan="3">1. 经核定你单位应参加养老保险（ ）失业保险（ ）工伤保险（ ）医疗保险（ ）生育保险（ ）。
2. 你单位社会保险登记证号为：
（ ）</td></tr>
<tr><td>所属行政区县名称</td><td></td><td>缴费所属经（代）办机构</td><td></td></tr>
<tr><td>单位电子邮件地址</td><td></td><td>单位传真号码</td><td></td></tr>
<tr><td>单位网址</td><td colspan="3"></td><td>社保经办人： 社保经（代）办机构（章）： 年 月 日</td></tr>
</table>

注：1. 此表必须用黑色钢笔或签字笔填写；
  2. 此表请您参照表样填写并用 A3 规格打印。

2. 单位信息登记变更表

社会保险登记变更表

单位名称（公章）：
社会保险登记证编码：

<table>
<tr><td colspan="4">原登记事项</td><td colspan="4">变更事项</td></tr>
<tr><td colspan="4">单位名称</td><td colspan="4">单位名称</td></tr>
<tr><td colspan="4">单位简称</td><td colspan="4">单位简称</td></tr>
<tr><td colspan="4">单位住所（地址）</td><td colspan="4">单位住所（地址）</td></tr>
<tr><td>邮编</td><td colspan="3">电话</td><td>邮编</td><td colspan="3">电话</td></tr>
<tr><td>单位类别</td><td colspan="3">组织机构代码</td><td>单位类别</td><td colspan="3">组织机构代码</td></tr>
<tr><td colspan="2" rowspan="2">法定代表人（负责人）</td><td>姓名</td><td></td><td colspan="2" rowspan="2">法定代表人（负责人）</td><td>姓名</td><td></td></tr>
<tr><td>电话</td><td></td><td>电话</td><td></td></tr>
<tr><td colspan="2" rowspan="2">缴费单位专管员</td><td>姓名</td><td></td><td colspan="2" rowspan="2">缴费单位专管员</td><td>姓名</td><td></td></tr>
<tr><td>电话</td><td></td><td>电话</td><td></td></tr>
<tr><td>单位类型</td><td colspan="3">经济类型</td><td>单位类型</td><td colspan="3">经济类型</td></tr>
<tr><td>隶属关系</td><td colspan="3">行业代码</td><td>隶属关系</td><td colspan="3">行业代码</td></tr>
<tr><td>行业性质</td><td colspan="3">行业系统</td><td>行业性质</td><td colspan="3">行业系统</td></tr>
<tr><td colspan="4">主管部门或总机构</td><td colspan="4">主管部门或总机构</td></tr>
<tr><td colspan="4">开户银行与行号</td><td colspan="4">开户银行与行号</td></tr>
<tr><td colspan="4">户名</td><td colspan="4">户名</td></tr>
<tr><td colspan="4">银行基本账号</td><td colspan="4">银行基本账号</td></tr>
<tr><td colspan="4">中关村科技园区投资企业</td><td colspan="4">中关村科技园区投资企业</td></tr>
<tr><td colspan="4"></td><td colspan="4"></td></tr>
<tr><td colspan="4"></td><td colspan="4"></td></tr>
<tr><td>备注</td><td colspan="7"></td></tr>
<tr><td>社会保险经办机构审核意见</td><td colspan="7"></td></tr>
</table>

单位经办人： 社保经办机构登记岗：
单位负责人： 社保经办机构（盖章）：
填表日期： 年 月 日 办理日期： 年 月 日

填表说明：
1. 如用人单位社会保险登记的内容发生变更，于每月 2 日至月末期间办理单位登记变更手续。
2. 此表由用人单位填报一份，社保经办机构核准后备案。
3. 表内未标明的其他登记事项发生变更时，可在表内空格处或备注栏内予以反映。

15.1.4　建筑业农民工工伤保险一次性趸缴汇总表

北京市建筑业农民工工伤保险一次性趸缴汇总表

报表日期：　　年　　月

组织机构代码：　　　　　　　　　　　　　　　　　　　　　　单位名称（章）：

所属社保经办机构：　　　　　　　　　　　　　　　　　　　　单位：元

组织机构代码	单位简称	上年度职工月平均工资	合同工期总天数	月平均预计农民工缴费人次	趸缴总额
栏次	1	2	3	4	5

单位负责人：　　　　填报人：　　　　联系电话：　　　　　填报日期：　　年　　月　　日

说明：1. 此表一式三份，单位、社保经办机构业务、财务各留存一份。

2. 月平均预计农民工缴费人次标准：建筑工程 2520；地铁工程 4680；市政道桥工程 2520，市政管道工程中的混凝土方沟工程 2520；市政管道工程（除混凝土方沟）450。

3. 5 栏 =2 栏 ÷20.92 天 ×60% ×（3 栏 ÷30）× 月平均预计农民工缴费人次 ×1%。

15.1.5　建设项目月平均预计农民工缴费人次表

建设项目月平均预计农民工缴费人次表

序　　号	项　　　目	月平均预计农民工缴费人次
1	建筑工程	2520
2	地铁工程	4680
3	市政工程道桥	2520
4	市政工程管道	450

注：市政管道工程中的混凝土方沟按道桥工程的标准执行。

15.1.6　建筑施工企业农民工工伤保险参保证明

编号：

建筑施工企业农民工工伤保险参保证明（样式）

项目名称：

建筑施工企业名称：

已于　　年　　月　　日为该企业农民工办理工伤保险参保手续，并按照规定已缴纳工伤保险费　　　　万元（大写）　　　　￥（小写）。

特此证明。

×××社会保险经办机构名称（章）

年　　月　　日

==

编号

福建省建筑施工企业农民工工伤保险参保证明（存根）

项目名称：

建筑施工企业名称：

已于　　年　　月　　日为该企业农民工办理工伤保险参保手续，并按照规定已缴纳工伤保险费________万元（大写） ￥________（小写）。

特此证明。

×××社会保险经办机构名称（章）

年 月 日

15.1.7 建筑施工企业农民工工伤保险公示文书

1. 式样一

北京市建设工程项目农民工工伤保险公示标牌

建设工程项目农民工工伤保险公示
工程名称：
建设单位：
施工单位：
工伤保险登记证：××社险工字 号
保险期限：共 天
从 年 月 日起至 年 月 日止
待遇标准：按××政办函〔2008〕××号文件执行
劳动保障咨询电话：××××××
北京市市劳动和社会保障局统一监制

标牌尺寸要求：

1. 标牌尺寸：900mm×1200mm；
2. 标题：45mm×63mm 大黑体；
3. 正文：30mm×30mm 楷体；
4. 监制单位：30mm×30mm 黑体。

2. 式样二

福建省《建筑施工企业农民工工伤保险公示》标牌

建筑施工企业农民工工伤保险公示
项目名称：
建设单位：
建筑施工企业：
本项目农民工工伤保险已于 年 月 日向 市（县、区）社会保险经办机构办理参保手续（参保证明 号）；参保有效期：自本项目参保次日起生效，至工程实际竣工验收合格之日时终止。参保期限超过工程项目合同期限的应向参保的社保经办机构报备。
市（县、区）劳动保障局投诉咨询电话：
福建省劳动和社会保障厅统一监制

标牌尺寸要求：

1. 标牌尺寸为：900mm×1200mm；
2. 标题：45mm×63mm 大黑体；
3. 正文：30mm×30mm 楷体；
4. 监制单位：30mm×30mm。

15.1.8　工伤认定申请表样式

工伤认定申请表

职工工伤认定申请表

证件编号

单位名称（公章）

法定代表人：

单位性质：

邮政编码：

职工姓名		性　别		出生年月			
联系电话				身份证号码			
工　种		参加工作时间		用工形式			
事故时间		事故类别		是否参加 社会保险			
伤害部位		诊断时间		伤害程度			
接触有害 物质时间		职业病名称					
轻　伤		重　伤		职业病		死亡	
家庭住址							

伤害经过简述：

事故单位意见：

印　章
年　月　日

受伤害职工或亲属意见：

签　字
年　月　日

主管部门意见：

印　章
年　月　日

劳动行政部门认定机构

印　章
年　月　日

备注：

填表说明

1. 申请表各一式四份，须用钢笔（碳素墨水）或签字笔填写，字体工整清楚，不准复写。

2. 工种一栏内应按省发生工伤时的工种填写。

3. 伤害部位一栏内，填写具体受伤害部位。

4. 诊断时间一栏内，因工伤亡的，按初诊时间填写；职业病者，按职业病医院确诊时间填写。

5. 接触有害物质时间、职业病名称栏内，按实际接触时间填写，职业病名称按职业病医院诊断填写。不是职业病的不填。

6. 伤害经过一栏内应写清事故时间、地点、当时从事工作简述、受伤原因以及伤害部位和程度。职业病者，应写清自何年何月何日何单位从事何种有害作业及全镇时间和结果。

7. 事故单位意见一栏内，签署是否同意或是否属实，单位负责人签名并加盖单位印章。

8. 伤者本人或亲属意见一栏内，签署是否同意或是否属实，如亲属代其签字时，要写清与伤亡者的关系。

9. 主管部门意见一栏内，要填写是否同意申报，并加盖主管部门公章。

10. 表中“事故时间”、“伤害部位”、“诊断时间”、“伤害经过简述”以及伤者本人或亲属、事故单位和主管部门的意见和签字等内容不得涂改。

15.1.9 工伤认定调查、结论通知书式样

北京市工伤认定调查通知书

×劳职安便工伤　号

……………………………：

你单位×××自述于××年×月×日，因工造成人身伤害，现本人提出工伤认定。为此，请你单位于××年×月×日前将×××所发生的伤害时间、经过和伤害程度等情况材料函告我处（科），或派员来我处当面陈述有关情况。逾期不到，我们将按个人提出的申请进行调查确认。

联系电话：

北京市××劳动局

二○○×年×月×日

工伤认定结论通知书

×劳　职安便工伤　号

………………………：

你单位×××工伤认定申请已经核查，于××年×月×日已作出………………………的处理决定。请你单位（你）于××年×月×日之前到我处（科）来取有关材料。你单位（你）接到认定结果之日起15日内，如对处理决定不服，可向同级政府或上级劳动行政部门提出行政复议。

如逾期不取者，××年×月×日即为送达日期，并可于此日起15日内向同级政府或上级劳动行政部门提出行政复议。

北京市××劳动局
二〇〇×年×月×日

15.1.10　农民工一次性领取工伤保险待遇协议书

北京市外地农民工一次性领取工伤保险待遇协议书

京　社协字　号

甲方（外地农民工或供养亲属姓名）：
乙方（参保单位名称）：
丙方（社保经办机构名称）：

根据国务院《工伤保险条例》（国务院令第375号）、劳动和社会保障部《关于农民工参加工伤保险有关问题的通知》（劳社部发［2004］18号）、北京市《北京市实施〈工伤保险条例〉办法》（北京市人民政府令第140号）及北京市劳动和社会保障局关于印发《北京市外地农民工参加工伤保险暂行办法》和《北京市外地农民工参加基本医疗保险暂行办法》的通知（京劳社办发［2004］101号），为妥善解决外地农民工在本市务工期间工伤保险问题，特签订本协议：

第一条：甲方必须是因公致残伤残等级为一至四级的外地农民工或因工死亡的外地农民工的供养亲属。如果因工死亡的外地农民工的供养亲属有多名的，共同签订本协议。

第二条：甲方自愿选择一次性领取工伤保险待遇，放弃按月领取工伤保险待遇。

第三条：乙方应协助甲方办理申领一次性工伤保险待遇手续。

第四条：丙方确认甲方符合一次性领取工伤保险待遇条件后，依据相关政策文件，核准甲方的一次性领取工伤保险待遇金额为：

拾　万　仟　佰　拾　元　角　分，并支付给甲方，由乙方代为甲方领取并如数转交甲方。

第五条：本协议签订后，丙方收回甲方的《工伤证》，丙方支付甲方一次性工伤保险的待遇后，不再支付其他工伤保险待遇，甲方与乙方和丙方终止工伤保险关系。

第六条：本协议自签订之日起生效。本协议一式三份，甲方、乙方、丙方三方各执一份。

第七条：本协议附件：《北京市一至十级工伤职工待遇核准表》或《北京市因工死亡工伤职工待遇核准表》

丙方（盖章）：　　　　乙方（盖章）：　　　　甲方或委托代理人（签字）：

年　月　日　　　　年　月　日　　　　年　月　日

15.1.11 劳动者工伤报告表

劳动者工伤报告表

报告单位：（签章）　　　　　　　　　　报告时间：　年　月　日　时

单位名称					
伤亡时间					
事故类别			伤害程度		
伤亡情况	姓名				
	性别				
	年龄				
	死伤情况				
报告人：		职务：		电话：	

记录时间：　年　月　日

15.1.12 劳动争议仲裁申诉送申请书

劳动争议仲裁申诉送申请书

申诉人				被诉人			
姓名或单位名称				姓名或单位名称			
单位性质				单位性质			
法定代表人姓名		职务		法定代表人姓名		职务	
性别		年龄		性别		年龄	
民族或国籍		用工形式		民族或国籍		用工形式	
工作单位				工作单位			
地址				地址			
电话				电话			
邮编				邮编			

请求事项：

____

____

____

____

事实和理由：（包括证据和证据来源，证人姓名和地址等情况）

____

____

____

____

此致劳动仲裁委员会

申诉人：　　　　　　　　　　　　　　　　（签名或盖章）

年　月　日

附：1. 副本　　份

2. 物证　　份

3. 书证　　份

注：1. 申诉书应使用钢笔、毛笔书写或印刷；

2. 请求事项应简明扼要地写明具体要求；

3. 实施和理由部分空格不够用时，可用同样大小纸续加中页；

4. 申诉书副本份数，应按被诉人数提交。

说明：

1. 本申诉书样坏死是根据《中华人民共和国企业劳动争议处理条例》第23条的规定制作的；
2. 本申诉书是为了指导劳动争议当事人进行仲裁、共申诉人使用的；
3. 申诉人在书写申诉书是，应用钢笔、毛笔或打印。申诉书由正本和副本组成，副本份数应按被诉人人数提交，由劳动争议仲裁委员会送达被诉人。
4. “请求事项”，是指申诉要达到目的和要求，应具体写明；
5. “事由与理由”部分应注意将证据、证人的详细情况写明。空格不够用时，可续加中页。

15.1.13　劳动和社会保险行政复议申请书

劳动和社会保险行政复议申请书

申请人：姓名、性别、民族、年龄、职业、住址、联系方式（法人或者其他组织的名称、地址、法定代表人姓名、职务）

被申请人：名称、地址、联系方式、法定代表人姓名、职务

申请人不服被申请人________年________月________日作出的________________（具体行政行为），现向你局（厅）申请行政复议。

复议请求（对具体行政行为的处理和行政赔偿的要求）：……………………………………

…………………………………………………………………………………………………

…………………………………………………………………………………………………

…………………………………………………………………………………………………

…………………………………………………………………………………………………

主要事实和理由：…………………………………………………………………………

…………………………………………………………………………………………………

…………………………………………………………………………………………………

此致
劳动保障复议机关名称
申请人：（签名或盖章）
年　月　日

附：1. 申请书副本　　份
2. 其他有关材料　　份

15.2　建筑意外保险文书

15.2.1　团体人身意外伤害险投保单

团体人身意外伤害险投保单

（1）格式

团体人身意外伤害险投保单　　保险单号码：　　　编号：

投保单位　　　被保险人人数　　　人（另附被保险人名单一式三份）

被保险人的受益人　　　按所附被保险人名单中所填明的受益人为依据

保险金额总数　人民币（大写）……………保险费率　每年每千元：　元　角

保险费　人民币（大写）……………保险期限　自　年　月　日零时起至　年　月　日二十四时止　被保险人从事主要工种

备注：每一被保险人附加意外伤害医疗保险金额　　元。

投保单位签章
年　月　日

…………………………………………………………………………………………………

团体意外伤害保险被保险人名单（交费清单）

投保单位……………………　投保险别……………………

投保简身险

被保险人：年期：5 年　10 年　15 年　20 年　30 年　本页为　　年期　　人数总计　人

月交保险费总额（大写）人民币＿＿＿＿＿＿＿＿（￥　　）

年　　月　　日

共　　页　　第　　页

编号：　　被保险人：　　性别：　　年龄：　　出生：　　年　　月　　日

健康情况：　　受益人姓名及称谓：　　月交保险费：

备注说明：

1. 本名单为团体投保的被保险人名单，是投保单的组成部分。

本名单代被保险人投保单，健康情况栏应如实填写，如有隐瞒情事，××公司不负给付责任。

2. 本表按不同年期分别填写。

单位及经办人章

（2）说明

投保人在研究了团体人身意外伤害险条款之后，如决定投保，则可填写团体人身意外伤害险投保单一份向××公司申请投保，同时填写被保险人名单一式三份。

投保人填写投保保单要如实、完整，不得隐瞒。投保单上的保险单号码和编号由保险人决定。投保单位须填投保的机关、团体、企事业单位全称。被保险人的受益人即保险金受领人，是在保险合同中指定的享有保险金请求权的人，可以是被保险人，也可以是被保险人以外的人。本保险受益人以所附被保险人名单中所填明的受益人为准，未填明的以其法定继承人为受益人。本保险每××险金额最低为 1000 元，最高为 50000 元，在这个限度内投保人选定一个保险金额，并根据被保险人数计算总保险金额。保险金额一经确定，中途不得变更。

投保人根据自己的行业（工）种或工作性质，依照团体人身意外伤害保险费率表填写保险费率，并根据保险费率及保险金额总数来确定保险费。团体人身意外伤害保险的保险期限一般为 1 年，特殊需要也可为 1 年以下。投保人还要将被保险人从事的主要工种填写在投保单上。如果附加意外伤害医疗保险的，在备注栏中填写保险金额（以 1000 元至 10000 元为限）。

团体意外伤害保险被保险人名单（交费清单）是投保单的组成部分，须按不同年期分别填写。该表主要填写被保险人的编号、姓名、性别、年龄、出生年月日、健康情况、受益人姓名及称谓、月交保险费等内容。被保险人的健康状况应如实填写，如有隐瞒，保险人不负赔偿责任。投保人须在投保单及被保险人名单上签章。

15.2.2 四川省建筑工程施工人员人身意外伤害险投保单

中国平安财产保险有限公司四川公司
平安建筑工程施工人员人身意外伤害险投保单

A. 投保单位资料　　　　　　　　　　　　　　　投保单编号

投保单位名称			行业类别		
单位地址			邮政编码		
投保日期	年　月　日				
联系部门		联系人		联系电话	
开户银行		银行账号			

B. 险种及保益信息

险　种		责　任	每一被保险人保险金额
平安（四川）建筑工程施工人员人身意外伤害险		意外伤害身故	RMB20万
		意外伤害残废	RMB10万
		意外伤害医疗	RMB1万
平安（四川）建筑工程施工人员人身意外伤害险附加突发疾病身故保险		突发疾病身故	RMB10万
保险期限	自　年　月　日起至　年　月　日二十四时止，共　月		
保费合计	人民币（大写）　RMB（小写）		

C. 施工项目信息及特别约定

施工项目名称	
施工项目地址	
工程总面积或工程造价	
施工项目日期	年　月　日起至　年　月　日止
保险责任相见条款：（1）本保险人只承保被保险人在标的指定的施工红线区域及施工红线区域内和业主为施工而给予承包人并在施工预算中列明的“承包人驻地建设”部分费用所指向的生活区域—即驻地内从事施工或与施工相关的工作时发生的意外伤害事故；（2）投保时应提供工程总面积（或工程总造价），如发生保险事故前，发现工程总面积（或工程总造价）高于投保时计算保费所采用的工程总面积（或工程总造价），则投保人应补交投保时未计算在内的保险费；发生保险事故时，如工程总面积（或工程总造价）高于实际工程总面积（或工程总造价），共保体则按投保时所采取的工程总面积（或工程总造价）与实际工程总面积（或工程总造价）的比例承担保险责任；（3）被保险人年龄为16～65周岁；（4）未取得对应的特种作业证书进行特种作业操作引起的意外事故，共保体不承担保险责任。特种作业的相关定义以国家《特种作业人员安全技术培训考核管理办法》为准，无其他特别约定	
其他特别约定：	

投保人声明

本人已经详细阅读并理解了包括保险责任、责任免除条款在内的保险所有内容，且保险人已向本人详细介绍了本保险的条款，并就该条款中有关责任免除和投保人、被保险人义务作了说明。本人现同意自愿向中国平安财产保险股份有限公司投保上述保险，并保证各项内容填写属实，如有隐瞒或不实告知，贵公司有权解除保险合同，并对保险合同解除前发生的保险事故不承担保险责任。

特此声明

投保单位（经济公司）签章： 年 月 日

业务员姓名： 投保单号码：

业务员代码： 保险单号码：

（以下内容由核保人填写）

核保意见：

核保人签章：

年 月 日

15.2.3 四川省建筑施工人员人身意外伤害保险委托确认书

兹委托四川嘉泰保险经纪有限公司为我方的保险顾问，代表我方通过四川建筑施工人员人身意外伤害保险服务中心投保四川省建筑施工人员人身意外伤害保险，订立保险合同，协助办理保单变更、索赔等事宜。我方已详细了解有关本保险的保险责任、责任免除和其他情况。具体投保内容如下：

<table>
<tr><td colspan="3">投保单位名称：</td></tr>
<tr><td colspan="3">施工项目名称：</td></tr>
<tr><td colspan="3">施工项目地址：</td></tr>
<tr><td colspan="2">联系人：</td><td>联系电话：</td></tr>
<tr><td rowspan="2">建筑类型</td><td>□ 房屋建筑工程</td><td>施工总面积：平方米（m^2）</td></tr>
<tr><td>□ 非房屋建筑</td><td>工程项目总造价：元</td></tr>
<tr><td colspan="3">施工工期：自 年 月 日起至 年 月 日</td></tr>
</table>

<table>
<tr><td colspan="3">保险期间；自 年 月 日零时起至 年 月 日二十四时止</td></tr>
<tr><td>保险险种名称</td><td>保险责任</td><td>保险金额</td></tr>
<tr><td rowspan="4">四川省建筑施工人员
人身意外伤害保险</td><td>意外伤害身故给付</td><td>200000 元/人</td></tr>
<tr><td>意外伤害疾病身故给付</td><td>100000 元/人</td></tr>
<tr><td>意外伤害残疾给付</td><td>100000 元/人</td></tr>
<tr><td>意外伤害医疗给付
（免赔额 100 元赔付比例 80%）</td><td>10000 元/人</td></tr>
<tr><td rowspan="2">保费计算公式</td><td>□ 按施工项目总面积计算</td><td>每平米施工面积保险费： 元</td></tr>
<tr><td>□ 按工程项目总造价计算</td><td>每万元造价保险费： 元</td></tr>
<tr><td colspan="3">保险费合计：人民币（大写） 千 百 万 拾 万 千 百 拾 元整（ ）</td></tr>
<tr><td colspan="3">保险费暂收据号码：</td></tr>
<tr><td colspan="3">特别约定：保险身故受益人为被保险人的法定继承人</td></tr>
</table>

<table>
<tr><td rowspan="2">委托人签章：

年　月　日</td><td>服务中心经办人签字：
年　月　日</td><td>嘉泰保险经济公司受理签章：
年　月　日</td></tr>
<tr><td>委托确认书编号：</td><td>委托受理编号：</td></tr>
</table>

15.2.4　厦门市建筑施工人员团体意外伤害保险投保单样本

厦门市中国人民财产保险股份有限公司建筑意外保险投保单

保费收据号：
投保单号码：
保险单号码：

<table>
<tr><td rowspan="5">投保人</td><td>名称</td><td colspan="5"></td></tr>
<tr><td>施工企业类型</td><td colspan="2"></td><td>资质等级</td><td colspan="2"></td></tr>
<tr><td>工程名称</td><td></td><td>联系人</td><td></td><td>电话</td><td></td></tr>
<tr><td>施工地址</td><td></td><td>施工期限</td><td colspan="3"></td></tr>
<tr><td>联系地址</td><td colspan="2"></td><td>邮编</td><td colspan="2"></td></tr>
</table>

<table>
<tr><td>投保险种</td><td>险种名称</td><td>保险金额</td><td>保险费率</td><td>保险费</td></tr>
<tr><td>主险</td><td>建筑施工人员团体意外伤害保险</td><td>元</td><td></td><td>元</td></tr>
<tr><td rowspan="2">附加险</td><td>1.</td><td>元</td><td></td><td>元</td></tr>
<tr><td>2.</td><td>元</td><td></td><td>元</td></tr>
<tr><td>计费方式</td><td>□按被保险人人数：　人</td><td colspan="2">□按工程总造价：　万元</td><td>□按施工总面积：平方米</td></tr>
<tr><td>保险费合计</td><td colspan="4">人民币（大写）</td></tr>
<tr><td>保险期间</td><td colspan="4">自　年　月　日零时起　至　年　月　日二十四时止</td></tr>
<tr><td>交费形式</td><td colspan="4">□现金　□银行　□转账　□其他　交费日期：</td></tr>
<tr><td>争议处理</td><td colspan="4">□诉讼　□仲裁　仲裁委员会：</td></tr>
<tr><td>特别约定</td><td colspan="4"></td></tr>
</table>

随同本投保申请的附件：（已提供者打√） □工程合同　□工地略图　□工程进度表　□被保险人及受益人名单 其他附件：

投保人声明	保险人已对保险合同的条款内容履行了说明义务，并对责任免除条款履行了明确说明义务。本人已仔细阅知，理解客户保障声明及保险条款尤其是责任免除、解除合同等规定，并同意遵守。所填投保单个性及告知事项均属事实，上述及声明将成为保险人承保的依据，并作为保险合同的一部分。如有不实告知，保险人有权解除保险合同，并对解除合同前发生的事故不负保险责任。 投保人签章： 年　月　日

（公司内部作业栏，客户无须填写）

<table>
<tr><td>初审情况</td><td>业务来源：
☐直接业务 ☐个人代理
☐专业代理 ☐兼业代理
☐经纪人 ☐网上业务
代理（经纪人）人名称：
业务员签字： 年 月 日</td><td>核保意见</td><td>

核保人签字： 年 月 日</td></tr>
</table>

15.2.5 厦门市建筑施工人员团体意外伤害保险单样本

鉴于投保人已向本公司投保建筑施工人员团体意外伤害保险，并按本保险单约定交付保险费，保险人同意按照（建筑施工人员团体意外伤害保险条款）的约定承担保险责任，特立保险单为凭，与本保险有关的附加条款，特约条款、批单以及投保单是本保险保险单不可分割的组成部分。

明细表

<table>
<tr><td rowspan="5">投保人</td><td>名 称</td><td colspan="6">福建某某建建设集团公司</td></tr>
<tr><td>施工企业类型</td><td colspan="2">房屋建筑工程施工总承包企业</td><td colspan="2">资质等级</td><td colspan="2">一级</td></tr>
<tr><td>工程名称</td><td>详见备注</td><td>联系人</td><td colspan="2">朱总</td><td>电话</td><td>13002365821</td></tr>
<tr><td>施工地址</td><td colspan="6">厦门高峰</td></tr>
<tr><td>联系地址</td><td colspan="3">厦门江头台湾街科瑞大厦三层</td><td>邮编</td><td colspan="2"></td></tr>
</table>

<table>
<tr><td>保险险种</td><td colspan="2">险种名称</td><td colspan="2">保险金额</td><td>保险费</td></tr>
<tr><td>主险</td><td colspan="2">建筑施工人员团体意外伤害保险</td><td colspan="2">222000.00元/人</td><td>54154.00元</td></tr>
<tr><td rowspan="2">附加险</td><td colspan="5">附加意外伤害医疗保险</td></tr>
<tr><td colspan="2">附加建筑施工人员团体意外伤害医疗保险</td><td colspan="2">16000.00元/人</td><td>13538.00元</td></tr>
<tr><td>计费方式</td><td>☐被保险人数： 人</td><td colspan="2">☐工程总造价：4591.72万元</td><td colspan="2">☐施工总面积： 平方米</td></tr>
<tr><td>保险费合计</td><td colspan="5">人民币：陆万柒千陆百玖拾贰元 ￥67692.00元</td></tr>
<tr><td>保险期间</td><td colspan="5">自2007年10月15日零时至2009年5月15日二十四时止</td></tr>
<tr><td>交费形式</td><td colspan="5">☐现金 ☐银行转账 ☐其他 缴费日期：2007年10月16日</td></tr>
<tr><td>争议处理</td><td colspan="5">☐诉讼 ☐仲裁 仲裁委员会：厦门市仲裁委员会</td></tr>
<tr><td>特别约定</td><td colspan="5"></td></tr>
</table>

中国人民财产保险股份有限公司厦门分公司

签章日期； 年 月 日

本公司联系地址：

邮政编码： 电话： 传真：

核保： 制单： 经办：

15.2.6　厦门市建筑意外保险特别约定清单样本

保险单号：PECJ200735020422000001

- 备注

1. 本保险单适用人民财产保险股份有限公司《建筑施工人员团体意外伤害保险条款》、《附加意外伤害医疗保险条款》

2. 本保单适用中国人民财产保险股份有限公司《建筑施工人员团体意外伤害保险条款》、《附加意外伤害医疗保险条款》。

3. 本保单共同保险人：

中国人民财产保险股份有限公司
中国人寿保险股份有限公司
中国都邦财产保险股份有限公司
康泰人寿保险股份有限公司
中国平安财产保险股份有限公司
中国太平洋财产保险股份有限公司
新华人寿保险股份有限公司
中国平安人寿保险股份有限公司
中国太平洋人寿保险股份有限公司
中华联合财产保险股份有限公司
中英人寿保险有限公司

4. 本保险单工程名称为：厦门现代物流园区贝类及水产品服务中心工程

15.2.7　珠海市建筑工程团体人身意外伤害保险投保单

本投保单为保险合同的组成部分，对于投保单所列项目，投保人（或单位）必须据实填写，否则保险合同自始无效。

<table>
<tr><td>投保单位名称</td><td colspan="7"></td></tr>
<tr><td>单位地址</td><td colspan="7"></td></tr>
<tr><td>施工地址</td><td colspan="3"></td><td colspan="2">资质等级</td><td colspan="2"></td></tr>
<tr><td>施工项目名称</td><td colspan="3"></td><td colspan="2">工程造价</td><td colspan="2"></td></tr>
<tr><td>施工类型</td><td colspan="3"></td><td colspan="2">建筑面积</td><td colspan="2"></td></tr>
<tr><td>施工工期</td><td colspan="7">年　　月　　日起至　　年　　月　　日止，共计　　日</td></tr>
<tr><td>项目经理</td><td></td><td>联系电话</td><td></td><td>经办人</td><td></td><td>联系电话</td><td></td></tr>
<tr><td>险种名称（主险）</td><td colspan="7">建筑工程团体人身意外伤害保险</td></tr>
<tr><td>附加险</td><td colspan="7">附加意外伤害医疗保险</td></tr>
<tr><td rowspan="3">保险金额</td><td colspan="3">每人死亡赔偿限额</td><td colspan="4">人民币 20 万元</td></tr>
<tr><td colspan="3">每人伤残赔偿限额</td><td colspan="4">按残疾比例给付，最高为人民币 20 万元</td></tr>
<tr><td colspan="3">每人医疗赔偿限额</td><td colspan="4">最高为人民币 3 万元</td></tr>
</table>

<table>
<tr><td colspan="2">保险期限　　自　　年　　月　　日零时起至工程验收合格二十四时止</td></tr>
<tr><td>收费标准</td><td>□ 按建筑面积每平方米1.3元的标准收费
□ 按工程造价的千分之二的比例收费
保费不足1000元的，按1000元交费</td></tr>
<tr><td colspan="2">保险费合计：　　人民币（大写）　　￥</td></tr>
<tr><td colspan="2">付款方式：□ 银行转账　□ 其他</td></tr>
<tr><td colspan="2">特别约定：
1. 投保人未交纳保险费，保险公司不承担保险责任。
2. 意外伤害医疗保险免赔额为人民币2000元，超出部分按100%给付。</td></tr>
<tr><td colspan="2">合同争议处理方式：□ 诉讼　□ 仲裁　仲裁委员会：</td></tr>
<tr><td colspan="2">受益人指定：
1. 身故保险受益人由被保险人或投保人指定。
2. 未指定受益人的，保险公司将身故保险金作为被保险人遗产处理。
3. 投保人指定或变更受益人时需经被保险人书面同意。</td></tr>
<tr><td colspan="2">投保人声明：
贵公司已对保险合同的条款内容履行了说明义务，并对责任免除条款履行了明确说明义务。本人已仔细阅知特别约定、理解客户保障声明及保险条款尤其是责任免除、解除合同等规定，并同意遵守。所填投保单各项及告知事项均属事实并确无欺瞒。上述一切陈述及本声明将成为贵公司承保的依据，并作为保险合同的一部分。如有不实告知，贵公司有权解除合同，并对解除合同前发生的事故不负保险责任。
投保人签章：
投保申请日期：　　年　　月　　日</td></tr>
<tr><td colspan="2">投保人自愿选择保险公司投保：
□中国人寿珠海分公司　□中国人保珠海分公司　□中国太保珠海中心支公司
□中华保险珠海中心支公司　□都邦保险珠海中心支公司　□永安财产保险珠海中心支公司
投保人签名：</td></tr>
</table>

珠海安保咨询服务有限公司代理

15.3 雇主责任保险文书

15.3.1 中保财产保险有限公司雇主责任保单

雇主责任险保险单

保险单号码

中保财产保险有限公司（以下简称本公司）按照背面所载条款的规定，在本保险单保险期内，承保下述雇主责任险，特立本保险单。

投保人	姓　　名								
	地　　址								
	营业性质								
地区范围									
保险期限	个月　　自　　零时　至　二十四时止								
雇员一览表	雇员工种								总计
	估计雇员人数								
	估计工资及其他收入总数								
雇主责任险	赔偿限额							费率	保险费
	死亡								
	伤残								
附加医药费	每人累计不超过								
保　　险									
第三者责任险	累计每次事故								
保险费总数（预付）									
投保人对保险人的除外责任条款明确无误	签字： 日期：　　年　　月　　日								

__________保险有限公司

日期：______________

15.3.2　美亚财产保险有限公司广东分公司询价表

ALG 美亚财产保险有限公司广州分公司

ALG Genernl Insurance Company China, Ltd. Guangdong Branch

雇主责任保险计划询价书

填写说明

1. 本表用于您在贵公司（被保险人）授权下向本公司征询雇主责任险的报价，您所提供的相关信息，作为本公司报价的基础，完成本询价书并不意味着您必须投保或保险公司必须承保。

2. 在填写本表及以后的所有业务往来中，保险业务员有责任向您解释本表及保险单表所有项目和相关要求，但一切解释以本公司书面的报价及保单文件为准。

3. 我公司将根据您提供的资料作为核保报价的基础，在获得双方确认后，您申报的资料将构成保单生效的前提，并成为相关法律文件的一部分；您应保证一切报表、细则及附件，均属正确，并无隐瞒，虚报或歪曲。

4. 本表分为两大部分：第一部分提供贵公司的基本情况，包括基本信息、一般调查、过往索赔记录和您的保险需要。第二部分是您的保险需要（死亡伤残赔偿、医疗费用、误工补偿等）的方案设计。有下划线的是您需要填写的内容。

5. 在填写“保险计划”表时，您可以对贵公司的不同工种人员涉及不同的保险方案，我们将根据不同工资状况，是否参加社保进行报价。这有利于贵公司在节省保费的前提下，对不同工种人员提供最合适的保障。以下是不同工种人员类别说明。

员工类别说明：

A类：非生产性人员：在办公室或办公场所内从是管理、文案、联络、行政管理设计等室内提供非体力工作的；

B类：非生产性人员：需要经常离开办公室或办公场所从事活动的户外非体力工作的职员；

C类：一般生产性人员：从事轻体力劳动，全自动生产线或在生产现场组织生产的工作人员；

D类：一般生产性人员：从事中度体力劳动，或小型、半自动或手工机械设备的操作/维修和管理；

E类：特殊工种人员：从事重度体力劳动，专门从事冲、剪、压、铸设备或特殊行业的工作人员。

6. 另外，我们根据客户的需要设计了数款工作套餐，以便您的选择。如果您选择以下套餐，您只需要在“保险计划表”所对应的“采用计划类别”中选择相应计划名，而不需要填写其后的具体的数据。如果您选择定制计划（可以选择按月工资赔付或按限额比例赔付）填写您的具体要求限额。

		工伤保障主险限额							雇主补偿附加限额	
编序	计划类别名称	医疗费	误工费	住院补偿费		伤残补偿	身故补偿	其他费用（元）	死亡补偿（元）	医疗补偿（元）
				元	天					
A_1	顾全大局（有社保）	10000	6个月	50	180	48	36	5000	36/48	10000
A_2	顾全大局（无社保）	10000	6个月	50	180	48	36	5000	36/48	10000
B_1	雇员关怀（有社保）	10000	12个月	50	180	60	无	5000	100000	10000
B_2	雇员关怀（无社保）	10000	12个月	50	180	80	60	10000	100000	10000
C_1	雇主无忧（有社保）	10000	12个月	100	365	60	无	10000	无	无
C_2	雇主无忧（无社保）	50000	12个月	100	365	180	130	20000	无	无
D	10万限额比例计划	10000	6个月	50	180	100000	100000	0	100000	10000
E	5万限额比例计划	5000	3个月	50	90	50000	50000	0	50000	5000
F	工伤意外保障计划	50000	3个月	30	90	0	0	0	0	50000

7. 请您提供以下文件作为核保报价根据：

（1）如您是制造业客户，请提供安全生产管理规定；

（2）如果您的雇员过去有发生或疑似有职业病，请提供职业病病例记录；

（3）如需要扩展非工作时间员工意外雇主补偿保障，请提供公司劳动合同样本和福利政策的相关内容。

美亚财产保险有限公司
责任险部

ALG 美亚财产保险有限公司广州分公司

ALG Genernl Insurance Company China，Ltd. Guangdong Branch

雇主责任保险询价书　　　　保险业务员：

询价人：__________电话：__________传真：__________职位：__________电话：__________

一、被保险人基本信息：

1. 被保险人姓名：__________ 2. 地点：__________ 3. 行业大类：__________ 4. 行业细类：__________ 5. 产品说明：__________ 6. 是否已投保雇主责任险和意外伤害险：__________到期日：__________ 7. 希望新保单开始时间：__________ 8. 企业成立时间：__________ 9. 公司网站：__________ 10. 如需到贵公司勘查，联系人是：__________职务：__________电话：__________（同询价人可以不用填写）

二、制造业风险调查（仅限于制造业）注意以下4、5、6项工作申报应申报高风险类工种类型“E”。

1. 制造业风险流程：__________2. 是否有风险安全管理程序：__________ 3. 是否有专人负责安全管理：__________ 4. 安全专员的名字是：__________工作中是否涉及有毒/腐蚀性/易燃物/爆炸物质__________相关人数：__________在过去5年里重伤及死亡人数：__________请简述种类及数量：__________安全措施：__________ 5. 是否有冲压、剪切、焊割、铸造等操作__________相关人数：__________在过去5年里重伤及死亡人数：__________请简述：__________安全措施：__________ 6. 是否有高空（6米以上）作业工作人员相关人数：__________在过去5年里重伤及死亡人数__________请简述种类及数__________ 7. 以上三项是否提供专项安全防护用具并要求员工使用：生产员工最长加班时间是否符合国家规定：__________8. 生产员工最长加班时间是否属于国家规定：__________9. 本行业是否有职业病：__________请简述可能的职业__________是否有已知或疑似发生的职业病：__________如有提供病例报告。

三、贵公司是否需要以下特殊保障，把您不需要的保障去掉可以帮助节省保费，但也可能使您在万一情况发生时，不能获得相应的保障，请您慎重考虑您的选择。

1. 职业病（　　）；

2. 扩展非工伤用药或非工伤指定医院（　　）；

3. 员工国内出差保障（　　）；每年人次：A. 少于100人次；B.100到300人次；C. 300人次以上。

4. 员工海外出差保障（　　）每年人次：A. 少于50人次；B. 50到100人次；C. 100～300人次；D. 300人次以上

5. 记名申报宽限期：（　　）宽限期：A. 5；B. 10；C. 20；D. 30人次以上

6. 赔付按（　　）A. 实际工资；B. 双方的定工资。

7. 超额工伤责任（含调查抗辩费用）（　　）；总限额：A. 5；B. 10；C. 20；D. 30；E. 50。

8. 医疗费用免赔额（　　）；

9. 按雇主和雇员合同或协议约定提供工伤补偿（　　）。

四、过往三年损失记录（包含由雇主或保险公司支付的所有工伤或非工伤意外补偿）

年份	赔偿总人数	评残人数	死亡人数	赔偿总金额（元）	其中社保赔付	评残/死亡原因简述	改善措施
2006							
2007							
2008							
总数							

ALG 美亚财产保险有限公司广州分公司

ALG Genernl Insurance Company China，Ltd. Guangdong Branch

雇主责任保险计划方案

（如需提供多个报价方案，可复印本业填写）每次事故赔偿限额/保险期内总限额：（　　/　　）

编序	员工岗位	员工类别	员工人数	月均工资	参加社保	采取计划类别	工伤保障主险限额						雇主补偿附加限额		
							医疗费用元	误工费	住院补偿费		伤残补偿	身故补偿	其他费用（元）	死亡补偿（元）	医疗补偿（元）
									（元）	天					
1								月							
2								月							
3								月							
4								月							
5								月							
6								月							
7								月							
8								月							
9								月							
10								月							

疾病医疗住院保障（　　）；手术费/杂费：A. 2k/2k；B. 3k/3k；C. 5k/5k。（　　）每日住院补偿同主险，记名保险人数（　　）人。

附加第三者责任险（　　）；每人每次事故：A. 10万；B. 20万；C. 50万。年累计100万，免赔1000元/人次。

附加产品责任保险（　　）；每人每次/年累计：A. 1万/10万　B. 2万/20万　C. 5万/50万。免赔1000元/人次。

说明： 1. 填表申请人（询价人）应具有被保险人授权完成本询价书； 2. 我公司根据您（被保险人）提供的资料作为核保报价的基础，在获得双方确认后，您申报的资料将构成保单生效的前提，并成为相关法律文件的一部分；您应保证一切报表、细则及附件，均属正确，并无隐瞒，虚报或歪曲； 3. 完成本询价书并不意味着您必须投保或保险公司必须接受保险； 4. 保险业务员有责任向客户解释所有项目，但一切解释都以本公司的书面发出报价及保单文件为准； 5. 根据《中华人民共和国反洗钱法》、《金融机构法洗钱规定》和《金融客户身份识别和资料及交易记录保存办法》等法律法规等规定，可能还要投保人提供其他必要的信息和有效的身份证明文件复印件，以便我们准确地核实投保人的身份。

投保人签名：______________

日　　期：______________

保险业务员签名：__________

参 考 文 献

1 公治庆元．人身保险理论与实务［M］，北京：清华大学出版社，2005.
2 江生忠．风险管理与保险［M］，北京：南开大学出版社，2008.
3 艾孙麟．保险学原理，武汉大学出版社［M］，2007.
4 杨忠海．保险学原理，北京：北京清华大学［M］，北京交通大学出版社，2008.
5 高秀屏．人身保险［M］，上海：上海财经大学出版社，2003.
6 曹时军，曾玉珍．保险学原理与实务［M］，北京：北京大学出版社，中国林业大学出版社，2007.
7 张宏涛，庄作瑾．人身保险（第二版）［M］，北京：中国人民大学出版社，2007.
8 杜树恺．人身保险（二版）［M］，北京：高等教育出版社，2008.
9 于晓兰，吕向阳．工伤认定与待遇给付实例剖析［M］，北京：化学工业出版社，2006.
10 黎宗剑．保险案例汇编［M］，北京：中国时代经济出版社，2007.
11 冯瑞．建筑施工企业工伤处理案例分析手册［M］．北京：中国建材工业出版社，2005.
12 林燕玲．工伤保险使用手册［M］，北京：中国工人出版社，2004.
13 编辑三部．工伤赔偿实用法律手册［M］，北京：中国法制出版社，2007.
14 国务院法制办．工伤保险条例释义［M］，北京：中国法制出版社，2003.
15 向春华．工伤保险权益百宝箱［M］，北京：化学工业出版社，2006.
16 洪娟，李军．团体人身险纠纷案例启示录［M］，北京：中国劳动社会保障出版社，2003.
17 王和．工程保险（上册）［M］，北京：中国金融出版社，2005.
18 乔林，王绪．财产保险（二版）［M］，北京：中国人民大学出版社，2004.
19 张太盛．完善建筑工程意外伤害保险制度的几点思考［N］，北京：土木工程杂志，2007.
20 边尔伦．建筑意外伤害保险：让人欢喜让人忧［J］，北京：中国建设报，2005.
21 李学娟．建筑业职工意外伤害保险制度推行的难点及对策［N］，四川：建筑安全，2004 年第 7 期
22 邝新华．意外险靓女难嫁［N］，北京：新经济导刊，2005.
23 邓仲春．关于工伤保险与意外伤害险的几点思考［N］，济南：济南金融，2007.
24 王玉玫．关于雇主责任险与工伤保险协调发展的探讨［J］，经济经纬；2006 年 5 期
25 李志明．试论雇主责任保险与工伤保险的协调发展［J］，武汉：湖北社会科学，2007 年 5 期
26 赖源清．雇主责任险与工伤保险的协调发展［J］，北京：今日科苑，2007 年 2 期
27 郭庆．论雇主对雇员工伤事故赔偿责任［D］，长沙：湖南大学，2003.
28 李俊．完善我国职业伤害保障体系［D］，成都：西南财经大学，2006.
29 杨远志．我国工伤保险管理制度初探［D］，武汉：武汉大学，2004.
30 李鹏．工伤保险费率机制的应用研究［D］，重庆：重庆大学，2003.
31 姜学鹏．我国工伤保险差别费率的研究［D］，武汉：武汉科技大学，2004.
32 李俊．工伤保险和雇主责任保险的融合发展［J］，北京：《劳动保护》，2006 年 1 期
33 韩成光．安全生产与工伤保险有因果关系［J］，北京：现代职业安全，2003 年 3 期
34 费建国．健全和完善意外伤害保险，更好地为广大建筑职工服务［J］，合肥：安徽建筑，2002 年 5 期
35 陶友淼．推进和完善建筑施工人员意外伤害保险制度［J］，杭州：浙江建筑，2002 年 2 期
36 胡河洋．实行人身意外伤害保险促进建筑行业安全管理［J］，成都：建筑安全，2000 年 12 期
37 胡河洋．谈建筑业人身意外伤害保险的对安全工作的作用［J］，成都：建筑安全，1999 年 4 期